中国历史文摘

CHINESE HISTORY DIGEST

2023年卷
（总第4卷）

主 编/李 军

社会科学文献出版社
SSAP
SOCIAL SCIENCES ACADEMIC PRESS (CHINA)

中国历史文摘

2023 年卷（总第 4 卷）

编　　委（以姓氏笔画为序）

王子今　王震中　杜文玉　李华瑞　张　帆

陈　峰　陈支平　陈其泰　荣新江　桑　兵

黄兴涛　常建华　彭　卫　楼　劲

主　　编　李　军

执行主编　张　峰

执行编辑（以姓氏笔画为序）

兰梁斌　阮明套　李子捷　吴　倩　张　博

罗　毅　郑旭东　单印飞　贾连港　郭桂坤

责任编务　吴　倩

C目录
ontents

全文转载

论点摘编

魏晋南北朝隋唐五代史

宋元明清史

篇目推荐

新时代中国史学理论研究：进展、挑战与方向

杨艳秋

摘　要　新时代以来，中国史学理论研究在唯物史观指导下，朝着构建中国特色史学理论与史学史的学科体系、学术体系、话语体系的方向不断前进，取得了一系列积极成果，但也面临一些问题和挑战。新时代的中国史学理论研究应自觉肩负起推动构建中国特色历史学"三大体系"的重要任务，进一步加强对马克思主义唯物史观的研究，建设以马克思主义唯物史观为指导的史学方法论，建立成体系的学科理论和概念；发扬中国史学优良传统，发掘中国史学的民族特色；坚守中国史学立场，构建中国历史学的自主知识体系。

关键词　新时代　史学理论研究　实践成就　话语体系

史学理论探讨的是历史研究的理论和方法，涉及历史学深层次、宏观性的内容，在历史学科中有着举足轻重的地位。新时代以来，在习近平新时代中国特色社会主义思想的指导下，史学界按照"立足中国、借鉴国外，挖掘历史、把握当代，关怀人类、面向未来"的思路，[①] 就如何构建中国特色历史学"三大体系"进行了广泛而深入的研讨。史学理论与史学史学科在历史学的学科体系中具有重要的基础性地位，在历史学"三大体系"构建中居于重要位置。总结梳理新时代以来以唯物史观为指导的中国史学理论研究的实践成就和特点，对于推动历史学研究的健康发展，更好地构建中国特色历史学"三大体系"，具有重要意义。

一　面貌、趋势与特点

新时代以来，中国史学理论研究在唯物史观指导下，朝着构建中国特色史学理论与史

---

① 习近平：《在哲学社会科学工作座谈会上的讲话》，人民出版社，2016，第15页。

学史的学科体系、学术体系、话语体系方向不断前进，在传统史学遗产的发掘梳理、唯物史观分析、社会形态理论的研究、中国本土史学理论体系的建构、历史认识论研究等方面取得了积极成果，研究重点和主要成就体现在以下几个方面。

（一）传统史学遗产的发掘梳理取得新进展

作为一个历史悠久的文明古国，中国有着十分丰富的史学遗产。长期以来，学术界一直十分重视对传统史学遗产的发掘和梳理工作，新时代以来，学界从不同角度推进了对传统史学理论遗产的研究分析，较为深入地探讨了中国古代史学与经学、史学的体与用、历史理性与逻辑理性等问题，[①]并对中外史学的异同进行了系统比较。[②]肯定中国传统史学遗产在构建新时代中国史学中的重要作用，成为多数学者的共识。

（二）唯物史观研究取得新突破

党的十八大以来，学术界持续加强对唯物史观的理论研究工作，通过现代哲学、科技、考古等知识反观唯物史观，论证其科学性，[③]在多个方面取得了新突破，主要表现为实践思维方式和实践观点得到进一步强调和发展，在研究方法上更加注重宏观描述与微观分析的结合。

文本研究与概念史研究是这一时期唯物史观内涵及其基本原理研究的主要内容。其中，对文本的考察沿袭了相关研究自21世纪以来形成的实证风格，即以某一经典马克思主义文献为中心，考察其在唯物史观产生和发展历程中的作用。[④]学术界意识到，对唯物史观的传统解释体系，形成于特定的历史背景之下，难免存在理解上的简单化倾向，在一些问题上未能完全把握马克思在相关认识上的复杂性，不可避免地存在理解和认识上的偏颇之处。因此，学术界大力提倡回到马克思主义原典，号召史学界与马克思主义哲学界合作，结合历史与现实的经验事实，重新建构唯物史观的解释体系，并运用于对重大历史和现实问题的解析，在新时代形成了"重建"、"重构"或"重释"历史唯物主义的思潮。

而由此产生的学术争鸣，例如区分"狭义历史唯物主义"与"广义历史唯物主义"、"唯物史观"与"历史唯物主义"等概念的讨论，更反映了唯物史观研究的活跃情况。同时，从唯物史观的生成语境入手，探讨唯物史观的具体内涵，以此展开了对唯物史观的始源语境和科学性质的发掘与讨论。史学界以实践观点和人本观点透视唯物史观的逻辑起点，在唯物主义前提下深刻揭示人的主体性、能动性和创造性在历史中的作用，尝试科学地回答人的创造

① 刘家和：《史苑学步：史学与理论探研》，北京大学出版社，2019。
② 乔治忠：《中国史学的考析与评判》，生活·读书·新知三联书店，2019。
③ 刘森然：《历史唯物主义：现代性的多层反思》，中山大学出版社，2016。
④ 比较典型的是聂锦芳、黄建都等人合著的12卷本《重读马克思：文本及其思想》，中国人民大学出版社，2018。

性与历史发展客观规律性的相互关系这一史学研究的重大问题。①种种研究，都使得人们对唯物史观的认识不断趋向丰富。

（三）对马克思主义社会形态理论的再关注

作为解释人类社会发展规律的理论范式，社会形态理论是马克思主义理论的重要内容，对中国马克思主义史学的发展起到了重要的作用。近年来，随着唯物史观相关研究的深入，对社会形态理论的分析逐渐增多，探讨的内容包括对社会形态理论的创新性阐释、"五形态"与"三形态"的进一步论争、社会形态理论与中国古代社会性质等。《史学理论研究》聚焦马克思主义社会形态理论与中国早期社会性质研究，编发了一组文章，澄清了有关中国早期社会性质方面的许多问题；《中国史研究动态》则聚焦于中国古代有无奴隶社会这一问题，组织了一场"中国古代社会性质的再研究"笔谈。相关研究聚焦于社会形态理论的生成和再阐释，或对马克思有关西欧封建社会形态理论的历史、内涵、适用范围及其与其他社会形态的关系进行考察，或对"五大社会形态"进行再阐释。此外，学界还对马克思所论述的以亚洲为代表的东方社会的固有特征与特殊的发展规律进行了科学阐明，提出了构建唯物史观的崭新形态——"东方史观"的主张。总体来看，史学界在对马克思主义社会形态理论进行再研究的同时，对中国独特的历史变迁情况也进行了分析，反映出马克思主义在新时代史学研究中的主导地位得到进一步巩固，证明了唯物史观蓬勃的学术生命力和解释力，这将是新时代历史理论研究的重要学术增长点。

（四）构建中国本土的史学理论体系形成强劲思潮

进入新时代，构建中国特色哲学社会科学学科体系、学术体系、话语体系成为学界广泛共识。对历史学研究来说，尽快构建起具有中国特色的本土史学理论体系，成为新时代历史学研究健康发展的当务之急。在这个问题上，学术界主张从宏观和微观两个层面共同发力：在宏观上，逐步形成符合历史特点和历史进程的清晰脉络和整体框架；在微观上，对术语、概念、范畴等做细致分析和谨慎抉择，探索体现继承性、民族性的学科体系建设之路。②

构建"中国历史哲学"设想的提出，是新时代学术界探索构建中国本土史学理论体系的有益尝试。"中国历史哲学"是关于中国历史发展过程的理论考察，包括中国历史道路的特殊性、中国社会历史阶段的划分、中国社会矛盾、中国文化精神及文化属性、多民族国家

---

① 安启念：《马克思的大唯物史观及其史学价值》，《理论探索》2016年第1期；侯继迎、倪志安：《实证·总体·实践：历史唯物主义理解三题》，《哲学动态》2018年第1期；王让新、李弦：《"现实的人"的理论跃迁：历史唯物主义的深度解读》，人民出版社，2018。

② 瞿林东：《理论研究与学科体系》，《史学理论研究》2017年第2期。

形成、历史上的国家与社会等内容，主要任务是要建构中国历史的过程体系，建构一部有内在逻辑联系的理论形态的中国历史。[①] 与此同时，构建"马克思主义史学理论新形态"成为新的呼唤。[②]

（五）历史认识论研究取得长足进展

历史学永远需要对影响历史认知的非证据性因素保持警觉，史学理论研究必须直面历史认识论、知识论等当代世界范围内史学理论的高水平前沿问题。近年来，受后现代思潮影响，不少学者将历史认识论作为深耕领域，部分学术期刊也组织了相关讨论。如《历史研究》于2018年刊发了一组文章，内容涉及阐释学与历史学的关系、公共阐释理论视域下的公共历史文化机制建设、思想史研究领域作者和文本之间的关系等。学界普遍认为，马克思主义历史哲学与后现代主义历史哲学之间存在重大区别，前者将历史认识论与历史本体论视为有机整体，而后者否定历史的客观实在性和历史矛盾运动的客观规律性，随心所欲地解读历史，对史学研究提出了挑战。加强对马克思主义历史认识论的研究，在新时代建设中国的历史阐释学，对于当前构建中国特色史学理论话语体系十分必要。

二 问题与挑战

新时代以来，全国史学理论与史学史学科发展布局呈现出新变化，下设马克思主义历史理论、中国史学理论与史学史、外国史学理论与史学史、历史思潮、中国通史、国家治理史、中华文明史、中外文明比较、海外中国学9个研究室的中国社会科学院历史理论研究所成立。在史学研究领域，诸如中华文明起源、中华优秀传统文化的历史作用、中国历代治理体系等历史理论的相关问题，日益受到学界的高度重视。随着马克思主义中国化时代化的不断推进以及相关研究的深入，史学理论学科在观念、方法等方面均有所突破，展露出不同以往的新气象。但需要注意的是，与中国史的其他几个二级学科发展相比较，当前，史学理论研究在学科建设方面还面临不少问题和挑战。

（一）马克思主义理论研究相对弱化

近年来，虽然史学界直面西方后现代思潮的挑战，站在现代实践、科学和哲学的基础上，重新解读唯物主义历史观的文本，对唯物主义历史观这一马克思主义史学基本理论进行

---

① 李振宏：《关于建设中国历史哲学的初步构想》，《四川师范大学学报》（社会科学版）2018年第6期。
② 于沛：《〈史学理论研究〉三十年：构建马克思主义史学理论新形态的三十年》，《史学理论研究》2017年第2期。

了现代诠释，取得了一定成绩，[①] 但总体来看，当前，马克思主义史学在理论层面上的建构还需加强，不少已有研究对马克思主义和唯物史观的解释力度、对社会经济形态及人民群众历史作用的关注还相对缺乏，存在着唯物史观研究的学院化倾向，整体性、贯通性的综合研究还相对欠缺。如何将马克思主义的观点与中国的历史、现实相结合，需要广大史学工作者在理论修养、批判能力、反思能力等各个方面做出进一步的努力。

（二）基础理论研究相对薄弱

新时代以来，学术界先后迎来了改革开放 40 周年、新中国成立 70 周年、中国共产党成立 100 周年等重要时间节点。通过回顾新中国成立以来史学研究的发展状况，系统总结所取得的主要成就，分析存在的问题，并探讨未来的发展方向，成为新时代以来史学研究的特点之一。在史学理论研究方面，"五朵金花"问题的大讨论、白寿彝的中国通史理论、吴于廑的整体史观等成为中国学界 70 多年来，在探索马克思历史理论的中国形态上具有里程碑意义的重要成果。[②] 但与以往相比，近年来，与史学史研究领域的丰硕成果形成鲜明对照的是，学术界目前对史学理论的研究相对较为逊色，对历史理论的研究则相对更为薄弱，主要表现在有关历史进程本身的一系列重大问题上长时间缺乏有突破性的成果。可以说，历史理论的相对弱化乃至缺失，已成为制约历史学研究发展的一个主要因素。这也使得在最需要为社会发展和国家建设提供历史借鉴的时候，历史学可能不能及时发挥应有的作用。

"历史"是被阐释的历史，历史研究是在认识论的范畴和认识论的意义上展开的，如何加强对马克思主义历史认识理论的研究，摆脱既往中国历史研究中存在的西方学术思想、话语体系的束缚，取得创新性认识，提炼出富有启发性和解释力的具有中国特色的本土化概念和理论，以提升对中国历史问题的阐释力、解读力，使历史唯物主义不断强化面向中国问题的研究能力，适应新时代中国社会和历史研究的新需要，是当前学界加强史学基础理论研究需要直面的重要挑战。

（三）对社会重大现实问题的关注相对不够

讲求"致用"，注重"以史经世"，在埋首著述的同时关注现实社会，是中国史学的优良传统，也是一直以来中国马克思主义史学所强调努力的方向之一。但长期以来，史学理论与社会现实之间仿佛隔着一条鸿沟，一些研究者专注于自身学术领域的探讨，对现实社会缺乏关注，史学理论研究有流于空洞的风险，主要表现为相关研究从理论到理论、从概念到概念，脱离社会实践。由于缺乏应有的理论视野和运用科学理论指导史学实践的自觉，当前历

---

① 杨耕：《危机中的重建：唯物主义历史观的现代阐释》，北京师范大学出版社，2018。
② 于沛：《批判与建构：新中国史学理论研究的回顾与思考》，《历史研究》2019 年第 4 期。

史研究存在一定的"碎片化"现象，影响研究层次的提升和对历史进程的规律性认识。当代中国社会中诸多重大问题，迫切需要史学工作者从理论与实际结合的角度做出符合时代要求的满意回答。

（四）话语系统的构建和面向世界的能力相对不足

现代中国历史学是在近代西方学科体系传入中国的大背景下建立并发展起来的，许多理论和术语引进自西方。尽管学术界一直在强调对传统史学遗产的发掘和整理，也取得了一定成绩，但总体看来，目前我国本土史学理论和话语体系的建设仍然相对不足。众所周知，与西方社会相比，中国有着独特的文明起源和历史道路，对中国历史的考察不能盲目套用那些基于西方经验形成的理论体系，这会导致中国史学自我意识的缺失。由于现有研究多将重点置于对既往史学发展历程的知识性梳理，理论建设方面的研究稍显薄弱，尚未将既有史学史研究成果上升为具有理论高度的系统认识和话语体系，同时未能有效借鉴其他学科的优秀理论和概念工具，导致当前历史学学科发展问题意识和研究范式的更新相对缓慢，在一定程度上削弱了史学理论研究的"高度"和"反思"特质。如何在全球学术研究的思潮激荡中拥有话语主动权，建立具有中国特色的历史学"三大体系"，是新时代摆在广大史学工作者面前的现实问题。

三 方向：构建中国特色的史学理论话语体系

党的二十大报告提出了"加快构建中国特色哲学社会科学学科体系、学术体系、话语体系，培育壮大哲学社会科学人才队伍"[①]的重要任务。学科体系、学术体系、话语体系三者彼此相对独立，又相互联系、密不可分。其中，话语体系主要包括概念、范畴、命题、判断、术语、语言等，是构成学科体系之网的纽结。[②]应该说，话语体系是复杂的思想观念的表达系统，不仅涉及语言的叙述方式，而且承载着一定的思想取向、价值取向和民族观念，是文化软实力的体现。建设具有中国特色的史学理论体系，是当前中国马克思主义史学面临的一项重要任务。

（一）建设以马克思主义唯物史观为指导的史学方法论，建立成体系的学科理论和概念

唯物史观是马克思主义的基本观点，也是中国史学的旗帜和灵魂，在我国的史学研究

① 习近平：《高举中国特色社会主义伟大旗帜　为全面建设社会主义现代化国家而团结奋斗——在中国共产党第二十次全国代表大会上的报告》，人民出版社，2022，第43—44页。

② 谢伏瞻：《加快构建中国特色哲学社会科学学科体系、学术体系、话语体系》，《中国社会科学》2019年第5期。

中居于重要的指导地位。但 20 世纪 90 年代以来，随着思想文化、意识形态等领域内交锋的加剧，唯物史观一度面临来自各方面的挑战。在各种西方社会科学思想、观念，特别是后现代解构主义思潮的影响下，文化虚无主义、历史虚无主义等观点甚嚣尘上。尽管学术界从未放弃过对相关挑战的回应，并一再重申唯物史观的科学性，但要从根本上破除各种西方思想特别是后现代思潮对中国史学研究的不良影响，必须建设创新的、以马克思主义唯物史观为指导的史学方法论，加强对学科理论、学科概念的建设。

习近平在哲学社会科学工作座谈会上的重要讲话中指出："要善于提炼标识性概念，打造易于为国际社会所理解和接受的新概念、新范畴、新表述，引导国际学术界展开研究和讨论。这项工作要从学科建设做起，每个学科都要构建成体系的学科理论和概念。"① 成体系的学科理论是形成中国风格学术体系的理论指导，成体系的学科概念是建立中国特色学科体系的理论基石。对于历史学研究来说，就是要改变当前部分研究领域内存在的"碎片化"倾向，打破各研究领域之间的壁垒。既要完善中国特色马克思主义史学理论的研究，包括历史认识论、本体论、方法论；也要注重总结、提出具体历史研究中的理论问题，注重从长时段、大历史的研究中形成理论性成果；更要注重对重大理论问题的关注和对现实问题的回应，提出具有中国特色的理论问题，摆脱对西方学术体系、话语体系的亦步亦趋、盲从崇拜。对待西方的史学理论，需要站在中国史学立场，审视其价值意义。

我们必须深刻认识到，只有加强马克思主义唯物史观对历史研究的指导，提高人们自觉运用马克思主义进行历史研究的坚定性，才能推动新时代史学理论研究的进一步发展，并进一步促进中国史学的健康发展。运用唯物史观进一步总结、阐释中国历史发展，将研究的视角集中于中国历史变迁的实际过程，集中于中国史学发展演变的历史脉络，形成具有中国特色的，以马克思主义唯物史观为指导的史学方法论，将是未来史学理论研究工作者需要持续努力的方向。

（二）发扬中国史学优良传统，发掘中国史学的民族特色

历史具有传承性，文化也有其传承。作为中华文化灿烂宝库中的一颗璀璨明珠，中国传统史学在漫长的演进过程中形成了较为完备的修史制度和秉笔直书、关怀现实、注重经世的优良传统，出现了司马迁、刘知幾、章学诚等一大批"究天人之际，通古今之变"的杰出史学家。习近平强调，"新时代坚持和发展中国特色社会主义，更加需要系统研究中国历史和文化"。② 新时代史学研究的健康发展、中国特色史学理论话语体系的构建，同样也需要从中华民族积淀深厚的史学传统中汲取营养。这些都要求新时代的中国史学理论研究发扬中

---

① 习近平：《在哲学社会科学工作座谈会上的讲话》，第 24 页。
② 《习近平致信祝贺中国社会科学院中国历史研究院成立强调　总结历史经验揭示历史规律把握历史趋势　加快构建中国特色历史学学科体系学术体系话语体系》，《人民日报》2019 年 1 月 4 日，第 1 版。

国史学的优良传统，发掘中国史学的民族特色。

一是要加强对中华民族史学传统的阐释和分析。源远流长、内容丰富的史学传统是当前构建中国特色史学理论话语体系的宝贵资源，也是新时代丰富和发展中国马克思主义史学的理论源泉。构建中国特色的史学理论话语体系，需要注意沟通马克思主义史学基本理论与中华优秀传统文化之间的关系，将唯物史观同中国历史实际相结合，积极吸纳中华优秀传统文化之精华，并合理借鉴西方社会科学研究中的优秀成果。

在这个方面，学术界已经取得了一些有价值的成果，比如20世纪90年代兴起的中国古代史学批评研究就是其中一个典型例子。在此基础上，进一步系统地挖掘中国古代史学批评的理论与方法，在新时代撰成了系统的《中国古代史学批评史》，建构起史学批评史的研究构架和具体路径，[①] 这对继承和发扬中国古代优秀史学理论遗产，推动当代史学理论发展具有重要的理论和实践意义。

二是要做好理论概括和研究阐释。通过对传统史学思想的发掘，提炼总结中国史学的内在精神，不仅有助于更好地认识中国史学独特的发展历程，也有助于在新时代更好地构建基于中国本土的历史学理论体系。这就需要学术界在对传统史学的研究和分析中，努力总结和阐释那些显示中国史学民族特色、具有当代价值，具有中西融通学理意义的内容、思想、命题和方法，并力求做出新概括、新表述，以展示传统史学和近现代史学的成就与独特魅力，促进中国学术向世界传播。[②]

（三）坚守中国史学立场，构建中国历史学的自主知识体系

党的十八大以来，学术研究本土化成为学术界引人瞩目的方向性变化。习近平在哲学社会科学工作座谈会上的重要讲话中提出"加快构建中国特色哲学社会科学"这一重大任务，并强调"不断推进学科体系、学术体系、话语体系建设和创新，努力构建一个全方位、全领域、全要素的哲学社会科学体系"，[③] 为我国哲学社会科学的长期健康发展指明了方向。2019年1月，中国社会科学院中国历史研究院成立。在致中国历史研究院的贺信中，习近平指出，要"坚持历史唯物主义立场、观点、方法，立足中国、放眼世界，立时代之潮头，通古今之变化，发思想之先声"，[④] 为历史学学科体系、学术体系、话语体系的构建指明了基本的路径和方向。

过度使用西方史学理论的话语体系、研究范式来分析中国历史问题，缺乏自主性的历史解释体系，是当前中国史学发展亟待克服的弊端之一。如何在马克思主义唯物史观指

---

① 瞿林东主编《中国古代史学批评史》，湖南人民出版社，2020。
② 陈其泰：《关于拓展中国史学史研究的思考》，《陕西师范大学学报》（哲学社会科学版）2015年第4期。
③ 习近平：《在哲学社会科学工作座谈会上的讲话》，第22页。
④ 《习近平致信祝贺中国社会科学院中国历史研究院成立强调　总结历史经验揭示历史规律把握历史趋势　加快构建中国特色历史学学科体系学术体系话语体系》，《人民日报》2019年1月4日，第1版。

导下，以中国历史实际为研究起点，摆脱长期以来对西方理论话语的盲从崇拜，构建起具有中国自身特色的史学理论学术体系和话语体系，受到学者们的广泛关注。2022 年 4 月，习近平在考察中国人民大学时强调，"加快构建中国特色哲学社会科学，归根结底是建构中国自主的知识体系"，[①] 提出了构建中国特色哲学社会科学自主知识体系这一重大任务，在哲学社会科学研究的各个领域中都产生了积极反响，引发了热烈讨论。

对于历史学研究来说，构建中国历史学自主知识体系，一方面凸显的是中国史学的主体性地位，要求学术的继承性和理论的原创性，具体说来，就是在坚持马克思主义唯物史观的指导下，通过发掘和整理传统史学的优秀遗产，建设有中国话语特色、基于中国本土的史学理论体系，建构有内在逻辑联系的理论形态的中国历史。另一方面凸显的则是中国史学的实践性和时代性，这需要广大史学理论研究工作者关注现实，推动学术研究与新时代发展同频共振。经世致用是中国史学的鲜明底色，史学理论研究的最高目标是直面实践、融入时代，立足中国实际，解决中国问题。回答中国之问、世界之问、人民之问和时代之问，是史学理论研究繁荣发展的动力。史学理论研究在中国的发展史告诉我们，越是社会转型、社会变迁激烈的时期，越是史学理论蓬勃发展的时期。20 世纪 50、60 年代，史学界围绕着古史分期、汉民族形成、社会发展形态等基本理论问题，进行了广泛而深入的学术讨论，对中国的历史道路问题进行了探索。党的十八大以来，中国特色社会主义建设事业蓬勃发展，要求史学界关注现实，对社会发展过程中的各种问题做出深层次的理论回应，时代的变革和中国人民历史实践的伟大发展，给历史研究带来了新的视野和新的课题。史学理论研究者需要直面时代，发挥更大的作用。

需要指出的是，构建中国历史学自主知识体系，还需要进行知识、理论和方法上的创新，推动中国史学屹立于世界史学之林，凸显中国史学的世界价值。史学研究工作者要在对中外优秀史学理论遗产的综合研究中，汲取包括自然科学在内的一切科学研究的优秀成果，创造性地建立研讨中国历史的新思路、新方法，在国际史学对话中做出科学回应，形成国际学术前沿的相互关照，构建出既符合中国历史和中国史学实际，又具有全球视野的、融通古今中外的当代中国史学话语体系。

党的十八大以来，构建有中国特色的史学理论体系已经成为学界共识。学者们普遍认为，要用中国话语发展当代史学理论，建设有中国话语特色的史学理论体系，建构有内在逻辑联系的理论形态的中国历史。当前，在历史学研究的一些具体领域，从中国本位出发开展研究已渐成主流，可以预见的是，"中国史重返故土"的研究热潮，将会在未来若干年内在史学研究的更深层次和更广范围内展开。植根于中华民族 5000 多年悠久历史所形成的丰富

---

① 《习近平在中国人民大学考察时强调　坚持党的领导传承红色基因扎根中国大地　走出一条建设中国特色世界一流大学新路》，《人民日报》2022 年 4 月 26 日，第 1 版。

史学积淀，吸收不断深化的马克思主义唯物史观研究的理论滋养，新时代的中国史学理论研究，需要朝着构建中国历史学的自主知识体系这一方向，做出更大努力。

结 语

总体来看，构建具有中国特色的史学理论体系，是新时代中国史学面临的一项重要任务，也是未来史学理论与史学史学科发展的方向。新时代中国特色社会主义的伟大实践呼唤理论创新，广大史学研究工作者要从中华民族5000多年连绵不断的文化传统的优秀基因中，创造性地发掘出具有普遍意义和未来价值的文明观念，并真正将其创造性转化创新性发展成我们思考世界、思考历史和思考时代的有效方式，自觉担负起推动构建中国特色历史学"三大体系"的时代使命，以扎实的学术研究，做出不负民族、不负时代的应有贡献。

〔本文原载《求索》2023年第2期。作者杨艳秋，中国社会科学院历史理论研究所研究员〕

中国百年考古学成就与中国古都学研究之思考

朱士光

摘 要 中国现代考古学百年来通过几代考古学者艰苦卓绝的努力，取得了辉煌的成就，其中古代都城考古发掘研究，实为中国百年考古成就之耀眼的亮点。在国家文物局指导下，中国考古学会与中国文物报社联合主办的"百年百大考古发现"遴选推介活动，经两轮评选产生的100项重大考古发现项目，内中直接标明为古代都城遗址者就多达23项，还有17项与古代都邑有关，二者合计40项，占比达40%。这充分表明，中国古代都城及具都邑性城址在历史上发挥的作用之重大，也表明对其进行发掘研究在中国考古学发展中所占地位的重要。中国古都学界还当在以往借助中国考古学研究成果促进中国古都学形成、建立与发展的基础上，进一步加强与中国考古学界合作，对历代主干王朝之都城，对三代前之新石器时代具都邑性聚落与城址，对古代中原地区周围边疆区域各民族所建都城加强深入性、溯源性、开拓性研究，并据之对中国古代都城规划、布设之纲要原则以及中国古都学之学科理论开展深入研究与深层次阐释建设。

关键词 中国考古学 中国古都学 古代都城 古代都邑

一 古代都城考古发掘研究——中国百年考古成就之耀眼亮点

中国现代考古学诞生于距今百余年前的 1921 年 10 月 2 日至 12 月 1 日，以当时任职于中国北洋政府农商部地质调查所的瑞典地质学家安特生与中国地质学家袁复礼等对河南渑池县仰韶村进行的考古发掘，并将之命名为"仰韶文化"，作为中国新石器时代的标志性文化。截至 2021 年 10 月，中国考古学走过了 100 年艰苦卓绝的历程。在隆重纪念百年来中国考古学所取得的辉煌成就以缅怀前贤鼓励后辈之际，在国家文物局的指导下，中国考古学会与中国文物报社联合主办了"百年百大考古发现"遴选推介活动，从各省区市文物管理部门与考古研究机构推荐的321个项目中，经过初选与终评两轮评选，产生了100项重大考古发现项目，并在2021年11月5日《中国文物报》之第5版至第16版上隆重刊出，令人倍感惊喜。笔者作为中国考古学准入门者，在仔细阅读完100项入选项目的精要介绍与评论资讯后发现，在这百大考古发现项目中，涉及中国古代都城考古的项目有23项，涉及古代都邑考古的项目有17项（见表1），二者相加多达40项，占到中国百年百大考古发现项目的2/5。这当然是百年来中国考古学数以千计的考古发现项目中最具影响力的，若再加上未入选百大考古项目中的不少涉及古代都城及具都邑性的遗址，这一数量会更大，开列的名单会更长。

表1 中国百年百大考古项目所涉中国古代都城、都邑考古项目

时期	遗址性质及数量	考古项目	时期	遗址性质及数量	考古项目
新石器时代	古代都邑（5个）	山西襄汾陶寺遗址	两周	古代都邑（3个）	河北平山战国中山王墓
		辽宁朝阳牛河梁遗址			四川成都金沙遗址
		浙江余杭良渚遗址			陕西宝鸡周原遗址
		河南巩义双槐树遗址	秦汉	古代都城（3个）	陕西秦咸阳城遗址
		陕西神木石峁遗址			陕西汉长安城遗址
夏商	古代都城（2个）	河南郑州商城遗址		古代都邑（5个）	吉林集安高句丽王城、王陵及遗址墓葬
		河南安阳殷墟			江苏徐州汉楚王墓群
	古代都邑（4个）	河南偃师二里头遗址			江西西汉海昏侯墓
		河南偃师商城遗址			广东广州南越国官署遗址及南越王墓
		湖北黄陂盘龙城遗址			新疆民丰尼雅遗址
		四川广汉三星堆遗址			云南晋宁石寨山古墓群
两周	古代都城（9个）	北京琉璃河遗址	三国至隋唐	古代都城（5个）	河北临漳邺城遗址及磁县北朝墓群
		河北易县燕下都遗址			黑龙江渤海国上京龙泉府遗址
		山西临汾晋侯墓地及曲村——天马遗址			河南汉魏洛阳城遗址
		山西侯马晋国遗址			河南隋唐洛阳城遗址
		山东临淄齐国故城			陕西大明宫遗址
		山东曲阜鲁国故城	宋辽金元	古代都城（4个）	内蒙古辽上京遗址
		河南洛阳东周王城遗址			内蒙古元上都遗址
		陕西西安丰镐遗址			黑龙江金上京会宁府遗址
		陕西凤翔秦雍城遗址			浙江杭州南宋临安府遗址及官窑遗址

就表1中所列40项中国百年百大考古发现入选项目而言，充分表明中国古代都城及具都邑性城址在历史发展中发挥作用之重大，同时还表明对其进行发掘研究在中国考古学发展

中所占地位之重要。也可以说，古代都城及具都邑性城址之发掘研究，是中国考古学发掘研究进程中不可或缺的部分，同时也彰显出古代都城考古发掘研究，确为中国百年考古成就之耀眼亮点！

二 中国古代都城考古发掘研究成果与中国古都学研究

我国历史悠久，国祚绵延不绝。而在漫长的 5000 多年发展史中，朝代时有更迭，政权屡有兴替，因而在辽阔的中华大地上，兴起了数量众多的各个朝代与政权的政治统治中心——都城。我国著名古都学家、中国古都学会创建人之一的史念海曾在《中国古都概论》一文中，对我国多种类型的古都做了精细梳理与统计，按他对古都所做的定义，就广义的古都而言，自三代以下，共有 217 处之多。[①] 之后，又有学者，包括笔者在内，续有增补。面对我国数百座古都，我国历代学者对之都有记载、论述，在《史记》《汉书》等著名史籍中均有相关的记述，甚至还出现了《长安志》《唐两京城坊考》《三辅黄图》《洛阳伽蓝记》《东京梦华录》《汴京遗迹志》《历代宅京记》等专事论述古代都城的专著，史料至为丰富，内中实也包含不少对前代都邑遗迹的记录。事实上，自 1921 年中国现代考古学诞生以来，就有不少考古学家，对我国一些古都考古发掘的成果进行整理研究，推出一批论著，有力地推动了中国古都研究进程。因而也促使史念海于 1985 年秋在洛阳举行的中国古都学会第三届学术年会上倡议建立中国古都学，并高度赞赏我国考古学的研究突飞猛进，成绩卓著，一些古都考古研究实占其中主要地位。这些发掘和研究使许多古都当年的规模逐渐为世人所知悉，的确是难能可贵的。由此可见，中国考古学的发掘、研究成果，对中国古都学建立与发展的推动作用早已有之，且为中国古都学界所确认，只是在中国考古学经历百年发展之后，这一作用更为彰显。具体而言，中国考古学百年来之发掘与研究成果，对中国古都学的建立与发展之推动作用，主要体现在下述 3 个方面。

1. 对史籍有较具体记载，又为人们熟知的古都，补充提供了大量确凿精准的实物资料与证据。凡涉及古代都城的考古发掘与研究报告，对古都所在区域位置及其特点以及都城形制、结构、规模，均依据发掘所得一一准确载明，大多配有平面图。有的都城平面图，不仅标明了都城各组成部分的位置与形状，还载明了比例大小，使读者能从中清晰明确地获知都城的整体布局与各部分建筑的具体情况，较之文献记载远为形象直观，为人们进一步开展深入研究提供了第一手的翔实精确的实物资料与证据。

2. 对夏商及之前时期史籍记载缺佚或语焉不详的一批远古都邑，相关的考古发掘与研

---

① 史念海：《中国古都概论》，《中国古都和文化》，中华书局，1998。

究成果更是做了填补空白的重大贡献。这方面的例证很多，入选百年百大考古发现的即有夏商时期的河南偃师二里头遗址与商城遗址、湖北黄陂盘龙城遗址、四川广汉三星堆遗址以及新石器时代的山西襄汾陶寺遗址、辽宁朝阳牛河梁遗址、浙江余杭良渚遗址、河南巩义双槐树遗址、陕西神木石峁遗址等。此外未入选百年百大考古发现的尚有不少，特别是夏商、西周与春秋、战国时期许多方国都邑，还有一些边疆各民族历史时期所建政权的都邑。近年来，它们中的一些也为考古发掘揭示出来。就我所知，即有在今山东省滕州市城南的夏商周时期存世1500余年的薛国古城遗址；[①]在今云南省广南县牡宜村发现有滇王墓，揭示出汉代滇南桂西境内句町古国及其都邑的神秘面纱；今贵州省黄平县旧州镇之且兰古国都邑；在今西藏自治区札达县发现公元9世纪中叶至17世纪中叶历时800余年的古格王国都邑；[②]等等。应该说上述这些远古时期方国都邑与边境地区民族政权都邑，因时隔久远、地区偏僻，文献史籍记载缺佚或简略，学界对之所知甚少，均赖考古发掘与研究之成果，才使它们之古都身份与价值得以再现。

3. 大量有关古代都邑的考古发掘与研究成果，揭示出新的关于古代都邑的探讨线索。专就为庆祝中国考古学百年发展历程所取得的重大成就而评选出的百大考古发现中，除表1举出的40个项目名称外，还有一些项目也包含古代都邑的内容。例如，山东章丘城子崖遗址、湖北荆门屈家岭与天门石家河遗址、湖南澧县城头山遗址，等等，这些遗址都有颇具规模的古城址。城子崖城址被论定"已经成为一个权力、经济、文化的中心，具备早期方国的特征"；屈家岭遗址被论定"聚落等级高，规模巨大，结构完整，文化发展连续性强，影响深远"；石家河遗址被论定"是长江中游地区延续时间最长、面积最大、等级最高的史前都邑性聚落群"；城头山遗址被论定"是中国迄今所发现的年代最早、保存最完整、内涵极其丰富的古城址。作为中国最早之城的城头山是中国文明起源最初的坐标"。[③]从上述论定的权威性内容看，这些新石器时代的古城址，实具当时一定区域内政治中心的性质与功能，带有中国古代都邑萌生时期的特点，也当作为中国古代都邑的研究对象，借之可将中国古代都邑之源头与完整的发展历程探明。

还当指出的是，在中国考古学百年百大考古发现的遗址中，还有一类遗址，如两周时期的河南三门峡虢国墓地、湖北随州曾侯墓群等，虽其本身只是虢国"大型邦国公墓地"、曾国"诸侯级墓葬遗址"，然而它们的发掘、研究成果也为探寻虢国、曾国等诸侯邦国之都邑提示了区域范围。可据之在其附近区域通过地面踏查与重点发掘，很有可能找到它们当时的政治中心城址所在。

---

① 刘丽：《薛国故城出土青铜器中的夷夏融合元素》，《中国文物报》2021年8月17日，第6版。
② 张建林：《秘境之国——寻找消失的古格文明》，西北大学出版社，2019，第297—302页。
③ 《百年百大考古发现》，《中国文物报》2021年11月5日，第8—9版。

三　中国百年考古学重大成就对推进中国古都学发展的几点启示

中国百年考古学发展进程中，对5000多年来历代都城以及之前新石器时代具有都邑性遗址的考古发掘与研究，实占有十分重要的地位，并均取得令人信服的重大学术成果。因而中国考古学会理事长王巍在为纪念中国现代考古学诞生100周年撰写的《百年百大考古发现　展示辉煌中华文明》一文中，阐述百年考古在探索中华文明起源与形成、展现三代王国文明、揭示统一多民族国家的形成与发展等3个方面，对繁荣中华文明起了重大作用，所举例证主要都是本文曾列举的一些古代具都邑性聚落、城址及都城。[①] 由此，更凸显了中国古都学的学术价值与现实意义，对中国古都学界也是莫大的鼓舞与鞭策！由此激发与启示笔者，对中国古都学今后进一步发展提出一些刍荛之见，供学界同人思考践行。

1. 更充分广泛地借助考古学者的发掘与研究成果，着重从下述3个方面开展深入、全面的研究。一是对自夏、商、周，历秦、汉、隋、唐，迄宋、元、明、清之历代中国主干王朝之都城进行更深一步研究；二是对三代前之新石器时代一批具都邑性聚落、城址进行溯源性研究；三是对古代中原地区周围边疆区域各民族所建都城进行开拓性研究，全面推进中国历史上众多古都的深入研究。在对古代都城与具都邑性聚落、城址进行深入全面研究时，最好还能相互合作协同进行研究。

2. 对中国古代都城规划布设之纲要原则开展进一步的深入研究。这方面工作，此前虽有不少中外学者曾经做过一定的探讨研究，但还需进一步加深研究。今后的努力，可以在两方面展开。一方面，可借鉴考古学家们的研究思路，如俞伟超在《中国古代都城规划的发展阶段性——为中国考古学会第五次年会而作》一文中，就曾对中国古代都城划分出商和西周、东周至两汉、曹魏邺都北城到隋唐两京城、北宋汴梁至明清北京等几个阶段，分别论述了各阶段中国古都规划特点及形成原因，还论及其变化历程。[②] 这显然为我们今后继续深入研讨中国古都规划问题提供了宝贵的借鉴。另一方面，在这一领域研究中，今后还可考虑与考古学家、古建筑学家合作，对一些重要古都之代表性建筑进行复原探讨，使中国古都之规划与建设研究更具立体直观性。

3. 对中国古都学之学科理论继续进行深层次的阐释建设。按学界通识，一门学科的形成与发展，必须要有该门学科之理论奠基引领；同时，随着学科的不断发展，也会对丰富与深化学科自身理论建设做出积极的贡献。中国古都学，自1985年秋由史念海在洛阳召开的

---

① 王巍：《百年百大考古发现　展示辉煌中华文明》，《中国文物报》2021年11月5日，第5—6版。
② 俞伟超：《中国古代都城规划的发展阶段性——为中国考古学会第五次年会而作》，《文物》1985年第2期。

中国古都学会第三届学术年会上倡言建立以来，笔者因机缘际会倾情投身于这门新兴学科，其间也对其学科理论建设做了些探求工作。例如，笔者在 2005 年发表的《中国古都学理论建设刍议》一文中，就提出了加强中国古都学理论建设要注意中国古都学的学科性质与任务、要深刻把握中国古都学的学科特性、要恰当关注中国古都学学科组成之层次性与相应的理论体系之层次性等见解；[①] 还在另外几篇相关论文中提出，开展中国古都学之学科理论建设，要从古都所在区域之宏观地理形势与古都城郭内外之微观地理特点入手，并结合古都所在区域之地域文化、都邑自身之建筑文化与影响涉及都邑发展演变之制度文化，进行综合性研究，升华凝结出古都文化，从而推进中国古都学理论建设取得更为深厚丰硕的成果。[②]

述往事，当然还是为了谋未来。尽管中国古都学之理论建设在学界同人共同努力下已取得不少进展，但今后还需要进一步发展。为此在当今自当充分借重百年考古学发展所提供的有关古都与上古都邑之丰富的发掘研究成果，就这些古都及都邑性城址已考定位置所在地之区位特点与它们城郭内外区域之地理特征以及它们的规划、布局特点和建筑物风格，从学科理论高度进行精深研讨，这必将会对中国古都学之理论建设增添新的内涵，提升其理论高度。

〔本文原载《陕西师范大学学报》2023 年第 1 期。作者朱士光，陕西师范大学西北历史环境与经济社会发展研究院教授〕

---

① 朱士光:《中国古都学理论建设刍议》,《中国历史地理论丛》2005 年第 1 期。
② 朱士光:《中国古都与中华文化关系研究》,《陕西师范大学学报》(哲学社会科学版) 2004 年第 1 期；朱士光:《中国古都学研究的现状与展望》,《中国历史地理论丛》1990 年第 3 期。

二里头文化的文字符号与礼制文明

袁广阔

摘　要　近年来，河南偃师二里头、伊川南寨等遗址均出土了一定数量具有象形文字特征的符号，字形上可与商代金文相互对照。同时，二里头文化发现了成套的陶礼器和青铜礼器，表明该时期正是早期中国礼制趋于完备的阶段。晚商金文中一些器物类象形文字，在构型上与同时代器物文字存在明显的形态差异，反而与年代较早的二里头文化器物文字风格接近，字体创制时间可上溯至二里头文化时期。这批早期文字是中国古代文明独立孕育的产物，其发现与解读，见证了华夏文化礼器与文字的密切关系，以及中国古代文明核心的礼制文脉传承。

关键词　二里头文化　符号　文字　礼器

前　言

二里头文化是中原地区第一支强大而又空前统一的考古学文化，它改变了之前该区域不同类型考古学文化并存的格局。其分布中心在河南省中、西部的洛阳、郑州一带；辐射范围向西突入陕西关中东部、丹江上游地区，南及豫鄂交界地带，往东至少到达开封地区，北部抵达晋南垣曲盆地一带。二里头遗址位于伊洛河下游，遗址面积约 3 平方公里，内有宫城、宫殿、居民区、铸铜作坊等遗迹，最近发现的井字形道路系统表明，这是一座规划有序的大型都邑。二里头文化以二里头遗址为中心，周边有聚落和方国城邑围绕，形成周边拱卫中央的格局。二里头文化因其存在时间和分布范围与《史记》《国语》等文献记述的夏朝晚期的年代与活动区域相符，学术界一般认为二里头文化为晚期夏文化，二里头遗址为夏代晚期都城。①

---

① 参见王震中《论二里头乃夏朝后期王都及"夏"与"中国"》，《中国社会科学院大学学报》2022 年第 1 期。

长期以来，文字的存在与否一直是学界探讨早期文明的重要观察点。目前早商文字的发现和研究有了新进展，郑州发现的甲骨文、金文和小双桥的朱书陶文都可以证明此时文字已经发展到成熟阶段。如郑州二里岗遗址出土一段牛肋骨，上刻有 3 行 10 字。[①] 郑州小双桥的祭祀坑中一些小型陶缸的表面或内壁发现有朱书文字，其文字内容可分为数目字类、徽记类和祭祀短语类，[②] 其陶文与殷墟甲骨文对比，可以看出二者存在明显的承继关系。种种迹象表明，商前期的文字展示出中国文字至此经历了较长时间发展，已是相对成熟的文字符号体系。正如黄德宽所说，小双桥遗址的文字展示出"写者已相当纯熟地掌握了书写技巧，表明当时文字发展和书写的整体水平较高，早已脱离原始状态"。[③]

早商文字的发现与研究为寻找更早的文字打下了基础，二里头文化考古新发现也为文字的研究引入了源头活水。近年来，随着一批二里头文化相关报告的集中刊布，[④] 人们发现这些二里头文化遗址均出土了一定数量且具有象形文字特征的符号。这些符号虽然往往单独出现，缺乏特定的文段语境，但字形多数已完全具备象形文字的特征，可与后期的甲骨文、金文相互对照。这些发现，对研究二里头文化晚期已使用的符号与文字的关系十分重要。

在早期文字的研究方法上，学界通常遵循上下沿承的研究理路。考虑到早期文字遗存相对缺乏，考古学界摸索出以殷墟文字为基础，利用象形文字追溯早期文字起源的方法论构想。"象形"是中国早期文字最主要的造字方法，苏秉琦曾说："象形字的创造者只能是模仿他们亲眼看到、生活中实际使用的器物形态。因此，甲骨文实物虽出自晚期商人之手，它们却为我们留下中国文字初创时期的物证。"[⑤] 近年刘一曼又提出可以利用考古遗迹、遗物来印证商代文字的设想，并指出甲骨文字中可与考古材料对读者不乏其例，考古学与甲骨学相结合的研究对甲骨文字释读是一种有效的方法。[⑥] 曹定云、[⑦] 杜金鹏、[⑧] 王晖[⑨] 也从金文、甲骨文构形入手，运用考古类型学的对比法，在比较二里头出土青铜器与晚商铭文方面，取得了可喜成绩。

新的考古发现和研究表明，二里头时期已形成完备的礼制，能够制造成套的礼器。这一阶段礼制仪轨的渐趋完备和文字系统的互文出现，应不是偶然，而是恰恰提供了二里头与

① 参见河南省文化局文物工作队编著《郑州二里冈》，科学出版社，1959，第 38 页。
② 参见河南省文物考古研究所编著《郑州小双桥——1990—2000 年考古发掘报告》下册，科学出版社，2012，第710—712 页。
③ 黄德宽：《殷墟甲骨文之前的商代文字》，《中国文字学报》2006 年第 1 期。
④ 参见中国社会科学院考古研究所编著《二里头 1999—2006》（壹—伍），文物出版社，2014；河南省文物考古研究所编著《伊川考古报告》，大象出版社，2012；郑州市文物考古研究所编著《郑州大师姑：2002—2003》，科学出版社，2004；郑州大学历史文化遗产保护研究中心编著，韩国河、张继华主编《登封南洼——2004—2006年田野考古报告》，科学出版社，2014；洛阳市文物工作队编《洛阳皂角树——1992—1993 年洛阳皂角树二里头文化聚落遗址发掘报告》，科学出版社，2002。
⑤ 苏秉琦：《华人·龙的传人·中国人——考古寻根记》，辽宁大学出版社，1994，第 89 页。
⑥ 参见刘一曼《殷墟车子遗迹及甲骨金文中的车字》，《中原文物》2000 年第 2 期。
⑦ 参见曹定云《夏代文字求证——二里头文化陶文考》，《考古》2004 年第 12 期。
⑧ 参见杜金鹏《关于二里头文化的刻画符号与文字问题》，《中国书法》2001 年第 2 期。
⑨ 参见王晖《古文字与中国早期文化论集》，科学出版社，2017。

商代文字的使用与礼制活动、礼器系统的关联性的重要线索。① 有鉴于此，我们认为目前寻找早期文字的研究理路，有两个可行的切入点：一是二里头文化考古遗存所见象形符号与商代象形文字的比较；二是晚商器物类象形文字与二里头时期青铜器、玉器以及陶礼器等器物的形态学比较。

一 二里头文化考古发现的符号

二里头文化的符号多刻画于陶器表面，2000 年以前学界已确认出二里头文化字符 64 个，2014 年《二里头》新报告又公布了 40 个字符。李维明对二里头文化陶器上的字符进行了量化分析，发现二里头遗址出土二里头文化符号基本字形不少于 50 种，约占所公布二里头文化陶字符基本字形总数的 78%。② 这些符号大体可分作数字类、文字类、图画类、印章类等。二里头文化的数字符号发现较多，符号位于大口尊口沿内壁，内容多为一、二、三、五、十，数字符号不是本文讨论的重点。下文主要讨论文字类符号。

（一）二里头文化的文字类符号

二里头文化发现的文字类符号又可细分为象形类、会意类、合文类和印章类。

1. 象形类

目前象形符号共发现 50 多例，依内容可分为七类。

（1）自然类。如山形，二里头遗址 ⅣT104③：31 作"＾＾＾"。③ 形状为三个连续相连的山丘。

（2）遗迹类。如城形，二里头遗址作"﹢﹢﹢"。④ 这一象形符号与二里头文化时期多处城遗址形状相符，如二里头遗址中部发现宫城。该符号明显作城邑之形，四边城墙上还有城门示意。如井形，二里头遗址 ⅣH199：3 作"□"。⑤ 曹定云认为它是"井"的象形字。⑥ 井在龙山时期就被普遍使用，河南汤阴白营遗址发现的水井用木棍砌出井形，与该符号的特征一致。⑦ 如庐形，二里头遗址 ⅧT13⑥：20 作"⌒"形。蔡哲茂认为它是"庐"字的初文，

① 参见严志斌《漆觚、圆陶片与柄形器》，《中国国家博物馆馆刊》2020 年第 1 期；李春华《从二里头遗址的主要发现看夏代礼器的几个特点》，《文物春秋》2006 年第 5 期。

② 参见李维明《二里头文化陶字符量化分析》，《考古与文物》2012 年第 6 期。

③ 中国社会科学院考古研究所编著《偃师二里头——1959 年—1978 年考古发掘报告》，中国大百科全书出版社，1999，第 304 页。

④ 杜金鹏：《关于二里头文化的刻画符号与文字问题》，《中国书法》2001 年第 2 期。

⑤ 中国社会科学院考古研究所编著《偃师二里头——1959 年—1978 年考古发掘报告》，第 203 页。

⑥ 参见曹定云《夏代文字求证——二里头文化陶文考》，《考古》2004 年第 12 期。

⑦ 参见安阳地区文物管理委员会《汤阴白营发现一处龙山文化晚期聚落遗址》，《中原文物》1977 年第 1 期。

与"六"同字，"六"为借字。① 王晖亦持此说。② 二里头文化中不少浅半地穴式房子，均与此字形相似。但曹定云认为应释为"皿"。③

（3）工具类。如镞形，二里头遗址ⅤH52：4作"↑"，为一矢的象形，也有的作"⤊"。④ 二里头文化发现大量的骨、石、蚌以及青铜镞，其形状多为三角形，与陶器上的镞形符号特征一致。如车形，洛阳皂角树遗址陶盆F4：8上的刻符作"⟨⊙⟩"。⑤ 两侧的圆较规整，中贯横轴，制如一轴二轮，顶部还有一扁椭圆形制表示车厢。如尊形，二里头遗址2005 VT114④：1作"▨"，图案位于大口尊类器物的肩部，小口长颈、平肩，平底近圜，从剖面的角度表现二里头文化早期小口尊的形态，⑥ 线图形状如图"⊔"。如平底盆，二里头遗址ⅣH73：12 ▄▄▄ 图案为二里头文化平底盆"\\＿」"。⑦ 大口、斜壁、浅腹，平底，从剖面的角度表现平底盆的形态。如罐形，登封南洼遗址陶器上的罐2004H224：5 ▮。大口，鼓腹，圜底。从剖面的角度表现的是二里头文化最常见的大口深腹罐。如龙形，▮，二里头遗址出土一块陶片（采：26），上刻有铜牌饰的"龙"的形象。⑧ 二里头遗址"龙纹"铜牌饰，分作圆角近似方形和圆角方形：两侧各有两个带孔的纽，龙形的绿松石小片镶嵌成兽面纹样，圆眼圆睛。该陶片"龙"形作为图案，简化突出首部、眼部特征，臣字目吻部两侧有似龙须的弯曲弧线。

（4）人体局部类。如目形，▮（二里头遗址ⅣT22⑥：11），为竖直、对称双目。报告人称为眼纹。⑨ 如手形，在郑州大师姑遗址二里头文化陶片（H39：17）上的手形绘符，虽然稍有残缺，但可以看出是个手形，而且是个线条造型类符号。⑩

（5）动物类。如鱼形，伊川南寨遗址发现了多例鱼形符号，如陶器（T86②）上的多条鱼形"～～～"。⑪ 如鱼鳔形，伊川南寨遗址陶器（T28H118）上的符号"⊂⊃"形，似一只葫芦，与鱼肚子里那个控制俯冲和上浮的气囊——鱼鳔形象一致。⑫ 如蝉形，登封王城岗遗址二里头文化遗存内发现一件陶簋，耳部外侧堆塑蝉纹。如龟形，二里头遗址

① 参见蔡哲茂《说金文"陆"、"睦"二字——兼论六、∧、宀、夅为一字》，《"故宫"学术季刊》（台北）1988年第1期。
② 参见王晖《古文字与中国早期文化论集》，第80—81页。
③ 参见曹定云《夏代文字求证——二里头文化陶文考》，《考古》2004年第12期。
④ 中国科学院考古研究所洛阳发掘队：《河南偃师二里头遗址发掘简报》，《考古》1965年第5期。
⑤ 洛阳市文物工作队编《洛阳皂角树——1992—1993年洛阳皂角树二里头文化聚落遗址发掘报告》，第74页。
⑥ 参见中国社会科学院考古研究所编著《二里头1999—2006》（贰），第515页。
⑦ 中国社会科学院考古研究所编著《偃师二里头——1959年—1978年考古发掘报告》，第203页。
⑧ 参见中国社会科学院考古研究所编著《偃师二里头——1959年—1978年考古发掘报告》，第302页。
⑨ 参见中国社会科学院考古研究所编著《偃师二里头——1959年—1978年考古发掘报告》，第48页。
⑩ 参见郑州市文物考古研究所编《郑州大师姑：2002—2003》，第109页。
⑪ 参见河南省文物考古研究所编著《伊川考古报告》，第75页。
⑫ 参见河南省文物考古研究所编著《伊川考古报告》，第75页。

（2000 Ⅲ T2 ⑤ A：25），为一龟。[1] 如鸟形（2002 Ⅴ T29 剖 D6 夯：3）。[2]

（6）植物类。如禾形，二里头遗址陶器（采：28）上的陶符，作"{符号}"。从形态特征来看，明显是禾苗之态。[3] 王晖认为是"叶"的初文。[4]

（7）其他类。如族徽类，但具体含义不明。"{符号}"偃师二里头遗址（Ⅷ T14 ④ B：13）符号为三角形。[5] {符号}（2003 Ⅴ T34 ④：13）符号似舟形。{符号}（2005 Ⅴ T102 ③：1）符号半弧状似"虹"。{符号}（2003 Ⅴ H215：4）符号位于细砂酱釉原始瓷盉的颈部，"私"形。[6] 这些符号刻画清晰，位置十分醒目。

2．会意类

（1）"箙"。二里头陶符号作"{符号}"形（Ⅷ H72：32），曹定云认为它是由"□"和"↑"构成的，即"井"和"矢"，均与捕获动物有关。这个组合符号如释作陶文，应当是个会意字，为箭盛放入箭袋之义。古代箭袋以竹木或兽皮为之，即后来汉字中的"箙"。《玉篇》："箙，矢器也。"商代后期金文中也有相似字形，一支箭的如{符号}、两支箭的如{符号}、三支箭的如{符号}。

（2）"丰"。二里头遗址陶符"{符号}"（Ⅳ T8 ③：7），曹定云、王晖都认为应释为"丰"字，并指出"丰"字的本义原指树木或树枝，后来引申为分封，成为"封"的初文。所以二里头陶符应该就是古"封"字。[7]

（3）"道"。二里头遗址出土陶符"{符号}"，曹定云认为是从"{符号}"从"{符号}"的字，所从的"{符号}"是甲骨文中的"大"字，即正面站立的人形；"{符号}"像道路，所以，"{符号}"表示人在路中，是会意字。甲骨文中有"{符号}"字（《合集》4910），[8] 从侧身站立的人形"{符号}"和道路之形"{符号}"，是古"道"字。二里头遗址出土的这个符号可能是甲骨文"{符号}"的初文，是更古的"道"字。[9]

（4）"射"。二里头 {符号}（Ⅱ Ⅴ T103 采：19），陶片上刻画为在弦上的箭，箭头为三角形，弦为一斜线。[10]

（5）"钓"。{符号}（2004 Ⅴ H312：4），[11] 符号位于大口尊颈肩部，刻画出鱼钩和鱼的头部，

① 参见中国社会科学院考古研究所编著《二里头 1999—2006》（壹），第 176 页。
② 参见中国社会科学院考古研究所编著《二里头 1999—2006》（壹），第 510 页。
③ 参见中国社会科学院考古研究所编著《偃师二里头——1959 年—1978 年考古发掘报告》，第 304 页。
④ 参见王晖《古文字与中国早期文化论集》，第 81 页。
⑤ 参见中国社会科学院考古研究所编著《偃师二里头——1959 年—1978 年考古发掘报告》，第 203 页。
⑥ 参见中国社会科学院考古研究所编著《二里头 1999—2006》（贰），第 510、539、1054 页。
⑦ 参见曹定云《夏代文字求证——二里头文化陶文考》，《考古》2004 年第 12 期。
⑧ 参见郭沫若主编，中国社会科学院历史研究所编《甲骨文合集》第 1—13 册，中华书局，1978—1982。后文简称《合集》。
⑨ 参见曹定云《夏代文字求证——二里头文化陶文考》，《考古》2004 年第 12 期。
⑩ 参见中国社会科学院考古研究所编著《偃师二里头——1959 年—1978 年考古发掘报告》，第 203 页。
⑪ 参见中国社会科学院考古研究所编著《二里头 1999—2006》（壹），第 355 页。

身体残缺。复原后应为 ⚬ 形。

3. 合文类

（1）"⚬"。二里头遗址陶器符号中，一件大口尊肩部烧前刻出"目"形，[1] 而在使用过程中又在"目"的前面加两个"L"形符号，组成三个字符，即 ⚬、⚬、⚬。

（2）"⚬"。二里头矮领尊（2002 Ⅴ H73：5）肩部残片上保存有两个字符，其中一个为镞形。[2]

（3）"⚬"。陕西商洛紫荆遗址出土的一件二里头文化陶觚上刻画出"⚬""⚬"二字形，"⚬"下部类似月牙形，月牙形的上面有一块用闭合曲线构成的不规则的形体。[3]

4. 印章类

渑池郑窑遗址出土的陶戳属泥质红褐陶，火候较高，方柱形，长 5.5 厘米、宽 2.3 厘米、高 20 厘米，三面有刻画符号，其正面的戳记刻画结构清晰，其中一面符号相当于甲骨文中的"田"字。在该戳的两端各有一圆窝，圆窝的周围亦有刻画的圆弧线或直线。此戳形器当具有印章的性质。[4]

（二）二里头文化象形类字符与商代文字的承续关系

1. "⚬"与"山"。二里头遗址的象形符号"⚬"，在郑州商城遗址第八区商代宫殿区出土的陶符上作"⚬"形，甲骨文中作"⚬"形，展现出极为相似的字形与一脉相承的造字理念。

2. "⚬"与"墉"。二里头遗址的象形符号"⚬"，甲骨文中与之最相近的象形文字为"⚬"，[5] 均作四方城郭、每边开城门之状，仅城门样态略有差异：二里头刻符是平头突出；甲骨文是屋顶尖形突出，类似建筑物的顶部。学者将"⚬"释为"墉"字。

3. "⚬"与"车"。二里头皂角树遗址象形符号"⚬"，与殷墟出土陶符中的象形文字"⚬"[6] 十分接近；只是皂角树的"⚬"顶部多出扁椭圆，似伞盖；而殷墟陶符"⚬"展现出更多的细节刻画，多释为"车"字。

4. "⚬"与"眀"。二里头遗址的 ⚬（Ⅳ T22 ⑥：11），为竖直的对称双目；郑州商城杨庄出土爵的腹部一侧也发现了相似的对称双目形符号。曹淑琴认为是商周金文中常见的"眀"字。[7]

---

① 参见中国社会科学院考古研究所编著《二里头陶器集粹》，中国社会科学出版社，1995。
② 参见中国社会科学院考古研究所编著《二里头 1999—2006》（贰），第 851 页。
③ 参见王宜涛《商县紫荆遗址发现二里头文化陶文》，《考古与文物》1983 年第 4 期。
④ 参见张居中、王良启《渑池县郑窑遗址发掘报告》，《华夏考古》1987 年第 2 期。
⑤ 参见岛邦男《殷墟卜辞综类》，汲古书院，1977，第 266 页。
⑥ 参见李济《殷墟陶器研究》，上海人民出版社，2007，第 273 页。
⑦ 参见曹淑琴《商代中期有铭铜器初探》，《考古》1988 年第 3 期。

5. "龟"。二里头遗址的刻符" ",与郑州商城大口尊（C8T11 ③：152） 、①商城白家庄墓葬出土青铜尊颈部三个等距离的龟形图像都很接近。唐兰释为"龟"，也有人认为是龟徽，应为族徽文字。②

6. "鸟"。二里头遗址的鸟形符号 （2002 Ⅴ T29 剖 D6 夯：3），在郑州商城大口尊（ZFH1：45）口沿内侧也能找到相似字形 。③

7. "射"。二里头遗址的 ，陶片上刻画为在弦上的箭。郑州商城大口尊（97ZSC8 Ⅱ T158 ⑤）口沿内也是如此；而在殷墟器物上的"射"则为弓箭完整形象 （射妇桑鼎 1378）。

8. "尊"。二里头大口尊肩部刻画的 （2005 Ⅴ T114 ④：1），直口、广肩，底部近圜，与金文中的尊的形体特征接近，都是小口、圜底，二者承袭关系明显： （2005 Ⅴ T114 ④：1）→ （亚酉斝 9160）→ （酉乙鼎 E188）。

9. "箙"。二里头陶符中有作" "形者（Ⅷ H72：32），应为金文中的"箙"字。这一字形变化由夏历商，脉络清晰：二里头的只有箭头和箭匣，殷代早期只是多了箭杆 （箙贝卣 4882）、殷代晚期变成三个箭杆 （箙戈册父辛卣 5169）。

10. "钓"。甲骨文也是手持鱼钩钓鱼的形象，二里头遗址的图像虽然残缺，但构图中钓鱼表现手法 与甲骨文 （《殷虚书契前编》5.45.4）一致。④

这些生动的字符比较实例，充分展示出部分二里头文化象形符号与商代象形文字间极强的相似性。这一相似现象的普遍性，表明二里头文化象形符号与商代象形文字间存在有序且稳定的传承关系。换言之，商代的很多象形文字的字源，很可能来自二里头文化时期，二者一脉相承，展现出文字系统的连贯性。

（三）二里头文化象形类字符的思考

1.象形类字符与人群标志

二里头文化族徽的来源有二：一是与手工业生产作坊有关的工匠族徽，二是与氏族标志有关的族徽。

（1）工匠族徽。二里头文化遗址出土的尊、罐、镞、箙等字符均与手工业作坊族徽有关。登封南洼遗址陶器上的罐（2004H224：5）可能与制作陶器或陶罐有关。该遗址的发掘区正是手工业生产地，共清理出 9 座陶窑。发掘者认为"应是一个白陶专业化制作中心"。⑤镞、璋、箙等符号的发现与手工业人群的关系，也可在晚商和西周族徽中得到验证。

---

① 参见袁广阔、马保春、宋国定《河南早期刻画符号研究》，科学出版社，2012，第 108 页。
② 参见唐兰《从河南郑州出土的商代前期青铜器谈起》，《文物》1973 年第 7 期。
③ 参见袁广阔、马保春、宋国定《河南早期刻画符号研究》，第 109 页。
④ 参见罗振玉、罗福颐类次《殷虚书契（五种）》，中华书局，2015，第 471 页。
⑤ 韩国河等：《用中子活化分析研究南洼白陶的原料产地》，《中原文物》2007 年第 6 期。

安阳殷墟苗圃北地、孝民屯铸铜作坊、大司空制骨作坊等区域内发现有墓群，随葬品证明死者多与手工业生产相关。如刘家庄北地发现10座陶窑，[①]2011年又发现20座陶窑。[②]由此可确认这是一处大型制陶作坊。陶拍2010AGDDⅡF21：9，柄部一侧刻 字。陶拍2010AGDDⅡM77：01柄部刻 字，应释为"羊"。陶拍2008AGDDⅡH40：9，[③]柄部刻 及 两字，这些都与商代晚期族徽有关。

周原遗址"齐家制石作坊的产品以石玦为主，作坊与制玦遗存共存的遗迹单位中，出土包括'璋'、'爻'、'璋爻'等三类族徽，其中璋即为石璋形象，与该作坊生产的石玦均为典型玉石器中的一种。齐家北漆木器作坊中发现的陶文族徽'簋'字，在卜辞、金文中是该器的复体象形字。由此可知齐家北漆木器作坊族徽也与作坊产品性质相同"。[④]同时考古工作者发现周原的这批工匠是由殷墟迁过去的，"璋""簋"等工匠族徽在殷墟也有发现，且徽标基本相同。二里头、安阳殷墟、周原等遗迹发现的这些工匠族徽，更证明二里头文化与商周的文字体系具有明显的沿承性，它们使用的符号文字属于同一体系。

（2）氏族标志。与二里头氏族标志有关的族徽，有 、 等，这类标志历史悠久。如江陵荆南寺陶罍（T1④C：42）上的符号 与二里头小口尊（81YLⅢT22⑤：2）上的符号一致。陈昭容说："对于史前陶器上的刻划记号，宜放置于汉字演进的历史轨迹上来看……有一部分则经过约定俗成的过程，向文字的路途演化，和汉字的孕育发展有相同的步调，因而不同时期的陶文中可看出汉字发展的痕迹。"[⑤]

２．二里头与安阳殷墟符号的比较

将大家公认的殷墟文字与二里头的符号比照，对于认识二里头的符号是否为陶文具有一定的意义。第一，我们发现二里头文化及商代前期郑州商城、偃师商城和郑州小双桥乃至殷墟出土的数字和象形符号特征一致，不论是在形体特征还是内容上都有传承，属于同一系统，不少符号与殷墟陶文一样，如车、鱼、镞等。第二，二里头文化和殷墟都多为单字（符号），一般一器一字（符号），多为族徽、人名。第三，陶器并非当时书写文字的载体。正如李孝定指出："小屯殷墟：出土陶片近25万片，有字陶片计82片，其百分比为0.0328强，这种统计方法虽然很粗疏，但可以确定一点：即有字陶片所占的百分比都极低。"[⑥]

---

① 参见中国社会科学院考古研究所安阳工作队《河南安阳市殷墟刘家庄北地制陶作坊遗址的发掘》,《考古》2012年第12期。

② 参见中国社会科学院考古研究所安阳工作队《河南安阳市殷墟刘家庄北地制陶作坊遗址的发掘》,《考古》2012年第12期。

③ 参见中国社会科学院考古研究所安阳工作队《河南安阳市殷墟刘家庄北地制陶作坊遗址的发掘》,《考古》2012年第12期。

④ 郭士嘉、雷兴山、种建荣：《周原遗址西周"手工业园区"初探》,《南方文物》2021年第2期。

⑤ 陈昭容：《从陶文探索汉字起源问题的总检讨》,《"中央研究院"历史语言研究所集刊》第57本第4分,1986,第669—762页。

⑥ 李孝定：《小屯陶文考释》,《汉字的起源与演变论丛》,联经出版社,1986,第305—335页。

二 二里头文化器物与商代后期铭文"器物字"

据统计，目前殷墟二期至四期的有铭青铜器共 5730 余件，其中单字铭文的青铜器接近 2000 件，2—4 字铭文的青铜器约为 3300 件。[①] 殷墟青铜器铭文在书体特征、铸造部位及意涵功能方面与商代前期基本相类，但族徽类文字数量更丰富、内容更多样。

晚商族徽文字中"器物字"作为象形字，字形多取自早期的器物形象，尤其是礼器造型，简洁、古雅、写实，展现出先民在文字初创阶段对现实器物直观的造字理念。参考考古类型学及年代分期，我们发现晚商器物字中爵、璋、戚、鬲、甗、尊、盉、觚、鼓形壶、豆等在字形上表现出较为明显的二里头文化器物特征，早于其所属青铜器的年代。下文将撷要对晚商铜器上的"器物字"铭文形象与二里头时期至晚商时期的器物进行对比，以出土文物器形为主要依据，探讨这些"器物字"的创造时间。

（一）"爵"

二里头文化铜爵制作规整，器壁厚薄均匀，形体瘦高，流尾间距较长，窄长流尖尾，束腰平底或呈椭圆形底，下腹突出，下接三足，足外撇，如VKM8：1、YL Ⅲ M2：2。[②] 早商铜爵器身变宽，平底，流口增高，尾变圆，流有二柱。晚商铜爵卵形腹，圜底，柱加长并后移。殷墟金文中的"爵"字（《集成》10.4988）[③] 为长流尖尾、形体较高、无柱，与二里头时期的铜爵特征一致（图1，第2、7）。

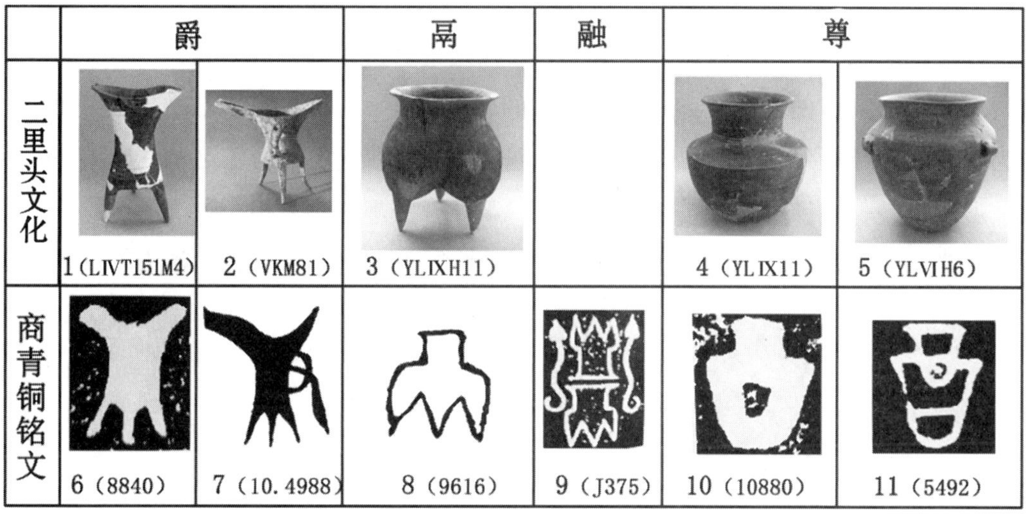

	爵		鬲	融	尊	
二里头文化	1（LⅣT151M4）	2（VKM81）	3（YLⅨH11）		4（YL Ⅸ11）	5（YLⅥH6）
商青铜铭文	6（8840）	7（10.4988）	8（9616）	9（J375）	10（10880）	11（5492）

图1 二里头出土器物与商代"器物字"比较

---

① 参见毕秀洁《商代铜器铭文的整理与研究》，博士学位论文，华东师范大学，2011，第1页。
② 参见中国社会科学院考古研究所编著《偃师二里头——1959年—1978年考古发掘报告》，第252页。
③ 参见中国社会科学院考古研究所编《殷周金文集成》，中华书局，2007。文中《集成》均出自该著。

二里头文化早期陶爵流尾较长，无柱，深腹，实足纤细。例如，二里头遗址的 LI Ⅴ T151M4、伊川南寨 T82M3：4 爵口部有冲天流，近流处无短柱，流口间附小圆饼，深腹，平底，无尾，圆锥状足外撇。① 早商时期陶爵口部开始出现柱，尾部变短（图1，第1、6）。殷墟金文（新收 1301、《集成》14.8840）"爵"字与二里头文化早期伊川南寨陶爵特征一致。（图4，第3、8）但甲骨文中爵字都表现出了高柱长流的特征，显然殷墟甲骨文中的"爵"字是取象于商代的青铜爵，其来源要比金文"爵"字晚一些。

（二）"璋"

二里头文化发现较多牙璋，其形体较大、器身较平直，下部有较长的扉齿，首部较宽并下凹，锋呈牙状，较为尖锐，无使用痕迹。此类器物在二里头时期较为盛行，并作为礼器常出土于大型墓葬中，如玉璋 YL Ⅴ M3：4，出土时器体涂满朱砂，② 但至商代早期二里冈文化的墓葬中同类形制的牙璋已经不见出土，殷墟时期也已完全不见踪迹。但殷墟铁三路 M89 青铜器瓿的圈足内铭文"璋"字③ 与《集成》14.8707 铭文"璋"字皆为歧首弧刃、扉齿较长。殷墟铁三路 M89 瓿上铭文"璋"字形特征与二里头文化牙璋一致，但再向后延伸如《集成》上的铭文文字化的特征更加明显（图2，第1、3、5），但其粗短形状有镈钟形，扉牙出现在器身而非器柄。学者多认为该字仍为"璋"。④ 甲骨文的"璋"只有形而无扉齿了，因此，杨州推测"甲骨文的章（璋）形的最初象形字是《花东》29.4、149.2 中的（璋）形"，⑤ 实际上是《集成》14.8707 铭文"璋"字省去扉齿的再简化（图2，第1、3、5）。

（三）"戚"

二里头的玉戚刃部为平弧形，刃角上翘，在内部有两条凸弦纹，在两弦纹之间的凹槽中有两个呈中心对称的圆穿孔，两侧有对称的扉棱。⑥《集成》16.10532 铭文"戚"的器身较为瘦长，刃部略弧并大于器体，刃角上翘，扉棱夸张，突出分三牙，中部有一较大圆穿孔，形制规整，与二里头的同类器在形体、弧刃等主要特征上相一致（图2，第2、4）。该类戚在殷墟也有发现，因延续时间可以至商代晚期，目前也不能排除为晚期所造的可能性。

---

① 参见河南省文物考古研究所编著《伊川考古报告》，第 94 页。
② 参见中国社会科学院考古研究所二里头队《1980 年秋河南偃师二里头遗址发掘简报》，《考古》1983 年第 3 期。
③ 参见中国社会科学院考古研究所安阳工作队《河南安阳市殷墟铁三路 89 号墓的发掘》，《考古》2017 年第 3 期。
④ 参见何毓灵《试析殷墟一座玉匠墓》，中国社会科学院考古研究所夏商周考古研究室编《三代考古》（七），科学出版社，2017，第 426 页。
⑤ 杨州：《说殷墟甲骨文中的章（璋）》，《首都师范大学学报》2009 年第 3 期。
⑥ 参见偃师县文化馆《二里头遗址出土的铜器和玉器》，《考古》1978 年第 4 期。

	璋	戚
二里头文化	 1（YLVM3：4）	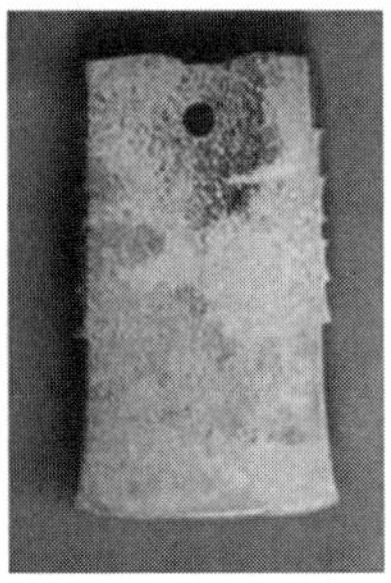 2（75ⅦKM：2）
商青铜铭文	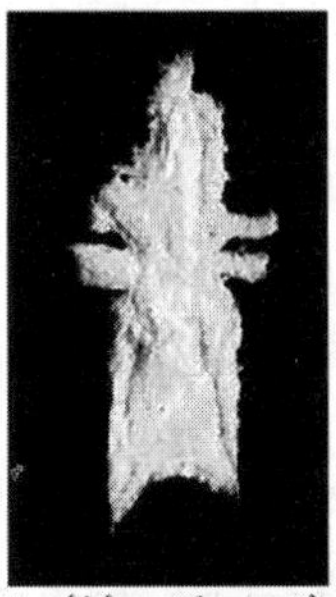 3（铁三路M89）	 4（10532）
	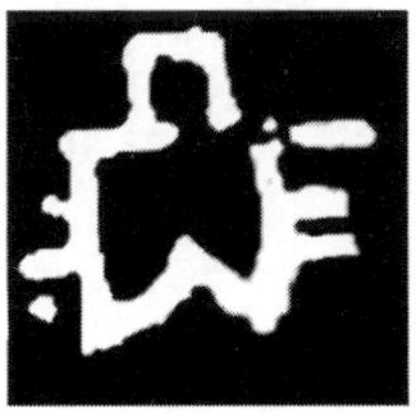 5（8707）	

图2 二里头出土器物与商代"器物字"比较

（四）"鬲"

鬲是商文化的常用炊器，先商至晚商长盛不衰，更成为青铜时代的固定礼器组合。其在二里头文化中晚期即已出现；从形态来看，二里头文化三、四期（YL Ⅸ H1）与先商文化阶段陶鬲流行长颈高领、高袋足、细绳纹等特征，如鹤壁刘庄的鬲（M94：1；图3，夏）。[1]早商时期陶鬲主要表现为卷沿矮领、高袋足，如二里冈鬲（C9T124②：98；图3，早商）；[2]

---

[1] 参见河南省文物局编著《鹤壁刘庄——下七垣文化墓地发掘报告》，科学出版社，2012，第114页。

[2] 参见河南省文物考古研究所编著《郑州商城——1953—1985年考古发掘报告》（中），文物出版社，2001，第627页。

晚商为折沿无领、矮裆近平等，如安阳大司空鬲（T0707H349：7；图3，晚商）。[①]

殷墟金文中鬲仍然保留早期的高领特征（9616；图1，第3、8）。殷墟金文中"鬲"与从鬲的"融"字，在字形上的典型特征都是长颈高领、高袋足，形态与二里头文化或先商时期同类器物极为相似。值得注意的是，"鬲"字这一高领高足的形体特征在商周文字中一直保留下来，直到小篆中高领部分才简化为"口"，并沿用至今（图3）。

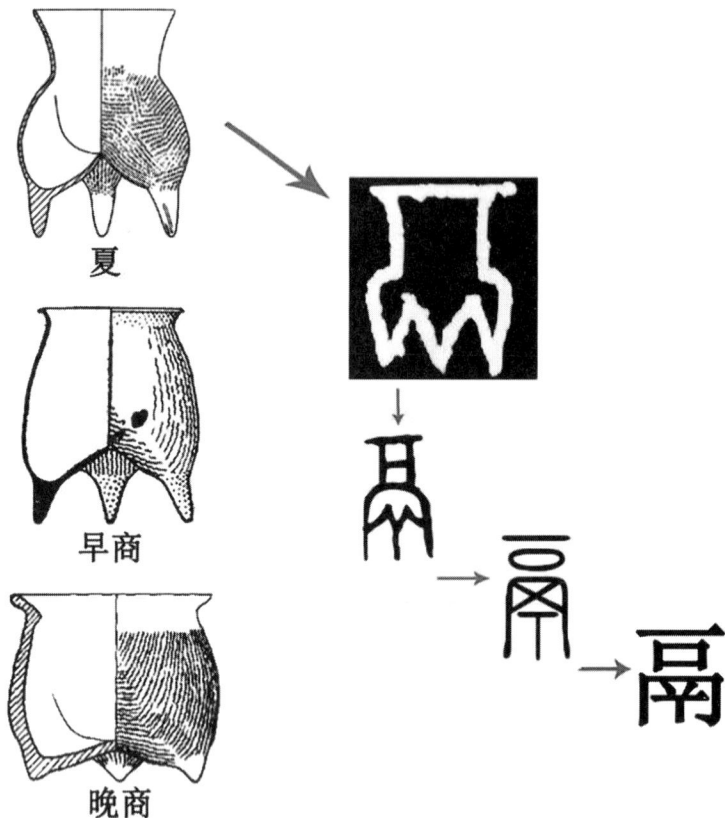

图3　夏商陶鬲与"鬲"字演化

（五）"甗"

甗是商文化的主要炊具，先商时期开始大量发现，二里头文化陶甗数量不多。先商阶段与二里头文化三期，陶甗的甑部为敞口深腹，或有平沿，束腰，鬲部分裆，袋足瘦长，实足跟较高，如安阳鄣邓遗址的甗（H32：46）；早商时期则转为卷沿矮裆，袋足变肥；晚商时期特征为折沿、矮裆近平，三实足较矮。《集成》13.8283金文"甗"字中的器物形态，宽平沿敞口，瘦腹呈桶状，束腰，袋足较瘦，实足尖较高，与安阳鄣邓遗址出土的先商时期同

[①] 　参见中国社会科学院考古研究所编著《安阳大司空——2004年发掘报告》，文物出版社，2014，第88页。

类器物一致（图4，第1、6），①说明金文"甗"字的时代较早。而甲骨文中也有大量"甗"字，如《合集》629宾组，其特征是有立耳、深腹、袋足，形体特征与商代早期青铜甗一致，显然殷墟甲骨文中的"甗"字是取象于商代早期有耳的青铜甗，其造字的时代要比金文"甗"字晚一些。

（六）"尊"

大口尊起源于二里头文化二期，兴盛于商代早中期，消亡于殷墟时期。就器物特征而言，二里头文化时期口径小于肩径，直腹，小平底或带圈足；早商时期大口尊，口部较大，逐渐大于肩径，圆肩，直腹；晚商时期口为喇叭形，无肩，形体变长。此外，二里头文化时期的高领小口尊也较为典型。②二里头和早商阶段陶器符号多刻画在大口尊的口沿上。

晚商金文中的"尊"亦分大口、小口两类，《集成》7591铭文中的"大口尊"呈"酉"形体，大口，高领，鼓肩，小平底；《集成》10880铭文中的"小口尊"高领小口，形制特征分别与二里头文化早期的大口尊、小口尊一致（图1，第4、5、10、11）；这也与文字学家认为"尊"字初文如长颈盛酒器形的观点相合。也有学者提出商代甲骨文和金文中从"酉"的字，如奠、酒、尊等，字形上都与二里头时期大口尊形细节接近。③

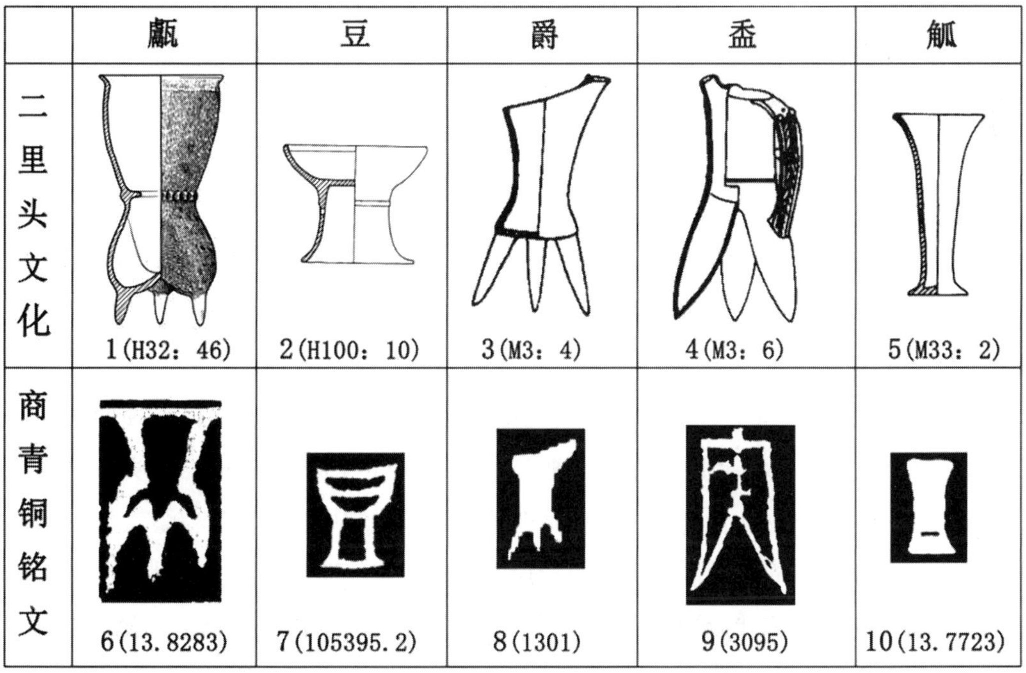

甗	豆	爵	盉	觚
1（H32：46）	2（H100：10）	3（M3：4）	4（M3：6）	5（M33：2）
6（13.8283）	7（105395.2）	8（1301）	9（3095）	10（13.7723）

（二里头文化 / 商青铜铭文）

图4　二里头出土器物与商代"器物字"比较

---

① 参见河南省文物考古研究所编著《安阳鄣邓》，大象出版社，2012，第209页。
② 参见袁广阔《二里头文化研究》，线装书局，2013，第69页。
③ 参见杜金鹏《关于二里头文化的刻画符号与文字问题》，《中国书法》2001年第2期。

（七）"盉"

陶盉是二里头文化典型的酒器，始见于二里头文化二期，盛行于二里头文化三、四期，至商代以后基本不见，其形制主要表现为弧形顶、短流、直腹、三袋足，一侧有较宽的鋬。[①] 二里头文化早、晚期整体形态从高瘦向矮胖发展。晚商金文中的"盉"字的形象即为陶盉的侧面之形，器身中部有一方形小框，从与金文中的盾牌和甲骨文中"爵"的比较可知，该方框为器物的扳手，其形体的瘦长袋足和圆形冲天管状流的特征十分接近于二里头文化早期同类器的形制（图4，第4、9）。

（八）"觚"

二里头文化陶觚一般为桶形，形体瘦高，口较大，口以下弧形内收，直腹，底沿外突，如南寨陶觚为喇叭口、平底，深筒腹，束腰。[②] 晚商铭文《集成》13.7723"觚"的形态与二里头文化陶觚特征一致（图4，第5、10）。

（九）"鼓形壶"

鼓形壶为模仿木鼓形状而制作的容器。二里头Ⅵ H9：7，细颈圆口，扁圆体边缘有三周象征鼓钉的小泥饼，下有二足；[③] 驻马店杨庄遗址出土的同类器为圆口细颈，扁腹，圈足，腹面边缘饰三周联珠纹象征鼓钉，中央饰斜方格纹象征鼓面的皮革。[④] 晚商金文中的"鼓"字与杨庄遗址发现的鼓形壶特征最为接近。

（十）"豆"

二里头文化发现的豆数量较多，分深浅盘、高矮柄等形制。早期深盘较多，盘壁较直，晚期沿较宽，豆盘上鼓下平。晚商铭文中的"豆"（《集成》10.5395.2）与二里头时期喇叭状高柄豆形体特征接近（图4，第2、7）。

比较晚商金文中的部分"器物字"与二里头时期的对应器类，可以发现四类情形。其一，晚商器物字中的"爵""璋""鬲""甗""尊"等字的构型体现出二里头文化典型器的器形特征，字形与二里头文化的器物高度契合；晚商器物字中的"盉""觚""壶"等字在字形上有变异，这部分字有的可能不是其原始形态，因此字形既表现出二里头器物特征但又同殷墟同类青铜器近似。商代后期铭文中有不少的建筑类、动物类铭文也不排除属于此类。其

---

①　参见中国社会科学院考古研究所编著《偃师二里头——1959年—1978年考古发掘报告》，第134页。
②　参见河南省文物考古研究所编著《伊川考古报告》，第87页。
③　参见袁广阔《二里头文化研究》，第74页。
④　参见北京大学考古学系等编著《驻马店杨庄：中全新世淮河上游的文化遗存与环境信息》，科学出版社，1998，第171页。

二，二里头等遗址出土少量的器物字如"尊"（"酉"）、"盆"多采用剖视手法体现与殷墟金文"尊""皿"等字剖视的特征一致。其三，"鬲""甗"器物字的造型多与先商文化典型器一致。其四，金文所示器物曾流行于二里头文化与先商文化。这些金文器物字展现出来的器形细节，与其依附的铜器年代特征明显不同；它们作为文字虽然广泛使用于晚商时期，但字形特征却取象于年代更早的二里头文化或先商文化时期。

器物字在二里头文化与商文化使用的连续性与稳定性，还与这些文字的使用功能相关。象形字的创制过程，就是先民对于现实事物的摹绘、提炼与记录过程，而其中族徽文字承载的部族观念和群体认同，礼器类"器物字"承载的国家权力与秩序，字形上展现出明显的承续感，这也为晚商部分甲骨、金文的创制年代或可早至二里头时期提供了重要佐证。由此，借由商代"器物字"与二里头时期考古文物的比较研究，我们或可弥补夏代文字实例阙如的缺憾。

三　二里头礼制文明与器物字的关系

学界一般将文字与铜器、城市、礼仪祭祀中心一并作为文明的标志或要素。而二里头文化作为中国早期文明的重要一环，文字与礼制这两大要素在文化发展中的作用尤为突出，且彼此连契，密不可分。本文以器物字为切入点，尝试观察文字与二里头文化礼制文明互为表里的关系，从考古学资料中梳理二里头文化与商周书同源、礼同轨的文化连贯性与沿承性，勾勒中国早期礼制文明格制渐具的发展脉络。

（一）器物字与礼器组合

前文通过观察商代铜器上的"器物字"，我们发现商周时期作为权力与秩序象征的礼乐祭器组合，实际上在二里头时期已渐具规制；这些"器物字"所代表的鼎瓿爵豆尊等礼器类型，在二里头文化遗存中已有集中出土，包括陶礼器、青铜器、漆器和玉器等。而最核心的青铜礼器只在具有都邑性质的二里头遗址出现，如二里头遗址墓葬中的铜爵、盉等酒礼器，在其他大中型遗址均不见。以爵、盉为代表的铜器群的出现反映了酒礼在二里头文化统治阶层中的重要地位。而这一文化现象，均可从二里头和商代"器物字"符号中找到线索。

以祼礼为例。祼礼是先秦时期的重要礼仪，一般是指以降神为目的的祭祀形式。《诗经·文王》正义："祼者，以鬯酒灌尸，故言灌鬯也。"[①]《尚书·洛诰》孔颖达疏："祼者，灌

---

① 毛亨传，郑玄笺，孔颖达等正义《毛诗正义》卷一六《文王》，阮元校刻《十三经注疏》，中华书局，1980，第505页。

也。"① 可见裸礼是商周时期重要的礼仪活动，施行于宗庙祭祀及宾客飨燕诸礼之中。《礼记·祭统》："夫祭有三重焉，献之属莫重于裸。"在已出甲骨文和金文材料中，晚商和西周裸礼的记载都十分丰富。那么，用于裸礼的代表性礼器又是什么呢？

《礼记·明堂位》："灌尊：夏后氏以鸡夷，殷以斝，周以黄目。"郑玄注："夷读为彝。"② 邹衡认为："鸡彝这种灌尊，就是夏文化的封口盉，也是龙山文化中常见的陶鬶。"③ 而从考古资料观察，裸礼和"鸡彝"在二里头遗址已经出现，二里头文化墓葬中的漆觚就与裸礼相关。考古研究表明，裸礼在二里头遗址已经出现。严志斌发现二里头文化墓葬中的圆陶片应该是漆觚底部塞孔用的，其功能应与良渚文化漆觚底部出现的木塞或圆玉片相同。良渚文化的漆觚使用制度，很可能就是二里头文化漆觚器用制度的来源。可见裸礼的来源相当古老，良渚文化时期就在江南地区流行。在二里头文化时期进入中原后，裸礼一直被接受、应用并随早商文化的开拓而广布，传承至西周时期。洛阳—郑州一带是裸礼的核心使用地域,《集成》05444 所录殷墟四期的铜尊铭文，有作人形，手持觚形器，觚形器中放置一物，或为觚中置瓒（玉柄形器榫于木棒之上）的商周裸礼场景。④ 邹衡认为，觚、爵、盉、三足盘等是"夏文化中最主要的礼器，它们的存在，体现了夏朝的部分礼制"。⑤ 在二里头文化一期中，可以看出以陶爵、陶觚为核心的酒礼器组合初具雏形，二期以后增加了盉、杯、壶等。陶质酒礼器与青铜礼器相比而言其种类更齐全、形体特征更稳定，并具有较强的连贯性与继承性，因此学者多认为二里头文化的青铜礼器爵、盉等是模仿陶礼器而来。

既然考古发现二里头墓葬中出土的漆觚、陶觚为裸礼器，那么与之一起成为组合的爵、盉、觚、鬶、尊、豆、平底盆等应都为当时的重要酒礼器。而且这些礼器类型，既是当时"器物字"的主要构成，也符合《说文》以酒灌地以祭祀祖先的酒礼器组合。二里头文化青铜礼器的鼎、爵、觚、壶等为商人所接纳，在此基础上商文化又创制了青铜斝，开始使用觚、爵、斝组合，而舍去了二里头文化人群所重视的陶盉。二里头文化陶礼器组合爵、盉、觚、鬶、尊、豆、平底盆等，在商代被鬲、爵、盆、豆取代。"殷因于夏礼，所损益可知也"（《论语·为政》），器物字在夏商之际使用的连续性，恰恰反映了这些文字代表器形使用功能的稳定性。"器物字"的传续发展，见证了夏商礼器组合的规制沿承和国家礼乐秩序的有序发展。

考古发现证明，早期文字与制礼作法的巫师阶层关系密切。小双桥的文字主要出土于宫殿建筑附近祭祀坑内，⑥ 说明器物上的文字与祭祀活动相关。

---

① 王肃、孔安国传，孔颖达等正义《尚书正义》卷一五《洛诰》，阮元校刻《十三经注疏》，第217页。
② 郑玄注，孔颖达等正义《礼记正义》卷三一《明堂位》，阮元校刻《十三经注疏》，第1490页。
③ 邹衡：《试论夏文化》，《夏商周考古学论文集》，文物出版社，1980，第149页。
④ 参见严志斌《漆觚、圆陶片与柄形器》，《中国国家博物馆馆刊》2020年第1期。
⑤ 邹衡：《试论夏文化》，《夏商周考古学论文集》，第165页。
⑥ 参见河南省文物考古研究院等《郑州小双桥遗址2014年Ⅳ A02区发掘报告》，《华夏考古》2019年第5期。

（二）礼制实践与以器造书

从考古发掘资料分析，二里头时期就已经有了关于"礼""乐"的实物体现，作为一种社会准则和行为规范，礼制已经成为中国早期文明社会秩序的主要支柱，在当时发挥着重要作用。[①] 而当时的礼制活动，多与巫觋或"伶官"这一特殊群体的礼仪实践相关；他们不仅是礼制活动的主持和管理者，也是早期器物字的创造和书写者。何驽认为：二里头文化宗庙祭祀时，多由"伶官手持龙牌、系铜铃、戴羽冠跳舞时，它则是万舞的道具"。[②] 杜金鹏根据二里头遗址大型墓葬随葬的绿松石龙形器以及青铜龙牌饰等，推测二里头文化有一特殊身份群体主导宗庙管理和祭祖活动，"手持'龙牌'列队行礼，或手持'龙牌'边唱（颂扬祖先功德）边舞"。[③] 这些考古发现和研究，表明当时应该存在一个一定规模的巫师集团。其中一些巫师开始结合礼仪需求，在不断使用和实践中，依照礼器的形状创制"器物字"。因此，青铜器中的"龙形"牌，玉器中的璋、戚，陶礼器中反复使用的爵、盉、尊、豆、壶等相关"器物字"率先出现。这些象形文字最初与祭祀、占卜关系密切。也可以说汉字是由分布于多区域的先民们在族徽、计数、祭祀等文明要素的基本需求下，不断地创造着、积累着，最终由夏代国家巫师集团汇集形成了世界上独一无二的象形文字系统。

由是观之，二里头的器物字基本是按照礼器的客观形体，用线条勾画出器物的特征的造字方法。器物字多用正视角度表示，绘画水平极高，把器物的特征表现得十分准确，这应当是有着超高绘图技术的巫师完成的。这些早期器物字的特点是形象逼真、器物与读音一体，每个符号都有相对稳定的书写方式。对比新石器时代刻画在器物底部的符号，二里头文化的"器物字"同礼器组合与礼制活动密切结合，属于真正的文字体系。

结　论

考古研究表明甲骨文中的"册"，并非龟册，而应为竹简串编的简册。[④] 二里头文化目前无大量文字发现，应当与文字载体有关。二里头文化发现的文字符号多在陶器上面，但陶器主要是生活用具，偶尔出现的单体文字多与"族徽"有关。考古研究表明中国古代文字的创制是一个缓慢的过程，每一个重要阶段都有创新和改进，二里头的文字在商代延续使用，但商代早期、晚期都还在不断地创制出新的文字。通过对二里头文化遗址出土的文字类符号

---

① 参见李晓明《夏代礼文化态势考辨》，《当代法学》2003 年第 11 期。
② 何驽：《二里头绿松石龙牌、铜牌与夏禹、万舞的关系》，《中原文化研究》2018 年第 4 期。
③ 杜金鹏：《中国龙，华夏魂——试论偃师二里头遗址"龙文物"》，杜金鹏、许宏主编《二里头遗址与二里头文化研究——中国·二里头遗址与二里头文化国际学术研讨会论文集》，科学出版社，2006，第 104 页。
④ 参见袁广阔《观迹定书：考古学视野下夏商文字的传承与发展》，《光明日报》2021 年 5 月 12 日，第 11 版。

进行分析，可以推测那些刻画在陶大口尊口沿内侧的数字符号多是用来做标记的，可能是举行祭礼时表示祭器陈列的位置次序等功用；那些刻画在陶器外侧的"尊""罐""镞"等象形符号当与二里头文化手工业生产作坊有关的工匠族徽或氏族标志有关。这些字符与商代象形文字的相似性极强。商代部分"族徽"象形文字，很可能来自二里头文化时期，二者一脉相承，展现出文字系统的连贯性。研究发现，刻画在陶器上的陶文和以礼器为代表的象形字的使用者不同。二里头文化陶器的符号多出土于作坊区，以及居址和废弃的灰坑中。这些日用陶器上的符号传递的信息多与作坊或者"族徽"有关。二者使用的场景地点不同，而礼器都出土于墓葬中，特别是青铜礼器都出土于大墓中，这与当时举行的裸礼关系密切。与礼制有关的象形字显然与制度、秩序有关。因此二里头文化文字的使用者当是具有沟通神灵资格的帝王与巫师。

通过考古发现的比较研究，可以梳理出中国早期文字的发展脉络。从文字创制之法来看，中国早期文字是以象形为基础的，商代后期大部分象形文字都经过不断简化与提升，成为突出部分特征的文字。但少量象形文字的图画特征仍可在早期青铜器、陶器、玉器形象中找到原型。考古证据表明，商代甲骨、金文中有一批象形文字取象于二里头时期的器物，这些文字在二里头文化时期已开始出现，并以类似于"活化石"的形式保留在商代文字中。中国古代文明的核心是礼制，中国文明起源走的是一条独立的礼制文明之路。中国早期文字与礼制、礼器关系密切。正如卜工所说："古代中国的精神生活自成体系，别有洞天，别样精彩。那是礼制的天下，礼制的天堂。其发生的年代更早，礼仪活动更有秩序，礼制的观念和意识流淌在社会生活的各个角落，是中国古代文明的核心特色。……礼制是中国古代文明的魂魄之所系，根基之所在。"[①] 汉字作为华夏文明的承载工具，对文化的传承起到了决定性作用，是世界唯一一脉相承的文字体系，对中华文明的传承和发展起到了巨大推动作用。它是人类历史上的伟大成果，也是促成中华文明成为世界上绵延5000多年而不断裂、独一无二的文明的主要原因。

要之，通过比较二里头文化器物造型与商代器物字的相似性、梳理象形文字的发展脉络，或可找到一条研析中国早期文字传承脉络的新思路，勾勒出早期文字一脉相承的演变轨迹。由此可以推断，二里头文化的文字在早商时期延续下来，并在殷墟时期得到了发展，从而形成公元前两千纪以来中原地区的文字传统。而华夏早期礼制文明的发展，也在夏商文字的传续发展中，见证着礼器组合的规制沿承和国家礼乐秩序的有序发展。

〔本文原载《中国社会科学》2023年第6期。作者袁广阔，首都师范大学历史学院教授〕

---

① 卜工：《文明起源的中国标准——从石峁说开去》，《光明日报》2017年1月10日，第12版。

华夏共同祖先意识的萌生发展

——以"祝融八姓"为中心

罗新慧

摘　要　华夏共同祖先的确立，推动了华夏族的形成。春秋时期兴起的局部共同祖先意识，为华夏同源共祖观念的产生奠定了基础。春秋时期，以"祝融八姓"为代表，出现了诸多尊奉共同祖先的族群、邦国。这些族群或邦国跨越地域和文化樊篱，形成基于"共同起源信念"的团体。共同祖先的酝酿，与春秋时人喜好自述家世、追溯远祖、神化祖先的风尚有关。局部共祖的出现，开启了战国时期以黄帝为标识的华夏共同祖先形成的先河，是当时诸族大交往、大融汇的反映。

关键词　中华民族　华夏化　共同祖先　民族融合

华夏族[①]与华夏共同体的形成过程，需要从不同层面和角度细致梳理。华夏共同祖先的确立，推动了华夏族的形成，在波澜壮阔的历史潮流中，两者相向而行、相待而成。揆诸常理，古代诸族起源不一，并不存在共同的祖先。可是战国晚期，黄帝俨然成为华夏共祖，标志着族群共同体意识的基本形成。[②]至西汉时期，不仅"圣王同祖"成为根本共识，司马迁

---

① "华夏"之称源于春秋时期，至明代虽有"华夏族类"之说，但尚未以"华夏"为族称。"华夏族"的称谓始于近代。20世纪初，康有为撰写《大同书》称："亚洲之华夏族、蒙古族、日本族，一被同等之教化。"（［北京］古籍出版社，1956，第114页）最早提出"华夏族"之称谓。本文所谓"华夏族"，是以诸夏为主体、混合四周诸族而形成的大的联合体。华夏族的形成意味着早期诸族融合的完成，时间大致在战国中期。

② 《大戴礼记·帝系》列出了黄帝—昌意—颛顼—老童—重黎—吴回—陆终（祝融）的谱系，在这个谱系中，楚人祖先祝融经由颛顼进一步上溯到黄帝，显示出局部祖先向共同祖先的汇合。关于华夏认同与"共同祖先"的关联，参见顾颉刚《战国秦汉间人的造伪与辨伪》，《古史辨》第7册（上），上海古籍出版社，1982，第17页；杨向奎《宗周社会与礼乐文明》，人民出版社，1997，第4页；李零《出土发现与古书年代的再认识》，《李零自选集》，广西师范大学出版社，1998，第51页；陈絜《商周姓氏制度研究》，商务印书馆，2007，第42页；王明珂《英雄祖先与弟兄民族：根基历史的文本与情境》，中华书局，2009，第47—48页。

甚至将天下诸族的祖先一并纳入华夏同祖共源的系统。从此，诸族的祖先全部追溯至黄帝，天下从各有其祖演变为同出一祖，从多元汇聚至一体，天下一家之势已然形成。由各认其祖转化为共认一祖并非一蹴而就。春秋时期，局部范围内已经出现被若干族群共同追认的祖先。认可共同祖先的诸族并不是分布在同一地理单元内，而是超越了地域区隔和地缘界限，甚至华夏与非华夏也建立起"血缘关系"，局部认同网络逐渐确立。可以说，局部共祖的酝酿是华夏共同祖先观念形成的第一步。这是以往春秋史研究较少关注的现象。本文以"祝融八姓"的组成、地理分布以及集团内诸族祝融认同为中心，分析春秋战国时期局部共祖观念的形成过程与历史动因。

一　祝融八姓及其地理分布

学界对祝融八姓各支族的分布与迁徙有所考察，[①] 但尚有遗漏。通过金文材料，可以补充属于这个集团中的若干族群。八姓各支或居于中原，或散在四周，通过共同的祖先祝融，这些分散零落的诸族，被无形的网络编织在一起。

祝融八姓之说出自《国语·郑语》。周王室史伯预言楚、晋、秦、齐四国将在周室衰落之后迭兴，言及楚国时道出"祝融八姓"的分布及其兴亡历史：

> 己姓昆吾、苏、顾、温、董，董姓鬷夷、豢龙，则夏灭之矣。彭姓彭祖、豕韦、诸稽，则商灭之矣。秃姓舟人，则周灭之矣。妘姓邬、郐、路、偪阳，曹姓邹、莒，皆为采卫，或在王室，或在夷、狄，莫之数也。而又无令闻，必不兴矣。斟姓无后。融之兴者，其在芈姓乎？芈姓夔越不足命也。蛮芈蛮矣，唯荆实有昭德，若周衰，其必兴矣。[②]

史伯所谓"祝融八姓"包括己、董、彭、秃、妘、曹、斟、芈。己姓，包括昆吾、苏、顾、温、董；董姓，包括鬷夷、豢龙；彭姓，包括彭祖、豕韦、诸稽；秃姓，主要为舟人；妘姓，包括邬、郐、路、偪阳；曹姓，包括邹、莒；斟姓，无后；芈姓，包括夔越、荆楚。[③]

---

① 如李学勤曾经考察己姓昆吾、顾、苏，彭姓之秃，妘姓之郐等所在的地理位置、迁移分封过程，推论祝融八姓的发祥地"北起黄河中游，南至湖北北部，可以说是环处中原"（《谈祝融八姓》，《江汉论坛》1980 年第 2 期）；徐少华认为祝融居地在今河南新郑一带，其后逐渐向外发展、辐射，至西周时期祝融集团在北方地区有较大的收缩，而更向东向南迁徙发展，尤其是在汉水中游、江汉地区取得了长足的进展（《论祝融八姓的流变及其分布》，湖北省考古学会选编《湖北省考古学会论文选集》（三），《江汉考古》编辑部编印，1998，第 122—139 页）。

② 《国语》，上海师范大学古籍整理组校点，上海古籍出版社，1978，第 511 页。

③ 《国语》记载已有舛误，如斟姓很可能指斟寻氏、斟灌氏，本为氏而非姓。

虽然据史伯所言，祝融八姓及其分支，不少已灭于夏商时期，但根据两周金文、传世文献，可以大致了解各姓的地域分布。

（一）己姓

己，金文写作"改"。己姓昆吾，[1] 见诸《诗经·商颂·长发》《墨子·耕柱》《吕氏春秋·君守》，史载昆吾灭于夏商之际。[2] 昆吾之居地，《左传》昭公十二年："昆吾，旧许是宅。"杜预认为"旧许"是"郑新邑"，[3] 杨伯峻认为"在今许昌市东三十六里"。[4] 此外，《左传》哀公十七年有"昆吾之观"的说法，孔颖达认为在"东郡濮阳县"。[5] 韦昭认为昆吾初封时居卫，后迁徙而居于"旧许"。[6] 但不少学者认为河南许昌是昆吾原居地，濮阳是迁徙后的处所。[7] 要之，昆吾之地与今河南中部的许昌、西北部的濮阳有关，位于中原。己姓之顾，见于《诗经·商颂·长发》，亡于夏商之际。顾之地望，宋人郑樵《通志·氏族略》谓濮州范县城东南 28 里有故顾城，[8] 当是其地。濮州范县，在今河南范县与山东梁山县之间，接近华夏核心区域。

己姓之苏、温。苏、温应为一体，《左传》成公十一年："昔周克商，使诸侯抚封，苏忿生以温为司寇。"[9] 可见，苏在西周初年受封，封邑为温。苏应为殷商旧族，西周中期后段的苏冶壶中有"卒"字族号，[10]"卒"多见于商代晚期青铜器。《尚书·立政》记载周公命司寇苏公"式敬尔由狱，以长我王国"，[11] 勉励苏公恭敬用狱。一般认为"苏公"即前引《左传》中的苏忿生。

"苏"常见于两周青铜器。西周晚期苏公簋（《集成》3739），[12] 是苏君为嫁与王室的己

---

① 韦昭认为苏、顾、温、董，"皆昆吾之后别封者"（《国语》，第 513 页），此说存疑。《今本竹书纪年》记载帝芬三十三年，"封昆吾氏子于有苏"（王国维：《今本竹书纪年疏证》，《王国维遗书》第 12 册，上海古籍书店，1983，第 11 页）。

② 《长发》篇称商汤伐夏时，"韦顾既伐，昆吾夏桀"（《毛诗正义》，阮元校刻《十三经注疏》，中华书局，1980，第 627 页）。《墨子·耕柱》："昔者夏后开使蜚廉折金于山川，而陶铸之于昆吾……不迁而自行，以祭于昆吾之虚。"（孙诒让：《墨子间诂》，中华书局，2001，第 422—425 页）《吕氏春秋·君守》曰："皋陶作刑，昆吾作陶。"（陈奇猷校释《吕氏春秋新校释》，上海古籍出版社，2002，第 1061 页）

③ 《春秋左传正义》，阮元校刻《十三经注疏》，第 2064 页。

④ 杨伯峻编著《春秋左传注》，中华书局，1981，第 989 页。

⑤ "《释例》曰：帝丘，故帝颛顼之虚，故曰帝丘。昆吾氏因之，故曰昆吾之虚。东郡濮阳县是也。"（《春秋左传正义》，阮元校刻《十三经注疏》，第 1831 页）

⑥ 《国语》，第 512—513 页。

⑦ 王国维：《今本竹书纪年疏证》，《王国维遗书》第 12 册，第 12 页；徐少华：《论己姓、彭姓诸族的流变和分布》，《江汉考古》1996 年第 2 期。

⑧ 《氏族略》云"顾氏，己姓，伯爵，夏商之诸侯，今濮州范县东南二十八里有故顾城，是其地也，子孙以国为氏"（郑樵：《通志》，中华书局，1987，第 453 页）。

⑨ 《春秋左传正义》，阮元校刻《十三经注疏》，第 1909 页。

⑩ 姬乃军、陈明德：《陕西延长出土一批西周青铜器》，《考古与文物》1993 年第 5 期。

⑪ 《尚书正义》，阮元校刻《十三经注疏》，第 232 页。

⑫ 中国社会科学院考古研究所编《殷周金文集成》，中华书局，1984，文中简称《集成》。铭文以通行字写出。

（改）姓女子作器；西周晚期苏卫改鼎（《集成》2381），是苏国女子嫁入卫国时的自作器。西周晚期苏公盘铭文有"苏公作晋改盘"（《铭图》14404），[①]是苏国君主为嫁入晋地的苏国女子作器。春秋早期苏脂妊鼎铭文有"苏脂妊作虢改鱼母媵"（《集成》2526），苏脂妊是嫁入苏国的妊姓女子，她为嫁至虢国的名鱼之女作媵器，此为苏虢联姻之证。反映苏、虢联姻的铜器还有出土于河南三门峡虢国墓葬的苏貉豆，器铭为"苏貉作小用"（《集成》4659）。器主来自苏地，但器物出自虢国墓葬，表明器主是嫁入虢国的苏人。同期出土的还有叔作苏子鼎（《集成》1926），是为嫁入虢国的苏地女子作器。苏与虢、卫、晋等有姻亲关系，表明苏地距离三国较近。

苏为小国，又地处中原，所以时常卷入争端。《左传》隐公三年，周、郑交恶，郑人帅师取"温之麦"，可知温在王畿。《左传》隐公十一年："王取邬、刘、芳、邘之田于郑。而与郑人苏忿生之田温、原、缔、樊、隰郕、攒茅、向、盟、州、陉、陨、怀。"[②]学者以为苏忿生之十二邑在今温县、济源、武陟、修武、孟津、沁阳、获嘉一带。[③]苏地在王畿，距离卫、晋以及狄人较近，常处于各种矛盾之中。《左传》僖公十年："狄灭温，苏子无信也。苏子叛王即狄，又不能于狄，狄人伐之，王不救，故灭。苏子奔卫。"[④]苏在狄与周室之间首鼠两端，最终灭亡，苏地归于王室。《左传》僖公二十五年记载，周襄王将原属苏国的温、樊、原、攒茅之田赐予晋文公，晋文公使狐氏、阳氏处之。《左传》成公十一年，晋郤至与周争郤田，郤至称"温，吾故也"，可知温地又成为郤至采邑。[⑤]苏国灭后，其后裔事迹零星可见。[⑥]己姓之董，《左传》记其出于帝舜之下以豢龙为职事的董父，其后人为飂夷。[⑦]这一支当与董姓之飂夷有所关联（详见下文）。

综上可知，己姓小国多位于河南中部以及鲁豫交界一带，少数在山西南部，基本位于华夏核心区域。

---

① 吴镇烽编著《商周青铜器铭文暨图像集成》，上海古籍出版社，2012，文中简称《铭图》。
② 《春秋左传正义》，阮元校刻《十三经注疏》，第1723、1737页。
③ 杨伯峻根据沈钦韩《春秋左传地名补注》推出温、原、缔、樊等地位置，详见《春秋左传注》，第77页。
④ 《春秋左传正义》，阮元校刻《十三经注疏》，第1801页。
⑤ 《春秋左传正义》，阮元校刻《十三经注疏》，第1820—1821、1909页。《国语·晋语》所记略有异。关于苏之存灭，顾栋高认为，"春秋初，苏氏已绝封。隐十一年王与郑人苏忿生之田十二，温居一焉。不知何时地复归王。苏氏续封而仍居温。僖十年为狄所灭。二十五年王以其地赐晋，至文十年女栗之盟复见苏子，杜注'盖王复之'，或云自是迁于河南"（顾栋高辑《春秋大事表》，"春秋列国爵姓及存灭表卷五""温"下注，中华书局，1993，第583—584页）。郭沫若认为，"温盖苏之支庶，苏公入仕王室盖别有所封，其故邑为子孙所保有而亦有苏名，犹邾之大小邾，都之上下都也。故温虽灭而苏犹存"，并且据西周时期史颂簋铭文，推断苏距离成周洛阳不远（《两周金文辞大系图录考释》，上海书店，1999，第242页）。
⑥ 如春秋中期铜器宽儿鼎就是苏公之孙所作，参见《集成》2722。
⑦ 《左传》昭公二十九年记载蔡墨追溯了龙的来历，云"古者畜龙，故国有豢龙氏，有御龙氏……昔有飂叔安有裔子，曰董父，实甚好龙，能求其耆欲以饮食之，龙多归之。乃扰畜龙以服事帝舜，帝赐之姓曰董，氏曰豢龙，封诸鬷川，飂夷氏其后也"（《春秋左传正义》，阮元校刻《十三经注疏》，第2122—2123页）。

（二）董姓

董姓之豢龙氏，邈远不可追。董多与晋有关，[①] 如良史董狐（《左传》宣公二年）、卿大夫董叔（《左传》襄公十八年）、董安于（《左传》定公十三年）。可以推测董多居于晋地。

此外，按《国语·郑语》记载，董姓之鬷夷、豢龙已于夏代覆灭，但鬷夷后裔有迹可循。齐灵公有来自鲁国的嫔妃鬷声姬，[②] 为太子光之母（《左传》襄公十九年）；齐国又有鬷蔑，为崔杼所杀（《左传》襄公二十五年）；鲁国季氏有司马鬷戾（《左传》昭公二十五年）；皆当为鬷之后裔。《尚书·汤誓》中还有三鬷之说，孔安国以为在定陶。[③]《史记·殷本纪》正义引《括地志》："曹州济阴县即古定陶也，东有三鬷亭是也。"[④] 学者以为三鬷亭在今山东定陶以北不远处。可见，董姓之鬷多分布在齐鲁地区，定陶或为其主要分布地。

（三）彭姓

彭姓之彭祖。彭之地望，韦昭认为在彭城，[⑤] 即今江苏徐州。1974 年河南南阳出土春秋早期铜器彭伯壶，铭文为"彭伯自作醴壶"，[⑥] 同墓出土的铜簠铭文为"申公彭宇自作饮簠"（《集成》4610）。学者指出，彭在楚灭申之前应已灭国，时代为春秋早期的楚武王时期。[⑦] 南阳之彭或许是灭国后迁徙至豫鄂交界一带的彭姓支族。

彭姓之豕韦，如依《郑语》所说，灭于殷商，国已不存。另据《左传》襄公二十四年记载，至西周时期，豕韦转为唐杜氏。[⑧]

彭姓之诸稽，其地尚无可考。

（四）秃姓

秃姓之舟。《国语·郑语》记载，郑桓公"东寄帑与贿，虢、郐受之，十邑皆有寄地"，十邑即东虢、郐、邬、蔽、补、舟、依、柔、历、华。"舟"应是舟人故地，韦昭注："桓公

① 《左传》文公六年："晋蒐于夷，舍二军。使狐射姑将中军，赵盾佐之。阳处父至自温，改蒐于董。"董，杜预注："河东汾阴县有董亭。"（《春秋左传正义》，阮元校刻《十三经注疏》，第 1843 页）在今山西万荣县荣河镇东。杨伯峻又指出郦道元《水经注》"涑水"注以为是宣公十二年的董泽，在今闻喜县东北（《春秋左传注》，第 544 页）。
② 杜预注"颜、鬷皆二姬母姓"（《春秋左传正义》，阮元校刻《十三经注疏》，第 1968 页）。"母姓"应为"母氏"。
③ 《汤誓》云"夏师败绩，汤遂从之，遂伐三鬷"（《尚书正义》，阮元校刻《十三经注疏》，第 161 页）。
④ 《史记》卷三《殷本纪》，中华书局，1959，第 96 页。
⑤ 《国语》，第 513 页。
⑥ 尹俊敏：《南阳市西关出土一批春秋青铜器》补记，《华夏考古》1999 年第 3 期。
⑦ 何光岳：《楚灭国考》，上海人民出版社，1990，第 8 页；王伟：《从彭伯壶看古代彭国》，《华夏考古》2007 年第 2 期。
⑧ 范宣子自称："昔匄之祖，自虞以上为陶唐氏，在夏为御龙氏，在商为豕韦氏，在周为唐杜氏，晋主夏盟为范氏。"参见《春秋左传正义》，阮元校刻《十三经注疏》，第 1979 页。

之子武公，竟取十邑之地而居之，今河南新郑是也。”① 所以舟地应在新郑界内。虢国大夫舟之侨，② 或出自舟之族。

（五）妘姓

“妘”在西周金文中写作“娟”。西周早期铜器员卣铭文：“员从史旟伐会（郐），员先入邑。”（《集成》5387）员卣一般认为是昭王时器，③ 器主随从史旟征伐郐。史旟见于䜌鼎（《集成》2740）和陕西眉县杨家村出土的旟鼎（《集成》2704）。从铭文可知，史旟听令于祭公、王姜，那么员卣记载的史旟伐郐，亦当出于王命。郐国青铜器还有西周晚期的“会（郐）娰作媵鬲”（《集成》536）。“会（郐）娰”应是嫁入郐国的娰姓女子。1972年出土于陕西扶风法门镇的西周晚期铜器会妘鼎，铭文为“会（郐）妘作宝鼎”（《集成》2516），④ 此器出于王畿地区，可能是嫁于王畿的郐国女子所作。可推断郐与王室或者王畿地区大族存在联姻关系。

传世文献亦可见有关郐的记载。《国语·郑语》记载，西周晚期，济、洛、河、颍之间，“虢、郐为大”。⑤《诗经》“国风”中有“郐风”，但吴季札北上观乐时，“自郐以下，无讥焉”，⑥ 对郐风、曹风等不加臧否，可见郐已经衰落。《左传》僖公三十三年记载，郑公子瑕葬于“郐城之下”，可知此时郐已为郑地。⑦ 韦昭认为郐国地望在新郑，⑧《史记·楚世家》正义引《括地志》：“故郐城在郑州新郑县东北二十二里。”⑨ 邹衡认为，“周代的郐国遗址已经在曲梁东南约10余里处发现”，⑩ 也有学者认为在河南密县。⑪ 总之，郐地近郑国，在河南新郑、密县一带，位于华夏核心区域。

妘姓之邬，亦见载于史籍。《左传》隐公十一年记载周桓王夺取郑国邬、刘、蒍、邘之田，可知春秋初年，邬已国灭，并入郑国，后为王室所有。《左传》庄公二十年记载，郑伯调停王子颓之乱，并不成功，遂奉惠王归郑，是年秋，周王及郑伯入于邬，又入成周，取其宝器而还。《左传》昭公二十四年，王室内乱，“王子朝入于邬”。根据上述记载，邬地与

① 《国语》，第523—524页。
② 参见《春秋左传正义》，阮元校刻《十三经注疏》，第1787页。
③ 参见唐兰《西周青铜器铭文分代史征》，中华书局，1986，第221页；马承源《商周青铜器铭文选》（三），文物出版社，1988，第78页。
④ 罗西章、罗红侠指出，会妘鼎应与1933年出土于扶风康家沟窖藏的函皇父诸器为同一窖藏之物，琱妘即会妘，是嫁入周室的郐国女子（《郐妘鼎与上康村挖宝惨案》，《周原寻宝记》，三秦出版社，2005，第13页）。
⑤ 《国语》，第507页。
⑥ 《春秋左传正义》，阮元校刻《十三经注疏》，第2007页。
⑦ 《春秋左传正义》，阮元校刻《十三经注疏》，第1834页。关于郐国之亡，参见马世之《郐国史迹初探》，《史学月刊》1984年第5期。
⑧ 《国语》，第513页。
⑨ 《史记》卷四〇《楚世家》，第1691页。
⑩ 邹衡：《夏文化分布区域内有关夏人传说的地望考》，《夏商周考古学论文集》，文物出版社，1980，第232页。
⑪ 李学勤：《谈祝融八姓》，《江汉论坛》1980年第2期。

成周相距不远。邬之地望，杜预注："在河南缑氏县西南，有邬聚。"① 即今河南洛阳偃师区西南，地处华夏核心区。

妘姓之偪阳，或为楚之与国，②《左传》襄公十年："晋荀偃、士匄请伐偪阳，而封宋向戌焉……甲午，灭之。"杜预注："今彭城傅阳县。"③ 在今山东枣庄峄城区南五十里。偪阳为晋人所灭，其地入宋。④

妘姓之路，不得其详。总体来看，妘姓集团中，邬、邬地在中原，偪阳地处中原以东。

（六）曹姓

曹姓之莒。关于莒国之姓，有三种观点：其一，曹姓，《国语·郑语》记载莒为曹姓；其二，己姓，出自《国语·郑语》韦昭注；其三，嬴姓，班固《汉书·地理志》："莒，故国，盈姓，三十世为楚所灭。少昊后。"⑤《左传》文公七年："穆伯娶于莒，曰戴己……其娣声己。"由莒国女子戴己、声己之称看，莒为己姓；《左传》文公八年："（穆伯）奔莒，从己氏焉。"将莒与己姓联系在一起，可知春秋时期确有己姓之莒。⑥ 1977 年山东沂水刘家店子春秋中期墓葬出土莒公戈，莒国应在山东沂水、莒县、日照一带，⑦ 战国初年为楚所灭。

曹姓之邾、小邾，春秋时期位于今山东邹城、枣庄一带，山东邹城峄山镇发掘出土春秋时期邾国故城遗址，而枣庄东江发现有小邾国国君墓地。⑧ 战国晚期，邾国、小邾皆亡于楚。

（七）斟姓

无后绝祀。

（八）芈姓

芈姓主要是荆楚、夔越。韦昭注："夔越，芈姓之别国。"由《左传》所记可知夔为楚之别封。⑨

《郑语》记载虽然脉络清晰，但并不完备。检诸两周金文，《郑语》遗漏了属于八姓集团

---

① 《春秋左传正义》，阮元校刻《十三经注疏》，第 1737、1773—1774、2105 页。
② 顾栋高辑《春秋大事表》，第 529 页。
③ 《春秋左传正义》，阮元校刻《十三经注疏》，第 1946—1947 页。
④ 关于偪阳地望，参见李学勤《谈祝融八姓》，《江汉论坛》1980 年第 2 期；何光岳《邳子国考》，《湘潭大学社会科学学报》1982 年第 2 期。关于偪阳之灭，参见晁岳佩《晋灭偪阳原因分析》，《山东师大学报》2001 年第 6 期。
⑤ 《国语》，第 511、508 页；《汉书》卷二八《地理志》，中华书局，1962，第 1635 页。孔颖达兼持"己姓""嬴姓"两说，参见《春秋左传正义》，阮元校刻《十三经注疏》，第 1718 页。
⑥ 《春秋左传正义》，阮元校刻《十三经注疏》，第 1846 页。
⑦ 罗勋章：《山东沂水刘家店子春秋墓发掘简报》，《文物》1984 年第 9 期。
⑧ 王青等：《山东邹城邾国故城遗址 2015—2018 年田野考古的主要收获》，《东南文化》2019 年第 3 期；李光雨、张云：《山东枣庄春秋时期小邾国墓地的发掘》，《中国历史文物》2003 年第 5 期。
⑨ 《潜夫论·志氏姓》记载夔、越为两国，有学者主张此说，以为即"越章"，详见李学勤《谈祝融八姓》、徐少华《论祝融八姓的流变及其分布》。

的若干支族，如妘姓、己姓中的几支。

其一，妘姓之周（琱）。西周中期周棘生簋、盘铭文：

周棘生作楷妘媾媵簋，其孙孙子子永宝用。㽙。（《集成》3915）

周棘生作楷妘媵盘。□金用［迮］邦，其孙孙子子永宝用。㽙。（《集成》10120）

簋铭说器主为楷妘媾作媵簋，盘铭则是为楷妘作媵盘，可知“媾”为女子之名，而楷妘，应是妘姓女子嫁入楷。器主“周棘生”，陈梦家结合㽙之族徽等指出“周是娟姓之国”，别于姬周之周。[①] 此后，不少学者论证妘姓之周的存在。[②] 出土于陕西扶风法门镇的函皇父诸器也表明周（琱）为妘姓。函皇父鼎铭文为“函皇父作琱妘尊兔鼎”（《集成》2548），函皇父匜铭文则称“函皇父作周妘匜”（《集成》10225），是函皇父为妻作器，由琱妘的称名方式，知琱为妘姓。学者推测妘姓之周（琱）为居住在周原的古族，从商代晚期到西周晚期，妘姓之周（琱）始终存在。[③]

其二，妘姓之辅。西周晚期辅伯雁父鼎铭文：“辅伯雁父作丰孟妘媵鼎。”（《集成》2546）可知是器主为女儿所作媵器，故辅亦为妘姓。辅氏家族器尚有西周中期后段的师嫠簋和辅师嫠簋（《集成》4324、4286），两器分别记载器主以琱生、荣伯为“右”，接受王的册命，可据此推测辅氏居于王畿地区。2005年河南南阳万家园墓出土西周晚期铜器“辅伯作兵戈”，[④] 学者指出此墓距离南申仲爯父墓不远，应属申国墓葬，而辅伯戈埋葬于此应属馈赠之器。[⑤] 如此，辅应居于宗周区域。

其三，己姓之番、蓼。“番”在彝铭中较常见，西周晚期铜器王鬲铭文：“王作番改齎鬲。”（《集成》645）此器应是王为夫人作器，可知番为己姓。[⑥] 西周晚期铜器番匊生壶铭文：“番匊生铸媵壶，用媵厥元子孟改乖。”（《集成》9705）器主为番氏，母家氏为匊，番匊生为其女作媵器，其女“孟改乖”之称表明番为改姓。由春秋早期铜器伯雔盘铭文“番叔之孙伯雔用媵季梦妃”（《铭图》14467）、上鄀公簠铭文“上鄀公择其吉金铸叔芈、番改媵簠”，[⑦]也可知番属己姓。番器多出于河南信阳（番昶伯者君鼎、番伯畬匜、番叔壶）、河南潢川（番

① 陈梦家：《西周铜器断代》，中华书局，2004，第340页。

② 参见唐兰《陕西省博物馆、陕西省文物管理委员会藏青铜器图释》“叙言”，文物出版社，1960，第9—10页；李学勤《害簋铭文考释》，《故宫博物院院刊》2001年第1期。关于周棘生，有学者根据“某生”是某氏之甥、“生（甥）”前之字为该甥之母舅家氏名的规则，判断“周棘生”其母家族氏是“棘”，“棘生”即棘氏的外甥，其父的族氏为周。参见董珊《试论殷墟卜辞之“周”为金文中的妘姓之琱》，《中国国家博物馆馆刊》2013年第7期。

③ 董珊：《试论殷墟卜辞之“周”为金文中的妘姓之琱》，《中国国家博物馆馆刊》2013年第7期。

④ 南阳市文物考古研究所：《河南南阳市万家园M202发掘简报》，《中原文物》2007年第5期。

⑤ 徐少华：《南阳新出“辅伯作兵戈”的年代和族属》，《考古》2009年第8期。

⑥ 参见韩巍《西周金文世族研究》，博士学位论文，北京大学，2007，第211页。

⑦ 河南省文物研究所等：《淅川下寺春秋楚墓》，文物出版社，1991，第9页。

君伯簋盘）、湖北当阳（番仲戈）等地，可推测番由王畿区域迁徙至汉淮流域，[①] 最终为楚所灭。

1963 年出土于山东肥城小王庄的夒士父鬲证实了蓼的存在。该器铭文："夒士父作蓼改尊鬲。"（《集成》715）应是器主为来自蓼的己姓夫人作器。另据《左传》桓公十一年记载，郧人欲联合随、绞、州、蓼伐楚，反败于楚，楚人"克州、蓼，服随、唐，大启群蛮"，[②] 蓼被楚人兼并。蓼之地望应在河南南阳一带，与楚邻近。[③]

由上可见，《国语·郑语》记载的祝融八姓大多可得到传世文献和出土文献的印证，另有文献失载的"八姓"之族，通过金文资料得以重见。八姓各支族主要分布在今河南中部、陕西关中地区，一部分居于山东西部和南部，少数在山西南部，若干处于淮水流域、江汉流域。处于河南中部的苏（温）、舟，以及分布在陕西关中的周（琱）、辅，位于华夏核心区域。其余诸国（不包括楚、蓼、番）虽不在中心位置，但紧密环绕在中心区域的外沿。八姓并非居于同一地理单元内，可以说，以祝融为共同祖先的这一集团跨越了地域界限。因此，"祝融八姓"的出现，意味着一种超越地域关系，而基于"共同起源信念"的群体登上历史舞台。

二　祝融：局部诸族的共同祖先

"祝融"是目前文献中所见最早的被若干族群共同认可的祖先。《国语·郑语》出现"祝融八姓"之说并非巧合，春秋金文、战国竹简中存在不少有关追认祝融为祖先的记载。由此可见，春秋战国时期是共祖观念形成的关键时期。

春秋晚期邾公牼钟铭文："陆融之孙邾公牼，乍厥和钟，用敬恤盟祀。"（《集成》102）器主邾公牼即邾桓公革（公元前 487 年继位），他将自身世系追溯至远祖陆融。新近面世的春秋晚期郳公戟父镈也将先祖追踪至"有融"：

> 余有融之子孙，郳公戟父，惕戁（勤）大命，保朕邦家，正和朕身，作正朕保，以共（供）朝于王所，受赐吉金，刑铸和钟，敬临裸祀，作朕皇祖恭公、皇考惠公舞。（《铭图》15815）

该器器主为小邾国国君戟父。小邾国又称郳（倪），由邾国分出。器主称其祖父为恭公、父

---

① 徐少华推测番原居中原，迁徙至汉淮流域，参见《论己姓、彭姓诸族的流变和分布》，《江汉考古》1996 年第 2 期。
② 《春秋左传正义》，阮元校刻《十三经注疏》，第 2179 页。
③ 田成方：《夒士父鬲、蓼子郘盏与己姓蓼国》，《华夏考古》2015 年第 3 期。

考为惠公。史籍记载"（小邾国）穆公之孙惠公以下,《春秋》后六世而楚灭之",① 可知从器主邾公之世至被楚人灭国之前,小邾国传有六代。二人自称"陆融"之后、"有融"之子孙。楚人对于其远祖祝融也有强烈认同,史载楚成王以附庸夔之首领不祭祀祝融、鬻熊为借口兴师讨伐。②

邾公钲钟、郳公镈父镈铭文中的"陆融""有融"是否就是祝融？学界对此颇有争论。③ 但问题是以往研究多据《帝系》等材料,缺少出土文献佐证。新近面世的安徽大学藏战国竹简（下称"安大简"）相关内容,可证"祝融"就是"陆融""有融"。安大简中,祝融写作"融"：

> 融乃使人下请季连,求之弗得。见人在穴中,问之不言,以火燓其穴,乃惧,告曰："酓。"使人告融,融曰："是穴之熊也。"乃遂名之曰穴熊,是为荆王。④

这则文献讲述了融与楚先祖季连、穴熊的关系。穴熊是楚人公认的先祖,见于新蔡简,⑤ 季连见于清华简《楚居》。可见"祝融"在文献中可写作"融"。有融、陆融、祝融,"有""陆""祝"皆为前缀,而且祝、陆皆幽部字,音近可通,可证祝融、陆融、有融为同一人。

在战国文献中,祝融是具有神性的祖先。《国语·周语上》记载"夏之兴也,融降于崇山",⑥ 将祝融作为夏王朝兴盛的祥瑞。祝融的神性,显示于奇异的"胁生"故事。《大戴礼记·帝系》："陆终氏娶于鬼方氏,鬼方氏之妹,谓之女嬇,产六子；孕而不粥,三年,启其左胁,六人出焉。"⑦ 安大简类似记载中"无陆终其人,生六子者就是祝融黎",故而整理者认为"文献陆终当是祝融之误"。⑧

邾公钲钟、郳公镈父镈铭文称器主为祝融之子孙,可见邾人、小邾人对于先祖祝融具有自觉的认同。两器作于春秋晚期,而祖先为"融"这一观念的由来很可能非仅当时所有。以

---

① 孔颖达据《世本》及宋衷注等云："邾之上世出于邾国。"另,孔疏并引杜预《春秋世族谱》云"小邾,邾侠之后也。夷父颜有功于周,其子友别封为附庸,居郳。曾孙犁来,始见《春秋》,附从齐桓以尊周室,命为小邾子。穆公之孙惠公以下,《春秋》后六世而楚灭之"（《春秋左传正义》,阮元校刻《十三经注疏》,第1764页）。

② 《春秋左传正义》,阮元校刻《十三经注疏》,第1821—1822页。

③ 参见王国维《邾公钟跋》,《观堂集林》,中华书局,1959,第894页；郭沫若《金文丛考》,《郭沫若全集·考古编》第5卷,科学出版社,2002,第45页；李零《楚国族源、世系的文字学证明》,《文物》1991年第2期；李家浩《包山竹简所见楚先祖名及其相关的问题》,《文史》第42辑,中华书局,1997。

④ 安大简尚未完全公布,相关简文参见黄德宽《安徽大学藏战国竹简概述》,《文物》2017年第9期。

⑤ 例如乙一：22载,有祓见于司命、老童、祝融、穴熊。参见河南省文物考古研究所编著《新蔡葛陵楚墓》,大象出版社,2003,第202页。

⑥ 《国语》,第30页。

⑦ 王聘珍：《大戴礼记解诂》,王文锦点校,中华书局,1983,第127页。

⑧ 整理者指出,"根据简文记载,原来老童出自颛顼,是楚人始祖,老童生祝融,祝融生季连,季连就是穴熊,是楚人的直接祖先"。参见黄德宽《安徽大学藏战国竹简概述》,《文物》2017年第9期。

郑公鈋钟、郑公皷父镈的时代为基点，将祝融作为共同祖先观念的出现上推至春秋中期，大致不误。郑人、小郑人、楚人对祝融的认同，其意义不仅在于说明三国拥有神性的先祖，更表明至迟在春秋晚期，已经出现了为一些族群共同认可的祖先。祖先崇拜已经超越了诸族各认其祖的阶段，向着同源同祖方向迈进。

战国时期，以祝融为祖先的观念继续发展。特别是楚国，祝融认同根深蒂固。祝融频繁出现于卜筮祭祷简中，这类竹简是主人生前遭遇疾病时占卜祷请各类神灵的记录，很多内容涉及祖先神灵。如新蔡简：

> ……举祷楚先：老童、祝融、鬻熊各两牂……（甲三：188、197）
> ……就祷楚先：老童、祝［融］（甲三：268）
> ［老］童、祝融、穴熊□屯一（甲三：35）
> 有祟见于司命、老童、祝融、穴熊。癸酉之日举祷（乙一：22）[1]

其中提及楚之先祖包括老童、祝融、鬻熊，也有穴熊。包山简：

> 举祷楚先老童、祝融、娻酓（鬻熊）各一牂，思攻解于不殆（简217）
> 举祷楚先老童、祝融、娻酓各两羧，享祭；享之高丘、下丘各一全腊，思左尹舵践复处（简237—238）[2]

"老童、祝融、鬻熊"是固定搭配。望山简：

> ［楚］先老童、祝［融］（简120）
> ［楚］先老童（简122）
> ［祝］融各一羧（简123）[3]

三种竹简提及的楚之远祖均有祝融。包山简主人邵舵，官居左尹，相当于周之"大夫"，他出自楚昭王一系（昭王是其五世祖），下葬时间为公元前316年。[4]望山简主人是悆（悼）固，大约生活在楚威王（公元前339—前329年在位）时期或稍早，身份为下大夫。[5]悼固与楚悼王关系密切，悼王是悼固得氏之祖。新蔡简主人为平夜君成，其墓葬年代为楚悼王（约

---

① 河南省文物考古研究所编著《新蔡葛陵楚墓》，第194、197、190、202页。
② 湖北省荆沙铁路考古队编《包山楚墓》，文物出版社，1991，第366、368页。
③ 湖北省文物考古研究所：《江陵望山沙冢楚墓》，文物出版社，1996，第244页。
④ 湖北省荆沙铁路考古队编《包山楚墓》，第334—335页。
⑤ 湖北省文物考古研究所：《江陵望山沙冢楚墓》，第211—214页。

公元前400—前381年在位）末年，他是楚国封君，[①] 出自楚昭王一系（昭王可能是其三世祖）。三种竹简主人虽有楚王室背景，但与王室关系比较疏远。他们在生命的最后时刻，遇疾求祷，包括祝融在内的几位远祖成为固定祷请对象，表明在他们看来，祝融不仅保佑楚国王室，而且护佑出自王室的贵族。

几种卜筮祭祷简中，新蔡简为战国早期，时代最早。由此可以推测，楚王族对于祝融的认同，可以上推至春秋晚期，与邾公钘钟、郳公戟父镈的时代相仿。楚、邾、小邾皆认同祝融先祖，说明这一时段，正是局部共同祖先观念酝酿成熟的关键时期。

需要注意的是，前述己姓之番，也列于"祝融八姓"，但目前尚未见番以祝融之后自居的史料。1978年发掘的湖北荆州江陵天星观1号楚墓，墓主为邸阳君番胜，所出竹简多为卜筮祭祷类，与前引三种竹简性质相同，但祭祷远祖简文仅一条："举祷番先特牛。"[②] 简文记载竹简主人称远祖为"番先"，而非如新蔡、包山、望山简称"楚先"，全部竹简中不见"祝融"之称。与之类似，湖北荆门严仓1号墓，荆州秦家嘴战国墓M1、M13、M99，荆州枣林铺彭家湾M183和M264，唐维寺M126，熊家湾M43所出卜筮祭祷简也未见祷祀祝融的内容。严仓1号墓墓主悼愲生前为楚国大司马，简文中记载"举祷于囷☒"，[③] 应是祷于先祖。秦家嘴竹简记载"□祷□都于五世王父以逾至新父"（出自M1），"既□祷特牛于五世王父王［母］"（出自M13），"□祷之于五世王父王母训至新父母，疾"（出自M99）。[④] 三座墓葬墓主祭祷先祖有一致性，皆包括生父、生母以及五世祖父、祖母，但并没有楚先祝融。荆州枣林铺彭家湾M183墓主为女性，其告祷的先祖有"集定君"（简1、简9）、"集庄君"（简11）、亲父葳赴尹（简2、简9）、亲母（简7）。彭家湾M264墓主也为女性，竹简中有"祷三世王父"。[⑤] 唐维寺M126、熊家湾M43所出卜筮祭祷简中有祷于"地主""司命""北方""二天子"等，[⑥] 但没有先祖祝融。秦家嘴三位墓主生前位列士、庶人行列，枣林铺一带楚墓为中小型墓葬，墓主同样为士、庶阶层。

出现这种情况或许因为，其一，商周时代的政治架构是家国同构，所以春秋时期共同祖先认同的发起和主导者主要是核心统治集团——国君宗室及其近支宗族。当时尚属分封政治体制，塑造祖先崇拜等活动，社会中下层参与度有限。其二，核心统治集团塑造共祖认同，是一种政治行为，若要自上而下渗透至社会中下层，成为举国上下的共识，进而形成一

---

① 河南省文物考古研究所编著《新蔡葛陵楚墓》，第184页。

② 简文引自晏昌贵《天星观卜筮祭祷简释文辑校》，《巫鬼与淫祀——楚简所见方术宗教考》，武汉大学出版社，2010，第360页。

③ 湖北省文物考古研究所、武汉大学简帛研究中心：《湖北荆门严仓1号楚墓出土竹简》，《文物》2020年第3期；李天虹：《严仓1号墓墓主、墓葬年代考》，《历史研究》2014年第1期。

④ 秦家嘴竹简简文皆引自晏昌贵《秦家嘴卜筮祭祷简释文辑校》，《巫鬼与淫祀——楚简所见方术宗教考》，第371、373、375页。

⑤ 参见赵晓斌《荆州枣林铺彭家湾183号、264号楚墓出土卜筮祭祷简》，《出土文献》2022年第1期。

⑥ 赵晓斌：《荆州枣林铺楚墓出土卜筮祭祷简》，《简帛》第19辑，上海古籍出版社，2019，第27页。

种牢固的文化传统，需要一个相对较长的历史过程。

由于文献缺载，除邾、小邾、楚以外，祝融八姓其余诸族关于祝融认同的情形尚不得而知。但就目前资料反映的情况而言，以下几点值得重视。

首先，邾、小邾、楚的祝融认同是主动表达，而非他人越俎代庖。近年来，学者在研究古代民族认同时，提出需要注意文本书写者的问题，认为边缘诸族的历史记忆，可能出于诸夏的编撰和散播。揆诸祝融之例，可以说以祝融为先祖，出自楚、邾、小邾人的自我记述，是其自我意识、自我认知的体现，并非诸夏人士替代书写的结果。①

其次，祝融集团八姓诸族，或处中原或居边缘，兼包诸夏与非夏，恰如《郑语》所谓八姓"或在王室，或在夷、狄"。②八姓之中，己姓昆吾、苏、温，秃姓之舟，以及妘姓之邬、郐，均处于华夏核心地带，与诸夏互动频繁，在春秋时期已融入华夏。邾、小邾与楚，虽然既非正宗诸夏又非典型夷狄，但时人以蛮夷视之。春秋末期，鲁国大夫叔孙婼称邾为"夷也"；邾灭"服事诸夏"的风姓须句，被时人视为"蛮夷猾夏"。又如《左传》昭公十三年，晋公会诸侯，邾、莒以遭鲁国侵伐而诉于晋，晋公在盟会上拒见鲁公，鲁大夫即批评道"君信蛮夷之诉，以绝兄弟之国"，将邾排除于华夏行列。楚人在一定程度上也有别于诸华而与蛮夷相联系。《左传》成公七年记"蛮夷属于楚者，吴尽取之"，以楚为群蛮之首。《左传》襄公十三年记"赫赫楚国……抚有蛮夷，奄征南海，以属诸夏"，③意谓楚大有蛮夷，班号令于诸夏。因此，楚人在春秋时期未跻身华夏行列是事实。但是，通过以祝融为共同祖先，邾国、小邾、荆楚与已经华夏化的苏、郐等，被囊括在同一集团之中。

最后，八姓各族当中，楚国最为推崇祝融，而《国语·郑语》所论祝融八姓，似在为楚张目。《郑语》先是借史伯之口，断言历史上凡有辉煌先祖者，其后必彰显于世，虞、夏、商、周莫不如是。然后史伯进一步申明，"祝融亦能昭显天地之光明，以生柔嘉材者也"，祝融与夏禹、周弃同类，也是光辉的祖先，但"其后八姓于周未有侯伯"。那么依照虞夏商周之例，祝融之后必可彰明，于是史伯预测，"融之兴者，其在芈姓乎？芈姓蘷越不足命也。蛮芈蛮矣，唯荆实有昭德，若周衰，其必兴矣"，④意思是能够彰显祝融之功者，在于芈姓，而芈姓之中，唯有荆楚当之。此番言论很像是为楚人造势。在《左传》所记楚灵王的言论中，这一用意体现得更加直接。灵王冬猎于州来，驻扎于颍水入淮处，意欲包围徐国，震慑吴国。楚灵王先是回忆先王熊绎与姜太公之子吕伋、卫康叔之子王孙牟、叔虞之子燮父、周公之子伯禽共事康王，但齐、晋、卫、鲁皆分得珍宝之器，唯熊绎一无所得，于是探问：

---

① 以祝融为楚、邾、小邾的祖先，其起源并不清楚。当然不排除"祝融"作为先祖，出自诸夏的创造，而后逐渐为邾、小邾、楚人所接受。但是根据目前掌握的材料，对于祝融的认同最早出自春秋晚期的邾、小邾，并未见到诸夏之人创造祝融并将之作为邾、楚先祖的任何线索。

② 《国语》，第 511 页。

③ 《春秋左传正义》，阮元校刻《十三经注疏》，第 2101、1811、2072、1903、1955 页。

④ 《国语》，第 511 页。

"今吾使人于周，求鼎以为分，王其与我乎？"灵王之问，暴露出问鼎于周的心态。灵王更进一步追问："昔我皇祖伯父昆吾，旧许是宅，今郑人贪赖其田，而不我与。我若求之，其与我乎？"①昆吾与楚均传自远祖祝融，故灵王称昆吾为皇祖伯父。楚王意谓昆吾旧地为郑国吞并，楚人理所应当向郑国索要自家伯父旧地。依照楚灵王的逻辑，苏、温、邬等兄弟之国，为晋、郑等所剪灭，是否也尽当归还楚国？楚人打着共祖祝融的旗号，强调同出祝融的血缘关系是虚，强烈要求扩张地域之心是实。

在建构祝融认同方面，楚国发挥了重要作用。从中原到江汉流域，从关中到鲁西南，已经形成了以楚国为核心、以祝融为共祖的"共同体"，为楚王"问鼎"奠定了基础。在这样广阔的地域范围内，若干族群拥有共同祖先的认识。相对于天下共祖黄帝，祝融可称之为局部共祖（将祝融进一步纳入"五帝"系统，则是此后的事情），而局部共祖的出现，是形成华夏同源共祖的第一步。

三　局部共祖认同的时代潮流

春秋战国时期，诸族凝集在同一祖先的旗帜下组成共祖集团，已经成为时代潮流。除"祝融"之外，"四岳"可称之为另一局部共同祖先。较之祝融系统，"四岳"集团中的华夏色彩、戎狄因素都十分突出。"四岳"集团见载于《左传》襄公十四年：吴败于楚，遂向盟友晋国求援。晋国主夏盟，命卿大夫范匄会诸侯之师于向，与会诸侯有齐、鲁、郑等诸夏国家，也有曹、莒、邾、小邾等东方小国，而姜戎由于与晋国关系密切也参与其中。但几个大国对晋态度怠惰，晋人气急败坏，迁怒于姜戎，认定是戎人向诸国走漏消息，导致诸国不敬晋国。范匄拘捕了戎子驹支，历数其罪，栽赃戎人。但戎子驹支据理力争：

> 昔秦人负恃其众，贪于土地，逐我诸戎。惠公蠲其大德，谓我诸戎：是四岳之裔胄也，毋是翦弃。赐我南鄙之田，狐狸所居，豺狼所嗥。我诸戎除翦其荆棘，驱其狐狸豺狼，以为先君不侵不叛之臣，至于今不贰……我诸戎饮食衣服，不与华同，贽币不通，言语不达，何恶之能为？不与于会，亦无瞢焉。②

学者对戎子驹支的这段话耳熟能详，或为其义正词严所叹服，感慨其华夏化程度之深；或瞩目于其自我身份之界定，力证春秋时期的华夷之别。然而，诸家多忽略了戎子驹支另一重要身份——"四岳"之后。驹支说："我诸戎：是四岳之裔胄。"将"四岳之后"与"戎"两个

---

① 《春秋左传正义》，阮元校刻《十三经注疏》，第2064页。
② 《春秋左传正义》，阮元校刻《十三经注疏》，第1956页。

因素相结合，意味深长。

戎子驹支之族原居于瓜州，[①]属姜戎。驹支归纳戎族特点为"饮食衣服，不与华同""言语不达"，在戎与华之间划出清晰界线，但这并不意味着他拒斥诸夏。驹支试图撇清与诸夏的关系，是要反驳范宣子的栽赃。实际上，驹支所在戎族和晋国关系紧密：晋惠公（约公元前650—前637年在位）之世，姜戎遭秦人驱赶而迁徙至晋国南土，至驹支时已近百年。百年之中，姜戎与晋互动密切，晋引之为属国，姜戎则协助晋国防堵秦人东进。晋秦崤之战，姜戎与晋人协力大败秦人。自此之后，历襄、灵、成、景、厉直至悼公，晋军东征西讨，姜戎无役不从。可见姜戎在政治上完全内附，与晋国深度融合。

戎子驹支并不否认与诸夏的血缘关联。驹支借晋惠公之口称姜戎为"四岳之裔胄"。春秋时期著名的"四岳"之后为齐、吕、申、许。四国之中，申、吕与周王室关系密切，西周宣王时，两国成为王室布防江汉流域的重要力量。许则受封于西周初年，平王东迁时，拥戴王室，是服从王室的侯国。齐更是周王室十分倚重的力量。[②]驹支称本族为"四岳之后"，则是将本族与华夏之姜齐列为同侪，意在宣称本族与诸夏同系所生，晋人不可置兄弟之情于不顾，污蔑诽谤。当然，驹支承认与华夏国家有血缘关联，有其现实目的，未必完全出于华夏认同。因此，他一方面力陈与诸夏的关联，另一方面又大谈夷夏之别，突出自我意识。

驹支对自我身份的"定位"，体现出诸族交往中身份"构建"的复杂性。有学者指出，当众多背景不同的族群聚集时，一些族群常常根据自身对其他群体的可及性以及当时的具体需求来"调整"身份。他们或者选取外来因素为自己建立更具共通性的身份，或者融合本族文化与外来文化以创造出新的混合身份，或者忽略外来因素以坚持本土身份。在此过程中，个人和群体可能同时具有多重身份，这些身份在某些方面相互重叠甚至矛盾。[③]正如戎子驹

---

① 杜预注"瓜州地在今敦煌"（《春秋左传正义》，阮元校刻《十三经注疏》，第1955页），此说始自两汉之际（《汉书》卷二八《地理志》，第1614页）。另有学者指出此瓜州当为陕西西安神禾原，参见常征《说长安瓜州及姜戎、陆浑》，北京市社会科学院《燕都春秋》编委会编《燕都春秋》，北京燕山出版社，1988，第293—310页。

② 申原居于泾渭一带，西周末年迁徙至河南南阳。关于吕国原居地，自古以来争论甚多。欧阳修谓："其地蔡州新蔡是也。历夏、商，世有国土……宣王世改'吕'为'甫'，春秋时为强国所并，其地后为蔡平侯所居。"（《新唐书》卷七五上《宰相世系》，中华书局，1975，第3370页）陈梦家认为卜辞中的吕"与商王国休戚相关，则当在王国四境之内或其边缘"（《殷虚卜辞综述》，中华书局，1988，第316页）。王玉哲认为吕"源于山西霍太山一带"（《先周族最早来源于山西》，《中华文史论丛》1982年第3辑，第13页）。徐少华指出，"春秋晋大夫吕甥所食之吕邑，当亦因吕人故居而得名"（《周代南土历史地理与文化》，武汉大学出版社，1994，第40页）。《诗经·大雅·崧高》称颂四岳之后申伯、吕伯奉周宣王之命到南阳重新建立国家，防范楚国，两国大概在春秋早期后段的楚文王时为楚所灭，其后裔迁徙至今河南新蔡一带，成为楚国附庸（《毛诗正义》，阮元校刻《十三经注疏》，第565页）。文献强调许国出自"四岳"，如《左传》隐公十一年，"夫许，大岳之胤也"（《春秋左传正义》，阮元校刻《十三经注疏》，第1736页），西周初年，许受封立国（今河南许昌）。西周末年，许文公曾拥立周平王。春秋初年，郑国强大以后，许国沦为其附庸。许灵公（公元前591—前547年在位）、许悼公（公元前547—前523年在位）时，许国在几大诸侯国之间摇摆，不断迁徙，曾一度至安徽宿州，受尽楚、晋、郑之胁迫，最终在公元前504年灭于郑。杨伯峻以为战国初许灭于魏，参见《春秋左传注》，第71页。

③ David Mattingly, "Cultural Crossovers: Global and Local Identities in the Classic World", in Shelley Hales and Tamar Hodos, eds., *Material Culture and Social Identities in the Ancient World*, Cambridge: Cambridge University Press, 2010, pp.283-295; Yan Sun, *Many Worlds Under One Heaven: Material Culture, Identity, and Power in the Northern Frontiers of the Western Zhou, 1045—771BCE*, New York: Columbia University Press, 2021, p.10.

支一方面强烈坚持本族认同，另一方面强调与诸夏的关联。看似矛盾的多重身份，为驹支周旋于各侯国之间赢得了空间。就驹支所阐述的"身份构建"看，虽然其自我意识十分强烈，但其为"四岳"之胄、与诸夏侯国存在血缘关系的"事实"，与驹支强调自身的特点，如语言、习俗、服饰等因素并存。

史载"四岳"乃上古英雄。① 在英雄祖先的旗帜下，戎狄与若干诸夏侯国被汇入同源。"四岳"集团具有十分重要的象征意义，它开创了史家将戎狄纳入华夏集团的先声。

兼跨诸华与戎狄的还有"唐叔"集团。《国语·晋语四》谓"狐氏出自唐叔。狐姬，伯行之子也，实生重耳"，韦昭注："狐氏，重耳外家，与晋俱唐叔之后，别在犬戎者。"② 狐为戎之一支，但长期与晋通婚，晋文公母即为狐姬。在《晋语》中，狐之先祖为唐叔虞，此狐族可能是叔虞与狐氏女所育子孙。既皆出自唐叔，则狐氏与晋人拥有共同的祖先，意味着戎狄之一支与典型的诸华国家晋本为一家，同为兄弟。与上述祝融、四岳集团有所不同的是，"唐叔"并不具有神性，故"唐叔"集团似更接近事实。"唐叔"集团所开启的模式是径直从血缘上将华夏与夷狄联结起来，将两者合二为一。

除上述集团之外，春秋战国时期还存在其他局部共同祖先及其集团，特别是地域相近的诸族拥有共同祖先，如台骀集团、太皞集团、大任集团等。这些集团星星点点，等待着更大的汇集，以形成燎原之势。

《左传》昭公元年记载子产之言："昔金天氏有裔子曰昧，为玄冥师，生允格、台骀。台骀能业其官，宣汾、洮，障大泽，以处大原。帝用嘉之，封诸汾川，沈、姒、蓐、黄实守其祀。今晋主汾而灭之矣。"③ 依照子产所说，沈、姒、蓐、黄皆出自导川障泽的英雄台骀。此处之沈与作为周公之胤的沈并非一国；黄也非淮上之黄。由"晋主汾而灭之"一句看，四者应皆在晋地一带，四国所组成的"台骀"体系是典型的地域集团，属于相邻诸族而同祖者。

同类的还有太皞集团。文献云太皞氏"以龙纪，故为龙师而龙名"，④ 是具有神话色彩的先祖。《左传》僖公二十一年记载，"任、宿、须句、颛臾，风姓也，实司大皞与有济之祀，

---

① 《国语·周语下》记太子晋之言，"昔共工……欲壅防百川，堕高堙庳……皇天弗福……共工用灭……其后伯禹念前之非度，厘改制量……共之从孙四岳佐之，高高下下，疏川导滞……皇天嘉之，祚以天下……祚四岳国，命以侯伯，赐姓曰'姜'，氏曰'有吕'……申、吕虽衰，齐、许犹在"，以为"四岳"为共工之后，共工治水无道而亡，但后裔"四岳"佐禹治水有功（《国语》，第103—107页）。《周语中》记富辰之语曰"齐、许、申、吕由大姜"（《国语》，第48页），而太姜是公亶父之妃，王季之母。富辰之义为周得天下，封此外戚为四国。《诗经·大雅·崧高》"崧高维岳，骏极于天。维岳降神，生甫及申。维申及甫，维周之翰"，谓申、吕之族为四岳降神所生（《毛诗正义》，阮元校刻《十三经注疏》，第565页）。关于这一集团的渊源，顾颉刚指出，"姜姓之族居于四岳，殆以四岳之神为其祖先，或以其祖先为四岳之神，故称之曰'四岳之裔胄'"（《"四岳"与"五岳"》，《史林杂识初编》，中华书局，1963，第37页）。

② 《国语》，第351页。

③ 《春秋左传正义》，阮元校刻《十三经注疏》，第2023—2024页。

④ 《春秋左传正义》，阮元校刻《十三经注疏》，第2083页。

以服事诸夏"。任、宿、须句、颛臾，属东夷，为风姓，太皞是其祖。四族当距济水不远，[1] 既有相同的居地，又有共同的祖先，属于地域集团与"血缘"集团的重合。须句与鲁之上层通婚，庄公配偶、僖公之母即为须句女。有意思的是，这一集团本属东夷，但却自别夷狄而自诩诸华，斥责邾人"蛮夷猾夏"者，正是僖公之母。

大任集团也应属于相邻诸族而尊奉共同祖先。《国语·周语中》记载西周末期周卿富辰之语："昔挚、畴之国也由大任。"韦昭注："挚、畴二国任姓，奚仲仲虺之后、大任之家也。大任，王季之妃、文王之母也。"[2] 由富辰所说，挚、畴之国出自大任之家，这些族群中的代表人物为王季之配偶大任。事实上，挚为殷商旧国，《诗经·大雅·大明》"挚仲氏任，自彼殷商，来嫁于周"，[3] 是说任姓的挚仲氏之女大任，嫁于周之王季。而畴，据说处于济、洛、河、颍四水之间，与挚临近。[4] 挚与畴应是相邻国族而尊奉共同祖先。

由四岳、唐叔、台骀、太皞、大任等诸集团看，春秋战国时期局部共同祖先的酝酿方兴未艾。其中，既有祝融等大规模集团，也有大任、台骀等小集团；既有同居一地而拥有共同祖先的情形，也有跨地域却拥有共同祖先的状况。在多个集团中，诸夏与非夏兼容，中原与边缘并包。值得注意的是，局部共同祖先意识的出现并非军事征服的结果，也不是某种强势文化对弱势文化的单向覆盖，而是在长期历史演变中，血缘、经济、政治、文化等诸要素共同作用的结果。

余　论

春秋战国时期共同祖先的酝酿，与春秋时人喜好自述家世、追溯远祖、神化祖先的风尚有关。春秋时代，弥漫着以祖先彰显子孙的风俗。人们热衷于抬出家族中有特殊地位的祖先，以提升自身地位。春秋金文中常见作器者自称为"某之孙""某之子"，"某"则是家族中地位显赫的祖先，人们将家世追溯至卓越的先祖，目的是光耀自身。于省吾指出，"制器撰铭以昭其德业光烈，传诸子若孙，以享以祀，世守而永宝之，冀其拊循遗泽，奋发灌磨，趾美前徽而不坠也"，[5] 这种心态是人们神化先祖的直接动因。

在追认祖先的风潮中，许多族群塑造出具有神话色彩的伟大先祖，如商人始祖契、周

① 杨伯峻注"任国故城在今山东省济宁市"（《春秋左传注》，第 391 页）。竹添光鸿指出，"任，伯爵，至战国时犹存，孟子季任为任处守，是也"（《左氏会笺》，巴蜀书社，2008，第 515 页）；须句，杜预注"在东平须昌县西北"，即山东东平县；颛臾，杜预注"在泰山南武阳县东北"（《春秋左传正义》，阮元校刻《十三经注疏》，第 1811 页）；竹添光鸿云"颛臾，鲁附庸国，在今山东沂州府费县西北八十里"（《左氏会笺》，第 515 页）。
② 《国语》，第 49 页。
③ 《毛诗正义》，阮元校刻《十三经注疏》，第 507 页。
④ 徐元诰：《国语集解》，中华书局，2002，第 46 页。
⑤ 于省吾：《双剑誃吉金文选·序》，《于省吾著作集》，中华书局，2009，第 9—10 页。

人始祖后稷。即便世家大族也编织出神异的先祖故事，《左传》襄公二十四年记载，晋卿范宣子询问鲁国穆叔何谓"死而不朽"，范宣子以为世不绝祀、保有大禄即是"身死而名不朽灭"之谓，称颂自家先祖"自虞以上为陶唐氏，在夏为御龙氏，在商为豕韦氏，在周为唐杜氏，晋主夏盟为范氏"。[①] 依范宣子之说，陶唐之后为御龙，御龙之后为豕韦，豕韦之后为唐杜，唐杜之后为范氏，血胤相承，生生不息。范宣子意在表明晋为诸夏盟主，范氏复为之佐，借神异的祖先夸耀己族之兴。正是在崇拜英雄祖先、追溯始祖、神化祖先的氛围中，共同祖先出现了，先是局部共祖，继而是华夏共祖。

局部共同祖先出现的意义值得进一步申说。首先，局部共祖的出现是向华夏同源共祖演进迈出的重要一步。由祝融之例可以看到，在共同祖先之下，不同地域、族姓的人群系联起来，一种基于"共同起源信念"的群体由此而生，大有"合多种而一之"的趋势。其次，"局部共祖"生动显示出边缘的、非华夏族的观念意识，呈现出诸夏与非夏族群交流互动的场景。近年的民族研究中，与边界、边缘相关的研究受到关注，"凸显混杂、多元及被忽略的边缘个人、群体及文化现象之存在。注意发生在边缘与边界的，或与边缘与边界相关的各种事件、文本与其他现象"，[②] 成为普遍的学术追求和问题意识。而在具体研究中，边缘、"他者"常常作为异类甚至敌人的面目出现，给人以诸夏与周边诸族两不相容的印象。然而，共同祖先观念出现与发展的历史表明事实并非如此。

尽管局部共同祖先出现的成因错综复杂，诸族对共同祖先认同的程度也各不相同，但局部共同祖先的出现，促进了边缘与中心、诸夏与夷狄的融合。这一融合或由近及远，或由远及近，"共祖"纽带将彼此联结在一起。于是，那些徘徊在诸夏外围的诸族，都成为共同祖先的后裔。换言之，在共同祖先的旗帜之下，夷夏之分趋于模糊。例如四岳集团、祝融集团中的戎、楚，并非总是自外于诸夏，他们的观念意识中，或多或少都有贴近诸夏的因素。当然，就春秋战国时期而言，华夷之分的确存在，但共同祖先观念的产生和发展，也正体现了存异求同、汇聚融合的历史大势。费孝通等学者指出，由"文化共性"的民族转变为"主观认同"的民族，经历了一个历史发展过程。[③] "主观认同"多种多样，对共同祖先的认同是其中之一。具体到古代中国，其发生的年代，至迟在春秋中期。社会学理论认为，"认同并非原本'就在那里'，而总是必须被构建"。[④] 共同祖先观念的兴起，正是春秋战国时期诸族大交往、大融汇的反映。

〔本文原载《历史研究》2023年第1期。作者罗新慧，北京师范大学史学理论与史学史研究中心教授〕

---

① 《春秋左传正义》，阮元校刻《十三经注疏》，第1979页。
② 王明珂：《英雄祖先与弟兄民族：根基历史的文本与情境》，第12页。
③ 参见费孝通主编《中华民族多元一体格局》，中央民族大学出版社，1999，第132—165页。
④ Richard Jenkins：《社会认同》，王志弘、许妍飞译，巨流图书有限公司，2006，第5页。

秦汉以降"大一统"秩序的华夷交融演进

李治安

摘 要 秦汉"中国一统",首次以单一式的"车同轨,书同文,行同伦"及郡县官僚制管辖编民,将黄河中下游与长江中下游农耕区整合为一体,为汉唐文明的辉煌及辐射周边提供了必要的政治秩序及演进基础。元明清"华夷一统"囊括中土和塞外,形成了华夷多元的复合共同体。先有自元朝肇始的制度、文化、族群复合式的"华夷混一",继而是明成祖争夺主导权未果及朝野"华夷一统"说辞连篇累牍,最后是清统治者对"华夷"二字讳莫如深却有了较成熟的"华夷一统"之实。前所未有的交融"混一",激发了吴澄等有识之士对"华夷一统"复合式中国的文化认同。由于元明清"华夷一统"的演进,复合式共同体的中国由"小"变"大",多民族统一国家、中华文明结构及传统王朝序列等在新时空格局下皆得到了相应的完善升华。

关键词 中土 塞外 中国一统 华夷一统 复合共同体

"大一统"是儒家传统话题之一,因关乎多民族统一国家的盛衰发展和疆域幅员,古今谈论甚多。近年来,学界对秦汉以降"大一统"及中国发展的讨论较为热烈,张博泉的"中华一体"论、姚大力的民族关系及国家认同论说,许倬云对秦汉至明清诸王朝的剖析,日本学者杉山正明从辽代到元代草原民族的视角诠释"小"中国转变为"巨大"中国等,[①] 富有新意。笔者认为,秦汉单一模式的"中国一统"到元明清复合模式的"华夷一统",是两千年"大一统"交融演进的重要里程碑,"小"中国变为"大"中国和现代中华民族复合共同

---

① 参见张博泉《中华一体的历史轨迹》,辽宁人民出版社,1995;姚大力《中国历史上的民族关系与国家认同》,《中国学术》第 12 辑,商务印书馆,2002;王晓欣《震撼世界的华夷一统:元朝历史的特点及影响》,《历史学习》2008 年第 11 期;杉山正明《疾驰的草原征服者:辽 西夏 金 元》,乌兰、乌日娜译,广西师范大学出版社,2014;李治亭《清帝"大一统"论》,《云南师范大学学报》2015 年第 6 期;杨念群《论"大一统"观的近代形态》,《中国人民大学学报》2018 年第 1 期;许倬云《说中国:一个不断变化的复杂共同体》,上海三联书店,2021。

体等，皆与此直接关联。兹就秦汉郡县制"中国一统"、元"华夷混一"、明清"华夷一统"的曲折与发展成熟等，予以新的探讨。

一 "中国""华夷"释义与秦汉郡县制"中国一统"

"中国"、"华夏"和"华夷"概念与本文主旨相关，笔者先辨析界定这些概念，再来讨论将黄河中下游与长江中下游农耕区整合为一体的秦汉郡县制"中国一统"。

（一）释"中国"、"华夏"和"华夷"

先秦时的"中国"，最早见于青铜器何尊的铭文"宅兹中国"，是指聚居在今河南一带的华夏、诸夏。[①]《尚书·武成》："华夏蛮貊，罔不率俾。"当时的"华夏"，亦指谓黄河中下游被蛮狄戎夷交错环绕的"中国"。[②]就本义或狭义而言，"中国"或"中土"与"华夏"大致相同。秦汉隋唐之"中国"或"中土"与"华夏"，复包举黄河中下游和长江中下游的所有疆土，且与长城以北以西的"塞外"相对称。《隋书·西域传》："焉耆国……其俗奉佛书，类婆罗门。婚姻之礼有同华夏。"[③]此"华夏"又指谓相对于外国（婆罗门国）的整个汉唐国家及疆域。

"华夷"一词，亦有广义和狭义之别。广义的"华夷"，是指中国和外国。狭义的"华夷"，是指古代汉族与其他兄弟民族，亦即华夏四夷的合称。唐末以降，北方民族相继建立辽、西夏、金政权，且与两宋南北对峙。此时的"华夷"，又概称宋、辽、西夏、金诸政权及疆域。譬如，辽道宗诗曰："君臣同志，华夷同风。"[④]司马光云："华夷两安，为利甚大。"[⑤]元朝灭西夏、金和南宋，统一塞外、中原和江南等疆域，又兼收宋辽等"华夷"称谓，"华夷一统"或"华夷混一"等表述随而增多。

"中国"、"华夏"和"华夷"，都是相对的历史概念，都是依一定的族群时空的名称范畴，依时空的变化而变化。"中国一统"与"华夷一统"又是多民族统一国家发展过程中相衔接的阶段性称谓，分别指谓特定时空下"华夏"或"华夷"的统一政权或政治文化共同体。具体而言，郡县制"中国一统"，通常指公元前2世纪到公元9世纪华夏中土郡县制统一政权或政治文化共同体。"华夷一统"，大抵是指13世纪以降囊括中土与塞外的"巨大中国"[⑥]统一政权或政治文化共同体。

① 参见马承源《何尊铭文初释》，《文物》1976年第1期。
② 参见晁福林《从"华夏"到"中华"——试论"中华民族"观念的渊源》，《史学史研究》2020年第4期。
③ 《隋书》卷八三《西域传》，中华书局，1973，第1851页。
④ 《辽史》卷二一《道宗纪一》，中华书局，1974，第255页。
⑤ 司马光：《乞抚纳西人札子》，《司马光集》第2册，李文泽、霞绍晖校点，四川大学出版社，2010，第1090页。
⑥ 参见杉山正明《疾驰的草原征服者：辽 西夏 金 元》，第11页。

（二）秦汉"中国一统"的三"同"建构及"华夷"关联

公元前 221 年，秦始皇创立帝制中央集权，内而废封国，以郡县官僚制直辖编户，变更"田畴异亩，车涂异轨，律令异法，衣冠异制，言语异声，文字异形"旧状，[①] 外而北击匈奴，修筑长城。西汉继续实行编户授田和军功爵奖励耕战，又"罢黜百家，表章六经"，[②] 完善郡县制，推行五铢钱，凿空西域，使天山南北首次与内地连成一体。汉武帝诏书曰"中国一统"，[③] 当是秦汉以黄河中下游和长江中下游为基本疆域的郡县制大一统。

关于秦汉郡县制"中国一统"，许倬云曾用政治力量渗透到底层、"全国相互依赖的经济网络"、共同文字及儒家正统价值观念"三重凝集"，描绘其特色及关键性。[④] 对第一点和第三点，笔者完全赞同，第二点则稍有保留。秦汉时期五铢钱牵动下的全国"经济网络"刚刚形成，似不宜估计过高，用首次实现"车同轨，书同文，行同伦"（《礼记·中庸》）描绘秦汉"中国一统"的特定建构，更为适宜。

笔者认为，对"车同轨，书同文，行同伦"的理解不能拘泥于狭义，需要结合历史实际做较为宽泛的诠释。第一，"车同轨"并不限于针对"车涂异轨"而规定车轮距一律六尺，更偏重针对"律令异法，衣冠异制"等"同轨"，即用皇帝为首的郡县制职业官僚统一管辖编民，对社会、经济、文化等实施严密的管制（包括五铢钱等对经济活动的规范），[⑤] 郡县官僚政治借以渗透到乡里底层。第二，"书同文"并不限于统一以秦小篆作为汉字形体，更偏重"独尊儒术"及其后延绵两千年的儒家正统文脉。第三，"行同伦"并不限于统一百姓的行为伦理，更偏重作为族群共同体汉族的融合成型。斯大林曾从"共同语言""共同地域""共同经济生活""共同文化上的共同心理状态"等层面阐发历史上的民族。[⑥] 范文澜精辟指出，"汉族在秦汉时已经开始形成为民族"。[⑦] 笔者赞同范文澜之说，进而认为汉族在秦汉的基本成型，恰是"行同伦"的表征，是两千年前黄河中下游和长江中下游的"夷夏"先民以"宅兹中国"为中心，东西南北相向交融及滚动壮大的产物。[⑧]

换言之，秦汉郡县制"中国一统"，以两千年前黄河中下游和长江中下游范围内的帝制中央集权为制度框架，普遍施行以汉字为载体的儒学传统文脉，大多数先民初步融合为汉族，还有西南夷、南方边地少数民族及北方民族部分南迁者。制度、文化、族群三层面皆呈

① 参见许慎《说文解字》，中华书局，1963，第 315 页。
② 《汉书》卷六《武帝纪》，中华书局，1962，第 212 页。
③ 《汉书》卷六《武帝纪》，第 173 页。
④ 参见许倬云《说中国：一个不断变化的复杂共同体》，第 78—88 页。
⑤ 范文澜主张，"共同经济生活"和"经济的联系性"应归入"车同轨"。参见范文澜《试论中国自秦汉时成为统一国家的原因》，《历史研究》1954 年第 3 期。
⑥ 参见斯大林《马克思主义与民族问题》，外国文书籍出版局，1950，第 11 页。
⑦ 范文澜：《试论中国自秦汉时成为统一国家的原因》，《历史研究》1954 年第 3 期。
⑧ 参见傅斯年《夷夏东西说》，欧阳哲生主编《傅斯年全集》第 3 卷，湖南教育出版社，2003，第 181—182 页；李治安《两个南北朝与中古以来的历史发展线索》，《文史哲》2009 年第 6 期。

现同一或单一，是秦汉郡县制"中国一统"政治文化共同体的建构特色。

也许有人会提出这样的疑问：秦统一曾经把南越、西南夷、西戎等并入其中，秦和西汉是否算"华夷一统"？当时的"中国一统"与"华夏""华夷"等相互关系又如何？

第一，史料文献中迄今尚未见到秦汉时期"华夷一统"或"华夷混一"的确凿词语表述。诸多"华夷一统"或"华夷混一"等词语，主要见于元明两朝。而汉武帝诏书和司马迁《建元以来侯者年表》里"中国一统"的表述言之凿凿，[①]颇具当时人说当时事的可靠性。至于魏收所言"秦吞海内，割裂都邑，混一华夷"，[②]晚至北齐，很大程度上系"五胡乱华"情势下的话语热点所诱发，其表述不一定切合秦汉实际。

第二，秦初设36郡，两汉郡国并行，最多时有郡国105个。其中合浦郡、交趾郡、南海郡、牂牁郡、犍为郡、益州郡、陇西郡、安定郡、武威郡、金城郡、张掖郡、酒泉郡、敦煌郡等皆置于南越、西南夷和西戎等边地。定襄郡、云中郡、五原郡、朔方郡等更是设在与匈奴拉锯争夺的河套及阴山一带。"南越、西南夷、西戎等民族"已然在其内，甚或有蛮夷逐步编民化。[③]

尽管如此，秦汉疆域、郡县设置及管辖大致在秦长城以南。汉武帝诏书曰："今中国一统而北边未安。"[④]贾谊曾批评："今陛下杖九州而不行于匈奴。"天子皇帝的"称号甚美，而实不出长城"，可为证。当时，贾谊曾竭力主张向匈奴推行郡县制："立一官，置一吏，以主匈奴。""将必以匈奴之众，为汉臣民。"[⑤]但此项主张始终未能付诸实施，匈奴等依然以长城为界与秦汉并存对峙，"唯北狄为不然，真中国之坚敌也"；"故北狄不服，中国未得高枕安寝也"。即便是"呼韩邪携国归（死）〔化〕，扶伏称臣，然尚羁縻之，计不颛制"，[⑥]仅行羁縻而未能实施郡县制。其根本原因在于大漠草原地带不适宜农耕定居且无法使用郡县制管辖。对此，班固早有阐发：匈奴"辟居北垂寒露之野，逐草随畜，射猎为生，隔以山谷，雍以沙幕，天地所以绝外内也。……其地不可耕而食也，其民不可臣而畜也"。[⑦]概言之，秦汉郡县制无法覆盖匈奴等塞外夷狄。

第三，如前述，无论华夏"中国"抑或"华夷"，都是依存于一定族群时空的历史范畴，都随同民族融合或地域文明整合而交融演进。先秦时期，夷狄与华夏长期犬牙交错、此消彼长。二者并非水火不容，经常在某种条件下转化融合。先秦的诸多方国蛮夷，数百年后陆续融入了华夏"中国"。经历夏商周以东西方向为主的夷夏民族融汇，[⑧]华夏"中国"已

① 参见《汉书》卷六《武帝纪》，第173页；《史记》卷二○《建元以来侯者年表》，中华书局，1959，第1027页。
② 《魏书》卷一○六《地形志上》，中华书局，1974，第2455页。
③ 参见邹水杰《秦代属邦与民族地区的郡县化》，《历史研究》2020年第2期。
④ 《汉书》卷六《武帝纪》，第173页。
⑤ 吴云、李春台校注《贾谊集校注》（增订版），天津古籍出版社，2010，第121、123页。
⑥ 《汉书》卷九四下《匈奴传下》，第3814、3815页。
⑦ 《汉书》卷九四下《匈奴传下》，第3834页。
⑧ 参见欧阳哲生主编《傅斯年全集》第3卷，第181—182页。

逐渐将昔日周边的许多夷蛮戎狄融入其内,初步形成了栖息定居黄河中下游和长江中下游、以农耕为主要生活方式的汉族。汉族也是秦汉帝国栖息于主要地域和人口数量最多的主体族群。

需要说明的是,此时秦汉郡县制一统,昔日的夷蛮戎狄陆续融入华夏,华夏或"中国"的扩展,以及汉族的基本成型,几乎是同步实现或完成的。在这个意义上,秦的统一的确是"第一次创造了华夷一统的活生生现实"。① 只不过,先秦及秦初"滚雪球式"的民族融汇,以及"车同轨,书同文,行同伦"等整合,已经将春秋战国时的夷夏(含南越、西南夷、西戎等民族)转变为较为宽泛的华夏或"中国"。诚然,此种转变大抵限于长城以内。

笔者认为,秦所"创造"的是相对于先秦"宅兹中国"的"华夷一统"。从更长时段看,秦汉长城内之诸"夷",大抵融入了36郡的华夏或"中国"。在这个意义上,秦汉一统又属于郡县制或华夏"中国一统"。也就是说,相对于先秦时黄河和长江中下游范围内的"华夷",秦汉已变为同一范围内较宽泛的华夏或"中国"。相对于元明清之际囊括中土、塞外的"华夷一统""巨大中国",秦汉则属于狭义的华夏或"中国一统"。

(三)"中国一统"隋唐以降的变迁及历史地位

隋唐结束了近三百年的南北分裂,重新建立秦汉式的"中国一统",创科举制,开大运河,设置安西四镇和塞外856个羁縻州府,实施"以其首领为都督、刺史,皆得世袭,虽贡赋版籍,多不上户部"② 的羁縻管辖。随着唐代各民族的相互交融,造就了胡汉基因融为一体的盛唐文明。③ 甚而偶有唐人"华夷一统人方泰"④ 的诗句。可见,唐王朝在重建和发展郡县制"中国一统"的基础上,努力实施非直接地统辖广袤塞外地区的政策,盛唐之际曾有过"华夷一统"的开端,至少是积极的尝试。遗憾的是,安史之乱爆发,导致唐朝疆域陡然缩小,包括安西四镇、河西走廊在内的陇右道等为吐蕃所占,南诏又占据大渡河以南,"河北三镇"等长期割据或半割据。内地郡县制尚且遭受较大损害,遑论维系广袤塞外的羁縻统辖。日本学者杉山正明将盛唐羁縻疆域远达塞外却陡然后退称为"瞬间大帝国",⑤ 不无道理。

唐末,契丹崛起、燕云十六州丧失,又致使北宋自雍熙战争后不得不放弃对北疆的军事进取和"华夷一统"的政治话语。⑥ 特别是"澶渊之盟"后北宋与辽朝及西夏的分立,"绍兴和议"后南宋与金朝的南北对峙,更是呈现多个华夷政权的鼎立。

秦汉至隋唐的郡县制"中国一统",为多民族统一国家的发展做出了重要贡献。它顺应

---

① 参见黄纯艳《论华夷一统思想的形成》,《思想战线》1995年第2期。
② 《新唐书》卷四三下《地理志七下》,中华书局,1975,第1119页。
③ 参见白寿彝主编《中国通史》第1卷,上海人民出版社,2004,第14页。
④ 参见许浑《丁卯集笺注》卷七《元正》,《续修四库全书》第1311册,上海古籍出版社,2002,第561页。
⑤ 杉山正明:《疾驰的草原征服者:辽 西夏 金 元》,第13页。
⑥ 参见黄纯艳《"汉唐旧疆"话语下的宋神宗开边》,《历史研究》2016年第1期。

社会经济需要和历史趋势，首次以郡县官僚制直接管辖编民的方式，将长城以南"耕稼以食，桑麻以衣"的农耕区长期置于统一政权之下，并推动汉唐文明的高度繁荣和汉族等"滚雪球式"的融合，进而为元明清"华夷一统"提供不可或缺的汇聚核心及前期基础。此外，秦汉至隋唐郡县制"中国一统"，其统辖疆域大抵局限于长城以南以东的农耕文明范围，即黄河中下游和长江中下游的汉族等栖息区。而对塞外的辽阔疆域，对"大漠之间，多寒多风，畜牧畋渔以食，皮毛以衣，转徙随时，车马为家"①的游牧民及半游牧民，大多鞭长莫及，未能实行有效的管辖。于是，在长城内外更为广袤的版图疆域范围内，先后呈现秦汉帝国与匈奴、鲜卑等政权长期南北并存，隋唐帝国与突厥汗国、回纥（鹘）汗国等长期南北并存以及与吐蕃王国东西并存。正如清陶保廉所言："自秦以来，中国一统，而四裔强族，亦并其所近弱国，浸浸乎与中国争长。"②这表明秦汉郡县制"中国一统"涵盖统辖范围的局限和不完整，较长时间内是与北方民族政权等并峙或彼此争雄。

二 元代"混一华夷"的初次实现

忽必烈建元朝，首次完成大漠塞外与中土农耕区连为一体的政治统一，遂造就了前所未有的三个新场景：蒙汉杂糅治南北，文化多元与交融互动，四族群"圈层"与多样化民族融汇。元代"混一华夷"正是基于此三者而初次实现的。

（一）蒙汉杂糅治南北

根据塞外、中土不同的地理条件和生活方式，蒙古法、汉法等杂糅并用，这是元朝以蒙古帝国宗主和汉地王朝双重身份君临天下的基本原则。蒙汉杂糅并非平分秋色，忽必烈等吸收并实行汉法，却未更改其语言及文化习俗，很大程度上是蒙古习俗占据内核。地域施行大抵表现为以蒙古法治蒙古，以汉法治汉地，又随时间推移略有变通。元前期或北方草原地带及两都"腹里"等时空条件下，蒙古草原政治文化的比重偏大。元后期或南方等时空条件下汉地文化的主导地位显赫。

元朝不分南北，陆续设立十一行省，尤其是通过辽阳行省和征东行省统辖"辽阳高丽"，甘肃行省等镇抚"回鹘河西"，云南行省等"置府"管辖"交占云黎"，岭北行省及蒙古大千户镇护"阴山仇池""故境"等。③行省制可溯源于蒙古国燕京等处三行断事官和魏

---

① 《辽史》卷三二《营卫志中》，第373页。
② 陶保廉：《辛卯侍行记》卷四，中国国际广播出版社，2016，第160页。
③ 参见黄文仲《大都赋并序》，周南瑞编《天下同文集》卷一六，《景印文渊阁四库全书》第1366册，台湾商务印书馆，1986，第639页。

晋隋唐行尚书台，亦带有蒙汉杂糅色彩，以此充任中土、塞外疆域一体化的机制支撑，可基本适应南北差异。而边疆诸行省的设置，乃前朝所未有，遂将较直接的行政统辖推行到东北、西北、西南和大漠。

"混一华夷，至此为盛！"[①] 蒙汉杂糅治南北，适应大漠塞外与中土农耕区不同的社会经济形态，构筑起 13 世纪实现 "华夷一统" 的框架，从而为疆土治理、民族交融和文化基因广益凝集等提供了制度平台。

（二）文化多元与交融互动

有元一代，"华夷儒风竞起"，在 "半去胡俗，半用华仪"[②] 的环境下，儒学主干文脉得以传承，还曾影响到包括忽必烈在内的蒙古人和色目人。兄弟民族的 "胡俗" 同样并行不悖，藏传佛教、汉地佛教、道教、基督教、伊斯兰教等竞相发展或传播，还有理学官方化、元曲、《授时历》和《蒙古秘史》等璀璨成就，以及蒙古文、汉文和畏兀儿文等五六种文字并用于世。[③] 元中后期，入居内地的色目人和蒙古人，率多 "舍弓马而事诗书"。贯云石、马祖常、萨都剌、余阙等皆 "以诗名世"，高克恭、康里巎巎等 "各呈才华，标奇竞秀"。[④] 畏兀儿人偰氏家族更创造一门两代九进士的稀有纪录。[⑤] 少数蒙古人发生文学、名号、贞节、丧葬等方面的汉化或儒化。[⑥] 汉人也受到蒙古文化的部分影响，主要是效仿蒙古语言、名字、婚姻、服饰等。部分色目人、蒙古人汉化和汉人不同程度地受蒙古文化影响，构成了元代多民族文化相互影响激荡的基本风貌。

1269 年，元世祖命帝师八思巴创制蒙古新字，欲替代畏兀儿体蒙古文，用来译写汉文、波斯文等，以实现崭新的 "一代同文"。[⑦] 比起秦小篆仅针对单语种的 "言语异声，文字异形"，[⑧] 八思巴字涉及中土与塞外，覆盖面更广阔，似为 "混一区宇" 多语兼用或 "译写" 的积极举措。[⑨] 其功能的复合性，或可视为元 "华夷一统" 复合兼容在文字上的缩影。

元代多元文化交融互动，还孕育催生 "多族士人圈" 等儒学跨族群传播。一批色目和

---

① 熊梦祥：《析津志辑佚·岁纪》，北京古籍出版社，1983，第 216 页。
② 朱元璋：《辩答禄异名洛上翁及谬赞》，《明太祖集》卷一六，黄山书社，1991，第 347 页。
③ 参见北京辽金城垣博物馆编《北京元代史迹图志》，北京燕山出版社，2009，第 234 页。
④ 萨都拉：《雁门集》附录 3，上海古籍出版社，1982，第 434、435 页。
⑤ 参见《元史》卷一九三《忠义传一·合剌普华》，中华书局，1976，第 4386 页；欧阳玄《高昌偰氏家传》，《欧阳玄集》卷一一，魏崇武、刘建立校点，吉林文史出版社，2009，第 153 页。
⑥ 参见萧启庆《论元代蒙古人之汉化》，《台湾大学历史学系学报》第 17 期，1992；萧启庆《论元代蒙古色目人的汉化与士人化》，《元代的族群文化与科举》，联经出版事业股份有限公司，2008，第 69—84 页。
⑦ 《元史》卷二〇二《释老·八思巴传》，第 4518 页；吴澄：《南安路帝师殿碑》，《吴文正公集》卷二六，《元人文集珍本丛刊》第 3 册，新文丰出版公司，1985，第 459 页。
⑧ 许慎：《说文解字》，第 315 页。
⑨ 参见陈高华、张帆、刘晓《元代文化史》，广东教育出版社，2009，第 584、585 页。

蒙古士人，以师生、同年、同僚、文友、姻戚等为纽带，与汉族士人频繁交游。[①]"多族士人圈"是超族群士人意识凝集的硕果，可显示文化超越族群的魅力。

（三）四族群"圈层"与多样化民族融汇

元朝曾按照征服的先后将百姓分为蒙古人、色目人、汉人和南人。最新的研究表明，上述四族群并非严格的社会等级，更像是核心与边缘差别显著的四"圈层"。[②]四族群"圈层"、诸色户计制和"根脚"制，[③]又是元朝统治给社会结构带来的三桩深重"瘢痕"。多民族成员杂居和多元文化交融碰撞，不可避免地造成族群界限淡化和四"圈层"束缚的松动，多民族间的融汇也水到渠成。元代民族融合重组的深度和广度，超越隋唐，主要体现为蒙古族和汉族融合其他族群、色目人分化与再融汇，以及各民族间你中有我、我中有你的渗透交融。

成吉思汗建立大蒙古国，以95千户编制部众，形成了蒙古族共同体。军事征服之余，大批被掳掠的色目人、汉人等迁至蒙古本土。草原牧马者"兀剌赤，回回居其三，汉人居其七"。即便是蒙古军中，"宁有多少鞑人，其余尽是亡国之人"。[④]归降或被掳掠的色目人等较早被编入"蒙古军籍"或"赐姓蒙古"。[⑤]又往往抽取蒙古各部军士及外族私属，混编为蒙古探马赤军。[⑥]元亡之际，滞留蒙古草原和随元顺帝北逃的色目人、汉族官吏、军士等，最终完全融入蒙古族群。在这个意义上，蒙古人无疑是融合其他族群的翘楚。

元初，契丹人、女真人、高丽人及四川、云南民众统称为"汉儿"。契丹人和女真人遂较快融入汉族。元中后期，耶律秃花、石抹也先、述律杰等"子孙策勋天朝"，多为汉人军将和官吏等南下定居。[⑦]其中，石抹改萧和移剌改刘者居多，[⑧]与汉人联姻亦成为主流。金中叶始，女真猛安谋克户"自本部族徙居中土"，"与百姓杂处"。[⑨]入元后，粘合重山、刘国杰等充汉军将领和官吏者甚多，还涌现一批"巨儒"。女真姓氏也相率汉化，如完颜改王、徒单改杜等。饮食节庆、婚丧礼俗等，与汉人几无差别。[⑩]统一江南日久，越来越多的南人积极入世，对"南北一家"充满自豪，汉人和南人的地域畛域逐渐消除。迄明初，主体民族

① 参见萧启庆《元朝多族士人圈的形成初探》，《内北国而外中国：蒙元史研究》下册，中华书局，2007，第477页。
② 参见张帆《圈层与模块：元代蒙古、色目两大集团的不同构造》，《西部蒙古论坛》2022年第1期。
③ 参见萧启庆《蒙元支配对中国历史文化的影响》，《内北国而外中国：蒙元史研究》上册，第46页。
④ 彭大雅撰，徐霆疏，王国维笺注《黑鞑事略笺证》，《王国维遗书》第13册，上海古籍书店，1983，第17、21页。
⑤ 《元史》卷一二三《也蒲甘卜传》，第3027页；卷一二〇《察罕传》，第2955页。
⑥ 参见赵世延、虞集等《经世大典辑校·军制》下册，周少川等辑校，中华书局，2020，第369页；陈高华、史卫民《中国政治制度通史》第8卷《元代》，人民出版社，1996，第187、188页。
⑦ 参见陈基《书石抹家谱后》，《陈基集》，邱居里、李黎校点，吉林文史出版社，第354页；苏鹏宇《蒙元时期契丹人的迁移研究》，《安阳师范学院学报》2010年第1期。
⑧ 参见陶宗仪《南村辍耕录》卷一，中华书局，1959，第14页。
⑨ 宇文懋昭撰，崔文印校证《大金国志校证》下册卷三六《屯田》，中华书局，1986，第520页。
⑩ 参见陶宗仪《南村辍耕录》卷一，第14页；邱树森《元代的女真人》，《社会科学战线》2003年第4期。

汉族有了新的扩充发展。

色目人中的唐兀人、畏兀儿人、回族等的融汇重组也颇引人注目。

唐兀人，又称西夏人，元初多被掳，以军户、仕宦、问学等散处南北，用赐姓、改姓和不称姓氏及蒙汉名并用，大多信仰佛教，婚姻兼及汉、蒙、色目。元中叶后，学儒渐多，纲常、奉老、婚丧等较多汉化。元明鼎革，唐兀人称谓消逝，多数融入汉族，少数融入蒙古等族。[①]

畏兀儿人即高昌回鹘，元世祖中期，遭西北叛王围困，国土并入察合台汗国。亦都护家族迁居甘肃永昌，部众多以镇戍、屯田、仕宦、求学、经商等散布南北。因最早归附和语言便利，畏兀儿人仕宦权势可与穆斯林匹敌，主要信奉佛教，元中叶后汉化及中进士者皆居色目人之首，元末大多融入汉族。[②]

色目人的重组融汇，以回族最为典型。回族最初是指花剌子模、波斯、阿拉伯等处陆续东来的穆斯林，且混存于色目人内。"今回回皆以中原为家，江南尤多，宜乎不复回首故国也。"[③] 穆斯林势力增强，与牙鲁瓦赤、阿合马等大臣权势有关。又凭借其斡脱商特权，在信贷、榷盐和市舶中牟取巨利，豪富一方。因回族人数稍多及仕商贵显，元中后期其他色目人多用以泛称。尽管回族人来源及语言不一，与汉人杂居，姓氏和语言文化较多吸收汉族因素，但诵经持斋、"婚姻丧葬"、"不啖豕肉"等"惟其国俗是泥"。[④] 回族正是以伊斯兰教为纽带，汇聚留居汉地的部分色目人、蒙古人及汉人等逐渐形成的。

迄元末，上述多族群融汇重组部分已完成，部分尚未完成。1368年，元顺帝等自大都健德门北逃，则是完结的契机。凡是随元顺帝北逃的蒙古人、色目人及少量汉人，最终融入蒙古人。凡是遗留在长城以南的蒙古人和色目人，最终大多融入汉族（明初有《劝色目人变俗》词曲），[⑤] 部分融入回族。明人丘濬言："国初平定，凡蒙古、色目人散处诸州者，多已更姓易名，杂处民间。如一二稀秭，生于丘陇禾稻之中。久之，固已相忘相化，而亦不易以别识之也。"[⑥] 讲的正是遗留中土的蒙古人、色目人多融入汉族的情况。元末明初，蒙、汉、回、藏等既各为民族，又相率融汇为华夷多族并存的复合结构。

（四）"泾渭同流"与"华夷混一"

蒙汉杂糅治南北及行省直辖提供政治平台，多元文化交融互动增添助力，多样化

---

① 参见邓文韬《元代唐兀人研究》，博士学位论文，宁夏大学，2017。
② 参见尚衍斌《元代畏兀儿研究》，民族出版社，1999，第164—190页。
③ 周密：《癸辛杂识》，吴企明点校，中华书局，1988，第138页。
④ 许有壬：《西域使者哈只哈心碑》，《至正集》卷五三，《元人文集珍本丛刊》第7册，第251页；吴之鲸：《武林梵志》卷一，杭州出版社，2006，第19页。
⑤ 参见冯惟敏《黄莺儿·劝色目人变俗》，《海浮山堂词稿》卷三，上海古籍出版社，2018，第155页。
⑥ 丘濬：《内夏外夷之限》，陈子龙等选辑《明经世文编》卷七三，中华书局，1962，第615页。

民族融汇又更新族群的基本结构，进而首创"车不同轨，书不同文，行不同伦"①的"一统"新模式，且开启六七百年汉、蒙、满轮流充当主导。对上述改变，元人或曰"华夷一统""统一华夷"，或曰"混一华夷""华夷混一"，②还常见"混一区宇""混一南北"等描述。但是，有关评价褒贬不一，耶律楚材赞扬"泾渭同流无间断，华夷一统太平秋"，南宋遗民谢应芳则揶揄"华夷一统佩无中"。③经多族群的交融重组，初步汇聚为跨越中土、塞北的蒙、汉、回、藏兼容复合共同体。④所谓"共同"，主要表现为疆域版图一体化，蒙、汉、回、藏各民族之间水乳交融、密不可分；所谓"兼容复合"，就在于多族群复合及文化习俗等兼容，未曾出现占统治地位的蒙古族和主体民族汉族间简单的同化或被同化，而是在"泾渭同流"或"混一"中兼容并蓄，都得以"无间断"地发展。

元朝的建立虽带来血与火的杀掠，但在13世纪的中国却顺应历史潮流，首次实现了"混一华夷"，既显现其独特风采，又对近古多民族统一国家发展做出了重要贡献。如毛佩琦所言："元朝所建立的是一个真正的华夷一体四海混一的国家。它是我国古代统一的多民族国家发展的重要阶段。"⑤杉山正明也说："中华的范围自蒙古时代以后大大地扩展了。从'小中国'到'大中国'，不能不说是一次漂亮的转身。……中国走上了通往'多民族之巨大中国'的道路。"⑥

元代初次实现的只能称为"华夷混一"，亦即"莫不涣其群而混于一"。⑦疆域开拓和政治版图一体化，确实达到"方今尺地一民，尽入版籍"和"罔不遵从"，但又存在"器用各有宜"、"文字各有制"和"国土各有俗"等显著差异。元朝文化政策比较宽松，对多种文化持尊重或开放态度，没有搞"文字狱"，也罕见强制文化"统一"或"遵从"。无论是成吉思汗札撒抑或儒家思想，都没有达到"声教咸归王化"的地步。虽然在儒学及佛教等文化层面，蒙、汉、回、藏等族群找到了某些共同点，但尚局限在"多族士人圈""藏传佛教"等某些部分及某些人员。植根于汉地农耕地带的儒家文化，虽然业已在蒙古人、色目人中有所传播，但尚未被多数蒙古人、色目人服膺和接受。汉地对蒙古等文化的适应程度，塞外不同地区对汉文化的适应程度，皆不能估计过高。疆域广袤和统治不足百年，生活方式差异和地

① 吴澄：《送萧九成北上序》，《吴文正公集》卷一五，《元人文集珍本丛刊》第3册，第281页。
② 熊梦祥：《析津志辑佚·岁纪》，第216页；黄镇成：《早春感兴》，《秋声集》卷四，《景印文渊阁四库全书》第1212册，第555页。又，《元史·武宗纪》或曰"华夏一统"（《元史》卷二二《武宗纪一》，第493页），可窥华夏与华夷的相对性。
③ 耶律楚材：《洞山五位颂·兼中至》，《湛然居士文集》卷七，谢方点校，中华书局，1986，第163、164页；谢应芳：《秋兴七首》，《龟巢稿》卷七，《四部丛刊三编》，商务印书馆，1936，第45页。
④ 杉山正明认为，元王朝"被统一于可称为'多元复合超域帝国'"。参见杉山正明《疾驰的草原征服者：辽 西夏 金 元》，第340页。
⑤ 毛佩琦：《永乐皇帝大传》，辽宁教育出版社，1994，第430、431页。
⑥ 杉山正明：《疾驰的草原征服者：辽 西夏 金 元》，第10、11页。
⑦ 许有壬：《大一统志序》，《至正集》卷三五，《元人文集珍本丛刊》第7册，第180页。

域发展不平衡，以及交通条件制约等，这些客观因素不容忽视。元代虽存在较多"混一"局限，但开拓之功颇丰，还为清"华夷一统"的发展成熟提供了基础性样板。

三 明清"华夷一统"的曲折与发展成熟

元朝覆亡后五百多年间，先有明成祖朱棣争夺"华夷一统"主导权未果等曲折，而后又是清王朝重建"华夷一统"，且有了显著的发展。

（一）明成祖"君主华夷"未果

明太祖朱元璋北伐檄文曰"驱逐胡虏，恢复中华"，但明朝建立后屡屡宣称，元朝是"帝命真人于沙漠入中国为天下主""朕既为天下主，华夷无间，姓氏虽异，抚字如一"。① 明成祖朱棣在承袭其父政策的同时，"五出漠北，三犁虏庭"，② 又竭力经略东北和西域哈密卫等，以实现"天下一统，华夷一家""君主华夷"③的伟业。关于朱棣五征漠北，姚广孝颂扬道："扫净朔漠，洗清草野。""北南一览，尽归王化。"④ 袁衮极力赞誉："文皇帝躬擐甲胄……穷追遐讨，深入漠北，以靖胡虏。"⑤ 毛佩琦质疑朱棣的北征战果，但仍肯定其亲征蒙古大漠的抱负，"朱棣原意是要一举控制蒙古地区"，"希望继元朝之后做一个华夷一体四海混一的帝国的君主"。⑥ 其迁都北京也是为着"控四夷制天下"和"君主华夷"。⑦

当时"华夷一统"似已成为不可逆转的历史潮流，并未因元明鼎革戛然中断。朱棣北征旨在以汉人皇帝一举夺得囊括塞外、中土"华夷一统"的主导权。由是，明代"华夷混一归真主，宇宙弘开属大明"，"其华夷一统，玉帛万国，自唐虞以来尝有如我皇明之盛者耶"之类的赞颂屡见不鲜。⑧ 笔者据《中国基本古籍库》的检索统计，明太祖、明成祖等诏旨和政书、奏议、诗文所见的"华夷一统""华夷混一"等说辞，达到91次之多，相当于元代的15倍，也远多于其他朝代。遗憾的是，朱棣病死榆木川，"五出漠北"基本失败，还留下塞

① 《明太祖实录》卷二八下"吴元年十二月甲子"，"中研院"历史语言研究所，1962，第439页；卷五三"洪武三年六月丁丑"，第1048页。
② 高岱：《鸿猷录》卷八《三犁虏庭》，《续修四库全书》第389册，第325页。
③ 《明太宗实录》卷三〇"永乐二年夏四月辛未"，"中研院"历史语言研究所，1962，第533页；卷二三一"永乐十八年十一月戊辰"，第2235页。
④ 姚广孝：《平胡颂》，陈子龙等选辑《明经世文编》卷一三，第93、94页。
⑤ 袁衮：《北征录序》，陈子龙等选辑《明经世文编》卷二七一，第2864页。
⑥ 毛佩琦：《永乐皇帝大传》，第386、431页。
⑦ 《明太宗实录》卷一八二"永乐十四年十一月壬寅"，第1965页；卷二三一"永乐十八年十一月戊辰"，第2235页。
⑧ 胡广：《归至北京》，《胡文穆公文集》卷二〇，《四库全书存目丛书》集部第29册，齐鲁书社，1997，第187、188页；管律：《汝砺论曰》，《（嘉靖）宁夏新志》卷六，《续修四库全书》第649册，第199页。

北多故及天子守国门等遗患。

明成祖以后，再未出现开疆拓土的有作为皇帝。特别是"土木之变"后，尽管东北、西南疆域及天下户役等仍沿袭元朝，但明朝不得不放弃长城以北的要塞及大片土地，改以辽东、宣府、大同等九边为重心的军事防御，统治范围也相应后退至长城以南。明代"华夷一统"遭遇挫折，在疆域和族群等层面已大抵徒有虚名。万历年间榆林红石峡石刻"华夷天堑"可为证，[①] 也显示明后期伴随长城南北的军事对峙，华夷之防复为士林舆论的主流。

（二）清统治者讳言"华夷一统"蠡测

时隔二百余年，清朝入关统一中原和江南。自1636年，漠南蒙古十六部首领拥戴皇太极为博克达·彻辰汗，喀尔喀也归属清朝。此后，清朝又三征噶尔丹，统一西北回疆，版图达到"蒙古极边"。继元朝之后，清朝再造囊括塞外和黄河、长江流域的华夷"大一统"。但是，清代官私文献中却罕见"华夷一统"等表述，这是为什么？历史真相又如何呢？我们可以从雍正的《大义觉迷录》中一窥究竟。

> 夫我朝既仰承天命，为中外臣民之主，则所以蒙抚绥爱育者，何得以华夷而有殊视？而中外臣民，既共奉我朝以为君，则所以归诚效顺，尽臣民之道者，尤不得以华夷而有异心。……天下一家，万物一源，如何又有中华、夷狄之分？[②]

这是雍正在《大义觉迷录》开篇对华夷问题的基本定调，实际是给"华夷一统"表述下达了禁令。由于"我外夷为内地主"和"大一统之在我朝"，倘若继续沿用元明"华夷一统"的措辞，难免会触犯圣谕天条。时值康雍乾"文字狱"巅峰，这段开篇文字之后紧接着便是雍正对吕留良、严鸿逵、曾静等妄分华夷的长篇驳斥。谁再提"华夷""一统"，岂不是陷入"华夷中外之分论"、"以华夷而有殊视"和"以华夷而有异心"之类的文网？岂不是和"凶顽悖恶，好乱乐祸，俶扰彝伦，私为著述"的"逆贼吕留良"同流合污，自招杀身灭门之祸？这正是清代官场文坛人为的禁忌迷惘和"华夷一统"表述戛然消逝的症结所在。

通常，清统治者使用"满汉一家""天下一统"等，替代被禁止的"华夷一统"，不提"华夷"而改称"满汉"，旨在凸显"首崇满洲"。雍正等讳言"华夷一统"，忌讳以满族为"夷"，拒绝将"华"置于"夷"之前，反而大谈"满汉一体"、"满汉一家"和"天下一统"。这正是清朝诸帝深谙名器之论，在"大一统"文字表述上较真考究的"过人"之处。这种心理应予洞察，毋庸苛责。有学者主张清朝的统治具有中原王朝与北族政权的二重性质，应

---

① 现存陕西省榆林市红石峡，万历四十一年（1613）河东刘敏宽题。
② 爱新觉罗·胤禛：《大义觉迷录》，文物出版社，2020，第3、10、178页。

"定位为复合民族国家中的非汉族王朝",或可称 "首崇满洲的复合性中华皇朝"。[①] 清朝标榜的 "首崇满洲" "满汉一家" "天下一统" 及其 "二重性" 或 "复合性",本质依然是 "华夷一统"。1713 年,张家口大境门摩崖石刻 "内外一统",[②] 亦佐证其讳言 "华夷"。尽管清统治者对 "华夷" 二字讳莫如深,但毕竟实际贡献良多,拥有了较成熟的 "华夷一统" 之实。揆以元明清大一统的长时段趋势,我们还是祛除清 "文字狱" 的人为禁忌与迷惘,还原历史本来面目,依旧称清为 "华夷一统" 并充分肯定其历史贡献。

（三）清朝发展 "华夷一统" 的实际建树

清朝从三方面将 "华夷一统" 推向成熟。

第一,因俗施政与笼络抚绥,造就跨族政治链条。清廷在设直省督抚与理藩院的同时,因俗施政,创建蒙古盟旗制,[③] 还 "众建而分其势",划旗定界,禁止越界和贸易、通婚,[④] 旨在防止新部族聚合及旧部族分裂。清廷还适应西藏政教合一体制,置二驻藏大臣,噶厦四长官以下僧俗官员,统归驻藏大臣会同达赖喇嘛拣选。财政审核、对外交涉等,统由驻藏大臣负责。达赖、班禅等转世的掣签及坐床,亦由驻藏大臣主持监督。[⑤]

1636 年,漠南蒙古归附后,清统治者遂与蒙古贵族结为政治联盟,以蒙古部落 "防备朔方","较长城更为坚固"。[⑥] 对较早归附的蒙古上层,清统治者特别封赐亲王、郡王、贝勒、贝子、镇国公、辅国公等,且允许世袭。[⑦] 吐鲁番、哈密等上层也世袭郡王。因皇子等封爵 "以世递降",[⑧] 蒙古王公等世袭,实属清廷的例外恩典。满洲贵族和蒙古王公之间又长期通婚,总计达 586 次,公主格格出嫁蒙古者 430 名,皇帝宗亲娶蒙古王公之女 156 名。[⑨] 满蒙联姻强化其政治联盟,由此换取蒙古强有力的政治军事支持。清廷还允许蒙古王公等未出痘者赴木兰围场从猎,瞻觐圣颜,[⑩] 旅途费用等由清廷承担。其用意如乾隆帝所云,"此国家柔远绥遐之道,伊等目睹内地幅员之广阔,人民之富裕,回归上境,自必转相告语,同心向化"。[⑪] 此外,对汉族士大夫精英,又实行 "更名田"、"特科"、"恩科"、满汉同榜一体科

① 参见石桥秀雄编《清代中国的若干问题》,杨宁一、陈涛译,山东画报出版社,2011,序言第 4 页；常建华《大清：一个首崇满洲的复合性中华皇朝》,《清史研究》2021 年第 4 期。
② 现存张家口市大境门外石刻,康熙五十二年（1713）山西籍商人张自成题。
③ 参见赵云田《清代蒙古政教制度》,中华书局,1989,第 74、86—90 页。
④ 参见王锺翰《试论理藩院与蒙古》,《清史新考》,辽宁大学出版社,1990,第 166—177 页；蔡志纯《清政府对蒙古的民族政策》,《历史教学》1981 年第 10 期。
⑤ 参见昭梿《活佛掣签》,《啸亭杂录》卷二,何英芳点校,中华书局,1980,第 55 页；张羽新《清朝前期的边疆致策》,马大正主编《中国古代边疆政策研究》,中国社会科学出版社,1990,第 315—353 页。
⑥ 《承德府志》卷首一《诏谕》,《中国方志丛书·塞北地方》第 17 号,成文出版社,1968,第 41 页。
⑦ 参见《钦定大清会典》卷六四,《续修四库全书》第 794 册,第 615 页。
⑧ 吴振棫：《养吉斋丛录》,北京古籍出版社,1983,第 1 页。
⑨ 杜家骥：《清朝的满蒙联姻》,《历史教学》2001 年第 6 期。
⑩ 参见《理藩院·朝觐》,《钦定大清会典事例》卷九八四,《续修四库全书》第 811 册,第 751—756 页。
⑪ 《西藏研究》编辑部编《清代藏事辑要》卷二,西藏人民出版社,1983,第 202 页。

考等怀柔政策，且与"文字狱"等相济而用。

借因俗施政和笼络抚绥，清廷拉拢了一批蒙古上层和汉族官绅进入统治集团，率先实现蒙古归心且建立满、蒙政治联盟，进而构建起以满族皇帝为核心的满、蒙、汉贵族官僚的联合统治。[1]《清实录》用满、蒙、汉三种文字，亦为其象征。清廷由此营造了"华夷一统"所需的跨族政治链条或政治支撑。

第二，尊奉喇嘛教和崇尚儒学，增添文化同一性。针对满、汉、蒙、回、藏等多元文化的并存，清政府精心营造尊奉喇嘛教和崇尚儒学两大举措。一方面，清廷因势利导，先后册封五世达赖为"天下释教普通瓦赤喇怛喇达赖喇嘛"，班禅为"班禅额尔德尼"，敕封哲布尊丹巴、章嘉等，形成了四大活佛系统。清廷还给予喇嘛教巨额赏赐，广建喇嘛庙，蒙古各盟旗少则数座，多则十余座，又编七个喇嘛旗，免除僧众赋役等。[2]另一方面，各地设学宫，开经筵定制。[3]康熙亲临释奠孔子，坚持"经筵"、"日讲"及"复讲"，又诏举"博学鸿儒"，拜谒曲阜孔庙，亲书匾额"万世师表"。[4]雍正强调儒释道"三教之用虽殊，而其体则一"。[5]乾隆尊崇程朱，褒奖忠贞。[6]清前期皇帝对佛教和儒学，皆有较深理解，还夹带政治意图。尊奉喇嘛教主要为适应蒙藏民众的信仰，以增强对清廷的向心力。如昭梿所云："国家宠幸黄僧，并非崇奉其教以祈福祥也。只以蒙古诸部敬信黄教已久，故以神道设教，借仗其徒，使其诚心归附以障藩篱。"[7]清廷崇尚儒学，又旨在"以儒学道统的当然继者自任"，[8]加深满、汉二族的文化同一，这对后期满、汉融为一体的影响不可低估。

第三，满族、汉族的互动交融与后期融为一体。有清一代，满、汉、蒙、回、藏各民族的多样化交融得到令人瞩目的提升发展。其中最突出的积极动向，就是作为统治民族的满族与主体民族汉族的互动交融及后期融为一体，且呈现满族早期扩张和满、汉间自然渐进交融前后两段不寻常的演进过程。

满族早期强制性扩张，始于努尔哈赤时部分汉人被俘而沦为八旗"包衣旗人"和壮丁。1633年后，皇太极不断佥编辽阳一带汉人，进而组建汉军八旗，强制八旗的包衣和汉军等剃发、学满文，放弃汉俗，改从满洲新风。[9]入关伊始，清廷严令剃发易衣冠，"遵依者为我

[1] 参见杜家骥《清朝简史》，福建人民出版社，1997，第1—18页。

[2] 参见《钦定大清会典》卷六三，《续修四库全书》第794册，第613页。

[3] 参见《清世祖实录》卷七四"顺治十年四月甲寅"，中华书局，1985，第585页；卷一一一"顺治十四年九月癸亥"，第874页。

[4] 参见陈祖武《论康熙的儒学观》，《孔子研究》1988年第3期。

[5] 《文献丛编》第3辑《清世宗关于佛学之谕旨》，故宫博物院编《〈文献丛编〉全编》第3册，北京图书馆出版社，2008，第117页。

[6] 参见《清高宗实录》卷一二八"乾隆五年十月己酉"，中华书局，1985，第876页；故宫博物院编《清高宗御制文》第1册卷七《命议予明季殉节诸臣谥典谕》，海南出版社，2000，第323页。

[7] 昭梿：《章嘉喇嘛》，《啸亭杂录》卷一〇，第361页。

[8] 参见黄爱平《清代康雍乾三帝的统治思想与文化选择》，《中国社会科学院研究生院学报》2001年第4期。

[9] 参见中国第一历史档案馆、中国社会科学院历史研究所译注《满文老档》上册，中华书局，1990，第409—410页；昭梿《汉军初制》，《啸亭杂录》卷二，第39页。

国之民，迟疑者同逆命之寇"，既"别顺逆"，[①] 又强制汉人满俗化。被编入八旗的汉军及包衣，与满人并肩征战，互相婚娶，服装发式和语言等也基本满族化。[②]

清朝入主中土和满族举族内迁，又促使满、汉之间自然渐进地交融。清统治者较快吸收汉文化，如开博学鸿儒科、废人丁税、"更名田"、"摊丁入亩"等。康熙中期以后，满、汉交融渐成主流。"旗民地土"相邻，旗人"与民人错处，原无界址之分"。[③] 互为婚娶、抱养子嗣使得满、汉混血逐步扩大，"八旗及外省驻防内""冒入旗籍"等，屡禁不止。[④] 满人率多放弃本族满语而使用汉语，包括黑龙江呼兰旗营一带，"光绪中叶，语言文字俱从汉俗"，"能操清语者则千人中一二人而已"。[⑤]

"然二百年间，满人悉归化于汉俗，数百万之众，尽为变相之汉人。并其文字语言……满洲人乃自弃之。"[⑥] 满族文化日渐消退，汉人衣冠服饰又皆从满俗，满、汉差异减少，经济、语言和风俗等一致性愈多，并存的满、汉文化逐渐汇合为含有满族因素的新汉文化。清朝灭亡后，作为统治民族的满族与主体民族的汉族，实际上融为一体，满、汉、蒙、回、藏族群格局因此呈现一大更新，显著增加族际亲和力与"华夷一统"的成熟性。

综上，凭借理藩院统辖、盟旗制、封爵和满蒙联姻等，还有对汉儒等笼络、钳制及拉拢藏族上层，清中叶大抵形成满、蒙、汉贵族官僚联合统治，亦即族际政治链条，使"华夷一统"在满、汉、蒙、回、藏诸族群中的根基得以强化牢固。清中后期，儒学逐渐成为满汉朝野共同的主导文化，"声教咸归王化"在满族和汉族范围内基本实现，藏传佛教又成为沟通藏、蒙两族的另一文化纽带，这就增添了"华夷一统"的文化同一性。清后期，满族与汉族实际融为一体，更助推诸族群格局的更新与族际亲和力。元、清王朝虽都属"华夷一统"复合式共同体，但因清朝以上三项建树皆超越元代，满、汉、蒙、回、藏五大族群复合共同体的同一性和共有部分明显增多，你中有我、水乳交融的文化及政治联系较元代更为密切牢固。清"华夷一统"的发展成熟，可谓实至名归。

（四）"华夷一统"的兼容复合及文化认同

元朝初次实现又经清代发展成熟的"华夷一统"，是由中土、塞外的体制有异有同、文化交流互动、多样化族群融汇等构成的崭新共同体秩序。与秦汉郡县制"中国一统"相比，元明清"华夷一统"的独特进步不仅在于疆域上囊括中土、塞外，使中国由"小"变"大"，

① 《清世祖实录》卷五"顺治元年五月庚寅"，第57页；卷一七"顺治二年六月丙寅"，第151页；冯尔康：《清初的剃发与易衣冠——兼论民族关系史研究内容》，《史学集刊》1985年第2期。
② 参见杨学琛《略论清代满汉关系的发展和变化》，《民族研究》1981年第6期。
③ 《清高宗实录》卷九九八"乾隆四十年十二月乙巳"，第14661页。
④ 参见《钦定大清会典事例》卷一一一四《八旗都统·户口》，《续修四库全书》第811册，第404、407页。
⑤ 《呼兰府志》卷一〇《礼俗志》，《中国方志丛书·东北地方》第41号，成文出版社，1974，第766页。
⑥ 刘体智：《满汉同化》，《异辞录》卷四，中华书局，1988，第232页；杨学琛：《略论清代满汉关系的发展和变化》，《民族研究》1981年第6期；杜家骥：《清代满族与八旗的关系及民族融合问题》，《社会科学战线》2016年第6期。

还在于三个兼容：兼容中土、塞外不同的政治体制及生产方式，兼容中土、塞外不同的语言和宗教文化，兼容满、汉、蒙、回、藏等多个民族，借以完成了政治文化单一模式到复合模式的过渡，进而成长为较稳定的华夷复合共同体。

于是，多民族统一国家从黄河、长江，再到塞外，因"华夷一统"模式而空前扩展壮大，足可称其为传统社会多民族统一国家发展的崭新或最高阶段。基于上述兼容及过渡，中华文明的结构和中国传统王朝的内涵外延，皆有了完善与升华。在新的时空条件下，中华文明名副其实地包容了中土（黄河中下游和长江中下游）农耕子文明和塞外游牧半游牧子文明（含青藏高原子文明、回疆子文明等）。传统王朝则打破夷夏畛域，将元、清等一概纳入正统成员序列。明乎此，元朝灭亡及太平天国占据江南之际，一批汉族士大夫或甘愿为"入中国而统及四夷"[①] 的元朝皇帝和清朝皇帝"死节""殉国"，就不足为奇了。

历经元明清 600 余年中土、塞外一体化的现实变革，对"华夷一统"复合式中国的文化认同悄然而来。代表性的是元代大儒吴澄《送萧九成北上序》：

> 自古殷周之长，秦隋之强，汉唐之盛，治之所逮，仅仅方三千里。今虽舟车所不至，人迹所不通，凡日月所照，霜露所坠，靡不臣属。如齐州之九州者九而九，视前代所治，八十一之一尔。自古一统之世，车必同轨，书必同文，行必同伦。今则器用各有宜，不必同轨也；文字各有制，不必同文也；国土各有俗，不必同伦也。车不同轨，书不同文，行不同伦，而一统之大，未有如今日。[②]

面对元朝将中国带入欧亚连通的新世界及东亚大陆的"华夷混一"，身为江南理学宗师的吴澄，深感"有书契以来之所未尝有"之巨变，遂萌生两点新认知。其一，开始冲破千余年来中央王朝"五服"制和"天下中国"的旧观念，理性地正视元朝囊括"日月所照，霜露所坠"的广袤地域，承认其辖境相当于整个中土九州的九倍，而秦汉隋唐"一统"王朝"所治"仅是其九分之一。此乃依据元朝广拓疆域现实而对战国末邹衍"于天下乃八十一分居其一分"说[③] 的新阐发。其二，既然"前代""一统之大，未有如今日"，元帝国疆域内除汉族外还有蒙古、吐蕃、穆斯林等诸多族群及文化，就不必拘泥于秦汉"车同轨，书同文，行同伦"单一旧模式，而应与时俱进，施行"今则器用各有宜，不必同轨也；文字各有制，不必同文也；国土各有俗，不必同伦也"的复合式政治文化对策。

时至今日，部分学者虽承认中国是"一个不断变化的复杂共同体"，但面对元、清二

① 王廷相：《慎言》卷九，《续修四库全书》第 938 册，第 101 页。
② 吴澄：《送萧九成北上序》，《吴文正公集》卷一五，《元人文集珍本丛刊》第 3 册，第 281 页。
③ 参见《史记》卷七四《孟子荀卿列传》，第 2344 页。

朝的此类兼容复合仍感困惑不解，[1] 恰是恪守秦汉三"同"旧模式所致。吴澄所云既是对元"华夷一统"本质的阐释，又隐含着国家认同的进步。据姚大力的研究，古代国家认同包含三个层面：忠君认同、王朝认同和历时性政治共同体的"中国"认同。[2] 而中古、近古认同对象即多民族统一国家。张博泉言，秦统一与元统一的区别是分不分"中外""华夷"，[3] 颇有新意，然不及700年前吴澄三"同"与三"不同"说洞见底里。吴澄基于以上两点新认知，强调"车不同轨，书不同文，行不同伦"的复合式"华夷混一"的中国认同，恰是在"历时性政治共同体的'中国'认同"层面有了某种超越或突破。

与吴澄认知或有相似者，而后又接续不断。明初朱元璋等言："元虽夷狄，然君主中国且将百年，朕与卿等父母皆赖其生养。""昔者胡汉一家，胡君主宰。""迩来胡汉一家，大明主宰。"[4] 即使雍正"首崇满洲"为宗旨的"满汉一体""中外一统"说，也不外是讳言"华夷"语境下的同体异名。汉人士大夫对北方游牧经济的认识，也发生从秦汉冷漠歧视到金元包容理解的微妙变化。[5] 元杨维桢等倡言道统所在即正统说，[6] 康熙"以实心行实政"而成千年一帝[7] 以及满、汉同以儒学为主导文化，等等，基本解决了少数民族入主的合理性及华夷正统谁属的难题，从较深的文化层面给"华夷一统"正了名。换言之，亘古未有的"华夷混一"变革现实，激发吴澄等有识之士以三"不同"切入，相率实现了对"华夷一统"复合式中国的文化认同。这种文化心理的悄然变化，历史影响无疑是长远和深刻的。

余　论

明人王廷相指出，"统一华夷者，谓之大统者也。然有正有变焉。居中国而统及四夷，顺也，正也。三代、汉、唐、本朝是也。入中国而统及四夷，逆也，非变乎？……元也，虽以变统例之，亦不能废其大统天下之实矣"。[8]

王氏使用"大统""小正统""变统"等概念，对"三代"、汉、唐、宋、元、明等统一加以区别和评骘。所言"统一华夷者，谓之大统者也"，又是对唐末以来历史大势的理性判

---

① 许倬云批评元和清等王朝"双重体制"："两个中外不同的共同体系统有叠合部分，却并没有整合。但如葛兆光所云，此论又面临'这时究竟谁是"中国"？哪里是"华夏"'的'难题'。"（许倬云：《说中国：一个不断变化的复杂共同体》，第258、280、291页）
② 参见姚大力《中国历史上的民族关系与国家认同》，《中国学术》第12辑。
③ 参见张博泉《中华一体的历史轨迹》，第48页。
④ 《华夷译语》，"诏阿札失里"，《四库全书存目丛书》经部第188册，第308页上；《明太祖实录》卷五三"洪武三年六月癸酉"，第1041页。
⑤ 参见《汉书》卷九四下《匈奴传下》，第3834页；《辽史》卷三二《营卫志中》，第373页。
⑥ 参见陶宗仪《正统辩》，《南村辍耕录》卷三，第37页。
⑦ 参见阎崇年《康熙大帝》，中华书局，2008，第294页。
⑧ 王廷相：《慎言》卷九，《续修四库全书》第938册，第101页。

断。他还较早承认元朝"入中国而统及四夷"的"大统"，强调不能因其"变统"而"废其大统天下之实矣"，颇有见地。然而，王氏将夏商周"三代"酋邦制及宗法封建的松散统一和"汉、唐、本朝"混为一谈，未必允当。事实上，五千多年来，多民族统一国家"不断变化的复杂共同体"的进程可概分为三个阶段：夏商周"三代"酋邦制及宗法封建①的松散统一、秦汉以降郡县制"中国一统"和元明清"华夷一统"。此三阶段恰是体现上古黄河中下游为中心的地缘族群整合、中古黄河中下游和长江中下游的地缘族群整合、近古中土与塞外更广袤的地缘族群整合及其交融演进。而且，三阶段各有自身逻辑发展的特定时势或土壤。对中国历史及现代中华民族多元一体影响至深且巨的，无疑是秦汉郡县制"中国一统"和元明清"华夷一统"。

如果说，秦汉郡县制"中国一统"是战国以来与黄河中下游、长江中下游农耕区地主经济形态及汉族等"滚雪球式"的融汇相适应的政治文化体制，那么，元明清"华夷一统"，则是近两千年北方民族的三次大规模南下入主与中土传统社会碰撞博弈后的崭新格局。第一次是拓跋鲜卑等北族政权入主中原及其与东晋南朝的碰撞博弈，促成隋唐重建郡县制"中国一统"及"华夷一统"的短暂尝试。第二次是契丹、女真和蒙古南下，特别是蒙古这一世界帝国与中土（包括金、南宋辖区）的邂逅博弈，导致元"混一华夷"的初次实现。继而发生明成祖争夺主导权未果及朝野关于"华夷一统"连篇累牍的说辞。第三次是清朝入关统一蒙古、明辖境及西藏等，重建"华夷一统"，尽管对"华夷"二字讳莫如深，但拥有了较成熟的"华夷一统"之实。

需要强调的是，10世纪以降，中土高度发达的农业及工商业，不仅在塞外与中土广袤疆域内带动形成了茶叶、马匹、粮食、纺织品、铁器等日益成熟的贸易交换网络，更能长期为跨越中土、塞外的"华夷一统"提供强有力的经济支撑。史称，自忽必烈迁都，10万左右官兵长期驻屯于"和林"和"金山、称海沿边诸塞"，遂"重利诱商贾，致谷帛用物"，用7倍于华北的米价，收购商贩南粮，所费甚巨。② 清康熙"西征准噶尔"，"石费一百二十金"，皇商范毓宾"力任挽输，辗转沙漠万里"，③ 或与元商贾"和中"北边异曲同工。清代张家口、恰克图、科布多、库伦等地的"北商"和"西商"从事茶叶、粮食、布匹、毛皮等贩运，又助推长城内外商业贸易的鼎盛。④ 另外，在塞外与中土并为一体的格局下，儒家等主干文脉继续传承发展，兄弟民族文化又大量汇聚过来，共同汇合为多元一体的新文脉。

---

① 参见谢维扬《中国早期国家》，浙江人民出版社，1995，第472—474页。
② 参见虞集《岭北行省郎中苏公墓志铭》，苏天爵编《元文类》下册卷五四，张金铣校点，安徽大学出版社，2020，第1087页；萧启庆《元代的镇戍制度》，《内北国而外中国：蒙元史研究》上册，第268、269页。
③ 《介休县志》卷九《人物》，乾隆三十五年刻本，第31、32页；韦庆远、吴奇衍：《清代著名皇商范氏的兴衰》，《历史研究》1981年第3期。
④ 参见赖惠敏《清代北商的茶叶贸易》，《内蒙古师范大学学报》2016年第1期；高春平等《晋商与北部市场开发》，《晋阳学刊》2002年第4期；李刚、袁娜《明清山陕商人对西部开发的历史贡献及其启迪》，《新疆社科论坛》2007年第1期。

从秦汉郡县制"中国一统"到元明清"华夷一统"交融演进中，我们既看到郡县制"中国一统"在中土的坚实基础、经济文化辉煌及辐射周边，又看到蒙古、满族统治者"打造"的塞外、中土一体化和务实地汇合"世界上最具经济实力的中华本土"。[①] 既有汉族及其先进文明的基础性贡献和积极进取，又有诸兄弟民族的文明基因增益和历史主动性。他们自觉不自觉地顺应多民族统一国家发展的历史潮流，且用行动昭示：汉族与其他兄弟民族携手创造多民族统一国家的历史，携手推动缔造多民族复合共同体之"巨大中国"。由是，"古代华夏渐渐成了近世中国"。[②]

从 16 世纪以来的现代民族及认同理论看，元明清"华夷一统"及其复合共同体建构对现代中华民族也产生了深远影响。现代中华民族的复合共同体与元明清"华夷一统"复合共同体之间，在结构或特质上存在很多相似或继承等联系。元明清"华夷一统"，实乃民初汉、满、蒙、回、藏五族共和的前身，也是抗日战争中最终形成的现代中华民族及其多元一体复合构建的前身。56 个民族对现代中华民族共同体的认同，很大程度上是在元明清"华夷一统"复合共同体认同基础上实现的。由于秦汉郡县制"中国一统"嬗变为包容中土、塞外的元明清"华夷一统"，中国才由"小"变"大"，新时空条件下的"多民族统一"才名副其实，而后向现代中华民族共同体的历史性过渡才得以实现。现代中华民族共同体不仅是"国族"（nation），还有郡县制"中国一统"到"华夷一统"两阶段交融演进的深厚历史渊源。这恰能展示两类"一统"及演进至为重要的贡献。

〔本文原载《中国社会科学》2023 年第 5 期。作者李治安，南开大学历史学院教授〕

---

① 杉山正明：《疾驰的草原征服者：辽 西夏 金 元》，第 328 页。
② 葛兆光：《〈说中国〉·解说》，许倬云：《说中国：一个不断变化的复杂共同体》，第 298 页。

秦及汉初田租征收和计量问题新探

代国玺

摘　要　秦及汉初，官府征收田租称为"租禾稼、顷刍稿"。所谓"禾稼"，应指禾穗而非全禾或禾的子实。由于征收的谷物形态比较原始，秦及汉初根据谷物形态与种类，制定不同计量标准，创制出"四大一小"谷物计量体系，以简便田租征收工作。这一时期田租类型属于典型的分成租，官府确定田租数量，是以地块为单位，测定不同地块的"禾程"即禾穗单位产量面积，再按照"禾程"专用原则，计算出不同地块的纳租数量与所有地块的纳租总额，最后再分解到户。秦及汉初的田租制度呈现一系列不同于后世的特点，是中国田税发展史上一个独特阶段。

关键词　秦汉　田租制度　度量衡　岳麓秦简　张家山汉简

　　长期以来，由于史料缺乏，对于战国秦汉田租的征收方式与过程，莫得其详。最近 20 余年来，有赖于龙岗秦简、张家山汉简、里耶秦简、岳麓书院藏秦简、北京大学藏秦简等新资料不断公布，学界对秦及汉初田租征收问题的研究逐步深入，取得重要进展。如关于田租种类，有学者认为应分为禾稼、刍稿与经济作物三种形态。[1] 关于禾稼征收，有学者认为禾稼租额的确定需要经过两个步骤，先根据收获面积（"舆田"），按固定比例确定"税田"即用来纳税的面积，再经过测算禾稼产量高低、干湿程度等"取程"环节，确定"税田"的单位产量面积，由此最终确定农户的禾稼租额。[2] 关于刍稿征收，有学者认为以农户实有耕地为征收对象，睡虎地秦简《田律》所谓"顷入刍三石、稿二石"实际上是税额的计算标准。[3] 上述研究深化了对秦及汉初田租制度的认识。

①　臧知非：《说"税田"：秦汉田税征收方式的历史考察》，《历史研究》2015 年第 3 期。
②　晋文：《睡虎地秦简与授田制研究的若干问题》，《历史研究》2018 年第 1 期；李恒全、许欣：《论秦汉田税征收方式及其变化过程》，《史学月刊》2022 年第 3 期。"舆田"与"税田"的含义，本文主要采用李恒全的观点。
③　李恒全、季鹏：《秦汉刍稿税征收方式再探》，《财贸研究》2007 年第 2 期；晋文：《新出秦简中的授田制问题》，《中州学刊》2020 年第 1 期。

新出简牍资料关于秦及汉初田租制度的记载，内容相当丰富，其中尚有不少问题需深入探讨。岳麓书院藏秦简《田律》载"租禾稼、顷刍稿，尽一岁不齎（毕）入"云云，可知"禾稼"为秦田租的重要种类，但具体是粮食作物的何种形态，如何计量，征收标准如何确定？这些关涉秦及汉初田租制度基本内容的重要问题，相关探讨还很不充分。本文拟重点讨论这些问题，进而探究秦及汉初田租制度的历史特点。

一 关于"禾稼"的异说种种

秦律对田租征收、缴纳过程有具体专门的规定，岳麓书院藏秦简《田律》曰：

> 租禾稼、顷刍稿，尽一岁不齎（毕）入及诸贳它县官者，书到其县官，盈卅日弗入及有逋不入者，赀其人及官啬夫、吏主者各一甲，丞、令、令史各一盾。逋其入而死、亡有罪毋（无）后不可得者，有（又）令官啬夫、吏代偿。（106—108）[1]

可见，征收田租称为"租禾稼、顷刍稿"，缴纳田租为"入（禾稼、刍稿）"。秦律对田租缴纳后储藏也有具体规定，睡虎地秦简《秦律十八种·仓律》曰：

> 入禾稼、刍稿，辄为癭籍，上内史。·刍稿各万石一积，咸阳二万一积，其出入、增积及效如禾。（28）[2]

入仓储藏的田租，形态为"禾稼""刍""稿"。里耶秦简 8—1246：

> 廿九年正月甲辰，迁陵丞昌讯☒
> 书。☒（正）
> ·鞫☐悍上禾稼租志误少五（谷）☐☒（背）[3]

里耶秦简 8—776：

> 卅年四月尽九月，仓曹当计禾稼出入券。

① 陈松长主编《岳麓书院藏秦简》（肆），上海辞书出版社，2015，第 103 页。
② 睡虎地秦墓竹简整理小组编《睡虎地秦墓竹简》，文物出版社，1990，第 27 页。
③ 陈伟主编《里耶秦简牍校释》第 1 卷，武汉大学出版社，2012，第 300 页。

已计及县相付受廷。　　弟甲。①

以上两则材料，一是秦洞庭郡迁陵县追查田租征收短缺问题的公文，一是迁陵县仓曹统计出入物品的记录，秦律关于"租禾稼""入禾稼"的相关规定，为基层官府实际执行。可见，农户向基层官府缴纳的谷物税，形态为"禾稼"；官府入仓储存者，也为"禾稼"。

田租征纳、仓廪出入之时所言"禾稼"，又省称"禾"或"稼"。岳麓书院藏秦简《数》简14曰："租禾。税田廿四步，六步一斗，租四斗，今误券五斗一升，欲叕▢▢（步数），几可（何）步一斗？"②"租禾"即"租禾稼"。睡虎地秦简《仓律》曰："入禾仓，万石一积而比黎之为户。"③"入禾"即"入禾稼"。显然，秦自商鞅变法后推行"租禾稼"制度，是以秦简公七年（前408）"初租禾"为基础的。征纳的谷物形态可谓一脉相承。又据岳麓书院藏秦简《为吏治官及黔首》简10—11"部佐行田，度稼得租"，④《龙岗秦简》简147"坐其所匿税臧（赃），与瀍（法），没入其匿田之稼"，⑤可见"租禾稼""入禾稼"也省称"租稼""入稼"。那么，秦征收出纳的"禾稼""禾""稼"，具体指粮食作物的哪种形态？⑥学界目前有三种看法。

第一种看法认为"禾"是庄稼的茎秆。魏德胜在解释睡虎地秦简《仓律》"驾传马，一食禾"之"禾"时持此说，⑦主要根据为许慎《说文解字》与段玉裁注。《说文解字·禾部》释"稼"曰："禾之秀实为稼，茎节为禾。"段玉裁注曰："全体为禾，浑言之也……茎节为禾，别于穗而言，析言之也。下文之秸秆也。"⑧不过，"禾"在先秦秦汉时含义颇为广泛，段玉裁已指出有"全体为禾"与"茎节为禾"之别。再者，"租禾"若为征收秸秆，与"顷刍稿"就没有差别，秦缺少谷物税这一最重要的田税种类，显然不合理，故"租禾稼"之"禾稼"不应指粮食作物的茎秆。

第二种看法认为"禾"指庄稼的子实，即谷子、稻谷等带壳的谷粒。先秦秦汉一般称其为"粟"，后来俗称原粮。睡虎地秦简《仓律》曰："隶臣妾其从事公，隶臣月禾二石，隶妾一石半；其不从事，勿禀。"⑨黄展岳结合《仓律》所载有关"禾"的其他条文，认为

---

① 陈伟主编《里耶秦简牍校释》第1卷，第224页。

② 朱汉民、陈松长主编《岳麓书院藏秦简》（贰），上海辞书出版社，2011，第40页。下引岳麓书院藏秦简《数》，均出自此书，不再另行出注。

③ 睡虎地秦墓竹简整理小组编《睡虎地秦墓竹简》，第25页。

④ 朱汉民、陈松长主编《岳麓书院藏秦简》（壹），上海辞书出版社，2010，第112、113页。

⑤ 陈伟主编《秦简牍合集》（贰），武汉大学出版社，2014，第84页。

⑥ 睡虎地秦墓竹简整理小组把睡虎地秦简所见"禾"、"禾稼"及"稼"，大多笼统注释为谷物或粮食，并未分析其准确含义。少数几处"禾"，整理小组取狭义，注释为谷子。参见睡虎地秦墓竹简整理小组编《睡虎地秦墓竹简》，第20—130页。后来不少学者沿用了相关解释。

⑦ 睡虎地秦墓竹简整理小组编《睡虎地秦墓竹简》，第31页；魏德胜：《〈睡虎地秦墓竹简〉词汇研究》，华夏出版社，2003，第233页。

⑧ 许慎撰，段玉裁注《说文解字注》，上海古籍出版社，1981，第320、321页。

⑨ 睡虎地秦墓竹简整理小组编《睡虎地秦墓竹简》，第32页。

"禾"都应作"未脱粒的谷粒（原粮）解"。[1] 陈伟在解释睡虎地秦简《仓律》"驾传马，一食禾"之"禾"时，认同"禾"为原粮之说。[2] 邹大海在解释睡虎地秦简《仓律》"（禾黍）一石（为粟十）六斗大半斗""稻禾一石为粟廿斗"时，[3] 结合简牍中"禾"以石、斗等容量单位计量的记载，也认为"禾"是"不带茎叶的谷子"。[4]

"禾"为子实的观点，实际上是指"禾"与"粟"无别。但从简牍材料看，田租征纳、仓廪出入之时所言"禾"与"粟"有明显区别。睡虎地秦简《仓律》与张家山汉简《算数书》"程禾"条载"禾黍一石为粟十六斗泰（大）半斗""稻禾一石为粟廿斗"，[5] 规定了"禾"与"粟"折合转换的程式，显然不能将两者视为一物。同时，岳麓书院藏秦简《数》简5曰："取禾程，三步一斗，今得粟四升半升，问几可（何）步一斗？"明确言"禾一斗"仅得"粟四升半升"，"禾"与"粟"灼然有别。由此可见，"禾"与"粟"是粮食作物的两种形态，"禾"或"禾稼"并非谷子、稻谷等原粮。

第三种看法认为"禾"指带秸秆的谷物，即包括谷穗与秸秆的全禾。这是目前较为主流的看法，相关论证主要围绕睡虎地秦简《仓律》与张家山汉简《算数书》"程禾"条展开。张世超据《说文解字》段玉裁注所言"嘉谷之连稿者曰禾，实曰粟"，[6] 主张"'稻禾'当指带梗之稻，'禾黍'当指带梗之谷类"，并认为"从秦简来看，官仓所藏，主要为带梗之谷类，简文所云之'禾'即割下之全禾"。[7] 王贵元、彭浩、朱德贵、臧知非、马彪等也持类似观点。[8] 近来彭浩又有补充论证，认为"禾黍一石为粟十六斗大半斗"，指"带秸秆的黍粟重一石折合体积是：黍粟十六斗大半斗体积＋秸秆体积"，"稻禾一石为粟廿斗"指"稻禾重一石折合体积应是稻粟二十斗体积＋秸秆体积"。结合岳麓书院藏秦简《数》简103"黍粟廿三斗六升重一石"、简104"稻粟廿七斗六升重一石"、简108"稿卅一尺一石"等记载，他推算重一石（120斤）的禾黍约为11.82立方尺，重一石的稻禾约为11.80立方尺，而岳

① 黄展岳：《关于秦汉人的食粮计量问题》，《考古与文物》1980年第4期。
② 陈伟：《秦与汉初律令中马"食禾"释义》，《秦简牍校读及所见制度考察》，武汉大学出版社，2017，第207—213页。
③ 睡虎地秦墓竹简整理小组编《睡虎地秦墓竹简》，第29、30页。本文采用彭浩的复原方案，参见《秦律"禾黍一石为粟十六斗大半斗"补说》，《简帛》第17辑，上海古籍出版社，2018，第73—81页。
④ 邹大海：《关于秦汉计量单位石、桶的几个问题》，《中国史研究》2019年第1期。
⑤ 张家山二四七号汉墓竹简整理小组编著《张家山汉墓竹简〔二四七号墓〕》（释文修订本），文物出版社，2006，第144页。
⑥ 许慎撰，段玉裁注《说文解字注》，第320页。
⑦ 张世超：《容量"石"的产生及相关问题》，吉林大学古文字研究室编《古文字研究》第21辑，中华书局，2001，第314—316页。
⑧ 王贵元：《张家山汉简与〈说文解字〉合证——〈说文解字校笺〉补遗》，《古汉语研究》2004年第2期，第46页；彭浩：《睡虎地秦墓竹简〈仓律〉校读（一则）》，北京大学考古文博学院编《考古学研究》（六），科学出版社，2006，第499—502页；朱德贵：《岳麓秦简所见"租禾"、"刍稿"税和"枲税"刍议》，《史学集刊》2014年第5期；臧知非：《说"税田"：秦汉田税征收方式的历史考察》，《历史研究》2015年第3期；马彪、林力娜：《秦、西汉容量"石"诸问题研究》，《中国史研究》2018年第4期。

麓书院藏秦简《数》简175恰好有"禾石居十二尺"的记载，体积颇为相近。① 由此可说明"禾"是"粟"与"稿"并包的全禾。

"禾"为全禾的观点，也存在明显问题。其一，从前引岳麓书院藏秦简《田律》与睡虎地秦简《仓律》来看，秦的田税主要有"租禾稼"与"顷刍稿"两大类，田税缴纳后分类储存，"禾稼"、"刍"与"稿"要入不同的仓。"禾稼"为全禾说如果成立，不但意味着秦重复征收"稿"税，而仓储分类轻重失宜——能做到"刍"与"稿"分别入仓，却将粮食与秸秆混杂存储。其二，秦及汉初经常用石、斗等容积单位计量"禾稼"，如岳麓书院藏秦简《数》简125曰：

> 一牛一羊一犊共食（禾）一石，问牛羊犊各出几可（何）？曰：牛五斗有（又）七
> ☐☐羊出二斗有（又）七分斗之六，犊出一斗有（又）七分斗

邹大海认为："答案中带有'七分斗之三'这样的小数量，如果是带茎叶的禾，那显然不好用容器来量取。"② 全禾包括谷穗与秸秆，两者轻重不一、形态有别，同用一器来计量确实不合理，也难操作。

至于彭浩的补充论证，看似有理，但推算出的"禾黍"体积（11.82立方尺）与"禾石十二尺"之间毕竟还有差距。更为关键的是，如果据其观点，"禾石十二尺""禾黍一石为粟十六斗大半斗""稻禾一石为粟廿斗"之"禾"均为全禾、"石"均为重量单位，就会出现草谷比严重不合实际的问题。所谓草谷比，指秸秆重量与谷粒重量之比。"禾黍一石为粟十六斗大半斗"之"禾"若为全禾、"石"若为重量单位，结合岳麓书院藏秦简《数》简103"黍粟廿三斗六升重一石"，则"十六斗大半斗"的粟重量为0.7石，由此得出秸秆重0.3石，草谷比约0.43。而今人对谷子的草谷比有详细的实验统计，得出的平均值为1.4，上下浮动值为0.44。③ 也就是说谷子的草谷比，最低为0.96，最高为1.88。"禾"为全禾说得出的草谷比值，不及实测所得最低比值的一半。再看"稻禾"之"禾"为全禾说所得草谷比值，"稻禾一石为粟廿斗"，结合《数》简104"稻粟廿七斗六升重一石"，"廿斗"稻粟重量约为0.72石，则秸秆约重0.28石，稻的草谷比约为0.39。而今人测定的稻草产量与稻谷产量之比为0.9—1，④"全禾"说得出的草谷比值与实际的草谷比值相差甚远，足以说明"禾"并非全禾，仅为全禾的一部分。

① 彭浩：《秦律"禾黍一石为粟十六斗大半斗"补说》，《简帛》第17辑，第73—81页。
② 邹大海：《关于秦汉计量单位石、桶的几个问题》，《中国史研究》2019年第1期。"七分斗之三"为邹大海所作释文。
③ 毕于运：《秸秆资源评价与利用研究》，博士学位论文，中国农业科学院农业资源与农业区划研究所，2010，第88页。牛若峰、刘天福主编《农业技术经济手册》取定的谷子秸秆产量与其子实产量比值为1.6（农业出版社，1984，第309页）。
④ 毕于运等：《中国秸秆资源评价与利用》，中国农业科学技术出版社，2008，第10页。牛若峰、刘天福主编《农业技术经济手册》取定的稻草产量与稻谷产量比值为0.9（第309页）。

那么，秦及汉初征纳的"禾稼"，是全禾的哪部分？《尚书·禹贡》曰："百里赋纳总，二百里纳铚，三百里纳秸服，四百里粟，五百里米。"所言"总"、"铚"、"秸"、"粟"与"米"五种，涵括了谷物地租的所有形态。"租禾稼"为租全禾的观点，类似于"纳总"说；"禾"为茎秆的观点，类似于"纳秸"说；"禾"为子实的观点，类似于"纳粟"说。以上诸说既然均不能成立，而"纳米"说又可直接排除，从逻辑上讲，"租禾稼"只余一种可能，就是"纳铚"。据《孔传》"铚，刈，谓禾穗"之说，[①] "租禾稼"即是"租禾穗"。

二　秦及汉初征纳禾穗

先秦秦汉之时，"稼"与"禾"均可指禾、黍、稷、稻等庄稼的穗。《说文解字·禾部》曰："稼，禾之秀实曰稼。"段玉裁注曰："既言秀又言实者，《论语》说也。谓禾穗之成曰稼也。"[②] "稼"有谷穗的意思是很明确的，"禾"的意思则颇为广泛，既可以是谷子的专称或谷物的通称，又可以指"嘉谷之连稿者"即"全体为禾"，还可以指禾秆。以上含义古人已有详说，但"禾"也有穗的意思，关于这点前人措意不多。《广雅·释草》曰："粱、黍、稻，其穗谓之禾。"[③] 明确记载稷、黍、稻等谷物的穗称为"禾"。《广雅》成书于曹魏明帝之时，保存了周秦两汉的大量古义，所载必有根据。《孔传》释《禹贡》之"百里赋纳总"曰："禾稿曰总。"宋人张九成进一步解释说，"总者何物也？安国曰'禾、稿曰总'，禾则谷穗，稿则禾秸也"，[④] 同样释"禾"为"穗"。《孔传》虽非西汉孔安国所作，但成书不晚于魏晋之间。[⑤] 《广雅》与《孔传》的训释表明，"禾"有"穗"的含义，秦的"租禾稼"应为"租禾穗"，在训诂上是可以成立的。所谓"租禾稼、顷刍稿"，意味着秦及汉初征纳田税，禾穗与秸秆分别征收，既纳"铚"，又纳"秸"。

秦及汉初征纳禾穗的做法，与先秦至汉初禾、黍、稷、稻等庄稼的收获、储藏方式密切相关。原始农业时期，人们收获禾、黍、稻等庄稼，一般沿袭采集时代做法，直接用手摘取或用石刀割取其穗。[⑥] 同时，储藏谷物往往是整穗储存，食用时再脱粒。如甘肃东乡林家遗址马家窑文化类型遗存，出土有不少数量的稷穗，"从现存堆积物中，还可清楚地看到用稷的细枝将穗头捆成小把，整齐地堆放在一起。可见当时收割稷的方法，是将带细枝的穗头

---

① 《尚书正义》卷六《禹贡》，阮元校刻《十三经注疏》，中华书局，1980，第153页。
② 许慎撰，段玉裁注《说文解字注》，第320页。
③ 王念孙：《广雅疏证》卷一〇上《释草》，中华书局，1983，第339页。
④ 张九成：《尚书详说》卷五，《张九成集》，杨新勋整理，浙江古籍出版社，2013，第340页。
⑤ 李学勤：《〈尚书孔传〉的出现时间》，《古籍整理研究学刊》2002年第1期；陈以凤：《〈尚书孔传〉成书问题新探》，《史学史研究》2010年第1期；钱宗武：《〈孔传〉或成于汉末晋初》，《南京师范大学文学院学报》2011年第1期。
⑥ 宋兆麟：《我国的原始农具》，《农业考古》1986年第1期；陈振中：《青铜农具铚艾》，《中国经济史研究》1993年第2期。

割下来，捆成小把晒干后集中储藏于窖穴中，食用时再取出进行脱粒"。[1]结合考古资料与文献记载来看，这种收获与储藏方式，延续时间很长。从夏商时期到汉代，收获并储存禾穗一直是比较常见的做法。

目前发掘的夏商时期遗址中，所见收割工具主要为石刀、石镰和蚌刀、蚌镰。石刀、蚌刀即后世铚的前身，也称为石铚、蚌铚，收获时专门用来割取禾穗。殷墟甲骨宾组卜辞以及三期、四期和五期卜辞里，常见形作 𢎥、𢎥 的字。陈梦家、陈邦怀、裘锡圭等均释为"采"字，[2]指"用手或铚收摘谷物的穗"；裘锡圭还进一步认为，"摘穗的方法在当时大概也是用得相当普遍的"。[3]甲骨卜辞中还有 𥞑、𥞑、𥞑 等形的字，孙海波、裘锡圭、彭邦炯等均释为"秄"字。彭邦炯认为此字的构形"一旁的'禾'，当指收取过穗头的黍、稷、麦等类作物剩下的秸秆形……另一边的'亏'旁……应该是镈类农具的侧视形……'秄'是以农具镈铲收已割取穗头的秸秆"。他还认为："生产手段比较落后的农业民族，一般也是在农作物成熟之时先用镰、铚一类的小农具收割穗头……待抢收毕穗后，再另外砍取其秆作他用。"[4]

从考古资料来看，夏商时期储藏谷物一般是直接储存其穗。1957年，考古工作者在云南剑川海门口发掘了一个青铜时代早期的文化遗址，"有四个地方发现了谷物，都是带芒的稻穗、麦穗、稗穗及小粟壳"，[5]表明当时谷物收割后，主要是以整穗的形式储存，而不是脱粒后再入仓。2019—2020年，考古工作者在河南淮阳时庄遗址发现29座集中分布的仓储遗迹，遗址年代为距今4000年到3700年，发掘者认为，"这是我国目前发现的年代最早的粮仓城"。[6]研究者对相关区域土壤浮选得到的植物遗存进行分析，推断粮仓存储的是粟、黍类作物，而且是整穗入仓。[7]

西周的主要收获工具石刀、蚌刀，在考古发掘中发现很多，如1955—1957年在长安张家坡和客省庄出土石刀134件、蚌刀191件，[8]表明在谷物收获方式上，西周延续了夏商

[1] 甘肃省文物工作队等：《甘肃东乡林家遗址发掘报告》，《考古学集刊》第4集，中国社会科学出版社，1984，第154页。
[2] 陈梦家：《殷虚卜辞综述》，中华书局，1988，第536页；陈邦怀：《〈小屯南地甲骨〉中所发现的若干重要史料》，《历史研究》1982年第2期。
[3] 裘锡圭：《甲骨文中所见的商代农业》，《裘锡圭学术文集》第1卷《甲骨文卷》，复旦大学出版社，2012，第268、269页。
[4] 孙海波：《甲骨文编》，大化书局，1982，第310、311页；裘锡圭：《甲骨文字考释（八篇）》，《裘锡圭学术文集》第1卷《甲骨文卷》，第72—76页；彭邦炯：《从甲骨文的"秄"字说到商代农作物的收割法》，胡厚宣主编《甲骨文与殷商史》第2辑，上海古籍出版社，1986，第303—309页；彭邦炯：《甲骨文农业资料考辨与研究》，吉林文史出版社，1997，第566页。
[5] 云南省博物馆筹备处：《剑川海门口古文化遗址清理简报》，《考古通讯》1958年第6期。遗址出土木桩年代经测定为距今3115±90年，约当商代晚期。参见云南省博物馆《云南剑川海门口青铜时代早期遗址》，《考古》1995年第9期。
[6] 曹艳朋等：《天"夏"粮仓——河南淮阳时庄遗址》，《中国文物报》2021年4月16日，第6版。
[7] 河南省文化和旅游厅：《专家"揭秘"：夏代粮仓是怎么储存粮食的》，https://www.henan.gov.cn/2021/11-15/2347500.html，访问日期：2022年12月18日。
[8] 中国社会科学院考古研究所编著《中国考古学·两周卷》，中国社会科学出版社，2004，第168页。

传统。此外，西周还使用专门收割禾穗的青铜铚。《诗经·周颂·臣工》曰："命我众人，庤乃钱镈，奄观铚艾。"[1]《说文解字》曰："铚，获禾短镰也。从金至声。"[2]《小尔雅·广物》曰："禾穗谓之颖，截颖谓之铚。"[3] 又《诗经·周颂·良耜》曰："获之挃挃，积之栗栗。"[4]《释名·释用器》曰："铚，获黍铁也。铚铚，断黍穗声也。"[5] 两诗均说明，西周收获谷物采用的仍是割取禾穗的方式，而非连秆带穗一并收割。同时，"奄观铚艾"之"艾"，亦作"刈"，意指用镰刀割草。从"奄观铚艾"来看，西周收获庄稼，大概分两步进行，"第一步先收获禾穗，第二步再收获禾秸"，[6] 与甲骨文"采"与"秸"所反映的庄稼收获步骤一致。又据《诗经·周颂·丰年》"丰年多黍多稌，亦有高廪，万亿及秭"，《毛传》云，"廪，所以藏齍盛之穗也"，[7] 廪藏的也是"穗"。可见西周时，整穗入仓是谷物储藏的重要方式。

春秋战国时期，从铁铚的广泛使用可以推知，割取禾穗的收获方式仍然比较普遍。《管子·轻重乙》曰："一农之事，必有一耜、一铫、一镰、一耨、一椎、一铚，然后成为农。"[8] 铚成为农民必备的农具。龚世扬根据已发表的考古报告与相关资料，称"目前共发现穿孔金属铚96件，时代从西周一直延续到汉代"。[9] 龚文统计年代属于西周的只有1件，属于春秋战国的有63件，数量最多且分布广泛，云南、辽宁、内蒙古、浙江、安徽、江苏、上海等地均有出土。限于资料零散，统计其实并不全面。如河北新乐何家庄遗址的战国晚期遗存，发现有铁犁铧、铁锸、铁刀、铁镰、铁铚等农具，[10] 龚文并未计入。考古发现的铚，实际数量较龚文统计为多，分布地点更加广泛。不过，龚文认为，"从农具发展史的角度看，铚流行的年代是短暂的，主要集中在春秋战国时期"，[11] 这个结论基本成立。铚的流行反映出割取禾穗是春秋战国时期谷物收获的重要方式。

直到汉代，仍有不少地方延续这种收获方式。成都扬子山汉墓出土的"弋射收获"画像砖，生动描绘了水稻收获的场景，罗二虎对画像砖做了详细分析：

> 除去画面最左侧的一人之外，其余的五人都站在水稻田内……在这五人中，左侧的三人手握铚正在摘取稻穗；右侧的二人也是站在水田中，应该是在使用芟刀（或称"铚镰"或"艾"），芟去已摘掉稻穗的禾秆。最左侧的一人……正担着摘下的稻穗，手

① 《毛诗正义》卷一九之二《周颂·臣工》，阮元校刻《十三经注疏》，第 591 页中栏。
② 许慎撰，段玉裁注《说文解字注》，第 707 页。
③ 迟铎集释《小尔雅集释》卷八《广物》，中华书局，2008，第 330、331 页。
④ 《毛诗正义》卷一九之四《周颂·良耜》，阮元校刻《十三经注疏》，第 602 页下栏。
⑤ 刘熙：《释名》卷七《释用器》，中华书局，1985，第 105 页。
⑥ 陈振中：《青铜农具铚艾》，《中国经济史研究》1993 年第 2 期。
⑦ 《毛诗正义》卷一九之三《周颂·丰年》，阮元校刻《十三经注疏》，第 594 页。
⑧ 黎翔凤：《管子校注》卷二四《轻重乙》，中华书局，2004，第 1448 页。
⑨ 龚世扬：《农具铚的考古发现与再研究》，《四川文物》2017 年第 4 期。
⑩ 许永杰、刘长：《河北新乐何家庄遗址发掘取得重要收获》，《中国文物报》2007 年 5 月 18 日，第 2 版。
⑪ 龚世扬：《农具铚的考古发现与再研究》，《四川文物》2017 年第 4 期。

提食具。该画面构成了一幅完整的水田间收获图。①

这种收获方法，与商代的先"采"后"秄"、西周的先"铚"后"刈"并无二致。同时，商周储藏禾穗的传统，汉代也有沿袭。湖北江陵凤凰山 167 号汉墓出土一件陶仓，有 4 束完整稻穗"卷放陶仓内。出土时色泽鲜黄，穗、颖、茎、叶外形保存完好。穗形整齐，芒和刚毛清晰可见。颗粒饱满，谷粒中的淀粉已经炭化。保存如此完好的成束稻穗，是西汉考古工作中的新发现"。这件陶仓，随葬遣册明确记载为"囷一枚"。② 广西昭平东汉墓出土有两件陶囷，"仓眼作长方形，仓眼右边有一站立的陶俑。俑之左手扶仓眼下方的栏板，右手向仓内掏米。仓眼前台地有两堆谷穗，两只小鸡拍翅前来捕食，旁有一只小鹅也赶来争食"。③ 仓眼前台地上的谷穗，说明陶俑向仓内掏的应该不是米而是穗。以上两则考古资料反映出直到汉代，存储禾穗依旧是谷物储藏的方式之一。

需要补充的是，凤凰山 167 号汉墓发现的陶囷和稻穗，对我们理解秦及汉初的田税征纳有着重要意义。167 号墓与凤凰山 10 号墓、168 号墓的墓葬形制和随葬品的器形、组合基本相同，年代都在文景时期。④ 凤凰山 10 号墓出土有木牍，详细记载了平里与稿上里的户刍和田刍稿征收情况："平里户刍廿七石，田刍四石三斗七升，凡卅一石三斗七升……田稿二石二斗四升半，刍为稿十二石，凡十四石二斗八升半。"⑤ 这里的"田刍"与"田稿"就是秦《田律》所说的"顷刍稿"。汉初田税大体承袭秦制，"禾稼"与"刍稿"分别征收，差别主要在于征收标准与折钱标准有所调整。凤凰山 167 号墓陶囷内储藏的稻穗与 10 号墓木牍所载的"田刍""田稿"，合在一起来看，就是"入禾稼"与"顷刍稿"。

尽管上引文献记载和考古材料并不系统，反映的地域也比较分散，但还是可以看出，从新石器时代晚期到西汉前期，收获时先割取禾穗再收割禾秆、储藏时以整穗入仓的做法，一直是古人收获庄稼与储藏谷物的重要方式。秦及汉初"租禾稼、顷刍稿"制度正以此为背景。由于收割与储藏的谷物为禾穗，故有"租禾稼"；由于禾穗与禾秆分别收获，故有"顷刍稿"。还可推知的是，秦简公七年的"初租禾"，"租"的就是禾穗。可以说，自秦简公将田税缴纳方式由力役变为实物以后，秦征收谷物税的实物形态一直都是以禾穗为主，⑥ 这种做法后来又被汉继承。

---

① 罗二虎：《"弋射收获"画像考》，《民族艺术》2009 年第 2 期。
② 凤凰山一六七号汉墓发掘整理小组：《江陵凤凰山一六七号汉墓发掘简报》，《文物》1976 年第 10 期。
③ 广西壮族自治区博物馆、昭平县文物管理所：《广西昭平东汉墓》，《考古学报》1989 年第 2 期。
④ 凤凰山一六七号汉墓发掘整理小组：《江陵凤凰山一六七号汉墓发掘简报》，《文物》1976 年第 10 期。
⑤ 裘锡圭：《湖北江陵凤凰山十号汉墓出土简牍考释》，《文物》1974 年第 7 期。
⑥ 秦及汉初把粮食作物分为三类：一是禾黍类，包括禾、黍、稷、穈等；二是稻；三是菽麦类，包括菽、苔、麻、大麦、小麦等。由于菽麦类作物与其他两类作物性状差别较大，秦大约自商鞅变法以后，针对菽麦类作物征收的并非穗头，而是子实，即原粮。

三　禾稼的计量

租税征收与粮食管理离不开计量，秦及汉初如何计量禾稼（即禾穗）？据岳麓书院藏秦简《数》简 5 "取禾程，三步一斗，今得粟四升半升，问几可（何）步一斗"，则秦确定禾穗租额时，一般还会核验禾穗产出的子实即原粮粟是否达到标准。那么，禾穗与粟之间的法定换算比例具体为何？从睡虎地秦简和里耶秦简来看，秦发放廪食，谷物形态有禾、粟、米之别，禾穗与成品粮米又是如何换算的？这些问题既是秦及汉初计量制度的核心问题，也是田租制度的基本内容。

为保证租税征收与粮食管理工作顺利进行，早在战国时期，秦就创制了一套比较完整的计量制度。睡虎地秦简《秦律十八种·仓律》曰：

（粟一）石六斗大半斗，舂之为糲（粝）米一石；糲（粝）米一石为凿（糳）米九斗；九（斗）为毁（毇）米八斗。稻禾一石……为粟廿斗，舂为米十斗；十斗，粲毁（毇）米六斗大半斗。麦十斗，为䴴三斗。叔（菽）、荅、麻十五斗为一石。·禀毁（毇）粺者，以十斗为石。[1]

又据张家山汉简《算数书》曰：

程禾　程曰：禾黍一石为粟十六斗泰（大）半斗，舂之为粝米一石。粝米一石为糳米九斗，糳米（九）斗为毁（毇）米八斗。程曰：稻禾一石为粟廿斗，舂之为米十斗，为毁（毇）粲米六斗泰（大）半斗。麦十斗（为）䴴三斗。程曰：麦、菽、荅、麻十五斗一石。禀毁（毇）糳者，以十斗为一石。[2]

两条材料记载的计量体系完全相同。睡虎地秦简《秦律十八种》反映的是秦统一前的秦国旧制，张家山汉简《算数书》"程禾"条，标明为"程"，"程"有"法式"之意，[3] 故此条反映的是汉初官府使用的计量制度。可知这套计量体系本为秦国制度，随着秦统一六国，遂变为全国制度，后来又被西汉承袭。

① 睡虎地秦墓竹简整理小组编《睡虎地秦墓竹简》，第 29、30 页。标点有改动。
② 张家山二四七号汉墓竹简整理小组编著《张家山汉墓竹简〔二四七号墓〕》（释文修订本），第 144 页。标点有改动。
③ 彭浩：《睡虎地秦墓竹简〈仓律〉校读（一则）》，北京大学考古文博学院编《考古学研究》（六），第 500 页。

上引秦国律令与汉初章程，既规定了禾穗与成品粮（粝米或稻米）的计量办法，也规定了原粮粟与加工程度不等的成品粮的换算比例，同时还规定了不同种类的原粮与成品粮的折合标准。关于各类原粮与成品粮的折合比例及在此基础上制定的计量体系，笔者结合前人研究已做过探讨，[①] 但对于禾穗与原粮粟之间的折合，学界目前仍未有准确认识。学者普遍认为"禾黍一石为粟十六斗大半斗"与"稻禾一石为粟廿斗"之"石"为重量单位，即120斤禾黍，打出16斗大半斗的粟，舂得10斗的粝米；120斤重的稻禾，打出20斗的稻粟，舂出10斗的稻米。[②] 按照这种观点，禾穗一般是通过称重方式计量。然而，从目前所见简牍材料来看，相较于重量，用容量来计量禾穗的情形更为常见。

秦征收田租之时，测算单位产量面积的过程，称之为"取程"或"取禾程"。"取程"所得单位产量面积，典型表述为"几步一斗"。所谓"几步一斗"，是指收获一斗禾穗所需禾田面积（步为平方步）。岳麓书院藏秦简《数》简4曰："取程，禾田五步一斗，今乾之为九升，问几可（何）步一斗？"简14曰："租禾。税田廿四步，六步一斗，租四斗，今误券五斗一升，欲夬▨ ▨（步数），几可（何）步一斗？"简5曰："取禾程，三步一斗，今得粟四升半升，问几可（何）步一斗？"这三条材料尤其是最后一条充分表明，秦向农户征收禾穗，通常是用容量而非重量来计算。秦储藏禾穗的计量方式也是容量，里耶秦简9—700+9—1888载：

> ▨年八月丙戌朔甲寅，仓守妃敢言之：乃八月庚子言：疏书卅一年真见禾稼牍北（背）上。今▨益出不定，更疏书牍北（背）上，谒除庚子书。敢（言之）。（正）
> ▨▨卅一年真见：
> ▨禾稼千六百五十六石八斗少▨。
> ▨甲寅▨下七刻，感以来。/尚▨。感手。（背）[③]

迁陵县仓管理者向县廷报告秦始皇三十一年（前216）县仓现存禾穗数量，曰"禾稼千六百五十六石八斗少▨"，计量禾稼用的正是石、斗等容量单位。

张家山汉简《算数书》"程禾"条，既然标明"程禾"，结合秦"取禾程"与谷物收发时广泛使用容量单位计量禾穗的事实，可推断睡虎地秦简《仓律》与张家山汉简《算数书》

① 代国玺：《秦汉的粮食计量体系与居民口粮数量》，《"中央研究院"历史语言研究所集刊》第89本第1分，2018。

② 睡虎地秦墓竹简整理小组编《睡虎地秦墓竹简》，第30页；张世超：《容量"石"的产生及相关问题》，吉林大学古文字研究室编《古文字研究》第21辑，第314页；彭浩：《睡虎地秦墓竹简〈仓律〉校读（一则）》，北京大学考古文博学院编《考古学研究》（六），第499—502页；张家山二四七号汉墓竹简整理小组编著《张家山汉墓竹简〔二四七号墓〕》（释文修订本），第144页；马彪、林力娜：《秦、西汉容量"石"诸问题研究》，《中国史研究》2018年第4期。

③ 陈伟主编《里耶秦简牍校释》第2卷，武汉大学出版社，2018，第179页。

"程禾"条所谓"禾黍一石为粟十六斗大半斗"与"稻禾一石为粟廿斗"之"石",应为容量单位。岳麓书院藏秦简《数》中的两则算题,有力支持了这一判断。其一,《数》简5—6曰:

> 取禾程,三步一斗,今得粟四升半升,问几可（何）步一斗?得曰:十一步九分步一而一斗。为之述（术）曰:直（置）所得四升半升者,日半者倍为九,有（又）三□之为廿七,以为法。亦直（置）所取三步者,十而五之为三百,即除廿七步而得一步。

这个算题是说某禾田收获禾穗1斗所需面积为3步,但此1斗禾穗只能打出粟0.45斗,禾穗质量太差,不能作为征税标准（"禾程"）,故需调整步数,以求达到官方规定的一斗禾穗的出粟值,并将其作为最终征税标准。3步得粟0.45斗,"十一步九分步一"得粟一又三分之二斗。即是说,按照秦官方规定,"一斗禾"应打出"一斗大半斗粟"。其二,《数》简9—10曰:

> 耗程。以生賨（实）为法,如法而成一。今有禾,此一石舂之为米七斗,当益禾几可（何）?其得曰:益禾四斗有（又）七分斗之二。为之述（术）曰:取一石者,十之,而以七为法。它耗程如此。

这个算题解决的是禾穗因品质差而低于官方出米标准的问题。从答案来看,因为禾穗质量差,需要在已有"一石"的基础上再增加"四斗又七分斗之二"的禾穗,才能达到官方规定"禾一石"的出米斗数。算题中的禾穗1石舂出米7斗,"四斗又七分斗之二"的禾穗可舂出米3斗,已有禾穗与增加禾穗所舂出的米合起来为1石,即是说,按照秦官方规定,"禾一石"应舂得"米一石"。两则算题合而观之,恰好就是睡虎地秦简《仓律》与张家山汉简《算数书》"程禾"条所谓"稻禾一石为粟廿斗,舂之为米十斗"与"禾黍一石为粟十六斗大半斗,舂之为粝米一石"。

上引两则算题可以说明两点,其一,"禾黍一石为粟十六斗大半斗,舂之为粝米一石"与"稻禾一石为粟廿斗,舂之为米十斗"中的"石",均为容量单位。秦及汉初收发禾稼、原粮粟与成品粮米,通常都用容量来计量,所用单位为石、斗及升,皆采用十进制。其二,秦及汉初在计量禾稼（禾穗）与成品粮米时,使用的是容积大小不同的两种量器。禾穗打出原粮,原粮舂出成品粮,其间肯定有损耗,体积必然减少。但据秦及汉初官方规定,"禾一石"打出"粟十六斗大半斗",最终又舂得"粝米一石"。很显然,"禾一石"的容积与"米一石"的容积是不同的。量禾所用量器（可称之为禾量）的计量标准,不同于量米所用量器

（可称之为米量）。前者的石、斗的容积，无疑要大于后者。

米量是秦汉的通用量器或标准量器，1石容积为"一尺六寸五分寸之一"，[①] 约合今 20.215升。同时，秦汉官府为简便租税征收与廪食发放工作，减少粮食收发过程中的换算问题，根据各类原粮、原粮与成品粮之间的法定折合比例，创制了三个计量标准有别于通用量器的专用大量。[②] 三个专用大量分别用来量禾黍类原粮、稻谷与麦、菽、荅、麻等，可称之为粟量、稻量与麦量。粟量1石容积为"二尺七寸"，[③] 为米量1石的1.67倍；稻量1石容积为"三尺二寸五分寸二"，[④] 为米量1石的2倍；麦量1石容积为"二尺四寸十分寸之三"，[⑤] 为米量1石的1.5倍。创制这"三大一小"的粮食计量体系后，用粟量量取1石谷子、黍子，用稻量量取1石稻谷，用麦量量取1石麦、菽、荅、麻，与用标准量器量取1石粝米或稻米，四者是等值的。如此就省去纷繁复杂的粮食换算环节，减轻了基层官吏负担，提高了行政效率。[⑥] 而禾量的设置，显然是基于同一理由。它应该属于专用大量，只能用来量取禾穗。用禾量量取1石禾穗，与上述三个专用大量分别量取1石原粮、用米量量取的1石粝米或稻米，可以等值互换。岳麓书院藏秦简《数》简175—176曰：

> （仓广）二丈五尺，问袤几可（何）容禾万石？曰：袤卅丈。术曰：以广乘高法，即曰，禾石居十二尺，万石，十二万尺为费（实），费（实）如法得袤一尺，其以求高及广皆如此。

简文"禾石居十二尺"，即"禾一石居十二尺"。彭浩认为此处的"石"为重量单位，涉及的是重量与体积之间的换算。[⑦] 但前已详论，秦储藏禾穗，通常是用容量来计量，这条简文计算的恰好是禾穗储藏问题。睡虎地秦简《仓律》曰："入禾仓，万石一积而比黎之为户。"之所以将"容禾万石"作为仓的容量，正与秦的仓储制度有关。再者，《数》简177—178曰："仓广五长，袤七丈，童高二丈，今粟在中，盈与童平，粟一石居二尺七寸，问仓积尺及容粟各几可（何）？"此算题与简175—176所列算题性质类似，其"粟一石居二尺七寸"的"石"，很明确是容量单位。由此可见，"禾石居十二尺"指用禾量量取的1石禾穗体积为12立方尺。

---

① 郭书春译注《九章筭术译注》卷五《商功》，上海古籍出版社，2009，第222页。秦汉常用"居（或积）某尺某寸"的方式来说明量器容积，此时一般是指此量器"方一尺，深几尺几寸"。如"粟一斛积二尺七寸"，刘徽注曰："二尺七寸者，谓方一尺，深二尺七寸，凡积二千七百寸。"（郭书春译注《九章筭术译注》，第222页）

② 代国玺：《秦汉的粮食计量体系与居民口粮数量》，《"中央研究院"历史语言研究所集刊》第89本第1分，2018。

③ 岳麓书院藏秦简《数》简177；郭书春译注《九章筭术译注》卷五《商功》，第222页。

④ 岳麓书院藏秦简《数》简107。

⑤ 郭书春译注《九章筭术译注》卷五《商功》，第222页。岳麓书院藏秦简《数》简107曰："麦二尺四寸一石。"

⑥ 代国玺：《秦汉的粮食计量体系与居民口粮数量》，《"中央研究院"历史语言研究所集刊》第89本第1分，2018。

⑦ 彭浩：《秦律"禾黍一石为粟十六斗大半斗"补说》，《简帛》第17辑，第76页。

禾量 1 石为 12 立方尺，则禾量的计量标准远高于米量，其石、斗的容积为米量石、斗容积的 7.41 倍。而禾量 1 石、粟量 1 石、稻量 1 石与米量 1 石，四者可以等值互换，也就意味着秦及汉初官府规定的折合标准为：12 立方尺谷穗，打出 2.7 立方尺谷子，舂得 1.62 立方尺粝米；12 立方尺稻穗，打出 3.24 立方尺稻谷，舂得 1.62 立方尺稻米。①

综括来看，秦及汉初官府为简便田租征收与廪食发放，不仅规定了禾穗、原粮与成品粮之间的折合比例，而且以折合比例为基础，针对禾穗及不同种类的原粮、成品粮，制定了不同计量标准的五种量器，即禾量、粟量、稻量、麦量和米量。其中，米量为标准量器或通用量器，而禾量、粟量、稻量、麦量均为专用大量，是由标准量器衍生而来的，五种量器总体上构成一个有机且完整的谷物计量体系。基层官吏在田租征收与廪食发放时，只需要用专用大量量取禾穗或不同种类的原粮，用标准量器量取粝米或稻米，所得数值与单位相同，即可等值互换，不必再考虑换算问题。这一谷物计量体系的价值在于，减省了田租征收与廪食发放过程中本应有的大量运算过程，提高了行政效率。

不过，这一谷物计量体系也存在缺陷。它以官府规定的谷物折合比例为基础，而官府规定的谷物折合比例虽然来自实际测算，但因为是固定值，必然不能完全合乎实际。据农业常识，不同产地、不同品种的谷穗，打出的谷子、舂出的米是有差异的，并不存在固定比例。秦及汉初官府规定的折合比例，应该只是常见值或平均值。如果实际值相比规定值浮动不大，不致影响田租征收和廪食发放的公平性，这种折合制度与计量制度确实能发挥其优势；但如果实际值相比规定值差异很大，这种折合制度与计量制度就适得其反。前引岳麓书院藏秦简《数》简 5—6 与《数》简 9—10 处理的就是此类问题。《数》简 5—6 所言禾质量特别差，用禾量量取的 1 斗禾穗只产出用标准量器量取的粟 0.45 斗，不及官府规定值的 1/3；《数》简 9—10 所言禾品质也较差，用禾量量取的 1 石禾穗只产出米 7 斗，距官府规定值还差 3 斗，故需要重新计算两种禾穗产出粟或米的比例。可见，制定这一谷物计量体系，尽管简便了谷物征收与发放工作，但也带来了新问题。

关于"四大一小"谷物计量体系，还需要补充以下两点。

其一，这一体系并非秦及汉初量制的全部内容。秦及汉初的量制比较复杂。"四大一小"五种量器，除通用量器外，其他四种主要用于田租征收、谷物储藏与廪食发放等场合，而秦及汉初为简便刍稿税征收与管理，还创制了计量标准有别于这五者的其他几种量器。岳麓书院藏秦简《数》简 73 曰："刍一石十六钱，稿一石六钱，今刍稿各一升，为钱几可（何）？"这与前引江陵凤凰山 10 号汉墓征收刍稿木牍一样，刍与稿均是用容量单位来计量的。由于整根的牧草或秸秆不好用量器来量，故实际量取的应该是已经铡碎的刍稿。又《数》简 108 载："刍新（薪）积廿八尺一石。稿卅一尺一石。茅卅六尺一石。"可知量取碎

---

① "禾石十二尺"之"禾"应指禾黍类作物与稻类作物的穗，包括谷穗、稻穗、黍穗、稷穗等，但不包括麦穗。

刍用的是专用大量（可称为刍量），其1石容积为"廿八尺"；量取碎稿用的也是专用大量（可称为稿量），其1石容积为"卅一尺"。此外还有量取茅的专用大量（可称为茅量）。这三种量主要用于刍稿征收与发放，自成一个系统，似可称为刍稿计量体系，与谷物计量体系共同构成秦及汉初的量制系统。

其二，这一体系使用范围有限，只是官府使用的一套计量制度而已，对民间自发的粮食交换并没有影响。前已指出，禾穗与原粮之间、原粮与原粮之间、原粮与成品粮之间，实际上并没有固定转换比例，但秦及汉初官府出于简便租税征收与廪食发放的目的，强制规定谷物折合比例，并在此基础上创制四个专用大量。百姓对于官府规定的折合标准，普遍接受的主要是粟米之比，至于其他折合比例，并未在民间粮食贸易中产生实际影响。如岳麓书院藏秦简《数》简205曰："米一斗五钱，叔（菽）五斗一钱，今欲以一钱买二物，各得几可（何）？"按照秦官府规定，米1斗应与菽1.5斗等值，而此算题中米的价格是菽的25倍，说明在粮食市场中米与菽的贸易，遵循的是市场供求原则，并未受到官府规定的谷物折合比例的制约。又张家山汉简《算数书》"米出钱"条曰："米斗一钱三分钱二，黍斗一钱半钱，今以十六钱买米、黍凡十斗，问各几何，用钱亦各几何？"[1]按照秦及汉初官府规定，米一斗应与黍一又三分之二斗等值，而此算题中米的价格仅为黍的0.9倍，同样说明官府规定的谷物折合比例，在粮食市场并不起作用。既然民间粮食贸易不受官府规定谷物折合比例的影响，人们在日常经济交往中也就无须使用四个专用大量。

可以看出，秦及汉初谷物计量制度是为田租征收与储藏而专门创制的一套系统，是当时田租制度的重要内容。

四 秦及汉初田租制度的历史特点

探明秦及汉初田租的谷物形态及其计量办法，有助于深入理解田租的确定过程。

秦及汉初确定农户租额，要经过两个步骤。先是计算"税田"面积即用于纳税的禾田面积（可简称为纳税面积），再是"取禾程"以确定"一斗步数"即单位产量面积。而确定"一斗步数"一般需要经过两个环节。岳麓书院藏秦简《数》简2曰："取禾程述（术），以所已乾为法，以生者乘田步为䒑（实），䒑（实）如法一步。"这是确定"一斗步数"的公式。具体算例如岳麓书院藏秦简《数》简4："取程，禾田五步一斗，今乾之为九升，问几可（何）步一斗？曰：五步九分步五而一斗。"张家山汉简《算数书》"取程"条："取程，十步

---

[1] 张家山二四七号汉墓竹简整理小组编著《张家山汉墓竹简〔二四七号墓〕》（释文修订本），第150页。

一斗，今干之八升，问几何步一斗。问得田〈曰〉：十二步半一斗。"① 由此可知，确定"一斗步数"的第一个环节是禾穗完全成熟时，在某块禾田上收割 1 斗禾量的禾穗，丈量所需步数（即面积），得出原始的"一斗步数"。由于收割的禾穗含有一定水分，不经过晒干处理，不能直接打谷子或稻谷，故这个原始的"一斗步数"不宜作为标准的单位产量面积。因此就有第二个环节：将收割的一斗禾穗晒干，用晒干后的禾穗容积（正常情况下小于 1 斗）来校正原始的"一斗步数"，经过重新计算，确定最终的"一斗步数"。这两个环节是确定单位产量面积的必备环节。

不过，受田租形态所限，纵使经过校正，也难确保官府如数征收到等量的原粮，尤其是当禾穗秕多实少、质量很差之时，官府名义上与实际的田租收入差别更大。为保证官府田租收入，秦及汉初在确定"一斗步数"时，除前面两个必备环节，还有一补充环节，即根据禾穗的实际产粮率，再次校正第二环节所得"一斗步数"，重新计算后得出最终使用的"一斗步数"即"禾程"。前引岳麓书院藏秦简《数》简 5—6 反映的就是这种情形。这一补充环节，可能是在"取程"过程中，观察到禾穗的秕粒和空壳明显较多，所以才使用的。只要禾穗看上去没有明显的质量问题，确定"禾程"大约只需经过两个必备环节。

秦及汉初确定农户租额，虽有计算"税田"与"禾程"两个步骤，但因"税田"仅为纳税面积的一种法定名称，② 其与可收获面积成固定计算比例，③ 故决定农户租额的因素，实际上是禾稼的可收获面积大小与"禾程"高低。由于可收获面积易于丈量，"取程"却具有偶然性，是以田官及乡吏如何选择禾田以获取一斗步数，确定的"一斗步数"又适用于哪些禾田，无疑是田租征收的关键所在。北京大学藏秦简《田书》为我们认识这一问题提供了可贵材料。

北京大学藏秦简《田书》系秦代训练基层官吏租税计算能力的实用教材，所载田租计算过程，大体可以反映当时确定田租的实际流程。《田书》由竹简卷 7 和卷 8 组成。卷 8 分上下栏，上栏形式为"广若干步，从（纵）若干步，成田若干亩"，下栏则为田租的计算过程，包括税田步数、"一斗步数"和田租数。税田步数均为上栏所记成田亩数的 1/12，"一斗步数"则从"三步一斗"到"卅步一斗"不等。④ 从《田书》卷 8 的体例就可看出，"成田"

---

① 张家山二四七号汉墓竹简整理小组编著《张家山汉墓竹简〔二四七号墓〕》（释文修订本），第 143 页。
② 税田只是一种纳税比例，而非专门划拨出的田地。这种观点最早由高智敏提出，晋文、李恒全其后均持此观点，并有详细论述。参见高智敏《秦及西汉前期的垦田统计与田租征收》，邬文玲主编《简帛研究》2017 年春夏卷，广西师范大学出版社，2017，第 52 页；晋文《睡虎地秦简与授田制研究的若干问题》，《历史研究》2018 年第 1 期，第 167 页；李恒全《从新出简牍看秦田租的征收方式》，《中国经济史研究》2018 年第 2 期，第 25 页。
③ 目前出土简牍见到的比例有 1∶10 与 1∶12 两种。岳麓书院藏秦简《数》所见"税田"与"禾舆田"的面积之比为 1∶10，北京大学藏秦简《田书》所见"成田"与"税田"面积之比为 1∶12，里耶秦简所见"税田"与"舆田"面积之比也为 1∶12。晋文认为"十二税一"属于对秦"新地"的优待政策，参见《秦汉土地制度研究——以简牍材料为中心》，社会科学文献出版社，2021，第 318—323 页。
④ 韩巍：《北大秦简中的数学文献》，《文物》2012 年第 6 期；杨博《北大藏秦简〈田书〉初识》，《北京大学学报》2017 年第 5 期。

亩数与"一斗步数"是田租数的两个决定性因素。据整理者公布的资料,《田书》所载"成田"亩数总计有 48 种, 相应的"禾程"总计有 22 种。[1]结合《田书》体例与内容可以推知,"一斗步数"应该是从前面"广若干步, 从（纵）若干步"的禾田上测算而得, 其适用范围一般限于这块禾田。

《田书》所载"成田"面积, 小的仅有 1—3 亩, 较大的有 100 亩左右, 最大的为 375 亩。[2]为小块禾田专门测算单位产量面积, 可谓秦田租制度的一大特色, 说明秦确定田租数量时, 工作相当细致。"取程"既不是以户为单位, 也不是简单采用代表性原则, 将某乡某里的禾田粗略划分为几类, 继而如有学者所言:"选取几个具有代表性的地块, 在收割后测算各自的'程'即单位产量的面积, 这几个'程'就是一个里中不同类型土地的'程', 以此为标准计算各户农作物的产量和田租数。"[3]秦及汉初确定田租数量, 应该根据地形、地貌、土壤类型、土地肥力、光照及灌溉条件等因素, 将一个乡可收获的禾田划分为大小不等的地块, 计算出各个地块的面积。在此基础上, 先按照固定比例计算各个地块的纳税面积（"税田"）; 继而测定各个地块的单位产量面积（"取禾程"）, 再按照"禾程"专用原则（即在某块禾田上测定的单位产量面积只能用于该块禾田）, 乘以相应地块的纳税面积, 最终计算出各个地块的纳租数量与所有地块的纳租总额。据《龙岗秦简》载:

> 盗田, 一町当遗三程者,□□□……▨（126）
> 一町当遗二程者, 而□□□□▨（127）
> 程田以为臧（赃）, 与同瀍（法）。田一町, 尽□盈□希▨（133）[4]

这里的"町"指的是"面积不等、形状不一的田块",[5]"程"就是"取禾程"之"程",[6]指官府最终确定的"一斗步数", 同样表明秦测算"禾程"与计算田租均以地块为单位。由于测算"禾程"、计算田租是以地块为单位, 缴纳田租却是以户为单位, 所以还需要将同一块禾田的田租分解给其所属农户。岳麓书院藏秦简《数》简 47 反映的正是这一情形:

> 田五十五亩, 租四石三斗而三室共段（假）之, 一室十七亩, 一室十五亩, 一室廿三亩, 今欲分其租。述（术）曰: 以田提封数▨

① 杨博:《北大秦简〈田书〉与秦代田亩、田租问题新释》,《中国农史》2020 年第 2 期。
② 杨博:《北大秦简〈田书〉与秦代田亩、田租问题新释》,《中国农史》2020 年第 2 期。
③ 李恒全、许欣:《论秦汉田税征收方式及其变化过程》,《史学月刊》2022 年第 3 期。
④ 陈伟主编《秦简牍合集》（贰）, 第 73、74、77 页。
⑤ 臧知非:《简牍所见秦和汉初田亩制度的几个问题——以阡陌封埒的演变为核心》,《人文杂志》2016 年第 12 期。
⑥ 杨振红:《从新出简牍看秦汉时期的田租征收》,《简帛》第 3 辑, 上海古籍出版社, 2008, 第 336 页。

55亩田应该是某地块经过"广""纵"相乘后的"成田"面积，4石3斗则为税田面积与"一斗步数"相乘后得出的田租数。因这一块禾田分属三户，故需将田租按照各自所占禾田比例分解到户。学者已指出，秦汉农户占有田地的实际形态绝非整齐划一，[①]农田可能分散在多个地块上。是以田租落实到户，除了分解环节，无疑还有综合的环节，即合计同一农户在不同地块上分解到的田租数，由此形成每户需缴纳的田租总数。每户分别如数缴纳，由此完成年度田租征收工作。根据"取程"过程，可推知其进行时间。张家山汉简《二年律令·田律》载："县道已垦（垦）田，上其数二千石官，以户数婴之，毋出五月望。"[②]有学者据此认为"取程"的时间是每年五月。[③]这种观点有待商榷，《二年律令·田律》讲得很清楚，每年"五月望"之前需要统计上报的是垦田数量。农历四月底、五月初，庄稼的茎秆生长挺拔，性状已经明显，"五月望"前完全可以统计出播种面积与作物种类。但此时禾穗并未成熟，难以"取禾程"。《说文解字》曰："禾，嘉谷也。以二月始生，八月而孰，得之中和，故谓之禾。"[④]谷子二月播种，八月前后才能完全成熟，故"取程"一般只能是在禾穗成熟的八月。秦汉年度财政收支结算需要在九月底完成，即所谓"计断九月"。可知每年八九月，负责田租征收的田部史及乡吏工作相当忙碌。他们要在一个月多的时间里完成诸多任务：从按地块收割一斗禾穗并丈量其步数、晒干禾穗以核算"禾程"，到计算每个农户的纳租总额并向农户下发通知，再到监督并记录农户如数缴纳田租，最后向县廷上报田租征纳总体情况。

综括上述田租形态、计量办法与田租确定过程的讨论，秦及汉初的田租制度具有以下特点。

其一，征纳的谷物形态与后世有明显差异，秦及汉初为禾穗，而后世一般为原粮或成品粮。中国古代的田税缴纳形式，从性质来划分，大体有力役、实物与货币三种。缴纳谷物，又可细分为禾穗、原粮（谷子、稻谷、麦等）与成品粮（小米、稻米等）三种形态。东晋南朝以缴纳稻米为主，唐代以粟为主、以米为辅，即所谓"每丁岁入租粟二石……若岭南诸州则税米"，[⑤]如果所种为麦，则按照官府规定的粟麦比例纳麦（麦粒而非麦穗）。宋代以米、麦为主，明清也以"米麦为本色"。[⑥]故征纳禾穗，是我国田税史上比较初始的谷物征收方式，在某种程度上，可以视为实物田税早期阶段的重要标志。

大约在西汉中后期，官府征收田租不再采用"入禾稼"的形式，而是改为收粟，由此进入田税征收的新阶段。《九章算术·衰分》载有关于"收粟"的例题：

① 臧知非：《简牍所见秦和汉初田亩制度的几个问题——以阡陌封埒的演变为核心》，《人文杂志》2016年第12期。
② 张家山二四七号汉简竹简整理小组编著《张家山汉墓竹简〔二四七号墓〕》（释文修订本），第42页。
③ 臧知非：《说"税田"：秦汉田税征收方式的历史考察》，《历史研究》2015年第3期。
④ 许慎撰，段玉裁注《说文解字注》，第320页。
⑤ 《旧唐书》卷四八《食货志上》，中华书局，1975，第2088页。
⑥ 《明史》卷七八《食货志二》，中华书局，1974，第1895页。

今有田一亩，收粟六升太半升。今有田一顷二十六亩一百五十九步，问：收粟几何？答曰：八斛四斗四升一十二分升之五。术曰：以亩二百四十步为法，以六升太半升乘今有田积步为实，实如法得粟数。[①]

一亩收粟仅有"六升太半升"，可知此为官府征收田租的算题。[②] 关于《九章算术》成书年代，郭书春、邹大海等认为应早于新莽，且很有可能是由宣帝时任大司农中丞的耿寿昌最终增补编订而成，[③] 意味着西汉后期征收田租，所收谷物为原粮粟。又据《汉书·贡禹传》载西汉元帝时贡禹上书："农夫父子暴露中野……已奉谷租，又出稿税，乡部私求，不可胜供。"[④] 江苏连云港尹湾汉墓所出成帝时东海郡《集簿》载："一岁诸谷入五十万六千六百卅七石二斗二升少□升，出卅一万二千五百八十一石四斗□□升。"[⑤] 两条史料所言"谷"，应指粟、麦等原粮。故不晚于宣元之时，汉代官府征收田租，谷物形态已非禾穗。

其二，田租类型属于典型的分成租。秦及汉初确定田租数量，纳税面积与可收获面积成固定比例，且征税所用单位产量面积是每年根据实际情况重新测定的，故这一固定比例具有实质性意义，分成租的特点相当鲜明。采用分成租的优势是赋税相对透明、公平，但缺点是征收过程比较烦琐、征税成本比较高；定额租制恰好相反，虽然有损于赋税的公平性，而且可能增加农民隐性赋税，但因不必逐年测定税率，可以大大简化征收过程，降低官府征税成本。大约自西汉中后期以后，中国古代官府征收田赋普遍采用定额租制。

不少学者根据《盐铁论·未通》所载"田虽三十，而以顷亩出税，乐岁粒米狼戾而寡取之，凶年饥馑而必求足"，认为汉武帝时已是定额租制。[⑥] 因记载简略，近来颇有不同意见。[⑦] 但西汉晚期，官府并未使用逐年测定单位产量面积的办法，是很明确的。山东青岛土山屯汉墓出土的《堂邑元寿二年要具簿》曰：

凡貇（垦）田万一千七百九十九顷卅七亩半。

其七千一百九十一顷六十亩，租六万一千九百五十三石八斗二升，蓄害。

定当收田四千六百七顷七十亩，租三万六千七百廿三石七升。

---

① 郭书春译注《九章筭术译注》卷三《衰分》，第 112 页。
② 宋杰：《〈九章算术〉与汉代社会经济》，首都师范大学出版社，1994，第 117、118 页。
③ 郭书春主编《中国科学技术史·数学卷》，科学出版社，2010，第 79—84 页；邹大海：《秦汉量制与〈九章算术〉成书年代新探》，《自然科学史研究》2017 年第 3 期。
④ 《汉书》卷七二《贡禹传》，中华书局，1962，第 3075 页。
⑤ 连云港市博物馆等编《尹湾汉墓简牍》，中华书局，1997，第 78 页。
⑥ 王利器校注《盐铁论校注》卷三《未通》，中华书局，1992，第 191 页。相关学术史综述参见杨振红《从新出简牍看秦汉时期的田租征收》，《简帛》第 3 辑，第 331—333 页。
⑦ 如李恒全、许欣认为这是指"'履亩而税'下的定率制"，仍属于"按实际产量征收的浮动税"，参见《论秦汉田税征收方式及其变化过程》，《史学月刊》2022 年第 3 期。

百四顷五十亩，租七百卅一石五升，园田。①

7191 顷 60 亩因受灾而为"菑害"田，官府不收田租，却能计算出田租数来。按照秦及汉初的"取程"办法，必须等到禾穗成熟，方可确定"禾程"，计算田租。"菑害"田可以计算出田租数，只能说明税率是提前制定的，汉初的田租确定办法已被废弃。甘肃武威旱滩坡东汉墓出土有 16 枚残简，抄录了一些制定于西汉而为建武年间所沿用的律令，其中一枚曰：

乡吏常以五月度田，七月举畜害，匿田三亩以上坐。②

此处的"畜害"，或解释为"牲畜对农作物等造成的危害"，③ 或解释为"家畜饲养有无疫病"，④ 均非正解。结合前引《堂邑元寿二年要具簿》可知，"畜害"实为"菑害"。这条律令与《堂邑元寿二年要具簿》表明，西汉后期，官府在每年五月度田即确定播种面积时，就已初步计算出田租数量，到了七月再根据庄稼受灾情况，调整纳租数额。纳税面积可以调整，但单位产量面积无疑为提前确定，属于"校数岁之中以为常"。⑤ 这种田租制度不同于汉初，已具有定额租的特点。汉代中后期田租征收方式不同于汉初，还有一个旁证，就是田部系统的裁撤。秦及汉初，田部是基层负责田籍编订与田租征收的重要机构，⑥ 分成租制下繁剧的田租征收事务，主要由田部吏来承担，乡吏负责协助配合。但武帝以后，"田部、田啬夫、田典等在文献和简牍中彻底消失，而乡啬夫、乡佐、里典等却屡见不爽"。⑦ 田部系统的裁撤，表明田租征收事务已大大简化，无须为此专门设置机构，也意味着汉代中后期实行的并非分成租制，而应该是定额租制。

其三，征收田租时所使用的计量制度独具特色。秦及汉初为保证田租征收高效完成，专门创制"四大一小"谷物计量体系。这一体系的显著特点是根据谷物的不同形态与种类，来制定不同的计量标准。田租征收离不开计量，后世为方便田租征收，也制定有标准不一的计量体系，但基本属于两种类型。一种是因粮食数量有大有小，如使用一个标准，数量大者数值就会很大，不利于运算和记录，故使用大小不一的计量标准以避免这个问题。唐代量制大抵属于这一类型。唐《仓库令》曰："诸量函，所在官造。大者五斛，中者三斛，小者一

---

① 青岛市文物保护考古研究所、黄岛区博物馆：《山东青岛土山屯墓群四号封土与墓葬的发掘》，《考古学报》2019 年第 3 期。
② 武威地区博物馆：《甘肃武威旱滩坡东汉墓》，《文物》1993 年第 10 期。
③ 李均明、刘军：《武威旱滩坡出土汉简考述——兼论"挈令"》，《文物》1993 年第 10 期。
④ 臧知非：《说"税田"：秦汉田税征收方式的历史考察》，《历史研究》2015 年第 3 期。
⑤ 《孟子正义》卷五上《滕文公上》，阮元校刻《十三经注疏》，第 2702 页。
⑥ 王彦辉：《田啬夫、田典考释——对秦及汉初设置两套基层管理机构的一点思考》，《东北师大学报》2010 年第 2 期；孙闻博：《从乡啬夫到劝农掾：秦汉乡制的历史变迁》，《历史研究》2021 年第 2 期。
⑦ 王彦辉：《田啬夫、田典考释——对秦及汉初设置两套基层管理机构的一点思考》，《东北师大学报》2010 年第 2 期。

斛。皆以铁为缘，勘平印署，然后给用。"[1]另一种是因官府加征耗米，农户缴纳的租税就有规定数额与实际数额的差别，为便于统一，故在通用量具之外，专门制作用于田税征收的量具，按照加耗比例增大其计量标准。长沙走马楼吴简所见"禀斛"与"吴平斛"，[2]宋代的"文思院斛斗"与各地的加斛、加斗，[3]清代的部颁标准仓斛与"京仓洪斛""通仓洪斛"，[4]均属于这一类型。至于根据谷物的不同形态与种类来制定计量标准的情形，魏晋以后再未见到。

总体来说，秦及汉初的田租制度呈现一系列不同于后世的特点，构成中国田税史上独特的历史阶段。它实际上深受周代谷物征收方式的影响，周代公社农民享有份地的同时，需要无偿为国家和贵族耕种"公田"，[5]是典型的劳役地租制度。"公田"某种程度上可以视为公社农民缴纳谷物的特殊土地，秦及汉初的"税田"，正是参照"公田"而设置的税收概念。《诗经·豳风·七月》载："九月筑场圃，十月纳禾稼。"[6]"公田"所入为"禾稼"，秦及汉初征收的谷物形态，也是"禾稼"。《孟子·滕文公上》载："夏后氏五十而贡，殷人七十而助，周人百亩而彻，其实皆什一也。"[7]秦及汉初的分成租比例，正是以"什一"为基准。可见，在谷物征收上，秦制与周制表现出显著的历史延续性。周秦土地赋税制度的历史，虽然以变革为主调，但并非判然两途，而是变革之中也有继承。

〔本文原载《历史研究》2023年第3期。作者代国玺，山东大学历史文化学院教授〕

① 天一阁博物馆、中国社会科学院历史研究所天圣令整理课题组校证《天一阁藏明钞本天圣令校证：附唐令复原研究》，中华书局，2006，第494页。
② 罗新：《也说吴平斛》，长沙市简牍博物馆、北京吴简研讨班编《吴简研究》第2辑，崇文书局，2006，第192—200页。
③ 郭正忠：《三至十四世纪中国的权衡度量》，中国社会科学出版社，1993，第303—315页。
④ 胡铁球：《清代各地"仓斗"形成的机制考释》，《清华大学学报》2021年第2期。
⑤ 林甘泉主编《中国封建土地制度史》第1卷，中国社会科学出版社，1990，第46—49页。
⑥ 《毛诗正义》卷八之一《豳风·七月》，阮元校刻《十三经注疏》，第391页。
⑦ 《孟子正义》卷五上《滕文公上》，阮元校刻《十三经注疏》，第2702页。

"天朝"与"蕃国"之间：齐梁品位结构与政治体制中的嫡皇孙

庞　博

摘　要　南朝齐梁时期，面对政治体制困局所导致的宗王对皇位继承秩序的威胁，朝廷开始重视嫡皇孙的地位。其集中表现，便是在爵位、仪仗、车驾、朝位、个人任职资格、国官僚属任职资格等品位结构中的各类位阶上加崇嫡皇孙。与此相对应，萧齐时期还在观念中完成了对嫡皇孙的身份塑造，使嫡皇孙兼具了"天朝"与"蕃国"两种身份。一方面，"天朝"与"蕃国"之间的身份地位，同时确认了嫡皇孙的皇位继承权和宗室参政权，与品位结构层面的加崇相互配合，体现了品级、等级与观念的一致性，凸显了嫡皇孙的嫡嗣身份，提高了嫡皇孙与皇太子的地位，形成了一套用于稳定皇位继承秩序的制度、观念机制。另一方面，在具体施行过程中，受政治局势的影响，上述制度、观念机制也经历了选择与调整，最终在梁后期得到完全行用。对嫡皇孙加崇现象的考察，有助于我们理解南朝政治体制的特殊性。

关键词　嫡皇孙　品位　天朝　蕃国　齐梁时期

晋宋之际，江左王朝的政治体制发生了剧烈变化。以王朝禅代为契机，门阀士族与皇权"共天下"的格局被打破。[①] 而伴随着皇权的复兴，宗室、武将、寒人、寒士等政治人群分别占据了朝廷的各类重要职位，使得南朝政治体制呈现出了不同于东晋的新样貌。[②] 其中，与皇帝有血缘关系的宗室，特别是血脉亲近的皇弟、皇子，或持节出任方镇都督，或任职中央重臣乃至宰相，是最为皇帝重用的政治人群。

后世学者常用"宗王政治"来指代上述宗室王侯出镇地方，入辅中央，藩屏皇权的政

---

① 田余庆：《东晋门阀政治》，北京大学出版社，2012，第343—346页。
② 阎步克：《波峰与波谷——秦汉魏晋南北朝的政治文明》，北京大学出版社，2017，第123页。

治现象；对宗王政治的讨论也成为南朝政治与制度史的经典议题。相关考察主要集中于两个问题。一是宗王政治的成因，对此学者大多指出，防范高门士族，加强对朝政、军权和方镇的控制，是宗王参政的主要原因；在这一点上，南朝实际是延续了西晋的政策。[①] 二是宗王政治的影响，对此既有研究也基本达成了共识：宗王掌握权力，在藩屏皇权的同时，也经常发动叛乱；尤其在皇权不稳或皇位交替之际，往往成为皇位继承的最大威胁。皇权对宗王既重用又防范，此时期屠戮宗室的现象，便是其矛盾的集中体现。[②] 此后随着研究的深入，从制度史角度考察上述"重用"与"防范"的成果大量出现，前者如对皇子班位调整，宗王任官迁转特权，属吏、国官设置，宗王军府系统在南朝开府等级中优势位置的考察；[③] 后者则聚焦在典签、行事等制度对宗王的制约上。[④]

宗王政治的背后，是南朝政治体制的结构性困局。皇帝在不得不任用宗室的同时，也必须承担宗室参政的恶果——威胁皇位继承秩序。如阎步克所言，宗王政治是一种带有"饮鸩止渴"意味的措施，反映了南朝皇权重振的限度。[⑤] 此外，陷入困局乃至以屠杀的方式暂时破局，也体现出南朝政权处理相关问题的经验不足，以及宗室制度的不完善。叶炜便指出，这种"饮鸩止渴"的措施，"也是一种在制度演进当中摸索的现象"。[⑥]

本文要考察的，正是随着政治经验的积累，南朝齐、梁两政权为应对宗王威胁，稳定皇位继承秩序而做出的制度设计。以往学者在考察汉唐间的皇位继承问题时，多注意到了此时期皇太子礼制地位的提高，嫡长子继承制的维系，东宫僚属制度的完善，以及太子监国制度的发展，并指出了这些制度现象在稳定皇位继承秩序方面的积极

[①] 参见毛汉光《五朝军权转移及其对政局之影响》，《中国中古政治史论》，上海书店出版社，2002，第306—348页；唐长孺《西晋分封与宗王出镇》，《魏晋南北朝史论拾遗》，中华书局，2011，第123—140页；周一良《东晋南朝地理形势与政治》，《魏晋南北朝史札记》，中华书局，1985，第75—82页；陈长琦《两晋南朝政治史稿》，河南大学出版社，1992，第61—98页等。

[②] 前引毛汉光、陈长琦的研究亦有论述，还可参见周一良《〈刘义庆传〉之"世路艰难"与"不复跨马"》《刘宋统治阶级内部矛盾之变化》，分载《魏晋南北朝史札记》，第159—161、200—202页等。此外，学者在论述南朝地域豪族时，也注意到了豪族与宗王的结合，庇护关系的生成，及对南朝政局产生的影响，参见章义和《地域集团与南朝政治》，华东师范大学出版社，2002；韩树峰《南北朝时期淮汉迆北的边境豪族》，社会科学文献出版社，2003；戚安道（Andrew Chittick）《中古中国的荫护与社群：公元400—600年的襄阳城》，毕云译，南京大学出版社，2021。

[③] 越智重明：《魏晋南朝的政治与社会》（越智重明『魏晋南朝の政治と社会』），吉川弘文馆，1963，第375—464页；赵立新：《南朝官品制度中的"皇弟皇子府"及其意义》，《早期中国史研究》第9卷第1期，2017，第1—60页。

[④] 周兆望：《南朝典签制度剖析》，《江西大学学报》1987年第3期，第31—37页；张旭华：《南朝典签制度考略》，《魏晋南北朝官制论集》，大象出版社，2011，第43—73页。此外对于行事以及上述宗王政治成因、影响的综合研究，参见鲁力《魏晋南朝宗王政治研究》，武汉大学出版社，2013。

[⑤] 阎步克：《波峰与波谷——秦汉魏晋南北朝的政治文明》，第125页。

[⑥] 叶炜：《政治分裂与民族融合：魏晋南北朝》（上），国家图书馆、北京大学历史学系编《稽古·贯通·启新：中国古代史》，北京大学出版社，2020，第215页。

作用。[①] 本文则将观察点聚焦到皇太子的嫡长子，即所谓的"嫡皇孙"身上。嫡皇孙具有双重身份，一方面其与皇弟皇子等群体相同，都属于宗室；另一方面，在嫡长子继承的原则下，嫡皇孙作为皇太子的嫡长子，具有潜在且正当的皇位继承权利。齐梁政权正是从等级安排与观念塑造两方面入手，在制度设计上突出嫡皇孙"天朝"亦即嫡嗣身份的同时，还利用嫡皇孙的"蕃国"亦即宗王身份，逐渐赋予了嫡皇孙参与政治的权力，以达到稳定皇位继承秩序的目的。因此，考察宗王政治下的南朝皇位继承秩序，需要我们关注齐梁嫡皇孙的政治地位与身份；而"天朝"与"蕃国"的双重身份，则是理解嫡皇孙地位提高与身份塑造的关键。

在具体的论述中，本文将从南朝的品位结构入手，分析齐梁嫡皇孙的爵位、朝位、个人任职资格、僚佐国官任职资格等位阶，借由品级与等级的一致性，考察嫡皇孙地位的提高过程。[②] 此外，制度的设定与实施，是其背后观念（认知模式）的展示与确认；而找到观念层面的依据，或建立一种与制度配套的观念，也将增强制度的"合法性"或"适应性"。[③] 换言之，人们对制度及其观念的认同、遵循程度，与两者之间的配合程度密切相关。因此，考察齐梁政权为稳定皇位继承秩序，如何在观念上塑造了嫡皇孙的身份，并与制度层面的地位上升相配合，将是本文的另一条论述线索。

一 齐梁时期嫡皇孙位阶的提高

南朝对嫡皇孙身份地位的重视，始见于萧齐。在此之前，终刘宋一朝，未见针对嫡皇孙的讨论。事实上，刘宋时期也并不存在确定具有嫡皇孙身份的宗室。据史籍记载，刘劭为宋文帝皇太子时育有四子，其中长子刘伟之无法确定是否为嫡子。[④] 此外在刘劭弑父即位，刘伟之被立为皇太子之前，也未见到宋文帝对他采用封爵等身份确认措施。刘劭之后，刘宋

---

① 礼制方面主要体现在释奠礼上。对皇太子与释奠礼的学术史梳理，及对皇太子政治地位提高的研究，可参见冈部毅史《梁简文帝立太子前夜：关于南朝皇太子历史位置的考察》（岡部毅史「梁簡文帝立太子前夜：南朝皇太子の歷史的位置に関する一考察」），《史学杂志》（『史學雜誌』）第 118 编第 1 号，2009，第 1—33 页。有关此时期嫡长子继承原则的维系，东宫官僚与监国制度的发展，可参见赖亮郡《六朝隋唐的东宫研究》的相关章节（博士学位论文，台湾师范大学，2001）。对刘宋东宫武官的讨论另可参见庞骏《试论刘宋东宫武官制度》，《史学月刊》2003 年第 6 期。
② "品位结构"指一个时期内各个位阶及其链接、匹配与互补关系，相关概念参见阎步克《中国古代官阶制度引论》，北京大学出版社，2010，第 17—18 页。
③ 如玛丽·道格拉斯（Mary Douglas）论述了"类比"对塑造制度合法性的作用，参见玛丽·道格拉斯《制度如何思考》，张晨曲译，经济管理出版社，2013，第 57—68 页。她的研究提示我们，将制度内部的分类、结构类比到群体所熟知的知识框架中，是使人们接受、遵循制度的重要手段。新制度经济学对此也有论述，如方钦在设立制度表诠形式的基础上，论述了观念对制度能否获得遵循的影响，参见方钦《观念与制度：探索社会制度运作的内在机制》，商务印书馆，2019，第 68—78 页。
④ 《宋书》卷九九《二凶传》，中华书局，2018，第 2677 页。

诸位皇太子皆未在即位前生育皇孙，相关制度安排便更无从谈起了。

萧齐第一位可确定身份，且得到制度加崇的嫡皇孙，是齐高帝皇太子萧赜（即后来的齐武帝）的嫡长子萧长懋（即后来的文惠太子）。刘宋的封爵制度是皇弟、皇子封郡王，诸王之子除世子外封县侯。[①] 齐高帝萧道成代宋建齐后，于建元元年（479）六月甲申册立嫡长子萧赜为皇太子、其余诸子为郡王，并封萧长懋南郡王。[②] 萧长懋本传则称"江左未有嫡皇孙封王，始自此也"。[③] 在位期间，齐高帝还加崇了皇太子余子的爵位，封萧子良为闻喜县公，萧子卿临汝县公，萧子敬应城县公，萧子懋江陵县公，萧子隆枝江县公，[④] 初步形成了嫡皇孙封郡王，皇太子余子封县公的制度。从爵位等级上来看，皇太子诸子与诸王之子拉开了差距，地位得到了提高。

齐武帝时期，上述封爵制度得到沿用，成为一种惯例。齐武帝萧赜即位当年的六月，萧长懋成为皇太子，十余日后嫡皇孙萧昭业封南郡王，萧长懋次子萧昭文、第三子萧昭秀则在随后数年内分别受封为临汝县公和曲江县公。[⑤] 而除封爵郡王外，在仪仗、车驾、国官任职资格等制度上，嫡皇孙萧昭业亦获得加崇。永明五年（487）萧昭业冠礼，"其日小会，赐王公以下帛各有差，给昭业扶二人"；"（永明）七年（489），有司奏给班剑二十人，鼓吹一部，高选友、学。十一年，给皂轮三望车。诏高选国官"。[⑥] 作为制度符号的车驾、仪仗，以及作为仪式舞台的冠礼、聚会，无疑都有预设的观众，提高任职资格也会增加官员们对嫡皇孙官属的重视与向往。与针对皇太子诸子的封爵制度相比，上述加崇措施将对象集中到了嫡皇孙身上，直接结果便是使其"礼绝群王"，[⑦] 在封王的基础上，进一步将嫡皇孙与其他诸王区分开来。

至齐武帝晚年，制度随政局发生了变化。永明十一年（493）初，皇太子萧长懋突然逝世，齐武帝面对困局，坚持嫡长子继承原则，选择了立嫡皇孙萧昭业为皇太孙。然而在激烈的皇位争夺面前，齐武帝的立嗣策略遭到了挫折，宗室萧鸾（即后来的齐明帝）先废萧昭业，又废萧昭文，将皇位从萧长懋诸子手中夺取了过去。又由于萧鸾即位后皇孙诞生较晚，不具备相应的客观条件，[⑧] 故而高、武二朝确立的嫡皇孙封郡王，皇太子余子封县公的制度惯例，以及对嫡皇孙的种种加崇措施，也沉寂了下去。

下面来看齐梁易代后的情况。梁武帝统治前期，立长子萧统为皇太子。萧统诸子年长

---

① 杨光辉：《汉唐封爵制度》，学苑出版社，2002，第152页。
② 《南齐书》卷二《高帝纪下》，中华书局，2017，第36页。
③ 《南齐书》卷二一《文惠太子传》，第446页。
④ 《南齐书》卷四〇《武十七王传》，第771—788页。
⑤ 分见《南齐书》卷三《武帝纪》，第50页；卷五《海陵王纪》，第83页；卷五〇《文二王·巴陵王昭秀传》，第953页。此外，文惠太子幼子萧昭粲因年幼而未及封。
⑥ 《南齐书》卷四《郁林王纪》，第75页。
⑦ 《南史》卷五《齐本纪下》，中华书局，1975，第133页。
⑧ 东昏侯即位后立子萧诵为太子。从属相推断，东昏侯属猪（《南齐书》卷一九《五行志》，第425页），当生于永明元年（483），至其即位的永泰元年（498），不过十六岁，则萧诵即使在齐明帝末年已出生，亦应尚在褓褓中，未到封王年龄。

得封者皆封县公：长子萧欢封华容县公，次子萧誉封枝江县公，三子萧誊封曲阿县公。[①] 皇太子诸子相对于诸王之子的较高地位，在爵位上得到了确认；不过与此同时，却未见对嫡皇孙的爵位加崇。中大通三年（531）四月，昭明太子薨；当年七月，梁武帝立萧统同母弟晋安王萧纲为皇太子；次年正月，"立嫡皇孙大器为宣城郡王"。[②] 萧大器为萧纲嫡长子，就在他受封王爵的同年，萧纲次子萧大心亦封当阳公。[③] 可知在储君之位由萧统一系转到萧纲一系之同时，梁武帝也重建了萧齐高、武时代嫡皇孙封郡王，皇太子余子封县公的制度。

梁代的一个新现象是，在由本官、军号、加官、帖领官等位阶共同决定的初始官资（个人任职资格）上，嫡皇孙基本与皇子平齐。据《隋书·百官志上》所载陈代制度："皇太子家嫡者，起家封王，依诸王起家。余子并封公，起家中书郎。诸王子并诸侯世子，起家给事。"[④] 由于陈代国祚短暂，皇位更迭频繁，仅陈宣帝曾封嫡皇孙陈胤为永康公，[⑤] 而非封王，所以这些制度与陈代各项官职品级一样，一定也是承袭自梁代（事实上，萧纲诸子如萧大连、萧大临、萧大春、萧大款，在梁武帝时期皆由中书郎起家，可为佐证）。[⑥] 由此来看，梁代嫡皇孙在制度上应当是"依诸王起家"，起始官资原则上应与皇子相同。

梁代第一位嫡皇孙萧欢，其经历可为此提供证据。据杨恩玉的整理，梁代皇子多由丹阳、会稽等郡守（属州郡班，班位大致相当于内官十八班中的十三、十四班）起家，其中年幼者先由琅邪、彭城二郡太守起家，再迁为丹阳、会稽；初始军号则加宁远、轻车、仁威、云麾将军等号（分列军号二十四班中的十三至十八班）。[⑦] 与之相对，《梁书·张缵传》称张缵累迁尚书吏部郎、长兼侍中，于大通元年（527）"出为宁远华容公（即萧欢）长史，行琅邪彭城二郡国事"，[⑧] 从军号来看，宋齐时期宗室王侯所带最低不过宁朔将军，而梁军号班位中的宁远班代替的正是宁朔将军；[⑨] 此外，梁代王侯起家最低也是宁远班，[⑩] 恰可相印证。因此，宁远将军，琅邪、彭城二郡太守应即萧欢的起家官，而这正符合梁代皇子的起家惯例。由此再来看第二位嫡皇孙宣城王萧大器，其起家官为侍中（内官十二班）加中卫将军号（军号二十三班）。[⑪] 据新近研究，南朝官员的官资由本官、军号、加官、帖领官共同维系。[⑫] 与

① 《梁书》卷三《武帝纪下》，中华书局，2020，第 85 页。
② 《梁书》卷三《武帝纪下》，第 86 页。
③ 《梁书》卷四四《太宗十一王·寻阳王大心传》，第 681 页。
④ 《隋书》卷二六《百官志上》，中华书局，2018，第 822 页。
⑤ 《陈书》卷二八《后主十一子·吴兴王胤传》，中华书局，2021，第 423 页。
⑥ 杨恩玉：《萧梁政治制度考论稿》，中华书局，2014，第 58 页。
⑦ 杨恩玉：《萧梁政治制度考论稿》，第 55—59 页。此处及下文所述梁代官职班位，皆见于《隋书》卷二六《百官志上》，第 810—816 页。下文不再重复出注说明。
⑧ 《梁书》卷三四《张缵传》，第 547 页。
⑨ 陈苏镇：《南朝散号将军制度考辨》，《史学月刊》1989 年第 3 期，第 30—33 页。
⑩ 参见杨恩玉《萧梁政治制度考论稿》，第 55—59 页。
⑪ 《梁书》卷八《哀太子大器传》，第 194 页。
⑫ 冈部毅史：《关于两晋南朝的免官——以"免所居官"的分析为中心》（岡部毅史『晋南朝の免官について—「免所居官」の分析を中心に—』），《东方学》（『東方學』）第 101 辑，2001，第 83—84 页；柴芃：《南北朝位阶制度的发展》，博士学位论文，北京大学，2018，第 64 页。

诸皇子相比，萧大器的起家官级别稍低，但初始军号却高出数阶甚至十阶。在不了解具体技术原理的情况下，很难计算其官资高低。但根据隋志的条文和萧欢的实例，可以认为萧大器的初始官资与皇子相同。由此我们再来看隋志所言的"皇太子冢嫡者，起家封王，依诸王起家"，可知其记录的是梁代嫡皇孙位阶变化的最终结果。在实际提升过程中，虽然"起家封王"要等到第二位嫡皇孙萧大器，但"依诸王起家"的制度从萧欢便开始了。

在僚佐、国官任职资格及朝位上，梁代嫡皇孙的等级待遇还超过了诸皇子。首先是梁代对嫡皇孙国官重选的延续。据《梁书·褚翔传》，褚翔任宣城王主簿，因宴会时赋诗出色，"即日转宣城王文学，俄迁为友。时宣城友、文学加它王二等，故以翔超为之，时论美焉"。① "它王"在《南史》中作"正王"，② 在南朝指皇弟皇子封王者。梁代皇弟皇子友为八班，皇弟皇子文学及府主簿为五班，"加二等"意味着宣城王友位同十班，宣城王文学位同七班。如此一来，褚翔由五班迁七班，再迅速迁十班，便属于"超为之"了。③ 此外，梁代也将重选推及嫡皇孙的开府僚属上。梁代皇弟皇子府长史为十班，但在前引萧欢与张缵事例中，张缵任萧欢长史前却历官尚书吏部郎（十一班）、长兼侍中（侍中位十二班之首，长兼非正员，位望应稍低），这说明嫡皇孙军府长史位望较皇弟皇子府为重。另据《梁书·张绾传》，张绾由员外散骑常侍（十班）迁为宣城王长史，再迁为御史中丞（十一班），由于"时宣城王府望重"，梁武帝特意下旨解释这次任命是"为国之急"，让张绾"勿疑是左迁"。④ 从"时宣城王府望重"可知，不仅是长史，宣城王府其他僚佐的任职资格也要高于皇弟皇子府。⑤

梁代嫡皇孙朝位的提升则见于梁代第二位嫡皇孙萧大器。据《南史》记载，梁武帝在立萧大器为宣城郡王的同时，还使其"位列诸王上"。⑥ 此处的"位"指的是朝位。任孝恭《御讲波若经序》记录了大同七年（541）梁武帝于华林园重云殿亲讲《般若经》的过程，并描绘了听者云集的盛况："皇太子智均悉达德迈昙摩。舍三殿之俗娱。延二座以问道。宣成（城）王及王侯宗室等亦咸发深心。并修净行。熏戒香以调善。服染衣而就列。荫映蝉冕委

① 《梁书》卷四一《褚翔传》，第 650 页。
② 《南史》卷二八《褚翔传》，第 755 页。
③ 此就史籍记载推算而言。柴芃认为，宣城王文学应为八班，此外萧齐时期萧昭业的南郡王友、文学亦分别为十班和八班，萧梁的嫡皇孙友、文学"加二等"是继承萧齐而来。参见柴芃《十八班的意义及实质》，《文史》2018 年第 3 辑，第 127—129 页。
④ 《梁书》卷三四《张缅附张绾传》，第 558 页。
⑤ 有学者通过考辨梁代官员迁例，指出宣城王府长史并未如国官一般"加二等"，而是依旧为十班（柴芃：《十八班的意义及实质》，《文史》2018 年第 3 辑，第 127 页注释五）。然而其在否定了"加二等"的同时，也忽视了"加一等"的可能。从张缵事例来看，嫡皇孙长史很有可能是十一班。而具体到张绾的事例，由于十八班序列中，官职的位望高低不仅体现在班位高低，还体现在同班的先后顺序上，且御史中丞事务繁重，与黄门郎等清官和员外散骑常侍等散官不同，并不受官员青睐，因此御史中丞虽然名义上位列十一班首位，但实际位望应当达不到。因此如果嫡皇孙长史班位在十一班靠前位置，则从嫡皇孙长史迁为御史中丞亦可构成左迁。此外柴芃还举了裴之礼的例子，他由黄门郎（十班之首）迁为宣城王司马，再迁十一班的太子左卫率。黄门郎既已为十班之首，若宣城王司马亦与皇弟皇子府司马相同，为十班，顺序上是说不通的。而若宣城王司马为十一班，则裴之礼先升阶后平转，于制度上才说得通。因此，本文推定嫡皇孙军府的"望重"，应体现在属职位望比皇弟皇子府"加一等"上。
⑥ 《南史》卷七《梁本纪中》，第 208 页。

蛇冠带。排金门登玉阶者济济成群。"[①] 可知在听讲时，皇太子萧纲独坐，宗室王侯以嫡皇孙宣城王萧大器为首列座，其余朝士群臣则只能居于门阶内外。另一个比较模糊的例子则是《酉阳杂俎》所收录的梁后期的一次正旦朝会。台城太极前殿坐北朝南，殿前广场被横贯东西的马道分隔为南北两部分，而在这次朝会中，诸外国使臣和参加朝会的朝臣皆位于马道南，只有北朝使臣和"宣城王等数人"得以站立在马道以北，分列悬钟内道西、东。[②] 虽然未知具体排序关系，但上述站位也可体现萧大器的朝位加崇。综合这两个事例可以看到，在礼制等级之外，朝位的调整也成为嫡皇孙等级上高于诸王的一个体现。

上述《隋书·百官志上》所载梁陈制度，也提示了我们嫡皇孙位阶变化的两条线索。其一，萧齐高、武时代确立了嫡皇孙封郡王，皇太子余子封县公的制度惯例，拉开了皇太子诸子与宗王诸子的等级差距。这一制度在梁中后期得到重建，并最终成为条文规定。其二，除爵位外，萧齐时期对嫡皇孙的加崇主要体现在仪仗、车驾和国官任职资格上，进一步区分了嫡皇孙与诸王的等级地位，但其中前两者的展示意义更大。就官职名号等政治资源而言，萧长懋的国官、僚属未获得加崇；萧昭业虽师、友重选，但在其得封皇太孙前的十余年间，一直未能开府置佐。与之相对，萧梁在提高嫡皇孙朝班，重选嫡皇孙师、友等国官的同时，不仅将重选推及嫡皇孙的开府僚属上，还规定了嫡皇孙的起家位阶。与前代相比，萧梁更重视在品位结构中增强嫡皇孙对政治资源的占有，赋予嫡皇孙参政的权力。

二 "天朝—蕃国"观念与嫡皇孙的身份塑造

如第一节的考察结果所示，在齐梁品位结构的各类位阶中，都出现了对嫡皇孙的加崇，反映出嫡皇孙地位的逐步上升。而几乎与之同时，在观念层面，嫡皇孙的身份亦得到塑造。制度层面的位阶加崇与观念层面的身份塑造交织、融合，深刻影响了此时期皇位继承秩序的制度呈现。对此，我们可以从前述齐武帝时期的嫡皇孙冠礼切入来考察。

永明五年举行的这次冠礼，其实另有曲折。就在冠礼前的一个月，有司奏称"南郡王昭业冠，求仪注未有前准"，[③] 准备工作一度停滞。最终是由尚书令王俭援引经典和朝仪故事，交尚书八座与国子学、太学博士审定，确定了嫡皇孙的冠礼仪注。《南齐书·礼志上》详细记录了王俭的议礼经过，成为我们窥见萧齐时期嫡皇孙身份塑造的一扇窗口。回顾王俭的论述，可以发现萧昭业的特殊身份是问题的焦点。在汉唐间的政治、礼仪用语中，"天

① 道宣：《广弘明集》卷一九《御讲波若经序》，大正新修大藏经刊行会编《大正藏》第52册，大藏出版刊行株式会社，1988，第235页。
② 段成式撰，许逸民校笺《酉阳杂俎校笺》前集卷一《礼异》，中华书局，2015，第60—61页。
③ 《南齐书》卷九《礼志上》，第156页。

朝""蕃国"（又写作"藩国"）是一组重要概念。其中"蕃国"主要指藩屏皇权的宗室诸王，"天朝"则指相对于宗室诸王的中央朝廷；"天朝"与"蕃国"组合在一起，便形成了一组模拟周代"天子—诸侯"的拟封建概念。① 萧昭业的特殊之处，便在于他兼具"天朝"与"蕃国"两种身份，即一方面是具有皇位继承权利的"天朝"嫡长孙，另一方面也是名义上列土封疆的南郡王。类似的身份困境，萧昭业之父萧长懋也曾遇到，建元三年（481），萧长懋之母、皇太子穆妃去世，"南郡王闻喜公国臣疑制君母服"，王俭裁断二国国臣不得与太子宫臣同制，理由便是"皇孙自是蕃国之王公，太子穆妃是天朝之嫡妇。宫臣得申小君之礼，国官岂敢为夫人之敬"。② 而若深入追究，齐高、武二帝为嫡皇孙封王，于"天朝"的基础上赋予其"蕃国"身份，是问题症结所在。事实上不仅是南朝，北魏在三十余年前也曾遇到这一问题，太武帝拓跋焘曾封"世嫡皇孙"拓跋濬为高阳王，但"寻以皇孙世嫡，不宜在藩，乃止"，③ 最终选择了回避。④

嫡皇孙身份困境的解决得益于此次冠礼的讨论结果。与六年前坚持嫡皇孙为"蕃国"相比，王俭的立场大为改变，而这又与此次冠礼涉及的问题及制度观念密切相关。王俭需要解决的问题，是确定嫡皇孙的冠礼是依从皇太子（天朝）的仪准，还是依从宗室诸王（蕃国）的仪准；但与此同时，他也要考虑冠礼所涉及的嫡庶与继承问题。如此一来，在嫡皇孙冠礼的场合中，拟封建观念中的"天朝（天子）—蕃国（诸侯）"便与宗法观念中的"嫡—庶"重合了——"天朝"意味着"嫡"，蕃国意味着"庶"。具体到经典解释的原则中，若坚持嫡皇孙依从宗室诸王的仪准，认定其"蕃国"的位置，嫡皇孙"嫡"的身份和皇位继承权利便遭到了否定。对此王俭没有冒险，而是选择了强调嫡皇孙从属"天朝"的一面。

于是在论证时，王俭首先以"南郡王体自储晖，实惟国裔，元服之典，宜异列蕃"来确定前述基调，"同于储皇则重，依于诸王则轻"，将嫡皇孙的冠礼等级限定在诸王之上，皇太子之下。但西晋旧仪中皇太子冠礼和诸王冠礼有一个原则性的差别，那就是"太子冠则皇帝临轩，司徒加冠，光禄赞冠"，由皇帝亲自主持；"诸王则郎中加冠，中尉赞冠"，由诸王的国官主持。⑤ 面对此问题，王俭再次强调了嫡皇孙的"天朝"身份，根据《礼记》嫡子

---

① 除后文所见嫡皇孙冠礼中的用例外，西晋时期，秦国郎中令李含依照为国主"既葬而除"的原则，在秦王司马柬下葬之后即除丧，却招致政敌非议。御史中丞傅咸查明原委，上书为李含分辨，称"天王之朝，既葬不除，藩国之丧，既葬而除。……今天朝告于上，欲令藩国服于下，此为藩国之义隆，而天朝之礼薄也"（《晋书》卷六〇《李含传》，中华书局，1974，第1461页）。可知"天朝"即为与藩国对举的"天王之朝"。而以"天朝""蕃国"来指代册封、朝贡体制中华夏王朝与周边政权的关系，主要是在唐代以后，唐以前则几乎不见用例。此外在王朝易代之时，亦有以"蕃国"代指霸府的用例，与本文关联不大，故不做讨论。

② 《南齐书》卷一〇《礼志下》，第174页。

③ 《魏书》卷四下《世祖纪下》，中华书局，2017，第124页。

④ 西晋时期，晋惠帝长子司马遹亦以皇孙身份封郡王。但一来司马遹非嫡子，二来其冠礼是在晋惠帝即位、自身成为皇太子后，因而未引发礼仪和身份争论。

⑤ 据王俭的说法，诸王冠礼应合"公冠自主之义"，即由国官负责。又萧齐"国官郎中令、中尉、大农为三卿"（《南齐书》卷一六《百官志》，第366页）。则此处"郎中"应即与中尉同为三卿的"郎中令"。

"冠于阼，以著代"，"父在斯为子，君在斯为臣"等经义，指出"南郡虽处蕃国，非支庶之列，宜禀天朝之命，微申冠阼之礼"，确定此次冠礼不能由南郡国官或"居臣子之节，无专用之道"的皇太子主持，而需由皇帝主持。[①] 又为示冠礼等级低于皇太子，改由皇帝名义主持，实际派使者前往。于是在一系列调整后，嫡皇孙萧昭业冠礼的仪准就变成了"使太常持节加冠，大鸿胪为赞"，[②] 成为皇太子冠礼仪准与诸王仪准之间的一个等级。为清晰展示上述皇太子、嫡皇孙、诸王与拟封建观念、宗法观念、仪准等级之间的关系，现列表 1 如下：

表 1　冠礼所见皇太子、嫡皇孙、诸王等级关系

拟封建观念	宗法观念	身份	仪准等级
天朝	嫡	皇太子	皇帝临轩，司徒加冠，光禄赞冠[1]
		嫡皇孙	太常加冠，大鸿胪赞冠
蕃国	庶	诸王	郎中（令）加冠，中尉赞冠

注:[1] 此处"光禄"指光禄勋或光禄大夫。晋武帝时皇太子冠礼，华廙赞冠，其官职《宋书》记作光禄勋，《晋书》《通典》则记作光禄大夫。周一良根据二官地位权责，指出光禄大夫的可能性更大。参见周一良《〈宋书·礼志〉札记》，《魏晋南北朝史论续编》，北京大学出版社，1991，第 135—136 页。

在解决嫡皇孙冠礼的同时，王俭也在"天朝（嫡）—蕃国（庶）"的拟封建观念与宗法观念中塑造了嫡皇孙的身份。如前所述，齐高帝时期确立了嫡皇孙封王的制度，但这一制度也造成了嫡皇孙身处拟封建观念中的"天朝"与"蕃国"之间，兼具两种身份。由于这两种身份铺展到宗法观念中分别与"嫡""庶"重合，事关皇位继承，故而必须加以解释。对此王俭坚持的原则是强调嫡皇孙的"天朝""嫡嗣"身份，提高嫡皇孙的冠礼等级。这就造成了两个结果：在礼制等级上，嫡皇孙获得了高于诸王、低于皇太子的地位；在"天朝""蕃国"的两个身份中，"天朝""嫡嗣"的身份成为主导。此后人们在论及嫡皇孙时，都在强调这一点。如梁武帝试图舍弃昭明太子嫡长子萧欢，立萧纲为皇太子时，朝野反对的理由便是"废嫡立庶"；[③] 再如侯景围困台城，要求以宣城王萧大器为质子时，傅歧提出异议，理由也是宣城王"嫡嗣之重，不宜许"；[④] 又如陈宣帝嫡孙陈胤出生时，宣帝以"皇孙初诞，国祚方熙，思与群臣，共同斯庆"；[⑤] 特意下诏赐爵。

　　更重要的是，在永明五年的这次嫡皇孙冠礼之议后，制度层面的嫡皇孙位阶提高，与观念层面的嫡皇孙身份塑造得以并行不悖：在确认嫡皇孙以"天朝""嫡嗣"为主要身份，

①　关于皇太子为何"无专用之道"，甘怀真从中古"家"与"国家"的观念框架出发，进行了更为深入的阐发，参见甘怀真《皇权、礼仪与经典诠释：中国古代政治史研究》，华东师范大学出版社，2008，第 169—170 页。
②　以上议礼内容参见《南齐书》卷九《礼志上》，第 156—157 页。
③　《南史》卷五三《昭明太子统传》，第 1312 页。
④　《梁书》卷四二《傅歧传》，第 669 页。
⑤　《陈书》卷二八《后主十一子·吴兴王胤传》，第 423 页。

不同于其他"蕃国"的前提下，对嫡皇孙的封爵既不会造成对嫡皇孙皇位继承权利的扰动，又能体现出嫡皇孙的特殊地位。更进一步地，制度与观念还呈现出了相互配合的关系：制度为观念提供了展示、确认、强化与重塑的机会，观念亦为制度的实施提供了合法性。下面我们以萧齐时期的两次嫡皇孙加崇为对象，来具体分析。

首先来看齐高帝时的嫡皇孙萧长懋。萧长懋受封南郡王，有其特殊背景。在萧道成的诸子之中，长子萧赜与次子萧嶷出生较早，与其余兄弟年龄相差较大，再加上萧赜生育长子的时间也很早，这就导致了萧长懋几乎是与萧道成第三子萧映同时出生。[①] 根据林晓光对萧赜出仕时间的考证，萧长懋出生后不久萧赜便由建康外出为官，而此时期又值萧道成返回建康任官，[②] 故而萧长懋应当是由祖父抚养成人的，二人感情非常深厚。而除感情方面的"为太祖所爱"外，[③] 萧长懋得封王爵，也得益于萧道成创业期间对家族权势延续问题的关注，以及这一过程中自身地位的上升。史称萧道成在平定沈攸之后"心存嫡嗣"，命萧长懋"处之府东斋，令通文武宾客"，[④] 给予了他很大的权力。[⑤] 至萧道成即位，萧长懋已位至持节都督、雍州刺史，与诸皇叔相差无几。[⑥] 与祖父的深厚感情与宋齐易代时的政治积累，是萧长懋封王，与诸叔父并列的主要原因。至于萧子良封县公，也可从他辅佐父祖创业，且在禅代前已位至辅国将军、会稽太守这一角度来理解。[⑦]

然而与萧子良相比，萧赜余子萧子卿、萧子敬、萧子懋未见易代时的功绩与资位，在封爵时却是"兄弟四人同封（县公）"。[⑧] 这就造成了皇太子诸子与诸王诸子在爵级上出现区分，前者相对后者的优势地位得到凸显。因而除平衡兄弟间地位、维持封爵的齐整性等动机外，我们也不能排除如下可能：萧道成的一系列封爵举措，也有在制度上提高皇太子诸子地位的打算。如上所述，萧道成在创业时便"心存嫡嗣"，对继承问题非常关注。而提高皇太子诸子的地位，可以确认皇太子与诸王间的等级距离感，进而也有利于稳定皇位继承顺序。

无论萧道成动机为何，上述封爵制度都造成了一个现实，那就是在品位结构中创立了一套以爵级为尺度，区分嫡皇孙、皇太子余子与宗室诸王、诸王之子等级，排布他们地位的

---

① 由卒年和享年推算，二人皆生于大明二年（458），分见《南齐书》卷二一《文惠太子传》，卷三五《高十二王·临川献王映传》，第450、692页。
② 林晓光：《萧赜评传》，上海古籍出版社，2019，第29—30页。
③ 《南齐书》卷二一《文惠太子传》，第445页。
④ 《南齐书》卷二一《文惠太子传》，第445页。
⑤ 南朝官贵住宅和官邸中有所谓"外斋"，专用来接待宾客，供宾客居住，"东斋"很可能即属"外斋"。相关研究参见庞博《建筑、空间与制度：两晋南朝的"斋"》，武汉大学三至九世纪研究所编《魏晋南北朝隋唐史资料》第43辑，上海古籍出版社，2021，第24—40页。因此萧道成将萧长懋"处之府东斋"，有令其主管家族对外事务的意味在。这是一项权力，同时也是释放萧长懋重要地位的信号。
⑥ 据《南齐书》诸传，萧道成即位时，次子萧嶷任荆州刺史，三子萧映任扬州刺史，四子萧晃任豫州刺史。荆、扬是南朝最重要的二州，雍州比之自是不如，但豫州与雍州皆为边境重镇，地位相差不大。
⑦ 《南齐书》卷四〇《武十七王·竟陵文宣王子良传》，第770页。
⑧ 《南齐书》卷四〇《武十七王·庐陵王子卿传》，第781页。

方案。齐武帝之所以沿袭上述封爵制度，目的正是实施这一方案。与父亲萧长懋相比，萧昭业封王时仅十岁，萧昭文、萧昭秀封公时年龄更小，并不具备相应资位，因而武帝对他们封爵，目的明显是"提高"而非"确认"他们的地位。众所周知，萧赜在备位东宫时，储君之位曾遭受二弟萧嶷的威胁。[①] 萧嶷与萧赜年望相亚，同经战阵，建齐后更是位高权重。而在与萧嶷的竞争中，拥有兼具年望、资历和祖父宠爱的长子萧长懋、次子萧子良，是萧赜的优势所在。[②] 上述经历和政治经验，应当是他重视提高皇太子诸子地位的主要原因。永明五年萧昭业冠礼后，嫡皇孙的身份得到解释与塑造，车驾仪仗方面的加崇亦随之展开，两者应当是相互配合的关系。如果说齐高帝时期嫡皇孙封郡王，皇太子余子封县公的制度，在客观上确认了皇太子与诸王之间的等级距离感，那么车驾仪仗方面的加崇则进一步制造了嫡皇孙与诸王间的等级差距。铺展到观念层面，前者体现了皇太子的皇位继承权利，后者亦体现了嫡皇孙除"蕃国"以外的"天朝""嫡嗣"身份。

由此我们亦可明晰，虽然齐高帝时期的嫡皇孙加崇现象有其特殊背景，未可径直视作与皇位继承相关。但至齐武帝时期，制度层面的嫡皇孙位阶加崇与观念层面的身份塑造结合在一起，确已成为一套稳定皇位继承秩序的制度、观念机制。在这一机制中，皇太子属于"天朝"，诸王属于"蕃国"，"天朝"高于"蕃国"，同封王爵但部分待遇高于诸王的嫡皇孙则位于"天朝"与"蕃国"之间。这种复合的等级排布，体现了品级、等级与观念的一致性，既拉大了皇太子与诸王的等级距离，又确认了嫡皇孙作为嫡嗣的皇位继承权利，使皇帝得以通过制度强化嫡长子继承原则，连续指定两代皇位继承人，以稳定皇位继承秩序。

进一步来看，上述制度、观念机制在南朝政治体制中的意义不仅于此，它还为嫡皇孙参与政治，辅翼皇太子，提供了必要的支持。嫡皇孙所具备的"蕃国"身份，不仅是嫡皇孙与诸王进行同尺度等级排序的基础，同时也意味着嫡皇孙具备作为宗王的参政权利。不过我们也看到，萧昭业虽得到封爵、仪仗、车驾、国官（师、友）等方面的加崇，却未能担任官职，开府辟署僚佐，来行使此权利。萧长懋之后，嫡皇孙再次参与政治，一来要等到梁代的萧欢、萧大器时期；二来与萧昭业恰好相反的是，萧欢虽然得以参与政局，起家为官，僚属亦获重选，却未能受封王爵，与诸王在同一尺度上排列等级。直至萧大器封宣城郡王，起家任官，嫡皇孙才在品位结构中全面高过了宗室诸王，真正实现了品级、等级与观念的一致性。这就说明，上述制度、观念机制在成立之后，经历了一个选择与调整的过程，才最终被完全行用。在下节中，我们将考察这一过程。

① 李猛:《豫章王嶷与南齐建元政局考论》,《学术月刊》2016 年第 8 期。
② 《南史》卷四七《荀伯玉传》:"豫章王嶷素有宠，政以武帝长嫡，又南郡王兄弟并列，故武帝为太子。"（第1169 页）

三 从萧昭业到萧大器：机制调试及其政治背景

首先需要明晰的，是萧昭业未能起家任官的原因。宋齐时期，宗室诸王往往十几岁甚至几岁便开始任官，[①] 而萧昭业从十岁封南郡王起，至二十岁成为皇太孙前一直未入仕。与之相对，他的两个弟弟萧昭文、萧昭秀，却都得以在永明年间出仕。其中萧昭文起家辅国将军、济阳太守，于永明十年（492）迁为南豫州刺史；萧昭文升迁后，萧昭秀继任其职，亦起家宁朔将军、济阳太守。[②] 与诸弟和其他宗室的对比说明，萧昭业之所以未能入仕，只能是因为他嫡皇孙的身份。

据记载，萧昭业出生后便被送至西州，寄养在叔父萧子良家中。萧子良迁住西邸后，西州宅邸便由萧昭业一家独自居住。虽是独居，文惠太子却"每禁其起居，节其用度"，不许私自外出。宅邸中除萧昭业及其家人外，还有南郡国师、侍书等师傅人员，以及监督萧昭业生活的主帅等。南郡国师、侍书发现问题还要向皇帝与皇太子报告。[③] 故而本文认为，嫡皇孙的身份造成了针对萧昭业的严格教育和日常管控，而上述管控方式使得萧昭业难以像其他宗室那样正常起家。进一步地，这也反映出齐武帝时期的一大特征：过于强调嫡皇孙的"天朝""嫡嗣"身份，始终致力于将嫡皇孙培养为合格的皇位继承人；此消彼长之下，对于嫡皇孙的"蕃国"身份，以及这一身份背后的参政权利，反而有所忽视。

下面来看萧欢的情况。相比于齐武帝对稳定皇位继承秩序的迫切感，梁代前期的形势大不相同。一方面，梁武帝虽然重用宗室，但不令宗室掌握中枢政权，很大程度上削弱了宗室的权力；[④] 另一方面，昭明太子萧统身为武帝长子，正位东宫二十余年，长期辅佐武帝处理政务，自身地位非常稳定。[⑤] 一个显著表现是，由于梁武帝夫人郗氏未有子嗣，且武帝在郗氏死后未再立皇后，故而严格来说武帝诸子皆为庶子，萧统也不例外。但如前所述，在萧统死后，武帝弃萧欢而立萧纲时，舆论却出现了"废嫡立庶"的说法，武帝自己也下诏称此举的确类似"文王舍伯邑考而立武王"，[⑥] 承认了"废嫡立庶"的事实。朝野皆以萧统、萧欢父子为"嫡"，在表明嫡皇孙"嫡嗣"身份观念稳固性的同时，也说明萧统的储位得到了广

---

① 陈长琦：《两晋南朝政治史稿》，第85—93页；另可参见陈长琦《南朝时代的幼王出镇》，《华南师范大学学报》（社会科学版）1996年第1期。

② 分见《南齐书》卷五《海陵王纪》，第83页；卷五〇《文二王·巴陵王昭秀传》，第953页。

③ 《南史》卷五《齐本纪下》，第135—136页。

④ 陈长琦：《两晋南朝政治史稿》，第94页。

⑤ 关于昭明太子辅佐政务的考察，可参见冈部毅史《梁简文帝立太子前夜：关于南朝皇太子历史位置的考察》（冈部毅史「梁簡文帝立太子前夜：南朝皇太子の歴史的位置に関する一考察」），《史学杂志》（『史學雜誌』）第118编第1号，2009，第26页。

⑥ 《梁书》卷四《简文帝纪》，第118页。

泛认同。在这样的背景下，通过封王的形式凸显嫡皇孙的"天朝""嫡嗣"身份，或牺牲嫡皇孙参政的权利来实行严格的教育、约束，便失去了必要性。与之相对，更为有效且温和的措施，是令嫡皇孙和其他皇太子子嗣一起正常入仕，来增强皇太子一系的政治影响力。针对萧欢的位阶加崇，目前所知仅有初始官资比照皇子，以及僚属位阶高于皇弟皇子府。这些都可视作品位结构层面对嫡皇孙的资源倾斜。

然而至萧大器时，情况又是一变。他的父亲萧纲被册立为皇太子属于"废嫡立庶"，名不正言不顺，不仅造成了"海内噂𠽌"，[①]还引起了诸皇弟的不服。如萧纲六弟邵陵王萧纶针对此事，便"不谓（萧纲）德举，而云'时无豫章，故以次立'"。[②]萧纲为武帝第三子，"豫章"则指武帝次子豫章王萧综，当时已投奔北魏。可见在萧纶看来，萧纲并不具备任储君的资格，只是因为在兄弟中排位靠前，才侥幸得位。萧纲在给七弟萧绎的信中称自己"至都已来。意志惚恍。虽开口而笑。不得真乐"。[③]上述非议与质疑对萧纲造成的精神压力，以及对新储君地位产生的冲击，从中可直观地体会到。

面对这种情况，重启嫡皇孙封王的旧制，于品位结构中凸显嫡皇孙的嫡嗣身份，宣示不会再次"废嫡立庶"的决心，断绝诸王特别是皇子对储位的觊觎，便重新具备了必要性。第一节曾提到，萧纲任皇太子是在中大通三年七月，萧大器受封宣城郡王则是在次年正月，这说明很有可能梁武帝在册立萧纲时，便已决定将嫡皇孙封王。不过需要注意的是，在册立萧纲的同时，梁武帝还特意封昭明太子诸子为郡王，"以慰其心"。[④]那么，封萧大器为郡王，是否也有平衡新旧储君之子间爵位落差的想法呢？这一考量存在的可能性无法否认，但从各方面综合来看，武帝此举之目的，主要还是利用上文所论证的制度、观念机制，来重塑嫡皇孙在政治体制中的身份地位。

从与萧大器相关的两项制度安排，可以看到他的特殊之处。首先便是第一节所讨论的朝位问题。"位列诸王上"的规定，使同为郡王的萧大器得以在等级上高于诸王；铺展到观念层面，则体现了兼具"天朝""蕃国"身份的嫡皇孙，地位高于其他"蕃国"。反之，如果梁武帝封萧大器为王只是为了爵位上的平衡，那么似乎没有必要提高萧大器的朝位，更没有必要令其朝位凌驾于诸王之上，在学术集会、正旦朝会等场合进行展示。

此外，选择宣城郡作为萧大器的封地，很有可能也另有深意。南朝的宣城郡长期隶属扬州，虽然在永明二年（484）时曾改属南豫州，[⑤]但根据永明年间齐武帝之子萧子琳封宣城郡王，齐武帝"以宣城属扬州，不欲为王国"，改封萧子琳为南康王这一事实，[⑥]以及梁武帝

① 《南史》卷五三《昭明太子统传》，第1312页。
② 《南史》卷五三《邵陵携王纶传》，第1326页。
③ 道宣：《广弘明集》卷二七《答湘东王书》，《大正藏》第52册，第304页。
④ 《南史》卷五三《昭明太子统传》，第1312页。
⑤ 《南齐书》卷一四《州郡志上》，第283—284页。
⑥ 《南史》卷四四《南康王子琳传》，第1117页。

禅代前封梁公时封地为"豫州之梁郡历阳、南徐州之义兴、扬州之淮南宣城吴吴兴会稽新安东阳十郡"的记载，[①]可知宣城郡在改属南豫州不久之后便回归扬州了。[②]据《太平御览·州郡部》"宣州"条引《齐州郡志》："梁承圣元年（552）置南豫州。"[③]这是关于梁代宣城郡建制的唯一记载。梁代南豫州先治合肥，后治寿阳，[④]防御的重点在江淮通道与沿淮一线；《齐州郡志》记录的则是"侯景之乱"后淮南地区沦陷背景下的情况。在此之前，南豫州是否下辖宣城郡，对其主要防御任务影响不大。而这就意味着，萧大器封宣城郡王时，宣城郡很有可能归属扬州，至梁末才又改归南豫州。

而若萧大器果真是封王于扬州的话，那么其中的意义就值得考察了，因为我们知道，南朝的扬州诸郡原则上是不许封邦建国的。据《南齐书》记载，萧昭业之弟萧昭秀在萧昭业即位后先封临海王，封地为扬州临海郡。齐明帝时庾昙隆上奏，以为不妥，并指出："宋武创业，依拟古典，神州部内，不复别封。而孝武末年，分树宠子，苟申私爱，有乖训准。隆昌之元，特开母弟之贵，窃谓非古。圣明御寓，礼旧为先，畿内限断，宜遵昔制，赐茅授土，一出外州。"[⑤]由此可知，自宋武帝开始，南朝便确立了不于扬州分封的制度，理由则是"依拟古典"，将扬州比拟为周代王畿。庾昙隆的建议立足于"天子—诸侯"的拟封建观念，有理据支持，故而萧昭秀很快被改封巴陵郡王，王畿不封的原则得到了遵从。不过结合前引萧子琳的事例，可知庾昙隆提出的"赐茅授土，一出外州"之制度，在萧齐大多数时候都在严格执行，唯一例外便是萧昭业、萧昭文时期。这一时期共出现了四位王畿封王者：萧昭文（即位前封新安郡王）、萧昭秀（临海郡王）、萧昭粲（永嘉郡王）和萧鸾（篡位前先封宣城郡公，再进封宣城郡王）。前三位都是萧昭业的弟弟，封于扬州的理由便是庾昙隆所说的"特开母弟之贵"。而萧鸾之所以在篡位前要封在扬州宣城郡，恐怕便是因为萧昭业诸弟既皆已王畿封王，自己如果封地在外州，将无法取得名位上的优势。由此我们亦可获知，萧鸾之所以同意了庾昙隆的意见，可能也有在政治上贬斥萧昭秀的考量。

而从制度史的角度来看，虽然不符合经典记述，但上述王畿封王的现象，也提供了一条由封地位置加崇特定人物的新思路。因此本文认为，梁武帝将嫡皇孙萧大器封在扬州的宣

---

① 《梁书》卷一《武帝纪上》，第20页。

② 《南齐书》卷四〇《武十七王·建安王子真传》："永明四年（486），为辅国将军、南琅邪彭城二郡太守。迁持节、督南豫司二州军事、冠军将军、南豫州刺史，领宣城太守。进号南中郎将。六年，以府州稍实，表解领郡。"（第789页）至永明六年（488），萧子真担任南豫州刺史，所领宣城郡亦当属于南豫州。则宣城郡归属扬州的时间当在永明六年以后数年间。

③ 李昉等：《太平御览》卷一七〇《州郡部十六》"宣州"条引《齐州郡志》，中华书局，1966，第826页。类似的记载见于《太平寰宇记》："至齐改为南豫州。《郡志》云：'梁承圣元年复江南南豫州。'郡不废。历梁、陈二代，亦为重镇。"（乐史：《太平寰宇记》卷一〇三《江南西道一》，王文楚等点校，中华书局，2007，第2045—2046页）从《太平寰宇记》的叙述顺序来看，所谓《郡志》应即《齐州郡志》。此书别处不见，且记梁末建制，颇为奇怪，但其所述内容却符合我们对梁代政局变化的认知，可资参考。

④ 《梁书》卷三《武帝纪下》，第81、102页。

⑤ 《南齐书》卷五〇《文二王·巴陵王昭秀传》，第954页。

城郡，便是在施行王畿封王的加崇方式。一方面如第二节所述，嫡皇孙兼具"天朝"与"蕃国"的身份，"体自储晖，实惟国裔"，将其封在王畿扬州之内，于经典层面尚有解释余地；另一方面，王畿封王也成为展示萧大器"天朝"身份的手段，凸显了他与其余诸王的不同。在封萧大器为宣城郡王一事上，制度与观念再次呈现出了互相配合的关系。

在凸显萧大器"天朝"身份的同时，梁武帝也未忽视其"蕃国"身份与参政的权利，而是如对待萧欢一样，通过品位结构内的调整，来增强萧大器对政治资源的占有。前述起家制度和国官僚属重选即为其例，但最为显著的体现，是萧大器在起家侍中、中卫将军后不久，便于大同四年（538）出任中军大将军、扬州刺史。据《梁书·武帝纪》：

> （大同三年五月丙申）以前扬州刺史武陵王纪复为扬州刺史……闰月甲子，安西将军、荆州刺史湘东王绎进号镇西将军，扬州刺史武陵王纪为安西将军、益州刺史……四年春正月庚辰，以中军将军宣城王大器为中军大将军、扬州刺史。[①]

透过这一系列任命，我们不难看到其中的波澜。众所周知，梁武帝在诸子之中最喜爱幼子萧纪。天监年间曾出现的"绍宗梁位唯武王"之谶语，[②] 在后来也被附会到萧纪身上。故而于诸皇子中，萧纪对皇太子萧纲的威胁最大。大同三年（537）闰九月，即萧纪在被任命为扬州刺史五个月后便改任益州，继任者则是嫡皇孙萧大器。扬州刺史统领王畿军政大权，是南朝最重要的方伯职务；与之相对，益州地处偏远，难以对建康施加政治影响，此前亦从未有皇子出镇 [③]。故而合理的解释是，围绕此次扬州刺史的任命，萧纲与萧纪两方势力曾产生过争夺，武帝也不得不在这次争夺中表明态度。萧纪的远任与萧大器任扬州刺史，一方面说明武帝坚定了继续以萧纲为储君的决心，另一方面也消除了萧纪对储位的威胁，增加了皇太子和宣城王的政治实力。

回顾自永明年间与嫡皇孙相关的制度、观念机制成立后，围绕萧昭业、萧欢、萧大器的品位结构层面之加崇，可发现其选择与调整皆有轨迹可寻。在对萧昭业的加崇中，萧齐王朝更为强调其"天朝""嫡嗣"的身份，并在日常生活中加强对萧昭业的教育和管控。与之相对，萧梁王朝起初并未进行上述塑造，反而更注意位阶加崇对萧欢作为"蕃国"的参政权利的保障；至萧纲受册为太子后，才开始于品位结构中凸显嫡皇孙"天朝""嫡嗣"的一面，同时也未偏废嫡皇孙的参政权利，而是充分发挥了其辅翼皇太子的功能。

作为轨迹内面的，则是齐梁王朝稳定皇位继承秩序的迫切程度之变化。具体而言，因自身的即位经历，齐武帝非常重视对继承人的培养和加崇；而萧纲入居东宫所带来的"废嫡

---

① 《梁书》卷三《武帝纪下》，第 92 页。
② 《梁书》卷五五《武陵王纪传》，第 922 页。
③ 齐高帝皇子萧鉴曾于永明年间出镇。不过当时已是齐武帝时期，他的身份严格来说是皇弟。

立庶"的指责，诸王对储位的潜在威胁，也亟待梁武帝通过各种手段去消弭。与之相对，昭明太子萧统在世时，储君地位较为稳固，施用各项加崇制度的需求并不迫切。由此可以认为，在上述制度、观念机制中强调嫡皇孙"天朝""嫡嗣"的身份，与王朝稳定皇位继承秩序的需求呈正相关。

还可看到的是，与萧昭业相比，萧大器在品位结构中得到的加崇更为全面，不仅涉及展示性与仪式性的爵位、朝位，还在个人位阶与国官僚属位阶上获得了政治资源的占有优势。其本质上反映了萧梁王朝既要强化萧大器"天朝""嫡嗣"的一面，又要利用他的"蕃国"身份，在政治上辅翼皇太子。而这种对嫡皇孙"天朝"与"蕃国"之间位置感较为圆满的诠释、利用与确认，一方面表明与嫡皇孙相关的制度、观念机制，在经历了一定的调试后，于萧大器身上得到了完整的施行；另一方面也反映出与齐武帝时代相比，梁后期遭遇的皇位继承危机更为严重，稳定秩序的意向更加迫切。

当然，制度调整的意向是一回事，意向和实践能否转化为成效，则受制于更广泛的因素。齐梁政权察觉到了政治体制内部的结构性矛盾及其威胁，且力图通过制度、观念建设来摆脱体制困境，最终却未取得实质性的效果。前文所述的四位嫡皇孙中，只有萧长懋、萧大器顺利完成了从嫡皇孙到皇太子的身份升格；四位与嫡皇孙相关的皇太子，也只有萧赜和萧纲顺利完成了皇太子即位。那么，应如何理解这种制度、观念建设与成效间的落差呢？

由偶然的、不可预测的事件所造成的政治局势的变化，以及相关变化所引发的制度动荡，是观察上述落差的一个重要视角。作为突发事件，文惠太子与昭明太子的逝世难以预料；而正如结语还要提及的，嫡皇孙本就依附于皇太子，在失去皇太子的荫庇后，嫡皇孙若非走向前台，成为由皇帝直接荫庇却又处在权力斗争旋涡中心的皇太孙，便只能是被皇帝放弃。在齐梁时期的立储实践中，萧昭业成了前者，萧欢则成了后者。面对关键节点的断裂，制度规范有时不得不向政治考量让步。

政治架构与政治传统的强大惯性，也不能忽视。《南史》记载梁武帝末年的政治情况称："时武帝年高，诸王莫肯相服。简文虽居储贰，亦不自安。"[①]当时距萧纲任储君，萧大器封郡王已有差不多十年之久，围绕皇位继承的政治暗流却依旧在涌动。这提示我们需审视萧纲即位和萧大器升格为皇太子的特殊性——其发生在侯景掌控萧梁朝政之时，实际未经历正常皇位交接时来自宗王的挑战。由此来看，既存的政治架构与宗室的地位未发生改变，宗室竞逐帝位的政治传统亦在持续，在此背景下，制度对政治的形塑注定将会是一个漫长而曲折的过程。

---

① 《南史》卷五二《萧范传》，第1296页。原文将其附在萧范任雍州刺史后，勘合任职时间，是在大同七年之后（《梁书》卷三《武帝纪下》，第96页）。

结　语

皇位继承是中国古代王朝政治中的核心问题，也是政治史、制度史研究的关注重点。由于政治体制中活跃的政治人群，以及由皇权和诸政治人群互动所建立起的权力架构多有差异，故而聚焦到每一具体王朝或时代的皇位继承秩序，其所面对的问题，以及为解决问题所采用的制度、观念建设，亦不尽相同。

就本文所考察的南朝，特别是齐梁时期而言，自刘宋形成的政治体制与权力分配，导致宗室诸王对皇位继承秩序形成了巨大威胁，其背景则是皇帝将宗室诸王作为"藩屏""磐石"，不得不赋予他们辅政、出镇的政治权力，任其成长为皇权之下最强势的政治人群。因此如何在"宗王政治"的体制困局中防范乃至消弭来自宗室的威胁，是南朝在维护皇位继承秩序时的主要关注点。齐梁时期皇太子角色的凸显，以及本文所论述的与嫡皇孙相关的制度、观念机制，皆应视作上述政治体制背景下的产物。

在嫡长子继承的原则下，皇太子与嫡皇孙之间呈现出依存关系。一方面，嫡皇孙受到的特别关注，皆得益于其从由皇太子处获得的嫡嗣身份；另一方面，由于嫡皇孙的皇位继承顺序在皇太子之后，其所受到的重视和加崇，所掌握的政治权力与政治资源，也有助于释放皇太子地位稳固等信号，增强皇太子的实力。这种依存关系决定了齐梁朝廷利用嫡皇孙的两个取向：其一，强调嫡皇孙的继承资格，通过连续指定两代皇位继承人，对外宣示继承秩序的稳定；其二，发挥嫡皇孙政治上辅翼皇太子的功能。

齐梁政权的相关努力，集中体现在了品位结构中的嫡皇孙加崇，与观念层面的嫡皇孙身份塑造上。这一制度过程始于齐高帝对萧长懋兄弟的政治地位确认，或许最初目的与皇位继承无关，但至齐武帝时，制度与观念相配合，呈现出了清晰的发展方向，并形成了一套稳定皇位继承秩序的制度、观念机制。通过王爵、朝位、礼制、个人任职资格、国官僚属任职资格等位阶的加崇，及冠礼仪式中"天朝"与"蕃国"之间位置的诠释，嫡皇孙的"天朝""嫡嗣"身份得到强调，皇位继承权得到承认，皇太子、嫡皇孙、诸王间的等级差距得以确立，嫡皇孙作为"蕃国"、宗王的参政权利，以及攫取政治资源的优势也得到了保障。此外，具体到上述制度、观念机制的实施上，也有一个选择与调试的过程。从萧齐至梁前期，在是否强调嫡皇孙"天朝""嫡嗣"身份与是否保障嫡皇孙参政权利之间，齐梁政权曾历经摇摆。在曲折轨迹的尾端，于第二位嫡皇孙萧大器身上，上述制度、观念机制才终得以完整施行，真正实现了品级、等级与观念的一致性。而这一轨迹的内面，则是王朝稳定皇位继承秩序的迫切程度之变化。

最后还需说明的，是齐梁时代终结后嫡皇孙加崇的存续状况。如前所述，虽然隋志有载陈代嫡皇孙应封王，但陈宣帝实际仅封了陈胤为永康公而已。那么，宣帝为何会放弃齐梁成准呢？由上文论述可知，加崇嫡皇孙一方面与稳固皇位继承秩序的需求正相关，另一方面也取决于皇帝自身的经验与对形势的判断。此外不容忽略的是，加崇嫡皇孙，特别是令嫡皇孙凌驾诸王（包括他们的叔伯乃至祖辈）之上，实际也会付出制度成本——强调嫡庶秩序的背后，是对长幼秩序的破坏。陈宣帝育有四十二子，但只有陈胤生父皇太子陈叔宝一人为嫡子，未见诸王有对皇太子构成实质威胁；宣帝皇位是篡夺侄子而得来的，对他而言最迫切的任务亦非稳固皇太子的地位，而是对皇子们展示足够的信任，壮大他们的力量，以稳固自身皇位。在这种情况下，加崇嫡皇孙反而得不偿失。

南朝之后，加崇嫡皇孙的现象偶尔可见。唐代皇兄弟、皇子封亲王，皇太子诸子并封郡王，[1] 只有中宗嫡长子李重润在高宗时封皇太孙，后又在武周时以嫡皇孙身份封邵王。[2] 与之相似的是宋宁宗赵扩与金章宗完颜璟。前者在宋孝宗时以嫡皇孙封英国公，进封平阳郡王，打破了徽宗时嫡皇孙封国公的成准；[3] 后者则在金世宗时以嫡皇孙封金源郡王，与封国公的兄弟拉开了爵级差距。[4] 加崇嫡皇孙的例子如此之少，一方面是由于册立嫡皇孙需要满足皇太子诞育嫡长子这一客观条件，本就较难达成；此外，上文所述政治需求、经验、判断与制度成本间的权衡，应当也是重要因素。而即使是在此三例中，加封嫡皇孙至亲王的亦仅有李重润一人，未出现齐梁一般令嫡皇孙凌驾于诸王之上的情况。以上对比进一步说明，宗王威胁皇位继承秩序这一问题，是由政治体制内部的权力分配造成的；相比于其他历史时期，其在南朝权力架构中的呈现更为突出。以制度、观念引导权力分配，并形塑政治的迫切需要，促成了齐梁政权克服制度成本，在品位结构中加崇嫡皇孙的一系列变革。

〔本文原载《史学月刊》2023 年 2 期。作者庞博，北京大学历史学系博士研究生〕

① 李林甫：《唐六典》卷二《尚书吏部》，陈仲夫点校，中华书局，1992，第 37 页。
② 《旧唐书》卷八六《高宗中宗诸子·懿德太子重润传》，中华书局，1975，第 2835 页。
③ 《宋史》卷三七《宁宗纪一》，中华书局，1977，第 713 页；卷二四六《宗室三·太子谌传》，第 8729 页。
④ 《金史》卷九《章宗纪一》，中华书局，1975，第 207 页；卷一四《宣宗纪上》，第 301 页。

北魏洛阳的汉晋想象

——空间、古迹与记忆

魏 斌

摘 要 北魏洛阳与汉晋洛阳的都城空间叠加关系，使得生活于其中的人们，对于同一空间中的汉晋古迹、人物和事件，充满想象，从而造就了一种特殊的城市情绪，在氛围层面上塑造着拓跋政权与汉晋国家的连续性。《洛阳伽蓝记》记载的隐士赵逸及其古迹指认，就发生在这一背景下。不过，北魏洛阳与汉晋洛阳也存在明显差异，除了众所熟知的寺院、佛塔和坊外，值得注意的是铜铸设施的缺失。汉晋时代，翁仲、铜驼、铜马、飞廉等铜铸设施，构成了从长安到洛阳延续的都城装饰文化。永嘉之乱后这些铜铸设施很多被迁移，北魏迁都洛阳后并未尝试在基址上进行恢复性重铸。

关键词 北魏 汉晋 洛阳 古迹 记忆

都城是人文风景最重要的承载空间之一，大致来说，可以分为三个层面，首先是作为统治象征的政治景观，如宫殿、官署和礼制建筑；其次是作为王公、官僚、军人和普通民众生活场所的宅舍、市场、信仰设施和娱乐设施；再次则是都城被放弃之后留存下来的遗址、古迹。前二者是"活"的空间和风景，后者则是作为废墟和遗迹为后人缅怀。

由于统治权力的更迭，历史中那些著名的都城，往往经历过建都—废弃—重建的反复过程。在此过程中，旧都城的空间格局和景观形态，有时会作为一种文化象征而被刻意延续。北魏洛阳就是一个典型例子。自东汉至西晋的近三百年中，除去汉末三十年左右，洛阳一直是华夏帝国的都城和权力、文化象征，所谓"帝京翼翼，四方之则"。[①] 西晋末年，洛

---

① 范祥雍校注《洛阳伽蓝记校注》卷二《城东》"孝义里"条，上海古籍出版社，1978，第119页。

阳退缩为一个地方城市。一百八十余年后，北魏太和十七年（493）孝文帝在汉晋洛阳旧址之上重建新都，有着很强的空间继承性。

学界对此已有很多探讨。[①] 本文感兴趣的问题是：在北魏孝文帝迁都、渴望重塑华夏正统的背景下，洛阳城中被叠压的汉晋文化遗迹，扮演了怎样的角色？或者说，生活在北魏新都洛阳的人们，如何看待脚下土地与"过去"的关系？在这方面，正光（520—525）初年出现于洛阳的隐士赵逸及其古迹指认行为，是一个值得关注的线索。

一 隐士赵逸的洛阳古迹指认

赵逸事迹见于杨衒之《洛阳伽蓝记》。他自称是晋武帝时人，年龄已经两百五十岁上下，对西晋洛阳如数家珍（"晋朝旧事，多所记录"）。北魏孝明帝特别给"步挽车一乘"，让其"游于市里。所经之处，多记旧迹"。三年后离去，不知所终。[②]

赵逸在洛阳的三年间，大概指认了数量可观的"旧迹"。《洛阳伽蓝记》记述了六处，应当只是一小部分。具体如表1：

表 1 赵逸指认的洛阳古迹

方位	地点	赵逸的指认
城东	杜子休宅	"此宅中朝时太康寺也"
城东	建阳里土台	"此台是中朝旗亭也"
城东	晖文里诸宅	"晖文里是晋马道里。（李）延实宅是蜀主刘禅宅。延实宅东有脩和宅，是吴王孙皓宅。李韶宅是晋司空张华宅"
城西	宝光寺	"晋朝石塔寺，今为宝光寺也"
城内	太尉府前砖浮图	"晋义熙十二年，刘裕伐姚泓，军人所作"
城内	昭仪尼寺之池	"此地是晋侍中石崇家池，池南有绿珠楼"

情节记述最详细的，是城东杜子休宅和城西宝光寺两处。两处有相似性，都是赵逸见到宅、塔后发出感叹，声称此地原为西晋寺院（太康寺、石塔寺）旧址。一开始大家对他的说法颇

---

① 参看宿白《北魏洛阳城和北邙陵墓——鲜卑遗迹辑录之三》，《文物》1978 年第 7 期；段鹏琦《汉魏洛阳故城》，文物出版社，2009，第 53—75 页；冀洛源《考古所见北魏洛阳城址中的历代叠压因素》，《石窟寺研究》第 2 辑，文物出版社，2011，第 258—277 页。得益于持续的考古发现和《洛阳伽蓝记》的传世，北魏洛阳城一直是学术热点，围绕着都城空间复原及城市社会生活等方面，研究积累颇多。因篇幅所限，在此无法详细列举。最近的复原性研究，参看钱国祥《北魏洛阳内城的空间格局复原研究——北魏洛阳城遗址复原研究之一》《北魏洛阳外郭城的空间格局复原研究——北魏洛阳城遗址复原研究之二》《北魏洛阳宫城的空间格局复原研究——北魏洛阳城遗址复原研究之三》，分见《华夏考古》2019 年第 4 期、2019 年第 6 期、2020 年第 5 期。
② 范祥雍校注《洛阳伽蓝记校注》卷二《城东》"崇义里"条，第 88—90 页。田中一辉对赵逸事迹有所讨论，但关注点是史学正统观，「代北と中原——北朝の史学と正統観」『東洋史研究』75-3、2016、415—447 頁。

有疑问（"时人未信，遂问寺之由绪""人问其故"）。赵逸又对寺院由来做了说明，并具体指出园中某处地下存有遗迹（砖浮图、浴室及井），得到发掘验证。尤其是杜子休园，发掘出了西晋王濬的纪年砖铭（"晋太康六年，岁次乙巳，九月甲戌朔，八日辛巳，仪同三司襄阳侯王濬敬造"），最具说服力。① 两处园中当时都是树木繁茂，并没有事先探掘过的迹象，此点极大强化了赵逸的权威性。

赵逸的指认，引发了时人对于洛阳城市空间"过去"的兴趣：

> 好事者寻逐之，问："晋朝京师，何如今日？"逸曰："晋时民少于今日。王侯第宅与今日相似。"②

赵逸声称，昭仪尼寺之池原为西晋石崇家池，池南有绿珠楼，"于是学徒始癙，经过者想见绿珠之容也"。③ 步兵校尉李澄向他咨询"太尉府前砖浮图"的由来。汝南王元悦更是"闻而异之"，认其为义父。④ 从常理来说，赵逸当然不可能真的曾生活在晋武帝时代。他的这些西晋洛阳知识，究竟从何而来，很难确认。现存魏晋洛阳地志佚文很少提到宅舍和寺院。上述六处"旧迹"中，稍有线索可寻的是刘禅和孙皓故宅。《洛阳故宫名》佚文云："马市在城东，吴、蜀二主馆与相连。"⑤ 马市在建春门（东面北起第一门）外一里左右石桥之南，晖文里在东阳门（东面北起第二门）外二里御道之北，从空间位置来看，临近马市的"吴、蜀二主馆"，位于晖文里一带，可能性确实是存在的。⑥ 赵逸也许读过相关地志记载，也许是通过某种途径获得了流传下来的洛阳城市掌故。不过，显然也不能排除另外一种可能性，即其中掺杂了他自己的附会或编造。

不管真实性如何，赵逸的这些指认，在当时显然引起了不小的反响。此点从杨衒之在《洛阳伽蓝记》中多次提及，不难感受到。⑦ 问题是，为何会在正光初年出现这样一个沟通

① 王濬伐吴时为龙骧将军。太康六年（285）十二月去世时，为抚军大将军、开府仪同三司、襄阳侯，《晋书》卷四二《王濬传》、卷三《武帝纪》，中华书局，1974，第1208、1216、76页。
② 范祥雍校注《洛阳伽蓝记校注》卷二《城东》"崇义里"条，第89页。
③ 范祥雍校注《洛阳伽蓝记校注》卷一《城内》"昭仪尼寺"条，第55页。
④ 范祥雍校注《洛阳伽蓝记校注》卷二《城东》"崇义里"条，第90页。元悦重修过一处古塔的"毁坏形像"，"更加功力，在骹令新，使如初妍"，毛远明校注《汉魏六朝碑刻校注》第5册《元悦修治古塔碑铭》，线装书局，2005，第247—248页。该塔或许就是赵逸指认的太尉府前砖浮图。
⑤ 《文选》卷三八张悛《为吴令谢询求为诸孙置守冢人表》注引《洛阳故宫名》，上海古籍出版社，2019，1744页。
⑥ 此外，据王嘉《拾遗记》卷九，晋武帝曾将抚军大将军府之地赐予张华，或即张华宅，具体位置不详，中华书局，1981，第198—199页。
⑦ 郦道元注《水经·谷水》时，也提到宣武场西是贾充宅，永宁寺是曹爽宅，阮曲"云"为阮籍故居（杨守敬、熊会贞疏《水经注疏》卷一六《谷水》，段熙仲点校、陈桥驿复校，江苏古籍出版社，1989，第1398、1414、1436页）。这些认定不知是否也跟赵逸有关。此外，赵逸指认宝光寺遗址时提到，西晋洛阳有寺院三（四）十二所，相同记载亦见于《魏书》卷一一四《释老志》（中华书局，1974，第3029页）。魏收在洛阳生活过，颇疑《释老志》也是依据赵逸之说。赵逸还曾批评洛阳当时流行的墓志书写文化，认为"妄言伤正，华辞损实"，"当时构文之士，惭逸此言"，见范祥雍校注《洛阳伽蓝记校注》卷二《城东》"崇义里"条，第89—90页。

洛阳城市空间"过去与现在"的有趣人物呢？

众所周知，北魏孝明帝神龟三年（520）七月，领军将军元叉发动政变，囚禁实际掌权的胡太后，改元正光，此后控制朝政约四年半，一直到正光六年（525）二月胡太后复政。赵逸出现并活跃于洛阳，恰好是在元叉政变之后的几年间。据记载，元叉上台后"矫情自饰，劳谦待士，时事得失，颇以关怀"，[①]一度让士人颇为期待。赵逸此时出现于洛阳，会不会正是"迎合"了这一时期的某种诉求？

元叉执政后"颇以关怀"的"时事"之中，明堂营造是广受关注的一件。出土元义（叉）墓志提到：

> 于时三雍缔构，疑议纷纶。以公学综坟籍，儒士攸宗，复领明堂大将。公斟酌三代，宪章汉晋，独见卓然，经始用立。[②]

被称作"国礼之大"的明堂，[③]是汉晋时期最重要的王朝礼制设施之一。北魏太和十年（486），曾由李冲主持在平城建造明堂。迁洛后战事纷扰，一直到宣武帝后期，明堂建设才提上日程。《魏书》卷一〇八之二《礼志四之二》：

> 初，世宗永平、延昌中，欲建明堂。而议者或云五室，或云九室，频属年饥，遂寝。至是复议之，诏从五室。及元叉执政，遂改营九室。值世乱不成，宗配之礼，迄无所设。

由于早期文献语焉不详，汉晋明堂建筑带有想象成分。围绕着"上圆下方"、五室（《考工记》）、九室（《大戴礼记》）、"一屋"（西晋裴頠之说），以及明堂、辟雍、灵台的关系等问题，一直以来众说纷纭。[④]北魏这场持续数年的明堂形制争论，主要集中于五室、九室的选择。[⑤]《魏书》卷三二《封伟伯传》就说："寻将经始明堂，广集儒学，议其制度。九五之论，久而不定。"争论之后，在胡太后实际执政的孝明帝熙平（516—518）年间，最终决定采用五室。[⑥]几年后元叉政变，又改为了九室。

此前实际建设过的都城明堂，有西汉长安明堂、东汉魏晋洛阳明堂、南朝建康明堂和北魏平城明堂。其中，长安明堂建于平帝元始四年（4），"上圆下方，九宫十二堂，四嚮五

---

① 《魏书》卷一六《江阳王继传附子叉传》，第405页。元叉之名，一作元义。本文统一作叉。
② 毛远明：《汉魏六朝碑刻校注》第6册，第18—19页。
③ 《魏书》卷一九中《任城王云附子澄传》，第480页。
④ 薛梦潇：《"周人明堂"的本义、重建与经学想象》，《历史研究》2015年第6期。
⑤ 当时赞成西晋裴頠一室说的人比较少，主要有河东裴延儁和河间邢臧，《魏书》卷六九《裴延儁传》、卷八五《文苑·邢臧传》，第1529、1871页。
⑥ 主持明堂形制讨论的，是受到胡太后宠幸的清河王元怿。他应当是五室的实际决定者。

室"；洛阳明堂建于光武帝中元元年（56），基构"上圆下方，九室，重隅，十二堂"。[①] 建康明堂采用西晋裴頠学说，放弃上圆下方形制，"四柱方屋，都无五九之室"，只有一间方殿。[②] 李冲主持建设的平城明堂，则是"上圆下方，四周十二户九室，而不为重隅也"。[③] 比较奇特的是，汉晋洛阳的明堂、辟雍、灵台，是邻近但各自独立的一组建筑群，[④] 平城明堂却是与辟雍、灵台合而为一。

明堂五室的依据是《考工记》，意味着复古周制。九室的依据是《大戴礼记》，意味着沿用汉晋之制。也就是说，元叉上台后的改变，意味着取消了一度占据上风的复古周制，改为按照汉晋形制"恢复性"建设。[⑤] 问题是，汉晋洛阳明堂早已毁坏不存，又如何具体建设？能够参考的李冲平城"明堂样"，[⑥]"三三相重，合为九室。檐不覆基，房间通街"，被隋代牛弘批评为"穿凿处多，迄无可取"，[⑦] 缺乏权威性。在这种情况下，曾"亲眼见过"西晋洛阳明堂的隐士赵逸，就会颇受关注。此点从汝南王元悦认其为义父，不难想知。[⑧] 这就让人怀疑，赵逸在这个时间点出现于洛阳，会不会与此有关？

此点当然很难确认。如前所说，赵逸事迹中有很多神奇甚或虚妄之处。他取得权威性的两处指认，都是通过发掘验证的方式。有意思的是，在宅中发掘出铭文古物，赵逸之前已经有过。城内永和里据说有董卓故宅，"掘此地者，辄得金玉宝玩之物"，邢峦家掘得丹砂及钱数十万，有铭云"董太师之物"。[⑨] 董卓托梦向邢峦索回钱物未果，"经年峦遂卒"。此事发生在延昌二年（513）。[⑩] 西阳门内永康里的元叉宅中，"掘故井得石铭，云是汉太尉荀彧宅"。[⑪] 城内宜寿里段晖宅，掘得菩萨金像，座上有铭文"晋太始二年五月十五日侍中中

① 杨守敬、熊会贞疏《水经注疏》卷一九《渭水》、卷一六《谷水》，第 1591—1592、1425 页。
② 《魏书》卷八四《儒林·李业兴传》，第 1863 页。
③ 杨守敬、熊会贞疏《水经注疏》卷一三《漯水》，第 1150 页。参看赵永磊《神圣与世俗：北魏平城明堂礼仪发覆》，《学术月刊》2021 年第 1 期。
④ 三者的位置关系图，见中国社会科学院考古研究所编著《汉魏洛阳故城南郊礼制建筑遗址：1962—1992 年考古发掘报告》，文物出版社，2010，第 3 页。
⑤ 元叉任明堂大将时，副将是卢同（《魏书》卷七六《卢同传》，第 1684 页）。崔光之子崔励担任过明堂大将长史（《魏书》卷六七《崔光传附子励传》，第 1500 页）。元叉从弟元玕短暂担任过明堂大将主簿（毛远明校注《汉魏六朝碑刻校注》第 7 册《元玕墓志》，第 141—142 页）。元叉原本想让王椿担任将作大匠，但王椿托病推辞（《魏书》卷九三《恩幸·王椿传》，第 1992 页）。据前引《魏书·礼志二》之说，元叉主持的明堂工程似乎仍未完成。《水经注·谷水》只提到汉晋明堂"基构"，未言北魏情况。《洛阳伽蓝记》卷三《城南》"秦太上公寺"条云："至我正光中，造明堂于辟雍之西南，上圆下方，八窗四闼。"又提到，孝昌初年设"募征格"于明堂之北，"当时甲胄之士，号明堂队"（第 140—141 页）。另据《魏书》卷九《肃宗纪》，正光五年（524）九月孝明帝曾在"明堂"饯别西征的萧宝夤（第 237 页）。
⑥ 《魏书》卷四一《源子恭传》，第 934 页。
⑦ 《隋书》卷四九《牛弘传》，中华书局，1973，第 1303 页。
⑧ 元悦是孝文帝之子、清河王元怿之弟。元叉政变杀元怿，他"了无仇恨之意"，持桑落酒候饮于元叉，获得信任，《魏书》卷二二《汝南王悦传》，第 593 页。
⑨ 范祥雍校注《洛阳伽蓝记校注》卷一《城内》"永和里"条，第 60 页。
⑩ 据《魏书》卷六五《邢峦传》，邢峦于延昌三年"暴疾卒"，第 1447 页。
⑪ 范祥雍校注《洛阳伽蓝记校注》卷一《城内》"永康里"条，第 39 页。

书监荀勖造"，于是"时人咸云"，此地乃是荀勖旧宅。① 城南高显洛宅，据说是苏秦旧宅，曾掘得黄金，有铭文"苏秦家金，得者为吾造功德"。此事发生在元叉执政时，元叉还向高显洛索要过这些黄金。杨衒之议论说："苏秦时未有佛法，功德者不必是寺，应是碑铭之类，颂其声迹也。"② 实际上，也完全有可能是僧人伪造。

换言之，赵逸出现于洛阳之前，已经存在借由出土铭文古物"确认"宅舍历史空间的现象。元叉执政时期，这类事情也仍然在出现。而这些难辨真假的铭文古物背后，自然是北魏洛阳与汉晋洛阳的城市空间叠加关系。生活于其中的人们，在阅读汉晋文献的同时，对于曾生活在同一空间中的汉晋人物和事件，充满想象，从而也对宅地的"过去"抱有了浓厚兴趣。自称"寿年五百岁，今始余半"的隐士赵逸，明显是一个虚妄之人，③ 之所以会在洛阳受到如此的关注和优待，就是由于弥漫于北魏洛阳城中的这种历史空间想象。不过如前所说，赵逸指认的洛阳"旧迹"，是否掺杂了他自己的附会或编造，是很可疑的。研究者在使用这些西晋洛阳的城市"知识"时，需要特别警惕。

二 重建、怀旧与空间考证——北魏洛阳与"过去"的联系

北魏新都洛阳的重建，从一开始就带有历史想象和怀旧色彩。太和十七年九月，孝文帝到洛阳，"巡故宫基趾"，感慨于宫殿"荒毁"，"咏《黍离》之诗，为之流涕"。接着又"观洛桥，幸太学，观《石经》"，④ 令李冲、穆亮和将作大匠董爵"经始洛京"。在洛阳被复建为都城的过程中，这些残存的宫殿旧址和地面遗迹，成为重要参考坐标。

除此之外，洛阳建设似乎还参考了某种"旧图"。宣武帝永平元年（508）六月诏书云："可依洛阳旧图，修听讼观，农隙起功，及冬令就。"⑤ 这里提到的"洛阳旧图"，所指不太确定。一种可能，是前代流传下来的洛阳城图，如杨佺期《洛阳图》。⑥ 另一种可能，是李冲等人"经始洛京"时绘造的施工图。东魏迁都邺城时，起部郎中辛术曾上奏："今求就之披图案记，考定是非，参古杂今，折中为制，召画工并所须调度，具造新图，申奏取定。庶经

---

① 范祥雍校注《洛阳伽蓝记校注》卷一《城内》"宜寿里"条，第55页。
② 范祥雍校注《洛阳伽蓝记校注》卷三《城南》"大统寺"条，第139—140页。
③ 赵逸自言两百五十岁，以及声称"永嘉以来，二百余年，建国称王者十有六君，皆游其都邑，目见其事"，让人想起葛洪《抱朴子内篇》的一段批评："余昔数见杂散道士辈，走贵人之门……为同人遍说所历，正尔，欲令人计合之，已数百岁人也。于是彼好之家，莫不烟起雾合，辐辏其门矣。"王明校释《抱朴子内篇校释（增订本）》卷二〇《祛惑》，中华书局，1985，第346页。
④ 《魏书》卷七下《高祖纪下》，第173页。
⑤ 《魏书》卷八《世宗纪》，第205页。
⑥ 《隋书》卷三三《经籍志二》，第982页。张彦远《历代名画记》卷三《述古之秘画珍图》称，该图"一名《杨宫图状》"，浙江人民美术出版社，2011，第70页。杨佺期撰有《洛阳记》，与《洛阳图》关系不详。杨佺期在淝水之战后担任过河南太守，图、记编撰当与此经历有关。

始之日，执事无疑。"①这种新造的施工图，仍然要参据以往的地志、城图等资料。辛术上奏还提到："今邺都虽旧，基址毁灭，又图记参差，事宜审定。"为了确定已经毁坏的邺城建筑基址，他请求硕学大儒李业兴参与，"万门千户，所宜访询"。

宣武帝时，为了确定国子学位置，儒者刘芳引用过《洛阳记》的记载："国子学官与天子宫对，太学在开阳门外。"接着又说：

> 由斯而言，国学在内，太学在外，明矣。案如《洛阳记》，犹有仿像。臣愚谓：今既徙县嵩瀍，皇居伊洛，宫阙府寺，金复故趾，至于国学，岂可阙替？校量旧事，应在宫门之左。至如太学，基所炳在，仍旧营构。②

北魏迁都时，距永嘉之乱已经一百八十余年，主要宫殿"故趾"虽在，③一般建筑基址恐怕很多都毁坏无存。要想"金复故趾"，仅靠地面遗存是不够的，还需要考证相关文献记载。这是刘芳引证《洛阳记》的原因。国子学设立于晋武帝时，据潘岳《闲居赋》所说，在城南太学之侧，所谓"两学齐列，双宇如一，右延国胄，左纳良逸"。④但刘芳所引《洛阳记》，⑤却称国子学在城内"宫门之左"，颇有矛盾。⑥

关于洛阳的空间考证，郦道元《水经注·谷水》很值得注意。该篇洛阳城郭及郊外部分，引用三十余种文献（不包括考证名物类的《释名》《白虎通》等），考证东周至汉晋洛阳的空间遗迹。这些文献大致可分为史籍、地志、诗赋、典制、书信、人物传、笔记小说七类。地志类数量最多，有十余种：

> 《河南十二县境簿》《洛阳记》《洛阳地记》《晋太康记》《晋地道记》《晋中州记》《永初（山川古今）记》《述征记》《洛阳故宫名》《晋宫阁名》

诗赋、书信和人物类则有：

> 张衡《东京赋》、潘岳《西征赋》、石崇《金谷诗集叙》、阮籍《咏怀诗》、李尤

---

① 《魏书》卷八四《儒林·李业兴传》，第 1862 页。
② 《魏书》卷五五《刘芳传》，第 1221—1222 页。
③ 迁都以前，北魏孝文帝在建设平城太庙和太极殿时，曾遣蒋少游"乘传诣洛，量准魏晋基趾"，《魏书》卷九一《术艺·蒋少游传》，第 1971 页。
④ 《晋书》卷五五《潘岳传》，第 1505 页。
⑤ 当时有陆机、华延儁、杨佺期等几种《洛阳记》流传，参看张国淦编著《中国古方志考》，上海古籍出版社，2019，第 387—389 页。
⑥ 参看福原启郎《魏晋政治社会史研究》第三章"关于西晋国子学创立的考察"，陆帅、刘萃峰、张紫毫译，江苏人民出版社，2021，第 70—106 页。

《平乐观赋》、李尤《鸿池陂铭》、袁氏《王陆诗叙》；陆机《与弟书》、朱超石《与兄书》;《文士传》《竹林七贤论》《释法显行传》

郦道元能够看到的这些文献，在洛阳重建为北魏都城的过程中，大都也会成为都城空间"考定是非，参古杂今"的参考。《洛阳伽蓝记》提到，常景和刘芳曾一起"造洛阳宫殿门阁之名，经途里邑之号"。① 在他们"造"名的过程中，或许就参考了郦道元提到的《晋宫阁名》《洛阳故宫名》等文献。

当文献记述出现歧义时，需要进行考辨。翟泉是很有代表性的一处。当时有种说法，认为昭仪尼寺之池就是周代翟泉遗址，依据是杜预《春秋左传集解》。郦道元辨析说：

> 渠水又东，迳杜元凯所谓翟泉北，今无水。坎方九丈六尺，深二丈余，似是人功而不类于泉陂，是验非之一证也。又皇甫谧《帝王世纪》云：王室定，遂徙居成周，城小不受王都，故坏翟泉而广之。泉源既塞，明无故处，是验非之二证也。杜预言：翟泉在太仓西南。既言西南，于雒阳不得为东北，是验非之三证也。稽之地说，事几明矣，不得为翟泉也。②

据《洛阳伽蓝记》所云，当时主张杜预之说的，是"京师学徒"。杨衒之也反对这一看法，认为"晋太仓在建春门内，今太仓在东阳门内，此地今在太仓西南，明非翟泉"。③ 但他和郦道元一样，主要是根据翟泉和太仓的方位关系予以论证。真正为此池"正名"的是赵逸。如前所说，他声称此池原本是石崇家池，池南有绿珠楼。这个指认被广泛接受，"于是学徒始寤，经过者想见绿珠之容也"。可以想见，如果没有赵逸的指认，质疑昭仪尼寺之池并非翟泉，会仍存争议。赵逸的"意义"正体现于此。

北魏洛阳存留的汉晋古迹中，最有象征意义的自属城南灵台、明堂、辟雍和太学遗址。班固《东都赋》和张衡《东京赋》都强调，东汉洛阳之所以优于西汉长安，正是由于这些礼制及其文化象征意义，如班固说："建章甘泉，馆御列仙。孰与灵台明堂，统和天人？太液昆明，鸟兽之囿。曷若辟雍海流，道德之富？"④ 对此上节已有涉及。尤其是太学遗址保存的石经，成为最具视觉感的文化遗迹。前面提到，孝文帝曾观览这些石经。与此同时，太学的原址重建问题，也是迁洛后的重要"时事"，不断被提起。宣武帝时，郑道昭任国子祭酒，有感于"城南太学，汉魏《石经》，丘墟残毁，藜藿芜秽，游儿牧竖，为之叹息"，上表请

---

① 范祥雍校注《洛阳伽蓝记校注》卷一《城内》"永宁寺"条，第4页。
② 杨守敬、熊会贞疏《水经注疏》卷一六《谷水》，第1416页。
③ 范祥雍校注《洛阳伽蓝记校注》卷一《城内》"昭仪尼寺"条，第55页。
④ 《文选》卷一班固《东都赋》，第39页。

求营修，未获成功。多年后他再次上表说："军国多事，未遑营立。自尔迄今，垂将一纪，学官凋落，四术寝废。遂使硕儒耆德，卷经而不谈；俗学后生，遗本而逐末。进竞之风，实由于此矣。"[1] 石经和太学所象征的汉晋太学生活动，想必也经常会被北魏洛阳的士人官僚们所追想。

由于工程原因，北魏洛阳也有一些出土发现。最有代表性的是永宁寺建设时发掘的"窟室"，据说该地是曹爽故宅。《水经注》卷一六《谷水》：

> 水西有永宁寺，熙平中始创也。……其地是曹爽故宅。经始之日，于寺院西南隅，得爽窟室，下入地可丈许。地壁悉累方石砌之，石作细密，都无所毁，其石悉入法用。自非曹爽，庸匠亦难复制此。桓氏有言：曹子丹生此豚犊，信矣。

迁洛之初已经预留了永宁寺建设用地，[2] 但直到孝明帝熙平元年（516）才动工，"窟室"就是此时所发现。《洛阳伽蓝记》花费大量篇幅讲述永宁寺，提到"初掘基至黄泉下，得金像三十躯"，[3] 没有提到"窟室"发掘及其与曹爽故宅的关系。据《三国志·曹爽传》及注引《世语》等记载来看，曹爽确实曾在住处建造过"窟室"，[4] 但其位于武库之南的府邸，在洛阳城东北部，[5] 而永宁寺位于南部，二者相去甚远。

地面遗迹，出土新发现，这些和文献中的洛阳相结合，构成了北魏新都营造过程中由于空间叠加而造就的历史情绪。郦道元注谷水时，往往会特别提到某些地点与汉晋人物或事件有关。如城西石梁所在的皋门桥，是潘岳《西征赋》提到的"秣马皋门"；建春门石桥，是"昔陆机为成都王颖入洛，败北而返"处；洛阳马市是"嵇叔夜为司马昭所害处也"；直通宣阳门的御街，"曹子建尝行"于此，"犯门禁，以此见薄"；东郊尸乡之野，"即陆士衡会王辅嗣处也"。[6] 正是这种情绪，使得北魏洛阳不同于之前的都城平城，也不同于东晋南朝的都城建康，形成了一种独特的都城氛围。[7]

这可能正是孝文帝所期待的结果。孝文帝是带着对洛阳的种种历史想象而迁都的。太和十七年到洛阳，"至北邙，遂幸洪池"，在龙舟上告诉任城王元澄，他梦到了嵇康之子、死

---

① 《魏书》卷五六《郑羲附子道昭传》，第1240—1241页。
② 《魏书》卷一一四《释老志》，第3044页。
③ 范祥雍校注《洛阳伽蓝记校注》卷一《城内》"永宁寺"条，第1—2页。
④ 《三国志》卷九《魏书·曹爽传》，中华书局，1982，第285页。
⑤ 仇鹿鸣：《魏晋之际的政治权力与家族网络（修订本）》，上海古籍出版社，2020，第123—128页。武库南的府邸以外，曹爽可能还有别的宅邸，可惜史料缺考。
⑥ 杨守敬、熊会贞疏《水经注疏》卷一六《谷水》，第1383、1400—1403、1416、1440页。
⑦ 《洛阳伽蓝记》记述了不少与空间叠加有关的文化想象。如城南崇虚寺，原是东汉濯龙园，北魏迁都之初"以地给民"。由于曾是汉桓帝祠祀老子的神圣之地，"憩者多见妖怪，是以人皆去之"。城东北上商里，据说是殷顽民所居之地，孝文帝命名为闻义里，"迁京之始，朝士住其中，迭相讥刺，竟皆去之"。以上两条，分见范祥雍校注《洛阳伽蓝记校注》卷三《城南》"崇虚寺"条、卷五《城北》"上商里"条（第183、249页）。

于八王之乱的西晋侍中嵇绍，"神爽卑惧，似有求焉"。元澄答云："陛下徙御瀍洛，经殷墟而吊比干，至洛阳而遗嵇绍，当是希恩而感梦。"① 所谓"希恩"，自然是奉承之语，但隐含的孝文帝与华夏历史人物的联结心理，是很明显的。前面提到，赵逸指认昭仪尼寺之池与石崇、绿珠有关后，"经过者想见绿珠之容也"。北魏元氏诸王斗富，也往往提到石崇，如河间王元琛说："晋室石崇，乃是庶姓，犹能雉头狐腋，画卵雕薪；况我大魏天王，不为华侈？"又曾对章武王元融说："不恨我不见石崇，恨石崇不见我！"② 以文章著名的常景，由于出任过长安令，"时人比之潘岳"。③ 生活在北魏洛阳的鲜卑贵族和士人官僚，对于汉晋时代的洛阳人物和掌故显然有浓厚兴趣，经常自我比拟。

北魏洛阳的建设，当然不只是"复制"汉晋。宣武帝时在郭城筑坊，明显是平城时代的习惯。孝明帝即位后，城郭内外寺院和佛塔的急速扩张，更显示出佛教对于洛阳都城空间的巨大影响。即便是所谓"汉晋之制"，原本也并非一成不变的内容。北魏重建作为华夏正统象征的洛阳，其实面临汉制、晋制乃至周制之间的取舍。上节提到的明堂形制讨论就是如此。再如东汉洛阳宫殿的题额，均使用大篆字体。曹魏时北宫用八分体（隶书），南宫则用古篆书。北魏迁洛之后，"始令中书舍人沈含馨以隶书书之；景明、正始之年，又敕符节令江式以大篆易之。今诸桁榜题，皆是式书。"④ 可见迁洛之后，在题额书法上就曾经有过改易。这是一种微妙的文化选择心理。

与此相关，在新都建设和空间考证的过程中，人们也逐渐意识到以往文献记述的讹误。城东建春门石桥原本有铭文"汉阳嘉四年将作大匠马宪造"，孝昌三年（527）大雨时毁坏。但刘澄之《永初山川古今记》、戴延之《西征记》都说，此桥为"晋太康元年造"，杨衒之批评道："此则失之远矣。按澄之等并生在江表，未游中土，假因征役，暂来经过；至于旧事，多非亲览，闻诸道路，便为穿凿，误我后学，日月已甚！"⑤ 如果把这种对江南人游记性地理文本的批评，与北魏末年南人陈庆之入洛后与杨元慎的"正朔"争论相联系，⑥ 其中反映的文化心理是很值得玩味的。

三　从铜铸设施到石经：被迁移的洛阳文化景观

永嘉之乱以后，继起的五胡政权往往形成东西对立局面，处此之间的洛阳，不再适合

---

① 《魏书》卷一九中《任城王云附子澄传》，第465页。
② 范祥雍校注《洛阳伽蓝记校注》卷四《城西》"寿丘里"条，第207—208页。
③ 范祥雍校注《洛阳伽蓝记校注》卷一《城内》"永宁寺"条，第4页。
④ 杨守敬、熊会贞疏《水经注疏》卷一六《谷水》，第1410页。
⑤ 范祥雍校注《洛阳伽蓝记校注》卷二《城东》"明悬尼寺"条，第73页。
⑥ 范祥雍校注《洛阳伽蓝记校注》卷二《城东》"孝义里"条，第117—119页。

作为都城，以至于"久为边裔，城阙萧条，野无烟火"。① 尽管如此，洛阳始终是人们观念中的特殊之地。石赵政权在灭掉关中刘曜力量、统一东西后，"以成周土中，汉晋旧京，复欲有移都之意，乃命洛阳为南都"，并修治过洛阳宫室。② 石勒在都城襄国"拟洛阳之太极起建德殿"，③ 宫室制度等方面也对洛阳多有模仿。

值得注意的是，石赵政权迁移过洛阳的一些设施到襄国和邺城。先是石勒时期，"徙洛阳铜马、翁仲二于襄国，列之永丰门"，"徙洛阳晷影于襄国，列之单于庭"。④ 石虎之时，又"使牙门将张弥徙洛阳钟虡、九龙、翁仲、铜驼、飞廉于邺"。⑤ 他们迁移的，主要是洛阳城中的一些大型铜铸设施。其中有一些是东汉和曹魏时期从长安迁移至洛阳的西汉旧物，有一些则是曹魏时期在洛阳新铸的。

都城中陈列装饰性的大型铜铸物，在秦都咸阳和西汉长安已经出现。最著名的，是秦始皇二十六年（前 221）"收天下之兵"所铸十二铜人，"各重千石，坐高二丈，号曰翁仲"。⑥ 由于是按照夷狄形象铸造，⑦ 也被称作金狄。汉末董卓据长安时，这些铜人（翁仲）大部分被熔毁，仅剩下两个。魏明帝曾计划将其迁移到洛阳，由于太重而未能成功，留在了长安附近的霸城。潘岳《关中记》云：

> 秦敛天下兵器，铸以为铜人十二，置之诸宫。汉时皆在长安，董卓坏以为钱，余二人徙在青门里东宫前。魏明帝欲徙诣洛，载至霸城，重不能致。今在霸城大道南，胸前有铭曰："皇帝二十六年，初兼天下诸侯，以为郡县。正法律，均度量。大人来，见临洮，身长五丈，足迹六尺。"秦丞相蒙恬、李斯所书也。⑧

此事亦见于《魏略》，称魏明帝"徙长安诸钟虡、骆驼、铜人、承露盘。盘折，铜人重不可致，留于霸城。大发铜铸作铜人二，号曰翁仲，列坐于司马门外"。⑨ 可见正是迁移长安铜人未果，魏明帝才下令在洛阳新铸。石赵迁移的洛阳翁仲，就是司马门外这对曹魏新铸铜

---

① 《魏书》卷三一《于栗䃅传》，第 736 页。
② 《晋书》卷一〇五《石勒载记下》，第 2748 页。
③ 《晋书》卷一〇五《石勒载记下》，第 2737 页。
④ 《晋书》卷一〇五《石勒载记下》，第 2738、2742 页。
⑤ 《晋书》卷一〇六《石季龙载记上》，第 2764 页。
⑥ 《史记》卷四八《陈涉世家》及索隐，中华书局，1982，第 1963—1964 页。关于秦汉都城的铜人，有不少讨论，参看林通雁《西都：汉长安城美术史迹的发现与研究》第四章"宫苑雕塑"，陕西人民美术出版社，2012，第 240—249 页。
⑦ 《汉书》卷二七下之上《五行志下之上》，中华书局，1962，第 1472 页。
⑧ 吉川忠夫、麦谷邦夫编《真诰校注》卷一七《握真辅第一》，朱越利译，中国社会科学出版社，2006，第 519 页。潘岳《关中记》已佚，《真诰》所录诸条，为东晋中期杨羲抄写，参看拙作《东晋士人的风土阅读与故国认知》，《历史研究》2022 年第 5 期。
⑨ 《三国志》卷三《魏书·明帝纪》注引《魏略》，第 110 页。

人。^①《水经注》卷一六《谷水》云："门南屏中旧有置铜翁仲处，金狄既沦，故处亦褫，惟坏石存焉。"记述的正是铜人被移走后，仅存残损石座的情形。

铜马、飞廉也是西汉长安旧物，东汉明帝时迁置于洛阳平乐观。应劭云："明帝永平五年，至长安迎取飞廉并铜马，置上西门外，名平乐馆。"^②二者都是汉武帝时所铸。铜马原本立于长安宫城金马门外，是"相马者东门京作铜马法献之"，^③金马门亦得名于此。铜飞廉原在长安上林苑飞廉观，观名即来自于铜飞廉。^④《水经注》引用应劭、晋灼等人关于飞廉的注释后，又说："董卓销为金用，铜马徙于建始殿东阶下。"^⑤据此，似乎铜飞廉在汉末曾被董卓所熔毁，铜马则得以幸存。^⑥如果是这样的话，石赵迁移到邺城的飞廉，或许也是魏明帝在洛阳重铸的。

石虎迁移的"九龙"，也是魏明帝所铸。据记载，魏明帝曾花费巨大财力铸造"黄龙凤皇奇伟之兽"，^⑦以及"九龙、承露盘"等大型铜设施，"其功参倍于殿舍"。"九龙"可能是九龙殿前吐水之物。^⑧黄龙、凤凰分别高四丈、三丈余，置于内殿之前。承露盘"茎长十二丈，大十围，上盘径四尺，下盘径五尺。铜龙绕其根，龙身长一丈。背负两子，自立于芳林园"。^⑨魏明帝计划迁移的长安铜铸物，本来也有承露盘，但迁移过程中折断。上述铜铸物中，黄龙、凤凰和承露盘是否也被石虎迁移，不太清楚。

石虎迁移的钟虡，是宫殿、宗庙和帝陵器物，西汉长安和东汉洛阳均有。^⑩前面提到，魏明帝也迁移过长安钟虡到洛阳。潘岳《关中记》云：

> 汉昭帝平陵、宣帝杜陵二铜钟在长安，夏侯征西欲徙诣洛，重不能致之，在青门里道南。其西者是平陵钟，东者杜陵钟也。^⑪

① 杨守敬、熊会贞疏《水经注疏》卷一〇《浊漳水》："又徙长安、洛阳铜人，置诸宫前，以华国也。"（第937页）据此石虎也迁移过霸城的金人至邺城。
② 《汉书》卷六《武帝纪》应劭注，第193页。参看林通雁《西都：汉长安城美术史迹的发现与研究》第四章"宫苑雕塑"，第261—268页。
③ 《汉书》卷五八《公孙弘传》如淳注，第2617页。
④ 《后汉书》卷二八下《冯衍传下》李贤注，中华书局，1965，第988页。
⑤ 杨守敬、熊会贞疏《水经注疏》卷一六《谷水》，第1420页。
⑥ 《后汉书》卷七二《董卓传》："坏五铢钱，更铸小钱，悉取洛阳及长安铜人、钟虡、飞廉、铜马之属，以充铸焉。"第2325页。此说与《水经注》明显矛盾，熊会贞认为郦道元"乃别有所据"（杨守敬、熊会贞疏《水经注疏》卷一六《谷水》，第1421页）。
⑦ 《三国志》卷二五《魏书·高堂隆传》、卷三《魏书·明帝纪》注引《魏略》，第711—712、111页。
⑧ 《三国志》卷三《魏书·明帝纪》注引《魏略》："通引谷水过九龙殿前，为玉井绮栏，蟾蜍含受，神龙吐出。"（第105页）北魏洛阳也有九龙殿，范祥雍校注《洛阳伽蓝记校注》卷一《城内》"瑶光寺"条称，九龙殿前"九龙吐水成一海"（第46页）。
⑨ 《艺文类聚》卷九八曹植《露盘颂》，上海古籍出版社，1999，第1699页。
⑩ 《后汉书》志六《礼仪志下》引《古今注》，对东汉帝陵钟虡有所记载，第3149页。
⑪ 吉川忠夫、麦谷邦夫编《真诰校注》卷一七《握真辅第一》，第519页。《三国志》卷二五《魏书·高堂隆传》也提到，魏明帝曾"西取长安大钟"（第709页）。

据此，至少长安平陵、杜陵二钟同样由于太重而没有迁移成功。石虎迁移的钟虡，也许是东汉以来洛阳铸造之物。这些铜铸物很重，据说后赵牙门将张弥在主持迁移的过程中，"钟一没于河，募浮没三百人入河，系以竹絙，牛百头，鹿栌引之乃出。造万斛舟以渡之，以四轮缠辋车，辙广四尺，深二尺，运至邺"。①陆翙《邺中记》提到，邺城有铜钟四枚，"如铎形，高二丈八寸，大面广外一丈二尺，小面广七尺，或作蛟龙或作鸟兽绕其上"。②这些铜钟可能就是从洛阳迁移而来的。

这些被迁移的铜铸设施中，铜驼最广为人知，而且在某种意义上后来成为西晋都城洛阳的象征之物。陆机《洛阳记》云：

> 洛阳有铜驼街，汉铸铜驼二枚，在宫南四会道相对。俗语曰："金马门外集众贤，铜驼陌上集少年。"③

魏明帝计划从长安迁移的设施中，有"骆驼"，应当就是指这对铜驼。只是现存文献中没有看到关于西汉长安铜驼的记载，铸造由来不太清楚。《水经注》卷一六《谷水》提到了这对洛阳铜驼，说"旧魏明帝置铜驼诸兽于阊阖南街"，又引陆机之说云："驼高九尺，脊出太尉坊者也。"阊阖门南街也因此被称作铜驼街，成为西晋洛阳最具象征性的街道空间。西晋后期，预感到天下将乱的索靖，曾指着"宫门铜驼"感叹："会见汝在荆棘中耳！"④这对铜驼被后赵政权迁移到邺城后，安置在中阳门外。陆翙《邺中记》："二铜驼如马形，长一丈，高一丈，足如牛，尾长二尺，脊如马鞍。在中阳门外，夹道相向。"⑤这个位置，正好相当于洛阳的阊阖门外。

这些铜铸设施，构成了从长安到洛阳延续的汉晋都城装饰文化。始皇帝金人，汉武帝铜马、飞廉，说起来都是带有权力夸耀性的装饰设施，随着时间流逝，又成为他们帝王伟业的象征。汉明帝、魏明帝的迁移和重铸之举，大概是受到类似政治心理的驱使。《魏略》说，魏明帝"使博士马均作司南车，水转百戏。岁首建巨兽，鱼龙曼延，弄马倒骑，备如汉西京之制"。⑥石勒和石虎迁移这些铜铸设施到都城襄国和邺城，"以华国也"，可能也是希望在新都城再现洛阳的装饰文化，夸耀国威。

被迁徙到邺城的这些铜铸设施，前秦建元十八年（382）又被迁移到长安，最终熔铸为

① 《晋书》卷一〇六《石季龙载记上》，第 2764 页。
② 《初学记》卷一六《乐部下·钟》，中华书局，2004，第 396 页。
③ 《太平御览》卷一五八《州郡部四·西京河南府》，中华书局，1960，第 770 页。
④ 《晋书》卷六〇《索靖传》，第 1648 页。
⑤ 《初学记》卷二九《兽部·驼》，第 709 页。
⑥ 《三国志》卷三《魏书·明帝纪》注引《魏略》，第 105 页。

钱。① 之后，赫连勃勃兴造统万城时曾重新铸造："复铸铜为大鼓，飞廉、翁仲、铜驼、龙兽之属，皆以黄金饰之，列于宫殿之前。"② 北魏太武帝灭赫连夏后，这些新铸设施去向不明。宣武帝永平四年（511）五月，曾"迁代京铜龙置天渊池"，③ 这件平城铜龙是否来自统万，不太清楚。④ 至少从现存文献来看，汉晋都城一直延续的铜铸装饰文化，北魏时代似乎并没有那么热衷。据前引《水经注》记载，洛阳的翁仲、铜驼旧址，北魏时期仍然存在，铜驼街之名也延续使用，但却并未尝试重铸相关设施，以恢复魏晋旧貌。这也成为北魏洛阳与汉晋洛阳的重要景观差异。

有意思的是，东魏迁都邺城后，迁移的洛阳设施是石经，时在武定四年（546）。⑤ 北齐文宣帝天保元年（550）八月诏书云："往者文襄皇帝所运蔡邕石经五十二枚，即宜移置学馆，依次修立。"⑥ 众所周知，洛阳石经有东汉石经（隶书，四十六碑）、曹魏石经（篆、科斗、隶三体，三十五碑）两种。据陆机《洛阳记》、戴延之《西征记》记载，东汉石经西晋时仅十七碑完好，曹魏石经在东晋末年尚存十八碑。⑦ 北魏迁洛以前，冯熙、常伯夫先后任职洛阳，热衷营造佛寺，石经诸碑"废毁分用，大至颓落"。⑧ 东魏迁移石经到邺城时，行至河阳，"值岸崩"，有不少"没于水"。⑨ 所谓"五十二枚"，从数量来看，可能包括了当时保存相对较好的东汉、曹魏两种石经碑（可能也有一些残石），而不仅仅是东汉石经（"蔡邕石经"）。北齐灭亡后，这些石经碑先是被运回洛阳，隋文帝开皇六年（586）又被运至长安。据说运至长安时，已经"文字磨灭，莫能知者"。⑩

东魏新建的邺南城，一定程度上是对北魏洛阳城的仿建。迁邺之初，辛术曾说："今皇居徙御，百度创始，营构一兴，必宜中制。上则宪章前代，下则模写洛京。"⑪ 邺南城的建造材料，有些也是从洛阳拆除运来。⑫ 在这种情况下，东魏的石经迁移之举，或许有文化层面

---

① 《资治通鉴》卷一○四晋孝武帝太元七年（382）三月，"秦王坚徙邺铜驼、铜马、飞廉、翁仲于长安"，中华书局，1956，第3300页。据说前秦迁移的翁仲有三个，"毁二为钱，其一未至而苻坚乱，百姓推置陕北河中"，杨守敬、熊会贞疏《水经注疏》卷四《河水》，第348页。

② 《晋书》卷一三○《赫连勃勃载记》，第3206页。

③ 《魏书》卷八《世宗纪》，第210页。

④ 北魏曾迁移过石赵邺城东门的一对石桥柱到平城，置于宁先宫之东，杨守敬、熊会贞疏《水经注疏》卷一三《瀔水》，第1147页。

⑤ 范祥雍校注《洛阳伽蓝记校注》卷三《城南》"国子学堂"条，第146页。

⑥ 《北齐书》卷四《文宣帝纪》，中华书局，1972，第53页。同书卷六《孝昭帝纪》也提到了这些石经，第82页。

⑦ 《后汉书》卷六○下《蔡邕传》注引陆机《洛阳记》，第1990页；《太平御览》卷五八九《文部五·碑》引《西征记》，第2654页。郦道元和杨衒之记洛阳石经均有记载。石经碑数有争议，历来考证颇多，参看张国淦《历代石经考》，姚文昌点校，北京联合出版公司，2021，第40—52、199—204页。

⑧ 《魏书》卷八三上《外戚·冯熙传》，第1819页。

⑨ 《隋书》卷三二《经籍志一》，第947页。

⑩ 《隋书》卷七五《儒林·刘焯传》，第1718页。

⑪ 《魏书》卷八四《儒林·李业兴传》，第1862页。参看徐光冀《东魏北齐邺南城平面布局的复原研究》，中国社会科学院考古研究所、河北省文物研究所、河北省临漳县文物旅游局编《邺城考古发现与研究》，文物出版社，2014，第343—355页。

⑫ 《魏书》卷七九《张熠传》提到，东魏"迁邺草创"，右仆射高隆之、吏部尚书元世儁奏云："南京宫殿，毁撤送都，连筏竟河，首尾大至。"（第1766页）

的考虑，或许只是为了"复制"新都的需要。不管如何，由于石经的儒学象征色彩，使得这次迁移之举，也包括北齐灭亡后石经先被迁回洛阳，又被迁至长安，具有了更多文化正统性层面的意义，而不仅仅是迁徙铜铸设施"以华国也"。

这是一个值得注意的现象。永嘉之乱后，洛阳先后由多个政权统治，但显然铜铸设施较之石经更受关注。[①]"颇慕经学"的石虎，也只是"遣国子博士诣洛阳写石经，校中经于秘书"。[②]北魏迁洛，虽以塑造华夏正统为指向，却并未在铜铸设施旧址上恢复性重铸，以重现汉晋都城的装饰文化。换言之，北魏洛阳时代，铜铸设施似乎已不再具有以往那样的都城文化象征意义。这是东魏将石经作为洛阳文化象征之物迁移到邺城的背景。

结　语

在旧都废墟上叠加建设新都城，是人类历史上的常见现象。这种做法无形中强化了新兴政权与过往王朝的空间延续性和文化联系，也塑造了更具历史感的城市氛围。北魏洛阳时代人们对于魏晋洛阳古迹的兴趣，就是如此。

北魏新都洛阳呈现出颇为复杂的文化面貌。从迁都者孝文帝的设想来说，是要恢复性重建一座象征华夏正统的都城。为了这一目的，宫殿、官署、礼制建筑等政治权力空间，"金复故趾"。不过，设想总归是设想，从之后数十年的发展轨迹来看，新都洛阳一方面如孝文帝所愿，造就了一种汉晋历史氛围，另一方面却又呈现出新的面貌。

汉晋帝国的都城，存在着两种不同的象征之物。一种是以大型铜铸设施为代表的夸耀性装饰文化，一种是以明堂、辟雍等为代表的礼制景观。北魏洛阳一直没有恢复性重铸被石赵迁移走的大型铜铸设施；明堂、辟雍等礼制建筑虽然不断在动议重建，但进度缓慢，一直到北魏灭亡也只是很有限的"恢复"。与之形成鲜明对比的，是统治者对于寺院和佛塔的营造热情。[③]巨大而华丽的寺院，高耸入云的佛塔，取代大型铜铸设施和明堂、辟雍等礼制建筑，事实上成为北魏洛阳最具视觉冲击性的都城景观。[④]杨衒之在面对再次废墟化的都城洛阳时，选择以佛寺作为记述主体，或许也与此有关。对照东汉时期班固《两都赋》和张衡《二京赋》的都城描绘和关注重点，变化是毋庸多言的。

混合着汉晋氛围、胡族习惯和佛教因素的北魏洛阳，在新与旧的叠压中，塑造了一种

---

① 其中也包括北伐收复洛阳的桓温，建议将都城回迁洛阳未果后，又有过迁移洛阳钟虡的想法，遭到反对，《晋书》卷七五《王湛附孙述传》，第1964页。

② 《晋书》卷一〇六《石季龙载记上》，第2774页。

③ 《魏书》卷六六《李崇传》，第1472页。

④ 从铸造材料来说，当时有大量的铜被用于铸造佛像。如平城天宫寺释迦立像，高四十三尺，用去"赤金十万斤，黄金六百斤"，《魏书》卷一一四《释老志》，第3037—3038页。

新的都城风景。城南"基址虽颓，犹高五丈余"的灵台，被汝南王元悦别出心裁的"造砖浮图"于其上，[①] 是一个颇具象征性的事例。这就让人感到好奇，对于北魏时代的洛阳人群来说，什么才是他们观念中更为重要的内容？围绕着赵逸的古迹指认，可以看到一些他们对于汉晋时代的热情，与此同时，寺院的香火和林立的佛塔，也展示着都城洛阳的另外一种活力。但不管如何，由于历史叠压而带来的对于"过去"的好奇和热情，确实造成了一种特殊的都城空间氛围——脚下的土地是典籍中那些历史故事的发生地，不免引人遐想。而这种空间氛围，会在无形中强化拓跋政权与汉晋国家的连续性。

〔本文原载《北京大学学报》（哲学社会科学版）2023 年第 3 期。作者魏斌，武汉大学历史学院教授〕

---

① 范祥雍校注《洛阳伽蓝记校注》卷三《城南》"秦太上公寺"条，第 140 页。

安史之乱前后的唐北边边防与蕃部动向[*]

胡　康

摘　要　安史之乱爆发前，天德军与振武军构成了唐朝河套防御体系中的左、右两翼。安禄山兼任河东节度使后，其势力主要在河东北部诸军镇，河东北部、南部在叛乱爆发前就已处在不同势力控制之下。蕃部与唐朝北边边防密切相关，通过设置押蕃使和将蕃部纳入唐朝军队中，玄宗时期对蕃部的控制得到强化。但对于未被纳入军中，与唐关系较为疏远的蕃部，唐朝并无太大控制力。安史之乱爆发后，阿史那从礼与河东叛军接连侵扰振武、天德，破坏了唐朝的北边防御体系，肃宗第一次向回纥借兵是为了平定阿史那从礼之乱。在党项侵扰下，唐朝设置了邠宁、鄜坊两镇，改变了关内道北重南轻的军事格局。凤翔节度使的设置则主要是为了应对吐蕃东进后的西境新形势，不完全是为了对付党项。

关键词　唐朝　安史之乱　北边　防御体系　蕃部

天宝十四载（755）十一月，身兼范阳、平卢、河东三镇节度使的安禄山率军南下，安史之乱就此拉开序幕。这场长达八年的动乱不仅深刻影响了唐朝此后的历史走向，还对唐朝构筑多年的北边防御体系产生了强烈冲击。本文所谓北边，大致相当于安史之乱前朔方节度使与河东节度使两大藩镇的辖区，这两大区域的任务均是"捍御北狄"，[①]安史之乱前的北边防御体系也是以这两个藩镇为基础构建而成的，故本文一并纳入"北边"进行讨论。[②]这一区域，"半是蕃戎"，[③]胡汉杂处，历来是游牧民族与中原王朝的接壤地带，大量归附的游牧部

---

　*　本文承蒙仇鹿鸣老师、郭桂坤师兄以及匿名评审专家先后惠示宝贵修改意见，谨致谢忱！
　①　《旧唐书》卷三八《地理志一》，中华书局，1975，第1386页。
　②　丸桥充拓在研究中也采用了"北边"一词，他所定义的"北边"，包括整个关内道以及河东北部地区，参见丸桥充拓《唐代军事财政与礼制》，张桦译，西北大学出版社，2018，第5—6页。本文所称的"北边"与丸桥充拓所定义的范围相同。
　③　《资治通鉴》卷二一八，肃宗至德元载六月丁酉条，《考异》引《幸蜀记》，中华书局，1956，第6975页。

族也被安置在此处，本文讨论的蕃部即主要指安置在此处的内附部族。[①]

安史之乱爆发后，由于安史叛军与唐军对河北、河南展开了激烈的争夺，故河北和河南的战场局势一直吸引着学者们的注意力，[②] 北边形势则未有多少学者措意。小野川秀美在讨论河曲地区六州胡的变迁时，曾涉及安史之乱前后，粟特、铁勒、党项、吐谷浑等蕃部的迁徙，但对安史之乱中诸蕃部的动向未及展开。[③] 李碧妍讨论了安史之乱期间唐朝对关内道防御体系的重构，但其主要讨论的是关内道南部的情况，对关内道北部的形势以及唐朝北边防御体系的重建则未过多注意。[④] 朱迪光虽然注意到了安史叛军在北边发动的几次军事行动，但其着眼点主要集中在地域的争夺，对北边蕃部在双方争夺中所扮演的角色并未多加关注。[⑤]

与此前站在中原王朝的视角看待安史之乱不同，日本学界近年来一直主张将安史之乱纳入到整个欧亚东部世界中进行讨论，[⑥] 回鹘、吐蕃、渤海、新罗等周边政权的动向也因此而益发受到关注。[⑦] 对于广泛分布在唐朝境内的蕃部而言，安史之乱无疑也提供了一个摆脱唐朝控制的机会，因此从蕃部的角度讨论安史之乱也极为必要。在讨论安史之乱中的蕃部时，学者们大多将注意力放在了安史叛军的民族构成上，[⑧] 即使有学者注意到北边蕃部的动向，所论也仅限于著名的六胡州粟特人，[⑨] 对粟特以外的其他蕃部实际上还缺乏系统讨论。

安史之乱后，唐朝以京西北八镇为核心逐渐构筑了新的关内道防御体系，[⑩] 原先以朔方

---

① 对唐代北方内附蕃部的整体研究，可参看苏航《唐代北方内附蕃部研究》，博士学位论文，北京大学，2006。

② 关于唐军与安史叛军在河南、河北的争夺，可参看李碧妍《危机与重构：唐帝国及其地方诸侯》，北京师范大学出版社，2015，第15—113、250—379页。

③ 小野川秀美「河曲六州胡の沿革」『東亞人文學報』第1卷第4号、1942、193—223頁。

④ 李碧妍：《危机与重构：唐帝国及其地方诸侯》，第114—123页。

⑤ 朱迪光：《论安史叛军对唐西北的争夺》，《青海社会科学》1993年第2期，第72—78页。

⑥ 相关研究可参看森安孝夫「ウイグルから見た安史の乱」『内陸アジア言語の研究』17、2002、117—170頁；森安孝夫《丝路、游牧民与唐帝国》，张雅婷译，八旗文化，2018，第309—346页。在该书中，森安孝夫直言要将看待安史之乱的视点从中国转移到欧亚大陆，甚至主张安史政权是登场过早的征服王朝。

⑦ 除上引森安孝夫的研究外，菅沼爱语也考察了安史之乱中周边政权的动向，参见菅沼愛語「東部ユーラシアの大戦としての「安史の乱」における周辺諸国の動向——ウイグル・吐蕃・于闐・抜汗那・吐火羅・大食・南蛮・契丹・奚・南詔・党項・渤海・新羅・日本」『7世紀後半から8世紀の東部ユーラシアの国際情勢とその推移——唐・吐蕃・突厥の外交関係を中心に』溪水社、2013、222—264頁。

⑧ 安史叛军的民族构成，一直以来都是学者关注的热点问题。陈寅恪认为安史叛军的主力是粟特胡人，参见陈寅恪《唐代政治史述论稿》，生活·读书·新知三联书店，2001，第213—218页。黄永年则主张安禄山只是利用粟特胡人充实财富，叛军主力应该是奚和契丹，参见黄永年《六至九世纪中国政治史》，上海书店，2004，第322—323页。森部丰进一步考察了安史之乱前河北一带鞑靼、突厥、奚、契丹羁縻府州的分布及变迁，他认为安禄山是依靠这些北亚、东北亚的蕃部才得以起兵的，参见森部豊「安史の乱前の河北における北アジア・東北アジア系諸族の分布と安史軍の淵源」『ソグド人の東方活動と東ユーラシア世界の歴史的展開』関西大学出版部、2010、59—87頁。

⑨ 森部丰认为安史叛军中的粟特人除了河北地区的粟特人外，还有六胡州的粟特人，他系统考察了被其称为"粟特系突厥"的六胡州粟特人的形成和移动，参见森部豊「7—8世紀の北アジア世界と安史の乱」『ソグド人の東方活動と東ユーラシア世界の歴史的展開』93—121頁。他虽然注意到了六胡州粟特人与阿史那从礼之乱的关系，但并没有详细讨论此次叛乱。

⑩ 黄利平：《中晚唐京西北八镇考》，《中国历史地理论丛》2004年第2期。

节度使为核心的防御体系瓦解，而安史之乱则是促成这一变化的直接动因。北边蕃部在安史之乱期间曾给唐朝造成了巨大的军事压力，正是为了应对蕃部的威胁，唐朝才逐步调整了防御体系。但从以上回顾看，不仅安史之乱前后唐朝北边边防体系的变化没有得到很好的梳理，蕃部所扮演的角色也一直未得到应有的重视。有鉴于此，本文希望围绕安史之乱前后的唐北边边防以及蕃部动向两个问题展开讨论，以期进一步揭示安史之乱对唐朝北边防御体系变迁及蕃部分布格局所带来的深远影响。

一　安史之乱前的唐北边防御体系与蕃部控制

在安禄山叛乱之前，其心腹何千年曾提出过一个分道进兵的方案：

> 何千年亦劝贼令高秀岩以兵三万出振武，下朔方，诱诸蕃，取盐、夏、鄜、坊，使李归仁、张通儒以兵二万道云中，取太原，团弩士万五千入蒲关，以动关中；劝禄山自将兵五万梁河阳，取洛阳，使蔡希德、贾循以兵二万绝海收淄、青，以摇江淮；则天下无复事矣。①

按照何千年的进军方案，前三路中，从朔方一路南下可直接威胁长安，从太原南下入蒲关，则直接威胁关中，第三路直取洛阳，可与第二路会合，进而可入寇关中。若此方案得以实现，则正如吕思勉所言"其乱决不能如后来之易平"。②安禄山"弗用"，③未采用这一方案，吕思勉认为是因为安禄山无大略，急于直接攻取两京。④安禄山专制河北十余年，在唐朝遏制两蕃，维护东北边疆稳定方面发挥了极为关键的作用，⑤自然不会是无大略之人，安禄山此时不采用这一方案，显然另有隐情。前两路南下方案，一路需要出振武，击败朔方军，另一路则需要完全控制河东地区，才可能从太原南下，而这两个条件恰恰是安禄山不具备的。安史之乱前，唐朝的北边防御体系是以朔方、河东两大节度使为核心构建起来的，要理解安禄山的担忧，我们需先从这两大节度使谈起。

先看朔方，朔方节度使虽然成立时间较晚，开元九年（721）才因六胡州之乱而正式设置，⑥但此后发展极为迅速。开元十四年（726）朔方节度领关内支度营田使，十五年（727）

---

①　《新唐书》卷二二五上《安禄山传》，中华书局，1975，第6417页。

②　吕思勉：《隋唐五代史》，上海古籍出版社，2005，第200页。

③　《新唐书》卷二二五上《安禄山传》，第6417页。

④　吕思勉：《隋唐五代史》，第200页。

⑤　黄永年：《唐代河北藩镇与奚、契丹》，收入《黄永年文史论文集》第1册，中华书局，2015，第73—77页。

⑥　李鸿宾：《唐朝朔方军研究——兼论唐廷与西北诸族的关系及其演变》，吉林人民出版社，2000，第109页。

领关内盐池使，掌控了关内道的经济大权，二十二年（734）又兼领关内道采访处置使，[①] 到开元末期，关内道绝大部分地区已经归朔方节度使节制。以黄河为界，朔方节度使辖区可大致划分为南北两部分，黄河以北的河套、阴山一带因与漠北游牧政权直接接壤，故一直是朔方军经营的重点区域。自从景龙年间张仁愿在黄河以北筑三受降城后，三城便成了唐朝北边防御体系的核心。[②] 但在筑城之初，张仁愿就认为"兵贵在攻取，不宜退守。……回顾望城，犹须斩之，何用守备"，[③] 故三城兵力并不多，每当遇到紧急军事情况，便由中央组建行军进行作战。到了开元时期，镇军制已经取代了行军制，[④] 节度使体制也在镇军基础上形成，原先的三受降城已经不能满足新的边防需求，于是镇守军和军城相配合的边防体系开始逐渐形成。天宝四载（745）后突厥覆灭后，唐朝在漠南重新确立了军事优势地位，朔方节度使王忠嗣随即开始大力调整唐朝的北边防御体系。

《元和郡县图志》"金河县"条载："初景龙二年，张仁愿于今东受降城置振武军，天宝四年节度使王忠嗣移于此城内，置县曰金河。"[⑤] 金河县所在地即单于都护府。单于都护府原本是唐初为控制漠北内附部族而设置的机构，后突厥复兴后，诸部落逐渐返回漠北，单于都护府"抚慰诸蕃"[⑥] 的职能逐步丧失，单于都护府也被废置。[⑦] 开元八年（720），唐廷"复置单于大都护府"，[⑧] 复置后的单于都护府在今内蒙古和林格尔土城子。[⑨] 单于都护府之北就是阴山，此地离漠南通往漠北的要道白道并不遥远。[⑩] 突厥要南下，就得拔除单于都护府，同样，唐朝要确保河套的安全，也得全力守住单于都护府，在阴山东部的军事格局中，单于都护府占据着极为重要的地位。此前，因无力应对突厥的侵扰，唐朝一直未在单于都护府设军，而是将防御重点放在了黄河沿岸，这也导致唐朝一直无法将军事力量深入单于都护府所在的阴山南部地区。到了天宝初年，随着后突厥汗国的衰落，唐朝开始大力向北拓展势力，着力经营单于都护府。金河县就是在唐朝大力经营单于都护府的背景下设置的。除了金河

---

① 关于朔方节度使的沿革，可参见《新唐书》卷六四《方镇表一》"朔方节度使"条，第1761—1764页。

② 李鸿宾：《唐朝三受降城与北部防务问题》，中国长城协会编《长城国际学术研讨会论文集》，吉林人民出版社，1995，第143—153页。

③ 《旧唐书》卷九三《张仁愿传》，第2982页。

④ 关于行军如何转化为镇军制，可参见菊池英夫「节度使制确立以前における「軍」制度の展开」『東洋學報』第44卷第2号、1961、73—85页；「节度使制确立以前における「軍」制度の展开（続编）」『東洋學報』第45卷第1号、1962、33—67页。

⑤ 李吉甫：《元和郡县图志》卷四《关内道四》，贺次君点校，中华书局，1983，第108页。

⑥ 《旧唐书》卷四四《职官三》，第1922页。

⑦ 关于单于都护府的迁移与沿革，可参见严耕望《唐代安北单于两都护府考》，《唐代交通图考》第1卷《京都关内区》，上海古籍出版社，2007，第323—340页；谭其骧《唐北陲二都护府建置沿革与治所迁移》，《长水集》（下），人民出版社，1987，第263—277页；斉藤茂雄「唐代单于都護府考——その所在地と成立背景について」『東方學』118、2009、22—34页；李宗俊《唐代安北单于二都护府再考》，《中国史研究》2009年第2期，第65—75页。

⑧ 《元和郡县图志》卷四《关内道四》，第107页。

⑨ 斉藤茂雄「唐代单于都護府考——その所在地と成立背景について」31—32页。

⑩ 严耕望：《唐代交通图考》第1卷《京都关内区》，第273—274页。

县，在安北都护府境内也设置了阴山县。① 两县的设置，意味着唐朝的郡县体系已越过黄河，阴山南部地区已被唐朝牢牢控制。王忠嗣将振武军从东受降城移到单于都护府后，此前以黄河沿岸为防御重点的军事格局得到根本改变，唐朝在阴山东部的军事力量得到强化，其势力也随之大大向北推进。东受降城转隶单于都护府管辖后，河套东部两大军镇的军事力量整合到一起，这就构成了朔方军的"左厢兵马"。郭英奇在天宝初年担任单于副大都护兼东受降城使，并专"左厢兵马"，② 就是这一军事格局的反映。

王忠嗣去职后，继任朔方节度进一步加强了河套西部防御体系的建设。天宝八载（749），"张齐丘又于可敦城置横塞军"，③ 十二载（753），此城因"苦地偏不可耕"④ 而放弃。安思顺又筑大安军城，该城"居大同川中，当北戎大路"，⑤ 是防御漠北游牧部落南侵的要地。安北都护府也随之移到新军城，"十四年，筑城功毕，移大安军理焉。乾元后改为天德军"，⑥ 安北都护府就此与天德军城合并，这与在单于都护府置振武军是一致的。郭子仪此后出任天德军使的同时还兼任"朔方节度右兵马使"，⑦ 右兵马使正好与郭英奇"专左厢兵马"相对应。由此我们看到，在天宝末年，朔方节度在河套地区已经形成了东、西均驻有重兵，彼此遥相呼应的防御格局。这一格局正是李吉甫后来所总结的"以中城、东城连振武为左翼，又以西城、丰州连定远为右臂，南制党项，北制匈奴"。⑧ 天宝中，朔方节度"管兵六万四千七百人"，⑨ 北边诸军镇，仅三受降城和振武军的兵力就达两万九千人，⑩ 若加上天德军，则河套一线的兵力已达朔方军总兵力一半以上，实力十分雄厚。天宝十五载（756），朔方节度留后杜鸿渐等人劝肃宗至灵武时，也曾言"北收诸城兵"，⑪ 安禄山的军队若要南下朔方，必须直接面对布置在振武的朔方重兵。安史叛军虽夹杂有众多能征善战的胡人，但朔方军也拥有大量的蕃部军队，且曾多次赴河西、陇右地区与吐蕃作战，战斗力同样不可小觑。安禄山必须集中兵力才可能突破这一障碍，但这对要求在短时间内集中兵力拿下两京的安史叛军来说显然是不现实的。安史叛军此后虽多次试图南下，但均未成功（详后），不能不说与兵力不足有关。

---

① 《旧唐书》卷九《玄宗纪下》载："（天宝四载）冬十月，于单于都护府置金河县，安北都护府置阴山县。"（第 219 页）
② 王月华、陈根远：《唐〈郭英奇墓志〉考释》，西安碑林博物馆编《碑林集刊》第 6 辑，2000，三秦出版社，第 47 页。
③ 《元和郡县图志》卷四《关内道四》，第 113 页。
④ 《新唐书》卷一三七《郭子仪传》，第 4599 页。
⑤ 《元和郡县图志》卷四《关内道四》，第 114 页。
⑥ 《元和郡县图志》卷四《关内道四》，第 113 页。
⑦ 《旧唐书》卷一二〇《郭子仪传》，第 3449 页。
⑧ 《元和郡县图志》卷四《关内道四》，第 114 页。
⑨ 《旧唐书》卷三八《地理志一》，第 1386 页。
⑩ 据《旧唐书》卷三八《地理志一》，西受降城管兵七千人，安北都护府管兵六千人，东受降城管兵七千人，振武军管兵九千人（第 1386 页）。
⑪ 《资治通鉴》卷二一八，肃宗至德元载六月条，第 6981 页。

而对于河东地区，安禄山也不能完全掌控。天宝十载（751）二月，安禄山出任河东节度使，到天宝十四载安史之乱爆发时，安禄山才掌控河东四年，根基并不深厚。更关键的是，安禄山在朝中的敌对势力杨国忠也一直试图削弱安禄山在河东的影响力。天宝十四载二月，杨国忠向玄宗进言，以"杨光翙为河东节度使"，[①] 而光翙"附杨国忠"。[②] 杨国忠、安禄山两人的矛盾此时已处于白热化阶段，杨国忠试图以杨光翙为河东节度使，显然是希望任用自己的亲信去削弱安禄山在河东的势力。玄宗虽未采纳这一建议，但事后依然任命杨光翙为太原尹，算是同时兼顾到了双方。依附杨国忠的杨光翙出任太原尹后，河东南部就此脱离了安禄山的掌控。太原城内驻有天兵军，"管兵三万人"，[③] 在安禄山未能控制河东南部的背景下，安史叛军要取道太原南下，将会面临极大的军事压力。在正式出兵南下前，安禄山"使（张）忠志领骁骑八千人入太原，劫太原尹杨光翙"。[④] 高邈在事前曾向安禄山建议"声进生口，直取洛阳，无杀光翙，天下当未有知者"，[⑤] 主张在不惊动朝廷的情况下直取洛阳。安禄山不从，执意要先诛杀杨光翙，与其说是出于对其党附杨国忠的憎恨，不如说是先解决河东从背后偷袭河北的隐忧。在劫杨光翙的同时，安禄山还让张忠志"扼井陉路，军于土门"，[⑥] 防备河东军队进入河北，这些都是最大程度降低河东军队立即干预叛军军事行动的策略。接替杨光翙的王承业在此后一直不敢出兵，颜杲卿也因其未援助而身死敌手，[⑦] 从这个角度看，安禄山先劫杀与自己不和的杨光翙可以说是非常关键的一招，这也是河东南北军政结构的差异决定的。

由上述讨论可知，安史之乱爆发前，唐朝已经在河套地区布置了重兵，安禄山尽管兼任了河东节度使，但其势力仅限于河东北部。对于何千年的进军策略，安史叛军实际上是无法完全实施的，此后安史叛军在不到一年的时间内攻占了两京，也证明安禄山以主力南下的策略是符合实际情况的。在第一路进兵方案中，何千年明确提出要南下朔方，引诱河曲蕃部参与叛乱，蕃部在叛军眼中俨然是可以依靠的潜在力量。那么，安史之乱前的北边蕃部到底处于一种什么样的状态呢？要理解安史之乱中蕃部对唐朝的冲击，除了北边防御体系外，我们还应该关注北边蕃部。

---

① 《资治通鉴》卷二一七，玄宗天宝十四载二月壬子条，第6930页。
② 《资治通鉴》卷二一七，玄宗天宝十四载十一月甲戌条，第6936页。
③ 《旧唐书》卷三八《地理志一》，第1387页。
④ 《旧唐书》卷一四二《李宝臣传》，第3865页。《安禄山事迹》记此事发生的时间是九月九日，"其九月九日甲午，缚太原尹杨光翙，送之"。参见姚汝能《安禄山事迹》卷中，曾贻芬点校，中华书局，2006，第96页。司马光《考异》已辨其误，司马光言："按禄山十一月始反，而事迹云九月取光翙，误也。"（《资治通鉴》卷二一七，玄宗天宝十四载十一月甲戌条，第6936页）此事实发生于十一月。
⑤ 《新唐书》卷二二五上《安禄山传》，第6417页。
⑥ 《旧唐书》卷一四二《李宝臣传》，第3865页。
⑦ 《颜鲁公文集》卷四《开府仪同三司太尉兼侍中河南副元帅都知河南淮南淮西荆南山南东五道节度行营事东都留守上柱国赠太保临淮武穆王李公神道碑铭》云："属太原尹王承业不出救兵，杲卿、履谦为史思明所陷，战士死者跆藉于潺湲之上。"《中华再造善本》影印明嘉靖锡山安氏馆铜活字印本，国家图书馆出版社，2010，第13a叶。

安史之乱前的北边蕃部主要包括九姓铁勒、粟特、党项和吐谷浑，这些部落大致分布在夏、银、宥、灵、原、庆诸州境内，[①] 自唐初突厥破灭以来，这些地区就一直是安置蕃部的主要地域。唐初降服突厥和薛延陀后，曾在大漠南北广设羁縻府州，由各部落首领出任刺史、都督。在羁縻府州之上还有唐朝专门设置的监管羁縻府州的机构，即都护府，单于都护府监管漠南突厥降户，安北都护府则监管漠北羁縻府州。[②] 正是在都护府的有效管控之下，唐朝的北边才维持了三十余年的安定局面，以致都护府所管部落也被冠以都护府之名，如"调露中，单于突厥背叛"。[③] 所谓单于突厥，即指单于都护府管控下的突厥部落，这一体制可称为都护府监管体制。但随着后突厥汗国的复兴，大量降户返回漠北，关内道羁縻府州体制逐渐崩溃，都护府监管体制也随之衰落。节度使体制形成后，沿边诸军、州、羁縻府州被纳入节度使管辖之下，监管蕃部的押蕃使体制也随之在开元初年出现。[④] 相比于原先都护府监管大量的羁縻府州，与新兴的节度使体制相结合的押蕃使制度实际上将监管诸蕃的职能按照辖区进行了进一步划分。节度使可以以本辖区内的军事力量为后盾，集中处理诸蕃事务，这极大地加强了唐朝对诸蕃的控制力，押蕃使与节度使的结合共同构成了玄宗重振蕃部控制体系的重要一环。至迟在天宝时期，州一级也陆续出现了押蕃使，以押蕃落使为最高机构管理各州内附部落的统治体系正式形成。[⑤]

除了监管蕃部，押蕃使的另一大任务是将蕃部的武装力量纳入唐朝的边军系统中。[⑥]

唐初降附的铁勒、突厥部落，虽然经常参加唐朝组织的行军，但在征战时往往是独立行动的，[⑦] 并不与唐军混合。在战争结束后，这些蕃部便会返回部落，并未被纳入唐朝的军队系统中，各羁縻府州有相当的独立性。[⑧] 但到了开元初年，九姓部落归附后，唐朝未再单独设置羁縻府州，而是将之纳入河东的大武军和横野军当中。[⑨] "其兵有事应须讨逐探候，量宜追集，无事并放在部落营生，并使本军存问，务使安辑。应修筑所及支运兵马粮等，所司亦与节度使商量处置"，[⑩] 这批蕃军平时虽在部落生活，但蕃军钱粮开支由河东节度使负责，已经相当于

---

① 北边各蕃部的分布，可参见《新唐书》卷四三下《地理志七下》关内道羁縻州部分，第1119—1125页。

② 两都护府有着较为复杂的变迁过程，并非一开始就以单于、安北都护府为名，此处仅是用后来定型之名称概言之。关于两都护府的变迁，可参见上引严耕望、谭其骧、齐藤茂雄诸文。

③ 《旧唐书》卷九三《唐休璟传》，第2978页。

④ 关于玄宗时期押蕃使的出现背景及押蕃使的职能和附属机构的研究，可参见黎虎《唐代的押蕃使》，《文史》2002年第2辑，第115—130页；村井恭子「押蕃使の設置について―唐玄宗期における対異民族政策の転換」『東洋學報』第84巻第4号、2003、29―60頁。在其博士学位论文中对此问题也有讨论，参见村井恭子《东亚国际关系中的唐朝北边政策研究》，博士学位论文，北京师范大学，2008，第7—25页。村井恭子敏锐地注意到了押蕃使与唐朝蕃部管理体制变化之间的关系，通过讨论押蕃使从授予蕃部首领到由中央派遣的转变，揭示出了玄宗力图加强对蕃部控制的历史面相。

⑤ 村井恭子：《东亚国际关系中的唐朝北边政策研究》，第19页。

⑥ 苏航：《唐代北方内附蕃部研究》，第83页。

⑦ 张国刚：《唐代的蕃部与蕃兵》，收入《唐代政治制度研究论集》，文津出版社，1983，第100—101页。

⑧ 苏航将唐初蕃兵概括为从征蕃军，参见《唐代北方内附蕃部研究》，第101页。

⑨ 《宋本册府元龟》卷九九二《外臣部·备御第五》，中华书局，1989，第3999页上栏。

⑩ 《宋本册府元龟》卷九九二《外臣部·备御第五》，第3999页上栏。

正式承认了蕃军作为唐朝军队的地位。除了九姓部落，党项和吐谷浑部落也被纳入唐朝军队序列中。《拓拔守寂墓志》提到拓跋守寂叔父拓跋兴宗担任"朔方军节度副使、兼防河使"，[①]所谓防河使即防河军使。[②]防河军设置于静边州都督府中，其主体也应该是党项部落，拓跋兴宗同时还兼任朔方军节度副使，则他所统领的拓跋部防河军实际上也是朔方军的组成部分。与党项部落类似，吐谷浑部落首领也出任朔方军职务。慕容曦光为"朔方军节度副使兼知部落使"，[③]慕容曦轮"往岁在桑干用兵，与王忠嗣同为裨将"，[④]慕容曦轮身为吐谷浑可汗，其率领的吐谷浑部落也应该是以朔方军一部的身份参战的。也正是因为唐廷此时不遗余力地将蕃部纳入边防军中，故天宝年间阿布思归附唐朝后，其统领的部落直接"隶朔方军"，[⑤]阿布思也在此后"累迁朔方节度副使"，[⑥]将蕃部纳入唐朝军队系统中已然成了安置归附部落的新举措。与此前的羁縻府州相比，被纳入唐朝军队中的蕃部所拥有的独立程度已经大大降低了。在一些与唐朝关系较为密切的部落中，如吐谷浑，甚至其部落首领也由唐朝任免。[⑦]

伴随着蕃部进入唐朝军队，大量的蕃部首领也开始活跃在唐朝军中。浑部的浑释之"有才武，从朔方军，积战多"，[⑧]其子浑瑊"年十余岁即善骑射，随父战伐，破贺鲁部，下石堡城，收龙驹岛，勇冠诸军"。[⑨]仆固怀恩"历事节度王忠嗣、安思顺，皆以善格斗，达诸蕃情，有统御材，委之心腹"。[⑩]这些蕃部首领虽然也属于蕃将，但他们已经被纳入朔方军系统中，其担任的职务也属于朔方军中的军职，如仆固怀恩、浑释之就担任了朔方军的左、右武锋使。[⑪]这些诸部首领常年活跃在朔方军中，与其认为他们是蕃部首领，不如视他们为朔方军将领。

通过设置押蕃使和将蕃部纳入唐军系统中，相比于唐初，玄宗时期唐朝对蕃部的控制已大大强化了。不过，这一套蕃部控制体系也有其弱点，即高度依赖部落首领。唐朝此时并未直接插手部落事务，其对蕃部的控制是通过部落首领实现的，是间接的。这就意味着一旦部落首领背叛唐朝，蕃部也会随之而去，如天宝十一载（752）阿布思叛乱后，阿布思"乃

---

① 康兰英主编《榆林碑石》，三秦出版社，2003，第 224 页。
② 《拓跋守寂墓志》提到拓跋守寂曾祖拓跋罗胄、祖后那二人先后担任防河军使，参见康兰英主编《榆林碑石》，第 224 页。
③ 周伟洲：《吐谷浑资料辑录》，商务印书馆，2017，第 72 页。
④ 濮仲远：《唐代慕容曦轮墓志考释》，《青海师范大学学报》2019 年第 1 期，第 73 页。
⑤ 《旧唐书》卷一八七《程千里传》，第 4903 页。
⑥ 《资治通鉴》卷二一六，玄宗天宝十一载三月条，第 6910 页。
⑦ 慕容曦轮甚至由吐谷浑可汗被贬为播川郡牂牁镇将（濮仲远：《唐代慕容曦轮墓志考释》，第 74 页），周伟洲认为慕容曦轮的被贬可能有唐朝削弱、分化安乐州吐谷浑势力的考虑，参见周伟洲《吐谷浑墓志通考》，《中国边疆史地研究》2019 年第 3 期，第 76 页。
⑧ 《新唐书》卷一五五《浑瑊传》，第 4891 页。
⑨ 《旧唐书》卷一三四《浑瑊传》，第 3703 页。
⑩ 《旧唐书》卷一二一《仆固怀恩传》，第 3477 页。
⑪ 《资治通鉴》卷二一七，玄宗天宝十四载十二月条，第 6944 页。

帅所部大掠仓库，叛归漠北"。[①] 此外，河曲地区蕃部众多，但并非所有的蕃部都被纳入唐朝军中，如六州胡就一直留在原地，且一直保留着较强的部落传统，[②] 也并非所有的部落首领都能在朔方军中任职，[③] 对于这些部落，唐朝并不能真正地加以控制。

即使是同一个族群的不同蕃部，唐朝的控制力也不尽相同，这在党项部落上表现得极为明显。党项拓跋守寂家族自高宗时期归附后，[④] 就一直与唐朝保持着较为密切的关系，唐朝为之设立了静边州。关于静边州都督府所辖羁縻府州的数量，开元九年颁布的《赠拓拔思泰特进制》中记为"淳恤等一十二州"，[⑤]《拓拔守寂墓志》则记为十八州，[⑥]《旧唐书·地理志》同，[⑦]《新唐书·地理志》则是二十五州。[⑧] 这些记载虽然各有不同，但并不能轻易否定，[⑨] 羁縻州数量的不同很可能是不同时代的反映。随着吐蕃的东进，原先设置在陇右、剑南一带的党项部落也不断内徙，这些增加的羁縻州大多是此后陆续降附的党项部落，如天授年间以新附部落设置的吴、朝、归、浮四州，此后即划入了静边州都督府。[⑩] 不止静边州，与静边州都督府并列的安定州都督府辖下亦有不少新降附的部落。[⑪] 静边、安定两都督府俨然成为安置新降党项部落的主要机构。唐朝虽然将这些部落分配到了亲唐的羁縻府州之下，但党项"处山谷间，亘三千里。其种每姓别自为部落，一姓之中复分为小部落，大者万余骑，小者数千骑，不相统一"。[⑫] 这些来源不一的新降党项部落与拓跋驮布、[⑬] 拓跋思泰等归附唐朝已久的部落首领此前并没有隶属关系，因此无论是拓跋驮布还是拓跋思泰家族，其实都不具备控制所有党项部落的实力，他们能真正加以掌控的只有自己的部落。

明白了这点后，便能理解为何在六胡州之乱中，各部落态度不一了。在这场叛乱中，

---

① 《资治通鉴》卷二一六，玄宗天宝十一载三月条，第 6910 页。
② 苏航：《唐代北方内附蕃部研究》，第 72 页。
③ 如阿跌部李良臣在早年即未进入朔方军中（详后）。
④ 《拓拔守寂墓志》载："追仪凤年，公之高祖立伽神君，委质为臣，率众内属。国家纳其即叙，待以殊荣。"（康兰英主编《榆林碑石》，第 224 页）据此可知，拓跋部内附唐朝应在高宗时期。
⑤ 《宋本册府元龟》卷九七四《外臣部·褒异》，第 3874 页上栏。
⑥ 康兰英主编《榆林碑石》，第 224 页。
⑦ 《旧唐书》卷三八《地理志一》，第 1413 页。
⑧ 《新唐书》卷四三下《地理志七下》，第 1123 页。
⑨ 苏航倾向于认同墓志所载从拓跋立伽到拓跋澄澜六代均押十八州，参见《唐代北方内附蕃部研究》，第 85 页。开元九年颁布的制书作为唐朝官方文书，错误的可能性很小，墓志虽言自拓跋立伽归附时就领十八州，但很可能只是追述，未必符合真实情况。
⑩ 静边州都督府所辖羁縻州之下就有这四州，参见《新唐书》卷四三下《地理志七下》，第 1123—1124 页。
⑪ 在安定州所辖羁縻州中，有"西戎州"，《新唐书·地理志》载："肃宗时懿、盖、嵯、诺、嶂、祐、台、桥、浮、宝、玉、位、儒、归、恤及西戎、西沧、乐容、归德等州内徙，余皆没于吐蕃。"（《新唐书》卷四三下《地理志七下》，第 1134 页）郭声波已经指出这段史料并不是指肃宗时这些部落才内徙，而是指到肃宗时为止，诸州都已内迁，参见郭声波《唐代河西九曲羁縻府州及相关问题》，《历史地理》第 21 辑，上海人民出版社，2006，第 62 页。则此处的西戎州内迁也应该在肃宗前，在内迁的党项部落中，至少有一部分被安置在了安定州。
⑫ 《旧唐书》卷一九八《党项传》，第 5289 页。
⑬ 拓跋驮布即为设置在庆州的安定州都督府都督，这是除拓跋守寂家族外的另一个拓跋家族。参见段志凌、吕永前《唐〈拓拔驮布墓志〉——党项拓拔氏源于鲜卑新证》，《中国国家博物馆馆刊》2018 年第 1 期，第 51 页。

除了六州胡外，党项与吐谷浑部落都参与了叛乱，[①]不过，党项和吐谷浑部落也是参与平叛的重要力量。安定州刺史拓跋驮布与静边州都督拓跋思泰都参与了平叛。《拓拔驮布墓志》载："河曲之役，羯胡称乱……公闻謇勇进，执锐先驰……而凯歌告还，实丧君鱼之子。"[②]拓跋思泰则"爰从讨袭，躬亲矢石，奋其忠勇。方申翦馘之勋，俄轸丧元之痛"，[③]拓跋驮布之子和拓跋思泰都在战场上阵亡，足见战事之激烈。《慕容曦光墓志》也记录了吐谷浑王族率部平叛之事，"去开九年六州叛，复领所部兵马，摧破凶胡"。[④]党项和吐谷浑部落在这场动乱中分成了立场截然相反的两方，而这一差异正是因为拓跋、慕容两个家族无法掌控所有党项、吐谷浑部落。因此，在六胡州之乱中，助唐平叛的是与唐关系密切，归附已久的部落，而参与叛乱的部落则是与唐关系相对疏远，不受亲唐部落首领节制的部落。仅仅依靠亲近部落首领控制蕃部，显然是不可靠的。

天宝十五载六月，潼关失陷，玄宗在与侍臣讨论去何处避难时，中官郭师太曰："彼（朔方）蕃汉杂处，父子成章，自来地名忠孝。"[⑤]主张前往朔方避难。但此提议被高力士否决，高力士认为"朔方近塞，全是蕃戎，教之甚难，不达人意"。[⑥]二人均看到了朔方蕃汉相杂这一事实，不同的是郭师太认为朔方"地名忠孝"，朔方兵可用，而高力士则认为蕃部不可信。玄宗最后听从了高力士的意见，其实玄宗对朔方蕃部的选择也没有把握。与玄宗一样，何千年也看到了蕃部的不稳定性，故极力主张南下朔方引诱蕃部参与叛乱，而正是不稳定性的存在使得蕃部在安史之乱爆发初期就给唐朝的北边形势造成了巨大冲击。

二 安史之乱初期的北边形势与阿史那从礼之乱

安禄山起兵后，还是注意到了他在河东北部的军事力量，以"高秀岩守大同"，[⑦]并遣"高秀岩寇河曲"。[⑧]在河东奏报安禄山反叛时，"东受降城亦奏禄山反"，[⑨]河东和东受降城是安史叛军最先进攻的地区，何千年此前提出的南下策略，在安禄山正式起兵后还是得到了部分实施。确认安禄山反叛后，玄宗一方面派遣封常清守洛阳，另一方面也着手布置北线的军事进攻。首先是解除了安思顺的朔方节度使职务，之后"以朔方右厢兵马使、九原太守郭子

① 《宋本册府元龟》卷九九二《外臣部·备御第五》，第4000页上栏。
② 段志凌、吕永前：《唐〈拓拔驮布墓志〉——党项拓拔氏源于鲜卑新证》，《中国国家博物馆刊》2018年第1期，第51页。
③ 《宋本册府元龟》卷九七四《外臣部·褒异》，第3874页上栏。
④ 周伟洲：《吐谷浑资料辑录》，第73页。
⑤ 《安禄山事迹》卷下，第105页。
⑥ 《安禄山事迹》卷下，第105页。
⑦ 《新唐书》卷二二五《安禄山传》，第6417页。
⑧ 《旧唐书》卷一二○《郭子仪传》，第3449页。
⑨ 《资治通鉴》卷二一七，玄宗天宝十四载十一月乙丑条，第6935页。

仪为朔方节度使"，[①]郭子仪"以本军东讨，遂举兵出单于府"。[②]如上文所言，天宝末期，朔方军的重兵均集中在天德军和振武军，郭子仪率领右厢天德军会合单于府左厢振武军后，相当于已经集结了朔方军在河套的大部分部队。朔方军很快便击溃了寇振武的高秀岩，并"乘胜拔静边军"。[③]之后，"大同兵马使薛忠义寇静边军，子仪使左兵马使李光弼、右兵马使高濬、左武锋使仆固怀恩、右武锋使浑释之等逆击，大破之，坑其骑七千"，[④]云州西部的军事威胁被解除。郭子仪"进围云中，使别将公孙琼严将二千骑击马邑，拔之，开东陉关"。[⑤]云中正是高秀岩大同军的所在地，也是安禄山在河东地区的最大军事力量，而攻占马邑后，经东陉关进入代州，进而即可兵临井陉关，威胁河北。这也意味着安禄山起兵不久，他在河东的军事力量实际上已经被暂时解除，且后方面临唐军的威胁，形势十分不利。

但在南线，唐军处境极其不利，洛阳失守，封常清、高仙芝为玄宗所杀，哥舒翰抱病防守潼关。北线威胁解除后，天宝十五载正月，玄宗"命郭子仪罢围云中，还朔方，益发兵进取东京；选良将一人分兵先出井陉，定河北。子仪荐李光弼，癸亥，以光弼为河东节度使，分朔方兵万人与之"。[⑥]玄宗在此时已经意识到从河北分兵夹击安史叛军的重要性，只是苦于南线局势紧张，才不得不让朔方军先分兵。三月"郭子仪至朔方，益选精兵，戊午，进军于代"，[⑦]四月，河北战场局势吃紧，"光弼遣使告急于郭子仪，子仪引兵自井陉出"，[⑧]此后郭、李二人均在河北战场。与此同时，朔方军也参加了潼关的防守，朔方军十将臧晔"以天步艰厄，躬亲蓻诛，与安禄山暴兵交战于潼关"，[⑨]玄宗分兵的命令也得到了执行。直到此时，北边依然处于唐军控制之下，但六月潼关失守，关中局势大变，北边开始出现危机。

潼关失守后，玄宗出逃，肃宗奔至灵武，南线局势失控，北线战场也因此受到影响，郭子仪不得不从河北战场抽身，率军返回朔方。《旧唐书·郭子仪传》言："七月，肃宗即位，以贼据两京，方谋收复，诏子仪班师。"[⑩]似乎是肃宗下令班师，郭子仪才撤退的。但《汾阳家传》云："六月八日，破史思明于嘉山之下。……中使邢延恩至，奉诏取河北路，席卷而南。会哥舒翰败绩，玄宗幸蜀，肃宗如朔方，公闻之，独总精兵五万奔肃宗行在。"[⑪]按此，则郭子

[①] 《资治通鉴》卷二一七，玄宗天宝十四载十一月丙子条，第 6937 页。
[②] 《旧唐书》卷一二〇《郭子仪传》，第 3449 页。
[③] 《资治通鉴》卷二一七，玄宗天宝十四载十二月条，第 6944 页。
[④] 《资治通鉴》卷二一七，玄宗天宝十四载十二月条，第 6944 页。
[⑤] 《资治通鉴》卷二一七，玄宗天宝十四载十二月条，第 6944 页。
[⑥] 《资治通鉴》卷二一七，肃宗至德元载正月癸亥条，第 6953 页。
[⑦] 《资治通鉴》卷二一七，肃宗至德元载三月戊午条，第 6957 页。
[⑧] 《资治通鉴》卷二一七，肃宗至德元载三月条，第 6959—6960 页。
[⑨] 《唐故朔方节度十将游击将军左内率府率臧府君墓志铭并序》，周绍良编《唐代墓志汇编》，上海古籍出版社，1992，第 1896 页。
[⑩] 《旧唐书》卷一二〇《郭子仪传》，第 3450 页。
[⑪] 《资治通鉴》卷二一八，肃宗至德元载八月条，《考异》引《汾阳家传》，第 6991 页。

仪是听闻肃宗到达朔方后，主动撤军的。《邠志》载："六月八日，败史思明于嘉山，会潼关失守，二公班师。"① 若按《邠志》，则是潼关失守后，郭、李即班师。司马光认为"二人在河北，闻潼关不守，已收军赴难在道，遇肃宗中使，遂趋灵武"，② 从此时的形势看，司马光的看法更为合理。不过，郭、李二人班师并非为了"赴难"，即救援关中，而是为了救援朔方。朔方是朔方军的根本之地，郭子仪和李光弼能长期在河北跨境作战，全仰仗了朔方的后方支持。《杜鸿渐神道碑》载："时大兵深入，后计在完，救公西归本军，镇抚喻告，调发兵食，保绥华戎。"③ 杜鸿渐长期负责朔方军的后勤工作，在朔方军进入河北后，杜鸿渐一方面在朔方调发粮食、兵士，另一方面则安抚蕃部，稳定后方，朔方军能在河北战场屡次取得胜利，与充足的补给和稳定的后方有很大关系。潼关失守后，不仅关中危急，北线局势也变得紧张起来。此前，河东叛军已构不成实质性的威胁，但潼关失守后，安史叛军进入关中，北线已同时面临河东叛军和关中叛军的威胁，若不及时救援，朔方军将面临灭顶之灾，因此郭、李二人主动撤兵的最初目的既非救援关中，也非迎立肃宗，而主要是为了救援北线。

肃宗七月辛酉（九日）到灵武后，甲子（十二日）在灵武即位，④ 在劝进的人群中就有"呼韩单于、羌戎君长"，⑤ 即蕃部首领。这些蕃部首领应该都来自朔方，在肃宗登基前后，朔方的蕃部依然处在朔方军控制之下。但好景不长，甲戌（二十二日），"阿史那从礼帅五千骑，窃厩马二千匹逃归朔方"，⑥ 之后"阿史那从礼说诱九姓府、六胡州诸胡数万众，聚于经略军北"，⑦ 且"欲迫行在"。⑧ 这意味着肃宗在灵武立足未稳之时，北边局势就已告急，蕃部不稳。阿史那从礼北上之时，率领的是"同罗、仆骨五千骑"，⑨ 同罗是之前就已降附安禄山的部族，⑩ 但仆固部此前并无归附安禄山的记载。开元初年降附唐朝的铁勒部落中，恰好有仆固部，"仆固都督曳勒哥出马骑八百人，充大武军右军讨击大使"。⑪ 安禄山掌管河东北部军镇后，原先安置在河东北部的铁勒诸部自然转归安禄山控制，此处跟随阿史那从礼叛乱的仆固部，很有可能就是河东的仆固部。阿史那从礼到达朔方后，引诱六州胡、九姓府等北边蕃部加入。延州太守李揖听闻肃宗在灵武登基后，意欲投奔，"至宁朔，属同罗扣六蕃府，

① 《资治通鉴》卷二一八，肃宗至德元载八月条，《考异》引《邠志》，第6991页。
② 《资治通鉴》卷二一八，肃宗至德元载八月条，第6992页。
③ 元载：《故相国杜鸿渐神道碑》，《文苑英华》卷八八五，中华书局，1966，第4663页上栏。
④ 《旧唐书》卷一〇《肃宗纪》，第242页。
⑤ 元载：《故相国杜鸿渐神道碑》，《文苑英华》卷八八五，第4663页下栏。
⑥ 《资治通鉴》卷二一八，肃宗至德元载七月甲戌条，第6986页。
⑦ 《资治通鉴》卷二一八，肃宗至德元载九月条，第6997页。
⑧ 《旧唐书》卷一二〇《郭子仪传》，第3451页。
⑨ 《旧唐书》卷一二〇《郭子仪传》，第3451页。
⑩ 安禄山手下的同罗部众主要来自阿布思，据王义康考证，阿布思为同罗首领，参见王义康《阿布思考略》，《陕西师范大学继续教育学报》2001年第3期，第37—39页。阿布思被杀后，"禄山诱其部落降之"（《安禄山事迹》卷上，第85页）。
⑪ 《宋本册府元龟》卷九九二《外臣部·备御第五》，第3999页上栏。

绝不得通"。[1] 宁朔即宥州宁朔郡，宥州是安置六胡州之乱后从江淮回迁的六州胡之地。[2] 所谓"同罗扣六蕃府"，应即指宥州粟特人被裹挟参加到了阿史那从礼叛乱中。

至于九姓府，王义康认为九姓府并非铁勒诸部的总称，而是一个羁縻府州。[3] 但唐朝所置羁縻府州一般均按照部落的不同分别设置，每一部落均有自己的羁縻府州名，如浑部的浑州，阿跌部的鸡田州，直接以九姓命名羁縻府州不合常理。阿史那从礼所劝诱的叛军多达数万众，仅一个羁縻府州和六州胡不太可能聚集这么强大的力量，因此，王义康的观点难以成立。小野川秀美认为参与叛乱的九姓府指的是安置在灵州境内的浑、多览葛、奚结、阿跌、屈罗勿等九姓部落，而浑、奚结、阿跌等部同时也追随哥舒翰、朔方军平叛，河曲九姓部落在安史之乱中产生了分化。[4] 将九姓府比定为九姓部落自然是可以成立的，但是否就是浑等五部则难以确定，河曲蕃部确实在安史之乱中产生了分化，但并非小野川秀美所认为的追随哥舒翰、朔方军部落与叛乱部落的分化。跟随哥舒翰的浑、奚结、阿跌等部属于河陇蕃部，[5] 本就与河曲蕃部不同，不应据之讨论河曲蕃部的问题。浑部的浑释之、仆固部的仆固怀恩常年在朔方军中，本就与唐朝关系密切，同样不能作为分化的论据，要讨论参与叛乱的九姓府，还是应该回到河曲九姓部落本身。小野川秀美在文中将阿跌部的李良臣与浑释之、仆固怀恩等人并举，[6] 视之为效忠唐朝的典型。但她没注意到的是，与浑释之、仆固怀恩两人很早就在朔方军中不同，李良臣实际上是在安史之乱中才开始追随朔方军的。李良臣袭鸡田州刺史后，一直在部落中，当听闻"玄宗幸巴蜀，肃宗幸灵武"[7] 后，李良臣恸哭请于众曰："吾生平志业，尝已布于诸君。今王室多故，是吾死节之日，诸君能从我乎？"[8] 其部众"皆感激许诺，乃驰诣行在"。[9] 李良臣率领部落投奔肃宗时，正是阿史那从礼引诱九姓部落叛乱之时，河曲九姓部落的分化就是在此时产生的。叛乱发生时，朔方军主力正在赶回途中，参与叛乱的九姓部落应该是像李良臣所率领的阿跌部一样未被纳入朔方军中，留在当地的部落。至于是哪些部落，根据目前的史料还难以确定。

杜鸿渐此前曾在后方"保绥华戎"，安抚蕃部，河曲也一直平安无事，但随着阿史那从礼的北上，大量的蕃部加入叛乱当中，蕃部已陷入失控境地。阿史那从礼引诱六州胡和九姓

---

① 颜真卿：《朝请大夫行江陵少尹兼侍御史荆南行军司马上柱国颜君神道碑铭》，《全唐文》卷三四一，中华书局，1983，第3462页上栏。

② 《元和郡县图志》卷四《关内道四》"新宥州"条载："（开元）二十六年还其余党，遂于此置宥州，以宽宥为名也。"（第106页）

③ 王义康：《唐代羁縻府州辑补》，《西北民族论丛》第9辑，中国社会科学出版社，2016，第80页。

④ 小野川秀美「河曲六州胡の沿革」206—207页。

⑤ 哥舒翰"领河、陇诸蕃部落奴剌、颉跌、朱耶、契苾、浑、蹛林、奚结、沙陁、蓬子、处蜜、吐谷浑、思结等一十三部落"（《安禄山事迹》卷中，第97页），这些蕃部均属河陇蕃部，与北边蕃部不同。

⑥ 小野川秀美「河曲六州胡の沿革」206—207页。

⑦ 王昶：《金石萃编》卷一〇八《李良臣碑》，《石刻史料新编》第1辑，新文丰出版公司，1982，第1817页上栏。

⑧ 《金石萃编》卷一〇八《李良臣碑》，第1817页上栏。

⑨ 《金石萃编》卷一〇八《李良臣碑》，第1817页上栏。

部落参与叛乱，可以算是蕃部给唐朝，尤其是新即位的肃宗造成的第一轮冲击。就在郭子仪率军奔赴灵武时，阿史那从礼已开始进攻唐朝。朔方军部将浑瑊返回途中，"至天德，遇蕃军入寇，瑊击败之"，①新传作"虏军"，②二者均应指阿史那从礼所率领的蕃部军队。郭子仪达到灵武的时间为八月壬午（一日），③七月二十二日，阿史那从礼叛归朔方，则浑瑊的天德之战当发生于七月底，也就是说在郭子仪的大军到达前，阿史那从礼已经发动了对天德的进攻，灵武局势十分危急。郭子仪此时急着赶往灵武救援肃宗，在天德并未与阿史那从礼的军队长期作战，所谓"击败之"，只是小胜而已。此后，"九月十九，驾欲幸彭原，命公（郭子仪）赴天德军，伐叛蕃"，④唐廷开始着手处理北边事宜，而天德军在此时已经陷落。据《元和郡县图志》"天德军"条载，"寻属禄山有事，子仪留老弱于此城，身率大众河北讨贼，为贼将宋星星所破，纵火焚烧。"⑤《元和郡县图志》未载天德军城破时间，根据当时的形势看，七月底蕃军开始发动进攻，九月中旬唐廷方准备收复天德军，则天德军城破最有可能是在八月到九月，也就是郭子仪到达灵武后。

此前被郭子仪击败的大同军高秀岩在郭子仪率军南下河北后，也对东受降城发动了攻击。《郭幼贤墓志》载："我汾阳即日有登坛之拜，于是举朔方之众出井陉、定燕赵。时贼将高秀岩、薛达干，乘间以云中劲卒数寇东城，将恣其西略。"⑥郭子仪虽然在此之前击败了高秀岩，但并没有彻底拔除安史叛军在河东北部的势力，安史叛军一直威胁着河曲地区，从"恣其西略"看，高秀岩一直试图突破唐军在河套东部地区的防守，进入西部地区。与东受降城一样，振武军也承受着巨大的军事压力。《苏日荣墓志》载："充振武军副使。至德初，领朔方三郡之士，卫北极九重之严，奋千人被练之师，歼九蕃同罗之众"。⑦所谓九蕃同罗，即指阿史那从礼的蕃军，可知振武也遭到了阿史那从礼叛军的进攻。七月底朔方军回军时，未曾提到在振武发生战争，振武此时应该还没遭到攻击，叛军对振武的军事行动很可能是在七月底之后才开始的。

阿史那从礼此时"聚于经略军北"。⑧经略军原置于灵州，天宝年间王忠嗣移至夏州北榆多勒城，⑨经略军东移后，"居中可以总统蕃部，北接天德，南据夏州"，⑩进一步加强了朔

① 《旧唐书》卷一三四《浑瑊传》，第3703页。
② 《新唐书》卷一五五《浑瑊传》，第4892页。
③ 《考异》引《肃宗实录》言："八月，壬午（一日）……子仪等俱奉诏，领士马五万至自河北。"《资治通鉴》卷二一八，肃宗至德元载八月壬午条，第6991页。
④ 《资治通鉴》卷二一八，肃宗至德元载九月条，《考异》引《汾阳家传》，第6997页。司马光引《肃宗实录》，认为应该是戊辰（十七日），非十九日（第6998页）。
⑤ 《元和郡县图志》卷四《关内道四》，第114页。
⑥ 胡戟编《珍稀墓志百品》，陕西师范大学出版社，2016，第271页。
⑦ 《唐故特进行虔王傅扶风县开国伯上柱国兼英武军右厢兵马使苏公墓志铭并序》，周绍良编《唐代墓志汇编》，第1897—1898页。
⑧ 《资治通鉴》卷二一八，肃宗至德元载七月条，《考异》引《汾阳家传》，第6986页。
⑨ "有经略军，在榆多勒城，天宝中王忠嗣奏置。"《新唐书》卷三七《地理志一》，第975页。
⑩ 《元和郡县图志》卷四《关内道四》，第106页。

方军对河曲地区蕃部的控制，且与天德、振武相掎角，构成了朔方军在河套以南的另一个军事重心。元和九年（814）于经略军故城置新宥州时，李吉甫仍上言"自夏州至天德军，复置废馆一十一所，以通急驿"，①足见此地对沟通天德军和河曲地区的重要作用。②阿史那从礼引诱河曲数万蕃部参与叛乱之初，就迅速攻占了经略军，其目的除了消灭唐军在河曲的军事力量外，还在于占据经略军后，可以此为基地对天德和振武同时发动攻击。天德和振武在此后也的确遭到了叛军的猛烈进攻，以致"河曲骚然，经略数军，兵围不解"。③而如上文所言，振武、天德两军正是朔方军在北边防御体系中的两个核心，阿史那从礼从经略军进攻振武、天德，实际上是试图一举瓦解唐朝的北边防御体系。无论阿史那从礼叛归朔方的本意如何，④他在河曲地区的一系列军事行动，还是起到了呼应河东安史叛军的作用，何千年此前策划的从大同军取道朔方、南下关中的战略计划在一定程度上实现了，只不过方向相反而已。

阿史那从礼之乱不仅对朔方军经营多年的北边防御体系造成了很大的冲击，还使刚刚立足灵州不久的肃宗朝廷一开始就面临覆亡的威胁。阿史那从礼聚集的叛军，《汾阳家传》言"甲兵五万，部落五十万"，⑤这自然稍显夸张，但必定也聚集了十分可观的军事力量。郭子仪带回朔方的军队虽有五万之众，但均是河北久战之师，且朔方军在河套地区的军事要地大都已被叛军占领，收复之路困难重重，加之叛军均是胡骑，战斗力强悍，朔方军并没有可以压制叛军的绝对优势。肃宗在九月离开灵武，前往彭原，就是因为北边诸军事要地已被叛军占据，灵武已不安全。郭子仪在接受了肃宗"赴天德军，伐叛蕃"⑥的命令后，立即率军北上。关于此役的情况，《旧唐书·仆固怀恩传》载："怀恩子玢领徒击贼，兵败而降，寻又自拔而归，怀恩叱而斩之。将士慑骇，无不一当百，遂破同罗千余骑于河上，尽收其器械、驼马。"⑦叛军实力强大，就连仆固怀恩子仆固玢也被俘，虽然破了同罗千余骑，但朔方军在短期内显然无法消灭叛军，而此时的形势已容不得唐军再拖延了。一方面是肃宗急需一个稳

① 《元和郡县图志》卷四《关内道四》，第106页。
② 关于从经略军至天德军和丰州一带的交通路线，可参看严耕望《唐代交通图考》第1卷《京都关内区》，第231页。
③ 《旧唐书》卷一二一《仆固怀恩传》，第3485页。
④ 关于阿史那从礼逃归朔方的原因，《肃宗实录》言"忽闻同罗、突厥背禄山走投朔方，与六州群胡共图河朔"，认为阿史那从礼是背叛了安禄山。《汾阳家传》云"禄山多谲诈，更谋河曲熟蕃以为己属，使蕃将阿史那从礼领同罗、突厥五千骑伪称叛，乃投朔方，出塞门，说九姓府、六胡州"，又认为是受安禄山指使（均参见《资治通鉴》卷二一八，肃宗至德元载七月条，《考异》，第6986页）。《旧唐书》卷一一一《崔光远传》载："同罗背禄山，以厩马二千出至浐水，孙孝哲、安神威从而召之，不得；神威惧而忧死。"（第3318页）司马光认为："若禄山使从礼伪叛，则孝哲何故召之？神威何为怖死？"故他倾向于认为"盖同罗等久客思归，故叛禄山，欲乘世乱，结诸胡，据边地耳"（《资治通鉴》卷二一八，肃宗至德元载七月条，第6986页）。司马光的看法非常敏锐，确实抓住了这一问题的关键。阿史那从礼所率领的同罗、突厥军队是镇守长安的主要军事力量。在这些军队北归后，长安城立刻陷入大乱，"长安大扰，官吏窜匿，狱囚自出"（《资治通鉴》卷二一八，肃宗至德元载七月条，第6986页），孙孝哲也只得逃回洛阳，"以状白禄山"（《资治通鉴》卷二一八，肃宗至德元载七月甲戌条，第6987页），可见阿史那从礼的北归并非出于安禄山的授意，确实是像司马光所认为的试图乘乱世盗据边地。苏航认为阿史那从礼不仅是想要盗据边地，甚至有复兴突厥的打算，参见苏航《唐代北方内附蕃部研究》，第109—110页。
⑤ 《资治通鉴》卷二一八，肃宗至德元载七月条，《考异》引《汾阳家传》，第6986页。
⑥ 《资治通鉴》卷二一八，肃宗至德元载九月条，《考异》引《汾阳家传》，第6997页。
⑦ 《旧唐书》卷一二一《仆固怀恩传》，第3478页。

定的后方，另一方面是朔方军撤军后，河北尽没，史思明已开始率领叛军围攻李光弼固守的太原，河东局势吃紧，快速稳定北边局势以便抽兵救援河东已成为迫切需求。在朔方军短期内无法消灭叛军的情况下，肃宗只得向回纥借兵。

回纥在八月初就曾到灵武，"回纥可汗、吐蕃赞普相继遣使请助国讨贼"，[①] 但肃宗"宴赐而遣之"，[②] 并未表示要借助回纥兵力。到了九月戊辰（十七日），即命郭子仪北救天德之日，肃宗"以豳王守礼之子承寀为敦煌王，与仆固怀恩使于回纥以请兵"，[③] 正式要求回纥出兵。十一月戊午（八日），"回纥至带汗谷（呼延谷），与郭子仪军合"。[④] 呼延谷在"中受降城正北如东八十里"，[⑤] 可知这是在中受降城附近发动的军事行动。三日后，"辛酉（十一日），（回纥）与同罗及叛胡战于榆林河北，大破之，斩首三万，捕虏一万，河曲皆平"。[⑥] 榆林河在胜州以北，处于朔方军的左翼，此前，唐军与叛军双方在振武、东受降城等地多次发生战争，唐、回纥联军击破叛军后，阿史那从礼的威胁终于被解除。短短几日，回纥就帮助唐朝平定了严重威胁唐朝的阿史那从礼之乱，回纥的战力由此可见一斑，此后唐朝再次请求回纥出兵，未尝不是从此次平乱中看到了回纥的实力。《新唐书·回纥传》言"肃宗即位，使者来请助讨禄山，帝诏燉煌郡王承寀与约，而令仆固怀恩送王，因召其兵"，[⑦] 将回纥第一次出兵视为是为了直接对付安禄山，并不符合实际情况。唐朝此次请求回纥出兵完全是因为阿史那从礼扰乱了唐朝的北边防御体系，并非希望回纥南下直接进攻安禄山。《通鉴》所言"虽用朔方之众，欲借兵于外夷以张军势"，[⑧] 同样不符合当时的军事形势。仅依靠朔方军短期内是无法消灭阿史那从礼的，借回纥兵并非仅是为了"张军势"，而是为了尽快平定阿史那从礼之乱。阿史那从礼之乱对肃宗即位初期所造成的军事压力被低估了。

阿史那从礼掀起的叛乱被平定后，阿史那从礼逃回安史叛军中，[⑨] 与其一起叛乱的同罗、六州胡部落也随之而去。至德二载（757）安庆绪北走时，"其大将北平王李归仁及精兵曳落河、同罗、六州胡数万人皆溃归范阳"，[⑩] 此处的六州胡应即随阿史那从礼而去的河曲六州胡部落。[⑪] 至于九姓部落，"子仪使（韩）游瓌率辛京杲击破之，九蕃府还附"。[⑫] 在阿史那从礼的

① 《资治通鉴》卷二一八，肃宗至德元载八月条，第6992页
② 《资治通鉴》卷二一八，肃宗至德元载八月条，第6992页。
③ 《资治通鉴》卷二一八，肃宗至德元载九月条，第6998页。
④ 《资治通鉴》卷二一九，肃宗至德元载十二月戊午条，第7007页。据点校本校记，十二行本"二"作"一"，乙十一行本同（第7007页）。《旧唐书》卷一〇《肃宗纪》亦载："（十一月）戊子，回纥引军来赴难，与郭子仪同破贼党同罗等三千余众于河上。"（第244页）十一月无戊子，《旧唐书》后文又有"十二月戊子"，十一月的戊子应为戊午之误，参照《旧唐书》，《通鉴》的"二"应为"一"之误。
⑤ 《新唐书》卷四三下《地理志七下》，第1148页。
⑥ 《资治通鉴》卷二一九，肃宗至德元载十二月辛酉条，第7007页。此处的十二月亦为十一月之误。
⑦ 《新唐书》卷二一七上《回鹘传上》，第6115页。
⑧ 《资治通鉴》卷二一八，肃宗至德元载九月条，第6998页。
⑨ 阿史那从礼逃回后，安庆绪还册封其为左羽林大将军，参见《新唐书》卷二二五上《安庆绪传》，第6422页。
⑩ 《资治通鉴》卷二二〇，肃宗至德二载十二月条，第7047页。
⑪ 小野川秀美「河曲六州胡の沿革」201页。张广达：《唐代六胡州等地的昭武九姓》，收入《文本、图像与文化流传》，广西师范大学出版社，2008，第86—87页。
⑫ 《新唐书》卷一五六《韩游瓌传》，第4904页。

同罗叛军被击败后，九姓部落也被朔方军击败，再次归附唐朝，河曲蕃部大乱的局面最终结束。平定阿史那从礼之乱后，郭子仪"还军洛交"，[①]进驻郿州，直至至德二载二月，方才"自洛交引兵趣河东，分兵取冯翊"。[②]郭子仪在郿州停留既是为南下作战做准备，也在客观上震慑了其他河曲蕃部，给唐朝带来巨大冲击的六州胡、九姓部落此后也未再掀起大的叛乱。

至德二载十月，唐廷收复长安，虽然战乱还在河南、河北地区持续，但唐朝的北边局势在此后逐渐稳定了下来，再也没有遭到致命性的危机。这实际上与唐朝重建北边防御体系有关，这一点还未引起学者注意，笔者下文希望对此问题做一探究。

平定阿史那从礼之乱后，至德二载，宥州"又改为怀德郡都督府"。[③]寄理于经略军的宥州长期被阿史那从礼占据，[④]是阿史那从礼北上的重要基地。肃宗不仅未将宥州废除，还将其升级为都督府，显然是从阿史那从礼之乱中看到了宥州"北接天德，南据夏州"[⑤]的重要军事地位，将宥州升级可能意味着唐军已着手经营宥州。宥州此前有怀德县，如今将宥州改为怀德，或许是希望参与叛乱的河曲蕃部能改过自新，这一改名也透露出唐朝试图通过提升宥州地位强化对河曲蕃部控制的意图。次年，乾元元年（758），肃宗"置振武节度使，领镇北大都护府、麟、胜二州"，[⑥]振武节度所辖区域此前属朔方节度使管辖，关于此时设置振武节度的背景，学者们有不同看法。李鸿宾认为这与肃宗试图削弱朔方军有关，[⑦]李碧妍则认为设置振武节度使未必是出于削弱朔方军的目的，甚至不是为了对付回纥，很可能只是为了方便唐朝与回纥联络。不过，她依然谨慎地表示"此时设置振武节度使的目的还不是十分清楚"。[⑧]

此时唐朝与回纥的联络主要是取道灵州和太原，回纥叶护助唐收复长安后，"每载送绢二万匹至朔方军，宜差使受领"，[⑨]所谓朔方军，指的自然是朔方节度的驻地灵州，灵州至长安的道路也较为便捷。[⑩]至于太原，严耕望指出"盛唐以后，南北交往，如遣使，如贡、遗，如公主和蕃，例取太原路"。[⑪]宝应元年（762）回纥牟羽可汗南下入唐与返回漠北也均是取道太原，振武虽处在回纥到太原之间的驿道上，[⑫]但并无必要专门设置一个节度使来与回纥联络，设置振武节度使的目的还需从其他方面理解。乾元元年的诏书，并非只设置振武节

---

① 《资治通鉴》卷二一九，肃宗至德元载十二月戊午条，第7007页。
② 《资治通鉴》卷二一九，肃宗至德二载二月条，第7017页。
③ 《旧唐书》卷三八《地理志一》，第1418页。
④ 《元和郡县图志》卷四《关内道四》"新宥州"条载："天宝中，宥州寄理经略军。"（第106页）
⑤ 《元和郡县图志》卷四《关内道四》，106页。
⑥ 《资治通鉴》卷二二〇，肃宗乾元元年条，第7066页。
⑦ 李鸿宾：《朔方军研究——兼论唐廷与西北诸族的关系及其演变》，第170页。
⑧ 李碧妍：《危机与重构：唐帝国及其地方诸侯》，第118页。
⑨ 《旧唐书》卷一九五《回纥传》，第5200页。
⑩ 灵州至长安的交通路线可参见严耕望《唐代交通图考》第1卷《京都关内区》，第179—206页。
⑪ 严耕望《唐代交通图考》第5卷《河东河北区》，上海古籍出版社，2007，第1341页。
⑫ 严耕望《唐代交通图考》第5卷《河东河北区》，第1341页。

度，其后言"又置陕、虢、华及豫、许、汝二节度使；安南经略使为节度使，领交、陆等十一州"，[①]可见在振武设置节度并非孤立事件，需要综合考虑其他藩镇的设置。安史之乱发生后，唐朝中央与地方隔绝，无法统筹地方事务，原先在边境地区设置的节度使开始扩展到内地。"及安禄山反，诸郡当贼冲者，皆置防御守捉使"，[②]乾元元年又"置团练守捉使、都团练守捉使，大者领州十余，小者二三州"。[③]陕州与豫州、许州等地一直是唐军与叛军多次激烈交战的地方，在此时设置节度使实际上有划分防区，协同作战的意图，设置振武节度毫无疑问也有同样的目的。

安史之乱前，天德和振武构成了朔方军的左、右翼，共同拱卫唐朝的北部边防，两地也构成了关内道北部防御体系的核心，但阿史那从礼之乱瓦解了这一体系。收复长安后，北边局势稳定下来，重建北边边防自然提上了议事日程。虽然阿史那从礼之乱对振武和天德都造成了不小的破坏，但二者在程度上还是有所区别的。叛军攻破天德军城后，"纵火焚烧"，[④]军城被毁，附近的人口也大量减少，"缘居人稀少"，[⑤]只得"移天德军永清栅"。[⑥]而永清栅在此前只是普通的防御军镇，"城甚牢小"，[⑦]所能容纳的人数有限，甚至连天德军的治所都只能放到西受降城，后来的李吉甫即认为当初将天德军移到永清栅是"力所不足，实非远图"。[⑧]反观振武，虽然也遭受了攻击，但振武军"奋千人被练之师，歼九蕃同罗之众"，[⑨]而东受降城也"克全无害"，[⑩]朔方军的左翼防御体系基本得到了保留。这样一来，在安史叛乱还未平定，国步多艰的情况下，自然只会选择以振武为中心重建北边防御体系。朔方军的主力此时正在平叛，根本无暇兼顾北边事务，设置一个相对独立的节度使可以使决策更加灵活。此外，若考虑到高秀岩还盘踞在云州，对河曲地区仍有威胁，则设置振武节度使实属必要。此时设置振武节度是唐朝重建北边边防体系的重要一环，绝非为了削弱朔方军。此后北边归于安定，不能不说与设置振武节度使有关，李碧妍所言的"振武节度使在肃宗朝设置的意义并不大"[⑪]的观点恐难成立。

进一步观察可以发现，唐朝在此时实际上有一系列调整北边边防的措施，振武并非孤例。蔚州横野军"乾元元年徙天成军合之，而废横野军"。[⑫]天成军设置年代不明，《元和郡

① 《资治通鉴》卷二二〇，肃宗乾元元年条，第 7066 页。
② 《新唐书》卷四九《百官志四》，第 1316 页。
③ 《新唐书》卷四九《百官志四》，第 1316 页。
④ 《元和郡县图志》卷四《关内道四》，第 114 页。
⑤ 《元和郡县图志》卷四《关内道四》，第 113 页。
⑥ 《元和郡县图志》卷四《关内道四》，第 113 页。
⑦ 《元和郡县图志》卷四《关内道四》，第 114 页。
⑧ 《元和郡县图志》卷四《关内道四》，第 114 页。
⑨ 《唐故特进行虞王傅扶风县开国伯上柱国兼英武军右厢兵马使苏公墓志铭并序》，周绍良编《唐代墓志汇编》，第 1898 页。
⑩ 胡戟编《珍稀墓志百品》，第 271 页。
⑪ 李碧妍：《危机与重构：唐帝国及其地方诸侯》，第 118 页。
⑫ 《新唐书》卷三九《地理志三》，第 1007 页。

县图志》"蔚州"条载："（蔚州）北至天成军一百八十里。"[①]此时蔚州州治已经移至横野军所在的安边县，则天成军位于横野军之北，应该也是蔚州防御北边的重要军事力量。此时的回纥与唐保持了较为密切的关系，北边局势相对缓和，而河北的史思明还处于归附不定的状态，将天成军南移可能也是出于对付河北安史叛军的考虑。此议虽因河东局势在此后出现反复而未能实施，[②]但仍可看出肃宗一直在积极调整北边边防以适应新的形势。

以上笔者梳理了安史之乱初期唐北边形势的大致演变脉络，可以发现乾元之后，关内道北部的形势已经稳定了下来，那么，分布在关内道南部的其他蕃部面对安史之乱又有什么反应呢？这正是笔者下文希望讨论的问题。

三 党项叛乱与关内道南部防御体系的重建

虽然玄宗力图加强对蕃部的控制，但在河套以南的蕃部聚居区，唐朝似乎并没有足够强大的军事力量。开元四年（716），薛讷曾经请求在夏州加兵，"请于夏州加三二千兵"，[③]但宰相姚崇认为，"兵虽不厌多，多则费广；降人既纳甲仗，固亦无虞，虽欲纵之，其将何往？况夏州素有马二千匹，兵一千三百人，苟能用之，足堪镇遏"。[④]开元四年正是大量降户南下之时，薛讷请求加兵就是为了增强唐朝的军事力量，但提议被姚崇驳回。此后降户叛乱，由于没有足够的兵力，叛军曾一度南下至绥州大斌县。[⑤]开元九年，六胡州叛乱时，唐朝动用了陇右、河东军队才将动乱平定下去，直到此时河曲地区的兵力依然不足。这一兵力不足的状况似乎一直未引起唐廷重视，朔方节度使此后一直将防御的重心放在河套地区，王忠嗣在天宝初年构建唐朝的北边防御体系时，也依然是以河套为重点。此后虽然在夏州设置了经略军，但在夏州以南的腹心地区还是没有足够的镇守军，这意味着大量的蕃部实际上只能依靠归附唐朝已久的蕃部首领与押蕃使进行控制。在安定时期，这一体制自然是有效的，但在战争时期，若没有足够的军事力量支持，押蕃使也很难发挥作用。

天宝十五载六月，潼关失守后，局势开始失去控制。随着安史叛军攻占长安，"自京畿、

---

① 《元和郡县图志》卷一四《河东道三》，第404页。
② 至德二载十二月，"贼将伪范阳节度使史思明以其兵众八万之籍，与伪河东节度使高秀岩并表送降"（《旧唐书》卷一〇《肃宗纪》，第250页），但到了乾元元年底，高秀岩、史思明"闻珣等被诛，惧不自安，乃复叛"（《新唐书》卷五六《刑法志》，第1416页）。河东再次陷入动乱后，肃宗的调整自然无法实施。根据《薛坦墓志》，薛坦曾在大历中担任"蔚州刺史、横野军钱监等使"（《唐故金紫光禄大夫持节蔚州诸军事守蔚州刺史横野军钱监等使上柱国河东薛公墓志铭并序》，周绍良、赵超编《唐代墓志汇编续集》大历〇三五，上海古籍出版社，2001，第715页），晚唐时李克用曾自云州"追（李匡威）至天成军"（《资治通鉴》卷二五九，昭宗景福元年八月己亥条，第8435页），则横野军、天成军在此后依然存在，肃宗的调整并未实现。
③ 《宋本册府元龟》卷九九二《外臣部·备御第五》，第3998页上栏。
④ 《宋本册府元龟》卷九九二《外臣部·备御第五》，第3998页上栏。
⑤ 《旧唐书》卷一九四上《突厥传上》载："贼至大斌县，又为将军郭知运所击，贼众大溃。"（第5174页）

鄜坊至于岐陇，悉附之"，[①] "自新平属之五原，二千石皆反为贼守"。[②] 各地太守也纷纷弃城而走，肃宗北上之时接连斩杀逃跑的新平郡（邠州）太守薛羽、保定郡（泾州）太守徐毅，[③] 就连远离长安的延州太守李揖此时也"计未有所出"，[④] 不知该投向何方。此时的关内道防御体系已然全面崩塌，陷入了群龙无首的混乱境地，导致这一局面出现的原因正是前文所谈到的关内道北重南轻的军事格局。关内道南部诸州在叛乱发生时并没有足够的兵力，难以抵抗叛军，阿史那从礼便是在关内诸州无守备时轻而易举地到达经略军，并对唐朝造成了严重威胁的。

关内道防御体系崩溃后，蕃部失去了唐朝的控制，各蕃部的对唐态度也随之分化。除在朔方军中参与平叛的众多九姓部落外，吐谷浑部落的慕容相在安史之乱发生时"乃脱朝服，缉本部东讨"，[⑤] 慕容曦皓也在安史之乱期间担任大同军使，[⑥] 可见安乐州吐谷浑部落在安史之乱中是支持唐朝的。安置在银州的吐蕃论氏家族在安史之乱期间也曾积极参与平叛，其统属的吐谷浑部落自然也随之一起平叛。[⑦] 至于党项部落，在广德元年（763）唐廷颁布的奖赏平叛功臣的名单中有"拓拔澄泌"，[⑧] 而拓跋守寂之子名拓跋澄澜，拓跋澄泌很可能是拓跋澄澜的同辈兄弟，由此观之，静边州拓跋部应该也参与了平叛。这些参与平叛的部落与六胡州之乱时基本一致，还是主要集中于与唐朝关系较为紧密的部落，而对于数量更为庞大的其他蕃部，安史之乱对他们而言并不是灾难，而是摆脱唐朝控制的机会。

阿史那从礼之乱虽然一度给唐朝的北边造成了严重的威胁，但持续时间并不长，真正给唐朝带来持续威胁并对唐朝关内道南部防御格局产生重大影响的事实上是较为分散且又不相统属的党项部落。关于党项部落在安史之乱中的动向，史书记载较为零散、混乱，需要仔细考辨。

安史之乱前的党项部落，若按照区域划分，可大致划分为东部的银、夏和西部的庆州党项两大支。在这两个区域内，唐朝分别设置了静边州和安定州两大都督府，依靠拓跋思泰和拓跋驮布家族分别管控两地的党项部落。安史之乱爆发后，唐朝在夏州置天柱军，[⑨] 并以拓跋部首领为刺史，[⑩] 从由拓跋部首领出任刺史看，天柱军的主体应是夏州的党项部落。在

① 《安禄山事迹》卷下，第107页。
② 独孤及撰，刘鹏、李桃校注《毗陵集校注》卷一一《唐故特进太子少保郑国李公墓铭》，蒋寅审定，辽海出版社，2006，第247页。
③ 《旧唐书》卷一〇《肃宗纪》，第241页。
④ 颜真卿：《朝请大夫行江陵少尹兼侍御史荆南行军司马上柱国颜君神道碑铭》，《全唐文》卷三四一，第3462页上栏。
⑤ 周伟洲：《吐谷浑资料辑录》，第78页。周伟洲原断作"乃脱朝服，缉本部，东讨旋旆"，不通，"东讨"应断在前，据改。
⑥ 《唐故大同军使云麾将军左武卫大将军宁朔县开国伯慕容公墓志铭并序》，周绍良、赵超编《唐代墓志汇编续集》大历〇〇八，第697页。
⑦ 沈琛：《入唐论氏家族新探——以〈论惟贞墓志〉为中心》，《文史》2017年第3期，第92页。
⑧ 宋敏求编《唐大诏令集》卷九《广德元年册尊号赦》，中华书局，2008，第58页。
⑨ 《新唐书》卷三七《地理志一》"夏州"条载："有天柱军，天宝十四载置。"（第973页）
⑩ 《新唐书》卷二二一上《党项传》载："始，天宝末，平夏部有战功，擢容州刺史、天柱军使。其裔孙拓拔思恭，咸通末窃据宥州，称刺史。"（第6218页）

蕃部中置军在安史之乱前就已存在，静边州都督府中就有防河军。唐朝选择此时在夏州党项部落中设置天柱军，应该也是希望利用党项部落去平叛。虽然无法确定刺史属于哪一个拓跋家族，但从"有战功"看，天柱军在安史之乱中还是起到了一定作用，其首领也未背叛唐朝。但像静边州、安定州以及夏州天柱军部落一样效忠唐朝的党项部落并不多，在唐朝尚且自身难保的情况下，单纯依靠这些党项家族自然是无法控制其他部落的，党项就此开始大乱。

经过阿史那从礼叛乱后，六州胡与九姓部落元气大伤，人数锐减，党项逐渐成为河曲地区的主要部落，[①] 并在阿史那从礼之乱后给唐朝带来了第二波冲击。《张维岳神道碑》载："属幽陵首祸，安羯称乱……清渠之战，特拜左卫将军。党□背德，恣为陵逼，肃宗命公以麾下敢死，亟往摧之。"[②] 墓志中最值得注意的是"党□背德"一句，虽然志文已残，但"党□"有很大可能是党项或党羌，若此推测成立，则志文实际上是在叙述张维岳领兵平定党项之事。清渠之战在至德二载五月，[③] 此前，郭子仪一度"还军洛交"，[④] 直到至德二载二月才南下。郭子仪南下后，关内道兵力空虚，加之清渠之役"官军大溃"，[⑤] 唐军作战不利，党项乘此机会作乱并非没有可能。也就是说，在九姓、六州胡部落刚被镇压，长安尚未收复时，党项很可能就已摆脱了唐朝控制，并开始袭扰唐朝。墓志虽言"摧之"，但张维岳并未能彻底消除党项的威胁，党项在之后又继续发动了叛乱。《刘昇朝墓志》载：

> 克复后，北鄙犹虞，党项凭凌鄜、坊、丹、延等州，帝择为假回纥首领，领五百人登山涉川，环崖透谷，若秋鹘之击群雁，如韩卢之逐狡兔，所捕必获，舍之无遗。[⑥]

所谓克复，即指至德二载九月收复长安之事，在收复长安以前，唐军需要面对的最大威胁是占据长安的安史叛军，长安收复后，关中形势并未稳定下来。从墓志看，党项此时不仅到了鄜、坊、丹、延四州，还对四州造成了很大的困扰，以致"北鄙犹虞"，连唐军也不能消灭这些叛乱部落，需要借用回纥士兵。鄜、坊、丹、延四州本非党项的主要聚居地，从地理位置考虑，这批党项很可能是来自北部的夏、银等州，即东部党项，相比安史之乱前，党项的势力显然是扩大了。次年，乾元元年，"（九月）丙子，招讨党项使王仲升斩党项酋长拓跋戎德，传首"，[⑦] 史书未言是何处的党项叛乱。冈崎精郎、李碧妍认为是邠、宁、庆一带的

① 小野川秀美「河曲六州胡の沿革」205、207 頁。
② 邵说：《唐故开府仪同三司兼左羽林军大将军知军事文安郡王赠工部尚书清河张公神道碑铭》，《全唐文》附《唐文拾遗》卷二四，第 10635 下栏—10636 页上栏。
③ 《资治通鉴》卷二一九，肃宗至德二载五月癸丑条，第 7023 页。
④ 《资治通鉴》卷二一九，肃宗至德元载十一月戊午条，第 7007 页。
⑤ 《资治通鉴》卷二一九，肃宗至德二载五月癸丑条，第 7023 页。
⑥ 《唐故元从定难功臣金紫光禄大夫行左金吾卫大将军兼试殿中监上柱国彭城县开国侯刘府君墓志铭并序》，周绍良编《唐代墓志汇编》，第 1894 页。
⑦ 《资治通鉴》卷二二〇，肃宗乾元元年九月丙子条，第 7060 页。

党项，[①] 即西部党项，但从上文讨论的刘昇朝曾讨伐东部党项看，至德年间的东部党项也曾对唐朝产生威胁，因此拓跋戎德也有可能是东部党项。值得注意的是，唐朝此时已专门设置了"招讨党项使"，负责讨伐党项。这表明党项的威胁已经呈现出了常态化的趋势，党项问题已不再是靠临时征讨所能解决的了，党项已逐渐成为唐朝在关内道需要面对的持续威胁。党项叛乱也暴露出了唐朝在关内道兵力寡弱，防守空虚的问题，鄜、坊、丹、延四州面对党项的侵扰竟全无抵抗之力，还得借助唐朝中央派遣的军事力量，此前关内诸州兵力寡弱的局面并没有得到改变。要想制服党项，就必须重构关内道军事格局，这正是肃宗收复长安后首先需要面对的问题。

安史之乱前，朔方节度使管辖着几乎整个关内道地区，但正如前文所言，朔方节度使的军事重心一直是在关内道北部，因此安史之乱爆发后，关内道南部的防御体系很快便崩溃了。至德元载（756）七月，肃宗即位不久便着手调整关内道的行政格局，"改关内采访使为节度使，徙治安化，以前蒲关防御使吕崇贲为之"。[②] 胡三省认为关内节度使"治安化，领京兆、同、岐、金、商五州"，[③] 这一看法源于《新唐书·方镇表》所载"（至德元载）置京畿节度使，领京兆、同、岐、金、商五州"，[④] 胡三省显然是将京畿节度使与关内节度使混为一谈了。《方镇表》其后还有"别置关内节度使以代采访使"[⑤] 的记载，可见二者并不能等同，胡注误。

肃宗即位时，京兆、同州已经陷落，但关内道南部的州县，如宁州、庆州等地都还在唐军手中，关内节度使不可能舍弃这些尚在唐军手上的州县而去兼领陷落的京兆等地，因此笔者倾向于认为关内节度使应该主要是节制尚在唐军手中的关内道南部诸州。据《论惟贞墓志》，论惟贞曾"充绥、银等州召募使，浃辰之内，得一千余人"，此后"有诏同关内节度副使"，[⑥] 论惟贞先在绥、银等州招募兵士，此后以所募兵士并入关内节度，并充任关内节度副使，也可帮助绥、银二州受关内节度使节制。关内节度使治庆州（安化郡）亦是为了便于统领关内道南部事务，此前，关内道南部防御体系早已崩溃，设置关内节度使是肃宗为应对混乱的关内道南部局势而做的调整，是唐廷重构关内道南部防御体系的重要一步，其目的也绝非削弱朔方军。[⑦] 十二月，王思礼出任关内节度使，并在此后率军多次与叛军作战，乾元

① 冈崎精郎『タングート古代史研究』東洋史研究会、1972、37 頁；李碧妍：《危机与重构：唐帝国及其地方诸侯》，第 118—119 页。
② 《资治通鉴》卷二一八，肃宗至德元载七月条，第 6982 页。
③ 《资治通鉴》卷二一八，肃宗至德元载七月条，第 6982 页。
④ 《新唐书》卷六四《方镇表一》，第 1766 页。
⑤ 《新唐书》卷六四《方镇表一》，第 1766 页。
⑥ 沈琛：《入唐论氏家族新探——以〈论惟贞墓志〉为中心》，《文史》2017 年第 3 期，第 82 页。
⑦ 李鸿宾采信了胡三省关于关内节度所领州郡的看法，他认为这几州均不在朔方节度使辖区内，故不能视为是削弱朔方军，参见《朔方军研究——兼论唐廷与西北诸族的关系及其演变》，第 170 页。笔者认为即使关内节度使所领州县是朔方节度使辖区，也不能直接认为是削弱朔方军。此时朔方军正忙于与叛军作战，根本无暇兼顾关内道事务，肃宗在还未有明确的调整计划时，暂时设置一个统领关内道南部的节度使是必须的，不然无法应对关内道南部的混乱局势。

二年（759）相州之战失利后，王思礼转任河东节度使，关内节度使被废除。[1]

同年设置邠宁节度使，领邠、宁、庆、泾、原、鄜、坊、丹、延九州，[2] 这实际上相当于正式确认了邠宁节度使对关内道南部的管辖，从战时的关内节度使转向正式的邠宁节度使，节度使辖区也进一步明确化。上元元年（760）正月，肃宗开始进一步调整关内道南部行政格局，"党项等羌吞噬边鄙，将逼京畿，乃分邠、宁等州节度为鄜坊丹延节度，亦谓之渭北节度。以邠州刺史桑如珪领邠宁，鄜州刺史杜冕领鄜坊节度副使，分道招讨"。[3] 此时的党项聚集于庆州和鄜、坊等州，在东西两个方向都对唐朝造成了威胁，分置邠宁和鄜坊节度以分道招讨势所必然。[4] 与刘昇朝至德二载的那次征讨还需要朝廷出兵不同，此时的邠宁和鄜坊已经有了自己的军事力量。李观曾在乾元中，"以策干朔方节度使郭子仪"，郭子仪"令佐坊州刺史吴伷，充防遏使"。[5] 防遏使的设置帮助至迟到乾元年间，关内道诸州已经开始布置军事力量，这应该属于收复长安后肃宗调整关内道内轻外重军事格局的措施。

到了上元元年九月，唐廷欲令郭子仪率军征讨叛军时，关内道南部各州已经拥有了可观的军事力量，肃宗颁发的《郭子仪都统诸道兵马收复范阳制》载：

> 渭北官健一万人：马军三千人，步军八千人，以开府韦京杲充使……鄜坊等州官健一万人：马军一千人、步军九千人，以摄御史中丞杜冕充使；宁州官健一万人：马军一千人、步军九千人，以摄御史桑如珪充使；泾原防御官健二千人：马军五百人、步军一千五百人，以大将军阎英奇充使。[6]

与安史之乱初期的虚弱和混乱不同，上元元年时，关内道南部各州已拥有了数万兵力，并与朔方军一道成为唐朝平叛需要倚仗的重要军事力量，此前南轻北重的军事格局已得到了彻底改变。而承担防御党项任务的鄜坊和邠宁此时的兵力均已达到了一万以上，实力十分雄厚。

上元元年，"十二月，丙子，党项寇美原、同官，大掠而去"。[7] 美原、同官均位于长安东北部，南下侵唐的党项部落应该来自北部的鄜、坊、丹、延等州，乾元年间的征讨并没有解除东部党项的威胁。在此后东部党项对唐朝持续不断的侵扰中，值得关注的还有宝应元年

---

① 《新唐书·方镇表》"朔方节度使"条载："（上元二年）废关内节度使，罢领单于大都护，以泾、原、宁、庆、坊、丹、延隶邠宁节度，麟、胜隶振武节度。"（第 1767 页）但此条记载错误颇多，泾、原等州在乾元二年即隶属邠宁节度，此后一直到上元二年（761），都没有重新归属朔方节度。胡三省也引用了这条记载，但时间在乾元二年（《资治通鉴》卷二二一，肃宗乾元二年六月丁巳条，第 7077 页），则此条可能是后世复刻窜栏而致误。吴泽也指出此条记载为重复衍误，应该删除，参见吴泽《〈新唐书·方镇表〉考校记》，《史学史研究》1992 年第 1 期，第 29 页。

② 《新唐书》卷六四《方镇表一》，第 1767 页。

③ 《资治通鉴》卷二二一，肃宗上元元年正月条，第 7090 页。

④ 李碧妍：《危机与重构：唐帝国及其地方诸侯》，第 119 页。

⑤ 《旧唐书》卷一四四《李观传》，第 3912 页。

⑥ 《唐大诏令集》卷五九《郭子仪都统诸道兵马收复范阳制》，第 317 页。

⑦ 《资治通鉴》卷二二一，肃宗上元元年十二月丙子条，第 7100 页。

（762）建卯月在鄜州的一次叛乱。《册府元龟·将帅部》载：

> 成公意为鄜州刺史，奏："破勾扇党项贼，斩获伪敕使骠骑将军都督石金德等共三千余众，斩首六百余级，兼获伪敕文牒并器械、衣装、杂物等共三千余事，牛羊杂畜甚众。"又检校鄜州兵马使内给事林明俊奏："破党项一千余众，斩首四百余级，并驴驼马器械甚众。"①

鄜州党项南下侵扰由来已久，不过，此次叛乱与以往不同，这次不仅有人煽动党项叛乱，还出现了假冒的敕书和文牒，石金德更是已称骠骑将军。这一幕与开元九年六胡州叛乱极为相似，六胡州之乱中"兰池州叛胡显首伪称叶护康待宾、安慕容，为多览杀大将军何黑奴，伪将军石神奴、康铁头等，据长泉县，攻陷六胡州"，②不同的是六州胡采用了突厥传统，而石金德则似乎是采用了唐朝制度。敕书和文牒的出现表明这次的叛军实际上已经试图建立一定的军事组织和联络管道，与以往单纯侵扰唐朝州县已有不同。考虑到阿史那从礼叛乱后，依然有一部分粟特人留在了河曲地区，③以及石金德的都督身份，石金德极有可能是六胡州的粟特首领，若如此，则这场叛乱很可能是六胡州残余势力试图勾结东部党项掀起动乱的尝试。不过，鄜州此时已经拥有了足够应对叛乱的军事力量，故粟特、党项联合叛乱的计划未能实现。

除了鄜坊和邠宁两个方向面临党项的威胁，在凤翔、秦陇一带也有党项活动。凤翔是肃宗继灵武后的又一个重要活动中心，从至德二载二月到十月，凤翔一直是事实上的政治中心，肃宗在此处聚集了大量的勤王军队，并以此为基地收复了长安。但到了上元元年，原先的龙飞之地已"北有党项之虞，西有羌浑之患"。④上元元年二月，肃宗以"崔光远为凤翔尹、秦陇节度使"，⑤六月，"凤翔节度崔光远奏：破泾州、陇州等界羌浑、党项等十余万众。又于普润县界破党项四千余众，斩二千级，生擒一百余人，收获驼马、牛羊、器械等不可胜数"。⑥普润距离泾、陇二州并不远，故这两次扰边的党项应该是同一批。邠宁和鄜坊只是单纯的党项侵扰，与这两镇相比，秦陇方向的问题更加复杂，牵涉到的势力也更多。

在崔光远的这次征讨中，参加叛乱的部落除党项外，还有羌浑。羌浑在史籍中多有出现，小野川秀美认为羌浑是羌种吐谷浑，佐藤长和冈崎精郎则认为羌浑并非羌和吐谷浑，而

---

① 《册府元龟》卷四三四《将帅部·献捷》，中华书局，1960，第5160页下栏。叛乱时间参见《新唐书》卷六《肃宗纪》，第165页。
② 《旧唐书》卷八《玄宗纪》，第182页。
③ 小野川秀美「河曲六州胡の沿革」201页。
④ 于邵：《为崔郐公谢除凤翔节度使表》，《文苑英华》卷五八四，第3021页上栏。
⑤ 《旧唐书》卷一〇《肃宗纪》，第258页。
⑥ 《宋本册府元龟》卷九八七《外臣部·征讨第六》，第3961页上栏。

是指说羌语的吐谷浑。① 吕建福则认为羌浑指吐谷浑和党项，且无论是党项人，还是吐谷浑人，都包含羌、浑两个民族。② 搜检史籍，"羌浑"最早见于《周书》卷二五《李贤传》："（保定）四年，王师东讨，朝议以西道空虚，虑羌、浑侵扰，乃授贤使持节、河州总管、三州七防诸军事、河州刺史。"③ 后文又有"属羌寇石门戍，……羌复引吐谷浑数千骑，将入西疆"，④ 可知北周时期的羌浑应指分布在河州以西地区的诸羌、吐谷浑部落。进入唐朝，"羌浑"在安史之乱前几乎无记录，安史之乱爆发后，羌浑的记录才开始大量出现，⑤ 这似乎表明羌浑是从安史之乱时才进入唐人视野的。换言之，羌浑的出现或许与安史之乱有关。如果进一步对照史籍，也不难看出，与北周时期一样，羌浑主要来自长安以西。要讨论羌浑的所指，或许我们还是应该把目光投向安史之乱期间的长安以西地区。

在秦陇之西便是陇右南部的成、岷、武、宕、叠诸州，上元二年时，吐蕃接连攻占这五州，⑥ 则在上元元年时，诸州应该已经面临吐蕃的军事威胁。成州更是"自至德之后为吐蕃侵扰，百姓流散"，⑦ 吐蕃的侵扰造成了陇右地区大量的人口流动。李晟也曾在"上元中，击叠州叛羌于高当川，又击宕州连狂羌于罕山，皆破之"，⑧ 这些叛羌应该是在吐蕃东进后，唐朝势力减弱时才反叛唐朝的。联系到吐蕃和陇右境内还有大量吐谷浑部落，则所谓羌浑可能是受吐蕃东进影响而侵扰唐境的羌、吐谷浑联军，党项作为羌的一支，应该也参与到了其中。⑨ 这些部落可能还像在故地的党项、吐谷浑一样保持了杂居的传统，⑩ 故唐人将之合称为羌浑。换言之，安史之乱期间的羌浑应特指从河陇东迁的羌、吐谷浑杂居部落。至于与羌浑一起叛乱的党项，崔光远既然将其与从陇右东迁的羌浑并列，则此处的党项应是指原先唐朝控制之下的党项部落，从地理位置考虑，极有可能就是庆州一带的西部党项。也就是说，邠

① 冈崎精郎『タングート古代史研究』37、117 页。小野川秀美、佐藤长的观点，均转引自第 117 页注释 82。
② 吕建福：《羌浑并为西夏主体民族考》，《西北民族论丛》第 2 辑，中国社会科学出版社，2003，第 118—120 页
③ 《周书》卷二五《李贤传》，中华书局，1971，第 417 页。
④ 《周书》卷二五《李贤传》，第 417—418 页。
⑤ 笔者搜检了《旧唐书》《新唐书》《册府元龟》《资治通鉴》等几部有关唐代的基本史籍，从搜检结果看，上元元年崔光远的上书是最早出现"羌浑"一词的。考虑到搜检存在遗漏的可能，以及未来石刻史料也有可能出现新的记录，目前并不能断言安史之乱前就无"羌浑"，但安史之乱期间及之后才是"羌浑"记录大量出现的时期，这一点应大致不误。
⑥ 邢云：《安史之乱后陇右道诸州郡陷没土蕃过程考》，《历史地理》第 32 辑，上海人民出版社，2015，第 248—249 页。
⑦ 乐史：《太平寰宇记》卷一五〇《陇右道一》，王文楚点校，中华书局，2007，第 2905 页。
⑧ 《宋本册府元龟》卷三五九《将帅部·立功第十二》，第 826 页上栏。
⑨ 这些党项部落既可能是吐蕃控制区的部落，也可能是吐蕃西进后被裹挟进这一队伍中的原唐朝陇右部落。据《新唐书·地理志》，陇右道有"党项州七十三，府一，县一"（《新唐书》卷四三下《地理志七下》，第 1132 页），这些党项部落应该有很多倒向吐蕃一方。
⑩ 党项和吐谷浑关系极为密切，如《旧唐书·党项传》载拓跋赤辞"初臣属吐谷浑"（《旧唐书》卷一九八《党项传》，第 5291 页）。《拓拔驮布墓志》亦载"（兀思）为浑人所怀，所居成聚，因共立为浑州王焉"（段志凌、吕永前：《唐〈拓拔驮布墓志〉——党项拓拔氏源于鲜卑新证》，《中国国家博物馆馆刊》2018 年第 1 期，第 51 页）。史书中"羌浑"多是一起出现，笔者认为这应该是唐人约定俗成的一个称呼，中间不应点开，笔者在后文中除引用点校本史料照旧外，其余一律不点开。

宁庆方向的党项不仅未能消灭，还继续往西、南两个方向到了陇、歧、泾州境内，三州距离长安较近，事实上已形成了对长安的威胁。

崔光远所谓破羌浑、党项十余万，并非指彻底消灭，而是击溃，"王师出征，则鸟散山谷；官军罢讨，则两集郊圻"，①党项、羌浑屡扑屡起，原因正在于此。除了羌浑、党项外，当地的豪强和其他蕃部也卷入秦陇一带的叛乱当中。《旧唐书·崔光远传》载："先是，岐、陇吏人郭愔等为土贼，掠州县，为五堡，光远使判官、监察御史严侁召而降之。……上元元年冬，愔等潜连党项及奴剌、突厥败韦伦于秦、陇，杀监军使，击黄戍。"②郭愔等土贼是乘安史之乱的混乱局面而兴起的地方豪强，此类豪强不止秦陇有，在此后广德元年代宗幸陕时，"群盗遍南山五谷间，东距虢，西抵岐，椎剽不胜计"，③长安之南亦是此类土贼的活动区。颜真卿曾在给代宗的上书中言道："逆贼散落，将士北走党项，合集土贼，至今为患"，④所谓逆贼即指安史叛军，如此则郭愔这类土贼并非单纯的本地豪强，其队伍中还夹杂了安史叛军的余部，甚至党项部落也参与其中。除此之外，在郭愔的军事行动中还能看到奴剌、突厥等蕃部的身影，那么，这些蕃部又是从何处来的呢？

天宝十四载，哥舒翰从河陇征集的蕃部军队中也有奴剌，"领河、陇诸蕃部落奴剌、颉跌、朱邪、契苾、浑、蹛林、奚结、沙陀、蓬子、处蜜、吐谷浑、思结等一十三部落，督蕃汉兵二十一万八千人镇于潼关"。⑤哥舒翰被俘后，蕃汉军队溃散，关于这些蕃部此后的去向，《资治通鉴》载：

> 初，河西诸胡部落闻其都护皆从哥舒翰没于潼关，故争自立，相攻击；而都护实从翰在北岸，不死，又不与火拔归仁俱降贼。上乃以河西兵马使周泌为河西节度使，陇右兵马使彭元耀为陇右节度使，与都护思结进明等俱之镇，招其部落。⑥

据此可知，这些蕃部首领并未投降叛军，而是像思结进明一样返回了河陇，并在河陇招揽部落，上元元年四月，肃宗所宴请的投降奴剌首领即来自陇右。⑦在上元元年九月唐廷的东征计划中，也有奴剌部落，"蕃汉部落一万人：马军五千人、步军五千人，以兼御史中丞慕容兆与新投降首领奴赖同统押充使"。⑧奴赖即奴剌，奴剌部落在此时显然已经产生了分化，既有叛唐的奴剌部落，也有降唐的奴剌部落，这一分化恰恰表明此时奴剌的部落首领已经失

---

① 于邵：《为崔邺公谢除凤翔节度使表》，《文苑英华》卷五八四，第3021页上栏。
② 《旧唐书》卷一一一《崔光远传》，第3319页。
③ 《新唐书》卷一三八《李抱玉传》，第4620页。
④ 《旧唐书》卷一二八《颜真卿传》，第3594页。
⑤ 《安禄山事迹》卷中，第97页。
⑥ 《资治通鉴》卷二一八，肃宗至德元载六月条，第6979页。
⑦ 《宋本册府元龟》卷九七六《外臣部·褒异第三》载："（上元元年四月）陇右投降突厥奴剌偲等五人于延英殿见。"（第3882页下栏）
⑧ 《唐大诏令集》卷五九《郭子仪都统诸道兵马收复范阳制》，第317页。

去了对部落的整体控制，而这应该和唐朝对河陇控制力的减弱与吐蕃的东进有关。随着吐蕃的东进，唐朝在河陇的蕃部控制体系逐渐崩溃，原先居于河陇的蕃部也在吐蕃压力下逃散。这些蕃部有一部分内属，另一部分则分散在河陇各地，成为各方势力拉拢的对象，奴剌、突厥部落此后接连参与吐蕃攻唐与仆固怀恩之乱等一系列军事行动就是在此背景下发生的。

由此我们看到，秦陇一带此时已经聚集了本地豪强、党项、羌浑、河陇蕃部四大势力，这四个势力互相联结，在此情况下，要彻底根除秦陇一带的叛乱势力自然是不容易的。随着此后吐蕃的进入，这片地区的形势更趋复杂，对唐朝的威胁也越来越大，奴剌、羌浑等部落也就此转为吐蕃攻唐的先头部队。

到了上元二年，诸蕃部一路南下，已经到了凤州，"二月，奴剌、党项寇宝鸡，烧大散关，南侵凤州……凤翔节度使李鼎追击，破之"，[①] 九月到达凤州以南的梁州，"甲午，党项、奴剌寇梁州，刺史李勉弃郡走"。[②]《新唐书·李勉传》载："羌、浑、奴剌寇州，勉不能守。"[③] 可知羌浑也加入南寇梁州的队伍中。李鼎此前的所谓"破之"，并没有对党项、奴剌联军造成太大影响，这意味着在上元年间，西部党项和奴剌、羌浑联军在北自庆州，南至梁州的范围内均给唐朝造成了不小的麻烦。到了宝应年间，由于凤州、梁州一带的叛乱势力太过猖獗，唐廷还专门设置了招讨使应对这一威胁，"吕日将为兴、凤等州招讨使。代宗宝应元年，日将于兴州三嵯谷大破羌贼三千余众"，[④]《新唐书·代宗纪》作党项羌。[⑤] 到了宝应年间，西部党项以及其他蕃部的威胁依然没有解除。

李碧妍曾指出鄜坊、邠宁、凤翔节度三镇，在设置之初都是为了应对党项的威胁。[⑥] 从上述讨论看，鄜坊、邠宁为防御党项而设应该是没有问题的，但凤翔则未必，党项叛乱是唐朝设置凤翔节度使的诱因之一，但不是主要原因。上元元年设置凤翔节度使时，秦陇一带不仅面临党项的威胁，还面临羌浑、河陇蕃部、本地土豪的威胁，形势远比邠宁、鄜坊复杂，危急程度也远超二镇。与邠宁、鄜坊的党项只是因唐朝蕃部控制体制崩溃而叛乱不同，秦陇方向的诸股叛乱势力背后还有吐蕃的身影，甚至可以说，秦陇复杂局面的形成就是吐蕃的东进造成的。凤翔节度使的设置与其说是为了应付党项，不如说是为了应对吐蕃东进后齐聚在秦、陇、泾诸州的各路叛乱势力。也就是说，凤翔节度使的应对重点并不是北部的党项，而是西部的河陇蕃部以及背后的吐蕃，凤翔节度使的设置意味着唐朝此时已开始着手构建长安以西的防御体系。

---

① 《资治通鉴》卷二二二，肃宗上元二年二月条，第 7105 页。
② 《旧唐书》卷一〇《肃宗纪》，第 262 页。
③ 《新唐书》卷一三一《李勉传》，第 4507 页。
④ 《宋本册府元龟》卷三五九《将帅部·立功第十二》，第 826 页下栏。
⑤ 《新唐书》卷六《代宗本纪》载："九月戊子，凤州刺史吕日将及党项羌战于三嵯谷，败之。"（第 167 页）
⑥ 李碧妍：《危机与重构：唐帝国及其地方诸侯》，第 121 页。

结　论

天宝四载后突厥覆亡后，以王忠嗣为代表的北边将领开始陆续调整唐朝的北边边防体系。在经过一系列调整后，天德、振武两军成为唐朝布置在河套地区的最重要军事力量，二者构成了朔方军在河套的左、右两翼，共同将唐朝的势力推进到了阴山地区。与重兵云集的河套不同，唐朝在河套以南并未配备太多军队，整个关内道的军事格局呈现出了"北重南轻"的局面。河套以南分布着九姓、吐谷浑、党项、粟特等归附唐朝的蕃部，与唐初保有较大独立性的蕃部不同，玄宗时期，唐朝通过设置各级押蕃使，对蕃部的控制已大大强化。众多蕃部也被吸纳进了唐朝军队中，蕃部首领既是部落领袖，又是唐军将领。不过，并非所有蕃部都被纳入唐朝边军中，以六州胡为代表的众多蕃部依然生活在原地，依靠部落首领和押蕃使进行控制，唐朝对这部分蕃部的掌控并不严密，而是高度依赖部落首领的个人忠诚。

安史之乱爆发后，北边随即成为双方争夺的焦点。安禄山虽然兼任河东节度使，但他能掌控的主要是河东北部诸军镇，这使得河东叛军的南下变得异常困难。战争爆发之初，唐军就依靠优势兵力在北线取得了优势地位，但随着南线的失利，北线也逐渐陷入了危机之中。阿史那从礼集合了九姓、粟特等蕃部，接连进攻天德、振武，极大地冲击了唐朝的北边防御体系，肃宗朝廷从一开始就面临阿史那从礼的威胁。回纥的第一次出兵南下主要是为了平定阿史那从礼之乱，而非直接与安史叛军作战。收复长安后，肃宗对关内道北部的防御体系进行了新的调整，振武节度使的设置就是这一调整中的重要一环。真正给唐朝带来持续威胁并促成关内道南部防御体系调整的是党项部落，鄜坊、邠宁两节度最初都是因为对付党项才设立的。凤翔节度使的设立，不单单是为了应付党项，而主要是为了对付吐蕃东进后聚集在长安以西的党项、羌浑、河陇蕃部、本地豪强四股势力。凤翔节度使的设置是唐朝着手构建长安以西防御体系的开始。

安史之乱使得原先颇有成效的蕃部控制体系崩溃，战乱造成了蕃部的进一步流动，唐廷又因忙于平叛而始终无法建立新的蕃部控制体系。长达八年的安史之乱虽然在广德元年落下了帷幕，但安史之乱所造成的蕃部问题并没有随之得到解决。东、西两个方向的党项还在持续不断地骚扰唐朝，羌浑、奴剌等部族仍蠢蠢欲动，西边乘安史之乱蚕食鲸吞唐朝领土的吐蕃，也对唐朝的西境造成了越来越大的军事压力。安史之乱后的唐朝，需要面对的蕃部问题依然复杂而严峻。

〔本文原载《文史》2022年第4辑。作者胡康，复旦大学历史学系博士研究生〕

从雅言到方音

——中古写本所见读书音的文化分层

史　睿

摘　要　读书语音的问题，是中国古代书籍史的重要研究领域。中国古人特别重视书籍的朗读和背诵，这既是他们文化习得的必经之途，也是显示文化修养的重要形式。敦煌吐鲁番写本和日本所藏唐写本中所见各类读书音的痕迹，为揭示中古读音及其文化分层问题提供了丰富的案例和细节。部分南朝文士熟知声韵规则，他们不凭借任何注解或符号就能发出完全符合诗文声律的读音，是为第一层级。大多数士人则属于第二层级，他们在文本的异读文字上加朱点来标志读音。此举有巩固士族文化认同，以区别寒门读书之音的意味。这种朱点标示对近现代从事音韵及考据的学者具有重要价值。一般读书人则属于第三层级，他们需要借助标注直音和反切的音义书来学习发音。这种音义书的功能与韵书和朱点标示不同，质量往往也参差不齐。属于第四个层级的普通百姓，则不顾及正音，经常任意按照自己的方言诵读典籍。四级读书音的分层，大致可以对应中古时期四等不同的读书主体，也可以用于观察他们所读的典籍范围及深度，从而勾勒出中国中古阅读史的轮廓。

关键词　中古　写本　读书音　文化分层　书籍史

读书语音的问题，是中国古代书籍史的重要研究领域。盖中国古人尤其重视书籍的朗读和背诵，这既是国人文化习得的必经之途，也是显示文化修养的重要形式：学童自幼借由诵读经典，学习文字的正音、基本的文句和文法，乃至深刻的义理；文人学士则以诵读典籍或自己作品，标榜风雅，显示经典文化内化的功力，以至求得文化身份的认同。此问题虽然重要，但要研究中古时代的读书音及其文化却往往苦无资料。传世文献对于读书音的概况有所描述，但主要限于某些规则和个案，而敦煌吐鲁番写本和日本所藏唐写本中所见各类读书音的痕迹恰好为我们提供了丰富的案例和细节，如果将两者结合考察，则中古读书音及其文化分层问题的研究或可有所推进。笔者虽然学力不逮，但愿为前驱。平田昌司《文化制度和汉语史》提出的思路给予笔者很大启发。①

一 知音真赏之间的默契

中古史有关读书知音真赏最为著名的典故，见于《梁书·王筠传》，其辞云：

> 尚书令沈约，当世辞宗，每见筠文，咨嗟吟咏，以为不逮也。尝谓筠："昔蔡伯喈见王仲宣称曰：'王公之孙也，吾家书籍，悉当相与。'仆虽不敏，请附斯言。自谢朓诸贤零落已后，平生意好，殆将都绝，不谓疲暮，复逢于君。"约于郊居宅造阁斋，筠为草木十咏，书之于壁，皆直写文词，不加篇题。约谓人云："此诗指物呈形，无假题署。"约制《郊居赋》，构思积时，犹未都毕，乃要筠示其草，筠读至"雌霓五激反连蜷"，约抚掌欣抃曰："仆尝恐人呼为霓五鸡反。"次至"坠石磓星"，及"冰悬坎而带坻"。筠皆击节称赞。约曰："知音者希，真赏殆绝，所以相要，政在此数句耳。"②

沈约《郊居赋》"雌霓连蜷"句，今《梁书·沈约传》所引作"驾雌蜺之连卷，泛天江之悠永"，"霓"与"蜺"同。③霓字如读本字为平声齐韵之五鸡反，则此句平仄不谐，如读入声屑韵之五激反，则声韵起伏有致。"霓"或"蜺"都有平声和入声两种读音，而意义不变，所以本句中读作入声字，不是文义的要求，纯粹是协调声韵之需。众所周知，沈约总结前代周颙、谢灵运及同时代王融、谢朓等人诗文讲求声韵相谐的观点，大力倡导四声八病之说，《郊居赋》又是其得意之作，故尤其强调声韵平仄。④沈约之所以称王筠为知音真赏，正是因为王筠熟知四声八病之说，能读出沈约写作《郊居赋》时预想的正确读音。王筠之见赏于沈约，亦犹任昉之见知于王俭。《南史·任昉传》载：

① 平田昌司：《文化制度和汉语史》，北京大学出版社，2016，尤其是前言第1—9页、第一章第1—3页、第二章第7—13页、第六章第110—116页。
② 《梁书》卷三三《王筠传》，中华书局，1973，第484—485页。
③ 《梁书》卷一三《沈约传》，第240页。按沈约出示王筠者为《郊居赋》草稿，容或与定本不同。
④ 《南史》卷四八《陆厥传》云："约论四声，妙有诠辩，而诸赋亦往往与声韵乖。"中华书局，1975，第1197页。一则沈约以诗见长，而任昉以文见长，时人称"任笔沈诗"，《南史》卷五九《任昉传》，第1455页。然《郊居赋》不同别赋，为沈约晚年之杰作，特所留意。

永明初，卫将军王俭领丹阳尹，复引为主簿。俭每见其文，必三复殷勤，以为当时无辈，曰："自傅季友以来，始复见于任子。若孔门是用，其入室升堂。"于是令昉作一文，及见，曰："正得吾腹中之欲。"乃出自作文，令昉点正，昉因定数字。俭拊几叹曰："后世谁知子定吾文！"其见知如此。①

沈约听到王筠《郊居赋》的正确读音时，大约会像王俭一样赞叹"正得吾腹中之欲"吧。沈约的四声八病之说是通过他的一系列诗赋作品和《四声谱》《宋文章志》等著作广泛传播的，又与当时文士往还书信论声韵之事者，今或尚存。②《梁书》本传云沈约有"《宋文章志》三十卷，文集一百卷，皆行于世。又撰《四声谱》，以为在昔词人，累千载而不寤，而独得胸衿，穷其妙旨，自谓入神之作"。③加之沈约位高权重，故四声说能够风靡天下。萧子显云：沈约、谢朓、王融，以气类相推，"文皆用宫商，以平上去入为四声，以此制韵，不可增减，世呼为永明体"。④南北文士风从影响，争效永明之体，兼著论赞成其说。南朝从理论上响应沈约者有王融、钟嵘、刘勰、王斌、刘滔等人，王融作《知音论》而未备，钟嵘《诗品序》、刘勰《文心雕龙·声律》涉及四声说，⑤而刘滔亦有专论，王斌著有《五格四声论》；⑥北朝士人有常景、阳休之、李概（季节）、刘善经等人赞同沈约声病学说，常景著有《四声赞》，阳休之著有《韵略》、李概著有《音谱决疑》、刘善经著有《四声指归》，⑦此皆与沈约同时或稍晚之文士。

沈约、王筠读"霓"为入声之事著于典籍，对后世影响极大，以至于宋代诗人误以为霓字只有入声的读音而不能读平声。司马光《范景仁传》云：

① 《南史》卷五九《任昉传》，第 1452 页。

② 沈约、陆厥论声韵书札见《南齐书》卷五二《文学·陆厥传》，中华书局，1972，第 898—900 页；《南史》卷四八《陆厥传》，第 1195—1197 页。北朝士人甄琛有《磔四声》批评沈约，约有《答甄公论》反驳。《磔四声》见《魏书》卷六八《甄琛传》，中华书局，1974，第 1516 页。又遍照金刚（空海）撰，卢盛江校考《文镜秘府论汇校汇考》天卷所引甄琛之说或本自此论，中华书局，2006，第 285 页；《答甄公论》见《文镜秘府论汇校汇考》，第 303 页。

③ 《梁书》卷一三《沈约传》，第 243 页。

④ 《南齐书》卷五二《文学·陆厥传》，第 898 页。又《梁书》卷四九《文学》上《庾肩吾传》云："齐永明中，文士王融、谢朓、沈约文章始用四声，以为新变。"第 690 页。

⑤ 钟嵘著，陈延杰注《诗品注》，人民文学出版社，1961，第 4—5 页；又见《文镜秘府论汇校汇考》，第 273 页。刘勰著，周振甫注《文心雕龙注释》，人民文学出版社，1981，第 364—374 页；又见《文镜秘府论汇校汇考》，第 256—257 页。王融欲作《知音论》，亦见《诗品注》，第 5 页；《文镜秘府论汇校汇考》，第 273 页。

⑥ 刘善经《四声指归》屡引刘滔论四声之说，见于《文镜秘府论汇校汇考》，第 213—214 页。王斌《五格四声论》（简称《四声论》），见于《南史》卷四八《王斌传》，第 1197 页；《文镜秘府论汇校汇考》，第 285—286 页；孙猛《日本国见在书目录详考》，上海古籍出版社，2015，第 532—534 页。

⑦ 常景《四声赞》，见于空海《文镜秘府论》天卷，《文镜秘府论汇校汇考》，第 316—317 页；常景在北朝文学史的地位，又见隋刘善经《四声论》引《后魏文苑序》，见《文镜秘府论汇校汇考》，第 247 页。又《魏书》卷八二《常景传》"史臣曰……常景以文义见宗，著美当代，览其遗稿，可称尚哉"，第 1808 页。阳休之《韵略》、李概《音谱决疑》，刘善经《四声指归》，见于陆法言《切韵序》、《隋书·经籍志》、《日本国见在书目录》及空海《文镜秘府论》。

又用参知政事王公荐，召试学士院。诗用"彩霓"字，学士以沈约《郊居赋》"雌霓连蜷"，读"霓"为入声，谓景仁为失韵，由是除馆阁校勘。殊不知约赋但取声律便美，非"霓"不可读为平声也。当时有学者皆为景仁积郁，而景仁处之晏然，不自辩。①

宋代学士院主试官因为误读《梁书》的典故，将范镇（字景仁）的诗判定为失韵，可见这是当时常常发生的误解。为了纠正这个错误，南宋毛晃《增修互注礼部韵略》在"霓"字条目下将司马光《范景仁传》相关文字收入，以提醒读者霓字本读平声。其后增补编者毛晃之子毛居正又云："韵中此类甚多，凡一字有两音或三音，而义同者，皆可通用。经史子集所用，或谐声，或协韵，或释文音义，略举一二而不尽载，但义同者皆可通用。"②说明毛居正能够正确理解"霓"字的谐声功能及其读音规则，而且正确地将这一规则推及经史子集各类典籍。

周祖谟云："协韵之方式有二：一曰声音相协，一曰音调相协。所谓声音相协者，即音韵不切，转从方言以取协。如下之读户，马之读姥，是例。所谓音调相协者，即四声不和，乃移声读之，以求相应。如古之读故，圃之读布，是例。"③沈约、王筠之例则属于音调相协一类。此类变化字音以求音调相协的知识在齐梁时代是较为高级的知识，仅在接受四声八病说的文人群体之内流传。较之其他正音之学，强调文学作品声韵协调的学问显然不仅仅是精通音韵，而且对于文学作品的声律之美具有极高的追求。沈约云：

欲使宫羽相变，低昂互节，若前有浮声，则后须切响。一简之内，音韵尽殊；两句之中，轻重悉异。妙达此旨，始可言文。④

这是齐梁时代声韵说最为基本的表达，刘勰总结为低昂、浮切、轻重、飞沉等对应的概念，梁代萧统、萧纲、萧绎等文学集团均奉行四声八病之说。直至唐代前期才从消极防范的声病说演变为逐渐严密的声韵格律法，适用于近体诗和骈文，⑤见于文献者有崔融《唐朝新定诗体》、王昌龄《诗格》、元兢《诗髓脑》等。⑥在南朝齐梁至唐初的百余年间，追求释文声律

---

① 李文泽、霞绍晖校点整理《司马光集》卷六七，四川大学出版社，2010，第1386页。
② 毛晃增注，毛居正重增《增修互注礼部韵略》卷一，《中华再造善本·金元编》，国家图书馆出版社，2005，第38a叶。
③ 周祖谟：《骞公〈楚辞音〉之协韵说与楚音》，原载《图书月刊》（重庆）第2卷第5期，1942；此据同作者《问学集》，中华书局，1966，第174页。
④ 《宋书》卷六七《谢灵运传》，中华书局，1974，第1779页。
⑤ 周振甫：《文心雕龙注释》声律篇说明，第370—374页。
⑥ 《文镜秘府论汇校汇考》天卷，第84、110、156—157页。

之美，熟知声病规律，而不借助任何文字或符号的提示，读书发音声调相协，有如沈约、王筠一般默契者，可谓少之又少。"知音者希，真赏殆绝"，永明（483—493）以下，殆至盛唐，当为实情。故空海云："颙（周颙）、约（沈约）已降，兢（元兢）、融（崔融）以往，声谱之论郁起，病犯之名争兴；家制格式，人谈疾累；徒竞文华，空事拘检；灵感沈秘，雕弊实繁。窃疑正声之已失，为当时运之使然。"[1] 其实文人作诗作文，非有诗格诗式（即空海所云格式）之类文献查检，不能无病；同样，诵读诗文作品，也需要旁注读音，或另据音义之书方可无误。

中古时期，不仅文学作品，四部典籍皆有读音不正的问题。南宋王观国《群经音辨后序》在引述沈约、王筠事例之后表达了自己的意见："呜呼，《郊居赋》一篇无甚高论，尚病世俗不能辨其音，况群经乎。约欲正音，徒留意于词章，含宫咀商，恶睹五经之微奥，是宜梁武不甚遵用，涕唾视之，又何足怪。"[2] 他注意到儒家经典难读之字多于诗赋，并进一步批评沈约仅仅留意诗文词章的读音，欲求正音应当优先关注儒家经典。

二 朱点标识的雅言异读

前述沈约、王筠之间的读书音律默契的事例，史书所载极为罕见，而在写本上也是不着痕迹。他们不仅崇尚正音雅言，而且追求读书韵律的美感，由此建立的音韵规则，肇端于魏晋，兴盛于齐梁，规范于景龙、开元之际，南北朝时期仅有很小的读书群体能够共享这样的知识，唐代则扩展到追求科名的文士。至于更为广大的读书文士群体，若得读书发音不误，不仅需要将常见文字正音熟记于心，而且需要熟练掌握各种雅言中的异读字音。常见文字正音有字书、韵书可以检索，而异读字音则无法从以上两类书籍中得到解答。为此，即使具有良好教育修养者也需要有各种标注于写本的记号或旁注，其中尤其高级者则为朱笔点发之学。所谓朱笔点发，就是在异读文字上加以朱点，首先提示读者所点之字需要注意异读问题，其次，读者可根据朱点在文字四角的位置确定平上去入的发音，再根据异读规则，如轻重、清浊、韵等、急缓、读破等，再加修订。[3] 先秦时代文字尚少，经籍多用假借，加之方音各不相同，故常有一字多音的现象，陆德明引郑玄云：

其始书之也，仓卒无其字，或以音类比方，假借为之，趣于近之而已。受之者非

---

① 《文镜秘府论汇校汇考》西卷，第887页。

② 王观国：《群经音辨后序》，贾昌朝：《群经音辨》卷七，《四部丛刊续编》本，商务印书馆，1934，第12b叶。

③ 《颜氏家训·音辞》云："逮郑玄注六经，高诱解《吕览》《淮南》，许慎造《说文》，刘熙制《释名》，始有譬况假借以证音字耳。而古语与今殊别，其间轻重、清浊，犹未可晓；加以内言外言、急言徐言、读若之类，益使人疑。"王利器撰《颜氏家训集解（增补本）》卷七《音辞》，中华书局，1993，第529页。

一邦之人，人用其乡，同言异字，同字异言，于兹遂生矣。①

殆至南朝齐梁时代，士人为了区分字义，自为凡例，更增加了很多异读，甚至以此炫耀，作为士族文化认同的标识，以区别于寒门读书之音。因为这类文字异读越来越多，仅凭记忆难以避免读错，于是发明了以朱笔加点于异读之字以为标志的办法。

南朝士人典籍文字异读的凡例，多为口传心授，遵从家法，《颜氏家训》云：

> 江南学士读《左传》，口相传述，自为凡例，军自败曰败，打破人军曰败。诸记传未见补败反，徐仙民读《左传》，唯一处有此音，又不言自败、败人之别，此为穿凿耳。②

徐邈（字仙民，343—397年），乃晋代学士，当时尚无此种为不同字义或词性赋音的办法，故其《左传音》中无此凡例，而南朝学士逐渐形成为义赋音的读书之法，增加义例，形成传统。《晋书·儒林传》云："（徐邈）虽不口传章句，然开释文义，标明指趣，撰正《五经》音训，学者宗之。"③所谓"学者宗之"，不仅晋代，后来如颜之推者也曾反复引用其说，影响力从中可见一斑。南朝学士此类创制读音例子的尚多，见于《颜氏家训》者就有以下三例：

> 夫物体自有精粗，精粗谓之好恶；人心有所去取，去取谓之好恶。此音见于葛洪、徐邈。而河北学士读《尚书》云"好生恶杀"。是为一论物体，一就人情，殊不通矣。④
> 案：诸字书，焉者鸟名，或云语词，皆音于愆反。自葛洪《要用字苑》分焉字音训：若训何训安，当音于愆反，"于焉逍遥"，"于焉嘉客"，"焉用佞"，"焉得仁"之类是也；若送句及助词，当音矣愆反，"故称龙焉"，"故称血焉"，"有民人焉"，"有社稷焉"，"托始焉尔"，"晋、郑焉依"之类是也。江南至今行此分别，昭然易晓；而河北混同一音，虽依古读，不可行于今也。⑤
> 邪者，未定之词。《左传》曰："不知天之弃鲁邪？抑鲁君有罪于鬼神邪？"《庄子》云："天邪地邪？"《汉书》云："是邪非邪？"之类是也。而北人即呼为也，亦为误矣。难者曰："《系辞》云：'乾坤，易之门户邪？'此又为未定辞乎？"答曰："何为不尔！上

---

① 陆德明：《经典释文》卷一《序录》，上海古籍出版社，1985，第6页。
② 《颜氏家训集解（增补本）》卷七《音辞》，第562页。
③ 《晋书》卷九一《儒林·孙邈传》，中华书局，1974，第2356页。
④ 《颜氏家训集解（增补本）》卷七《音辞》，第557页。
⑤ 《颜氏家训集解（增补本）》卷七《音辞》，第559页。

先标问，下方列德以析之耳。"①

三例之中，颜氏两次提及葛洪，葛洪的异读分析，应记载于《要用字苑》中；而徐邈则当载于所撰《五经音训》之中，两人都是两晋之际长于雅言的学者，他们开创的异读凡例在中古语言史和书籍史上具有重要的意义。葛洪、徐邈的凡例虽然造成了很多异读，但是确实为诵读者提供了理解文本的便捷方法。当读者确定某字的读音，便马上可以将此读音与所读之字多个义项中的特定意义建立起联系。可见这种异读的发明，实在与作为文字与文化习得的诵读分不开。如果我们不能理解诵读在文士习得中的作用，便难以理解两晋之际葛氏、徐氏等人区分异读的价值，也就无法理解为什么他们的这种努力为后世学者所宗仰和继承。

这种新的义例，随着南北交流（包括人的往来和书籍的交流）增多，尤其是南北朝末期江南学士进入河北、关中地区，江南新创的读书音也随之北来。如《颜氏家训》云：

> 玙璠，鲁人宝玉，当音余烦，江南皆音藩屏之藩。岐山当音为奇，江南皆呼为神祇之祇。江陵陷没，此音被于关中，不知二者何所承案。以吾浅学，未之前闻也。②

与颜之推同时代的陆德明在其《经典释文》中已经将这类异读凡例写入书中，《经典释文·序录》云：

> 河北江南，最为巨异。……夫质有精粗，谓之好恶并如字；心有爱憎，称为好恶上呼报反，下乌路反。当体即云名誉音预，论情则曰毁誉音余。及夫自败蒲迈反、败他补败反之殊，自坏乎怪反、坏撤音怪之异，此等或近代始分，或古已为别，相仍积习，有自来矣。③

周祖谟云："以四声区分字义，远自汉始，至晋宋以后，经师为书作音，推波逐澜，分辨更严，至陆德明《经典释文》，乃集其大成。后之传《文选》《史》《汉》之学者，论音定义，亦莫不宗之。如公孙罗《文选音决》、刘伯庄《史记音义》、司马贞《史记索隐》、张守节《史记正义》、颜师古《汉书集注》、何超《晋书音义》，皆是也。及其传习日久，学者濡染已深，凡点书，遇一字数音，随音分义者，皆以朱笔点发，以表其字宜读某声。"④ 由此可

---

① 《颜氏家训集解（增补本）》卷七《音辞》，第 561 页。"析"原作"折"，盖写本木旁、扌旁不分，据文义当作分析之"析"，作"折"误。

② 《颜氏家训集解（增补本）》卷七《音辞》，第 545 页。

③ 陆德明：《经典释文》卷一《叙录》，第 9—10 页。陆氏此条所论与《颜氏家训·音辞篇》举例相同，后又为张守节《史记正义·论音例》所继承，《史记》，中华书局，1950，附录第 15—16 页。

④ 周祖谟：《四声别义释例》，原载《辅仁学志》第 13 卷第 1、2 合期，1942；此据同作者《问学集》，第 91 页。

知，中古时期阅读典籍时"遇一字数音，随音分义者，皆以朱笔点发，以表其字宜读某声"，解决一字多义多音的问题，而且能够使用此法者，多是"传习日久，濡染已深"的学者。又鉴于"若斯清浊，实亦难分，博学硕才，乃有甄异，此例极广，不可具言"，[1]故需在写本上朱笔标出方致不误。

至于以朱笔标记读音的办法，开元年间张守节《史记正义》"发字例"云：

> 古书字少，假借盖多。字或数音，观义点发，皆依平上去入。若发平声，每从寅起。又一字三四音者，同声异唤，一处共发，恐难辨别。故略举四十二字，如字初音者皆为正字，不须点发。[2]

张守节所谓寅位，即左下角，根据唐代年神方位图可以考知。此左下角位置为平声，左上角至右下角依次当为上声、去声、入声。周祖谟总结为"若发平声，则自左下始，上则左上，去则右上，入则右下。至宋人复易点为圈，以求明晰，斯即所谓圈发之法。"[3]朱笔点音的规则又见李匡文《资暇集》，其略云：

> 稷下有谚曰："学识何如观点书。"书之难，不唯句度、义理，兼在知字之正音借音。若某字以朱发平声，即为某字，发上声变为某字；去、入，又改为某字，转平、上、去、入易耳，知合发不发为难，不可尽条举之。[4]

所谓合发不发，是指能否辨析此字是否具有异读，若其字本无异读而以朱笔点发则误。这点较之判断一般一字多音的异读字更为艰难。

中古时期以朱笔标记注音的记载见于以下诸例，陆德明《礼记音义》云：

> "毋不敬"，音无。《说文》云："止之词，其字从女，内有一画，象有奸之形，禁止之勿令奸。古人云毋，犹今人言莫也。"案"毋"字与"父母"字不同，俗本多乱，读者皆朱点"母"字以作"无"音，非也。后放此，疑者特复音之。[5]

俗本误"毋"为"母"，盖"母"字常用，两字字形极为相近，书者稍不留神即会误写。读

---

① 张守节：《史记正义·论音例》，《史记》，附录第 16 页。
② 张守节：《史记正义·发字例》，《史记》，附录第 16 页。
③ 周祖谟：《四声别义释例》，《问学集》，第 91 页。石塚晴通（「敦煌の加點本」）指出点发规则共有五种，池田温主编『講座敦煌 5 敦煌漢文文献』大東出版社、1992、238—261 页。
④ 李匡文：《资暇集》卷上"字辨"条，中华书局，2012，第 167 页。
⑤ 陆德明：《经典释文》卷一一《礼记音义一》，第 635 页。

者至此往往不改其字，而以朱笔点其左下角，读为"无"字之音，此不仅标志读音，更兼具校勘功能。虽然陆德明力辩其非，然后世仍然沿用。《资暇集》卷上"字辨"条云：

> "毋有"字，其画尽通也，父母字中有两点。刘伯庄《〈史记〉音义》云"凡非父母字之'母'，皆呼为无字"，是也，义见字书。……陆德明已有论矣，学者幸以三隅反焉，可不起予乎？①

唐初学者刘伯庄《史记音义》今不可见，其所见《史记》俗本往往误"毋"为"母"，故立"凡非'父母'字之'母'，皆呼为无字"的凡例。其办法当是如陆德明所云在"母"字左下角加朱点，发平声。又，颜师古《匡谬正俗》云：

> "副贰"之字，"副"字本为"福"字，从"衣""畐"声。今俗呼一袭为一福衣，盖取其充备之意，非以覆蔽形体为名也。然而书史假借，遂以"副"字代之。"副"本音普力反，义训剖劈，字或作"疈"。《诗》云"不坼不副"，《周礼》有"疈辜"，并其正义也。后之学者不知有"福"字，翻以"副贰"为正体、"副坼"为假借，读《诗》"不坼不副"乃以朱点发"副"字，已乖本音。又张平子《西京赋》云"仰福帝居"、《东京赋》云"顺时服而设福"，并为副贰，传写讹舛，"衣"转为"示"，读者便呼为"福禄"之"福"，失之远矣。②

此条"副"字音普利反，入声，读如辟，剖劈之义，读《诗经·生民》"不坼不副"，本当读如辟，《经典释文》作"孚逼反"，音同；读者朱笔点作去声则失其含义。

而此类朱点，尚可于敦煌写本典籍中获见。20世纪30年代，王重民曾往法国调查敦煌写本，曾亲自目验《汉书》《文选》写本上的朱笔标音。王重民云：

> ［《文选》］乙卷无句读，然点识四声，则与罗卷及甲卷同，可知其点识之意，尤偏重于四声。《颜氏家训·音辞篇》云："江南学士读《左传》，口相传述，自为凡例。军自败曰败，打破人军曰败，（自注云补败反，以《释文》证之，疑是补迈反之误。）诸记传未见补败反，徐仙民读《左传》，唯一处有此音，又不言自败、败人之别"。《经典释文·叙录》云："河北江南，最为巨异。夫质有精粗，谓之好恶；（并如字。）心有爱憎，称为好恶。（上乎报反，下乌路反。）当体即云名誉，（音预。）论情则曰毁誉。（音余。）

① 李匡文：《资暇集》卷上"字辨"条，第167页。
② 颜师古著，刘晓东平议《匡谬正俗平议》卷六"副"字条，山东大学出版社，1999，第169—170页。

及夫自败、（薄迈反。）败他（补迈反。）之殊，自坏、（乎怪反。）坏撒（音怪。）之异，此等或近代始分，或古已为别，相仍积习，有自来矣。"然则颜氏所嗤为穿凿，陆氏已采用而不疑。盖自五马渡江，中原板荡，北杂胡音，南乱伧语，久而久之，音读之分，遂以长江为界。渐及陈隋，南北之交通已繁，学术之合流斯启，于是聪明俊达之士，乃又谋所以统一之方。陆氏《释文》，遂集经读之大成；法言《切韵》，斯成四声之总汇；曹宪之"文选学"，即在此潮流中，摄二家之长，为别一支派者也。巴黎所藏敦煌卷子，别有《文选音》残卷，（伯二八三三）或用反切，或用直音，或亦仅标四声，以明音读者。如陆士衡《汉高祖功臣颂》："庆云应辉"，应下注一"去"字，谓应读去声是也。因知此三卷朱笔点识，其用与音义相同，罗氏虽未言之，余则敢断言而无疑也。颜氏谓"江南学士，口相传述，自为凡例"，其法如何，今不得知，而此种点识方法，凡例已见于纸上，吾人尚得窥知一二。兹以罗卷《恩悻传论》为例："傅说去为殷相"，说、相二字并点去声，而"因此相沿"之相则读如字。"晋朝王石"，朝字点平声，"陪奉朝夕"则读如字。"九重隩绝"，重字点平声，"以为权不得重"则读如字。更证以甲乙两卷，《东武吟》"心思历凉温"，思点入声；"弃席思君幄"，则读如字。《恩悻传论》"曾不知鼠凭社贵"，曾点平声；《演连珠》"盗跖挟曾史之情"，则读如字。其例甚多，不胜枚举。又今之点识四声，为加圈于字之四角；此卷则用点不用圈，而点在字之中央。其稍偏左右上下以标某声者，非细辨不能明。此亦为前人所未见，因附识之。一九三七年四月八日 [1]

王重民又云：

魏晋六朝时代，颇重音读。其作音之法，每点识四声，以示字义，余已发凡于跋《文选》残卷中，今亦可于此卷觇之。颜氏《叙例》云："字或难识，兼有借音，义指所由，不可暂阙。今则各于其下，随即翻音，至如众所共晓，无烦翰墨。"此卷中于众所共晓者，亦识四声，则由朱墨较翻音为便易。其难识及借音者，亦同此法。如"乡善称弟"，师古曰："乡读曰向，弟音悌"，卷子本则乡点中央，弟点左上角。苏林曰："弟，顺也"，是卷子本与师古《注》，并依苏义作音也。若斯之类，不胜枚举。[2]

王重民观察到法藏敦煌文献中这几个例子非常重要，笔者沿着王先生这个思路，继续在敦煌文献中搜寻相同案例，目前在英藏敦煌文件注意到《周易》（S.6162）、《毛诗音隐》（S. 10）、

① 王重民：《敦煌古籍叙录》，中华书局，1979，第318—319页。
② 王重民：《敦煌古籍叙录》，第80页。

《隶古定尚书》(S. 799)、《晋书》(S. 1393)、《汉书》(S. 2053)、《兔园策府》(S. 614) 等典籍亦有朱笔点音现象。

此外，又有既以朱笔点音，又标注反切的写本，S. 3663《文选》是其著例。此卷写本凡是疑难文字，读者皆在行间标注反切，而多音异读文字则以朱笔点音，末有朱笔"郑家为景点讫"的题记。我们可以从中发现无论点音还是注反切，皆非抄手所为，而是读者所为，反切文字与《文选》正文笔迹有明显差异，绝非出自一手，而朱笔点记则有郑家题记为证，笔迹亦与抄手不同。读者注反切和朱笔点音针对的对象不同，只有多音异读文字方用朱点。另外，此卷所注反切多在《文选》李善注和五臣注之外，说明读者的识读疑难字的水平较低，与李善注和五臣注所面向的读者相比，这件写本的读者显然需要标注更多文字读音方可通读。虽然从语音学的角度看，这件写本为今人提供了更多的数据，但就其读者的文化位阶而言，则远低于李善注和五臣注面向的读者。这可能是唐代的《文选》及其注本读者中较为普遍的水平，对于我们了解同类书籍的不同文化层次的读者及其阅读需求和行为提供了重要资料。

张守节《史记正义》作者将六朝复杂的异读朱笔标注归纳为四十二个字例（实际保存三十九个字例），这也是目前所知最早将这类朱点标音规则加以整理的文献。如果取张守节的字例与敦煌吐鲁番文献及日本所藏唐写本上的朱笔点音实物相比较，发现一致性比较强。

写本上的朱点除了标注读音，还用来标注本草书上的药性，见陶弘景《本草集注》序例，罗振玉云：

> 隐居述诸病主药曰："惟冷热须明，今以朱点为热，墨点为冷，无点者是平"，以省于烦注也，《证类》本引此书，乃作"惟冷热须明，今依本经、别录注于本条之下"云云，而注中则曰"今详唐本，以朱点为热，墨点为冷，无点为平"。[①]

此则后世《本草集注》凡早期写本加朱点者，后皆改为直接注明药性文字，说明朱点仅在少数使用者群体中流行，不易成为公共知识。而且朱点容易在抄写过程中遗漏，敦煌写本亦有此例。金毓黻云："写本《官品令》之眉，有'朱点者是清官'六字，以《唐志》与写本互校……写本中所加朱点，或有漏误，如武职事官之中郎将、郎将、府率等，亦为清官，而写本无点，知其多有遗漏矣。"[②]朱笔标志读音之法，虽然便利，但其前提是读者对于南朝以来形成的各种复杂的异读凡例非常熟悉，又掌握朱笔标音于文字四角与四声对应的规则，能够掌握以上知识者，往往多有饱学之士。在敦煌藏经洞中，具有朱笔点音的书籍为数不多，其

---

① 罗振玉：《雪堂校刊群书叙录》卷下，台北文华出版公司、台北大通书局，1968，第318页。
② 金毓黻：《敦煌写本唐天宝官品令考释》，《说文月刊》第3卷第10号，1943；此据王重民《敦煌古籍叙录》，第140页。

中最为精美的写本多集中在五经、正史和总集等类别，例如《周易》《古文尚书》《毛诗》《史记》《汉书》《晋书》《文选》等。其中《汉书》学、《文选》学是中古时代两种以书名学的学问，内涵丰富，且互有关联，是构成南北朝士族学问中的核心内容。敦煌所出最为精美的朱笔点音集中见于以上经典典籍，说明这种类型的读书音标注方法，主要流行于士族学士之中。但是有一类朱点注音写本并非依据张守节所云标注于文字的四角，而仅仅在文字中间的部分随意加点，其功能限于标识文字有异读，而没有进一步标示平上去入的功能，这样的写本较之标注在文字四角的方法较为低级。从书籍类别观察，这种在文字中间位置加朱点的标音方法有向下传递的迹象，例如在历日写本中也偶尔出现这样朱点，我猜测做类似标注的读者可能在其他书籍中曾经读到同样的标注，他会将阅读记忆移植到日常所用书籍当中。我们在英国图书馆所藏斯坦因收集品发现新的朱点标音现象，其印本文献 P. 9《后晋开运四年（947）雷延美刻观音像》周边的裱衬纸原为历日写本，在这件历日写本中有"霜降"一词，降字上有明显的朱点，这个朱点应该是属于上述后一类的标音形式，这是经典典籍之外所发现的少数朱点标音的案例。

鉴于这种方法在传抄时极易发生错误和脱漏，又必须具备丰富的经典异读知识，故难于从士族学士向一般寒门学士传播。为了补充这种方法的不足，于是传抄者往往将朱点记号改变为确定的反切注音，以避免发生遗漏和误记，这样就与魏晋六朝以来常见的音义之书的形态和功能统一起来。

三　音义的盛行

张金泉、许建平指出，敦煌音义写卷是敦煌遗书中最先受到注重的一种，如 P. 2494《楚辞音》、P. 2823《文选音》、S. 2729《毛诗音》等，早在 20 年代已经是学者研究的热门论题，认为是填补空缺的重要文献。[①]

以往学者皆认为音义本是古人为通读一书的难字注音释义之作，集音韵、训诂、校勘于一身。[②] 但是音义与韵书的功能本不相同，周祖谟云："原书音之作，每与韵书不同：若《切韵》者流，乃论南北是非古今通塞者也；音义之作，则取便诵习，为童蒙而设，其方言殊语自与韵书不契。"[③] 关于音义的功能，陆德明《经典释文叙录》表述最为明晰："书音之用，本示童蒙，前儒或用假借字为音，更令学者疑昧。余今所撰，务从易识，援引众训，读

---

① 张金泉：《敦煌音义汇考前言》，张金泉、许建平：《敦煌音义汇考》，杭州大学出版社，1996，第 1 页。
② 张金泉：《敦煌音义汇考前言》，张金泉、许建平：《敦煌音义汇考》，第 2 页。
③ 周祖谟：《论〈文选音〉残卷之作者及其方言》，原载《辅仁学志》第 8 卷第 1 期，1939；此据周祖谟《问学集》，第 189 页。

者但取其意义，亦不全写旧文。"①

魏晋南北朝隋唐时期音义纷纭的原因，是因为各家所据经典文本不同，文字异读凡例不同，读书正音不同，故注音之书极为繁复，往往一部经典有多家音义，这些音义有的形成了文本，有的仅限于口头流传。

音义书中一类为音隐，即将文字注音书于写本背面，阅读写本正面经典中的疑难文字，不得正音时，反转过来，可见背面对应位置书写的本字注音和训解，不必另觅同书音义写本，极为方便。《颜氏家训》卷六《书证》云：

> 又问："《东宫旧事》'六色罽縀'，是何等物？当作何音？"答曰："案：《说文》云：'䓗，牛藻也，读若威。'《音隐》：'坞瑰反。'"

此《音隐》即《说文音隐》。《隋书经籍志》《日本国见在书目录》等书上著录多种音隐。王观国《群经音辨后序》云：

> 汉唐《艺文志》笺注之书，有曰音隐，有曰音略，有曰音义，有曰音训，有曰音钞，有曰释音，是其于音未必能辨。②

司马贞《史记索隐后序》：

> 然古今为注解者绝省，《音义》亦希。始后汉延笃，乃有《音义》一卷，又别有《音隐》五卷，不记作者何人，近代鲜有二家之本。③

敦煌所出写本中有 S. 10《毛诗音隐》，最为精美，潘重规、宁可等学者皆有详论。

四　以方音代正读

以上各种讲求正音读书的传统在中古社会中主要限定在一定人群之内，一般是具有士族文化身份的文士，或是追求士族文化身分认同的文士，他们关于读书音的知识通过口传和文本传承，中古时代的韵书、字书、音义书（包括佛道教一切经的音义书）和各类典籍附见

---

① 吴承仕：《经籍旧音序录》，同作者著，中华书局编辑部整理《经籍旧音序录　经籍旧音辨证》，中华书局，1986，第11页。
② 王观国：《群经音辨后序》，贾昌朝：《群经音辨》卷七，第14b—15a叶。
③ 《史记》，中华书局，1982，第9页。

的符号和标注加以记录，通过教学、考试、集会、仪式、交聘等方式强化，六朝以来的吉凶仪式和隋唐以来的科举考试（包括选官考试），将这一传统和相关知识向文化较低的社会层级传递。但是更多的社会读书群体则无意讲求读书正音的内在需要和外在条件，就会自觉不自觉使用本地方音代替正音来诵读典籍。敦煌、吐鲁番等地所出典籍常以方音字代替正字，表示当地以方音读书，例子很多。

荣新江详细梳理了前辈学者利用敦煌吐鲁番文献研究方音问题的学术史，他指出罗常培先生所撰《唐五代西北方音》使用汉藏对音资料和当代西北地区语言调查资料，遗憾的是罗先生并没有区分作为雅言的长安音和作为方言的河西音。[①] 邵荣芬、松尾良树、张金泉利用敦煌出土的俗文学材料，来补充或订正罗先生的结论。[②] 此后高田时雄利用更多的汉藏对音资料研究这一问题，著为《敦煌资料所见之中国语言历史的研究——九、十世纪的河西方言》，补充了新的汉藏对音资料以及于阗文、粟特文转写汉字资料。他依据敦煌的历史和各本的方言特征，认为这些资料可分为两类，第一类是《金刚经》（Vol. 72b+ Vol. 73 + C. 129）、《阿弥陀经》（Ch. 77. ii. 3 = C. 130）、《天地八阳神咒经》（P. t. 1258）、《观音经》（P. t. 1239）、《寒食篇》（P. t. 1230）、《杂抄》（P. t. 1238）接近此类，属于以长安语音为基础的方言，代表了唐朝的标准语音（雅言）；第二类是《菩提达磨禅师观门》（P. t. 1228）、《道安法师念佛赞》（P. t. 1253）、《般若心经》（P. t. 448），《妙法莲华经普门品》（音注本，P. t. 1262）近之，属于包括敦煌在内的河西方言；而《千字文》（P. 3419 = P. t. 1046）、《大乘中宗见解》（Ch. 9. ii. 17 = C. 93）则具有独自的特征。[③] 于阗语对音《金刚经》（ch. 00120）也属于第二类的语音资料，托马斯1937年首先提出此为汉语对音资料，[④] 中国学者张清常1946年着手解读，1963年发表论文，归纳出一些中古汉语语音特征，[⑤] 此后恩默瑞克和蒲立本综合各家的研究成果，总结了此卷所记录的河西方音的特征。[⑥]

高田进一步解释了造成这两类典籍读书音差异的历史原因，即在吐蕃统治敦煌以前，由于唐朝完善的行政制度的贯彻和频繁的人员往来，敦煌地区的文献是以长安标准语音为规范的。自787年吐蕃占领敦煌以后，一方面由于异族的统治使唐朝的规范意识淡薄，一方面

① 罗常培：《唐五代西北方音》，国立中央研究院历史语言研究所，1933。

② 邵荣芬：《敦煌俗文学作品中的别字异文和唐五代西北方音》，《中国语文》1963年第3期，第193—217页；松尾良树「音韻資料としての『太公家教』——異文と押韻」『アジア・アフリカ言語文化研究』第17號、1979、213—225頁；松尾良树「敦煌寫本に于ける別字——『韓擒虎話本』斯2144を中心に」『アジア・アフリカ言語文化研究』第18號、1979、246—258頁；张金泉：《唐民间诗韵》，《1983年全国敦煌学术讨论会文集·文史遗书编》（下），甘肃人民出版社，1987，第251—297页。

③ 荣新江、邓文宽：《有关敦博本禅籍的几个问题》，《敦煌学辑刊》1994年第2期，第5—16页。

④ F. W. Thomas, "A Buddhist Chinese Text in Brāhmī Script", *Zeitschrift der Deutschen Morgenländischen Gesellschaft*, Vol. 91, No. 1, 1937, pp. 1-48.

⑤ 张清常：《唐五代西北方音一项参考材料——天城梵书金刚经对音残卷》，《内蒙古大学学报》1963年第2期；此据同作者《语言学论文集》，商务印书馆，1993，第63—85页。

⑥ Ronald E. Emmerick and Edwin G. Pulleyblank, *A Chinese Text in Central Asian Branmi Script：New Evidence for the Pronunciation of Late Midde Chinese and Khotanese*, Roma：Isttuto Italiano fer il Medio Ed Estremo Oriente, 1993.

受藏语的影响，本地方言渐渐占据主导地位。① 前述第二类藏文对音和这件于阗语对音《金刚经》恰好记录了晚唐五代敦煌地区的语音演变现象。众所周知，佛经的诵读不能依靠音义书解决全部的问题，还是需要诵读者自身的语音记忆。于阗语藏语对音资料记录的读书音变迁也反映了不同文化层级的僧侣使用不同的读书音，有些使用雅言，有些使用方音。敦煌吐鲁番出土汉语方言文献主要集中通俗文学和宣教典籍，例如变文、讲经文、学郎诗、《坛经》等，它们往往用于口头讲唱，其传播途径和性质与典籍有别，多由记录口语而成，主要不是经由抄写传播。多语言与汉语的对音文献则主要集中于典籍，例如佛经、《千字文》和部分诗集，它们与通俗文学和宣教典籍之间的方言发音规则显示出高度的一致性。我们由此知道某些书籍虽然没有任何特殊方音假借字出现，但在诵读时同样是使用方言的。

此外，创作愿文和诗歌的晚唐五代敦煌文人群体也有利用方言的倾向，从其作品的方言假借字中可以发现这一状况，我们相信这也是方言诵读典籍的直接表现。正是因为在他们诵读典籍时有着清晰的方言语音记忆，这种语音记忆甚至超过他们对于正字字形的记忆，所以才在作品中表现为多用方言假借的情况。②

五　读书音文化分层现象探析

本文初步分析了写本时代的四类读书音。首先，最为高级的是读者不凭借任何写本上的注解或符号，即可达到"知音真赏"水平，发出完全符合诗文声律的读音。这又必然是由熟知诗文音韵规则的士人之间达成的默契，他们全力追求文学的声韵之美，故能自如地驾驭诗文最美妙和谐的读法。其次，则是在文本的异读文字上加朱点标志读音，这种方法也须对南朝以来各种异读凡例了如指掌方能运用。朱笔标音之法，创自南朝，在唐代高级写本中普遍应用，在文献记载和出土写本中均有其痕迹。主要应用于经籍写本，以及六朝以来形成的《汉书》学和《文选》学写本，较之不需标注的"知音真赏"略逊一筹，但是也需要具备丰富的音读、训解和校勘知识方可运用。再次，则为直接标注反切的音义书（亦可称为书音），陆德明明确指出此类注音书籍的功能是为了某部具体的典籍而作，方便童蒙诵读此部经典时能够正确发音。这种简便易用的注音方法不需读者有丰厚的知识储备，只需掌握反切规则即可使用。较之朱笔注音，这种方法使用的范围更为广泛，主要是庶民教养所读的各类典籍，

---

① 高田时雄『敦煌資料による中國語史の研究：九・十世紀の河西方言』創文社、1988。参看 Takata Tokio, "NOTE SUR LE DIALECTE CHINOIS DE LA REGION DU HEXI 河西 AUX IXᵉ - Xᵉ SIECLES", *Cahiers d'Extrême-Asie*, No.3，1987，pp. 93-102；《九一十世纪河西地区汉语方言考》，梁海星译，《中国敦煌吐鲁番学会研究通讯》1990 年第 1 期，第 45—50 页。

② 相关研究参考黎新第《入收声在唐五代西北方音中应已趋向消失——敦煌写本愿文与诗集残卷之别字异文所见》，《语言研究》2012 年第 3 期，第 35—41 页。

其边界可由历代书目中著录的或文献中引用的音义书所规定。最为低级的一层，是不顾及正音的读书法，这种方法当然不需任何的注解和符号，任由读者按照自己的方言诵读典籍。这类方法往往普遍存在于各地百姓的日常阅读之中，他们不像士族文士那样追求文学作品的声韵之美，或严守洛阳咏为基础发音的雅言读音，不需要以正读的雅言作为自己身份认同或文化内化的外在标识。这种读书音在文本中是以方言借字的形式留下痕迹，今天学者通过外族语言与汉语的对音关系，可以推导出唐五代时期西北方音的特征，从而确定敦煌吐鲁番出土典籍中方音借字的规律。我们可以借由这种规律，发现一批以方音诵读的典籍，既包括通常意义的正经正典，也有通俗文学作品、宗教劝导作品等类。

关于语音差异的文化分层问题，中古时代的典籍虽然鲜有记载，但是俗字往往与方音共同使用，所以我们可以从俗字使用的文化分层加以推测。颜元孙《干禄字书序》云：

> 所谓俗者，例皆浅近。唯籍帐、文案、券契、药方，非涉雅言，用亦无爽，傥能改革，善不可加。
>
> 所谓通者，相承久远。可以施表奏、笺启、尺牍、判状，固免诋诃。若须作文言，及选曹铨试，兼择正体用之尤佳。
>
> 所谓正者，并有凭据。可以施著述、文章、对策、碑碣，将为允当。进士考试，理宜必遵正体，明经对策，贵合经注本文。碑书多作八分，任例询旧则。[1]

日常仅仅使用籍帐、文案、券契、药方等类文献的群体，其文化层级比较低下，所书所读在于应付基本日常生活和社会交往功能，他们多不在意文字和读音的正俗，也没有机会和条件学习正音、正字，故其笔下所书之字和口中所发之音皆属俗俚。平常撰写表奏、笺启、尺牍、判状者，则身份当为官吏，其进身之阶无非科举与铨选二途，而科举作文作诗，铨选察言察书，皆需有一定程度的正音、正字之学，职此之故，他们至少要会使用通行文字和大致雅正的语音。而希图立德、立功、立言之士，或经由进士考试跻身高官之列者，或自为著述以期达于不朽之域，则讲求正音、正字，完全掌握韵书、字书所见雅言标准读音之外，更要明了典籍文字异读的各类规则，使用反切、点发的方法标注异读及疑难之字，甚而达到知音真赏的最高水平。

以上四级读书音的分层，大致可以对应中古时期四等不同的读书主体，也可以用于观察他们所读的典籍范围及深度，从而勾勒出中国中古阅读史的轮廓。

〔本文原载《唐研究》2023年刊。作者史睿，北京大学中国古代史研究中心副研究员〕

---

① 朱长文纂辑《墨池编》，何立民点校，浙江人民美术出版社，2019，第15页。

从域外秘辛到本土知识:《星学大成》所见 10—13 世纪的星命术及其中国化*

韦 兵

摘 要 星命术自域外传来，逐渐中国化，但因星命著作往往被视为秘辛，流传范围有限，所以唐代以降的星命文献大多散佚。《星学大成》虽成书于明代，但此书基本是攒集而非著述，保留大量宋元古星命著作。由其中收录的《西天聿斯经》，以及从《聿斯经》衍生出来的各种文本，可以大致看到这部唐代从西方传来的星命著作的主体部分，其与敦煌和黑水城出土的星命文献可以密切勘合。从敦煌、西夏等不同《聿斯经》版本可以看到星命术传播过程中本土化的明显趋势。《洞微百六限》是《星学大成》收录的另外一种重要的唐宋星命文献，这部著作是星命术在唐宋之际从技术上实现中国化的重要表现。《星学大成》是 10—13 世纪星命著作的总结性汇编，是解读出土宋元西夏星命文献的重要参考，不应以其为明代著作而轻视之。

关键词 《星学大成》 星命术 《聿斯经》

域外星命术自传入中国之际即为术士所掌握，作为谋生牟利手段，星命著作往往亦被视为秘辛，流传范围有限，所以唐代以降的星命文献大多散佚。[①]同时，星命文献专用名词、概念繁多，颇难阅读理解，导致我们对当时星命推算具体技术还不甚明了，许多细节还有待探索。幸运的是，明代编撰的《星学大成》收罗了众多宋元星命文献，可谓星命著作之渊薮。用《星学大成》来印证、解读敦煌 P.4071《康遵批命课》、俄藏黑水城 ИHB.No.5722《谨

---

* 本文为国家社会科学基金后期资助项目"10—13 世纪星命术与星神崇拜研究"（21FZSB045）阶段性成果。

① 韦兵:《十二宫值十一曜论命：宋元时代的星命术》,《世界宗教文化》2017 年第 4 期。

算》等出土的宋与西夏时期的星命文献时，往往合若符契，而且提供了破解其中星命推占的关键信息；俄藏西夏文 6382《𗹙𗏾𗴂𗣼𗖵𗸦》（《新雕注解聿斯歌》）与《星学大成》中收录的《西天聿斯经》及相关聿斯文献完全可以对勘。这提醒我们应该重视《星学大成》的文献价值。《星学大成》一书，网罗星命文献，但因系专门之学，名相甚多，晦涩难懂，常被今人摒弃不读；又因被视为明人杂糅之作，历来少有人关注，其文献价值被大大低估。本文拟对《星学大成》的时代、内容做出一些判断和梳理，结合出土敦煌、西夏文献，钩稽其中保留的宋元古星命文献，探讨星命文献自域外翻译以来的文本衍生、变化，探寻其中日益明显的中国化趋势。

一 《星学大成》的价值：唐宋以降星命文献之渊薮

《星学大成》，三十卷，明代万民英编撰。万民英，字育吾，大宁都司人，嘉靖庚戌（二十九年，1550）进士，历官河南道监察御史，出为福建布政司右参议。此书特点，四库馆臣总结为"取旧时星学家言，以次编排，间加注释论断"，"其于星家古法纤巨不遗，可称大备"，"鸠集众说，多术家不传之本，实为五星之大全"。[①] 也就是说，万明英《星学大成》主要不是他的创论，而是汇集古代星命著作，加以条理化和系统化而成。此书包含了大量前代星命文献，略述如下。

（1）《西天聿斯经》：《星学大成》卷七收录，共 1880 余字，篇幅不少。其中文字可以和敦煌文献 P.4071《康遵批命课》所引《聿斯经》对勘，文字基本相同，可证此《西天聿斯经》为唐宋古书。今唐宋书目著录的聿斯类星命经典一部也未能流传下来，保留在《星学大成》里的《西天聿斯经》就显得尤其珍贵。同时，《星学大成》之中还有许多地方散见引用《聿斯经》，虽仅寥寥数句，亦当重视。

（2）《洞微百六限起例》《百六吉凶歌》等：《星学大成》卷七收录，通过比勘，发现其内容和《正统道藏》洞真部众数类"姜"字号的《秤星灵台秘要经》内容相同，就是其中的《洞微大数休咎歌》和《洞微限歌》。《秤星灵台秘要经》内容有残损，《星学大成》所收是全本，可以补足其中残损内容，文献价值更高。《秤星灵台秘要经》中有乾宁（894—897）中

---

① 永瑢等：《四库全书总目》卷一〇九《子部十九·术数类二》，中华书局，1965，第 928 页。此书最为通行的是文渊阁四库全书三十卷本，尚有文津阁四库全书三十卷本。两个版本文字略有异同，从选校看各有优长。北京师范大学出版社 1993 年据文渊阁本出版了郭安、钟琳的标点、翻译本；中央编译出版社 2015 年也据文渊阁本出版了一个标点本。本文参考这两个标点本，勘对四库本原文，引文仍采用景印文渊阁四库全书本。此书有两淮盐政采进的十卷三十册本，此两淮本与文渊阁本卷数及分卷都不同（见《四库全书总目稿钞本丛刊》，上海科学技术文献出版社，2021，第 160—163 页；吴慰祖校订《四库采进书目》，商务印书馆，1960，第 64 页），此两淮本和四库本关系值得进一步探讨。日本尊经阁文库还有一个《新刻明鉴总会星学大成》十八卷明隆庆刻本（《尊经阁文库汉籍分类目录》，精兴社，1935，第 422 页），这是已知的最早传本，极有价值，但笔者目前尚无法看到。

作者的勘疏记录，说明其成书于晚唐五代；[①] 那么，《星学大成》卷七中《洞微百六限起例》《百六吉凶歌》与其内容相同，也应是晚唐五代的古书。同卷《统论》《洞微歌》等都是讲"洞微"的内容，语言风格相似，亦当为唐宋古书。郑樵《通志》著录："道士梁嗣真《洞微歌》一卷，注《洞微限》一卷。"[②]《星学大成》所收《洞微歌》或为道士梁嗣真所撰《洞微歌》，《百六吉凶歌》（即《秤星灵台秘要经》中的《洞微限歌》）有注解，或许就是梁嗣真所注解的《洞微限》。

（3）辽代耶律纯《星命秘诀》三卷：《星学大成》卷一〇至一二收录，此书另一个版本是四库馆臣从《永乐大典》中辑出者，名为《星命总括》，亦分为三卷。但据明《百川书志》《澹生堂藏书目》著录，此书为五卷。而且从内容上来看，《星命秘诀》更翔实丰富。[③] 据称此书为耶律纯传自高丽国师，却在明代人的书目中才出现，故或为伪托，然其中也保留有部分比较古老的内容。

（4）《三辰通载》：《星学大成》卷一四至二二收录，宋代编辑的星命书。南宋陈振孙载："《三辰通载》三十四卷，嘉禾钱如璧。编集五星命术。"[④] 宋人钱如璧汇集当时所能见到的星命书如《琅玕经》《源髓歌》《西天都例》《玉关经》等编成此书。《通志》载有唐贞元年间都例术士所传以十一曜推命的《都例聿斯经》，《三辰通载》所引用的《西天都例》就是此类聿斯类经典。宋元时期，《三辰通载》这本书很流行，元代方回谓"今之知星者，民间有《三辰通载》之书"，"及近人谬著《五行精纪》《三辰通载》犹行于世"。[⑤]《星学大成》也称其为"星家之渊海，术者之指南"。除卷一四至二二收录《三辰通载》论十一曜外，据万民英介绍其体例："原书首载三日八煞等论，理趣优长，则收入《凡例》；末载二明三暗之说，矫揉太过，则附于《乔拗》。"[⑥]"三日"疑为"三元"之误，《三辰通载》书首"三元八煞"之论就是《星学大成》卷二的《定三元星》《论天元印星歌》《论八煞宫歌》《八煞宫定局图》等，而书末"二明三暗"之说附在《星学大成》卷二九《乔拗渊微》后面。这样，《三辰通载》虽被万民英拆分，纳入《星学大成》不同部分，但内容还是基本完整的。《三辰通载》今仍存日本静嘉堂藏三十卷影抄本，内容与《星学大成》所收基本相同。[⑦] 这也证明《星学大成》所收宋元古书皆非虚妄。

（5）《总龟十二位论》：卷六收录，这是从宋元星命书《紫府珍藏星命总龟》中选出的

① 任继愈主编《道藏提要》，中国社会科学出版社，1991，第214页。

② 郑樵：《通志》卷六八《艺文略第六》，中华书局，1987，第806页。

③ 此点承蒙邱靖嘉博士指出，特致谢。

④ 陈振孙：《直斋书录解题》卷一二，徐小蛮、顾美华点校，上海古籍出版社，2015，第372—374页。

⑤ 方回：《桐江续集》卷三一《夏推官（仁玉）谈星诗序》，卷三四《河洛言敬序》，景印文渊阁四库全书本。

⑥ 《星学大成》卷一四《三辰通载叙》，景印文渊阁四库全书本。

⑦ 日本静嘉堂藏三十卷影抄本《三辰通载》，见山东大学子海编撰中心编《子海珍本编·海外卷（日本）·静嘉堂文库》，2016，凤凰出版社。相关研究参考赵江红《静嘉堂藏孤本〈三辰通载〉考略》，《中国典籍与文化》2020年第2期，第131—144页。

一篇。《紫府珍藏星命总龟》这部书据万民英说："集诸家而总类之。"性质和《三辰通载》是一样的。《星学大成》卷一四至二二论十一曜，十一曜行度就是抄自《紫府珍藏星命总龟》。此外，卷二三所收丁无咎进之《紫府珍藏星命总龟续集》，所举星命例子的年代系于绍兴、淳熙、乾道等年间，此书或也是宋元古书。

（6）《星经杂著》：卷二四至二七收录，包括万民英家藏星命书共三十余篇，其序文称："乃裒集家藏秘诀精语、单经短赋，共三十余篇，总编一卷，以其非纯于一家，故名之曰杂。"①这部分内容驳杂，多数为明代著作，但也包含宋元古书的内容。

（7）《邓太史乔拗经》：卷二九收录，题为"宋太史邓鉴心传"，序文称"予生西京，世居太史之职"，则此人当为宋司天人员。"淳熙中殿试进士，有邓太史者告周益公：魁星临蜀。"②不知此邓太史是否就是著《乔拗经》的邓鉴心。

（8）琴堂《指金虚实五星天机七五赋》：卷八收录，作者是闽僧妙曦，号琴堂。"琴堂之名，乃昔有琴堂和尚，传授（作者按：脱一"于"）吕逸斋。"③可见琴堂身份是和尚，从术士吕逸斋处得传星命术。此僧至元中曾上书言星变："初，闽僧妙曦，号琴堂，以谈星见，是春（按：至元十九年壬午）进言：'十一月，土星犯帝座，疑有变。'"④以此知其为宋元之际人。《指金虚实五星天机七五赋》为琴堂摘编、注解吕逸斋玉版之文而成，书中言："余三十年留意五星，有验有不验，故弃为僧也。辛未年六月初一日，得吕逸斋传此。"⑤此辛未年最有可能是宋度宗咸淳七年、元世祖至元八年（1271），再证此人生活于宋元之际。此书前还有署名"古杭月壑老人黄秋山"的序文，黄自称曾从琴堂学二十余年。万民英多次论及琴堂，且言明朝的星命术士宗琴堂，如"琴堂准于我朝，耶律准于辽金"，⑥"琴堂《虚实五星》，术家独称验于我朝"，⑦可见此人是对元、明星命术影响极大的术士。《星学大成》收录的琴堂著作及托名之作还有《琴堂十二位论》《琴堂碎金》《琴堂易览批注》《括苍季宗舒琴堂五星总断》《教外别意杂诗二十六首》《独步钩玄琴堂秘诀》《琴堂五星集》等。

如果从地理、职官来考察，《星学大成》中的一些内容为唐宋古书就更明显。比如，卷一所绘《星辰分野所属庙旺喜乐之图》，所列十二宫对应地名均为北宋路分，如白羊座（京西北路）、金牛座（河北西路）、双子座（河北东路）。尤其巨蟹座所对应的陕西地区，分列永兴军和秦凤路，北宋陕西地区转运司和提刑司路分就是这两路。而陕西地区又因军事划分为六个安抚司路：永兴军路、鄜延路、环庆路、秦凤路、泾源路、熙河路。除永兴军外，其

---

① 《星学大成》卷二四《星经杂著叙》。
② 刘壎：《隐居通议》卷二八《魁星移次》，中华书局，1985，丛书集成初编本，第289页。
③ 《星学大成》卷二四《琴堂易览批注》。据琴堂自著《指金虚实五星天机七五赋》，琴堂得习吕书是辛未年六月初一日，而又加以编订，摘其六十四条，就是这本《指金虚实五星天机七五赋》。
④ 《文天祥全集》卷一七《纪年录》，熊飞等校点，江西人民出版社，1987，第711页。
⑤ 《星学大成》卷八《指金虚实五星天机七五赋》。
⑥ 《星学大成》卷一〇《耶律学士星命秘诀序》。
⑦ 《星学大成》卷八《琴堂虚实五星序》。

他五路均与西夏、吐蕃接壤，习惯称为陕西五路。以严格的转运司路来说，陕西其实就只有永兴军和秦凤路两路，但在当时宋夏对峙的背景中，因军事因素设置的六个安抚司路意义十分重大，影响深远，宋人已经把西北六个安抚司路和其他二十一个转运司路并列，后来人往往认为陕西分为六路而不是两路，《元史·地理志》就是这样。[1]《星辰分野所属庙旺喜乐之图》准确标注陕西地区是两路，对宋代陕西地区转运司路和安抚司路的差别很清楚，宋以后人不容易有此认识。可以这样说，南宋中后期的人一般不大能分辨清楚北宋陕西两种路分划分的详情。此图详于北方，略于南方，对北方转运司路与安抚司路区分得很清楚：比如，金牛座对应的分野既标注了转运司路分的河北西路，也标注了安抚司路分的真定府；双鱼座对应的分野既标注转运司路分的河东路，也标注安抚司路分的太原府。而南方地区的转运司路江南东、西路居然没有标注出来。对宋境外的地区也从略，人马座对应的幽燕地区在辽国境内，笼统称为河西河北；狮子座对应的三河、河西地区统称为关西。其中河北路已经分为河北东、西两路，京西路分为京西南、北路，等等，这是元丰二十三路体制。尤其是京畿标注在宋分豫州天蝎座，这正是汴梁对应的分野，这是此图为北宋之物的铁证。但此图分野标注杂乱，二十三路也并未完整分配、标注到分野中，比如四川地区，标注了成都府路、梓州路、夔州路，缺少利州路，但又在巨蟹座处标注四川。有的地方还有错误，比如双女座对应的"广东西路"应该是"广南东西路"之误，指广南东、西路，和同属这一分野的"荆湖南北"，是指荆湖南、北路一样。此图原本可能出于北宋元丰以后，但在流传过程中又添加了一些后代的内容，加之传播过程中的篡乱、缺失，形成今本所存的混乱面目。

《星学大成》收录的著作中还出现一些宋代职官名称。比如，丁无咎所著《紫府珍藏星命总龟续集》一书，其中论"五字连珠"命局："全一路无破善终州县，全二路无破善终京官，全三路无破善终朝官，全四路无破官至员郎，全五路无破官至正郎，全六路无破官至卿监，全七路无破官至两制，全八路无破官至两省，全九路无破官至两府，全十路无破官至三公。"[2] 这一从州县、京官到两府、三公的职官序列为宋代制度无疑，其中两制、两府这种提法，尤其具有宋代职官的特点，[3] 据此可以认为丁无咎是宋代的术士。又如《说竹罗三限》："后限不明宜换武，免教失禄及恓惶。"[4] 其中说到文职换武职，亦为宋代职官制度特点。从职官制度考察，这些文献保留了创作时期的特点，将其年代定为宋，应无大碍。

---

① 周振鹤：《体国经野之道——中国行政区划沿革》，上海书店，2009，第77—78页。

② 丁无咎：《紫府珍藏星命总龟续集》，《星学大成》卷二三。

③ 这一序列也有问题，最明显的是官和差遣的混淆，两制、两府是差遣，其他是阶官。序列中尚有一些所指不明确，比如朝官应该包括这里朝官以上所有的序列；两省有大两省和小两省的区别，等级相差较大，这里看来应该是指大两省；而且，这个序列缺少六部尚书和侍郎，可能的解释是这里的两府是指两府的迁转寄禄官阶，那就可以包括尚书和侍郎。这个序列虽然是宋代的，但表达并不精确，有点像文官官场"地位"高低的排序，所以同时包括寄禄官和差遣。由此可以推断，这个序列可能出自宋代民间，对宋代职官制度其实并不真正理解，是对官场"地位"高低的模糊认知。这一点也恰好符合此类星命书作者及流传范围的特点。此点承蒙尹航、洪丽珠两位同人指正，特致谢意。

④ 《星学大成》卷七《总限》。

　　《星学大成》主要是攒集前人星命著作，其中大量保留一般认为已经散佚的宋元著作。星命文献如符天、聿斯等经典被术士视为谋生秘籍，往往秘而不传，导致宋代以后这类著作失传，上引宋代目录中列举的符天、聿斯经典，今天我们一部完整的也不能看到了。宋元时流行的星命总集如《三辰通载》，也没能完整流传下来，但在《星学大成》中几乎得到完整保留，而且静嘉堂抄本缺失的部分亦在《星学大成》中可以找到。《星学大成》可贵之处就是保留了许多这类散佚的宋元星命经典，它其实是一部关于星命术的类书。

二　《星学大成》所见《西天聿斯经》与《洞微百六限》

　　《聿斯经》是唐代翻译的域外星命著作，"贞元中，都利术士李弥乾传自西天竺，有璩公者译其文"。① 明代已经看不到《聿斯经》全文，万民英称："星命之说，其法传自西天，今西天《都例聿斯》等经散载诸家，余弗获睹厥全。"② 既然散载诸家，唐宋《聿斯经》的主体就还可能保留在后代继起的星命书籍中。③

　　前面已经谈到《星学大成》收录的《三辰通载》为宋代古书，南宋陈振孙、元代方回都提到过这本书，它在当时很流行，原因就是其汇集众书，分类罗列，便于翻阅查对。此书多引唐宋古星命书，如《玉关经》《玉关歌》《琅玕经》《都例经》等，里面就包含《聿斯经》的许多片段，麦文彪认为《玉关经》其实是一个口传本的《聿斯经》。④ 尤其是《星学大成》卷七收录了一篇《西天聿斯经》，敦煌《康遵批命课》论水星在双女座引《聿斯经》："水居双女最为灵，生时一个临强处，即为毫（豪）富处王庭。"与《星命大成》所引《西天聿斯经》文字基本相同："水居双女最为灵，生时一宿皆临照，即为豪贵处王庭。"⑤ 这篇《西天聿斯经》可能是唐宋时期流行的聿斯类星命书中的一部，与唐贞元初都利术士李弥乾所传的《都利聿斯经》有直接关系。"都利"，饶宗颐据宋濂"都利盖都赖也，西域康居城当都赖水上"，认为都赖水就是中亚的 Talas 河。⑥ 后来的人虽然不知道"都利"是什么地方，但

①　《新唐书》卷五九，中华书局，1975，第1548页。

②　《星学大成》卷一〇《耶律学士星命秘诀序》。

③　关于唐宋《聿斯经》的研究，较为详尽的工作是麦文彪（Bill M.Mak）最近做出的，他梳理了《聿斯经》文本源流及传播线路，见氏著 *Yusi Jing – A Treatise of "Western" Astral Science in Chinese and its Versified Version Xitian Yusi Jing*，SCIAMVS 15: 105–169。

④　前引麦文，第111页，注解36。

⑤　陈万成已经发现《康遵批命课》所引《聿斯经》与《星学大成》中《西天聿斯经》相合，见氏著《中外文化交流探绎：星学·医学·其他》，中华书局，2010。

⑥　饶宗颐：《论七曜与十一曜》，《饶宗颐史学论著选》，上海古籍出版社，1993，第577—578页。麦文彪认为"都利"是公元1世纪的占星家 Dorotheus of Sidon，他发现《西天聿斯经》里的某些内容仅在 Dorotheus 的著作 *Carmen Astrologicum*（《占星之歌》）里存在，而不在影响更大的 Ptolemy 的 *Tetrabiblos*（《四书》）中，这一发现非常具有启发意义。

大概知道是在域外，所以笼统地以"西天"来指代，把聿斯经也称为《西天聿斯经》或《西天都利经》。经过对勘，俄藏西夏文6382《新雕注解聿斯歌》（《𗹦𗾔𘂚𗥹𘄄𗸌𘄄》）内容和《西天聿斯经》基本一样，是西夏文译本的聿斯类星命文献。这种带有双行夹注的西夏文《聿斯经》译本很特别，传世的汉文《聿斯经》都没有带夹注的，估计这个西夏文译本的底本是一个已经失传的宋元时期夹注本。这个西夏文《聿斯经》本子在传播史方面意义重大，这种译本的出现说明《聿斯经》及星命术成为中原与党项人共享的知识。下面以敦煌文书所引唐代古星命书《聿斯经》"水居双女""土水星合""岁火同宫"几条为例，讨论唐代《聿斯经》与《星学大成》所引宋代《聿斯经》及西夏文本之间的继承、发展关系。

敦煌文书引《聿斯经》"水居双女最为灵"云云，意谓水星在双女座，星命认为主贵，如何理解这个"贵"呢？敦煌文书《康遵批命课》所引《聿斯经》解释的"贵"是"即为豪富处王庭"，突出的重点是有资财（"豪富"）和接近君王（"处王庭"），以财富和权力的结合来理解"贵"，符合中亚的传统，应该是较为接近李弥乾携来梵书的翻译。后来这个"贵"结合了中国自身的文化特点，向更为中国化的方向转变。《星命大成》所收《西天聿斯经》已经有了细微的变化，"即为豪富处王庭"变为"即为豪贵处王庭"，"富"字被"贵"字取代，不强调资财，只是强调朝中为官的"处王庭"。毕竟在中国正统儒家的价值中，财富和官贵是不同的畛域，权力的正解是官贵，不是资财。虽为一字之变，其中已经有了价值观念的转变，所以《西天聿斯经》是稍后经宋代润色的文本。

西夏文6382《新雕注解聿斯歌》里面对这一句的翻译：

𗹦𘄄𗥹𘂚𘄄 / 𗥹𘄄（𘀗𘄄𘀗𗃭，𘃰𘄄𗹦𘄴 / 𗹦𘄄𗥹𘂚，𘄄𗝒𗙬𘄛），𗴲𘃆𗏁𘀗𗝒𘎑𗹦，𗴔𘃮𗙦𘂚 / 𘀗𘓠𘀠（𗸌𗉛𗏁𘀗𘄴𘄄𗝒 / 𗹦，𘇂𘄄𗞷𘀠𘂚𗙬𘂚）。

译文： 水居双女最明达（金星乐宫在金牛座，火星乐宫在天蝎座，水星乐宫在双女座），生逢一星在宫内，岁人富翁益贵前（命中一星在喜乐宫，为富贵之人）。

西夏译本也是以"富翁""富贵"来理解水居双女，和敦煌文书所引《聿斯经》"豪富"的意思相近，就此点来看，这个译本的底本和敦煌唐代的本子更接近。

以后，水居双女的"贵"向科举及第、为台谏官的解释发展，又引申为聪明、有文才，这是和宋代以来中国的社会现实相结合的结果。南宋成书的《三辰通载》在讨论水星在双女座时引《琅玕经》《赋》《水星歌》等数种古书，如《琅玕经》云："水居双女最为灵，华省台官给谏臣。"[1] 前一句和《聿斯经》一样，后一句比《聿斯经》典雅，虽内容实质是一样的，都是说主贵，但强调是为台谏官。又引《赋》云："给谏功臣，须假水临双女。"[2] 也是说

---

① 《星学大成》卷一七《三辰通载》引《琅玕经》。
② 《星学大成》卷一七《三辰通载》引《赋》。

水居双女宫主贵，为给谏言官之臣。宋代谏官为皇帝亲擢，监察百官，为君王的耳目，亲近贵臣，把"处王庭"理解为"为台谏"，颇与当时实际状况相符合，是很有时代特色的理解。

又引《水星歌》："乐庙若居巳申贵，他宫笔吏好心肠（水在命宫乐庙高，曰及第；他宫有文才，笔吏也）。"双女巳宫为水之乐宫，这段也是说水居双女巳宫主贵，与上引星命书相同，但强调水在双女巳宫，同时也是命宫才最符合，才能够科甲及第，如果水居双女，但不是命宫，就只能有些文才，做文吏而已。而水居双女与金会合，同样主科甲词臣："双女宫中得逢金，超升富贵巳宫临。金水共蛇蛇会处，科甲必定称人心。"①此言水星在双女巳宫与金星相会合（巳为蛇，故言"金水共蛇"），主科甲富贵。《水星歌》又论水星在双女宫与太阳会合："辰星在巳旺非常，与日同躔列轸乡。假使不登黄阁贵，也须官至翰林郎。"②此言水星在双女巳宫，与太阳会合，且在轸宿（双女宫大致对应二十八宿的翼、轸，为水星旺宫，而轸四度为正旺。强调轸宿，就是说水星不仅要在双女宫度，而且要在正旺之宿度），主科甲及第，为清贵词臣。

又从科甲及第引申为聪明机智，《水星论》引《经》曰："北方水星专主智，性地惺惺多巧艺。好乐阴阳巨蟹宫，若临申巳尤为贵。生逢坐命最聪明，更在身宫亦伶俐。非惟辨舌若悬铃，更主文章多藻丽。"③此段与《水星歌》所言相同，水居双女巳宫等处，且为命宫或身宫，主文章口才。此处的《经》，应该就是《聿斯经》的一种。因为另外一处引《都例经》论金、水会合，可以与此互为参证："金水相逢最为美，智慧聪明须见水。此为有福无难人，一生营求皆称遂。"④同样强调聪明和水星间的联系。《都例经》就是《都例聿斯经》。

又引《玉关经》《玉关歌》论水星在双女宫对应的翼、轸二宿："水躔翼宿号天昇，年少登科文学贵。清华要路骤迁荣，与日同宫须大贵。翼宿八度至十三，员明净洁水来参。不论迟留并伏逆，当居科甲有文谈。水躔轸宿号天岑，文学之官众所钦。聪明谋略人多会，藻思文章入翰林。轸宿本是水乐宫，水星入庙福尤浓。上下同流为乐曜，男人多学女人聪。"十二宫已经转换为二十八宿，意思与《水星歌》相同，突出水居双女（翼、轸）主科甲及第、聪明机智。这种强调聪明的解释，已经在原始《聿斯经》的基础上有了发展，时代应该晚些。"水居双女"一句，以敦煌文书所引《聿斯经》和《星学大成》所引星命书对勘，或文字相似，或内容相同，都是从原始《聿斯经》译本流衍出来的文本。以水在双女为贵，对贵的理解，较早敦煌文书所引《聿斯经》和黑水文献西夏文译本强调资财、近君王，衍生的《琅玕经》等则以身居台谏来理解，后来《水星歌》又引申出科甲及第及主机智、文章、口才等，文本再创造过程中的中国化色彩和时代特点日益突出。

---

① 《星学大成》卷一七《水星歌》。
② 《星学大成》卷一七《水星歌》。
③ 《星学大成》卷一七《水星论》。
④ 《星学大成》卷一六《金星论》。

敦煌遗书《康遵批命课》所引星命口诀："土水合号有学禄，智慧多端好翻覆。岁火同宫主贵权，为事心中多敏速。"虽没有说明出处，但《星命大成》的两处有这两句。卷七《西天聿斯经》："火（笔者按："火"误，当作"水"）土合兮有学禄，智慧多端好反复。木火同宫主贵权，为事心中多敏速。"卷六《论星曜合照命宫》引《歌》曰："水与土合有学禄，智慧无穷爱番覆。木火同照主贵权，设施惊众夸神速。"对勘文字可见，这里《康遵批命课》所引口诀和《论星曜合照命宫》引《歌》都是出自《聿斯经》，这里引用的《歌》可能就是《聿斯歌》，西夏文 6382 就是以"歌"来命名——《新雕注解聿斯歌》。"歌"是在"经"的基础上进一步通俗化的产物。西夏文 6382《新雕注解聿斯歌》对这两句的翻译如下：

𗼦𗫦𗤁𗫼𗜌𗄛𗆘，𗽈𗊁𗀌𗾔𗰜𗖵𗏹（𗼦𗫦𗾟𗫼 / 𗤁𗆣，𗽺𗽈𗊁𗗇𗰜，𗽈𗍫𗫶𗾔𗫦 / 𗭼，𗀌𗖱𗽺𗏹𗗙𗄈𗽈）。

译文： 土水相合学禄有，智慧多有心不休（土水三合 / 相见，则智慧明达，诸事为时变 / 化，多增腹心疑虑也）。

𗤁𗫢𗀌𗅁𗩴𗾔𗤁，𗍫𗍫𗽈𗏹𗀌𗊁𗩴（𗫢𗫢𗀌𗅁，𗖵𗍫𗺉𗫥𗫢 / 𗀌𗰜，𗽺𗨮𗄛𗊁𗍫𗩴𗗗𗊁）。

译文： 木火宫同贵主得，所为腹心多急速（火木宫同，不同在火木 / 宫为，则福禄多性情急速）。

此两句西夏文译本基本忠实于唐宋汉文本，敦煌文献作"土水合"，土星在前，黑水文献同，《星学大成》收《西天聿斯经》作"水土合"，水星在前。也可见黑水西夏文本和敦煌本的联系。另外，西夏译本夹注将经文讲得更清楚，比如"土水相合"，夹注解释是"土水三合相见"，就是强调土、水星在命宫及其三合宫内同宫，才符合这句口诀。而且，火木同宫夹注解释，这种同宫必须不在五行属性为火、木之宫（木宫指双鱼座、射手座，火宫指狮子座、天蝎座）。这些都是现存汉文本都没有的，有利于我们正确理解聿斯文献的内涵。看来《聿斯经》这一段讲星曜合照，均以合照命宫及其三合宫为前提，若在其他宫位就不符合。

此外，《星学大成》收录的文献中有些没有明言是《聿斯经》，如上引《星学大成》卷六《论星曜合照命宫》所录星命《歌》，但内容能与敦煌文献和《西天聿斯经》勘合，证明此《歌》是聿斯文献的一种，可能就是《玉关歌》或《聿斯歌》。同卷《论星曜对照命宫歌》论星曜对照命宫歌诀，也能与《西天聿斯经》勘合，证明这些歌诀也是聿斯类文献：

更推星曜相冲望，就中火土为灾障。对在强方并见月，中年困苦多消歇。湿宫水照当忧溺，干位却须防兽啮。少男少女少资财，多病多迍多口舌。或遭毒药及刑伤，了了经中皆具说。（《论星曜对照命宫歌》）

> 更有五星相对视，就中五星为灾瘴。相对在强并在月，中年困苦多消竭。湿宫水照投江湖，干位虫狼多咬啮。少男少女少资财，多疾多迍多口舌。或遭毒药兼临刑，了了经中皆具说。（《西天聿斯经》）

这段文字论火、土二曜对宫相冲和水星照湿宫、干宫的占卜，以《论星曜对照命宫歌》对照《西天聿斯经》，除个别文字，基本相同，是聿斯经典流衍过程中产生的不同版本。敦煌文献所引《聿斯经》、《星学大成》卷六收录《西天聿斯经》《论星曜对照命宫歌》都是原始《聿斯经》流传中产生的不同版本，内容一致，文字稍异。也证明以《聿斯经》为代表的星命文献往往没有“定本”，文字在传播中不断衍生变化，形成不同的版本。

西夏文 6382《新雕注解聿斯歌》对此段的翻译：

> **[illegible]，[illegible]。[illegible]，[illegible]**（[illegible]/[illegible]）。**[illegible]，[illegible]。[illegible]，[illegible]。[illegible]，[illegible]**（[illegible]/[illegible]/[illegible]）。

> **译文：又在五星相对视，其中土火多厄祸。对处强宫又月见，年中劳苦丰弱为**（五星相对视，如火土对视；水火在强宫、或水土同宫，又对宫见月，则一世多厄祸，中年受苦受也）。**湿宫水见河江没，干宫中狼咬力伤。女少男少财帛少，疾多难多馋舌多。若遭毒恶又刑逢，细查文中显明说**（东南位是湿宫，西北位为干宫。恶曜同在此二宫，则没于河江中，或为狼所食，女男皆数厄多祸，中于毒恶也）。

以之对勘汉文本，汉文本《西天聿斯经》“就中五星为灾瘴”一句明显有误，“五星”当为“火土”之误，《论星曜对照命宫歌》也作“火土”。《西天聿斯经》中有干宫、湿宫的概念，但不知其具体内涵。西夏文本有一条夹注，解释了干宫、湿宫的概念：“东南位是湿宫，西北位为干宫。”而《星学大成》有《定干湿沈没宫》，对干、湿宫有另一种说法：“巳、午为干宫，亥、子为湿宫。”《定干湿沈没宫》把室女巳宫、狮子午宫称为干宫，双鱼亥宫、宝瓶子宫称为湿宫，这比较清楚。西夏文本夹注把干、湿宫和西北、东南位联系起来，如果只从字面上看，东南和巳、午不是有关联吗？按理应该是干宫，为何夹注说是湿宫呢？西北和亥、子同理，这就和《定干湿沈没宫》的说法矛盾。其实，要解开这个矛盾首先要明确夹注所说的“东南位”和“西北位”指的是什么，这绝非仅从字面按五行对位把东南理解为巳、午，把西北理解为子、亥。我们应该特别注意这个“位”字，这是突破这个问题的关键。这个“位”应该是指黄道带的方位，域外星命学以太阳在黄道带上运行的周期，习惯上将白羊宫到室女宫称为北六宫，天秤宫到双鱼宫为南六宫。进一步细分，太阳运行在黄道带西、西北位的巨蟹宫、室女宫、狮子宫就是夏天，运行东、东南位的摩羯宫、宝瓶宫、双鱼宫就是冬天。[①] 这样可以看出，夹注所说的"东南位"其实就是指双鱼亥宫和宝瓶子宫，为湿宫；"西北位"就是室女巳宫和狮子午宫，为干宫。夹注和《定干湿沈没宫》是同一个说法，并不矛盾。值得注意的是，夹注采用黄道带方位的标准来定干、湿宫，这和以《天文书》为代表的域外星命学更接近；《定干湿沈没宫》应该是较后起的著作，估计为了避免黄道带方位带来的混淆，从而将干湿宫直接对应相应星宫。这也提示我们，在聿斯经的翻译、传播过程中域外成分中容易引起歧义的部分如何被替换成容易理解的表达。

此外，《星学大成》卷六《十二位论》有《论身命宫歌》《论财帛宫》《论兄弟宫》等论十二宫位文字，分述十一曜在各宫位的吉凶，是标准的星宫算命法则。其中多引古星命书，如《论福德宫变格》引《西天都例经》，此或即为《都利聿斯经》，是《聿斯经》的另一译名；《论迁徙宫》引《灵台经》，此或为《灵台秤星经》，为唐宋时期道经，今正统《道藏》所收已不全。又多引歌诀韵文体的《经》，此《经》也当为古佚星命书，语言风格与敦煌所引唐宋《聿斯经》等星命文献相似，接近当时俗语。略举数例，以见风格：

> 《经》云：足禄多财，木星与太阳同会。平生不耕蚕而衣食具，所谓生居豪族世无虞，出有轻车食有鱼，福寿厚高天与佑，平生万事称心如。（财帛宫）
>
> 《经》云：多居产业，金水木照田园。（田宅宫）
>
> 《经》云：蚀神临子最难为，得力还招外姓儿。假饶若过三旬外，亲生一个是便宜。（男女宫）

这些《经》《歌》很可能是从《聿斯经》中衍生出来的，将更具体的推算以歌诀的形式进一步通俗化，以利记诵理解。其数量很大，传播范围更广泛。今天完整的《聿斯经》虽然没有保留，但通过《星学大成》保留的《西天聿斯经》、《玉关歌》、西夏文6382《新雕注解聿斯歌》等，以及其他没有直接标明但其实就是《聿斯经》衍生出来的歌诀文本，可以大致看到这部唐代从西方传来的星命著作的主体部分。

《洞微百六限》是《星学大成》收录的另外一种重要星命文献，是星命术在唐宋之际中国化的重要证据。所谓"限"就是星命推算行运流年的方法，如果说命主贵贱寿夭由十一曜分布的星盘格局决定，则兑现的时间则由"行限"来决定。"洞微限"分为大限和飞限两种，大限是一个阶段，飞限是这一阶段中的每一年。"洞微大限"从命宫（卯）开始，向相貌宫（辰）方向移动，每宫为一限，各限年数不一，洞微大限共一百年零六个月，故名"洞微

---

① 海达儿、阿达兀丁等：《天文书》卷一第九门《说十二宫分为三等》，《四部丛刊广编》影印涵芬楼藏明版，台湾商务印书馆，2013。

百六限"。各宫所主年数："命宫十五貌宫十，福德妻宫十一详。官禄十五最高位，迁移止有八年粮。疾厄七兮共六六，财帛兄弟五年强。田宅子孙并奴仆，四年之半定毫芒。"[1] 这是说人的一生首先一到十五岁命宫（卯）主宰十五年，十六到二十五岁相貌宫（辰）主宰十年，二十六到三十六福德宫（巳）主宰十一年，其余依此类推。

具体到每一宫所主年龄段中逐岁行运何宫，又要配合"洞微飞限"来推定。"飞限"的规律："一二本限里，三四对照冲。三合五六载，其年见吉凶。"[2] 这就是说，一二年在本限，三四年在对冲宫，五六年在三合宫，第七年又从本宫开始循环。比如，命宫（卯）主宰的十五年，一二岁在命宫本宫，三四岁就在命宫对宫妻妾宫（酉），五岁在三合宫男女宫（亥），六岁在三合宫迁徙宫（未），亥卯未为地支的三合。七八岁又回到本宫，依次循环。

"洞微限"是星命术中国化的产物。以《聿斯经》和《符天历》为代表的西方传统，在推算流年的特点是对每年星曜运行的位置进行计算；而洞微限是一种程式化的大运、流年的机械排定。以程式化的洞微限取代星曜位置的计算，星命中西方传统的计算性大大减弱。敦煌文献 P.4071 北宋开宝七年《康遵批命课》尚延续域外星命传统，推算逐星曜位置，而俄藏黑水城 ИHB.No.5722 西夏蒙元之际的西夏文《谨算》则已经使用洞微限排流年，这件星命文献正是通过与《星学大成》收录的洞微限文献对勘才得以成功解读。[3] 数百年间星命术发生了很大变化，而且这种变化也传播到西夏地区，出现了西夏文的洞微限星命文书。除《谨算》《新雕注解聿斯歌》等外，俄藏、英藏黑水城西夏文献中还有多件是关于推算洞微限的西夏文写本，比如，英藏黑水文献残叶 Or.12380-359A、Or.12380-1796、俄藏 No.4489-2 等[4]。

"洞微限"只有道藏《秤星灵台秘要经》中有个不完整的版本，有了《星学大成》所收录的版本，我们在考订黑水城西夏文星命文献时就找到了可靠完整的底本，释读过程中的难题便可迎刃而解。

余论　星命文献的流传、衍生与阅读路径

《星学大成》杂集诸书，将不同时代、不同内容的东西混在一起，条理紊乱，异说纷纭，重复芜杂，对同一个概念的论述散布在书的不同地方，又没有一条合理的编纂理路，所以很不方便阅读。我们其实可以设想一种以"标准型"重构文本来厘定古文献的思路，通

---

① 《星学大成》卷七《总论诸限》之《洞微百六限起例》。
② 《星学大成》卷七《洞微飞限歌》。
③ 韦兵、秦光永：《俄藏黑水城文献 No.5722〈谨算〉星命解读》，《西夏学》2017 年第 2 期。
④ 参见韦兵《〈推星命洞微百六大限逐岁吉凶文书〉：英藏黑水城文献 359 占卜书残叶考释与定名》，《西夏学》2018 年第 2 期；徐阳、韦兵《英藏黑城出土 Or.12380—1796 西夏文〈百六吉凶歌〉残叶考》，《宁夏社会科学》2020 年第 6 期。

过拆分处理《星学大成》，以符合星命推算逻辑和次第的原理来重组文本，赋予其内在逻辑理路，把分散的论述集中起来，剔除后起、冗余的部分，形成最靠拢宋元而又可以理解的"古"文本，通过这个新文本，把《星学大成》的宋元古文献遴选出来，从明代著作中"发掘"出宋元古本。星命文献通常有一个初始文本，在此基础上提炼雅化文字、细化宫度或宿度、叠加新内容，衍生出次生文本。比如，从域外翻译的《聿斯经》是初始文本，据此衍生的《西天聿斯经》《聿斯歌》等，可能就是经加工的次级文本，这些次级文本又被翻译为西夏文，流传到草原地区。俄藏西夏文 6382《新雕注解聿斯歌》(《𗼨𗰗𗗘𗵓𘝞𘄴𗹐》)的汉文底本就带有夹注，是加工后的次级文本，夹注中带有许多后来衍生出来的规范和解释。党项人通过自己的理解来翻译《聿斯经》，西夏文的翻译增加了这个文本传播流衍的丰富性。同时，这些不同文本被不断重新编撰、整合，形成《三辰通载》《星学大成》等三级类编整理文本。初始文本可能逐渐散佚，但基本内容保留在次级衍生、三级类编文本中。《星学大成》成书于明代，收罗当时还能见到的星命著作，是唐宋初始星命文本的片段及后来宋元次级衍生、三级类编星命文本的汇总。从初级到三级的文本衍生过程也是星命学知识中国化的过程。如果批判地使用《星学大成》的文本，可以复原唐宋星命术的主体内容。尤其是《洞微百六限》和《西天聿斯经》已经得到出土文献的印证并在出土文献解读中起到关键作用。

《星学大成》虽成书于明代，但此书基本是攒集而非著述，其中保留大量宋元古星命著作。《三辰通载》《星学大成》这类汇总编印的星命书籍是宋明印刷术普及带来的知识整合的产物，星命书籍的编辑汇总过程也是星命知识被重新汇集、编辑并产生出新知识的过程，分散的秘籍在市场需求的推动下被汇总在一起，晦涩、异域色彩浓厚的星命秘籍必须本土化、通俗化以符合印刷书阅读市场的需求。宋明人新集的星命著作融合本土文化，符合时代要求，但其编排非常混乱，芜杂丛脞，往往无法卒读。如果要真正读懂《星学大成》，还需要把此书攒集的星命著作进行梳理辨析。星命术在流传过程中掺杂进了大量中国本土的成分，混杂了诸如四柱、星禽等内容，越到后来，无论推算概念和推算过程都叠加了更多的本土成分，星命术日益复杂，《星学大成》充分显示了这种芜杂的特点。此书经过万民英的整理编撰，古代文献被重新打散、拆分，与后来的明代文献糅合，形成了一个时代混杂的文本。而其中包含的宋元古文献基本散佚，这个混杂文本里面哪些是宋元古文献，而哪些不是，除通过敦煌遗书所引《聿斯经》和《星学大成》所载《西天聿斯经》对勘，以确定后者为宋元古籍外，尚缺乏其他可以对勘的文本。如何推定《星学大成》的某些部分是否为宋元古星命文献，需要一条新的思路来辨析。

〔本文原载《唐宋历史评论》第 11 辑。作者韦兵，四川大学历史文化学院教授〕

从羁縻静边州的变化看早期党项拓跋氏的嬗替

邢　云

摘　要　本文借助《拓跋守寂墓志》等出土材料，结合传世文献中关于党项羁縻州的记载，厘清了党项拓跋氏早期内迁唐朝的过程。包括原静边州部众在内的党项部落由拓跋赤辞一支率领，自乾封年间（666—668）起陆续从松州附近迁徙至庆州，唐廷遂将静边州改设于此。后鄯州附近的拓跋立伽一支于仪凤年间（676—679）迁徙至银州。开元二年（714）唐廷将静边州徙至银州，都督亦变为立伽之孙拓跋后那，由此完成了拓跋氏酋首在不同支属及不同地域之间的嬗替。

关键词　党项　拓跋氏　羁縻州

　　唐初，随着吐蕃在河西陇右地区军事压力的不断增强，包括党项、吐谷浑在内的各部族也开始向唐朝统治的核心区域迁徙。作为后世西夏国建立者的拓跋氏党项，其内徙过程历来受到学界的关注。如郭声波聚焦于羁縻州的变迁，借此还原出党项从河西地区逐步向关内道迁徙的历史，[①] 汤开建和周伟洲则围绕以拓跋氏为代表的党项部族世系，明确在这一过程中党项部落的变化与发展。[②] 而借助近年出土的《拓跋守寂墓志》《拓跋驮布墓志》等石刻材料，我们仍可在已有研究的基础上，进一步丰富对于早期党项历史和相关羁縻州的了解。

一　河曲拓跋氏与西平拓跋氏

　　在有关唐代羁縻州的传世史料中，《新唐书·地理志》（下文简称《新唐志》）中的《羁

[①]　郭声波：《唐代河西九曲羁縻府州及相关问题研究》，《历史地理》第21辑，2006；郭声波：《唐弱水西山羁縻州及保宁都护府考》，《中国史研究》1999年第4期。

[②]　汤开建：《隋唐五代宋初党项拓跋部世次嬗递考》，《西夏学》第9辑，2013；周伟洲：《早期党项拓跋氏世系补考》，《西夏研究》2015年第4期。

縻州》部分虽存在不少疏漏，但其以道为单位分别叙述各部族的羁縻州，仍然是现存传世文献中最早、最成体系的记载。其中所载关内道党项羁縻州，以领有二十五州的静边州都督府变迁最为繁复。通过对《拓跋守寂墓志》的仔细研读，我们不仅可以明确传世史料中扑朔迷离的"静边州都督府"的变迁，更可以看出其变迁背后反映出的两个拓跋部落的演变。对于墓志内容和史料的重新梳理，也让我们可以从新的角度再次审视所谓党项拓跋氏的谱系问题。

首先，我们将《拓跋守寂墓志》的相关段落再行研读：

公讳寂，字守寂，出自三苗。盖姜姓之别，以字为氏。因地纪号，世雄西平，遂为郡人也。国连要服，气蕴金行。俗尚酋豪，力恃刚悍。载炳前史，详于有随。名王弥府君，洎附授大将军宁府君矣。时逢季代，政乱中原。王教不宣，方贡殆绝。天降宝命，允归圣唐。

迫仪凤年（676—679），公之高祖立伽府君，委质为臣，率众内属……拜大将军、兼十八州部落使。徙居囷阴之地，则今之静边府也。

曾祖罗胃府君……拜右监门卫将军、押十八州部落使、仍充防河军大使。

祖后那府君……抚有余人，建牧以崇其都府。拜静边州都督、押淳、临等一十八州部落使、兼防河军大使、赠银州刺史。

考思泰府君……拜左金吾卫大将军、兼静边州都督防御使、西平郡开国公。会朔方不开，皇赫斯怒。周处则以身徇节，毕万乃其后克昌。赠特进、左羽林军大将军。

公即西平公之元子也……起家袭西平郡开国公、拜右监门卫大将军、使持节淳、临等一十八州诸军事、兼静边州都督、仍充防御部落使……春秋卅，以开元廿四年（736）十二月廿一日，寝疾薨于银州敕赐之第。诏赠使持节都督灵州诸军事、灵州刺史……

弟游骑将军、守右武卫翊府右郎将、员外置宿卫，赐紫金鱼袋、助知检校部落使守礼……嗣子朝散大夫、守殿中省尚辇奉御员外置同正员、使持节淳、临等一十八州诸军事、兼静边州都督、防御部落使、赐紫金鱼袋、西平郡开国公曰澄澜，年在童卯，藐是诸孤，匪莪伊蒿，衔恤何怙……叔父朔方军节度副使、兼防河使、右领军卫大将军、兼将作大匠兴宗……及公之病告驰闻，而叔以星言戾止，窥其阃户，气尽良图……铭曰：三苗之胤，惟姜有光。五代返本，复昌于唐。高门长戟，列土封疆。引续不替，嘉谟孔彰。其一……①

----

① 原题《大唐故特进右监门卫大将军兼静边州都督赠灵州都督西平郡开国公拓拔公墓志文并序》，录文据康兰英主编《榆林碑石》，三秦出版社，2003，第224—225页，个别字句核对拓片（第51页）有所改动。

志盖内另有文字：

> 门下：故特进、兼右监门卫大将军员外置同正员、持节淳、恤等十八州诸军事、兼静边州都督、防御部落使、赠使持节都督灵州诸军事、灵州刺史、上柱国、西平郡开国公拓跋守寂……绥其种落，捍我边垂……宜增上卿之位，以饰重泉之礼。可赠鸿胪卿，仍令夏州刺史郑宏之充使监护，主者施行……

由"因地纪号，世雄西平，遂为郡人也"一句可知拓跋守寂先祖原世居西平郡。汤开建指出，墓志中的"弥府君"和"宁府君"分别对应《隋书》中出现的拓跋木弥和拓跋宁丛二人。[①] 拓跋木弥系吐谷浑名王之一，开皇八年曾"请以千余家归化"，[②] 而开皇五年，以拓跋宁丛为首的党项羌"各率众诣旭州[③]内附，授大将军，其部下各有差"，[④] 二人的活动地域皆在以西平郡为中心的河西地区，与墓志的记载相合。墓志中称守寂高祖拓跋立伽在仪凤年间"委质为臣，率众内属"，据《旧唐书》记载，吐蕃于"上元三年（676，是年十一月改元仪凤），进寇鄯、廓等州，杀掠人吏，高宗命尚书左仆射刘仁轨往洮河军镇守以御之。仪凤三年（678），又命中书令李敬玄兼鄯州都督，往代仁轨于洮河镇守"，[⑤] 部落位于鄯州（西平郡）附近的拓跋立伽，很可能正是因此而内属并被唐朝安置于银州（见图1）。由于拓跋木弥和拓跋宁丛并非名门望族，墓志中人物活动的地域又与传世史料的记载相合，基本可以排除墓志假托的可能。此外，唐人"凡所封邑，必取得姓之地"，[⑥] 拓跋思泰既被封爵"西平郡开国公"，说明其家族世居之地亦为时人所认可。

由于党项每个大姓之下，又复分为若干小部落，因此不宜将传世文献中出现的拓跋氏首领按活跃年代盲目编排世系。[⑦] 不过，墓志记载如能排除假托的因素，世系便是可靠的来源。如果拓跋守寂源自河西地区，那么他是否与传世史料中出现于唐初的拓跋赤辞有关？[⑧]

《唐会要·党项羌传》载：

① 汤开建：《隋唐五代宋初党项拓跋部世次嬗递考》，《西夏学》第9辑，第93页。
② 《隋书》卷八三《吐谷浑传》，中华书局，2019，第2074页。
③ 《隋书》卷二九《地理志上》临洮郡洮源县注"后周置，曰金城，并立旭州，又置通义郡"（第913页），可知旭州在隋西平郡附近（见图1）。
④ 《隋书》卷六三《党项传》，第2076页。
⑤ 《旧唐书》卷一九六上《吐蕃传上》，中华书局，1975，第5223页。
⑥ 李涪：《刊误》卷下《封爵》，载苏鹗《苏氏演义（外三种）》，吴企明点校，中华书局，2012，第244页。
⑦ 周伟洲：《早期党项拓跋氏世系补考》，第4页。
⑧ 新旧《唐书》列传部分皆作"拓拔赤辞"，《新唐志》《唐会要》《册府元龟》作"拓拔赤词"，本文统一采用《资治通鉴》所作"拓跋赤辞"。他处"拓拔"除征引史料外，皆统一为"拓跋"。

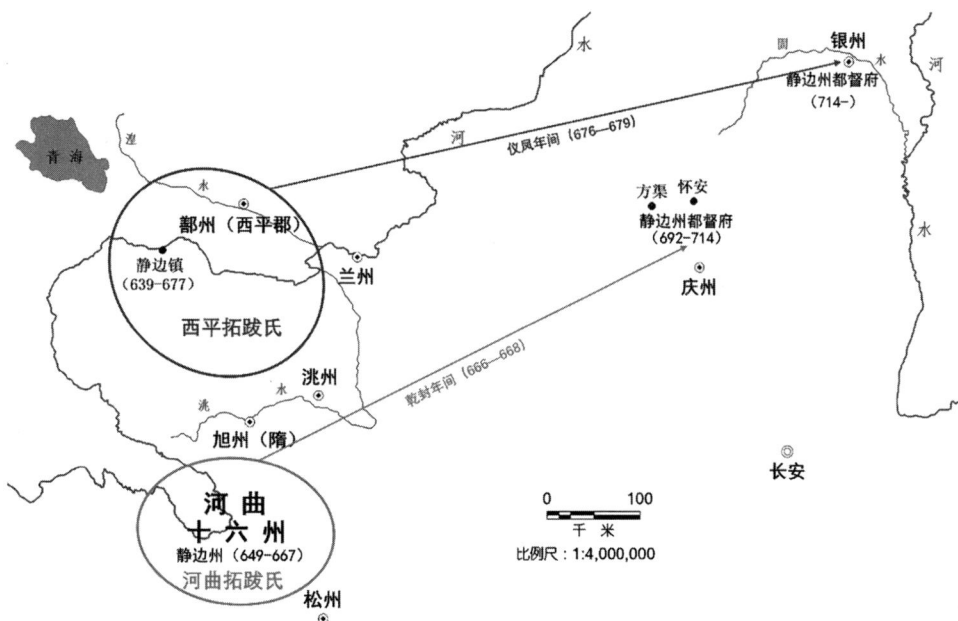

图1 西平、河曲两拓跋氏内迁示意

（据谭其骧主编《中国历史地图集》第5册《隋·唐·五代十国时期》"京畿道 关内道""陇右道东部""剑南道北部"改绘，中国地图出版社，1982）

五年，诏遣使开其河曲地为六十州，内附者三十四万口。有羌酋拓拔赤词者，甚为浑主伏允所昵，与之结婚，屡抗官军。后与其从子思头并率众与诸首领归款，列其地为懿、嵯、麟、可等三十二州，以松州为都督府，羁縻存抚之。拜赤词为西戎州都督，赐姓李氏。自是，从河首大碛石山已东，并为中国之境。后吐蕃强盛，拓拔氏渐为所逼，遂请内徙，始移部落于庆州，因置静边等州以处之。故地陷于吐蕃，其处者为其役属，吐蕃谓之"弭药"。[①]

关于文中"六十州"，郭声波引《新唐志》和《资治通鉴》贞观五年十二月的记载已明证其为"十六州"之误，并考订出了河曲十六州的名称，包括西戎州在内的36个羁縻州起初皆属松州都督府。[②]虽然唐初两支拓跋氏均在陇右道，但却活动于松州与鄯州两个不同的地域（见图1）。因拓跋赤辞与拓跋守寂无涉，故前者并未出现在墓志中。此外，拓跋赤辞被授予西戎州都督时还获赐李姓，[③]而《拓跋守寂墓志》中仍称拓跋氏，也从侧面说明守寂并非拓跋

① 《唐会要》卷九八《党项羌》，上海古籍出版社，2006，第2082—2083页。按《唐会要》虽成书较晚，但《党项羌》中叙述唐代中前期的内容应源自贞元（785—805）年间成书的苏冕《会要》或其同源史料，如柳芳《国史》中的传记等。相较于其他类似的记载如《通典》、新旧《唐书》等，《唐会要》史料价值更高，且内容结构也更完备，故传世史料中类似的文本，笔者径以《唐会要》为首要参考。

② 郭声波：《党项发祥地——唐初"河曲十六州"研究》，《历史地理》第11辑，1993，第210—213页。

③ 《旧唐书》卷一九八《党项羌传》，第5292页。

赤辞一支。关于党项的部族组织，《隋书》《北史》记为"每姓别为部落，大者五千余骑，小者千余骑"，而《通典》《旧唐书》《唐会要》则记为"一姓之中复分为小部落，大者万余骑，小者数千骑，不相统一"，① 本文中的两个拓跋氏正是"一姓之中复分为小部落"且"不相统一"的体现。为行文方便，笔者将拓跋赤辞一支称为"河曲拓跋氏"，将拓跋守寂一支称为"西平拓跋氏"。前者于贞观（627—649）初年成为"在蕃"② 的羁縻州都督，而后者根据墓志中记载的"天降宝命，允归圣唐"，及铭文中所出现的"五代返本，复昌于唐"，③ 可认为其在隋末唐初之际成为唐朝的附属。

需要指出的是，西平拓跋氏虽然在隋末唐初成为唐朝的附属，但却并未受赐唐朝的官职。据 2013 年出土于陕西省吴起县的《大唐故特进拓跋府君墓志铭》（下文简称《拓跋驮布墓志》），志主拓跋驮布的先人"徙湟中故地，与浑部杂居"，其祖父拓跋吴伽"以贞观七年（633）款关内附，有诏封西平郡王、兼授西平州刺史"。④ 来自湟中的拓跋驮布一支无疑也是西平拓跋氏，⑤ 其内附年代亦与《拓跋守寂墓志》所言"五代返本，复昌于唐"相呼应。从《拓跋驮布墓志》的记载可以看出，西平拓跋氏原由拓跋驮布一支主导，然而拓跋驮布之父"中年徂逝"，其本人也直至万岁年（696—697）方"以大酋长检校党州司马"。很可能在拓跋吴伽之后，拓跋守寂的高祖立伽成为西平拓跋氏的酋首，故而有了《拓跋守寂墓志》中所记载的"仪凤年，公之高祖立伽府君，委质为臣，率众内属"，所率之众自然也包括拓跋驮布一支。

二 羁縻静边州的迁徙与各支拓跋氏的兴替

上引《党项羌传》中称"后吐蕃强盛，拓拔氏渐为所逼，遂请内徙，始移部落于庆州，因置静边等州以处之"，似乎唐廷是在河曲拓跋氏迁徙至庆州后设置的静边州都督府。不过，《新唐志》静边州都督府下注"贞观中置，初在陇右，后侨治庆州之境"，⑥ 明确称静边州贞

---

① 冈崎精郎认为此处不同的成书年代反映了党项部落的变化发展，见氏著『タングート古代史研究』東洋史研究會、1972、10—12 頁。

② 即仍位于原居地，保留原有部落形式。关于"在蕃"的概念梳理和定义，见张莉《政治地理视角下的唐代羁縻府州研究》，博士学位论文，复旦大学，2017，第 77 页。

③ 此处的"五代"应与《五代史志》中"五代"的含义相同，即唐人对"梁、陈、齐、周、隋"的习称。

④ 据段志凌、吕永前《唐〈拓拔驮布墓志〉——党项拓跋氏源于鲜卑新证》（《中国国家博物馆馆刊》2018 年第 1 期）所附拓片及录文，下同。

⑤ 拓跋木弥与拓跋宁丛在《拓跋守寂墓志》中分别被称为"弥府君"和"宁府君"，与志中所言拓跋守寂"讳寂，字守寂……以字为氏"相呼应，即二者名分别为"弥""宁"，而字分别为"木弥""宁丛"。"氏者所以别子孙之所出"（见郑玄《驳五经异义》），由此亦可蠡测字对于拓跋世系的重要性。拓跋驮布祖父"吴伽"，笔者认为其与守寂高祖"立伽"很可能都是字，表明二人为同一氏族之下的不同分支。

⑥ 《新唐书》卷四三下《地理志七下》，中华书局，1975，第 1123 页。

观中已置于陇右。而《拓跋守寂墓志》又记载守寂高祖拓跋立伽于仪凤中"徙居圜阴之地，则今之静边府也"，圜阴之地即银州，① 远离庆州属地。如何解释这些记载中的矛盾呢？

《新唐志》所称"贞观中置，初在陇右"中的"陇右"，应是指松州以西的河曲之地。郭声波根据传世史料中唐代不含方位的双字羁縻州一般出现在贞观十八年之后，将静边州的设立年代置于贞观二十三年（649）。②《新唐志》记载，"乾封二年（667）以吐蕃入寇，废都、流、厥、调、凑、般、匐、器、迩、镗、率、差等十二州"，郭声波将这些羁縻州与《旧唐书·地理志》（下文简称《旧唐志》）中"丛州"下属州县联系起来，断定此时河曲十六州已遭残破。那么河曲拓跋氏静边州部众的迁徙也应肇始于此。③ 天授三年（692），武周朝廷将自西北内附的党项"分其地置朝、吴、浮、归等十州，仍散居灵、夏等界内"，④ 这四个羁縻州均列入《新唐志》静边州都督府之下。当是任静边州都督的河曲拓跋氏此前已抵达庆州，唐遂重新整合党项部落，仍以静边都督府为名治之。

仔细研读墓志可知，仪凤年间西平拓跋氏徙居之地圜阴是"今之静边府"，并不意味着当时首领拓跋立伽已任"静边州都督"，实际上"抚有余人，建牧以崇其都府。拜静边州都督"的是其孙拓跋后那，即静边州都督至晚在此时已从庆州又徙治银州。《旧唐志》载"静边州都督府旧治银川郡界内，管小州十八"，管小州数目恰与墓志相合。⑤ 需要注意的是《旧唐志》所说的旧治位于"银川郡"界内——由于《旧唐志》明言"今举天宝十一载地理"，此处的"银川郡"应是依据天宝年间的地志，证据便是后文紧接着称"归德州寄治银州界，处降党项羌"。看来《旧唐志》的编者并未将两条材料统一，而是将天宝年间改州为郡的地志材料原封不动照搬。那么，至少可以确定静边州都督府直至天宝年间，依然位于银州，且仍领十八小州。

关于静边州都督府所辖羁縻州的数量，由于《新唐志》所载羁縻府州断限不明，因此静边州都督府下二十五州之数未必是同一时期。由墓志可知，自守寂高祖立伽起，西平拓跋

---

① 《通典》卷一七三《州郡三》（中华书局，1988，第4529页）银州州治儒林县下注："汉圜阴县地，以其在圜水之阴。隋置今县。"

② 郭声波：《唐代河西九曲羁縻府州及相关问题研究》，第60—61页。

③ 郭声波：《党项发祥地——唐初"河曲十六州"研究》，第214页。后郭氏又撰文认为廓州下属积石军的前身静边镇应与静边都督府有关，静边镇改为积石军的仪凤二年即静边都督府废弃之年，见上引《唐代河西九曲羁縻府州及相关问题研究》，第61页。按《唐会要》卷七八《诸使中》"贞观〔十〕三年，吐谷浑叛，置静边镇"（第1688页，据《玉海》卷一七四补入"十"字），则静边镇设置似早于静边州。此外，拓跋赤辞最初归属松州，而静边镇（位于今贵德县）距离松州的直线距离超过400千米（见图1），且路途中皆为崇山峻岭，拓跋赤辞或其后人所统之静边都督府应不会距松州如此之远。当然，乾封后河曲地区屡有战事，不排除静边有迁徙的可能，郭氏所言可备一说。但从拓跋赤辞最初归属松州都督府而非鄯州都督府来看，两拓跋氏显然所属区域不同。

④ 《旧唐书》卷一九八《党项羌传》，第5292页。该句亦见《唐会要》卷九八《党项羌》，《太平寰宇记》卷一八四《四夷·党项》，皆作天授三年。《资治通鉴》卷二〇五长寿元年（中华书局，2011，第6597页）作"二月，己亥，吐蕃党项部落万余人内附，分置十州"，是年四月改元如意，此前犹是天授三年。可知《新唐志》作"天授二年，置吴、朝、归、浮等州"误。

⑤ 《旧唐书》卷三八《地理志一》，第1413页。关于"小州"，张莉通过与河北道和陇右道各都督府所辖羁縻州对比，认为其概念与独立的小部落有关。见张莉《政治地理视角下的唐代羁縻府州研究》，第162页。

氏始终担任"十八州部落使"，在守寂祖父拓跋后那拜静边州都督后，所押十八州变为"押淳、恤等一十八州部落使"。守寂父拓跋思泰"以身徇节"，其部落使职务虽不见于墓志，但保留在《册府元龟》开元九年（721）的制书中：

> 九年六月丁酉，制曰："念功之典，书有明训；赠终之数，礼著彝式。党项大首长、故右监门卫将军员外置同正员，使持节淳、恤等一十二州诸军事兼静边州都督，仍充防御部落使拓跋思泰，顷者戎丑违命，爰从讨袭，躬亲矢石，奋其忠勇。方伸剪蔵之勋，俄轸丧元之痛，壮节弥亮，美名可嘉，宜崇宠章，俾慰泉壤。可赠特进兼左金吾卫大将军，赙（明本作"赐"）物五百段、米粟五百石，仍以其子守寂袭其官爵。"①

文中的"淳、恤等一十二州"，明本作"达、㵪"显误，"十二州"应是"十八州"之误，可知内容亦与墓志相合。淳、恤二州在《新唐志》中皆为静边都督府下属羁縻州，淳州下注"贞观十二年以降户置于洮州之境，并置索恭、乌城二县。开元中废，后为羁縻"。其文过简，并未交代淳州置县时是否已升为正州（羁縻州同样可下属羁縻县），只得姑且认为是贞观年间置羁縻淳州后，升为正州并置县（或先置羁縻县随后升为正州），但开元中废罢，复降为羁縻州。②史载"开元二年（714）秋，吐蕃大将坌达焉、乞力徐等率众十余万寇临洮军，又进寇兰、渭等州，掠监牧羊马而去"，③吐蕃军队自鄯州临洮军进寇兰州、渭州，洮州恰在兵锋所及之处，或许淳州废罢复降为羁縻州正在此年。

与天授三年的"朝、吴、浮、归等十州"类似，这些党项部落在开元二年内迁至关内道，隶属静边州都督府。所不同的是此轮迁徙后，静边州都督府的都督由河曲拓跋氏变成了西平拓跋氏，"治所"也从庆州移至银州。原属拓跋后那的十八州在纳入淳、恤二州等静边州所统羁縻州后重新调整，总数仍为十八州。巧合的是，拓跋驮布亦在"开元二年，封右威卫将军兼安定州都督"。④安定州为庆州都督府所属羁縻州都督府。如上文所引，拓跋驮布曾在安定州下属的党州任司马，⑤知其部落一直活跃于庆州地区。由此看来，开元二年伴随党项新一轮内徙，唐廷对关内道的党项羁縻州也进行了一番整比，西平拓跋氏的两支也由此

---

① 《册府元龟》卷九七四《外臣部·褒异》，凤凰出版社，2006，第11278页。录文参考《宋本册府元龟》（中华书局影印，1989，第3874页上）有所改动。制文应系于开元九年，见吴玉贵《突厥第二汗国汉文史料编年辑考》，中华书局，2009，第1094页。
② 张莉认为唐代羁縻府州体系的确立实在贞观二十一年，如此则淳州始置即为正州，见氏著《政治地理视角下的唐代羁縻府州研究》，第37—40页。
③ 《旧唐书》卷一九六上《吐蕃传》，第5228页。
④ 据段志凌、吕永前《唐〈拓拔驮布墓志〉——党项拓跋氏源于鲜卑新证》所附拓片及录文。
⑤ 参见《新唐书》卷四三下《地理志七下》，第1124页。据段志凌，吕永前《唐〈拓拔驮布墓志〉——党项拓跋氏源于鲜卑新证》，《拓跋驮布墓志》于2013年出土于陕西省吴起县洛源镇走马台，拓跋驮布生前仍担任安定州都督，志文称其"归葬于本蕃"，则安定州即位于墓志出土的庆州北部白于山地区。

获得了静边州和安定州两个羁縻州都督府的节钺。

七年后，关内道北部发生了六胡州之乱，拓跋守寂之父拓跋思泰与拓跋驮布之子均在助唐平叛的过程中战殁。综合《拓跋守寂墓志》和上文制书可知，拓跋思泰战殁时拓跋守寂年仅十五岁，而且是"起家"便承袭拓跋思泰的官爵。盖拓跋后那于开元二年担任静边州都督后不久去世，职务为其子拓跋思泰承袭，思泰又于开元九年意外战殁。在担任静边州都督的短短数年间，拓跋思泰并未对年幼的拓跋守寂做出职务安排。而《拓跋驮布墓志》亦未记载其子官职或战殁后的追赠。开元十六年（728）拓跋驮布病故，墓志中并未交代其后安定州都督的人选，安定州很可能已不在拓跋驮布一支的掌控之下。

据《拓跋守寂墓志》，自拓跋后那至拓跋澄澜，西平拓跋氏拓跋守寂一支四代从开元初年即一直担任静边州都督和押淳、恤等一十八州部落使。而志中出现的守寂叔父朔方军节度副使、兼防河使、右领军卫大将军、兼将作大匠拓跋兴宗，天宝初年又曾向玄宗连上三表请求致仕奉养老母。[①] 在表中他提到自己"初孩则孤，未冠而仕"（第二表），"磨钝策疲，已历三纪，腰金拖紫，四升八命"（第一表），可知其在天宝五年（746）前后已为官三十年，年届知命，章服已赐金紫。而第二表中的"身带三印，爵封五等，入践命卿，出为副将"，似乎说明其兼官仍是将作监长官（即《通典》所列"诸卿"之一，天宝中将作大匠改为将作大监），并担任节度副使。第二表又称"陛下于愚臣过听，谓边将得人，则有陇右专知教练兵马使右骁卫将军蔺廷晖，材略冠军，智勇无对。今节度王忠嗣知其名，已令摄使替臣，如流辈诸将，皆是可惜"，似是玄宗因缺乏合适的后任而拒绝其致仕，于是拓跋兴宗又在第二表中举荐将领如蔺廷辉者，并称王忠嗣已令其担任拓跋兴宗的使职。

在请求致仕的第三表中，拓跋兴宗还提及"愚子供奉官右威卫郎将守义近亡，臣今茕然，形影相吊，生人之极，无甚于臣"。在《拓跋守寂墓志》志盖内志文的反方向又阴刻有"弟开元州刺史守义从京送至银州赴葬"，[②] 据《新唐志》，开元州系静边州都督府下属羁縻州，可知兴宗之子拓跋守义在开元年间曾任该州刺史，随后又于长安宿卫宫廷。既为守寂之弟，则守义在开元二十四年（736）尚未满三十岁，天宝初年亡故确属英年早逝。可见在拓跋守寂逝世前后，其叔拓跋兴宗也颇有势力，除自己担任节度副使外，子拓跋守义亦任羁縻州刺史。

---

① 《文苑英华》卷六〇四《请致仕侍亲表》，中华书局影印，1966，第3132页下—3133页下，下署"拓跋兴宗天宝中"。韩荫晟据第二表中出现的节度王忠嗣，将上表年代定于天宝五年至天宝六年。见韩荫晟《党项与西夏资料汇编》，宁夏人民出版社，2000，第156—159页。

② 据王富春《唐党项族首领拓拔守寂墓志考释》，《考古与文物》2004年第3期。《榆林碑石》《全唐文补遗（第八辑）》《党项西夏碑石整理研究》等皆未录入该行文字。

结　语

由于党项"一姓之中复分为小部落"且"不相统一"，史籍中出现的拓跋氏往往并不能轻易按年代排列世系的先后。即使是同一地域的拓跋氏也有不同的分支，而在拓跋氏内迁的过程中，这些氏族互相之间又会发生千丝万缕的联系。通过上文的考订，我们可大致将静边州等羁縻都督府与西平、河曲两拓跋氏的关系整理如下。

拓跋守寂所代表的西平拓跋氏在隋末唐初之际归附唐朝，其酋首起初为拓跋驮布一支，后为拓跋守寂一支所取代。后者于仪凤年间（676—679）率领西平拓跋氏内迁至银州。而拓跋赤辞所代表的河曲拓跋氏在贞观（627—649）初归附唐朝，并获赐李姓统领静边州，后于乾封年间（666—668）内迁至庆州。至晚在天授三年（692）时，迁徙至庆州的羁縻静边州已成为都督府，并仍由河曲拓跋氏把持。开元二年（714），伴随党项部落的新一轮内迁，唐廷将党项羁縻州重新调整。羁縻静边州都督府由庆州迁至银州，领导部落也由河曲拓跋氏变为西平拓跋氏拓跋守寂一支，此外羁縻安定州都督府也由同属西平拓跋氏的拓跋驮布担任都督，其他族人则进入唐朝的官僚体系，或在朔方军担任要职，或担任羁縻小州的刺史。

通过对早期党项拓跋氏世系变迁的分析，我们可以看出边疆部族在内徙和纳入唐朝管辖过程中种种复杂的变迁。羁縻府州的迁徙和重组，往往意味着同姓的部落之内领导层在不同地域不同支属之间的更迭——同是拓跋氏担任静边州都督，却有前在庆州后在银州，以及前为河曲拓跋氏后为西平拓跋氏的差异；即使同为西平拓跋氏，领导层也前后分别由拓跋吴伽和拓跋立伽两支所把持。内迁后，处于领导地位的立伽一支控制了统领羁縻州较多的静边州都督府，并长时间在银州地区发挥着影响力；而属吴伽一支的拓跋驮布担任的则是辖羁縻州较少的安定州都督，且影响力很可能并未延及子嗣或族人。

〔本文原载《中华文史论丛》2022年第3期。作者邢云，复旦大学文史研究院青年副研究员〕

元代族群认知的演变

——以"色目人"为中心

胡小鹏

摘 要 蒙古国前四汗时期，用汉语词"色目"译写蒙古语"合里"（qari irgen），指称蒙古帝国治下的所有非蒙古人，反映的是蒙古人我族与他者两分的族群认知。元世祖至元以后，由于"各依本俗"治理原则下的统治对象主要是汉地的汉语人群，需要将土著汉语人群与外来族群相区别，"合里"（色目）中遂排除了汉语人群，逐渐演化为西域诸国人的专称。在这一过程中，在原有的蒙古人对"合里"（色目）的他者认知之外，又产生了汉语人群对"色目"的他者认知。两种认知既有重叠，又有区别，元朝中期以后，后一种认知成为主流认知。

关键词 元代 色目人 族群认知

　　"四等人制"曾经被认为是元代政治、制度和社会的特征。所谓"四等人制"是指元朝把治下人民划分为蒙古人、色目人、汉人、南人四等，并根据其所处等级在为官、刑罚、禁令、赋役等方面做出与之相应的政策或规定。论者以为这一制度根源于作为统治者的蒙古人对占人口大多数的汉人、南人的警惕。然而，随着历史研究的进展，时代思潮的变化，元朝是否存在"四等人制"遭到质疑，其切入点之一就是分析"色目人"分类模糊不清的原因，进而指出元代族群分类的非压迫性。笔者曾对"色目人"概念做出全新界定，认为蒙元时期的族群划分，是蒙古人/国人与"合里"（qari irgen）/非国人的"二等人制"，后来细分为"四等人制"，蒙古语"合里"可用汉语"色目"对译。① 由于论文比较简短，没有批判性地思考"四等人制"问题，对影响族群认知因素的分析有些简单，特别是没有述及蒙元时期族

---

① 胡小鹏：《元代"色目人"与二等人制》，《西北师大学报》2013 年第 6 期。

群认知的演变过程，不够完善。现结合近年来元史学界"四等人制"研究的新进展，仍以"色目人"为中心，重新探讨元代族群划分及相关问题。

一

所谓"四等人制"中的蒙古、汉人、南人所指明确，只有"色目人"所指、语源一直存在模糊之处。据箭内亘、蒙思明、周良霄等学者研究，"色目"一词，至少从初唐以来已累见于官私文献，意为"各色名目""各等种类"等，延及宋元，"色目"一词作为形容词使用相当普遍。宋初以来，"色目人"已作为一个专有名词出现，指的是姓氏生僻的所谓"杂姓"人物。忽必烈时期，"色目人"开始作为中亚胡人之专名。[①] 以前的学者多采用"四等人制"框架分析元代政治与社会，认为"色目"并非一个民族，而是为政治需要而设定的一个族群，用以协助蒙古人统治，牵制汉族。"色目"泛指蒙古、汉族以外的各族人士，包括汪古、唐兀、吐蕃、畏兀、回回、哈剌鲁、康里、阿速、钦察等族。徙居中原之"色目"有三四十万户。[②]

近年来一些日本学者质疑"四等人制"的存在，[③] 在他们的努力下，日本学术界已经摒弃了"四等人制"的观点。其中，舩田善之的贡献很大。舩田善之质疑"四等人制"的切入点，是重新定义了"色目人"。根据他的研究，在同时代的蒙古语史料中是找不到相当于"色目人"的词语或概念的。舩田指出，在《事林广记》《至正译语》等元明文献中提供的蒙汉对照词汇表中可以找到蒙古（达达）、汉人（汉儿）、南人（蛮子）和与之相对的蒙古词语，却找不到"色目人"和与之相对的蒙古词语。在蒙古史料中可见到畏兀儿、钦察等各个族群、部族名，但还未见到把这些广泛的诸族总括起来的记述。拉施特《史集》、《马可·波罗游记》等非汉语史料也是如此。他还特别分析了元代江南的户籍分类方式——色目人户大类下包括蒙古人户、畏吾户、契丹人户、回回人户、河西人户，并不存在人们心目中的蒙古、色目、汉人、南人并列的分类方式。因此他认为，不但"色目人"一词源于汉语，而且这个概念也只存在于汉语中。"色目人"的词语及蒙古人、色目人、汉人、南人的划分只存在于汉语世界即通用在汉族之中，"色目人"就是汉族认知世界的产物。[④] 台湾大学的杜冠颖支持

① 周良霄：《札记二篇·色目说》，中国元史研究会编《元史论丛》第4辑，中国社会科学出版社，1997。

② 萧启庆：《内北国而外中国：元朝的族群政策与族群关系》，收入氏著《元朝史新论》，允晨文化实业股份有限公司，1999，第46页。

③ 杉山正明：《忽必烈的挑战——蒙古与世界史的大转向》，周俊宇译，新北广场出版，2012，第40页。舩田善之「元朝治下の色目人について」『史學雜誌』第108編第9號、1999；「元代的戶籍制度における色目人」『史觀』第143號、2000；「"色目人"的實像——元の支配政策」『しにか』第12卷第11號、2001；《色目人与元代制度、社会——重新探讨蒙古、色目、汉人、南人划分的位置》，中国元史研究会编《元史论丛》第9辑，中国广播电视出版社，2004。

④ 舩田善之「元朝治下の色目人について」『史學雜誌』第108編第9號、1999。

舩田善之的观点，也主张"色目"的概念源于汉人，后来传入蒙古人中，实际上一个外来词。①

舩田善之的见解极具震撼力，亦富有启发性。然而他并未深究蒙古人的族群认知方式，对蒙古史料的搜检也有遗漏之处，未曾留意到《蒙古秘史》中的"qari（n）irgen"一词，这是理解蒙古人族群认知方式的关键概念。笔者从《蒙古秘史》中翻检到"合里"（qari）、"合邻"（qarin）、"合里合里"（qari qari）、"合里·亦儿坚"（qari irgen）等词语，分析了其在各种场合下的各种用法，认为以上词语被蒙古人用来指称外人、异部落、异族、外国人等。这种用法在明清时期的蒙古文献《蒙古源流》《蒙古黄金史纲》《黄史》《蒙古政教史》中仍能见到。在现代蒙古语中，该词读作"xari"或"xɛr"，表示"陌生人""外国人""外国的"。②由此推论，元代文献中的"色目人"一词虽然是汉语，但在用于族群划分时是相应的蒙古语词语"合里·亦儿坚"（qari irgen）的译语，所以，"色目人"一词及其所涵盖的对象并非如舩田君所言仅仅是汉语世界的产物。③笔者还进一步主张，蒙元时期的族群划分，是蒙古人（国人）与"合里"（非国人）的"二等人制"，后来细分为"四等人制"。北京大学张帆教授同意笔者将"合里"（qari）比定为"色目"的说法，指出蒙元时期的诏书或公文，都是从蒙古语翻译成汉文的，所以"色目人"一词应是从蒙古语公文中翻译过来的，蒙古语中肯定有汉语"色目人"的对应词语，并提出了新的"四圈人制"的说法。④

2019年，在南京大学举行的中国元史研究会年会上，舩田善之在发言中对笔者的论文进行了评价，一方面，他肯定了有共识性的内容："第一，所有族群皆有自我和他者的区别认知，蒙古人也不例外，'qari irgen'的概念就是他们的自、他区别认知的体现，今后可以此概念展开蒙元时期的族群研究。第二，他关于'二等人制'的崭新解释与我看法大体相同，若要理解蒙元帝国的统治制度，最重要的区别乃是蒙古人与非蒙古人的区别。第三，他准确地指出了色目人与汉人的边界以及色目人与蒙古人之间的边界均存在模糊。就此点而言，我们彼此的看法亦相同，这或许也可成为学界的共识，并以此成为蒙元时期族群研究的基础。"另一方面，他对蒙古语"合里"（qari irgen）在汉语中译作"色目"一词的说法，持保留态度，因为笔者也承认此蒙汉两词所指的范畴并不一致，"qari（n）irgen"是指蒙古人之外的人，而"色目人"原指汉人之外的人，而且，目前尚未见到"qari（n）irgen"与"色目人"对应的蒙汉、汉蒙对译史料。⑤

之后，舩田善之又发文综述了色目人的讨论，在此基础上，重申了"四等人制"中最重要、最关键的是色目人这一类，继续强调"色目"分类是汉人从汉人习俗出发创造的分类，

---

①　杜冠颖:《元代族群分类的演变》，硕士学位论文，台湾大学，2020。

②　孙竹主编《蒙古语族语言词典》，青海人民出版社，1990，第332页。

③　胡小鹏:《元代"色目人"与二等人制》，《西北师大学报》2013年第6期。

④　《张帆谈元代的"四等人制"》，孟楷卓、王楠采访，http://www.sohu.com/a/127100629_383724，2017。

⑤　舩田善之:《蒙元帝国的统治秩序：再论色目人》，《色目（回回）人与元代多元社会国际学术研讨会暨二〇一九年中国元史研究会年会论文集（上）》，南京大学，2019，第187—188页。

而且"色目"一词的范畴与四类人的界限往往因历史记载与时期的不同而相异，甚至出现过蒙古人被归入"色目"的情况。因此，四类人的划分不太可能是整个蒙元时期的政治和法律等级制度或社会阶层、地位。同时，对笔者论文的评价也进行了一些修正，批评笔者关于元朝民族政策的实质是蒙古人（国人）和非蒙古人（qari）的"二等人制度"，"二等人制度"被细化为"四等人制"的观点，是在保留"四等人制"观点的同时，将"蒙古人至上主义"再次推向了高潮。他认为，属于统治阶级的蒙古人确实较非蒙古人优越，但不能说它适用于一般蒙古人，简单的二分法理解会导致对事实的误解。研究者需要对蒙元王朝统治秩序与等级有一系统了解，而不仅仅是"蒙古至上主义"和"蒙古人第一主义"的翻版。[①] 杜冠颖则认为，舩田善之和笔者对"色目"的诠释都有值得商榷之处，舩田对"色目"解释的主要问题，是在发现非汉文史料和蒙古辞书中都找不到"色目"的对译词后，过快地认为"色目"一词和蒙古、色目、汉人、南人这样的四类划分只存在于汉人之中。其实，只要考虑到科举的参与者包括蒙古人和色目人，就可以得知蒙古、色目人也一定知道这样的划分存在。而元代帝王的诏令和根据元代实录辑成的《元史》中，也屡见元代帝王使用"色目"一词，也可以推估蒙古统治者势必知道且使用"色目"一词。正如张帆所言，"色目人就是汉族的认知世界的产物"一语可能有些矫枉过正。笔者对"色目"的解释，则缺乏明确的史料根据，而且假若"色目"一词的词源是蒙古语中的"外人"，殊难想象蒙古人会将自己划入"外人"的范畴中。他认同蒙思明和舩田善之的观点，认为可能是出于非汉族群种类繁多，难以一一列举，因此以旧有的"色目"（各种各类）一词来概括这些人，即"色目"是出于治理多民族国家的需要而产生的区分"各从本俗"诸族群的分类概念，目的是与为数众多的汉人相区别。"色目"一词的概念，应是在汉语世界先形成，之后辗转传入蒙古语的世界中，并且在传入蒙古语的世界后，"蒙古"开始与"色目"产生断裂，因此在若干文献中，"蒙古"与"色目"是独立并列的。[②]

以上综述表明，元代"色目人"问题与"四等人制"关系密不可分，笔者对"四等人制"尚没有考虑成熟，想留待以后讨论，但对"色目人"划分问题，想结合"四等人制"研究的最新进展，继续做一番探讨，重点分析影响元代族群认知与分类的背景因素，及其演变过程。

二

蒙元时期的族群认知，大致可分为两个阶段。第一个阶段的族群认知，主要是前四汗

---

① 舩田善之「元代"四階級制"說のその後——"モンゴル人第一主義"と色目人をめぐって」櫻井智美等『元朝的歷史——モンゴル帝国期の東ユーラシア』2021、19—30頁。

② 杜冠颖：《元代族群分类的演变》，硕士学位论文，台湾大学，2020。

时期，蒙古人与"合里"（qari irgen）两分的族群认知。

首先，我们必须先确认蒙元时期，在族群认知方面，特别是在蒙古人意识中，存在蒙古人与"合里"（qari irgen），即我族与他者两分的认知。明确"合里"（qari irgen）指蒙古帝国统治范围内除蒙古人之外的一切被征服或联合的对象。在此基础上，再讨论一下"合里"与"色目"对译的可能性。

笔者在提出"色目"是蒙古语"qari irgen"的对译主张时，也承认尚未见到"qari irgen"与"色目人"的蒙汉或汉蒙对译史料。舩田善之主要是以这一点质疑笔者的主张。张帆则肯定笔者的意见，指出在元朝有大量的高层文件，包括皇帝下发圣旨，以及向皇帝汇报工作后形成决议，都是用蒙古语交流，蒙古文记载，向汉族社会公布的时候再译为汉语，翻译过程中会大量保留蒙古语的语法特征，形成所谓"蒙文直译体"文件。今天能见到的这类文件中，"色目"一词多次出现，照常理判断，它不可能是翻译时凭空杜撰并添入的，在蒙古文原稿中一定有一个对应的词语。他还引用《元史·乌古孙良桢传》中的一段话进行了补充论证。乌古孙良桢在元顺帝时上疏批评蒙古、色目人收继婚和不丁忧的习俗说："纲常皆出于天而不可变，议法之吏，乃言国人不拘此例，诸国人各从本俗。是汉、南人当守纲常，国人、诸国人不必守纲常也。"认为文中的"国人""诸国人"，分别是蒙古、色目人的同义词，"诸国人"显然又能与 qari（n）irgen 对应。因此，qari（n）irgen＝诸国人＝色目人，应该是没有问题的。[①] 从现有的蒙汉、汉蒙对译词汇表中，虽然找不到两者对译的直接证据，但是从已知的"蒙文直译体"公文中，还是有一些两者可以替换的蛛丝马迹。

例1：《蒙古秘史》续集卷一第262节载蒙古军收服"迄北康邻等十一部落"，原文作"康邻、乞卜察兀惕、巴只吉惕、斡鲁速惕、马札剌惕、阿速惕、撒速惕、薛儿客速惕、客失米儿、孛剌儿剌剌勒、额迭、哈儿班、你刊、阿亦马黑、合邻、亦儿坚突儿"，即康里、钦察、俄罗斯、阿速等"十一部落、外邦百姓"。[②] 可见，在表述非蒙古诸邦、诸部落人时，是在具体的部名、邦名后，缀以"合里（邻）亦儿坚"［qari（n）irgen］一词，总括上述诸部，表明他们是被收服的异国百姓。假设这里的蒙古语"合里"（诸国人）能与汉语"色目"（诸国人）勘同，那么，类似的句式在元代汉文文献中也能见到。

例2：《元典章·兵部》载至元二十二年（1285）九月枢密院准中书省札付：

> 至元二十二年五月十五日奏过事内一件："蛮子田地里拘收到底弓箭军器什物，有行院、行省、行台的城子里底，只交他每就便分拣了，中使底弓箭、哈儿，蒙古、探

① 张帆：《断层与模块：元代蒙古、色目两大集团的不同构造》，南开大学历史学院"研究生学术周末"系列讲座，2020年12月17日。与此类似的，还有《元史》卷一三四《马祖常传》的记载："尝议今国族及诸部既诵圣贤之书，当知尊诸母以厚葬伦。"
② 余大钧译注《蒙古秘史》，河北人民出版社，2001，第242页。

马赤每根底与者。但中底兵器什物，汉儿、蛮子官人每根底休交管，行院、行台官人每就便提调管者，交蒙古军人每看守者。汉儿、蛮子军人每根底，不交看守呵，怎生？"么道，"行省、行院、行台的路分里达鲁花赤畏吾儿、回回色目官人每依例提调管者，交蒙古军每看守者，汉儿、蛮子官人每根底休教管者。不中使、不中用底，交毁了呵，怎生？"么道，奏呵，"哈儿、弓箭每根底交与探马赤每呵，不中。汉儿、蛮子官人每休交管者。弓根底'恐怕坏了'么道呵，蒙古军每根底与者。各路里蒙古军官每也有者，那底每就便纳入库里提调者。没蒙古军官城子里，交达鲁花赤畏吾儿、回回色目官人每收拾，入库里提调者"。么道，圣旨了也。钦此。①

元世祖圣旨裁定原南宋境内各路的军器库，由畏吾儿、回回诸色目官人担任的路达鲁花赤提调，这里的畏吾儿、回回族群名后缀以"色目"，按照汉语习惯有重复之嫌②，这应当是逐字直译蒙古语造成的。可见这里的句式是蒙古式的，按亦邻真先生"蒙句蒙读"的原则，这里的"色目"是有蒙古语原词汇的，依据《蒙古秘史》体例，应写作"畏吾儿（uyiɣur）、撒儿塔兀勒（sartaɣul）、合邻（qarin）、那颜（noyan）"。

例3：《宪台通纪·整治事理》载大德元年（1297）御史台官奏准御史中丞崔彧德建言整治事理：

> 南北二十二道肃政廉访司，纠弹诸路，不为不重，其为头廉访使，当选圣上知识、根脚深重、素有名望正蒙古人，其次汉人、回回诸色目人。钦依已奏准世祖皇帝圣旨体例，相参选用。③

御史台奏准崔彧德建言，各道肃政廉访司为头廉访使由正蒙古人担任，其余廉访使由汉人、回回诸色目人担任，其句式应是"汉人（qitad 或 jaqudai）、回回（sartaɣul）、合邻（qarin）"。根据其句式语义，"色目人"是包括汉人在内的。

例4：《元典章·兵部》"禁地内放鹰"条载至元十年（1273）九月中书兵刑部承奉中书省札付该：

> 斡忒哥、撒里蛮传奉圣旨："[道与]断事官、达鲁花赤官人每：回回、汉儿诸色人等，今后折么诸般鹰鹞，都休放者。东至滦州，南至河间府，西至中山府，北至宣德

---

① 《元典章》卷三五《兵部》卷之二"军器·拘收·达鲁花赤提调军器库"，陈高华、张帆、刘晓、党宝海点校，天津古籍出版社、中华书局，2011，第1218页。

② 《元史》卷一三《世祖纪》至元二十二年五月条作："有行省、行院、行台者掌之，无省、院、台者，达鲁花赤畏兀、回回居职者掌之，汉人、新附人虽居职无有所预。"按汉语习惯，省去了"色目"二字。

③ 赵承禧编撰《宪台通纪（外三种）》，王晓欣点校，浙江古籍出版社，2002，第41页。

府，已前得上司言语来底，休放者。若有违犯底人呵，将他媳妇孩儿每、头匹、事产，都断没也者。"钦此。①

例3、例4，既有例2所存在的族群名与"色目"一词重复的现象，也有将汉人（汉儿）纳入"诸色目人"（诸色人）的含义。特别要注意的是，御史台任职规定说明色目人原本包括汉人在内，而与正蒙古人相区别，显示这里的"诸色目人"是与"正蒙古人"两相对应的概念，是蒙古语汇的专有译法，而不是"各色名目"之类的汉语词汇。

例5：《经世大典·宪典总序·八议》载：

> 八议者，先王用法忠厚之至情也。故自《周官》至于《唐律》具载之。国家待国人异色目，待世族异庶人。其有大勋劳于王室者，则固当有九死无与之赐，十世犹宥之恩欤。若夫官由制授者，必闻奏而论罪；罚从吏议者，许功过之相赎。岂非八议之遗意乎？故仍古律旧文，特著于篇，以俟议法之君子。②

其中"国家待国人异色目，待世族异庶人"这句话的蒙古表达方式是"待蒙古异合里，待诸颜异哈剌出"，从广义上说，是从族群和阶级两方面概括了元代社会两分法的特点，即从族群方面将人们区分为国人（蒙古）与色目（合里）二类人，从阶级方面将社会分为世族（诸颜）和庶人（哈剌出）两个阶层，给予不同的社会地位和待遇。因为这句话出现在《宪典·八议》中，所以从狭义上说，是强调在法律方面，蒙古人与诸国人，贵族与平民有不同的待遇。《经世大典》成书于元文宗时期，赵世延、虞集为总裁，至顺三年（1332），由欧阳玄表进皇帝。从编撰者的身份来看，虞集、欧阳玄等是无法自外于"色目"的，如果此处的"色目"不包括汉人，《经世大典》的编纂也就没有意义了，"色目"一词肯定有蒙古语来源。

例6：《元史·不忽木传》载至元十三年（1276）不忽木与坚童、太答、秃鲁等上疏曰：

> 臣等向被圣恩，俾习儒学。钦惟圣意，岂不以诸色人仕宦者常多，蒙古人仕宦者尚少，而欲臣等晓识世务，以任陛下之使令乎？然以学制未定，朋从数少。譬犹责嘉禾于数苗，求良骥于数马，臣等恐其不易得也。为今之计，如欲人材众多，通习汉法，必如古昔遍立学校然后可。若曰未暇，宜且于大都弘阐国学。择蒙古人年十五以下、十岁以上质美者百人，百官子弟与凡民俊秀者百人，俾廪给各有定制。选德业充备足

---

① 《元典章》卷三八《兵部》卷之五"捕猎·违例·禁地内放鹰"，第1324页。
② 赵世延、虞集等撰，周少川、魏训田、谢辉辑校《经世大典辑校》卷九《宪典》，中华书局，2020，第749页。

为师表者，充司业、博士、助教而教育之。使其教必本于人伦，明乎物理，为之讲解经传，授以修身、齐家、治国、平天下之道。……数年以后，上舍生学业有成就者，乃听学官保举，蒙古人若何品级，诸色人若何仕进。[①]

不忽木是蒙古化的康里人，其与国子监同舍生坚童、太答、秃鲁等都应是忽必烈从身边挑选出来学习儒学汉法的蒙古英才，奏疏中既要求"遍立学校""通习汉法"，又将"蒙古人"与"诸色人"对举，也反映了族分两类的一般认知，"诸色人"即"色目人"，包括汉语人群。

例7：《元典章·户部·嫁娶聘财体例》条载：

诸色人同类自相婚姻者，各从本俗法。递相婚姻者，以男为主。蒙古人不在此例。[②]

元朝婚姻法，各族人民族内通婚者"各从本俗法"，族际通婚者"以男为主"，后一条不包括蒙古人。这里也是将诸色（目）人与蒙古人对举。

以上例证说明，蒙元时期确实存在蒙古人与"合里"（色目）人两分的族群认知，汉人包括在"色目"之中，这里的"色目""诸色目人""诸色人"应该都是蒙古语 qari（n）irgen 的译语，不能理解为唐宋以来汉语词语"色目"原有的"各色名目""各种人"之类的传统词义。舩田善之、杜冠颖对这个看法持保留态度，认为除了现存史料无法佐证外，尚有两个问题需要进一步解释。第一个问题是，"色目"在元代文献中有时也包括蒙古，例如《元典章·内外官员数》一条，就将朝官、京官、外任官分为色目、汉人两类，但蒙古人应无理由将自身置于意为"外国人、陌生人"的"合里·亦儿坚"之内。第二个问题是，为何在《蒙古译语》《华夷译语》中找不到"色目"的翻译？这些辞典中都能找到蒙古、汉人、南人乃至女真、契丹等子族群的翻译，却始终找不到"色目"的翻译。[③]第一个问题可以从《元典章》的编撰传播过程来解释，由于其成书于吏胥和坊贾之手，"内外官员数"一条中，"色目"的标目不应出自蒙古文原文，不是官方用法，而很可能出自汉人或南人之手，类似于江南地方志的族群分类方法。第二个问题可以从以上例证中寻求答案，如果上引例证中的汉语"色目"可以用蒙古语"合里"替换而不影响理解的话，那么这就是蒙汉对译的证据，不需要从汉语中输入"色目"这个词语。反倒是主张"色目"此词的概念先在汉语世界形成，之后辗转传入蒙古语世界中的人，需要回答为什么在蒙汉对译词汇表中，找不到"色目"这个词。

---

① 《元史》卷一三○《不忽木传》，中华书局，1976，第3165—3166页。
② 《元典章》卷一八《户部》卷之四"婚姻·婚礼·嫁娶聘财体例"，第614—615页。沈仲伟《刑统赋疏》载至元八年条："诸色目人同类自相婚姻者，各从本俗法。"与此为同一条律文，但多一"目"字。见黄时鉴辑点《元代法律资料辑存》，浙江古籍出版社，1988，第171页。
③ 杜冠颖：《元代族群分类的演变》，硕士学位论文，台湾大学，2020，第38页。

三

蒙元时期，族群认知的第二个阶段，是忽必烈建立元朝后，"合里"（色目）与汉语人群再两分的认知。

以上我们推断"合里"（色目）包括所有非蒙古人，而在传统认知中，"色目人"指唐兀、汪古、吐蕃、畏兀儿及一切西域族群，不包括蒙古人，也不包括汉语人群，两种认知范围有很大出入。如果我们"合里"="色目"的推断不误，那么，"合里"（色目）所指就应当有一个由广义到狭义的变化过程，即将汉语人群从"色目"中区分出来的过程。这一过程是什么时候开始的呢？

在蒙元时期的诏令或公文中，将汉人与西域各族或"色目"并列或加以区分的，开始于世祖忽必烈时期，主要有三类，第一类是任官方面的，第二类是赋役方面的，第三类是法律礼俗方面的。

第一类诏令主要有以下几条：

《元史》卷五《世祖纪》载至元二年（1265）二月：

> 甲子，以蒙古人充各路达鲁花赤，汉人充总管，回回充同知，永为定制。

《元史》卷六《世祖纪》至元五年（1268）三月：

> 罢诸路女直、契丹、汉人为达鲁花赤者，回回、畏兀、乃蛮、唐兀人仍旧。

《元史》卷一三《世祖纪》载至元二十一年（1284）八月：

> 定拟军官格例，以河西、回回、畏兀儿等，依各官品充万户府达鲁花赤，同蒙古人。女直、契丹同汉人。若女直、契丹生西北不通汉语者，同蒙古人，女直生长汉地，同汉人。

以上诏令规定除了以蒙古人充达鲁花赤外，河西、回回、畏兀儿等也可充任达鲁花赤，箭内亘"据以上诸例推定之，色目一语，以西域人之意而惯用之者，自世祖时始，而在至元十年前后"。① 并由汉人不能充任达鲁花赤，得出色目人的地位高于汉人的结论。实际上，

---

① 箭内亘：《元代蒙汉色目待遇考》，陈捷、陈清泉译，上海商务印书馆，1932，第4—5页。

诏令中并未出现"色目"一词，因为当时汉人也在"色目"之内，诏令只是显示世祖至元时期，开始在某些场合下将汉人、女真、契丹与河西、回回、畏兀儿等分别开来，区别使用。而将女真、契丹、高丽、汉人统称为一类，将河西、畏兀、西域诸族统称为"色目"一类，"此种习惯之普遍，亦大约始于大德、延祐之交"。[①]

第二类的诏令主要有以下几条：

《通制条格·户令》：

一、驱良蒙古牌甲户驱

壬子年另籍蒙古牌甲驱户，自抄数已后，每年争告，虽经省部断定，终不绝词。照得甲午年钦奉哈罕皇帝圣旨："不论达达、回回、契丹、女直、汉儿人等，如是军前虏到人口，在家住坐，做驱口；因而在外住坐，于随处附籍，便系是皇帝民户，应当随处差发，主人见更不得识认，如是主人识认者，断按答奚罪戾。"[②]

一、回回、畏吾儿户，钦奉先帝圣旨，不拣甚么人底民户州城内去了的人，只那住的地面内，和那本处民户差发、铺马、祗应一体当者。那根脚千户、百户内有的浑家大小人口每，千户、百户内也教依旧体例内当差发者，仰收系科差。如回回户内有新签出军户数，至日开除。[③]

《通制条格·僧道》中统五年（1264）正月中书省奏准节该：

已前成吉思皇帝时，不以是何诸色人等，但种田者，俱各出纳地税外，据僧、道、也里可温、答失蛮，种田者出纳地税，买卖出纳商税，其余差税蠲免有来。在后，合罕皇帝圣旨里也教这般行来。自谷由皇帝至今，僧、道、也里可温、达失蛮地税、田税不曾出纳。合无依旧征纳事"。准奏："仰中书省，照依成吉思皇帝、哈罕皇帝圣旨体例，僧、道、也里可温、达失蛮、儒人种田者，依例出纳地税（白田每亩叁升，水田每亩五升），买卖者出纳商税。据不该纳丁税蒙古、回回、河西、汉儿、并人匠及不以是何投下诸色人等、官豪势要之家，但种田者依上征纳地税外，［蒙古、汉儿军、站户计减半送纳，仍免远仓。］仰行下领中书省左右部兼诸路都转运司、随路宣慰司一体施行。"[④]

---

① 蒙思明：《元代社会阶级制度》，中华书局，1986，第42—44页。
② 方龄贵校注《通制条格校注》卷第二《户令》，中华书局，2001，第19页。
③ 《通制条格校注》卷第二《户令》，第23页。
④ 《通制条格校注》卷第二九《僧道》，第718页。［ ］内文字据《元典章》补。

王恽《乌台笔补·为在都回回户不纳差税事状》中也有引用：

> 照得钦奉先帝圣旨节该："斡脱做买卖畏吾儿、木速儿蛮回回交本住处千户、百户里去者。若称有田产物业，不去呵，依已前圣旨体例里，见住处不拣大小差发、铺马只应，与民户一体当者。"钦此。[1]

《国朝名臣事略》载太宗时耶律楚材上奏说：

> 诸路民户今已疲乏，宜令土居蒙古、回鹘、河西人等，与所在居民，一体应输赋役。[2]

《元史·耶律楚材传》则记其条便宜一十八事颁天下：

> 中原之地，财用所出，宜存恤其民，州县非奉上命，敢擅行科差者罪之。贸易借贷官物者罪之。蒙古、回鹘、河西诸人，种地不纳税者死。[3]

以上诏令或记载中，将蒙古、回鹘、河西人等与汉语人群（所在居民）并列，或比照，强调了不论是何种户籍，何种族群身份，"现住处与民户一体当差"的原则，从赋税差发上说，并不存在差别待遇，重要的是反映了中原地区（故金辖域）蒙古、畏兀儿、回鹘（回回）、河西等外来族群与当地居民"相参住坐"，各有本管官司的现实，存在主客（我者与他者）身份意识。这就是后来在"合里"总称下，具体的族群身份（唐兀、畏兀儿、回回、汉人、女真、契丹等）认知发展为两分的、总括性族群身份认知（色目与汉人）的客观现实基础。在忽必烈"二次创业"后，元朝统治中心转移到汉地，这种主客身份差异日益凸显，推动族群身份认知再一次两分化，并且影响到统治者的治理思路，成为可利用的政治资源。

第三类诏令或公文主要有以下几条：

《元典章·礼部·禁约焚尸》载至元十五年（1278）正月，行台准御史台咨：承奉中书省札付：

> 近准北京等路行中书省咨："北京路申：'同知高朝列牒：伏见北京路百姓，父母身

---

① 王恽：《乌台笔补·事状·为在都回回户不纳差税事状》，赵承禧等编撰《宪台通纪（外三种）》，王晓欣点校，第402页。
② 苏天爵：《国朝名臣事略》卷五《中书耶律文正王》，姚景安点校，中华书局，1996。
③ 《元史》卷一四六《耶律楚材传》，中华书局，1976，第3457页。

死，往往置于柴薪之上，以火焚之。照得古者圣人治丧，具棺椁而厚葬之。今本路凡人有丧，以火焚之，实灭人伦，有乖丧礼。'本省看详：今后除从军边远，或为羁旅，从便焚烧外，据久居土著之家，若准本路所申相应。"准此。送礼部议得："四方之民，风俗不一，若便一体禁约，似有未尽。参详：比及通行定夺以来，除从军应役并远方客旅诸色目人许从本俗，不须禁约外，据土著汉人，拟合禁止。如遇丧事，称家有无，置备棺椁，依理埋葬，以厚风俗。"①

这件文书从礼俗方面解释了区分"土著汉人"与"从军应役并远方客旅诸色目人"的必要性，也是最早将色目人定义为从军应役、经商而客居诸路的非汉语人群的正式公文。蒙思明据此认为，"色目一辞之用以概括蒙古、汉人、南人以外之各种族"初见于至元十五年。"前于此者，则或称回回，或列举其氏族；后于此者，一方面称色目，而同时亦有列举氏族之名以确指之"。② 杜冠颖也同意其意见，将至元十五年定为元朝划分族群的时间节点。

《元典章·刑部·剜豁土居人物依常盗论》记延祐四年九月江西行省准中书省咨：

照得皇庆元年三月十三日奏过事内一件："也可札鲁花赤俺根底与文书：'根脚里成吉思皇帝时分立札鲁花赤呵，诸王、驸马、各怯薛歹、各爱马蒙古、色目人每奸盗、诈伪、婚姻、驱良等事，交管来。至元二十二年，汉人有罪过呵，也交俺管来。前者奸盗、诈伪、婚姻、驱良等事归断有。'明白与将文书来的，说将来有。俺商量来：四怯薛、诸王、驸马外头的达达、色目、兀鲁思千户每的奸盗、诈伪，自其间里有词讼勾当呵，交札鲁花赤归断呵，怎生？"奏呵，奉圣旨，"那般者"。钦此。③

从这件文书看，似乎成吉思汗时期的札鲁忽赤只管理蒙古人、色目人的庶务，忽必烈即位后的至元二十二年（1285），才将汉人词讼也交由断事官管理，因而色目人中不包括汉人。这里要注意"外头"（草原）这个空间范围和至元二十二年这个时间节点。也可札鲁花赤，译言"大断事官"，管理草原社会各种事务。这里的"诸王、驸马、各怯薛歹、各爱马"指大蒙古国建立时的草原95个千户，即"外头的达达、色目、兀鲁思千户"，其中的色目人应当按草原体制理解，指当时还不算蒙古人的克烈、乃蛮等千户，以及随着对外征服进程，陆续编入的钦察、阿速、唐兀等各族千户，包括耶律秃花统率的汉军千户，以及以驱口身份纳入的各族成分。除了受本千户管理外，还受汗庭大断事官管理。元朝两都制建立后，随驾往来巡幸于两都之间的怯薛台辎重队伍，"遇有剜房豁车之盗"（"汉人罪过"）时，也由

① 《元典章》卷三〇《礼部》卷之三"礼制三·丧礼·禁约焚尸"，第1062页。
② 蒙思明：《元代社会阶级制度》，第42页。
③ 《元典章》卷四九《刑部》卷之一一"诸盗一·强窃盗·剜豁土居人物依常盗论"，第1641—1642页。

札鲁忽赤归断，"重法绳之"。这里的汉人，特指两都之间的涉案汉人。《元史·百官志三》说："国初未有官制，首置断事官，曰札鲁忽赤，会决庶务。凡诸王驸马投下蒙古、色目人等，应犯一切公事，及汉人奸盗诈伪、蛊毒厌魅、诱掠逃驱、轻重罪囚，及边远出征官吏、每岁从驾分司上都存留住冬诸事，悉掌之。"不仅删去了"至元二十二年"这一时间定语，而且将札鲁忽赤管理汉人事务扩大，造成了成吉思汗时期就有蒙古人、色目人、汉人三类的印象，实在是对历史的误解。

从忽必烈至元年间开始的"合里"（色目）与汉人的分化，到元朝中期才大致确定。《元典章·刑部·流远出军地面》载大德十一年（1307）正月，行台：

> ……照得近准御史台咨：承奉中书省札付："蒙古译该：中书省官人每根底，宝哥为头也可札鲁忽赤每言语：'山东宣慰司、大都路、真定、隆兴、河间、广平等路申：四遍做贼，曾经刺断，犯在赦前，革后一遍做贼的，怎生理算？么道。又：出军的，不知何处出军有，合出军的，合无刺断？又：未审何等为色目人？么道，申明降来。俺照得大德八年三月二十三日奏：去年秋里［全文见旧贼再犯出军条］。钦此。又大德八年八月十二日钦奉圣旨节该：在先合出军的贼每根底，上位奏了，交出军有来。如今合该出军的罪过的，依在先体例，上位奏了出军呵，合出军罪过的多停滞一般有。俺与阿忽台丞相等商量来：但到今该出军罪过的无隐讳的贼人每根底，再上位不奏，依着拟定来的交出军呵，怎生？商量来。么道，奏呵，那般者。圣旨了也。为那上头，俺商量了，旧贼每再做贼呵，验着经刺来的前后理算定夺。色目人，做了几遍［贼］么道，问了，招了呵，在先不曾拿获，如今拿获招了呵，依着他招［来］的理算。除汉儿、高丽、蛮子人外，俱系色目人有。合出军的贼根底不刺断，交出军有来。如今则依先例，合出军的，明白问了，无隐讳呵，令各路官司依例发遣。汉儿、蛮子人申解辽阳省，发付大帖木儿出军。色目、高丽人申解湖广省，发付刘二拔都出军……'得此。都省准拟，仰照验施行。"[①]

中书省、御史台、宣慰司等各机构往来公文显示，元成宗大德年间，朝廷上下对色目人的概念还没有搞清楚，虽然中书省奉上谕拟定盗贼通例，明确指出"除汉儿、高丽、蛮子人外，俱系色目人有"。但是直到仁宗延祐四年（1317），济宁路女真人张不花犯盗窃罪，量刑时济宁路、刑部官员仍"未审女直同与不同色目"，在咨询吏部意见后，参照大德八年（1304）奏准盗贼通例，得出参详意见："前项贼人既是女直，不同蒙古，况兼有姓，难同色目，合与汉儿一体刺字。宜从都省闻奏，遍行照会相应。具呈照详。"[②] 可见族群身份的模糊

① 《元典章》卷四九《刑部》卷之一一"诸盗一·强窃盗·流远出军地面"，第1630页。
② 《元典章》卷四九《刑部》卷之一一"诸盗一·刺字·女直作贼刺字"，第1654—1655页。

仍在持续，这是因为从众多族群（总称"合里"）中界定并排除汉语人群的复杂性造成的。从以上案例中，可以看出，判断色目人的根据有三：一是有无姓氏；二是有无刺配传统，泰和律、宋律都有刺配规定，蒙古人、色目人没有，按"各依本俗"原则，是否适用刺配条文成为区别色目人的标准；三是强调是否故金、故宋疆域内的土著居民，大德七年（1303）十一月壬子，元成宗诏"内郡、江南人凡为盗黥三次者，谪戍辽阳；诸色人及高丽三次免黥，谪戍湖广。"[①]就说明了这一点。前引至元二十一年（1284）八月定拟军官格例诏，"若女直、契丹生西北不通汉语者，同蒙古人，女直生长汉地，同汉人"也是这个意思。说汉语的女真人、契丹人同汉人，不通汉语的女真、契丹同蒙古人，在族群认知方面，强调了地域与文化的因素。

综上所述，可以看出，在以蒙古人为核心的蒙古帝国中，蒙古语"合里"出于蒙古人的他者认知，指一切非蒙古人（族群两分），可以用现成的汉语词语"色目"对译，表达方式既可以是在列举具体族群名后缀以"合里"，也可以单独用"合里"总括。忽必烈时期，蒙古统治者开始将"合里"（色目）中的汉语人群同其他族群区别认知（二次两分），从而也产生了汉语人群对"合里"（色目）的他者认知。换句话说，对色目人的定义促进了对汉人的定义，反之亦然。[②]不同集团（我族）的他者认知导致"合里"（色目）出现了歧义，"合里"与"色目"也发生了分离，蒙古人不同阶段的两种族群认知有一个过渡阶段，后一种认知与汉语人群的他者认知（色目认知）相互影响，逐渐成为主流认知。

如果说，蒙古与"合里"（广义色目）两分的认知，是出于蒙古人我族与他者的意识，那么，蒙古人之外，汉人与色目（狭义）再一次两分的认知，又是基于什么原因呢？由于狭义色目内部的差异也很大，不亚于其与汉人的差异，所以汉人与色目的区分不仅是种族与文化的原因，还应有更深层次的原因。

四

成吉思汗时期，设大断事官管理所有蒙古人、色目人事务，可见其有我族与他者两分的族群认知，所谓我族与他者，即国人（蒙古人）与非国人（合里）的二元族群结构。"合里"（色目）是总括的称呼，必要时以具体的族称列举。

从窝阔台汗开始，在汗庭大断事官机构之外，又先后在中原汉地、畏兀儿与河中，以

---

① 《元史》卷二一《成宗纪》大德八年十一月壬子，第461页。

② 参见刘迎胜《"汉人八种"新解——读陈寅恪〈元代汉人译名考〉》，《西北民族研究》2020年第1期；舩田善之「元代"四階級制"說のその後——"モンゴル人第一主義"と色目人をめぐって」櫻井智美等『元朝的歷史——モンゴル帝国期の東ユーラシア』2021。

及阿姆河以西这三大区域之内分别建立总领当地政务的首脑机构，中原汉人以金代的行台尚书省制相比附，称之为"行尚书省"，其首长亦称大断事官，"合里"（色目）的范围也扩展到上述征服地区。蒙哥汗时期，以牙剌瓦赤、不只儿、斡鲁不、觌答儿等充燕京等处行尚书省事，赛典赤、匿咎马丁佐之；以讷怀、塔剌海、麻速忽等充别失八里等处行尚书省事，暗都剌兀尊、阿合马、也的沙佐之；以阿儿浑充阿母河等处行尚书省事，法合鲁丁、匿只马丁佐之。在整个大蒙古国疆域内，最基本的族群划分只能有蒙古人、色目人（qari）两类，通行于三处行尚书省内。因此，汉地的"色目人"之称应溯源于前四汗时期，是借用现成的汉语词语"色目"对译蒙古语"合里"，不可能入元后才产生族群划分意识，一开始就以"色目"确指内入西域各族。

忽必烈即位建元后，元朝的统治重心转移到汉地，多族群治理困境又面临新的挑战，即土著汉语人群的优势人口与文化压力。元朝政府一方面要继续贯彻前朝"各依本俗"的治理原则；另一方面，在不断汉化的进程中，需要调整对占人口绝大多数的土著汉语人群的政策，故在非蒙古人群中，特别关注了汉语人群，开始在任官、法律等方面区分"合里"（色目）与汉人，从而影响到人们的族群认知。如前所述，将汉语人群从"合里"（色目）中分离出来，分为两类列举、区别对待的事例，主要集中在任官、赋役、法律礼俗三方面，难免给人以元朝实行"四等人制"的印象，而忽略了制度的初衷与历史发展的过程，及其对族群认知的影响。

以达鲁花赤的任命为例，由于至元年间颁发的诏书禁止汉人充任达鲁花赤，很多研究者便认为这是种族不平等制度，将有资格充任达鲁花赤的族群，如唐兀、畏兀儿、回回等，用后来的观念，统称之为色目人，给人以错觉。实际上当时汉语人群也在"合里"（诸色人）之内。前四汗时期，达鲁花赤是镇守征服地区各城市，提调军事以外各种政务的长官。据札奇斯钦研究，到元世祖时期，在达鲁花赤的用人方面，基础越发扩大，除已有的蒙古、汉人、回回、畏兀儿、契丹、女真、唐兀等族外，又加上了土蕃、哈剌鲁、钦察、阿速、康里、高丽等各族人士。"自忽必烈可汗改国号为'元'，以汉地为可汗的'王土'之后，以前这些专以镇抚征服地，课敛被征服者赋税的达鲁花赤，自然要随可汗的尊为'天子'，而成为当地亲民的'父母官'。所以在地方政府的路、府、州、县一律设置了达鲁花赤，使它成为必然的，或原则性的制度。""从世祖的这些诏书来看，当时充任达鲁花赤的，汉人、女真人、契丹人必定是很多，不然不会降下这么多次的诏书。"[①]这是因为限于人力及文化背景，蒙古人对定居地区仅能派出作为"宣差"的达鲁花赤和探马赤军，实行"间接统治"。负责治理汉地的实际上是崛起于金元之际的"汉人世侯"。这些汉人世侯或为迎降蒙古的金朝将吏，或为崛起垄亩的民军领袖。小者据有一州一县，大者跨州连郡。其中实力最强大者如天

---

① 札奇斯钦：《说元史中的"达鲁花赤"》，收入氏著《蒙古史论丛》（上），学海出版社，2012。

成刘黑马、真定史天泽、保定张柔、东平严实等，都是"占地二三千里，领兵数万"，世代兼拥一方军政、财政大权。虽无封建之名，却有封建之实。他们对蒙古汗廷的主要义务为出兵从征与上纳贡赋。忽必烈即位后，统治重心南移到汉地，世侯政治已经不符合统治需要。恰在此时，世侯李璮、重臣王文统密谋了叛乱，动摇了忽必烈对汉人世侯的信任，推动了罢世侯、行迁转的制度转型。与此同时，蒙古统治者仍然需要汉人精英总管地方行政事务，但限制其充任达鲁花赤，并参用非汉族群人士，以适应汉化转型，保证直接统治。

首先，由于蒙元王朝依据"各依本俗"的原则治理庞大而复杂的人群，日本学者杉山正明、森田宪司、舩田善之等主张从根脚、集团主义、参用制三个角度，而不是从四等人制的角度，来理解以上诏令。无数事例表明，在任命官员方面，最重要的因素是根脚，即与成吉思汗家族的关系，而不是族群出身，何况族群身份是可以改变的。其次，集团主义是蒙古人的治国原则和制度，蒙元疆域内的各族群尽管不断被迁徙，但都保持着原来的社会组织，或被重新组织，在延续本俗性的同时，以集团力量为统治者效力。如迁徙到汉地诸路的畏兀儿、唐兀、回回等，都有自己的千户、百户组织或总管府，有本管官司，不归当地路分管理，遇事由本管官司与所在路分"约会断遣"，各路官员的多族群身份有利于各方沟通断遣。最后，从中央各衙门到地方路州县，均贯彻蒙古、色目、汉人、南人"相参委付""相参巡历""相参覆审""相间勾当""相参住坐"的原则。传统批评者谓"是则欲造成相互牵制之局，以从中取利者耳"。近来学者则认为该原则有利于对庞大而多样的群体进行各因其俗的管理。

还有一个需要考虑的因素是土著居民与外来族群主客身份的认知上。如《至正金陵新志》收录的至元二十七年（1290）户口名簿，将户口分为南人户、北人户（含蒙古户、色目户）两类。有意思的是，色目人与汉语人群的身份认知问题，主要发生在"内郡""江南"，即故金与故宋疆域内，而设在西夏故地的甘肃行省似乎没有这一问题，反映元代亦集乃路社会面貌的《黑城出土文书》中，没有看到色目人的用法。西夏人内部有党项、汉、回鹘、吐蕃之分，《至正条格》"西夏私婚"条载：

> 至元三十年七月，甘肃省咨："西夏番汉部落混处，各家男女，私相诱说，强娶为妻。"刑部议得："河西地面，男女强取成婚，为首者决杖捌拾柒下，为从减贰等。有父母之言，不等媒妁强取，为首者伍拾柒下，为从减二等。"都省准拟。[1]

可见在元代的甘肃行省，番汉通婚现象很普遍，并不使用"色目"概念区分族群。总之，笔者依然坚持"色目"曾被用作蒙古语"合里"的汉译，前四汗时期，用汉语词语"色目"译

---

[1] 《至正条格》卷八《断例·户婚》"西夏私婚"，韩国学中央研究院，2007，第243页。

写蒙古语"合里",指称蒙古帝国治下的所有非蒙古人,反映的是蒙古人我族与他者两分的族群认知。元世祖至元以后,由于统治的对象主要是汉地的汉语人群,需要将土著汉语人群与外来族群相区别,"合里(色目)"中遂排除了汉语人群,逐渐演化为西域诸国人的专称。在这一过程中,在原有的蒙古人对"色目"的他者认知之外,又产生了汉语人群对"色目"的他者认知。两种认知既有重叠,又有区别,元朝中期以后,后一种认知成为主流认知。

换言之,色目人概念是他者认知的产物,色目人只有具体族群的自我认知,不存在整体的自我认知,需要有对照体。对照体不同,对色目人的他者认知也不同。在蒙古人的他者认知中,色目既指所有非蒙古人的,在某些场合下,又将土著汉语人群排除在外。在故金疆域内汉语人群的他者认知中,色目人指非蒙古人的外来者。在故宋疆域内土著居民的他者认知中,广义的色目指所有的北方人(外来人),狭义的色目指蒙古人、汉人之外的外来者。在具体的认知实践中,三者的边界又有一定的模糊性。

〔本文原载《西北师大学报》(社会科学版)2022 年第 6 期。作者胡小鹏,西北师范大学历史文化学院教授〕

明中叶米、银双元核算下省级粮料再分派探析*

申　斌

摘　要　明代省级官府负有将中央各部下达的财政任务分配给下属府州县的责任。随着
财政运作中白银使用的扩大，在米、银双元核算基准下，省级税粮、物料的再
分派核算呈现出从坐定仓口到通融分派的变化趋势，打破了税粮项目、府县区
划及坐派年度界限，出现了以银为基准、全省统一核算分派的"一条鞭例"。
这不仅扩大了省级财政运作的自主空间，构成晚明省级官府与中央各部间所掌
握财政核算信息差异的一个原因，而且强化了省这一层级在财政管理上的地位。

关键词　明代　白银　核算　一条鞭法　财政管理体制

会计核算是国家财政运作的核心技术之一，在深层次上影响着财政制度变迁。15世纪
中叶到16世纪中叶是明朝从实物—劳役财政体制向白银财政体制过渡的时期，实物（以米
麦为基准）、白银两种核算手段并存，这给财政运作带来许多新问题，也提供了一些解决问
题的新方法，并对政府间财政关系、财政管理体制产生了深刻影响。[①]

明前中期，随着徭役等不可计算性征发以白银为媒介实现可核算化，州县赋役核算信
息与府，布政使司，中央的户、工等部掌握的核算信息发生分离，形成了二重会计结构。[②]

---

*　本文为国家社科基金重大项目"国家治理视角下传统中国货币与财政关系研究（1368—1911）"（20&ZD064）阶
段性成果之一。

[①]　关于以一条鞭法为代表的明代赋役、财政制度变革的深刻意义，梁方仲、刘志伟等众多学者已做了深入剖析，兹
不赘述。近年来，条鞭法研究侧重点向政府间财政关系转移，参见刘志伟《从国家财政体制转型的视角看一条鞭
法》，《史学集刊》2021年第5期。关于白银核算之于财政运作的意义，万明从白银货币化角度强调"以白银为统一
的财政计量单位"是财政改革重要一环，参见万明《明代白银货币化研究20年——学术历程的梳理》，《中国经
济史研究》2019年第6期。陈锋则进一步指出"统计银两化"才是货币财政转型的主要标志，参见陈锋《明清变
革：国家财政的三大转型》，《江汉论坛》2018年第2期；陈锋《明清时代的"统计银两化"与"银钱兼权"》，《中
国经济史研究》2019年第6期。

[②]　申斌：《明代地方官府赋役核算体系的早期发展》，《中国经济史研究》2020年第1期。

而随着明中叶省级大员强化省内财政集中管理，省级官府掌握了州县核算信息并编制赋役全书等经制册籍（财政收支计划书），二重会计结构从州县与上级官府之间转移到省级官府与户部等中央衙门之间。经过明末清初的一番曲折，最终户部通过监督各省纂修赋役全书，掌握了全国法定赋役征收核算信息，在一定程度上消解了政府财政核算信息的二重会计结构，建立起集中管理体制。[①] 这一条线索可以概括为财政资源可核算化及由此形成的财政核算信息不断上移。

不过，省级官府与中央各部之间财政二重会计结构的形成，还有另一脉络，即在自上而下的财政供给任务分派过程中，省级官府亦发展出具有一定自主调节空间的核算体系。中央各部向各布政使司和直隶府州坐派税粮、物料的解运及供给任务后，布政使司（直隶府州）需先将任务分解，再分配给所属府州（州县）。在实物征调体系下，这只是简单的层层分解。但随着白银使用扩展，实物和白银两种核算标准并存，省级官府就可以通过调整二者的折算关系，来解决再分派中遇到的很多问题。由此，省内再分派核算不再只是中央对省坐派任务的简单分解，而是形成了另一套计算体系，省级官府在财政上有了更多自主调节的空间。这一变化体现了财政管理运作中省这一层级的重要性日渐增强的趋势。更重要的是，这一趋势并未因清初消除二重会计结构而中断，而是被制度化，形成了清代以"部—省"为主轴的新型财政征调管理体制。

本文拟分析 16 世纪明朝省级税粮、物料再分派运作，揭示中央坐派与省内再分派在核算上的联系与差异，以及省级官府是如何运用并存的米麦、白银双元核算实现管理目标的。16 世纪是明初财政体制向明末清初财政体制演进的过渡期，一方面制度变化不但存在地域间的时间差，同一地域也呈现出反复更迭的状态；更重要的是即便同时同地，其财政运作本身就是新旧两种方式杂糅交错。因此，本文重在用典型材料揭示制度运行逻辑及其变化，在史料运用上存在诸如既用嘉靖时期史料讨论明前期实物核算方式遗存，又以之分析银、米双元核算新做法的情况，谨此说明。

一　布政司的粮料再分派职责与文书行政

在明初实物—劳役财政体制下，布政使司在财政运作上最主要的责任是信息、政令的上传下达。中央所下达的日常性财政政令中，最重要的是户部、工部、礼部、兵部等每年向各布政使司、直隶府州下达的财政供给调拨任务指标，即指定其向哪些仓库解运多少税粮、物料，这项工作当时多称为"坐派"。

[①] 申斌:《赋役全书与明清法定财政集中管理体制的形成——兼论明清国家财政治理焦点之转移》,《中国经济史研究》2021 年第 1 期。

（一）各部坐派粮料文书

1. 文书类型与名称。明代六部对布政使司行文用照会，对直隶府、州行文用札付，均采取勘合形制，[①] 编定字号，[②] 也称勘合照会、勘合札付，或简称勘合、部札、部单。[③] 户部坐派税粮及户、工、礼、兵等部坐派物料也用此种文书。户部坐派税粮的勘合文书，又称派粮勘合、[④] 分派税粮勘合、派征税粮勘合、[⑤] 坐单。[⑥] 文书起首语一般叙述事由，常被用作名称，如"遵照旧制坐派钱粮事（户部勘合）""会计年例钱粮事（户部四字一千二百一十号勘合）""成造军器事（工部力字三百七十四号）"等。[⑦]

2. 文书内容。各部坐派粮料勘合是一份中央给各地下达的财政供给任务清单，规定了起运税粮、物料的实物名目、数额、解纳仓库及折纳情况。宣德五年（1430）苏州知府况钟的《请减秋粮奏》转述了当年户部派粮勘合的主要内容：

> 今奉行在户部勘合，照依上年事例坐派本府。宣德五年：北京白粮五万七千九百一十五石，临清粮一百六万一千一百九十二石，徐州粮十五万石，淮安等卫粮一十五万石，南京粮七十四万五千六百二石零，存留本处粮三十万七千五百六十六石零。[⑧]

嘉靖时期勘合内容亦是如此，只是折纳开始更多表现为折银。《河南赋役总会文册》卷一《税粮》"征收税粮本折规则"条载："查得本省税粮，递年奉户部勘合坐单，内开起运：夏税御马等仓麦各数目不等，共麦叁拾陆万柒千玖百石；秋粮光禄寺等仓米各数目不等，共米壹百壹拾柒万柒千叁百贰拾壹石伍升壹合叁勺肆抄叁撮柒粟陆粒。存留：夏麦贰拾肆万玖千伍百伍拾陆石捌斗肆升叁合壹勺肆抄捌撮玖圭玖粟柒粒，米伍拾玖万贰千贰拾石伍斗伍升陆

---

① 《洪武礼制》，《皇明制书》，杨一凡点校，社会科学文献出版社，2013，第 328 页。在明代，勘合一词含义比较复杂。首先，勘合指的是一种文书形制，或者说形制的制度。也就是单张文书用纸和合订的底簿逐页一一对应、每张都骑缝加盖印章并且书写字号的这种文书形制。其次，勘合指的是上述勘合制度下的单张文书用纸。再次，由于很多通用公文（如照会、札付）都采用勘合形制，用勘合纸张书写，所以这些文书也被称作勘合。最后，还有些专门用途的勘合，如粮长勘合等。

② 《诸司职掌》，《皇明制书》，第 421 页。各部与各布政司、直隶府州行移用不同字号，例如工部与四川布政司用力字勘合（参见万历《大明会典》卷二〇六，万历十五年刊本，第 8b 页）。

③ 坐派税粮勘合称部单的例子，见《山东经会录》卷三《税粮因革》，齐鲁书社，2017，第 264—265 页。

④ 万历《四川总志》卷一六《经略志一》，《四库全书存目丛书》史部第 199 册，齐鲁书社，1996，第 613 页。

⑤ 张永明：《张庄僖文集》卷三《乞处补禄粮疏》，《景印文渊阁四库全书》第 1277 册，台湾商务印书馆，1986，第 355 页。

⑥ 《河南赋役总会文册》，《北京图书馆古籍珍本丛刊》第 60 册，书目文献出版社，1998，第 166 页。

⑦ 正德《四川志》卷八《财赋》，《四川大学图书馆藏珍稀四川地方志丛刊续编》，四川大学出版社，2014，第 428、431、439 页。

⑧ 况钟：《况太守集》，吴奈夫等点校，江苏人民出版社，1983，第 72 页。

合叁勺捌抄贰撮叁圭贰粟肆粒。"[1]

如前面两份勘合内容所见，户部坐派税粮勘合仅开列起运京边税粮仓口及数额，存留税粮只有总额而无细目。这是由其"中央下达的财政供给任务清单"性质决定的，故万历河南《两院发刻司道酌议钱粮征解事宜》称"坐单止为解京之数而设"。[2]

除仓口、粮额外，举凡税粮由本色改征折色及折征标准、[3]税粮减免数额等事务，[4]也均以勘合文书下发。随着朝廷规定部分起运税粮折银征解，折银率和折银额也成为派粮勘合的内容之一。[5]与此同时，坐派物料勘合也出现折银率数据。如河南坐派有织染局织造段匹800匹，"嘉靖陆年奉工部明文，每匹折银叁两捌钱"。[6]甚至有的项目全部折银起解，如正德《处置成造军器事（工部力字三百七十四号）》规定四川"成都建昌等卫所军需料价白银二千六百一两九分（内解司收库转发卫所二千一十五两七钱九分，径解各卫所五百八十五两三钱）"。[7]坐派粮料勘合仅开列布政使司、直隶府州等一级行政区整体应承担的解纳责任（品类、仓库、数额），并不开列布政使司所属府州、直隶府所属州县具体应该承担的款目及数额。所以会典等朝廷典制文献记载时也只记载一级政区坐派项目额度。此即万历年间徽州府发生丝绢之争时休宁等五县人所言："盖会典举其大纲，在直隶则言府而不言县，在各布政司则言省而不言府，此为通例。部札之体亦然。"[8]

与税粮相比，物料坐派的不确定性、非计划性更强。每年户、工、礼、兵等部会向各布政使司、直隶府州不定期发出多道坐派物料勘合，每道勘合开载的物料项目多寡不同。弘治十年（1497），巡按浙江的吴一贯说："税粮征收，每岁俱有常数；而物料逐年买办，全无定规。户部之会计年例、预备供应、修省等事，礼部之牲口、祭祀、药材、金箔、历日纸等事，工部之修理家火、成造弓张、岁办颜料等事，与本布政司给发各卫所运粮船料、岁造军器等事，一年之间，多则派至四五十起，少亦派至二三十起。"[9]正德《四川志》显示了坐派物料勘合的一些情况。正德年间四川奉有户部勘合《遵照旧制坐派钱粮事》，开列银朱等14样物料；工部力字三百七十八号勘合《成造事》，开列生漆1样。在题为《安养军民事》的

---

① 《河南赋役总会文册》，《北京图书馆古籍珍本丛刊》第 60 册，第 166 页。

② 《两院发刻司道酌议钱粮征解事宜》，万历四十四年刻本，国家图书馆藏，第 23b 页。

③ 况钟：《况太守集》，第 95—96 页。

④ 况钟：《况太守集》，第 87 页。

⑤ 在《山东经会录》卷三《税粮因革》中，嘉靖四十三年（1564）、四十四年、四十五年，以及隆庆元年（1567）、二年，均多次出现"部单加（减）银""合部单原减（加）之数"表述。

⑥ 《河南赋役总会文册》，《北京图书馆古籍珍本丛刊》第 60 册，第 170 页。

⑦ 正德《四川志》卷八《财赋》，《四川大学图书馆藏珍稀四川地方志丛刊续编》，第 439 页。

⑧ 程任卿：《丝绢全书》卷二《五邑民人诉辩妄奏揭帖》，《北京图书馆古籍珍本丛刊》第 60 册，书目文献出版社，1998，第 475 页。另外，虽然《山东经会录》中有"单县部单"的表述（《山东经会录》卷三《税粮因革》，第 259 页），但结合同书中大量司、府再分派记载可知，这应理解为山东布政司据部单制定的对单县坐派方案，而非户部勘合中具体规定了单县的仓口税粮额度。

⑨ 万历《景宁县志》卷三《民政》，中国国家图书馆编《原国立北平图书馆甲库善本丛书》第 375 册，国家图书馆出版社，2013，第 341 页。

这样一份并非专门坐派物料的礼部勘合中，也包含有"加增药料"的坐派任务。同一个部坐派同一种物料的勘合也会分别下达，如礼部勘合《缺欠药味事》中坐派独活700斤，礼部勘合《会计年例钱粮事》又坐派独活50斤。① 这些都说明各部物料坐派具有明显的因事随时派征，不定时、不定量、变动大的特点。

在分派财政供给任务方面，兵部勘合除了用于分派军器物料及"总兵廪给、掾史衣资"等经费外，② 还用于坐派民壮、解俵备用马或其价银等任务。③

（二）布政司的再分派职责与文书行政

由于各部坐派粮料勘合仅开列布政司、直隶府州整体供给任务，所以布政司和直隶府州需将其分解后再派给下级官府。正德会典中记载了弘治十三年朝廷对布政司和直隶府州履行这一职责的原则要求及发生不法行为时的惩处规定："各布政司并直隶府州掌印官，如遇各部派到物料，从公斟酌所属大小丰歉坐派。若豪猾规利之徒，买嘱该吏，妄禀偏派下属，承揽害民者，俱问发附近卫所充军。各该掌印官听从者，参究治罪。"④ 因握有再分派的权力，所以布政司、直隶府州要协调其下属府州县之间围绕负担公平与否的纠纷。隆庆、万历时徽州府辖下歙县与其他五县围绕丝绢负担分派的纠纷即是一例。⑤

1. 行政流程。最初的流程当为布政司接到各部坐派粮料勘合后逐级分解、坐派，即所谓"部派于司，司派于府，府派于县，县派于里，里派于甲"。⑥ 隆庆四年（1570）山东布政司咨文称：近年"奉到部单……在省磨算分派……填注由帖，分发各府，又委官分派一次，方行州县，责之积书，又各细派花户……岁以为常"。⑦ 即布政司所定分派方案是只到府一级，府级官府接到布政司坐派税粮的由帖后，还需自行计算、制定对所属州县的分派方案。在南北直隶，有的府下设粮厅，负责此类核算工作。如顺天府每年由粮厅根据户部札付，派算27州县夏税、秋粮、马草三项钱粮，然后造册以"牒"文上报知府，再由府以"帖"文行各州县征收。⑧

不过，据目前所见史料，至少嘉靖时期开始，则以布政司直接安排到州县一级分派方案的情况居多。如嘉靖三十四年山东布政司"将今派本折定数，填给由帖，发与该州县，

① 正德《四川志》卷八《财赋》，《四川大学图书馆藏珍稀四川地方志丛刊续编》，第428—431、433、435、438页。
② 万历《杭州府志》卷三六，明万历刻本，第2a页；万历《琼州府志》卷五，明万历刻本，第43b页。
③ 嘉靖《兰阳县志》卷三，明嘉靖刻本，第19b页；郑晓：《郑端简公奏议》卷七《预征马匹折银疏》，明隆庆五年刻本，第4b—5a页。
④ 正德《大明会典》卷二二，汲古书院，1989，第260—261页。
⑤ 歙县帅嘉谟主张国家派给徽州府的人丁丝绢税，应该由六县按照人丁额分摊，而不应该由歙县单独承担，这加重了歙县负担，造成六县苦乐不均。参见夫马进《试论明末徽州府的丝绢分担纷争》，《中国史研究》2000年第2期；李义琼《晚明徽州府丝绢事件的财政史解读》，《中国经济史研究》2014年第2期。
⑥ 万历《景宁县志》卷三，《原国立北平图书馆甲库善本丛书》第375册，第341页。
⑦ 《山东经会录》卷三《税粮因革》，第302页。
⑧ 万历《顺天府志》卷四，《四库全书存目丛书》史部第208册，齐鲁书社，1996，第176页。

总告示并总由帖，发给各该府"，① 给州县的由帖和给府的总告示、总由帖均由布政司发出，府级官府无须也无权调整自己属县的分派方案。虽然如前引史料所见，嘉隆之际山东又有改为逐级分派的反复，但到隆庆五年时明令不再逐年分派，改为在巡抚、巡按主导下，布政司编纂《山东经会录》，直接规定全省各府州县的税粮、物料项目和数额。② 嘉靖时期河南也是布政司"通融分派开封等府、汝祥等一百八州县"，③ 广东也是布政司"开各府属县坐派细数"。④

整体而言，虽然存在时空差异和反复变化，但布政使司直接决定州县一级的分派额度、不经过府级重新分派是大趋势，这可以从嘉靖、隆庆、万历时期布政使司负责编纂的赋役经制册籍中详细开列各州县坐派粮料款额上得到证明。⑤ 这一趋势强化了省的财政职能而弱化了府的重要性，是省级集中统一管理的表现。

巡抚、巡按对布政司的再分派工作有监督、审核权。布政司拟定的坐派方案须经抚按审核同意才可施行。嘉靖时戴璟巡按广东，规定广东布政司编制的坐派钱粮文册，需要由首领官拿到巡按衙门"挂号，登记上簿"，并留一本备查。临时性奉派项目，布政司也要开具揭帖呈报巡按查对。⑥ 山东、河南等省也需将分派方案向巡抚、巡按报批。⑦

2. 行政成本。及至嘉隆时期，部分税粮、物料折银征收或解纳，省级官府又想利用米麦、白银两套核算标准的折算进行财政调节，再分派核算工作十分烦琐，所需时间、人力、财力等行政成本甚高，也给舞弊提供了机会。隆庆四年山东布政司咨文称，省级磨算分派工作，需要"取委州县正官二三员，带领书算数十名，在省磨算分派，累月方完"，"在省员役供应，所费不下百金"。府级分派则"每属取解书手二名，工食二两，计六府一百四处，有二三百余两之费"。在州县一级，则"每社人户雇募书算，暗行会敛，尤难数计，靡费诚不赀矣"。而分派之际，州县官员以受灾等理由请求负责官员、书吏改派轻仓口，"其间奸滑率多用贿求减，而积书舞弄得以上下其手"，滋弊甚多，甚至会因此造成征解愆期、税粮积逋。⑧

3. 文书。布政使司对各府行文用札付，直隶府对州县行文用帖文。⑨ 下达坐派任务亦然，如弘治二年江西建昌府"额贡野味，俱奉使司札文，折收钞贯，惟活天鹅仍贡本色"。⑩ 至

---

① 《山东经会录》卷四《税粮附录》，第 312 页。
② 《山东经会录》，第 9—178、303 页。
③ 《河南赋役总会文册》，《北京图书馆古籍珍本丛刊》第 60 册，第 166 页。
④ 嘉靖《广东通志初稿》卷二七《粮饷》，《北京图书馆古籍珍本丛刊》第 38 册，书目文献出版社，1996，第 475—476 页。
⑤ 申斌：《赋役全书与明清法定财政集中管理体制的形成——兼论明清国家财政治理焦点之转移》，《中国经济史研究》2021 年第 1 期。
⑥ 嘉靖《广东通志初稿》卷二七《粮饷》，《北京图书馆古籍珍本丛刊》第 38 册，第 475—476 页。
⑦ 《河南赋役总会文册》，《北京图书馆古籍珍本丛刊》第 60 册，第 166 页。
⑧ 《山东经会录》卷三《税粮因革》，第 302 页。
⑨ 《洪武礼制》，《皇明制书》，第 329—330 页。
⑩ 正德《建昌府志》卷四，《天一阁藏明代方志选刊》，上海古籍书店，1964，第 13b 页。

嘉靖、隆庆时期，各地发展出很多专门服务于税粮、物料派征的新型文书，如前文提到的布政使司发给府、州县的由帖。[①] 嘉靖时广东布政司坐派税粮及军需物料，要编制"坐派钱粮文册"，"先开勘合部总，后开各府属县坐派细数"，共 12 本，巡按衙门和布政司各留 1 本，每府发 1 本。[②]

二 田赋再分派核算中"一条鞭例"的确立：从坐定仓口到通融分派

伴随着财政核算基准从米粮实物向白银货币的转变，布政司的田赋再分派方式也经历了从坐定仓口、分派粮额到通融分派、调整派银率的转变。在此过程中，省级官府打破税粮项目、府县区划及坐派年度的区隔，形成了以白银为基准、对全省税粮统一核算的再分派方式，即政府内部财政管理上的"一条鞭例"，省级再分派核算不再是户部坐派核算简单的二次分解。下面分别讨论。

（一）坐定仓口与改派

在实物财政时期，布政司进行田赋再分派时，采取指定下级官府所负责起运仓口、缴纳实物种类及额度的方式，明代府州县志的田赋、税粮部分普遍存在的起运税粮仓口和米麦数量记载即是其留痕。而根据需要，会在省内不同府州县间改派仓口（负担项目）。正统元年（1436），朝廷允许派给浙江、江西、湖广、南直隶部分地区的京库米折银缴纳。由于比起实物田赋，折银的实际负担较轻，故地方官员将折银缴纳作为减轻官田负担的办法。弘治十八年巡按浙江御史车梁认为湖州府负担尤重，故将原来分派给宁波、绍兴等府的京库折银内扣拨 1 万余两转派湖州府，就是改派的一例。[③]

关于仓口粮额分派的原则，目前缺乏早期的详细资料，但可从江西《正德十六年改派之由》窥见一二。虽然此时全省州县的税粮已经普遍折银征收并采取摊派核算，但布政司向州县坐派税粮仍是先派定仓口，因此反映出的坐派原则与明前期应是一致的。其坐派原则有三条。第一，"照民粮多寡，以为分派数目"。此条针对的是以实物米麦核算的税粮额，即按照黄册登载的各县实物税粮额，来决定分派给该县的各仓口实物税粮总额，后者不能超过前者。第二，"土地肥瘠，以为轻重等则"。此处所言"轻重等则"并非明初以来的"田土起科科则"，而是每石税粮派征银额。具体做法是，根据各县土地肥瘠差异，派给不同仓口和内

---

① 一般认为明代由帖是州县官府给里长、编户的纳税通知书，笔者推测布政司发给府州县的由帖即是州县印制发给编户由帖的依据。参见梁方仲《易知由单的起源》，《明清赋税与社会经济》，中华书局，2008，第 121—130 页。
② 嘉靖《广东通志初稿》卷二七《粮饷》，《北京图书馆古籍珍本丛刊》第 38 册，第 475—476 页。
③ 万历《湖州府志》卷一一《赋役》，《四库全书存目丛书》史部第 191 册，齐鲁书社，1996，第 223 页。

容（本色折色等）的税粮项目。由于税粮的单位折银率会因仓口、内容差别而有高低之分，所以即便两县坐派的实物税粮总额相同，但实征总银额会有差异。布政司通过对某县"止派存留仓学米"、某县"除兑军淮南米棉布不派"等措施，在基本不改变各县坐派实物税粮总额的情况下，利用不同仓口税粮折银率差异调节各县实征总银额。随着实征总银额变化，根据实征总银额除以税粮原额得出的各县"每石税粮派征银额"也就有了差异（见表1），即轻重不同的等则。第三，"河道有无，以为起存分数"。即根据各县交通便利程度，决定该县税粮中起运、存留的比例。如兑军米、淮安仓米不派给广昌、瑞昌、德安、大庾、上犹、崇义、于都、石城、龙南等山区县份。[①] 根据这三条原则坐派后，全省县份的每石税粮派征银额被划分为12等（见表1）。[②] "派征某某县为一则，每石纳银若干"的规定，其实是以官民之间赋税征收时单位税粮派征银额（性质上近似税率）高低的形式，来表达省内各州县间财政负担分配的轻重关系。

表1　正德十六年（1521）江西十二则分类派征情况

单位：两

县	派征内容	每石税粮派征银额
南昌等 38 县	运留全派	0.7399719
临川等 4 县	除南京棉布不派	0.7399719
建昌等 3 县	除苎布颜料不派	0.74114274
赣县等 2 县	除棉苎布颜料不派	0.7536868
德化等 3 县	除兑军淮禄料不派	0.62827644
分宜等 4 县	除兑军淮不派	0.55929488
广昌县	除兑军淮棉布不派	0.62126116
星子等 3 县	除兑军淮禄布料不派	0.61823526
永宁等 3 县	除兑军淮南米棉布不派	0.45402466
大庾等 6 县	除兑军淮南米布料不派	0.5486984
南康等 2 县	除兑军淮南米布料不派	0.55289471
瑞金等 4 县	止派存留仓学米	0.6

资料来源：《江西赋役纪》卷一五《正德十六年改派之由》，《天一阁藏明代政书珍本丛刊》第 9 册，第 499—503 页。

当户部坐派的税粮仓口、数额、本折色形态发生变化时，或者所属府州县围绕财政负担发生

---

① 嘉靖十七年江西巡抚胡岳再次调整全省税粮坐派，原则亦是"田科之轻重，粮数之多寡，与夫滨江阻山之别"。《江西赋役纪》卷一五，《天一阁藏明代政书珍本丛刊》第 9 册，线装书局，2010，第 507—508 页。

② 《江西赋役纪》卷一五，《天一阁藏明代政书珍本丛刊》第 9 册，第 499—503 页。

异议时，布政司均会在再分派时采取改派，即通过调整坐派仓口或实物额度的方式加以应对，这是明前期实物财政下的一般操作。由于制度惯性，即便到了嘉靖末年乃至更晚时期，在田赋普遍折银征收，米麦、白银双元核算的情况下，这种改派仓口的操作仍有延续。尽管在白银和摊派核算的介入下，其结果表现已经从仓口、缴纳物背后隐性的负担轻重差异，变成了单位税粮派银率高低差异，而这正是过渡期的特征。表1的江西派征则例就是这种改派操作的结果。据《江西赋役纪》卷一五《改派之由》记载，嘉靖十一年至三十九年的29年间，只有5年没有改派记录，税粮改派几乎是每年省级官府都要进行的例行公务。从中我们可以看到很多布政司用改变坐派仓口来调节州县负担的例子。如江西宜春、分宜、萍乡、万载四县"以粮重故累奏"，于是布政司将原来坐派给四县的吉安、安福二仓米改派宜黄、乐安、永宁三县，并将原来坐派给宜黄、乐安、永宁三县的京库苎布改派四县，因为京库苎布属于轻仓口税项。又如嘉靖二十一年，"峡江县奏复原分新淦县民粮内沙塞米贰千伍百伍拾陆石柒斗玖升肆合玖勺，改京库折银，峡江原坐重则移南昌等伍拾贰州县加派"。①

（二）以银为核算基准的通融分派与"一条鞭例"

伴随着白银在坐派、核算、征收、解纳各环节使用的扩大，省级税粮核算的基准逐渐由米麦向白银转移，并且打破原来仓口粮额坐派中府州县地域界限和税粮项目界限，嘉隆以降逐渐形成了全省通盘计算的"一条鞭例"，甚至突破了中央各部粮料坐派年度界限，按照自己核定的常年定额向下级官府和编户派征，通过在不同年度间调剂余缺来应对坐派变化。

这一变化是在下面两个背景下发生的。一方面，随着时间推移，各地的夏税、秋粮额变动幅度缩小，户部坐派给各布政司、直隶府州的仓口与实物粮额也渐趋稳定。②另一方面，随着赋役改革推行，地方上田赋已经普遍折银征收，并且进行了以"加总—摊派"为特征的赋役核算改革，根据单位米麦派银率向百姓征收税粮银。③例如嘉靖二十九年分派税粮时，山东布政司"查算上年各属起运小麦，每石濮州起至柒钱伍分壹厘叁毫，其余州县伍钱上下者有之，肆钱、叁钱上下者有之，甚至莒州止起贰钱壹分玖厘零"。④这说明当时山东全省已经完成摊派核算改革，且摊派率为省级官府所掌握。这两方面共同作用下，实物税粮额扮演起摊派对象的角色，而非实际税额，并呈现出原额化（固定化）倾向。⑤在这种情况下，单位税粮派银率也取代田赋仓口及实物粮额，成为布政使司考虑各州县负担轻重时的主

---

① 《江西赋役纪》卷一五，《天一阁藏明代政书珍本丛刊》第9册，第507—510、512页。

② 申斌：《明代中叶以降赋役核算技术的演变》，朱诚如、徐凯主编《明清论丛》第19辑，故宫出版社，2020，第79页。

③ 其基本计算逻辑是"税粮折银额之和 ÷ 税粮额 = 单位税粮派银率"，参见申斌《明代中叶以降赋役核算技术的演变》，朱诚如、徐凯主编《明清论丛》第19辑，第104—107页。

④ 《山东经会录》卷三《税粮因革》，第236—238页。

⑤ 申斌：《明代中叶以降赋役核算技术的演变》，朱诚如、徐凯主编《明清论丛》第19辑，第93—95、107—108页。

要参考。

于是，当户部坐派勘合中的税粮折银额发生变动时，布政司的应对方式逐渐从通过改派仓口、调整实物粮额分配来调整各州县实征银额，变为抛开仓口和粮额，直接对各州县的单位税粮派银率进行调节。比如嘉靖二十九年山东面对坐派夏税银增加时制定的应对方案，就是布政司直接对各州县单位税粮派银率的尾数进行微调，"颇过素轻者，益其厘毫而成分；偏重疲累者，去其厘毫而分止；丰疲相悬者，量为加减壹贰分"，如"每麦壹石，濮州原柒钱陆分壹厘叁毫，删去壹分壹厘叁毫"。只要确保最后全省税粮征银总额足以支付户部坐派数目即可，不再刻意追求州县的实征银额必须等于坐派各仓口粮额与其各自折银率相乘所得汇总银额。[①]

与前文嘉靖时期江西的情况相比，虽然最终结果都体现在各州县单位税粮派银率的调整上，但是具体操作方式不同。江西的调整方式是通过改派仓口，利用不同仓口税粮折银率差异影响不同州县实征银额差异，进而据此调整单位税粮派银率。而山东则是抛开仓口，省略改派措施，直接对各州县的单位税粮派征率加以调整，只要全省合计达到户部坐派银额即可。这意味着省级再分派核算已经在一定程度上打破实物基准会计下仓口税粮与州县的严格对应关系，而以省为单位、以银为基准进行通盘计算。因此，与前述江西分配仓口的三条原则不同，此时再分派的核算原则已经变为"通计以足坐数，删其畸零，以杜弊端，酌量增损，少为通变"。[②]

嘉靖四十一年山东的税粮坐派鲜明体现了这种新型再分派核算的特点。《山东经会录》载：

> 邹平等县知县张中复等呈，（嘉靖）四十一年夏税起运该银贰拾叁万陆百肆两捌分陆厘贰毫壹丝，较比四十年加银壹拾玖两玖钱玖分，欲照上年均加，概省通融，每石止加叁丝贰忽，似为琐碎不便。惟单县原坐仓口与今部坐加减不同，比之上年加银壹拾玖两玖钱玖分，待分派秋粮，将该县起运粮银，照数兑减，似亦适均。四十一年秋粮起运该银壹百贰万捌千陆百叁拾壹两壹钱贰厘贰毫，比四十年减银捌千柒百肆拾两伍钱捌分肆厘玖毫，内除抵减夏税加与单县拾玖两玖钱玖分外，仍减捌千柒百贰拾两伍钱玖分肆厘玖毫。及查该年马草起运银壹拾陆万壹千陆百伍拾伍两捌钱肆分伍厘，比四十年加银柒千贰百贰拾肆两伍厘，惟照今年粮价减捌千柒百余两，草价加柒千贰百余两，相应互相抵兑，仍合上年一条鞭例，尚减壹千肆百玖拾陆两伍钱捌分玖厘玖毫。议将上等二十四州县供秋粮起运叁拾肆千叁百陆拾石，每石减银柒毫，章丘

---

① 以上参见《山东经会录》卷三《税粮因革》，第236—238页。与此相伴的是折银税粮解运路径的改变，将另文讨论。
② 《山东经会录》卷三《税粮因革》，第236—238页。

县减贰拾壹两柒钱，历城县减拾肆两捌钱肆分。……中等四十二州县共秋粮起运伍拾肆万玖百石，每石减银壹厘壹毫。……下等三十八州县共秋粮起运肆拾肆万柒千陆百石，每石减壹厘肆毫柒丝玖忽。……以足部减之数。①

这段史料透露出以下几点信息。首先，户部坐派的起运夏税银额发生变动后，官员们考虑再分派方案时，不再循着发生变动的仓口及额度去思考如何调整，而是以全省为范围，将全省新增起运银额摊派到全省夏税粮额上（"均加"），计算出单位税粮征银率的变动幅度（"每石只加叁丝贰忽"）。可见此时虽然各州县被分派的仓口及实物粮额依然存在并载于地方志，但银额核算才是本质，实物粮额仅扮演一个摊派对象角色。其次，在因过于琐碎而决定不采取"均加"方案后，先选取单县加派，待到秋粮坐派时再予以扣除。而且夏税、秋粮、马草三项银额合并计算，得出年度总银额实际变动（减1496两有余），再区分州县等级，分别降低其单位税粮派银率。这种账面操作意味着州县实征、起解银额调整与该县坐派仓口税粮折银额变动并无计算上的直接关系，而只是从全省层面通盘考虑、调整的结果。

这种做法，当时称为"通融分派"，包括两层含义：一是在户部看来完全不同的税粮项目（夏税、秋粮、马草等）相互通融计算，不同税目的实征银额增减可"互相抵兑"；二是不同府州县相互通融计算，而不必考虑根据户部规定折银率算出的各州县坐派仓口税粮的折银额。这说明当时省级财政再分派核算管理，以省为单位，以银为计算标准，进行"全省一盘棋"的通盘计算安排。由于户部坐派银额变动而发生的"加银""减银"，实际构成了布政司调整府州县实际负担的契机和工具。所以在"足原额银两坐数"的前提下，布政司"量州县丰疲损益"，调整各州县单位税粮派银率，有时无论全省坐派总银额增减，上等州县的征银率一概增加，而下等州县征银率一概减少。②

循着这一逻辑，省级税粮核算进一步跨越了各部坐派年度的界限。因为从一段较长时期来看，年度坐派银额增减变化，在一定程度上可以通过不同年度间调剂余缺抹平。如山东自嘉靖四十年至隆庆四年的10年间，"部单坐到夏秋二粮，止共增银柒千贰佰柒拾余两，减银则共壹万贰千伍佰余两，以十年而推之，以后年分概可知矣。若以所减酌补所增之数，大约多寡本不相悬"。故此，隆庆五年，山东官员决定"自隆庆五年为始，不拘部单增减，以后俱以隆庆四年无有灾伤分定仓口为则"。③这其实就是地方财政核算定额化。

上述做法，就是政府内部粮料坐派上的"一条鞭例"，它与过去条鞭法研究关注的官民之间赋役合并编派、合并征收相辅相成，使条鞭法不仅是赋役改革，而且还是财政管理体制改革。这种再分派核算方式，一方面扩大了省级官府相对户部的自主调节空间，另一方面意

---

① 《山东经会录》卷三《税粮因革》，第244—249页。
② 《山东经会录》卷三《税粮因革》，第236、275—282页。
③ 《山东经会录》卷三《税粮因革》，第303页。

味着布政司可以直接确定、调整州县单位税粮派银率，以省为范围通盘核算，弱化了府的财政职能而扩大了自身权力，反映了省内财政管理集中化的趋势。以银为基准的核算体系逐渐扩展为唯一有实际意义的核算体系。及至万历末加派辽饷时，朝廷已经明确要求"照银加派""从银起派"了。①

三 米、银双元核算标准与再分派核算中的自主空间

"通融分派"使省以下再分派有了与户部对省坐派不同的逻辑，不再是简单的逐层分解。在此过程中，省级官府利用米、银双元核算标准，为自己营造出一定自主调节空间。下面围绕省级官府如何应对户部坐派的本折色形态变化，以及如何运用存留米作为机动财源这两个问题，进一步举例说明。

（一）地方折银与朝廷折银

明中期，朝廷坐派的很多税粮、物料项目仍要求上纳实物本色，但是地方官府往往自定折价，向百姓征银，然后把相应银额交给解户或胥吏去购买本色，再到仓库上纳。② 这一方面形成了一套中央不掌握的货币收支核算信息，另一方面，当中央坐派粮料的本折色形态改变时，这套地方性核算也需做出应对。下面以江西为例讨论省级官府在再分派核算中，如何运用米、银折算，来应对此类"征银买本色上纳"税粮的户部坐派变化的。

"征银买本色上纳"情况在嘉靖时期的江西是普遍性、制度性的。嘉靖十七年，江西巡抚胡岳曾调整全省税粮坐派，笔者综合《江西赋役纪》和嘉靖《江西省大志》记载将其调整结果制成表2。

表2 江西省嘉靖十七年税粮派则情况

等则	县	理由	派征项目	省大志派则		赋役纪派则
				每石纳本色正耗米（石）	每石纳银（两）	每石征银（两）
一则	南昌等48县	粮多又滨江	起运兑军米、淮安仓米、南京仓米、京库折银米、颜料、棉布、王府禄米*、存留仓米	1.0144592	0.2291588	0.71752914
二则	宜春等4县	粮科重	起运南京仓米、京库苎布	0.30169468	0.3397394	0.47582304

① 《明熹宗实录》卷一七，"中央研究院"史语所1962年校勘本，天启元年十二月癸酉，第841—842页。
② 胡铁球：《明清歇家研究》，上海古籍出版社，2015，第305—378、411—428页。

续表

等则	县	理由	派征项目	省大志派则		赋役纪派则
				每石纳本色正耗米（石）	每石纳银（两）	每石征银（两）
三则	德化等3县	虽滨江而粮故寡	淮安仓米、南京仓米、京库棉布、折银米、存留仓米、学米	0.56813229	0.33639584	0.6015291
四则	广昌等4县	阻山；虽滨江而粮寡	南京仓米、京库颜料、棉布、折银米、王府禄米、存留仓米、学米	0.38689258	0.40854068	0.58305408
五则	宜黄等3县	阻山	京库折银米、棉布、颜料、王府禄米、存留仓米		0.52062956	0.52062956
六则	大庾等8县	阻山且粮寡	京库折银米、王府禄米、存留仓米、学米		0.60062436	0.60062436
七则	瑞金等4县	粮寡	存留仓米、学米		0.6	0.6

资料来源：《江西赋役纪》卷一五《嘉靖拾柒年改派之由》，《天一阁藏明代政书珍本丛刊》第9册，第507—510页；嘉靖《江西省大志》卷一《赋书》，《原国立北平图书馆甲库善本丛书》第358册，国家图书馆出版社，2013，第1453—1454页。

*《江西省大志》有时记作"大各府禄米"，包括"大府禄米"，即淮府、益府两个王府的禄米和其他各王府禄米。参见嘉靖《江西省大志》卷一，《原国立北平图书馆甲库善本丛书》第358册，第1429页；万历《江西省大志》卷一，《南京图书馆藏稀见方志丛刊》第107册，国家图书馆出版社，2012，第190页。

由表2可见，不派本色米的第五、六、七则县份，《江西省大志》和《江西赋役纪》记载的派则是一致的。但是坐派了兑军、淮安仓和南京仓这三项本色的第一至四则县份，《江西省大志》的派则包括米、银两部分，而《江西赋役纪》的派则只以银为单位，且《江西赋役纪》的派银率高于《江西省大志》的派银率。原因就是，户部坐派的本色项目，在地方官府那里实际已经折银征收，然后用银买本色解纳上仓；《江西赋役纪》记载的派则是州县向编户实际征银时的派征率，而《江西省大志》反映的则是根据户部坐派任务算出的制度上的派征率。全省74县中仅15县不涉及征银买本色事务。

那么，户部坐派税粮本折色形态变化时，布政司是如何应对的呢？嘉靖二十三年，江西布政司接到户部公文，"于南京仓本色米内摘肆万伍千石改派新例折色，每石折银伍钱"，即将坐派给江西的南京仓本色米中的45000石改为折色，按照每石0.5两标准折银征收解纳。布政司的核算结果是"视本色减银共壹万肆千捌百伍拾两"。① 为何坐派形态由本色改为折色后反而"减银"了呢？唯一可能的解释就是，在改派之前，虽然户部坐派的是本色，但地方官府实际上向百姓折银征收。在没有中央明定折银率的情况下，地方官府出于多种理由（如需要纳入本色税粮的运输成本，预留机动空间，抑或借机征敛），所定折银率较高。而户部改派折色之后，地方政府需按户部规定的折银率征解。自江西地方官府立场看来，他们要征收的银额自然是坐派折色时比坐派本色时少了。反之亦然，如次年，"南京新例折色米

① 《江西赋役纪》卷一五，《天一阁藏明代政书珍本丛刊》第9册，第514页。

肆万伍千石，改派本色"，布政司于是"每石增银叁钱叁分"。[①]

省级官府通过在再分派核算中调整地方自定的米、银折算比率，来应对户部坐派本折色变化带来的影响。米、银两种核算标准并存，给地方官府扩大财税行政的自主操作空间提供了方便。

（二）作为机动财源的存留米核算

户部坐派勘合并不规定存留税粮的具体支用，而存留粮额一般远多于俸廪等计划内支出额，因此余下的存留税粮在地方财政运作中具有机动财源的职能。而这一职能的实现又是以白银为中介的，即地方官府先将存留米折银征收，然后用银去应对各类任务。下面举两类粮料再分派中使用存留米的常见形式。

第一，在存留仓米中坐派新增的俸米、藩王王府禄米。由于俸禄米折银率高，所以存留米改派俸粮、禄米时，需增加改派米的折银额。如嘉靖十四年，江西"各府禄米增叁千叁百贰拾石，于存留仓米内改派，每石加银贰钱"。嘉靖二十三年，江西布、按、都"三司俸粮增壹千伍百叁拾伍石捌斗肆升，于南昌等陆拾柒州县存留仓米内均派，每石增银贰钱，解司支给"。[②]

第二，存留秋粮米改折物料，这是将其机动财源性质表现得最明显的。当中央紧急坐派物料时，布政司可将州县存留米扣除必须支给本县官吏、孤老、狱囚人等的开支外，"余米征银解司"，用于购买物料。[③]

颜料是朝廷较早明确可在存留粮中折征的物料。正统十一年，皇帝降旨，鉴于百姓买办颜料困难，命户部将朝廷所需颜料坐派出产地方，由布政司"每年于存留粮内，照依彼处时值，从公估计折征……选差殷实粮户管解户部，送该库交纳"。[④]下面以嘉靖时期山东的情况为例，分析其再分派核算情况。

嘉靖中后期，坐派颜料已经不需要山东布政司购买本色解纳，只需要"遵照今定京估价值，派行所属，征银解部"，即将户部坐派的本色颜料按照京估价格折算为颜料银额，然后按照"每银肆钱，折米壹石"的比例，将颜料银额折算为米额，在部分府州县的存留米内坐派。折算流程为：颜料额→（京估）→颜料银额→（颜料银每4钱折算为米1石）→颜料米额。征收时，对被坐派为颜料米的存留米按照每石4钱比率折银征收解布政司，汇总后解户部。

由此可见，只要中央坐派本色颜料的种类、数额或京估价格发生变动，颜料银额就会

---

① 《江西赋役纪》卷一五，《天一阁藏明代政书珍本丛刊》第9册，第515页。
② 《江西赋役纪》卷一五，《天一阁藏明代政书珍本丛刊》第9册，第505、515页。
③ 《四川地方司法档案》，杨一凡、徐立志主编《历代判例判牍》第3册，中国社会科学出版社，2005，第163—164页。
④ 万明、徐英凯：《明代〈万历会计录〉整理与研究》，中国社会科学出版社，2015，第669页。

变动。面对变动的颜料银，布政司就有了多种财政操作的选择空间，下面举两个例子。

第一种做法，当颜料银额减少时，布政司仍要求照前征收，而将剩余银额解布政司库贮存备用。比如嘉靖三十一年山东坐派甲字库、丁字库颜料折合价银 11090.88 两（折米 27726.7 石），三十二年改定京估，照新京估算得颜料价银 7484.21 两（折米 18710.525 石），照三十一年少了 3606.47 两（折米 9016.175 石）。但布政司并未将这减少的银额"通还原仓"，而是以"恐后京估不同，临期难处"为由，要求除了派征颜料的 18710.525 石存留米须按照每石 4 钱比率折银征收解布政司库外，剩下并未被派征颜料的"余剩米"9016.175 石，"每石仍照例折银肆钱"，"将前派银两解司，听候时估不足之数"。①

第二种做法，当颜料银额减少时，不减少被坐派颜料的存留米额，但是减少每石折银率，以减轻民众负担。比如嘉靖三十三年坐派颜料折合价银为 4196.5615 两，布政司将其摊派到旧派颜料米额（27726.7 石）上，得出新的米、银折算比例——每石折银 0.15136 两，然后照此比例计算，则"仅足今年坐到颜料之数"，没有剩余米。易言之，百姓减少了 6894 两的赋税。②

以上两种都是存留米中坐派颜料米额不变的情况下的做法，此外，也会通过改派存留仓米和颜料米、调整折银率的方式应对坐派颜料米额的增减变化。以嘉靖中期江西的颜料坐派为例，嘉靖十四年"又增颜料米叁千柒百柒拾贰石肆斗贰升捌合，以原有颜料县分存留仓米改派，每石减银壹钱"。将一般存留米改派为颜料米，同时降低单位折银率。反之，如嘉靖二十年，"京库颜料减米壹千玖百肆拾石伍斗肆升叁合伍勺，仍入原派县分存留仓米额内，每石增银壹钱"。③ 无论哪种做法，都是布政司利用米麦、白银两种核算标准的折算，在确保基于米麦、白银的两套账面计算合理性的同时，利用存留粮的改派和折银觅得一定自主调节空间，来方便自己的财政运作。

四 "本年不论坐单"：坐派勘合角色的变化与地方定额化

在前述情况下，各部坐派勘合在省级财政运作上的角色也发生着变化。原来每年省级官府奉到勘合后进行再分派的原因，是"部单粮数仓口折价，岁有增减，必须逐年一次分派，方可均平"。④ 但一方面，如前所言，至隆庆前后，坐派银额虽然每年不同，但从较长一段时期来看，年度增减则可在一定程度上抹平。另一方面，省级官府财政职能日渐复杂，

① 《山东经会录》卷三《税粮因革》，第 287 页。
② 《山东经会录》卷三《税粮因革》，第 287—288 页。
③ 《江西赋役纪》卷一五，《天一阁藏明代政书珍本丛刊》第 9 册，第 505、511—512 页。
④ 《山东经会录》卷三《税粮因革》，第 302—303 页。

已远超上传下达。省级核算包含了大量中央各部坐派以外的内容，举起大者有三。第一，中央坐派本色，而地方官府折银征收后买本色上纳。第二，坐派粮料项目的脚价、火耗等附加性费用。各部坐派勘合中开列的粮、料实物额及据其折银率算出的折银额，基本都是入库数额，并不包括解运、熔铸等的过程成本。① 但这些成本是承担征解责任的地方官府必须考虑的，所以省级核算包含了这部分信息。第三，独立或隐含于粮料征解办纳中的徭役。由此形成的财富给省级官府提供了一定自主调节空间，增强了地方官府的机动能力。这些核算信息虽与中央坐派密切相关或随着赋役改革变得密切相关，却又在中央坐派之外。省级税粮、物料再分派成为与中央坐派有联系但不同的另一套核算体系。在此情形下，坐派勘合的首要角色不再是省内对府州县分派任务和对百姓征收的唯一依据，而是在钱粮汇解到布政司后，进一步分头解运京边仓库的依据。它与同年度省内再分派核算的联系不再紧密。

导致勘合在省级再分派核算中角色发生转变的直接原因，是每年户部下达勘合与州县征收赋税之间的时间差，造成了征收拖延或朦胧模糊的弊端。② 伴随着赋役折银和条鞭法施行，钱粮征收与作物收成不再直接相关，一年之内分限征收。如河南州县少则两限，多则十限。"开征之期，多在正二月"。而本应作为确定课征总额的依据之一——户部勘合坐单——八九月间才发出。本来每年州县开征钱粮时，应告知百姓全县应派钱粮总额，每亩征银率。但实际情况却是"今州县自春而夏，钱粮已征大半，而尚称为约征，不以应征额数榜示小民"。也就是在没有张榜公布应征额数情况下，先以某一地方标准（一般而言是上年旧例）进行"约征"。在上级看来，这种缺乏公开性的约征显然隐藏着弊端。而州县官府也有说辞，就是"坐单未至"。③

解决方案就是以银为基准的地方定额化，根据往年情况计算出常年税额，据此预征。用不同年份间通融调剂、多寡相抵的办法应对坐派内容变动。这不但避免了等奉到勘合再派征导致延误的风险，而且减少了每年计算分派的行政成本和作弊机会。④ 这一思想可以追溯到弘治时，如吴一贯巡按浙江进行上供物料改革，就提出坐派物料"各年虽有多寡不同，然截长补短，则皆不甚相远。因往推来，尽可著为定数"。他将过去三年"南北两京各部并本司派过物料起数通行算计"，得出常年料价数额。⑤ 嘉靖末年以降，伴随着地方赋役改革，制定常年征收定额更为普遍。例如，隆庆五年山东布政司以过去十年实际收支为参照，编

---

① 漕粮与其他粮料不同，户部在漕运议单中规定了尖米、耗米、脚米、席木等附加性费用。参见胡铁球《明代法定漕费的形成与使用演变——兼论明末清初私贴额定化过程》，《清华大学学报》（哲学社会科学版）2016 年第 4 期。

② 如隆庆三年，巡抚山东的御史称"坐单迟下，征收非时"以致两税"征收于一时"，不便百姓（《山东经会录》卷四《税粮附录》，第 323 页）。隆庆四年山东右布政使称"今夏税延至秋后未征，秋粮延至年终未比"（《山东经会录》卷三《税粮因革》，第 302 页）。

③ 以上参见《两院发刻司道酌议钱粮征解事宜》，第 43a、23b 页。

④ 通过简化核算手续，来压缩官吏上下其手的空间，以求得防弊的效果，是当时一个普遍性思路。"防弊"也是理解明代财政改革的一个重要逻辑。

⑤ 万历《景宁县志》卷三，《原国立北平图书馆甲库善本丛书》第 375 册，第 341—342 页。

制《山东经会录》作为常年征收额度依据，规定"本司奉到部单，即行府转行各该州县，查照则例，依限及时征收起解，再不必逐年委官分派"。① 万历时期的河南，为杜绝约征弊端，河南大梁分守道建议每年不必等候坐单，可按照上年数额作为当年征收定额，明示小民，进行派征。而在接到勘合后在官府内部进行调整，不影响对百姓征收。具体说来，就是先使今年坐单内各款项数目增减互抵。若事先征多了，"抵之有余"则存库，等下年再减少对百姓的派征；若事先征少了，"抵之尚不足，亦先借缓解色头解完，俟下年派补，春季抵还"，即先挪用不急需的支出来完成解运，等第二年再抵还挪用支出。这种"本年不论坐单，概不加减，直至下年方加减，以抵上年多寡之数"的办法，正是前述通融分派。②

结　语

本文通过若干实例，阐明了明代省级官府对中央分配财政任务再分派的计算操作方式及其在明中叶米、银双元核算标准下的变化。这些变化说明，即便是完成中央下达的财政任务，省级官府也并非只能简单被动接受，而是利用双元核算标准，创造出一定自主调节空间，构成了省、部间财政核算信息差异的一个原因。这与自下而上扩展的赋役改革等变化一起，共同促进了省级财政核算的完善，推动了省级财政经制册籍的纂修。

省级官府在处理自上而下的财政负担分派中，通过改变核算方式形成的自主空间，主要是为了应对年度坐派差异、减少对地方扰动，解决日常财务行政中的问题。单就这一个操作环节而言，只是一种边际上的调整，其腾挪空间并不太大。但是，打破各类区隔、在全省范围内对财政征调任务进行"通融分派"的思路在日常操作中被广泛接受，让同时代其他一些采取同样思路、解决更为棘手财政问题的方法更容易施行。最为突出的表现，就是省一级挪移出纳的普遍化，③ 而在筹措军费中进一步制度化。

随着田赋、物料折银，其解运路径也发生了变化，从州县直接向指定的仓库起解改为先将白银层层上解到布政司，由布政司汇总后再向不同仓库分头解运。布政司成为完成解运的关键一环，布政司库也成为一个拥有储备、中转暂存功能、具有相当规模的银库。④ 在这种情况下，总督、巡抚、巡按、布政司就有机会根据需要（如事务的缓急程度、解纳责任的轻重），打破州县解到钱粮与特定仓库的对口供给关系，调整起解的先后次序，甚至跨越年

---

① 《山东经会录》卷三《税粮印革》，第 303 页。

② 《两院发刻司道酌议钱粮征解事宜》，第 23b—24a 页。

③ 挪移出纳，即将应上缴的特定款项钱粮挪用至其他支出。挪移出纳自明初就被纳入《大明律》，但是省级官府挪移出纳的普遍化则是嘉靖以降的情况，尤其是到了万历末年以后成为朝廷聚焦的问题。参见曾美芳《"那移出纳"律与明代财政管理制度》，《台大历史学报》第 57 期，2016。

④ 参见申斌《赋役全书的形成》，博士学位论文，北京大学，2019，第 99—105 页。

度，在不同款项支出间进行挪移。对抚按官和布政司而言，向下分派任务时的"通融"与将汇集的财赋对外解纳时彼此"挪移"具有相通的逻辑，都是通盘考虑全省白银收支。

而嘉靖以降筹措军饷、供应藩王等给总督、巡抚、巡按造成的财政压力，则促使他们打破省内府州县的行政界限、各类赋役的名目差别，甚至打破布政司、按察司、运司、市舶司等收入归属机构界限，从各类税项对应的支出中裁减扣除资金，凑齐军费等紧急支出。[①]这种整合省内各地、各类财源，通盘考虑筹措资金的做法，固然是财政压力下的自然选择，但也可以认为是前述日常财务行政中"概省通融"的核算和调拨操作思路的极致发展。

这些变化共同凸显了财政管理上省一级的地位，让我们更清楚地认识到一条鞭法不仅改变了官民之间的赋役关系，更改变了官府内部的财政管理关系。但上述省级财政职能的增强、一定程度上自主调节空间的产生，不能理解为省级政府相对中央政府的分权。在政治架构上，六部是职能部门、省级官府是属地管理部门，二者都是皇帝的臂膊。省相对部的自主空间，并不意味着对中央集权的挑战。相反，恰是明代巡抚、巡按推动的省级财政职能强化和省内财政管理集中化，为清朝确立以"部—省"为主轴的财政集中管理体制奠定了基础。

黄仁宇虽然指出明朝中期由于白银使用增多，财力集中于省一级成为可能，[②]省级财政职能增强，省级官员被迫组织防务也有助于加强省级财权，[③]但他的整体判断仍是财政管理上明代政府的中层机构缺乏后勤能力，[④]"中央集权控制之下的分散管理"没有改变。[⑤]但如果我们将 16 世纪省级财政地位凸显放在明初到清初长期演变脉络下来看，就应该做出更积极的评价。

〔本文原载《中国经济史研究》2023 年第 2 期。作者申斌，广东省社会科学院历史与孙中山研究所副研究员〕

---

① 为筹措军饷而从不同收入中裁扣资金的具体做法，参见刘光临《嘉靖朝抗倭战争和一条鞭法的展开》，朱诚如、王天有主编《明清论丛》第 12 辑，故宫出版社，2012，第 113—148 页；李义琼《论明代嘉靖间的提编与海防》，《江西社会科学》2014 年第 11 期；丁亮、赵毅《明代浙江杂办银收支结构与"均平法"改革》，《中国史研究》2016 年第 1 期；井上徹「明朝の対外政策と両広社会」井上徹编、小島毅监修『海域交流と政治権力の対応』汲古書院，2011，85—124 頁；庆新《明代海外贸易制度》，社会科学文献出版社，2007，第 252—257 页；杨培娜《清朝海洋管理之一环：东南沿海渔业课税规制的演变》，《中山大学学报》（社会科学版）2015 年第 3 期。
② 本文分析显示，白银的意义还在于以其为统一核算标准，各类收支在省一级整合计算和通盘考虑成为可能。
③ 黄仁宇：《十六世纪明代中国之财政与税收》，生活·读书·新知三联书店，2001，第 30 页。
④ 黄仁宇：《中国近五百年历史为一元论》，《放宽历史的视界》，生活·读书·新知三联书店，2001，第 188 页。
⑤ 黄仁宇：《十六世纪明代中国之财政与税收》，第 26 页。

明清史的大时代特征与明清史研究基本问题

赵轶峰

摘　要　明清中国处于人类历史深刻转变的"大时代"，中国自身历史主题与全球历史变迁主题交融纠结，呈现空前复杂局面。研究这样一个特殊时代的历史，现代性发生、帝制时代收结、中华文明内聚运动构成基本问题系列。现代性起源研究需对现代性本身做清晰界定，清理各种"中心主义"，呈现明清现代性发展的表现与特点，探索现代性与中国文化传统的关系。帝制收结研究需厘清明清国家体制功能与政治文化特征，阐释经济体制与发展水平，呈现社会组织方式与生活情态，评析时人价值与信仰方式及知识状况，解释该时代"盛世"之含义。中华文明内聚运动研究需考察该时代中华文明的空间布局与结构、藩封体制、族裔认同、国家整合，以及前述各项的交错关系。基于明清史学科特性，相关研究应注重实证考察，积极借鉴社会科学而不追求社会科学化，宏观与微观研究并重。作为已经国际化的一个学术领域，明清史研究需承担理解当下人类处境的部分责任，为重新审视当下时代人类社会基本制度之合理性基础、局限与潜能提供一些历史经验资源。

关键词　明清史　大时代　现代性　帝制　文明聚合

明清史研究明、清两个王朝统治时期的中国历史。把明、清两个王朝作为一个时代来研究，主要着眼点在于社会演变，不在王朝兴衰，因而明清史作为一个研究领域，根本上说，是关于一个特定时代中国人民、社会、国家各方面经验的综合史，不是王朝断代史。传统史学偏重的王朝国家政治只是其中的一部分，远不是全部。作为一个长达 5 个半世纪的历史时段，明清承前启后，在中国历史上是几千年帝制终结的时代，在世界历史上是早期全球化发生发展的大时代。这个时代去今不远，是现代中国所由形成的直接背景和基础，因而是理解现代中国要最低限度上溯而及之的时代。业师李洵先生一向主张对明清史做通贯的研究，把明清时代看作中国历史上一个"独立"的时代。他指出："这是中国古代社会与近代社会的结合部。在这个时代发生了中国古代文明与近代文明接轨的尝试，中国与世界接轨的尝试，东西文明文化统合的尝试，以及新旧社会相递变的尝试。这个时代的历史不应该仅仅被理解为明清两个朝代的历史，也不是习惯上常说的那种'断代史'，而是一个特殊的作为一个整体时代的历史。历史上的朝代兴亡是一回事，具有特定历史过程内涵的时代是另外一回事。"① 因而，他主张持一种"明清学"的意识来研究明清史。

明清时代留存的文献、遗存特别充沛，可以展开非常具体、细腻的各类研究。由于文献、遗存丰富，也由于该时代的语言、习俗、文化对于当代中国人说来比更早时代易于理解，明清史是最有条件用常知常识（common sense）加以直接理解的一段历史，并非必须依赖掌握"绝学"的少数专家辗转诠释才能间接理解。这意味着，明清史与现代人的思想、观念紧密对接，现代学术的绝大多数方法在关于这个时代的研究中都可以适用——这是历史学能够全面施展其认识功能的领域，也是最能有效运用跨学科理论与方法的领域。与此相关，明清史在当下已经是高度国际化的历史学分支，与之相关涉的理论、思想、研究范式层出不穷，国际化的争鸣也分外热烈。在这种情况下，整体地审视一下明清史作为历史学的一个分支学科的基本特色与基本问题以及相关理论方法的特点应该有助于充实明清史研究的学科体系。本文就此提出一些初步看法，期待同人指正。

一　明清时代的特殊性

明清中国处于人类历史上深刻转变的一个"大时代"。这是中国现代社会之前的最后一个历史阶段，也是早期全球化和早期现代化发展的时代。在这个时代，中国社会的种种发展变迁卷入了全球大变迁的宏大历史过程，中国自身特有的历史主题与全球历史变迁的主题交融纠结，在中国历史上呈现出空前复杂的历史画卷。明清作为一个特殊的历史时代，既是中国性的，又是全球性的。从偏重特殊性的角度来看明清时代的历史主题，可以看到 3 个基本线索：中国现代性的发生、中国帝制时代的收结、中华文明内聚运动的基本完成。从一般性角度看，则明清时代延续着先前时代乃至整个中华文化传统推演下来的大量制度、观念、生产和生活方式。特殊的宏大历史过程并不包容全部历史现象，但可以作为把握这个时代特征的主要着眼点。

---

① 这是李洵先生晚年学术笔记中的一段话，该笔记已与李洵先生晚年教学录音一起整理，题为《中国的明清时代——李洵明清史讲义》，作为《李洵全集》第 5 卷，由人民出版社于 2022 年出版。

（一）现代性的发生

中外学术界对现代性（modernity）的含义曾经做出大量阐释，其中包含许多分歧，但分歧并不掩盖共性，现代性毕竟是被作为一个从特殊性角度来界定与工业化时代之前社会不同的当下社会之基本特质的概念来使用的，是着眼于与前现代社会差别的对现代社会基本属性的概括。现代化（modernization）则是从历史演进着眼来看的现代性展开过程，其核心内涵与现代性一致。即使现代性可以呈现为多少相互差异的具体面貌，但是在以下方面应是共同具备的：发达的市场经济体系、机器制造业为基础的产业体系、公民拥有主导权的独立且开放的政治制度与法律体系，以及与前述经济、政治、科技、社会状况相适应的系统化的价值观、世界观和思想方式。这些方面在历史上是相互关联地发生、发展起来的，是一个整体性的系统。因而，考察现代性的发生，必须注重社会的整体结构，而不能满足于找寻性质上与现代社会某些单一要素契合的社会成分。对于历史学说来，实然历程比逻辑可能性更具根本意义。所以，现代性发生问题既是一个关于属性的问题，也是一个关于结构、趋势与经验的问题。

几乎所有人文社会学科都要面对现代性问题，历史学研究的特殊角度是，辨识、阐释、呈现其在特定社会体系中的经验历程。其实，虽然现代性要在稍晚时候才成为高频率使用的概念，但中国现代史学在发展的早期就已经开始探索这一问题了。20世纪30年代展开的社会史论战，在主要讨论当下中国社会性质及其历史渊源的语境中，探讨的核心问题其实就是历史上的中国社会与当时认识的现代社会的关系，以及如何全面走向现代社会的问题。当时研究的目光从国家起源、亚细亚形态、中国的奴隶制与封建制表现及其分期，及于资本主义社会因素在中国历史上的表现，等等。到20世纪50年代以后，中国大多数历史学家认同了中国曾经发生"资本主义生产关系的萌芽"，而且绝大多数学者认为明清时代是中国资本主义萌芽发生和发展的历史时期，也即中国现代性发生的时期。围绕资本主义萌芽问题的追问与阐释，主导中国大陆学术界明清史研究30余年。在此期间，西方学术界虽然既不采用也不支持"资本主义萌芽"为核心概念的研究，但是因为"资本主义萌芽"问题其实是考察现代性发生问题的一种路径，西方学术界关于现代中国缘起问题的大量研究在基本问题指向角度看与中国学术界的研究其实是一致的。正因为如此，在"资本主义萌芽"概念使用频率降低情况下，关于现代性发生问题的研究很快形成新的热潮，而且成为中外明清史研究交流对话的一个热点。

卷入世界大变迁的明清中国直接孕育了现代中国，明清史研究的基本目标之一，就是认识现代中国的缘起。如果不能阐释现代性在明清中国的情状，就无法透彻说明历史中国与当下中国如何关联，无法说明现代中国的社会特色。当然，研究现代性并不意味着认为现代性是绝对合理的或者是一切历史的归宿。在这个问题上，后现代主义批判思潮已经对将现代性绝对化的观念进行了深刻反省，揭示了现代性本身的诸多矛盾和局限。现代性要被作为一个特定时代的历史经验问题来看待。这段经验深刻改变了人类社会的面貌，相关的研究迄今尚未完成。明清史中的大量史事在现代性的视角下可以展现出深刻的意义。

（二）中国帝制时代的收结

现代性的发生是明清时期一项重要的历史内容，但绝对不是全部内容。明清中国是更早时代中国文化精神、制度体系、社会结构与习俗推演出的新的一幕，其中大量内容不在现代性范围，或者与现代性关系模糊不清。立足于中国社会自身演变经验来看，明清中国最具有涵盖性的历史过程是帝制时代的收结。帝制时代上承与欧洲轴心期时代对应的春秋战国时代，下接现代社会。作为如此漫长的帝制时代的最后一个历史时段，明清时代实际呈现整个中国历史文化筛滤累积下来的最后状态。明清史既是帝制时代的收结期，也就是整个中华前现代传统的收结期，这是从结果来回溯整个前现代中国历史而做通体透视的最佳节点，中国历史上任何其他时期都不具备这个特点。

帝制是中国春秋战国时代社会大变革的直接后果，其在国家制度方面的主要特点是以郡县制、官僚体系、皇帝制度为核心的中央集权体系。中国历史的一大特色就是国家系统的优先发展，国家权力体系界定社会、经济、文化各种基本关系，中国的土地制度、经济结构、社会结构，乃至文化形态此时都与帝制国家体系构成顺应性的结构关系。因而帝制之内涵是综合性的，是一个关于社会基本形态的概念，而不是仅指国家机关类型的概念。从公元前2世纪到公元20世纪初，中国历史上出现了反复的政权更迭、聚散离合，但是社会基本组织方式皆以前述帝制为权力框架。这种体制在中国历史上绵延两千多年，明清两朝约占其最后1/4的时长，是帝制体系之组织功能、文化精神达到顶峰，中国传统文化也达于极致的时段。因而，明清是观察中国历史内在逻辑的具有特殊意义的时期。

帝制不等于帝国。帝国作为一个概念附带强力扩张性的含义，主要通过对外政策加以界定，帝制则是从国家内部组织方式角度界定的。帝制体系可能具有扩张性，也可能不具有扩张性，这在中国历史上各有事例。这种体制在中国历史上能够延续两千多年之久，根本原因在于其比单纯的奴隶制或者封建制都远为复杂，且社会统御力更为强韧。这种体制在文化精神方面，主要依托于儒家思想为主的观念体系，在公共权力管理方式方面，采取中央相对于地方、国家相对于社会的集权体制，在政府机关组织架构方面，采取皇帝—官僚—郡县三足鼎立结构。与此相应，其社会精英以专业化的国家管理人员即官僚士大夫为主体，而非以世袭贵族为主体。在这样的基本结构需求基础上，衍生出培育和选拔职业官僚的学校—科举制度、从中心到边缘控制力辐射递减的藩服与朝贡体制、社会基层利用宗法纽带和自然社区组织起来的融合纳税、治安、互助综合功能的乡里组织，等等。这一体制在明清时代还在相当完整地发生社会组织功能，而且可以看到很多方面在继续发展。在这个意义上说，明清中国社会绝不是停滞或者凝固的。明清时代中国的社会结构与状态在很大程度上决定了中国卷入全球现代化发展、与西方社会发展潮流对接后发生什么。即使在19世纪中叶的剧烈冲撞和社会转型一百多年之后，那种历史基本情状仍然构成当下中国社会各种演变机制的远因，所以，明清史研究必须要系统查考和呈现明清时代国家体制与社会结构的演变经历与情状。

（三）中华文明内聚运动的收结

现代中国是经由漫长的文明聚合运动而形成的国家。这并不是所有现代国家形成的唯一道路，许多历史上的文明共同体在演变过程中中断、解体、重构、被征服，许多文明在进入现代国族国家状态期间发生分化重组，通过单一民族社会组织的国家化进入现代国家状态。以往历史学在阐释现代国家形成理论时，主要以西方资本主义国家形成的经验作为基准，对通过文明聚合运动形成的现代国家阐释不足，甚至视为另类。这是中国历史学要特殊努力的领域，也是明清史研究的主要论题。

文明有两种基本含义，一是作为性质，指与野蛮相对应的社会属性，包括制度的、伦理的、行为意义上的社会属性；另一个是作为社会共同体，如称中华文明、玛雅文明、安第斯文明、西方文明、基督教文明、阿拉伯文明，等等。[1] 所有这些文明都大于国家，都包含变化的内部格局，同时也具有制度、文化共性特征和内部依存性，从而与其他文明相区别。人类前现代历史在很大程度上是在文明体系发生作用的格局中展开的，但是现代史学理论伴随现代国族国家理论一起兴起，当国家理论被用来作为回溯前现代社会历程的概念框架时，文明在历史上曾经发生的结构性意义被严重淡化，历史上由文明聚合而形成的现代国家之历史的逻辑也难以得到充分的阐释。只有当现代国家理论难以说明当代人类处境中的某些问题时，文明才被某些人寻找出来作为分析的工具。[2] 现代中国是一个文明共同体整合而来的国家，其形成的原理和某些特性需要运用文明视角结合现代国家理论来加以说明。

文明是比国家更具有持续性的共同体。文明之内可能出现多个政权体系。中华文明的初曙时代，就是无数政权分布的状况，在演进中形成中原核心区，并形成围绕该核心区的文明聚合运动。这种运动的根源主要在于中原区域农业社会和交通条件的优越性。率先发达的农业社会比半农耕社会、采集经济社会、游牧社会更易于积累社会财富，逐渐形成对于其周边地区的发展优势，形成更大规模的国家体系和竞争力。这一运动以亚洲大陆为舞台，最适

---

① 赵轶峰：《〈中华文明史〉序》，载氏著《评史丛录》，科学出版社，2018，第245—249页。
② 除了20世纪初斯宾格勒（Oswald Spengler）关于西方文明没落的论著之外，晚近在这方面最突出的例证就是美国学者塞缪尔·亨廷顿（Samuel P. Huntington）的文明冲突论。参见塞缪尔·亨廷顿《文明的冲突与世界秩序的重建》，周琪译，新华出版社，2013。

合大规模农耕社会发展的中原地区成为政治聚合的中心区。"问鼎中原""中原逐鹿"意味着获得中华文明核心区的政治统摄地位。这种统摄权威也是在核心区最为强健，愈到边缘区愈弱化。所以，中国历史上的中原王朝的边缘区经常变动，有聚散有离合，但朝向核心区内聚是总体的趋势。这种运动的突出表现是相对于中原的北方半农耕或游牧社会与中原的贸易、制度文化交流与交融、藩属关系，以及战争。后者，即战争，短时段视野下看是基于差异，长时段视野下看是基于关联，是聚合运动的形式之一。到了明清时代，中华文明的聚合已经进入关键时期。主要在清代，中华文明内聚运动达到了国家行政管理版图与中华文明范围基本重合的程度。这一过程与西方带动的早期全球化、资本主义兴起原无直接关系，是中国历史变迁特有的历程，但到了这个时代也发生交结。明清时代是中华文明内聚运动基本完成的时代，这一运动的每一步推演都伴随着大量社会变迁现象，都在推出中国的新状况，因而明清中国有自身特有的历史主题。由于中国宏观历史经验的这种特殊性，明清中国历史运动不是通过现成理论法则可以推导出来的，是需要通过具体探索相关问题来逐步澄清的。

除了前述 3 个基本线索外，这里有一个额外的问题。在现有历史学分期体系中，明清史包含 1368 至 1840 年共 472 年的"中国古代史"，和 1840 至 1911 年共 71 年的"中国近代史"。在这样的概念中，明清史连接了两个基本社会形态或者说两个大历史时代。这是其他任何历史断代都没有的情况。这种情况除了进一步确认明清史的特殊性和作为转变时代的性质之外，也带来一些困难。分期法与历史学的领域、专业划分有关。研究明清史 1840 年以前部分的学者是从事"古代史"的，研究明清史 1840 年以后部分的学者是从事"近代史"的，而研究古代史和研究近代史的问题意识与方法都有很大差别。这实际上影响到对明清史的整体考察。很多"明清史"著述会在进入"近代"之前止步，不去跨越那个"古代"与"近代"的分界线，研究"近代史"的学者，大多也不深究 1840 年以前的清史或明清史。近年来，颇有将全清史贯通来编纂的著作，但参与撰写者分任各段者为多。其实，中国史学界采用的"古代"概念偏于宽泛，"近代"以前即 1840 年以前的时代都被统归"古代"，而西方学术界所说的"古代"（ancient）特指古希腊、罗马时代，其后是一个漫长的"中世纪"（medieval，middle ages）。中西历史多有不同，无须刻意统一用法。但是，研究者应该注意到，"古代"的宽泛用法在语义上提示明清中国的"古代"色彩，甚至可能提示中国历史停滞性或某种古老形态"长期延续"的意识。明清固然不便径称现代，但也不是纯然的"古代"，而是一个大变革时代，是最终走入现代的时代。① 这个问题涉及学术界已有习惯，不便多议，仅建议相关学者再加推敲。

---

① 中国史学界对 1980 年以后历史有"近代""现代""当代"之分，这是中国学术界对 1840 年以来中国史的细致划分，与本文讨论的"现代性"并非直接对应。在英语中，与中文近代、现代二词对应的都是 modern。

二 明清史研究基本问题

明清时代的特殊性使得相关研究必须直接研究一些特殊的论题，否则就无法说明这一学科领域的整体性和问题系统，因而也就无法形成关于这一时代的总体认识。基于前述关于明清时代特殊性的看法，可以直接提出 3 个方面特殊且又具有基本性的论题，各论题又涉及若干分支性问题。

（一）中国现代性的起源

如前所述，明清中国处于现代性在全球展开的时代，其与外部世界的关联程度远远超过以往且快速变动。到明清时代的后期，中国发生了历史上空前重大的社会体制和文化变革，塑造了现代中国的基本面貌，也改变了中国人的日常生活方式。这一宏大历史过程作为明清历史的一大主题，要求任何从总体上就明清史提出看法的尝试，都需要对中国现代性起源和发展问题做出说明，包括阐释现代性在明清时代发生发展的轨迹和命运。事实上，自现代历史学兴起以来，国内外明清史研究的所有重大论说，都以某种方式对这个问题做出回应，也就是说，事实上现代性起源在所有关于明清史的成体系理解框架中都是基本问题。例如，中国明清史研究中讨论的资本主义萌芽问题，是从经济生产关系中资本主义要素的角度来考察的现代性起源问题。虽然局限于要素或"萌芽"来研究不足以全面阐明现代性在中国的起源和历史命运，但这种研究对于认识明清时代赋税、财政、货币、市场、贸易以及雇佣劳动关系中的新质因素乃至本土经济现代性的样貌有巨大意义。基于这种研究所达到的基本共识之一，是明清中国社会仍在发展而非陷入停滞，这至今是研究明清经济、社会史和中国现代性起源问题的基础。从现代性起源层面来看，中国明清时代经济、社会领域中已经发生与资本主义生产关系性质契合的成分，并且具有形成趋势的态势，但是现代性发生是超出经济史范围的问题，需要在经济、文化、政治、社会、思想、科技各个领域都加以实证考察并进行综合来认识的问题。由于西方中心主义长期流行且欧洲现代社会发生先于中国，关于现代性发生的理论都以欧洲历史为参照。此类理论在用来论证中国历史的时候，难免把欧洲历史作为标准、尺度，中国自身历史就被理解成为停滞的。例如美国著名历史学家费正清（John K. Fairbank）在介绍他自己最后一部著作中关于明清部分的主题时就表达了这样的预设。[①] 另

[①] 费正清说："如今，一般都公认，西元十二世纪的中国整体上要比欧洲先进。那么，中国为何且如何落后到后面去？中国在世界上的主要民族国家中，为什么变成了进步的迟到者？如果中国的生活条件和设施在十八世纪时还和欧洲大致不相上下，怎会在工业化的脚步上比欧洲慢那么多？单单一个原因解答不了这样大的疑问。我们将在第二卷中从多个角度探讨这启人疑窦的问题。"见费正清《费正清论中国》，费绚译，正中书局，1994，"自序"第 3 页（该中译本原书诸序未标页码）。这样一来，提出基本问题之后的明清历史叙述，自然是把中国何以在此时从先进变为落后作为基调的。

如马克斯·韦伯所提出的基督教新教伦理促成英国资本主义发展的学术，用某种特定宗教伦理决定论来阐释资本主义发生，而基督教新教是西欧特有的信仰方式，展开之后还是一种关于资本主义是西欧历史特殊现象的论说。[①] 这种情况在 20 世纪中后期开始有所改变，沃勒斯坦（Immanuel Maurice Wallerstein）、弗兰克（Andre Gunder Frank）、彭慕兰（Kenneth Pomeranz）、王国斌（R. Bin Wong）等人都在尝试创立经济现代性在 15 世纪前后的亚洲展开的论说，这在突破欧洲中心主义方面有积极的意义。[②] 但是这些论说都偏重经济领域，而不是多领域综合考察的结果，有待进一步讨论。笔者关于明清帝制农商社会的研究采取了结构演进综合考察的方法，还待充分展开。[③]

中国现代性起源问题不是一个单一问题，而是一个问题簇，即一系列相关问题的组合。其中最少包括以下问题。

1. 界定现代性、现代化，并将之与可能混淆、纠结的其他概念加以区分。在这个问题上，以往曾经发生一些需要反思的经历。比如过度聚焦于资本主义生产关系甚至雇佣劳动关系来找寻现代性，是比较狭窄并与决定论纠缠的方式。再如以生产力水平或 GDP 来判断社会变迁的趋向和水平，虽在纯经济学意义上不失为一种有意义的讨论，但在历史学角度看也出于对现代性做狭隘理解的思维路径。现代性比资本主义经济、人均生产力水平外延更宽，是一种综合的社会状况属性。关于明清现代性的研究，必须突破过度聚焦于经济资本主义的思维取向，而将问题域度拓宽。与此同时，还需要防止把现代性概念过度泛化，防止把性质模糊不清的各种变化都当作现代性的表现或者"社会转型"来看待。界定一种论说的核心概念不是拟出定义就完成的事情，需要同时提出阐释性的论说，需要说明诸如"早期现代化"与"现代化"如何区别，现代化路径的差异性中的因果关系，现代化发生的一般条件、机制如何，现代性与资本主义究竟是何种关系，如何看待现代性发生过程中的内生与外铄作用等一系列问题。在这些方面的每一步进展，都可能有力推动明清史研究的深入。

2. 清理各种"中心主义"。基于现代性起源和发展的不同步性，欧洲中心主义论说曾经占据与现代性相关的各类问题研究的支配性地位。在这种观念主导的研究中，明清中国的历史总体上说是停滞或变态的，思考的方向是中国为什么没有能够与西方同步发展，结论也基本是教训性质的。在现代性是欧洲社会特有产物的论说中，中国的现代性滞后最终会被归

① 马克斯·韦伯：《新教伦理与资本主义精神》，康乐、简惠美译，广西师范大学出版社，2010；马克斯·韦伯：《中国的宗教：儒教与道教》，康乐、简惠美译，广西师范大学出版社，2010。

② 沃勒斯坦：《现代世界体系》第 1 卷，郭方等译，社会科学文献出版社，2013；贡德·弗兰克：《白银资本——重视经济全球化中的东方》，刘北成译，中央编译出版社，2005；彭慕兰：《大分流——欧洲、中国及现代世界经济的发展》，史建云译，江苏人民出版社，2004；王国斌、罗森塔尔：《大分流之外——中国和欧洲经济变迁的政治》，周琳译，江苏人民出版社，2018。关于后者，还可参看罗曼·施图德《大分流重探——欧洲、印度与全球经济强权的兴起》，王文剑译，格致出版社，2020。

③ 赵轶峰：《明清帝制农商社会研究（初编）》，科学出版社，2017；赵轶峰：《明清帝制农商社会研究（续编）》，科学出版社，2021。

结为文化问题，从而接近于一种宿命。还有一些研究者强调历史发展的普遍规律性，致力于找寻资本主义在中国发生的必然性，强调本土也有内生性的资本主义经济成分。这有助于反拨西方中心主义，但是无法解决中国资本主义为何晚于欧洲的问题。历史学是关于已然之事的研究，价值立场并不决定一切。从已然事实的角度看，中国现代性发展成为主导性历史趋势的时间的确晚于欧洲，因而才有19世纪中叶以后中国的危机和剧烈社会转型，这种时间差无须否认。西方中心主义的核心问题并不在于其认为西方在某一特定过程中曾经占据主导地位，而在于认定西方是人类历史发展的恒定中心，认定西方历史过程是评价人类历史过程的尺度，在于将非西方社会在现代性发生过程中滞后于西方这一事实扩大成为西方文化社会恒定地优于非西方社会的判断，在于对非西方历史经验意义的淡漠。通过明清史研究来清理西方中心主义的路径，不在于把中心移位——如把中国或亚洲说成中心，而在于彻底检讨单一文化系统中心主义的逻辑和事实依据，从而更公允地解析非西方式历史现象、过程的发展意蕴。

3. 梳理和呈现明清现代性发展的表现、特点与历程。迄今以来大量明清史研究实际属于这类研究。中国大陆学术界争论多年的资本主义萌芽问题，就是聚焦于资本主义生产关系的对中国现代性发生发展及其特点的研究。西方学术界主流不采用"资本主义萌芽"概念，但用不同话语方式实际关注了同一方向的问题。因为如此，学术界普遍不再采用"资本主义萌芽"概念之后，"资本主义萌芽"研究中的大量实证性成果依然构成明清史研究的有效证据。采用"现代性"为核心概念进行该方向的研究，可以激活原有研究，同时扩宽视野，沟通中西学术界的相关进展。这并不意味着研究"现代性"在明清中国的历史表现是比研究"资本主义萌芽"更便捷的事情，相反，这意味着进入更复杂的问题阈。实际上，在人类文明史的较早时代就可以看到诸如商业、货币、雇佣关系、税收、资本、借贷、分工、殖民地，甚至民主政治等等社会要素，问题在于，此类经济元素在没有组合成为支配性结构和趋势的时候，可能与其他社会因素组合而涌向与现代性不同的其他方向。所以，关于现代性发生、发展之表现的研究，需要兼顾要素与结构，而重心应该在结构与趋势方面，如此才可能具体、真切地认识中国现代性的起源。

4. 探索现代性与中国历史文化传统的关系。现代性发展对于原有的社会来说是一场深刻的变革，传统是否及如何孕育了现代性，或者如何接纳了现代性，中国传统文化遭遇现代性的时候——具体地说就在明清时代，发生了什么，旧传统如何演变成为新传统？这都是无法回避的问题。这类研究的一个重要话题是儒学、儒家文化与现代性的关系。列文森（Joseph R. Levenson）、狄百瑞（William T. de Bary）、李约瑟（Joseph T. M. Needham）、杜维明、葛兆光等在这方面都做了重要的工作，而尚待考察的问题仍然很多。这种研究的另一个重要方向是对于民间组织、文化、信仰、习俗、日常生活的研究。近年明清史研究中社会史、历史人类学研究已经取得了很大进展，为深入探索现代性的社会和民间表现、经验与遭遇创造了更好条件。又如，通过特定的事件、人物、制度、现象等来考察现代性与传统的关系也是可行且必要的。这种研究背后的重要追问是，现代性社会转变固然是在欧洲率先成为一个连续历史过程的，但如果那并不证明诞育现代性是欧洲文化的专有属性，其他文化、文明与现代性究竟是怎样的关系？如何解释非欧洲文化发生现代性的滞后，明清中国遭遇外来强势现代性冲击时所发生的回应、调适、改塑凭依的文化资源究竟是什么？从明清中国的历史演变中可以获得哪些历史经验？

5. 为阐释后发现代性历史经验提供历史背景资源。现代性无论从何而起，毕竟在 15 世纪以降的几百年间蔓延全球。对于全球绝大多数地区而言，即使存在本土现代性或多或少的准备，但这毕竟还是一种突然来临的社会体制及文化意识改变过程。全世界各地社会在现代性兴起的几个世纪间无不参照现代性的进程而调整了自己或者被调整。在思想学术界早已开始思考所谓"后现代"问题的时候，其实一个更值得研究的问题是如何认识后发现代性的历史经验。这不仅涉及中国，也涉及所有非西方国家。迄今只有依附论者在这方面做了比较深入的思考，但其主要参照，虽然涉及中国，却是拉丁美洲国家，并且把重点放在探讨拉美现代化发展的国际体系困境方面。中国近年的快速发展所依托的背景和资源，与拉美国家不同，且与明清时代留下的遗产有关，也与参酌原发现代性社会经验教训有关。后发现代性究竟具有何种性质和潜力，如何看待后发现代性带来的新局面？这是重要性丝毫不亚于现代性发生问题本身的课题。这种研究当然不是明清史可以完全承担的，但离开明清史的相关研究肯定难以真正透彻。现实与历史是衔接的，现实状况不断向历史研究者提出新的问题和思考方向。以中国后发现代性经验为思考核心来回溯明清时代历史的研究，可能会提供某种关于非欧洲式现代性的知识。

（二）中国帝制时代如何收结

帝制自秦以降运行两千多年，无论如何看待其间得失，这是中国历史经验的重要组成部分，梳理、考察、叙述、呈现、阐释这种经验，是中国历史研究应有之义。明清时代，这种体制运行已至最后的巅峰状态，是对之进行综合研究的最佳时段。相关研究范围宽广，以下方面较为突出。

1. 明清国家体制、政府功能与政治文化。帝制并非一成不变。明清时期的皇权趋于加强，贵族政治在明初、清初都曾回潮，先秦就已形成的丞相制到明初被永久终结，前所未有的内阁制度在明朝俨然成为中枢，八旗在清朝成为支撑皇权的主要军队，明清律法相比前代有所损益，这些都是前所未有的新局面。明清两代的国家机关组织方式、君臣关系、君权行使的方式、边疆战略、士大夫与宦官等在国家机关中的角色、两朝政治文化气息，等等，也在帝制框架内呈现出一些前所未有的新色调。清代还有诸如八旗之类明朝所没有的制度。明清两朝都维系了两个半世纪以上的统治，表明这两个王朝的统治功能最少不低于先前历朝。

这意味着，帝制体制的行政功能在明清时代并没有明显降低，没有呈现出自我消亡或自我否定的迹象。[①] 因而，我们不能简单预设既有体制在明清时代是处于自我瓦解过程中。在晚清遭遇西方列强直接挑战之后，这个体制的巨大弊端才得以显现。在反复尝试的自强、洋务、改革、变法过程中，帝制没有找到其在现代社会中的位置，被迫终结。彼时，推动其终结的革命，远不及明王朝终结时所发生的农民战争更具有暴力性——个中缘由尚无充分解释。晚清的改革与革命，既是审视帝制体系功能、特质、支点、弱点、弹性、局限的轴心性课题，也是研究帝制时代各种结构与成分如何消亡或者嵌入现代社会的基本对象。在把晚清视为"近代"的语境中，改革、现代化、革命是最突出的主题，这有重大意义，但如增加帝制终结机制这一主题，又可以发现许多新的论题，进而实现关于中国帝制体系终结的完整叙述。

2. 明清经济体制、生产方式与生产力水平。经济史是中国现代历史学最重视且成果最丰厚的分支。明清经济史因为资料丰富以及与当代相衔接又是经济史研究的热门，梁方仲、傅衣凌、全汉昇、何炳棣、吴承明、李文治、帕金斯（Dwight H. Perkins）、施坚雅（William Skinner）等名家辈出。在素多累积的基础上，近年明清经济史研究不断出新。以往明清经济史偏重考察生产关系、土地制度、赋役制度、人口，晚近研究更多关注生产力，而且尝试建立明清经济状态与当下中国经济结构趋势的关联。加拿大学者伊懋可提出的明清中国经济"高水平陷阱"论，美国学者黄宗智提出的"内卷"说，彭慕兰提出的"大分流"说，李伯重提出的"近代早期江南经济"说，等等，都在这方面提出引人注目的主张。[②] 基于大幅度增加的可利用文献资料和新的经济学理论，近年关于财政体制、赋税结构、仓储系统、政府财政效能、货币形态与货币供给的研究更为细化。[③] 以往的研究强调明清时期封闭的农业经济自给自足性征，其指向是说明中国经济落后的因由。近年的研究则揭示出明清经济的市场面相、经济法规之精神、农商并为基础的性质和半开放的特质等更深层面的情况。[④] 此类

---

① 在这方面，法国学者魏丕信（Pierre-Etienne Will）的研究是一个突出范例，参见魏丕信《十八世纪中国的官僚制度与荒政》，徐建青译，江苏人民出版社，2003。

② Mark Elvin, *The Pattern of the Chinese Past*, Stanford：Stanford University Press，1973；黄宗智：《长江三角洲小农家庭与乡村发展》，中华书局，2000；Kenneth Pomeranz, *The Great Divergence：China, Europe, and the Making of the Modern World Economy*, Princeton：Princeton University Press，2000；李伯重：《江南经济奇迹的历史基础——新视野中的近代早期江南经济》，《清华大学学报》2011年第2期。

③ 陈锋：《清代军费研究》，武汉大学出版社，1992；赵轶峰：《明代的变迁》第四部分，上海三联书店，2008；林满红：《银钱——19世纪的世界与中国》，詹庆华等译，江苏人民出版社，2011；万明：《明代〈万历会计录〉整理与研究》，中国社会科学出版社，2015；黄阿明：《明代货币白银化与国家制度变革研究》，广陵书社，2016；倪玉平：《从国家财政到财政国家——清朝咸同年间的财政与社会》，科学出版社，2017；邱永志：《"白银时代"的落地——明代货币白银化与银钱并行格局的形成》，社会科学文献出版社，2018；高寿仙：《嘤其鸣——明清社会经济论评》，人民出版社，2019；刘志伟：《贡赋体制与市场——明清社会经济史论稿》，中华书局，2019；苏新红：《太仓库与明代财政制度演变研究》，中国社会科学出版社，2021。

④ 范金民：《明清商事纠纷与商业诉讼》，南京大学出版社，2007；许檀：《明清时期山东商品经济的发展》，中国社会科学出版社，1998；赵轶峰：《明清帝制农商社会研究（初编）》；邱澎生：《当经济遇上法律：明清中国的市场演化》，联经出版事业股份有限公司，2018；张海英：《走向大众的"计然之术"——明清时期的商书研究》，中华书局，2019；常文相：《互洽共生——明代商人、商业与国家体制关系探研》，福建教育出版社，2019。

研究不仅细化和确认了以往明清经济史研究已经看到的明清时代商品货币经济活跃的一般状况，而且进一步揭示出，商品经济的发展与帝制国家制度与政策绝非全面冲突，而是形成了非常复杂的契合关系，其间颇有帝制体系与商品经济并同发展的迹象。这些发现，综合起来，其实已经在构成关于明清经济的崭新理解，其进一步深化，可能形成系统性的新看法，甚至可能推出中国经济史的新理论，为现代中国的经济历史溯源提供更贴切的知识参照。

3. 明清社会结构与生活情态。除了经济环境、经济结构外，明清中国的社会结构和日常生活情态也发生了深刻的变化。社会结构指处于国家权力机关之外的组织性社会关系，主要包括阶级、社会分层、族群分布、区域差异、城乡关系、性别角色、宗族、社区、民间组织、帮会、乡约、里甲、保甲、寺院、私人企业等。这些非政府体制的组织性结构与政府体系一起构成社会秩序网络，是社会日常运转中每时每刻发生作用的基本细胞和子系统。生活情态是社会结构与组织日常运行的情况状态。这二者通常被视为社会史研究的对象。但是，以现代学科来区分历史研究领域而划分出来的所谓"专门史"都伴随着特定的视角，因而全都不可过分拘泥。在运行的社会中，政治、经济、文化、思想各个领域相互连通，无法彻底分开。比如社会分层（social stratification），既是社会的，也是政治的，也是经济的，也是法律的，还是观念性的。所以，研究明清社会结构与生活情态，既要借助社会学、社会史的理论与方法，也尽可以做政治角度、文化角度的考察，最终都要进入综合的历史叙述中。明清时代那些非官方的社会组织在绝大多数情况下与政府权力和平共处并接受政府管控，一起演绎日常社会生活的秩序逻辑，但在极端情况下，也与政府对抗，甚至成为社会秩序的颠覆力量。明清社会结构的新异性中，宗族组织活动的普及是一个受到学术界特殊关注的情况，一般将之与儒家文化的下移甚至国家政治领域的一些变动相关联。但是，虽然关于宗族在其发达地区社会生活中的存在形态和组织作用已经有比较详细的研究，对于宗族分布的不平衡性还缺乏理论化的阐释，对明清宗族繁兴与现代性的关系也没有清晰的论证，宗族与国家权力的关系也有待更深入的考察。阶级关系是较早时期明清史研究的一个重点，阶级间的矛盾性曾经被夸大为历史发展的恒定动力，这是有所偏颇的。近年的研究则颇有讳言阶级的意味，连同明清时代多次大规模民间反叛运动也难得有人再加研究，这是矫枉过正。明清社会肯定是以多种方式分层的，阶级差别真实存在，阶级冲突有时非常尖锐。阶级矛盾和社会分层的研究并不需要把阶级斗争设定为恒定的发展动力，还有许多其他的研究方式可以采用。比如对社会分层状况、变动因由和趋向、社会有序与失序的机制等问题进行考察，都有意义。回避阶级关系和社会分层，实际上无法理解明清社会。明清社会的另一个突出的新异性表现是社会流动性变化。其中既包括人口的跨区域流动、跨职业流动，也包括跨阶层流动。由科举制度提供的纵向流动只是这种社会流动性原因中一个比较传统的机制，由社会身份固化的松弛和市场经济造成的社会分化与重组是更重要的机制。在与社会分层相关的许多问题上，明清两代并不尽是顺向的演变关系，其间有非常复杂的曲折状况。比如，社会分层在清代发生了与八旗制度相应的深化、人的依附关系再度增强。所有时代和所有社会体系中，都有一些在既定体制中比较稳定地拥有国家权威之外的话语权、决定权地位的人群，一般称为社会精英（elite）。明清时期的社会精英一般被认为是缙绅，在野的则称为"乡绅"，这是与科举功名与士大夫身份相关的一种社会身份。学术界对缙绅、乡绅曾经非常注重，将之理解为基层社会支配结构的主要社会成分。近年的研究注意到，在缙绅、乡绅之外，商人在社会中的地位、角色亦很突出，明清时代呈现为一种绅商并为"精英"的结构状态。明清中国是一个地域空间广大的体系，社会结构研究的另一方面是地方社会差异性。关于徽州、华南、华北、长城沿线、西南等地的社会史和历史人类学方式的研究在这方面有很大的突破，尤其是其田野调查所发现的资料可能为未来更深入的研究提供条件。

4. 明清时人的价值观念、信仰方式、知识状况。明清思想文化的研究历来为学术界重视，无论中西明清史学界，在此方面皆成果斐然。从帝制体制收结的角度来研究这一问题系列，主要追问的是明清时人的价值观、信仰方式、知识状况所显示的中国帝制乃至整个文化传统在抵达现代社会前夜达到了怎样的状况，在观念、信仰、知识与世界大变迁带动的社会大转型之间做一番互视，以求获得对于这一文化传统更深一层的认识，同时获得对中国现代历史命运更深一层的理解。其实，新史学发展起来之后，许多历史研究者已经在做这样的工作，梁启超、章太炎、胡适、鲁迅、萧公权、狄百瑞、列文森都是先驱。李约瑟在完成其巨著《中国科技史》之后陆续写作汇集而成的《文明的滴定》也表达了这种研究意识。他研究的中心当然是科学知识和技术，但他把科学技术置于与制度体系、价值系统、哲学、思维方式交织为网络的视野下来思考问题，因而其著作带来启发。马克斯·韦伯也从儒教、佛教、道教与资本主义契合度分析角度思考了类似的问题。他的方法论虽因夸大伦理的社会变革作用而遭受批评，但是其说包含的那种认为一种新的社会体制兴起必须伴随价值观和信仰方面变革的思想，也是富有启发性的。目前有关明清思想文化知识的研究成果众多，尤其在有关理学、心学、礼仪制度、经世思潮、天学、汉学、中西文化交流、传教士东来、晚清变革思潮方面成果尤多。在此基础上，如果更明确地把握这个时代作为帝制时代收结期的特殊性，相关研究皆可触发新的认识。比如，通过对庶民信仰方式的考察，可以察见其对于经商致富其实认可多于鄙夷，明清庶民伦理与商品经济并无根本冲突，完全可以契合。又如，明清士大夫出处之际的理想主义与现实主义始终纠结，而在绝大多数情况下，现实主义作用超过理想主义，儒学虽仍受推崇，但已很大程度上形式化。清代主奴关系意识侵蚀官场，儒家士大夫的理想主义逊于明代，清代有学术而少思想创见与此有关。再如，明清两代皆有就当时而言实现治理高度有效性的君臣，其思想、举措的社会治理意义还可深论。

5. 明清时代的"盛世"。中国帝制时期历代皆有国势足以安边、社会秩序稳定、经济繁荣、政治相对清明、民生相对安谧的时期，以往习惯称为"盛世"或"治世"。明清时代也有此类时期，表面看是历代兴衰治乱轨迹重复上演，但如考虑前文所说明清时代的特殊性，则此时盛世有与前代盛世意义不同处。明代只在前期有几次为时较短且不甚明显的治世，不论，清代出现的持续一个世纪的康雍乾"盛世"，非同小可。这场"盛世"终结时，已经是18世纪末，半个世纪之后就是那场"三千年未有之大变局"。因而这场百年"盛世"的规模、时长和发生的时机意味着，中国的帝制体系虽有层出不穷的弊端，但直至18世纪末也没有发生自我瓦解的过程，因而才可能推出"盛世"，所以倘若没有西方列强的强势冲击，则这种体制还会延伸。这个时代的盛世之所以实现的经济、社会、政治、文化基础究竟如何，恐与史学界长期概括的明清时代那个封闭、自给自足、小农经济为基础、正在瓦解的"封建社会"未必一致。相关的解释，会对重新认识中国历史发挥重大作用。

（三）中华文明内聚运动的遗产

明清时代正当世界史上所谓现代国族国家（nation state）成为唯一主权国家的时代。这种体系被广泛认同之后，所有不符合国族国家标准的社区、社群、社会共同体都难以顺理成章地宣称独立主权。但是这种国家概念和国际秩序体系有利于单一民族组成国家，不利于包含多民族的国家获得国际认可。如前所述，中国是一个通过几千年文明内聚运动形成的国家，始终是包含多民族在内的共同体。这一内聚运动在明清时代仍在进行，且有重大进展，在清代实现文明覆盖地域与国家管理区域范围基本重合的局面。这种局面根本改变了中华文明共同体内部的族群空间关系，是中国前现代历史发展的特有形式，是中国历史最宏大的结构性变迁过程。该过程超出政治、经济、社会一般发展变化的范围，因而政治学、经济学、社会学都不能单一提供充分解释，理应是历史学进行事实与理论结合探讨的论题。这种内聚运动在中华文明形成前期就已开始，各时代皆有发展。因为明清是这一过程完成的时代，所以明清史研究必须澄清其基本表现，尤其是中华文明聚合运动对中国现代国族国家特性所投射的历史背景和衔接关系。以往关于明清边疆史地、明清边疆经略、多民族国家统一性的研究已经成就斐然，从文明聚合的角度再加透视，应能够通贯古今，提升论证的理论严谨性。相关研究可以分解。

1.明清时代中华文明的空间布局与结构形态。文明是最大的社会共同体，其中可能包含多个政权。前现代社会的政权并不神圣，聚散离合，变动频繁，这与现代国家有深刻不同。所以，古代史不能盯着一个政权体系来研究。就中国的实际情况来说，应该以文明共同体为基本单元来研究。现代历史学习惯于把当下的国家作为基本单元来看古代史，这样叙述出来的就是今日国族国家的往事——结果成了原点。其间，历史上大于和小于现代国族国家空间范围的情况都要暧昧处理，否则可能引起国族他者的质疑。但结果不是原点，历史是逐渐推演过来的，其间有大一统，也有多政权并立；有相对稳定的核心区域，也有波动盈缩的边疆区域。研究这类现象的时候，运用文明史的方法，可以理顺许多问题。就明清时代而言，明朝国家政权控制区小于其前的元代，也小于其后的清代，但是从文明史的意义上说，元明清政权的空间基本都在中华文明聚合运动的空间范围。历史上的多政权、多族群并立、竞争状态必须在超政权体系的视野下才能看到其背后的关联和结构。明清时期的中华文明之总体空间范围、梯次结构、差异与关联的方式，是要重新审视和叙述的。在这个系列中，清代长城军争线的消失是应该特别重视的。长城是先秦时代就开始经营的大体分隔农耕暨核心区与游牧或半农耕区暨北部边缘区的军争线。明朝为维护这一界线持续耗费巨额经费和人力，最终被拖垮。清朝则将此界线的军争性质彻底消除，这在表面看去是清朝以边疆少数族裔入主中原带来的自然结果，放在中华文明史演进历程中来看，是一个划时代的巨变。从此以后，"中原"王朝兴衰的一个极其重要的关联要素，即应对北方游牧、半游牧民族军事挑战，保持重兵防卫北方态势的战略必要性基本消失。长城沿线成了一个农耕拓展、族裔融合、南北经济文化密切交流的区域。以此为前提，清朝获得了前代罕有的财政腾挪空间，得以经营西北，推动国家行政管理范围较大程度地与文明覆盖区域重合。清朝实现这一变化，是先前历代中原与北部边疆沿线内聚、融合累积势能的结果。明清两朝的连续性与转折性，要观照这一问题才可能说清，现代中国疆域与国族国家形成的内在逻辑也需要观照这一问题才能说清。曾经有人将长城视为所谓"中国本部"（China Proper）的北部边界，进而主张现代中国应局限在长城之内。这种论说的失当，在中华文明聚合的论证中可以廓清。

2. 明清时代的藩封体制。藩封体制在中国历史上由来已久，最晚在周初已经大规模展开，而其延续，直到帝制时代结束。这样漫长的一种大规模的管属体系与现代国家体制深刻差异，却又是中国历史的一个持续不断的线索。其背后，正是中华文明聚合的漫长历程和逻辑。明清中央政权体系全面直接管辖区是"行省"系统，相当于当时的"内地"。边疆人口稀少而需布置军事方位的区域驻军代管民政。边缘且有地方族裔自治传统地域，采用土司方式治理。更远且地域空间更大的区域朝廷封其统治者为王，世袭自治。这种体制，仿上古五服系统之意，可能辐射到更远范围，形成"外藩"。此类外藩在国族国家形成时代做何归属，抑或独立，取决于当时具体时局、人事。外藩亦以受封为标志，如不受封，则不在此体系之内。又因为明清皆自居大国，非藩封者如欲同明清政府往来，须以"朝贡"为名，如此形成外交话语和行为习惯。与这种等差的格局相应，中国历史上就"华夷"辨识及其关系论辩不息，论辩的核心问题，其实是中华文明聚合中的自我与他者关系。以往研究藩封，大体局限在政权支配关系或者中外关系方面，从文明内聚角度考察藩封体制尚有很大展开空间。

3. 明清时代族裔认同、国家整合、文明内聚的交错关系。文明是超过族裔（ethnic group）规模的社会共同体，中华文明是多族裔社会围绕华夏核心区不断聚合演变的文明。族裔本身以及各族裔之间的关系是变化的，变化的重要原理就是内聚运动的发展。内聚通过政治、经济、文化、社会等各种方式进行，而衡量其程度的重要的尺度就是现代社会观念非常注重的"认同"（identification）。在中华文明传统中，内外尺度主要不是人种或者族裔性的，而是文化性的，"所谓夷狄而中国则中国之，亦《春秋》与善之法"。[①] 所以，种族、民族不是中华与否的界限，文化认同才是界限。明代其实所谓"华夷"之间始终发生融合，清代则北方满蒙等少数族裔已经认同中华，同时保持着与中华文明内部其他族裔的一些文化差异。中华文明核心区政权并非一个族裔独占。明清两朝，一个是汉族居政治主导地位的，另一个是少数族裔居政治主导地位的。明之前的元朝也是少数族裔政治主导的。少数族裔政治主导的王朝推动聚合的势能可能更大。中华文明内聚运动在帝制时代收结之际的最后一个王朝是少数族裔居政治主导地位的清朝，这对现代中国兴起的方式产生了重大的影响。前述情况的历史学阐释，虽然已经不少，但是未经研究的问题也不少，且分歧尚多，有待深化。

前面讨论的基本问题都是从明清时代特异性出发提出的宏观层面问题，除此以外，明清时代继续发生各断代都有的内容。如环境变动、王朝治乱兴衰、政策得失、各类人物、文化与信仰之形态、科技成就、学术与思想方面的表现、社会组织方式的样貌、重大事件、国际关系状况、文献系统、艺术表现，乃至民生日常状态、节奏、气韵，等等。历史学研究过去发生的事情，凡能由研究者界定出加以研究的意义的往事，都可以成为历史学的合理论题。故前述基本论题远不能涵盖明清史所有问题。提出这些论题是因为，对于一个时代的历史学研究，必须辨识、澄清和阐释该时代最重大的历史演变线索。这样的线索与其他方面的研究是相互辅翼而不是相互冲突的。

三　明清史研究的方法论意识

历史学是人类所掌握的最古老的学问之一，但是到现代社会发展起来的时候，这种学问与社会形态一起发生了深刻变化，故现代历史学虽与传统历史学前后相继，其观念、方法、视阈、问题系统以及现实观照的方向皆有不同。其最显著的差别在于，现代历史学在很大程度上与现代哲学及各门社会科学紧密关联，因而受哲学社会科学新思潮、新理论影响至深且巨。在这样的转变中，以问题为中心的专题研究替代以记述为中心的编纂学成为历史学家工作的主流，史学家的视野空前宏阔，追求创新，注重理论阐释，研究的范式也经常转变。明清史作为历史研究的一个分支领域，自然分享现代历史学的基本特点。发展至今，凡明清时代近 6 个世纪间所有事情，无论庙堂政治、林下舆情、典章制度、文化学术、民生日用、器物技艺、疆域邦交、环境资源等，皆为研究对象。各种理论、方法，凡有助于梳理、分析明清时代史事者，也无不用于明清史研究。在历史学已经如此多元、多样化的情况下，研究特定领域的历史学者，需要在发散式思维与保守式思维间保持"必要的张力"，以开放

---

① 焦竑：《玉堂丛语》卷三《礼乐》，中华书局，1981，第 93 页。

心态对待古今中外一切相关思潮，又需对任何进入自己研究视野的理论方法有所审视，加以鉴别，不事盲从。一个学者或者可以随波弄潮，竟有成绩，一个学科的学术共同体却需有些定力，需要从本学科特殊性角度出发，对当下历史学主要理论倾向不断做出评析，否则不可能达到很高的水平。当下史学理论思潮众说纷纭，恰是一个锻炼历史学研究者思想开放性与定力的时代。在这一方面，笔者认为以下 3 点值得治明清史者仔细斟酌。

（一）坚持实证研究

此点针对后现代主义思潮可能对明清史研究形成的影响而言。追求真相，主张"直书"、书写"信史"，是中国历史学的传统。即使历史学家的作品并非皆能达到那种标准，但凭借可能发现的一切证据来辨识往事之真相，是历史研究的基本目的。因为中国史学早有这样的传统，所以当西方实证史学在 20 世纪初传入中国的时候，中西史学迅速结合，形成中国现代史学的新传统。中国历史学研究迄今所取得的绝大多数成就都是这一新传统的结果。新史学的代表性学者如顾颉刚等人，对历史学家认知和书写过程中有主观因素的介入早就有很深刻的认识，但他们并不因此而认为实证研究不再可能，由此导致的是更为严谨地探寻历史真相的理论和方法。这一传统并非没有缺陷，在历史观层面，受机械的进化论历史观影响比较显著；在认识论层面，对历史认识的相对性考虑不足；在方法论层面也有种种局限。这些问题，其实在 20 世纪中前期开始就被逐渐注意，因而才有历史学理论方法的不断调适。到了 20 世纪后期，现代性本身以及启蒙理性的绝对性受到质疑，后现代主义批判成为思想学术最强劲的思潮，连带在史学理论界出现后现代主义历史哲学。这种哲学在确认实证主义或客观主义史学的缺陷时，对历史学的基本性质进行了颠覆性的重述，以至于达到深度曲解历史学的程度，成为历史研究各个领域的研究者都必须从自己研究实践立场加以回应的问题。后现代主义历史哲学的大致逻辑是：历史学家无法直接观察其研究的对象，只能通过文本从事间接研究，而文本是经人选择和主观建构过的，所以历史学家所能认知的并不是实在的真实，而是他们自己选择作为历史事实的东西。"历史是以历史学家对事实加以选择排列，使其成为历史事实开始的"；历史是"过去的事件跟前进中出现的将来的目标之间的对话"；[1] 历史学家达到认知和叙述客观性的诉求是如同"把果冻钉在墙上"的一种难以实现的"高尚的梦想"。[2] 历史学是"诗性"的，与文学没有根本不同。[3] 历史学发生了"语言学转向"（linguistic turn）。[4] 此类言说在讨论历史学家达到绝对客观性的困难时，回避甚至否

---

① 爱德华·霍烈特·卡尔：《历史是什么？》，吴柱存译，商务印书馆，1981，第 111、135 页。

② 彼得·诺维克：《导论》，载氏著《那高尚的梦想——"客观性问题"与美国历史学界》，杨豫译，生活·读书·新知三联书店，2009，第 2 页。

③ 海登·怀特：《导论·历史的诗学》，载氏著《元史学——十九世纪欧洲的历史想象》，陈新译，译林出版社，2004，第 1—6 页。

④ 韩震、董立河：《论西方历史哲学的"语言学转向"》，《北京大学学报》2005 年第 5 期。

认了历史学追求以往事实、真相的必要性和可能性，因而消解了历史学实证研究的意义，同时为历史解释和历史书写的随意性扩大了合理空间。[①] 此种论说倘若成立，不仅前文所论明清史研究的基本问题都无研究的必要，迄今为止明清史研究界所做工作的绝大部分内容也都是缺乏意义的事情，明清史研究要把主要精力转移到如何"建构"和"书写"研究者的所谓思想上面去。然而历史却并非如后现代主义史学理论家所申说的那样只存在于观念或者文本中。[②] 任何研究明清史的学者都知道明清史是绵延5个多世纪的大量史事构成的中国人的经验，而且这种经验的一些后果伸展到后来，直至当下而与我们这些研究明清史的人直接关联。明清时代发生的大量事实可以依据传世文献和大量历史遗存以及后果来做清晰的考证，绝非只能做诗性的建构，任何人的研究结果也要接受同行关于其可靠性、公允性的评价。明清史研究需要研究者的思想，但其根本意义却不是由研究者借助明清史的名义来"发明"自己的思想，而是澄清明清时代中国究竟发生了什么。"以事言谓之史。"[③] 对于历史学家而言，无事实则无思想，虚构事实即误导思想。判断事实要靠证据，为此明清史研究者需要研究大量文献和实物，要做实地踏查。文献学、档案学、版本目录学等，都是因为实证研究的需要而形成的工具学科。后现代批判思潮在认识现代社会局限方面振聋发聩，在透视现代社会制度、观念方面甚为锐利，大有助于克服各种类型的现代性或现代化迷思，但后现代主义史学理论对于历史学实证研究的解构是过分的，在一定意义上，可以看作现代历史学发生的一种"内卷"现象。其间因由，大可研究，但今人不可因其晚出且有哲学格调，便以为高深，盲目追随。

（二）积极借鉴社会科学而不追求社会科学化

此点相对于晚近明清史研究中的一些高影响力范式或论说而言。现代历史学从兴起之时开始，就与社会科学密切关联，以尽量科学的方式探寻历史中具有普遍性、规则性的原理、现象、属性，一直是现代历史学的诉求之一。这种诉求在20世纪逐渐累积成一种强大的历史学与各种社会科学，包括但不限于经济学、政治学、社会学、人类学、心理学、地理学等结合的传统，形成各种学科交叉的研究方式，有力推动了明清史研究的发展。其中，明清经济史研究得益于经济学最多，成果极为丰厚，而且相关交流的国际化程度也最高。通过与社会学、人类学结合而形成的明清社会史和历史人类学研究在20世纪末以来快速发展，成果也非常显著。南开大学的明清社会史研究，中山大学、厦门大学学者为主的"华南学派"的历史社会学研究是突出代表。有关徽州、江南、福建、山西等地区域社会和商帮的研

[①] 相关讨论参见赵轶峰《在亚洲思考历史学》第6章"后现代批评思潮的亚洲回响"，香港中华书局，2021，第323—379页。

[②] 关于历史并非仅存在于"文本"中的讨论，参见赵轶峰《历史研究的新实证主义诉求》，《史学月刊》2018年第2期。

[③] 王守仁：《传习录》（上），《语录一》，《景印文渊阁四库全书》第1265册，台湾商务印书馆，1986，第13页。

究则综合运用社会史学、经济学、人类学等多种社会科学理论和方法，不断扩展研究文献，呈现新的认识。与政治学、心理学等社会科学分支结合来推进明清史研究的努力也早在进行。总之，借鉴社会科学进行明清史研究显然是非常有效的研究方向。在这种情况下就应该思考，从逻辑上说，既然明清史研究的诸多重要发展极大地得益于借鉴社会科学，那么，明清史研究中的一些瓶颈也可能与借鉴社会科学有关。这涉及历史学与社会科学的差别，涉及历史学的认知功能可以在怎样的程度上着落于与社会科学的结合。自然科学和社会科学，既是科学，无论其具体对象是什么，探求的最终目标都在于普遍性，因而也都具有强烈的理论化追求。历史学则虽然也要思考普遍性，也要在可能的条件下做理论性的疏通，但却要特别注重人类实然经历的具体性。对于历史学说来，具体经验与普遍性之间是概然的关系，理论化的历史认识都是经过很大幅度转化的，即使在形成理论性认知之后，具体经验还是不可忽视，还是可能成为不同理论的基点。尤其是在微观实证研究中，历史经验都是独一无二的。在独一无二的具体经验中获得有意义的认识，不能全靠归纳、演绎，不能依赖法则，需要包含感悟、智慧与良知在内的直观。所以历史学是可以很大幅度上运用社会科学乃至自然科学知识来研究的人文之学，是关于经验的知识，不是彻底的社会科学，当然更不是自然科学。何兆武先生就曾指出，"历史学是一种人文知识，而不是自然科学意义上的那种科学"。[①] 历史学在条件具备的时候尽量归纳现象背后的规律、法则，在条件不具备的时候，并不强求规律、法则，也不仅仅凭借规律、法则来断言发生了什么和什么情况下必然发生什么。所以，历史学与各种社会科学学科的结合或者交叉，都只在一定限度内有效，超过适当的限度，就会强事实以就理论，曲解或者演绎历史，适得其反。历史学的认知方式并非优于其他一切学科，但却有独到的价值，正如哲学、文学、艺术、科学各有不可替代的认识功能一样。故历史学需要借鉴社会科学，却不可在借鉴中失去自我，不可以转变为其他学为目标。历史学凭借证据考索事实，"一分材料出一分货，十分材料出十分货，没有材料便不出货……材料之内要使他发见无遗，材料之外我们一点也不越过去说"。[②] 社会科学则允许依托理论模式，在证据链缺断时推论补充。故经济学家每每能言历史学家不肯轻易断言之事。这在诸如明清时期人口数字、海外白银输入量、人均 GDP、中欧经济水平对比等问题上，皆有例证。历史学强调具体性，故即使基于肯定的判断所做的进一步推论也极慎重，社会科学则可能做更大幅度的推论。于是历史学似乎天然带有一种偏保守色调，这并非缺陷，而是特色。历史学就是人类知识中最稳健的门类。如上所说的差别并不妨碍历史学与社会科学形成紧密的关系，明清史也并非只有历史学家才可以研究，但凡是声称属于历史学性质的研究，就需要把握历史学的特质。明清史研究所能提供的并不是关于明

---

① 何兆武：《对历史学的若干反思》，《史学理论研究》1996 年第 2 期。
② 傅斯年：《历史语言研究所工作之旨趣》，载欧阳哲生主编《傅斯年全集》第 3 卷，湖南教育出版社，2003，第 9—10 页。

清历史的终极认识，而是从历史学立场所能提出的关于明清历史的认识。有关明清史的认识，也并非皆为历史学性质的认识。

（三）把握微观研究与宏观研究的关系

此点就晚近史学研究旨趣的分歧而言。历史学研究人类以往经历，所涉内容丰富复杂，巨细斑驳，故理论上说，研究者当不避宏微，凡于认知以往经验有意义、有必要者皆可考究。然而单一研究者兴趣、知识结构、研究条件、关注重点必须有所局限，否则无法深入，故有偏重宏观问题和法则而探讨者，有偏重具体问题而研究者。晚近史学界围绕历史研究的宏观与微观取向差异，形成许多辨析。其间宏观研究曾被与所谓"宏大叙事"关联到一起，遭致讥讽；微观研究则被称为"微观史学"，视为新颖潮流加以推崇。其事不久，复有批评历史学已经"碎片化"者。此类讨论对于明清史而言，自然也有密切关系。中国明清时期是世界历史上巨大变迁时代，宏大议题不可回避；该时代去今不远，文献充备，微观精细研究条件比其他时代优越得多，所以明清史的宏大与细微研究都是推进方向。宏观研究最需警惕的，是预设过多。宏观课题关涉事实内容亦多，研究者难于从原始资料入手逐一推究，势必较多借鉴他人成果，其易生之弊在于陷入预设而不自知。微观研究精雕细刻，纤毫毕具，其弊在可能一叶蔽目而不见泰山。对"宏大叙事"的批评有其见地，但不可因而将宏观研究污名化；对微观史学的推介有可取处，但也不可走到放弃宏大论题而以微观课题为历史研究的基本方向的地步。属于宏观研究范式的"全球史"兴起，其实大致与对"宏大叙事"的批评流行共时，可见历史学研究方式的进展依赖百花齐放而不是一脉单传。全球史研究范式对明清史有特别突出的价值，原因是明清处于早期全球化的时代，相关研究特别需要全球视野。这种研究的优长在于突破国家、地域、族裔单元的局限，注重从跨国家、地域、族裔互动的视角观察全球性的各种关系和变化，因而能够看到在单一国家、地域、族裔历史研究视野下难以看到的情况。但是与所有研究范式一样，全球史也有所见有所不见。其所不见，就是对各个国家、社会内部具体情况的详明考察，因而在讨论宏大历史过程的时候，容易招惹外因论色调。此外还应该看到，全球史兴起与 20 世纪后期全球化热潮相关。全球化与历史上曾经发生的所有宏大历史过程一样，有利有弊，不是人类历史的终极目标，也不是绝对价值的体现。全球化兴起早期曾经摧毁诸多原住民社会和文化多样性，其晚近发展也有消解地方社会与社群特异性而将人类世界导向过度齐一化的作用。如能对全球化本身的历史性或局限性有所认识，就可以对全球史研究的适用度做谨慎把握。宏大或者微观本身并不决定研究成果是否可取，取精用宏，宏大与微观都可成为有效的探索路径，失离分寸，也都可能走向偏颇。

中国新史学兴起以来的明清史研究已经历一百多年历史，其间最明显的经验就是与时俱进。现实社会的发展、遭遇的问题，会不断促使历史学展开新的思考；学术各领域的新成果也会折射到明清史研究中，形成新的推动。由是，明清史研究的理论、方法、范式、进路，乃至问题取向，从来不曾固着一处。因而，明清史作为一个学科领域，必须以开放的心态面对各种纷至沓来的理论方法资讯，择善而从，与时俱进。在人类社会面临百年不遇之大变局的时代，明清史作为早已国际化的一个学术领域，也需要承担一部分为人类理解当下处境从而做出更明智选择的责任。与19世纪下半叶中国人所面临的情况比较，当时最急切的事情莫过于推动中国融入现代化的世界各国之林从而实现自强，当下的事情则是重新审视这个现代化世界基本制度的合理性基础、局限和潜能，从而探索合理的调适之路。明清史研究应能为这种探索提供一些历史经验和思想的资源。

〔本文原载《清华大学学报》（哲学社会科学版）2022年第5期。作者赵轶峰，东北师范大学亚洲文明研究院教授〕

疆吏与军机如何互动？

——胡林翼的京城联络及其意义

韩　策

摘　要　清代中后期，疆吏与军机私信互动虽悬为厉禁，却普遍发生，频繁影响政治运作。1937 年黄濬披露的剑影双虹室主人致胡林翼密札就引人注目。但该主人非如黄濬所论是军机大臣杜翰，而是领班军机章京钱宝青。他既是一位被遗忘的中枢要员，也是胡林翼京城联络的主角。胡林翼不仅借助京城联络自上而下地获取高层机密，而且将自身意图自下而上地沟通传达，寻求最高层支持。比如钱宝青既提供许多情报，又大力支持湘军四路入皖、主攻安庆之策，还在樊燮案中暗中保护左宗棠；其他盟友则配合肃顺，促成曾国藩出任两江总督。这都有力推动了曾、胡地位之提升和湘系之崛起。同光时期，随着轮船电报的应用，疆吏与军机互动更为便捷，本应保密的军机处越来越成为泄密之源。这是探讨晚清军机处、央地关系和京城内外信息沟通的重要维度。

关键词　军机处　湘军　胡林翼　曾国藩　钱宝青

　　太平天国运动及伴随而来的湘系势力之崛起，是中国近代历史的一大转折，影响甚为深远。湘系之所以崛起，原因复杂，比如八旗、绿营的衰落，道咸之际湖南的地域背景，湘军自身的特色，曾国藩、胡林翼、左宗棠等领袖的努力经营，以及曾国藩经常讲的"运气"。这些前人研究较多。[①]此外还有一个重要方面，就是争取最高层支持。这在乾纲独断的专制

---

①　罗尔纲：《湘军新志》，商务印书馆，1939；王尔敏：《清季军事史论集》，广西师范大学出版社，2008；龙盛运：《湘军史稿》，四川人民出版社，1990；朱东安：《曾国藩集团与晚清政局》，辽宁人民出版社，2017；董丛林：《胡林翼与湘系势力的崛起》，《近代史研究》1987 年第 4 期。湘军的定义和范围，可参考吴志铿《非正式关系与湘军内部的维系：兼论湘军兵为将有的适用性》，《台湾师范大学历史学报》第 14 期，1986。

时代尤为重要，所谓"上之授权不专，则下必到处荆棘"。① 况且，湘军作为非经制的军政势力，本为异类，遭受嫉妒和打击实属必然；有时战功越卓著，反而越受猜忌。因此，了解皇帝、军机大臣这些最高决策者的心思，争取其理解和支持，获得一定程度的放权，就显得格外重要。

目前，湘系内部沟通的情况，由于留存资料和既有研究较为丰富，相对清楚一些。然而，清廷运筹帷幄以及湘系领袖和军机高层的互动情形，还显得扑朔迷离。一般而言，满人军机大臣文庆和权臣肃顺推服曾国藩和胡林翼，支持湘军；汉人军机大臣祁寯藻和彭蕴章反而压制曾国藩和湘军。② 最近，肃顺推动曾国藩出任两江总督的关键作用已获证实。③ 因此，文庆、肃顺更倾向支持曾、胡，应无问题。但肃顺的意愿有多强，力量有多大，能否做咸丰皇帝及王公大臣的主，还有一些疑问。因为站在咸丰和一些大臣的角度看，镇压太平天国当然是头等大事，然而一旦给曾国藩放权，导致尾大不掉，实属后患无穷；毕竟，安史之乱及藩镇割据的历史萦绕心头，让人不得不忧虑。

所以，从咸丰中后期开始，肃顺"当权"似乎已有数年，但直到1860年江南大营崩溃后，曾国藩才获得督抚大权。④ 即使在江南大营崩溃的危急情况下，给曾国藩以总督大权，仍需要肃顺反复向咸丰及高层疏通。⑤ 这不仅因为咸丰和军机大臣猜忌，也因为不少高官认为，非科尔沁亲王僧格林沁率八旗南征不可。僧王亦"早有此意"，已令山东、河南"预筹饷糈百万"。只是英法联军对京津的威胁突然增大，僧王无法南下。⑥

耐人寻味的是，江南大营甫一崩溃，胡林翼就向彭玉麟等湘系要角透露，最近都中必有十余人奏请重用曾国藩。⑦ 这十余人基本都是经过他疏通联络的力量。由此可以掂量胡林翼的京城联络及其意义。众所周知，胡林翼在湘系崛起中作用甚大。这不仅体现在他坐镇湖北筹饷练兵，协调湘系内部，与湖广总督满人官文交好⑧，而且也在于他和军机高层的暗中

① 黄濬：《花随人圣庵摭忆》（上），李吉奎整理，中华书局，2013，第313页。
② 丁凤麟、王欣之编《薛福成选集》，上海人民出版社，1987，第250—253、516页；黄濬：《花随人圣庵摭忆》（上），第199页；吴相湘：《晚清宫廷实纪》，中国大百科全书出版社，2016，第4—7页；龙盛运：《湘军史稿》，第170—171、238—242页；朱东安：《曾国藩集团与晚清政局》，第25—31、35—38页。
③ 张剑：《〈佩韦室日记〉中的肃顺及晚清社会》，《北京大学学报》2019年第2期，第126页。
④ 1859年夏，石达开势将入蜀，在胡林翼的鼓动下，受咸丰信任的湖广总督官文奏请曾国藩带兵入蜀，出任四川总督。按说肃顺此时也已当权，但咸丰却只允曾国藩带兵而不准总督。王尔敏：《胡林翼之志节才略及其对于湘军之维系》，《"中央研究院"近代史研究所集刊》第7期，1978。
⑤ 张剑：《〈佩韦室日记〉中的肃顺及晚清社会》，《北京大学学报》（哲学社会科学版）2019年第2期。
⑥ 《文煜致秋墅（姚彦云）》（1860年6月14日），虞和平主编《近代史所藏清代名人稿本抄本》第1辑，第34册，大象出版社，2011，第387页。
⑦ 《致郭崑焘》（1860年6月5日）、《致彭玉麟》（1860年6月6日）、《致李续宜》（1860年6月13日），《胡林翼集》第2册，胡渐逵、胡遂、邓立勋校点，岳麓书社，2008，第515、517、519页。
⑧ 王尔敏：《胡林翼之志节才略及其对于湘军之维系》，《"中央研究院"近代史研究所集刊》第7期；董丛林：《胡林翼与湘系势力的崛起》，《近代史研究》1987年第4期；贾熟村：《对胡林翼及其集团的初步探索》，《太平天国学刊》第3辑，中华书局，1987，第333—368页。与官文调整关系，详参王国平《论胡林翼与官文的关系及其影响》，《苏州大学学报》1987年第4期；龙盛运《湘军集团与满洲贵族关系初探》，《近代史研究》1990年第5期。

互动。① 从胡林翼的京城联络入手，既可对咸同朝局变迁和派系政治有更多了解，也可揭示湘系崛起过程中的一些以前被忽视的因素。因此，本文首先要讨论的问题是：胡林翼的京城联络是怎样展开的？他和军机高层是如何互动的？其意义何在？

进言之，尽管在制度上悬为厉禁，但清代中后期疆吏与军机暗中互动几乎是普遍现象；越是地位重要的疆吏，越会设法联络军机，否则不但做事不便，甚至位置不稳。② 因为军机处围绕皇帝，既掌握发号施令的最高权力，又通过奏折、廷寄等文书制度垄断了机密信息。这种信息不仅是稀缺资源，也是实在权力。故疆吏和外官既希望获得军机处支持，也渴求尽快得知这些信息。结果，随着时间推移，本有保密功能的军机处愈益成为泄密之源，圈外和圈内的暗中勾连，时有发生。一定程度上，这也是古今中外的普遍问题，虽然有时性质不尽相同。为何法律上严禁而现实中却普遍发生？为何本为保密却经常泄密？这是本文拟阐释的问题。

一　胡林翼与军机大臣杜翰暗中结交？

20 世纪 30 年代，著名掌故学者、《花随人圣庵摭忆》的作者黄濬，获见一批胡林翼家藏信札。内中数札，隐语满篇，详论政局，很像肃顺或他这一派的军机大臣写给胡林翼的密信，令黄濬兴奋不已。③ 尤其是写于 1858 年 3 月 26 日的一札，不具实名，但云"泐于剑影双虹室"，最引人入胜。黄濬对作者评价极高。他说："统观全书，颇有指挥若定之概"；论当日高官"皆极中綮要"；"筹画兵略，亦有见地，正是当时中朝为曾（国藩）、胡（林翼）奥援之一大人物"。黄濬初疑剑影双虹室主人即是肃顺，后详加考索，断为军机大臣、山东人杜翰。④

在当年工具书甚少的情况下，黄濬短期内即解读出密札中的人和事，且十之七八正确，实在令人惊叹。他提出在肃顺之外，探寻曾国藩、胡林翼的朝中奥援，用以观察支持湘军成就中兴大业的暗中线索，也颇具启发性。⑤ 美中不足的是，黄濬认定此札来自"肃党"，且出自军机大臣之手，故对作者的研判稍显武断。后来，三种版本的《花随人圣庵摭忆》都将

---

① 王尔敏曾指出："林翼凡事须与京官通声气者，正为朝中舆论作安排，此乃向来外官所不可少之运用，在清代实为频繁。"王尔敏：《胡林翼之志节才略及其对于湘军之维系》，《"中央研究院"近代史研究所集刊》第 7 期。这方面实有深入论述的必要和空间。

② 当时与曾、胡有竞争关系的两江总督何桂清，就和领班军机大臣彭蕴章及军机章京王拯、吴兆麟、焦祐瀛等人暗通消息。浙江巡抚王有龄也与王拯互通消息。参见苏州博物馆、江苏师院历史系、南京大学历史系编《何桂清等书札》，江苏人民出版社，1981，第 18、21、23、27、30、48、50—51、54、57、62、66、67、69、72、79、83 页。

③ 黄濬：《花随人圣庵摭忆》（下），李吉奎整理，中华书局，2013，第 832 页。

④ 黄濬：《花随人圣庵摭忆》（下），第 876—879 页。

⑤ 黄濬：《花随人圣庵摭忆》（下），第 880 页。

此节冠以杜翰之名，显然认同黄濬的论断。[①]

不过，1989 年出版的《胡林翼未刊往来函稿》有所不同。这部书信集恰好收入剑影双虹室主人致胡林翼的密札四通。整理者谨慎地注明"发信人姓名待考"。这几乎是该书唯一保留斋号而没有考出作者的情况。四通密札写于 1857 年，不仅与黄札都是谈论军国大事的长信，而且隐语也颇一致，可知以上密札均出一人。尤为可喜的是，后出数札透露了作者线索。

其中一札有云："弟后进疏材，勉供撰写，时艰适值，报称毫无，但薪免于食粟之讥，何敢侈谈军国！"[②]因为军机处负责起草谕旨，所以"勉供撰写"常常是军机处人员的谦语，故此人必是军机处官员。另一札则提示了作者籍贯："敝乡之防，宁（国）胜于徽（州），徽胜于衢（州）。宁国之入浙者，路险而地瘠"，与徽州一路均可放心，"惟信州、三衢，直达会垣（杭州）"，最为单薄可虑。[③]此处"敝乡之防"，显指浙江西面防守，可知作者系浙江人。

查 1857 年军机大臣无浙江人，而军机章京至多有三人：钱宝青（浙江嘉善人，1840 年道光庚子恩科举人，1841 年道光辛丑科进士）、吴兆麟（浙江钱塘人，1832 年道光壬午科举人）、章倬标（浙江金华人，1843 年道光癸卯科举人，1847 年道光丁未科进士）。[④]此外，密札显示作者和胡林翼麾下的道员郑兰（谱香）是同年熟人。[⑤]郑兰是道光庚子恩科浙江举人，与钱宝青同榜。[⑥]故基本可以推断剑影双虹室主人乃是钱宝青。再经对照笔迹，可以确定无疑。

进言之，上述密札显示钱宝青和胡林翼暗中互动频繁而深入，那么《胡林翼集》中难道就没有蛛丝马迹吗？胡林翼生前写了大量书信，但 1858 年以前的信件和写给京官的密函毁失严重。[⑦]所以，与上述剑影双虹室主人来函相对应的胡林翼去信，至今尚未见到。尽管如此，《胡林翼集》（岳麓书社 2008 年版）还是留下了线索，因为它收有 1859 年致钱宝青的长信 4 通。而且，其内容均是深论军国大事，显非其他虚与委蛇和轻描淡写者可比。如此看来，要了解胡林翼的京城联络网，钱宝青是一个绕不开的关键角色。那么，他到底是何许人也？胡林翼和钱宝青究竟是如何互动的？胡林翼的京城联络是怎样展开的？其意义何在？这是下文要讨论的。

---

① 上海古籍书店 1983 年版、山西古籍出版社 1998 年版和中华书局 2013 年版均如此。
② 《剑影双虹室主人来函》（1857 年 7 月 17 日），杜春和、耿来金编《胡林翼未刊往来函稿》，岳麓书社，1989，第 373 页。
③ 《剑影双虹室主人来函》（1858 年 1 月 7 日），《胡林翼未刊往来函稿》，第 374 页。
④ 梁章钜、朱智：《枢垣记略》，何英芳点校，中华书局，1984，第 227—229 页。
⑤ 《剑影双虹室主人来函》（1857 年 7 月 17 日、12 月 12 日，1858 年 1 月 7 日），《胡林翼未刊往来函稿》，第 372、375—376 页。
⑥ 黄安绶编《国朝两浙科名录》，浙江古籍出版社，2012 年影印版，第 379—382 页。
⑦ 从收录书信最多的《胡林翼集》（岳麓书社，2008）就不难看出。《胡林翼集》的版本，参见陶海洋《胡林翼与湘军》，广陵书社，2008，第 199—212 页。

二 钱宝青其人其事

钱宝青（1820—1860），字初纯，号萍矼，浙江嘉善人，1841 年进士。1851 年以户部主事入值军机处。咸丰五年（1855）授大理寺少卿，翌年升宗人府府丞，均由特旨留在军机处，为领班章京。1859 年擢左副都御史。① 用咸同时代杜文澜的话说，钱宝青是"吾乡先达中名誉最隆"之人。② 因此，有必要先认识这位中枢要员。

首先，京城里除了军机处，就数户部和刑部较忙。从户部侍郎王庆云的日记看，至迟到 1853 年，钱宝青就是户部最受倚重的草奏者。③ 金安清也说，户部有要事，钱氏"无不预"。④⑤ 可见钱宝青才华突出，备受重用。

其次，与咸丰的顾命八大臣之一焦祐瀛略做对比，也可看出钱宝青的分量。焦祐瀛名气大，地位高。其实他和钱宝青均于 1851 年入值，焦比钱还早数月。然而，1854 年钱宝青就以五品京堂候补，留军机处行走，而焦祐瀛得到同样待遇却要到三年之后。⑤ 此后数年，地位关键的汉领班军机章京就是这两位。⑥ 1859 年 6 月，钱宝青升任左副都御史，因已跻身部院堂官，照例不再担任军机章京。但这绝不意味着他被疏远。相反，当年 7 月，咸丰就派给他一项特殊任务：以湖北乡试主考官为名，实际考察两湖军情，"回京面奏"。⑦ 不久，樊燮案突然发酵，牵连左宗棠和湖南当局，轰动一时。钱宝青奉命与官文联合查办，历时数月结案。可见，咸丰有意培养这位年轻人。当然，咸丰或许并不知道钱宝青和胡林翼频繁密信往来。不幸的是，1860 年 5 月，钱宝青从湖北回京后就溘然离世。⑧ 不久，英法联军侵入京城，咸丰出狩热河，焦祐瀛以太常寺卿出任军机大臣。可以想见，若非钱宝青英年早逝，很可能是军机大臣的有力人选。再次，胡林翼、曾国藩等人对钱宝青评价极高。胡林翼不仅与钱宝青深谈时局，对他推崇备至，而且也向官文称赞钱氏"眼力过人"。⑨ 曾国藩赞叹钱宝青的密信"语语中窾，良可佩服"。⑩ 后来的军机大臣孙毓汶也称钱宝青"冰雪聪明"。⑪ 此外，

① 《钱宝青列传》，台北故宫博物院图书文献数位典藏资料库藏，清国史馆传稿，编号：701001348，第 1—22 页。
② 杜文澜：《憩园词话》卷六，清钞本，无页码。
③ 王庆云：《荆花馆日记》（上），中国社会科学院近代史研究所《近代史资料》编译室点校，1853 年 4 月 24 日、27 日、6 月 29 日，商务印书馆，2015，第 486、505 页。
④ 欧阳兆熊、金安清：《水窗春呓》，谢兴尧点校，中华书局，1984，第 55 页。文中误作钱萍启。
⑤ 梁章钜、朱智：《枢垣记略》，第 103、106、227 页。
⑥ 梁小进主编《郭嵩焘全集·日记》第 8 册，1859 年 2 月 4 日，岳麓书社，2012，第 180 页。
⑦ 中国民族图书馆整理《剿平粤匪方略》卷二二六，第 23 册，1859 年 11 月 23 日条，中国书店，1985 年影印版，第 29 页。
⑧ 张剑整理《翁心存日记》第 4 册，1860 年 5 月 16 日，中华书局，2011，第 1513 页。
⑨ 《致官文函》（1859 年 9 月 19 日），《胡林翼集》第 2 册，第 328 页。
⑩ 《复胡林翼》（1859 年 10 月 16 日），《曾国藩全集》第 23 册，岳麓书社，2011，第 250 页。
⑪ 梁济之父梁承光早年和钱宝青、孙毓汶、潘祖荫等在京交好。梁济：《梁巨川遗书》，黄曙辉编校，华东师范大学出版社，2008，第 6、24 页。

晚清军机章京郭曾炘之子郭则沄熟悉清代掌故，他在引述钱宝青表彰李续宾和保护左宗棠的事迹后说："其时虽极杌陧，而枢近中犹有杰才，斯所以成中兴之治。"[1]

不过，在既往晚清史叙述中，就连一些军机大臣也名声不彰，像钱宝青这种军机章京更是多被遗忘。这大抵缘于高层政治向来隐晦，军机处行事慎密，故反映高层活动的"过程性"信息留存甚少；即使留存下来，由于其中充满暗语暗号，也不易解读。当然，军机处的这种信息本就不想让外人看到，更不想留给后人研究他们不愿示人的秘密。钱宝青的情况正是如此。此外，钱宝青被遗忘，也因为他在1860年就英年早逝了。但只要对其亲属稍作介绍，就能把他拉进宏阔的近代历史场景。钱宝青胞弟钱宝廉也是翰林出身，官至吏部侍郎。钱宝廉之子就是五四运动时期的内阁总理钱能训。

最后，尽管钱宝青是胡林翼京城联络的一个主角，但很显然，胡林翼绝不止单线联系，他的京城联络网要大很多。下面试图拼接胡林翼京城联络网的大致轮廓。

三 攻克武昌后胡林翼京城联络的展开

胡林翼开展京城联络既有必要性，其家世、经历和才情也有便利条件。胡林翼之父胡达源为探花出身，官至詹事，在京城名望颇高。胡林翼的岳父两江总督陶澍，更是万人敬仰。早在鸦片战争前，胡林翼就在京城替陶澍做情报和联络工作。[2]所以，胡林翼不仅人脉广泛，而且他对联络京师要人早就在行；迨湖北巡抚任上重操旧业，自然轻车熟路。

胡林翼开始集中联络京师要人，是在1856年冬。[3]这至少有两大背景。第一，经过近两年艰苦作战，清军终于攻克武昌，胡林翼随即实授湖北巡抚。此前功劳和地位尚未显现，即使努力联络，也未必受重视，所谓"师久无功，心迹不能自见，即欲自陈，惴惴然恐其不情"。[4]而今既有了联络资本，也有了迫切需要。因为他马上面临几大问题：一是湖北善后，二是军饷筹措，三是武汉是否设为重镇以及和湖广总督官文如何相处，四是要不要率湘军迅速乘胜东下。[5]胡林翼必须尽快掌握最高层的想法和决策。

第二个重要背景是，1856年12月12日，亦即清军收复武昌一周前，领班军机大臣文庆不幸辞世。[6]文庆和胡林翼此前搭班主持江南乡试，因违规而受处分，可谓难兄难弟。近

---

① 郭则沄：《南屋述闻》，中华书局，2007，第153—154页。

② 《呈岳父陶澍》（1835年至1838年），《胡林翼集》第2册，第1023—1029页。

③ 道光二十六年，胡林翼捐纳知府分发贵州后，也与军机章京王发桂、梁瀚、孔庆鏴有私信往来，但对时局影响甚微。参见《胡林翼所存书札》《王发桂所存书札》，北京大学图书馆古籍部藏。

④ 《致吴振棫》（1856年初冬），《胡林翼集》第2册，第137页。

⑤ 《致郑敦谨》（1856年12月22日），《胡林翼集》第2册，第138—140页。

⑥ 张剑整理《翁心存日记》第3册，1856年12月13日，中华书局，2011，第1177页。

两年，文庆在中枢庇护胡林翼，胡氏"奏上辄邀允，益得行其志"。[1] 同时，文庆的重要幕僚李汝钧（子恒）也正是胡林翼的得意门生。[2] 故胡林翼攻克武昌后，或已得知文庆去世。这意味着他突然失去了最高层的一层重要保护。

进言之，这涉及道咸之际派系斗争和路线选择问题。1850 年，新即位的咸丰罢黜穆彰阿和耆英，重用祁寯藻、赛尚阿、彭蕴章，听信潘世恩和杜受田举荐，起用林则徐和周天爵。但这些用人均令人失望。所以，1855 年文庆再度入值军机处，因他是彭蕴章、叶名琛的座师，资历老，能力强，故一入枢就是领班。据说他也是穆彰阿一党。[3] 显然未必可以这么清楚划分，但文庆入枢确实有些回归旧政、进行纠偏的意思。他支持胡林翼、曾国藩的一系列举措，实也使清朝情况有所好转。故宋晋称文庆此次出山，"补救维持不少"。[4] 就在文庆去世前，彭蕴章的同年好友、浙江巡抚何桂清因感受不到最高层的有力支持，遂称病奏请开缺，竟然获得允准。这大抵是咸丰和文庆的意思。然而，文庆去世不久，何桂清在返回京城的路上，就受到新任领班军机大臣彭蕴章的支持，简放东南第一要缺两江总督。耐人寻味的是，何桂清的"重病"转瞬即愈，迅速折回江苏接任。此后几年，何桂清和曾、胡之间多有竞争和不快。[5]

以上两层背景，正好解释了为何在 1856 年冬，胡林翼开始集中联络京师要人，寻求最高层支持。当年 12 月 22 日，亦即攻克武昌三天后，胡林翼就给同乡京官郑敦谨写了长信，着重谈及军饷筹措、湖北善后、是否率军东下和武汉地位问题。在密函最后，胡林翼请求郑敦谨与严正基、宋晋等好友"密思"，代为寻求军机大臣支持。[6] 在郑敦谨、严正基之外，郭嵩焘和吴桐林也是胡林翼重点联络的同乡京官。此外，胡林翼联络的另一角色，就是他的进士同年、南书房翰林沈兆霖。[7]

除同乡京官、同年近臣外，胡林翼更将目光聚焦于军机处。因为这里毕竟最为关键，可获得既快又准的高层情报。于是，领班军机章京钱宝青进入胡林翼的视线之内。尽管湖北、安徽的军情和胡林翼的动向，早已是钱宝青关注的重点，[8] 但胡林翼和钱宝青此前似未直接交往。此次之所以能搭上线，可能一则因有沈兆霖等人介绍，再则钱宝青才华横溢，性

① 郭则沄：《十朝诗乘》，张寅彭主编《民国诗话丛编》第 4 册，林建福等校点，上海书店出版社，2002，第 583 页。
② 夏颖整理《景其濬致朱学勤》（1863 年 3 月 23 日），上海图书馆历史文献研究所编《历史文献》第 10 辑，上海古籍出版社，2006，第 98 页。
③ 黄濬：《花随人圣庵摭忆》（上），第 199 页。
④ 《宋晋致瑛棨》（1856 年底），《瑛兰坡藏名人尺牍》，中国史学会主编《中国近代史资料丛刊·捻军》第 5 册，上海人民出版社，1957，第 128 页。当然，清朝的局势好转，也因为 1856 年太平天国发生了天京内讧。
⑤ 董蔡时：《论曾国藩与何桂清争夺江浙地盘的斗争》，《浙江学刊》1985 年第 2 期。
⑥ 《致郑敦谨》（1856 年 12 月 22 日），《胡林翼集》第 2 册，第 138—140 页。
⑦ 《沈兆霖来函》（1857 年 6 月 14 日）、《复沈兆霖》（1861 年 5 月 16 日），《胡林翼未刊往来函稿》，第 237、422—423 页。《沈兆霖致胡林翼》（1861 年 6 月 17 日），湖南图书馆编《湖南图书馆藏近现代名人手札》第 1 册，岳麓书社，2010，第 402—404 页。
⑧ 王庆云：《荆花馆日记》（下），1857 年 3 月 3 日，商务印书馆，2015，第 856 页。

情豪放，[①] 想做一番大事，与胡林翼颇为相近，故能一拍即合。

在此背景下，就有了胡林翼主动联络钱宝青的行动。剑影双虹室主人致胡林翼密札第一通写于1857年7月17日。函称："自台旌观察黔南，德威遐布，政声所被，久在仰止之中。顷闻秉节江皋，督师鄂渚，每见军书入告，伟略深谋，出颇、牧于词臣，失萧、曹于指顾，为楚中士民额手者，不自坚城光复始也。前读□□后各条，剀切指陈吏治军情，列眉指掌。窃叹方今节钺之中，无此杰识。乃荷瑶章下逮，奖借不遗，捧诵之余，徒增惭汗。"[②] 尽管钱宝青对胡林翼恭维备至，但"乃荷瑶章下逮"，显系胡林翼主动联络钱宝青。更重要的是，钱宝青立即表示愿意和胡林翼互通有无。[③] 此后，两人密信频通，有时一月不止一封。因路途较远，且这些密札只能通过最信任的折弁或家人寄送，颇为不易，故每函都写得很长。目前能看到钱宝青致胡林翼五通，胡林翼致钱宝青六通。这可能只是冰山一角，但从中已可略窥当时疆吏与军机暗中互动的情形。

胡林翼在军机处不只联络钱宝青，他也联系王拯，但从目前可见的资料看，这些情报往来完全不能与钱宝青的相比。而从何桂清密札可知，王拯（少鹤、遁初）、吴兆麟（筠轩、铁华）是何氏的联络对象。[④]1859年钱宝青退出军机处后，蒋超伯（叔起）成为胡林翼和曾国藩的重要线人。[⑤]曹毓瑛（琢如）在1860年以后也和胡林翼有所联络。[⑥] 此外，前领班军机章京梁瀚与胡林翼为进士同年，是他的重要联络人。[⑦]

胡林翼有没有直接联络军机大臣或载垣、端华、肃顺呢？或许有。1858年罗惇衍就曾致信肃顺，控告两广总督。[⑧] 不过，外官私下交通王公和军机大臣颇犯禁令。咸丰即位当年就申明成训，严禁朝臣与诸王往来交接，并要求"封疆大吏断不准私行干谒（诸王），信札往还"[⑨]。因此，除非关系十分特别，否则不敢轻易尝试。1859年胡林翼想从僧王处获得骑兵，也是通过都兴阿写信，自称"疆吏在外，不敢启呈"。[⑩] 后来阎敬铭一入军机处，就在家书中说："自入政府，更不与外官通信"，"军机例不通外信"。[⑪] 尽管如此，王庆云外放疆

① 郭则沄：《十朝诗乘》，《民国诗话丛编》第4册，第581页。
② 《剑影双虹室主人来函》（1857年7月17日），《胡林翼未刊往来函稿》，第370—371页。
③ 《剑影双虹室主人来函》（1857年7月17日），《胡林翼未刊往来函稿》，第373页。
④ 《何桂清等书札》，第18、21、23、27、30、42、48、49—51页。后来何桂清面临死刑，王拯和彭蕴章之子彭祖贤均上奏施救，"最为出力"。《钱诵清致吴煦函》（1862年7月23日），太平天国历史博物馆编《吴煦档案选编》第2辑，江苏人民出版社，1983，第356页。
⑤ 《复蒋叔起》（1860年7月13日），《胡林翼集》第2册，第541—542页。
⑥ 《复曹琢如王少和蒋叔起》（1860年3月13日），《胡林翼集》第2册，第458—459页；《曾国藩全集》第17册，1860年6月。
⑦ 《补拙斋主人（梁瀚）致胡林翼》（1857年11月1日），《湖南图书馆藏近现代名人手札》第1册，第410—413页；黄濬：《花随人圣庵摭忆》（下），第832—834页。
⑧ 《郭嵩焘全集·日记》第8册，1858年8月28日，第116页。
⑨ 王先谦：《东华续录》（咸丰朝），1851年1月13日，清光绪刻本，第19页。
⑩ 《复都兴阿》（1859年3月28日），《胡林翼集》第2册，第253页；《胡林翼致郭嵩焘》（1859年4月2日），湖南图书馆编《湖南图书馆藏近现代名人手札》第2册，岳麓书社，2010，第1050—1051页。
⑪ 《阎敬铭致阎逎竹》（1884年5月12日、6月12日），冯雷、王洪军整理《阎敬铭友朋书札》（下），凤凰出版社，2021，第600、602页。

吏后，与军机大臣文庆、彭蕴章却书信频通。咸丰也有所耳闻，在召见王庆云时还意味深长地问过。①何桂清和彭蕴章密信联络，更是确凿无疑。②看来疆吏与军机暗中互动虽悬为厉禁，却普遍发生。只是这种联络因为顶风作案，都要行事机密，所以信内充满暗语，署名也是千奇百怪的斋号。"剑影双虹室主人"正是如此。

四　"自上而下"的情报获取

胡林翼的京城联络具有多重意义。就"自上而下"言之，可以了解咸丰皇帝及军机大臣的意向，获得机密情报。由于最高层垄断着权力，也试图垄断信息，故窥探高层意思，就是古今常见现象。然而，上意难测，既说明不易知晓，也表示变化莫测。胡林翼与军机要员暗中互动，正可窥测上意。比如收复武昌后，是否令胡林翼率师东下？是否派长江战区统帅？曾国藩能否以督抚身份带军？都是胡林翼最关心的大事。此外，由于各省和军机处都通过密折、廷寄等文书保持密切沟通，高层在各地也有多种信息来源，故借助京城联络亦能辗转获知各省动态。譬如何桂清、叶名琛、黄宗汉、福济、英桂等疆吏重臣和江南大营、江北大营的近况以及最高层对他们的态度，也是胡林翼关注的要点。果然，钱宝青致胡林翼密札不仅通报各省最新状况，更透露咸丰和领班军机大臣彭蕴章的意向。

首先，是否乘胜率师东征，胡林翼极为关注。因其既关军情，又涉筹饷。1856年12月23日，胡林翼向湘军大将李续宾和李续宜坦白了其中矛盾："弟所急欲商者是东下之策。是弟东下则恐饷少，更恐劫饷耳。然必须东下，乃是一气呵成之局。"③直到次年3月，胡林翼仍感慨道："不知皇上仍教进剿否，恐终必东征耳。"④从钱宝青致王庆云密信可知，这时"中枢之议"确实欲令胡林翼乘胜东下。⑤不过，胡林翼以善后为由仍留湖北，派李续宾、杨岳斌、彭玉麟率水陆大军进攻九江。

不久，胡林翼是否东下与曾国藩夺情复出以及统帅问题结合起来。其实质是湘军的指挥权和独立性。1857年11月12日，胡林翼奏请起用曾国藩，以统一事权，主要目的是为曾氏谋江西巡抚位置。⑥然而，此时太平天国内讧之后元气大伤，清朝军事顺利，九江、镇江甚至天京都有攻克希望，故咸丰及彭蕴章并不认为曾国藩不可或缺。⑦11月19日，上谕

---

① 王庆云：《荆花馆日记》（下），1857年7月31日、10月7日，第888、903页。
② 《何桂清等书札》，第51、57、62、71页。
③ 《致李续宾李续宜》（1856年12月23日），《胡林翼集》第2册，第140—141页。
④ 《致夫人陶静娟》（1857年3月），《胡林翼集》第2册，第1014页。
⑤ 王庆云：《荆花馆日记》（下），1857年3月3日，第856页。
⑥ 《胡林翼致严正基》（1857年10月13日），吴彬森：《清末手札八则初探》，《东南文化》2003年第6期；《胡林翼致曾国藩》（1857年11月12日），陶湘编《昭代名人尺牍小传续集》，沈云龙主编《近代中国史料丛刊续编》（746），文海出版社；1980，第751—752页。
⑦ 罗尔纲：《湘军兵志》，中华书局，1984，第50—51页。

不准所请，反令胡林翼即行东下。胡林翼只好奏陈湖北尚有要事，待九江克复再行率师东征。奉旨克复九江后再议。① 起用曾国藩未果，钱宝青随即提醒胡林翼，湘军千万不能落入安徽巡抚福济之手，希望胡林翼亲率东征之旅。② 到 1858 年 3 月，宝青向胡林翼透露："我公东下之说，已化烟云，尽力为之，必有大造于楚。"③ 林翼率师东下之议终于暂时打消。

其次，湘军东下作战必与两江地区发生直接关系，而当时清朝重心在江南大营和江北大营，故掌握安徽、江西、江苏及江南、江北大营的战况，了解诸省督抚将帅动向，尤其是探知咸丰、彭蕴章对他们的态度，就相当重要。

关于安徽巡抚福济，钱宝青在 1857 年 12 月说："从前向帅（向荣）在时，闻皖饷不足，解银五万两，皖帅（福济）即言：'可见向营饷项有余，请将浙江月饷改归庐州。'（胡林翼批：太无良，直非人类）……山、陕月解饷银并不为少，则言：'皖之与楚肥瘠悬殊，解楚三万，解皖二万，可谓倒置。'（胡林翼批：直是狗屁）"④ 1858 年 3 月，宝青透露福济和安徽布政使李孟群／南巡抚英桂关系微妙，而咸丰对三人均甚信任。他说："天上（咸丰）之于鹤人（李孟群），竟几几以江（忠源）、罗（泽南）视之。"又说："淝帅（福济——引者）不去，皖无睡醒之日；香帅（英桂）不易，豫无睡着之日。此两人者得天独厚（受天子信任），为之奈何？"⑤ 随后胡林翼也说："大抵天若救安徽，必须革福帅与李鹤人，乃是转机。"⑥ 1858 年 7 月，福济终因屡误事而革职，英桂也调任山西巡抚，李孟群在次年遇害。此外，满人将军福兴驻扎江西广信、浙江衢州一线，防守入浙门户。钱宝青说："福星（福兴）之怯而猾……不特弟等窃议，即内而商贤（彭蕴章）、外而平仲（浙江巡抚晏端书）亦早料之。商贤为此等人既不争权，又不争饷，可听其行尸走肉于衢、信之间；平仲则以天眷稍差，不敢置喙……今若言福星恐误浙事，则曰浙尚无事，设有事，安知其必误耶？圣人（咸丰）誉必有试，毁亦必试，则所失滋多……此事非弟所宜言，然既承详示，故敢约略陈之。"⑦ 此可见咸丰和彭蕴章的选人用人和处事风格。

当时清军主力在江南、江北大营，江苏也是财赋重地，故更受关注。1857 年，严正基就曾提醒胡林翼：江督何桂清"近谙大计，非复吴下阿蒙；吴、楚上下交合，于军务大有裨益，宜通书以示联络"。⑧ 钱宝青也多谈江南情形，1857 年 11 月 5 日的密信称："江南润州

---

① 《起复水师统将以一事权并密陈进剿机宜疏》（1857 年 11 月 12 日）、《奏陈鄂省尚有应办紧要事件请俟九江克复再行率师下剿疏》（1857 年 11 月 29 日），《胡林翼集》第 1 册，胡渐逵、胡遂、邓立勋校点，岳麓书社，2008，第 309、331—333 页。
② 《剑影双虹室主人来函》（1857 年 12 月 12 日），《胡林翼未刊往来函稿》，第 378 页。整理者疑此函写于 1859 年，小误。
③ 《杜翰（实为钱宝青——引者）致胡林翼密札》（1858 年 3 月 26 日），黄濬：《花随人圣庵摭忆》（下），第 877 页。
④ 《剑影双虹室主人来函》（1857 年 12 月 12 日），《胡林翼未刊往来函稿》，第 377—378 页。
⑤ 《杜翰致胡林翼密札》（1858 年 3 月 26 日），黄濬：《花随人圣庵摭忆》（下），第 877 页。黄濬指淝帅为翁同书，有误。
⑥ 《致李续宜》（1858 年 5 月 16 日），《胡林翼集》第 2 册，第 167 页。
⑦ 《剑影双虹室主人来函》（1858 年 1 月 7 日），《胡林翼未刊往来函稿》，第 374 页。
⑧ 《严正基来函》（1857 年 12 月 26 日），《胡林翼未刊往来函稿》，第 345 页。

（镇江）虽云合围，其江面一边，终成一面之网。根翁（何桂清）来函总云指日可下，似亦仰慰之意。"①随后来函突出何桂清和江北大营德兴阿矛盾激化："德（兴阿）之与何（桂清）龃龉已深。德劾何躁急，但报闻而未发；何劾德执拗，则令南岸之派员前往帮办。"②1858年3月来函则批评朝廷信任和春的江南大营，恐难成事。叶名琛获罪后，空出一协办大学士的位置，钱宝青称："江南水部（何桂清）、闽省琅琊（王懿德），以鄙意观之，皆有气而无性者也。来示所谓与役处者，水部为尤甚，然纶扉（大学士）一席，竟有翕然之思〔原注：在圣心（咸丰）转不甚属〕。"③这也透露出咸丰对何桂清并不十分信任。

最后，京城涉及湖北之事，钱宝青更会随时密告。比如，官文和胡林翼的微妙关系很受关注，钱宝青致胡林翼第一函即提及此事。④因俄国人侵占松花江江滨地区，清廷欲撤回在湖北作战的马队，钱宝青提醒胡林翼可以大胆奏留。⑤当胡林翼下属郑兰、庄受祺被御史贺寿慈参劾，钱宝青即密告参劾原委。⑥湖北漕粮折色、保举人才等事在京城的反应，钱宝青也会及时相告。⑦此外，京城大钱难行，物价飞涨，筹饷艰难，直隶、广东、陕西、山西、四川、云贵的新动向，也都在钱宝青密札中有所通报。⑧

综上，尽管目前只看到钱宝青致胡林翼密札五通，但已有理由相信，从1857年到1859年，钱宝青为胡林翼提供了关于咸丰皇帝、军机处以及各省的详细情报。

五　"自下而上"的意图实现

如果说自上而下地获取情报是一回事，利用情报并借助京师盟友影响决策则是另一回事。胡林翼"自下而上"的联络沟通，确实有力推动了曾、胡地位提升和湘系之崛起，实现了自身意图。这在"四路入皖方略""樊燮案"和曾国藩出任两江总督问题上体现得尤为明显。

（一）钱宝青密奏支持"四路入皖方略"

众所周知，曾国藩、胡林翼设计的四路入皖方略，不仅最终攻克安庆，而且围点打援，消灭了陈玉成皖北主力，奠定了湘军镇压太平天国的基础。所以，从后往前看，诚如朱东安

---

① 《剑影双虹室主人来函》（1857年11月5日），《胡林翼未刊往来函稿》，第376页。
② 《剑影双虹室主人来函》（1857年12月12日），《胡林翼未刊往来函稿》，第378页。
③ 《杜翰致胡林翼密札》（1858年3月26日），黄濬：《花随人圣庵摭忆》（下），第877、878页。
④ 《剑影双虹室主人来函》（1857年7月17日），《胡林翼未刊往来函稿》，第373页。
⑤ 《剑影双虹室主人来函》（1857年7月17日），《胡林翼未刊往来函稿》，第372—373页。
⑥ 《剑影双虹室主人来函》（1857年12月12日），《胡林翼未刊往来函稿》，第378页。
⑦ 《杜翰致胡林翼密札》（1858年3月26日），黄濬：《花随人圣庵摭忆》（下），第876—877页。《致钱宝青》（1859年2月），《胡林翼集》第2册，第226—227页。
⑧ 详见上引各通《剑影双虹室主人来函》。关于广东及叶名琛的情形，详参《杜翰（实为钱宝青——引者）致胡林翼密札》（1858年3月26日），黄濬：《花随人圣庵摭忆》（下），第877—878页。

所论："曾、胡联手图皖，是该集团发展史上的转折点，其后一个时期的迅猛发展，皆肇基于此。"① 但在当时，该方略颇多反对之声。因此，1859年11月，深受皇帝信任而在前线考察军情的钱宝青密奏支持这一方略，就显得弥足珍贵。

原来，1859年夏，因石达开有入蜀可能，胡林翼鼓动官文为曾国藩谋四川总督，惜未成功。9月，官文和胡林翼又邀请曾国藩联手图皖，鉴于上年李续宾孤军深入遭受惨败的教训，计划四路进兵。南线两路"循江而下，一由宿松、石牌以规安庆；一由太湖、潜山以取桐城"。北线两路"循山而进，一由英山、霍山以取舒城；一由商城、六安以规庐州"。② 其中南线两路主攻，由曾国藩、多隆阿、鲍超各部担任，更为关键。然而，就在这时，署理漕运总督袁甲三奏请曾国藩取道光州、固始、颍州一带，绕至北路，与胜保并力南攻，以防太平军和捻军北上。安徽巡抚翁同书意欲曾国藩北上协同作战。这些意见均发给曾、胡酌办。③ 甚至前湖北布政使罗遵殿、湖北按察使严树森皆欲曾国藩"率师北援河南"。④ 左宗棠和李续宜则希望曾国藩优先入蜀。⑤

尤为重要的是，咸丰为防太平军和捻军北攻，不支持该方略，仍要求派出一军绕至淮北作战。朱批一则谓"诚恐缓不济急"，再则称"惟恐言之甚易，行之甚难"，语带讥讽，令曾国藩颇感灰心。⑥ 他对胡林翼说："十七日所发会奏各折，圣意不以为然，浙饷片亦未蒙允准。从此不敢作奏，概由督帅（官文）主稿。"⑦ 胡林翼对钱宝青无奈地说：曾国藩因"中朝不准饷"，不准调萧启江和张运兰，故只好奏称兵力仅可守而不可战。⑧ 非但曾国藩，此时胡林翼也不受信任。他在8月密保罗遵殿接任湖北巡抚，并多方游说，却未成功⑨，主要因官文密奏反对。⑩ 在此背景下，钱宝青或明或暗的支持非常关键。

10月29日，胡林翼陪同钱宝青来到曾国藩巴河大营，考察两日。⑪ 钱宝青随后拜发密奏，于11月22日到京。⑫ 他首先指出进兵安徽的紧要性，接着点明四路进兵的必要性："缘楚、皖交界路径多歧，逆匪处处可以抄袭，故必重兵齐发，则贼所上窜之路，皆我所进兵之

---

① 朱东安：《曾国藩集团与晚清政局》，第154页。
② 《曾国藩奏复会商剿皖大略并回驻巴河缘由折》（1859年10月7日），中国第一历史档案馆编《清政府镇压太平天国档案史料》第21册，社会科学文献出版社，1996，第567—569页。
③ 《袁甲三等奏请饬曾国藩绕赴北路会剿皖股折》（1859年10月11日）、《翁同书奏陈皖北糜烂现陈补救三策片》（1859年10月20日）、《寄谕官文等着将张运兰调回鄂省并筹派一军赴防北路》（1859年10月16日）、《寄谕官文等着参酌翁同书所陈三策咨曾国藩谋定后动》（1859年11月1日），《清政府镇压太平天国档案史料》第21册，第576—577、594—595、600—601、619—620页。
④ 《曾国藩全集》第16册，1859年11月6日，第476页。
⑤ 《致曾国藩》（1859年9月22日），《胡林翼集》第2册，第332页。
⑥ 《致曾国藩》（1859年9月22日），《胡林翼集》第2册，第332页。
⑦ 《复胡林翼》（1859年12月9日），《曾国藩全集》第23册，第295页。
⑧ 《致钱萍矼》（1859年12月23日），《胡林翼集》第2册，第383页。
⑨ 《致钱萍矼》（1859年8月28日）、《致庄受祺》（1859年8月29日），《胡林翼集》第2册，第321、322页。
⑩ 中国第一历史档案馆编《清代军机处随手登记档》第91册，国家图书馆出版社，2013年影印版，第162页。
⑪ 《曾国藩全集·日记》第16册，1859年10月29日至31日，岳麓书社，2011，第475页。
⑫ 《清代军机处随手登记档》第91册，第498页。

路，而后可无内顾之忧。"①然后，钱宝青着重为楚军请饷。他说："楚北军饷每月约需银三十余万两，现复奏留曾国藩一军，又须增饷五六万两。……督臣、署抚臣咸以为虑，不能不仰求皇上严饬江西、山、陕、四川等省按期筹解者也。"②不久前，胡林翼致函钱宝青称："湖北竭目力耳力心力，既已月谋三十万之饷。若得秦、晋、蜀三省忠心效力，专济涤帅（曾国藩），月各三万两，则一年之内，皖、江南北，必有成效。"③钱宝青密奏所言，正是对胡林翼的回应。

在战略战术上，钱宝青不仅支持曾、胡，而且反驳翁同书和袁甲三。翁同书称楚军由英山、霍山取舒城，由六安规庐州，为上策。钱宝青则称，庐州"为皖贼渊薮，然其势未可遽图"。袁甲三主张曾国藩分兵绕至淮北作战，钱宝青则谓："此次楚军分路进攻，其出北路者，应以六安为止。"四路进兵方略的核心在主攻安庆，围点打援。钱宝青完全赞同。他奏称："近庐州而不攻，则贼无必死之心。搏安庆以全力，则贼有必援之势。我军沿江声势既联，使其来援，则庐州贼分，不来援则安庆势孤，不得于彼，必得于此。且逼而不攻，则贼不暇为北窜之谋，即江浦、六合援贼亦必致力于安庆。是不啻诱坚守之贼而使之野战也。一旦出其不意，六安、桐城之兵皆可袭庐州而取之。"④其实，钱宝青密奏之策，即源于胡林翼。随着战争经验积累，尤其是三河大败后，胡林翼的战略战术明显改变，既强调多路配合，又反对到处攻城，希望留有活兵，消灭对方有生力量。他称："良将劲兵以破援贼为上，顾大局取远势为上；逼城而垒，节短局促，不能尽其所长为下。若援贼破灭，则坚城自下。"所以，当时在胡林翼幕府了解内情的汪士铎就说："钱宝青所奏即本此也。"⑤最后，钱宝青密奏紧随曾、胡奏折而发，时机也很巧妙。咸丰称赞钱宝青"不为无见"，令官文、胡林翼、曾国藩妥办。

可见，曾、胡四路进兵方略虽好，但一开始颇多反对，故钱宝青的密奏支持非常重要。曾、胡此时之所以不受信任，一大背景就是咸丰九年冬，江南大营接近成功，故咸丰和高层有意裁抑湘系势力。这时震惊朝野的樊燮案，就是一个明确信号。饶有意味的是，钱宝青又一次帮了湘军。

（二）钱宝青在樊燮案中保护左宗棠及湘系势力

1859年，钱宝青奉命与官文联合查办朝野注目的樊燮案。他为左宗棠大力剖白，保护

---

① 《剿平粤匪方略》卷二二六，第23册，1859年11月23日条，第30—32页。
② 《钱宝青列传》，台北故宫博物院图书文献数位典藏资料库，清国史馆传稿，编号：701001348，第15—17页。此段《剿平粤匪方略》未载。
③ 《致钱萍矼》（1859年8月28日），《胡林翼集》第2册，第320页。
④ 《钱宝青列传》，台北故宫博物院图书文献数位典藏资料库，清国史馆传稿，编号：701001348，第19—21页。此段《剿平粤匪方略》有删节。
⑤ 汪士铎：《胡文忠公抚鄂记》，皮明庥、田原标点，岳麓书社，1988，第175页。

了湘系势力。此案颇关湘军前途，孟森早在民国时期就有深刻论述。[①] 它的政治意味可分三层解读：下层是湖南官绅与左宗棠的矛盾，中层是湖广总督官文与湖南巡抚骆秉章的较量，高层是江南大营军事顺利情况下，朝廷对湘系的裁抑。下文综合新旧资料，进一步澄清案情，突出胡林翼和钱宝青的作用。[②]

先是，左宗棠在骆秉章幕府主政，能干而强势，数年来与官文嫌隙已深。1858年冬，官文以永州镇总兵樊燮署理湖南提督，以栗襄署理永州总兵。但骆秉章旋即参劾樊、栗二人。樊燮于次年押解长沙受审，官文颜面大失。这时，湖南官绅颇不满左宗棠，向官文中伤左氏；旋又唆使樊燮遣派家人，向湖广总督呈诉骆秉章及黄文琛、贺炳翊等湖南官员，意在牵连左宗棠。官文上奏后，奉旨与钱宝青查办。9月6日，湖广总督行文湖南巡抚，提拿涉案文武赴鄂质讯。[③] 结果，湖南督粮道、署按察使谢煌立即以左宗棠"居首应募"，布政使文格"改置第三"，骆秉章"赫然一怒"，"始更置诸弁兵之后"。[④] 自孟森以来，都认为是文格唆使樊燮，看来至少还包括谢煌。

消息传到湖北后，胡林翼一边恳求官文免提左宗棠，一边依靠钱宝青维持局面。官文起先是一副公事公办的表态，胡林翼遂以私情恳切相求。[⑤] 同时，钱宝青透过密信向胡林翼通报情况。1859年10月13日，曾国藩已预计钱宝青必然"极力担承"。[⑥] 在看过钱宝青的密信后，曾氏不禁感喟道："钱信语语中窾，良可佩服。末世人情，一朝失势，险态百出。"[⑦] 后来，梅英杰称由于胡林翼"力解之"，左宗棠免于提逮武昌。[⑧] 显然，其中也有钱宝青的作用。[⑨]

然而，这时咸丰对湘系"朋党"的疑虑颇深。1859年9月，他在召见罗遵殿时，就怀疑左宗棠"招摇撞骗"，又询问举荐左宗棠给骆秉章的究竟是何人，意在胡林翼和曾国藩。[⑩] 所以，骆秉章上奏辩解，竟遭朱批严厉诘责："无论事之虚实，该抚总应静候查办。哓哓不休，预占地步，殊非大员度量。朕素知该抚人甚平和，或不出此，而尚如此糊涂者，非受属

① 孟森：《记左文襄被樊燮讦控事》，《明清史论著集刊》（下），中华书局，2006，第626—641页。
② 案情可参看贾熟村《对樊燮控告左宗棠案的考察》，《近代史研究》1986年第2期；王天奖《左宗棠评传》，河南教育出版社，1990，第93—107页；刘江华《左宗棠传信录》，岳麓书社，2017，第36—78页。既往研究更强调郭嵩焘、潘祖荫、高心夔、王闿运及肃顺的作用，案件经纬还可进一步明晰。
③ 《官文奏为已革永州镇总兵樊燮呈诉首府饬换亲供文武串通挟嫌陷害据实奏闻事》（1859年7月26日）、《骆秉章奏报审办革员畏罪狡供之情形折》（1859年9月21日），台北故宫博物院图书文献数位典藏资料库，宫中档奏折，406010824、406011072－2。
④ 《复胡润之》（1859年10月9日），《左宗棠全集》第10册，刘泱泱等校点，岳麓书社，2014，第345页。
⑤ 梅英杰：《胡林翼年谱》，《湘军人物年谱》（一），岳麓书社，1987，第285页。
⑥ 《复胡林翼》（1859年10月13日），《曾国藩全集》第23册，第250页。
⑦ 《复胡林翼》（1859年10月16日），《曾国藩全集》第23册，第250页。
⑧ 梅英杰：《胡林翼年谱》，《湘军人物年谱》（一），第285页。
⑨ 贾熟村称钱宝青亦写作钱宝琛，是曾国藩门生。曾氏遂利用师生关系，请钱氏从中折冲（贾熟村：《对樊燮控告左宗棠案的考察》，《近代史研究》1986年第2期）。从两人科分及曾国藩致钱宝青书信称谓看，师生关系还不能坐实。另，钱宝琛和钱宝青实系两人。
⑩ 《复胡润之》（1859年10月9日、14日），《左宗棠全集》第10册，第346、347页。

员怂恿，即为劣幕要挟。此折密封寄与官文、钱宝青阅看，一并查办，不准稍涉偏徇。"① 直斥左宗棠为"劣幕"，批评骆秉章"如此糊涂"，令人难堪。至此，樊燮案扩大化了。正案之外，骆秉章受属员怂恿、劣幕要挟的指控更大。曾国藩不禁感慨"从此两湖益成水火"，他与胡林翼均难调处。②

咸丰态度既如此，早就对骆秉章和左宗棠不满的官文，更不打算放过机会。这时，钱宝青尽力保护了左宗棠。钱宝青说，官文起先"缄示"文格，讽喻左宗棠急流勇退；但随后又以左宗棠"性情刚愎具之折中"，他"力言之，乃始抹去"。③ 从官文和钱宝青的复奏看，钱氏所言确有蛛丝马迹可寻。1860 年 1 月 17 日奏称："伏查湖南属员、幕友近年积弊，早在圣明洞鉴之中。奴才等一面就本案供情留心根究，一面仍加密访。如查其形迹与此次折件稍有干涉，即当遵旨会同严办；如查系平日劣款与此折无干，即由奴才官文另行专折参奏。"④ 显然，左宗棠的事情仍将调查，而湖南问题也做了定性，就是属员、幕友积弊甚深。次日，官文对湖广高官的年终密考两单一片均照例留中，但另有两折，封面朱批"内二件俱留中"，不知是否与骆秉章、左宗棠有关。⑤1860 年 2 月 23 日，官文和钱宝青称："连日明查暗访，仍无端倪"，因正案已结，钱宝青例应启程北上，左宗棠的问题仍由官文"另行专折奏复"。⑥

2 月底回京之际，钱宝青当向胡林翼通报了官文仍不肯罢休。曾国藩得知后称："樊案果不出尊料，近日京案皆出一辙矣。"⑦ 京案指郭嵩焘被僧王参劾，都针对湘人。在此背景下，胡林翼决定立即阻止左宗棠赴京。3 月 7 日，他致毛鸿宾的急信云：左宗棠"未审已否经过襄阳？有密函要件，乞尊处速专妥干跑夫，沿途探递，期于必呈为祷"。⑧ 于是就有了左宗棠屡被引用的二信，一则称三月三日抵襄阳后，毛鸿宾出示胡林翼密函，"言含沙者意犹未慊，网罗四布"，再则谓官文"方思构陷之策，蜚语已满都中"。⑨3 月 9 日，曾国藩给胡林

---

① 《骆秉章奏报审办革员畏罪狡供之情形折》(咸丰九年八月二十五日)，台北故宫博物院图书文献数位典藏资料库，宫中档奏折，406011072 − 2。
② 《复彭玉麟》(1859 年 10 月 26 日)，《曾国藩全集》第 23 册，第 258 页。
③ 梁小进主编《郭嵩焘全集》第 8 册，1860 年 5 月 6 日，岳麓书社，2012，第 308 页。张曜孙对罗遵殿说，官文"绝无成见，左氏亦为洗刷尽净，无一毫干涉"。这或是有所掩饰，或是不明内情。《张曜孙致罗遵殿》(1860 年 1 月 26 日)，陶湘编《昭代名人尺牍小传续集》，沈云龙主编《近代中国史料丛刊续编》(747)，文海出版社，1980，第 1296—1297 页。
④ 《官文、钱宝青奏报研鞫南省人证情形片》(1860 年 1 月 17 日)，台北故宫博物院图书文献数位典藏资料库，宫中档奏折，编号：406011640 − 0 − 4。1860 年 1 月 27 日奉朱批："甚是。"中国第一历史档案馆编《清代军机处随手登记档》第 92 册，国家图书馆出版社，2013，第 180 页。
⑤ 《官文、钱宝青奏报会审要案质讯明确按律定拟折》(1860 年 2 月 23 日)，台北故宫博物院图书文献数位典藏资料库，宫中档奏折，编号：406011802。
⑥ 《官文、钱宝青奏报会审要案质讯明确按律定拟折》(1860 年 2 月 23 日)，台北故宫博物院图书文献数位典藏资料库，宫中档奏折，编号：406011802。
⑦ 《复胡林翼》(1860 年 2 月 27 日)，《曾国藩全集》第 23 册，第 426 页。
⑧ 《胡林翼致毛鸿宾》(1860 年 3 月 7 日)，骆伟编《毛鸿宾湖广存札》，稻乡出版社，2005，第 113 页。
⑨ 《与郭意诚》(1860 年 4 月)、《与陈俊臣》(1860 年)，《左宗棠全集》第 10 册，第 355、366 页。

翼复信称："钱公（钱宝青）信读过，去年公贬节一求，乃立竿见影之事。今年虽贬，恐乏明效。"①似说官文仍不放过左宗棠，"贬节相求"亦恐无济于事。因为这时胡林翼和官文"情意颇不相孚"。②3月21日，曾国藩甚至说："鄂事神离，去年十月几已著矣。我公复缄亦殊辣。看来事将决裂。"直到3月24日看过官文回信，才说官文"亦轩爽坦白，鄂事或尚可支"。③官文之所以没有决裂，一方面是因为湖北离不开胡林翼，另一方面也因江南军务骤然恶化。

胡林翼、曾国藩这时都劝左宗棠暂时隐退。同时，胡林翼也在京城联络中做了两手安排。一由钱宝青回京召见时为左宗棠辩解，此事发生在1860年4月1日。④钱氏不仅"力为剖白"，且言左宗棠"才可大用"。⑤一由郭嵩焘在京秘密运作。4月5日，郭嵩焘收到胡林翼劝其告病回南的密信。⑥理由大抵是曾国藩、左宗棠"均忧危疑畏"，郭氏"独居承明之庐，亦不可久"，义应退归。⑦实际是将僧王参郭嵩焘、官文参左宗棠以及曾国藩不被信任联系起来，为湘系受打压鸣不平。5月6日回南方前夕，郭嵩焘听钱宝青说官文仍不放过左宗棠，以致骆秉章和胡林翼都有退意。当晚，郭嵩焘就与湘人王闿运和蔡毓春同诣尹耕云一谈。5月18日，郭嵩焘就听说潘祖荫近日连上两折，一保左宗棠，一请曾国藩救援四川。⑧此折被咸丰留中数日后，于5月20日发下。次日寄谕曾国藩察看左宗棠情况，所谓"天下大转"。⑨从此，左宗棠不仅脱离险境，而且深获重用。这里面有肃顺等人的疏通作用，但其大背景却是江南大营的溃败。

因此，樊燮案之上更大的时局背景，亦即江南大营的军情变化实甚重要。潘祖荫此次保举左宗棠，也正瞄准了东南军情不利、湘军将受重用的时机，实属顺水推舟之举。此前江南军务顺手、湘系不受信任之时，胡林翼和钱宝青暗中保护左宗棠的一系列运作，则更像雪中送炭之举。不幸的是，正当江南大营崩溃之际，钱宝青溘然长逝。随后，潘祖荫、尹耕云、高心夔、赵树吉、李鸿裔等人为促成曾国藩出任两江总督，暗中扮演了重要角色。

---

① 《复胡林翼》（1860年3月9日），《曾国藩全集》第23册，第434页。
② 《与李希庵》（1860年初），《左宗棠全集》第10册，第324页。
③ 《复胡林翼》（1860年3月21日、24日），《曾国藩全集》第23册，第447、451页。
④ 《钱宝青事迹》，台北故宫博物院图书文献数位典藏资料库，清国史馆传稿，编号：702002966－0－4。
⑤ 郭则沄：《南屋述闻》，第153—154页；郭则沄：《十朝诗乘》，《民国诗话丛编》第4册，第581页。
⑥ 在胡林翼的劝告下，郭嵩焘决计引退，结果还受到彭蕴章的中伤。梁小进主编《郭嵩焘全集》第8册，1860年4月5日至7日，第293页。
⑦ 《胡林翼致郭嵩焘》（1860年9月2日），中国社会科学院近代史研究所藏抄件，第11册，第12页。
⑧ 《郭嵩焘全集·日记》，1860年5月6日、18日，第308、311页。潘祖荫保左宗棠的奏稿也收在尹耕云集中，似系尹耕云所草。《荐湖南举人左宗棠疏》（1860年5月），尹耕云：《心白日斋集》，沈云龙主编《近代中国史料丛刊》（411），文海出版社，1969，第167—169页。
⑨ 《清代军机处随手登记档》第92册，第686页；中国第一历史档案馆编《清代军机处随手登记档》第93册，国家图书馆出版社，2013，第7页；《复胡林翼》，《曾国藩全集》第23册，第530页。

（三）京城盟友促成曾国藩出任两江总督

1860 年夏，曾国藩出任两江总督，湘军迎来大举发展之机，湘系崛起之势终于不可遏制。但这一过程极为曲折艰难。张剑的新近研究表明，即使在江南大营崩溃的情况下，曾国藩出任江督，仍需要肃顺反复向咸丰和朝臣解释疏通，所谓"开张宸虑，畅导群言"。① 概言之，这时面临的阻力主要有四：其一，彭蕴章等人一向压制曾国藩，咸丰更不放心曾氏；其二，一些高官认为非僧王带兵南下不可，任用曾国藩也无济于事；② 其三，许多朝臣主张大举团练，以应对江南危局，朝廷也予采纳；③ 其四，主持皖南军务的张芾奏请自往苏浙，而令曾国藩督办皖南军务，看似推重，实则排挤。④ 阻力既如此大，肃顺的权势也不宜夸大。8 月间高层筹议和战，肃顺因主张被阻，"哽咽太息，辄唤奈何"。⑤ 故肃顺虽倾向重用曾国藩，但要说服咸丰和王公大臣，却是艰巨任务。这既需要形势的有利发展，也需要盟友的巧妙配合，还离不开幕僚的暗中参谋。

早在 1856 年文庆当政之时，鉴于江南大营不稳且向荣老病，钱宝青就曾上奏举荐曾国藩或胜保接替向荣。⑥ 1858 年曾国藩重新出山后，胡林翼一有机会就替他向军机章京抱屈。⑦ 1859 年冬至 1860 年春，江南大营不断接近"成功"。这正是曾、胡不受信任的军事背景。然而，随着江南大营突然崩溃，重用湘军的声音又发了出来。

在此背景下，几项紧密关联的高层运作集中展开。一个此前未受注意的重要史实是，彭蕴章于 1860 年 5 月 25 日奉命出京督办陵工，6 月 10 日方才回京。⑧ 尽管尚无证据表明，如此关键时刻令彭蕴章出京系肃顺"排挤"，但趁亲王重臣出京之际发布重大决策甚至发动政变，也是晚清的常规操作。对于京城刀光剑影的运作，身在湖北的胡林翼颇有掌握。6 月6 日，他对彭玉麟说："近十日都中必有十余人奏请涤帅往援"江南，"林翼之意，必得地方之符（亦即江督）乃可去"。⑨ 果然，趁彭蕴章出京之机，胡林翼和曾国藩的京城盟友在四月中旬密集上奏。高心夔《中兴篇》有云："翰林潘卿荐台赵，荐疏但入皆頷颐。侍臣故有造膝请，首赞大计承畴谘。口衔两江授楚帅，所为社稷它何知。"历来对该诗均解读为肃顺推毂曾国藩出任江督。⑩ 张剑进一步证实肃顺不仅将高心夔代拟之奏折递上，而且造膝密陈，

① 张剑：《〈佩韦室日记〉中的肃顺及晚清社会》，《北京大学学报》2019 年第 2 期。
② 《文煜致秋墅（姚仰云）》（1860 年 6 月 14 日、7 月 19 日、8 月 28 日），虞和平主编《近代史所藏清代名人稿本抄本》第 1 辑第 34 册，第 376、387、595 页。《军机处随手登记档》第 93 册，第 145—146、150、239 页。
③ 崔岷：《咸同之际"督办团练大臣"与地方官员的"事权"之争》，《历史研究》2018 年第 2 期。
④ 《致彭玉麟》（1860 年 6 月 5 日），《曾国藩全集》第 23 册，第 533 页。
⑤ 张剑：《〈佩韦室日记〉中的肃顺及晚清社会》，《北京大学学报》2019 年第 2 期。
⑥ 《钱宝青列传》，台北故宫博物院图书文献数位典藏资料库，清国史馆传稿，编号：701000151。
⑦ 《致王少鹤》（1859 年 9 月 20 日）、《复曹琢如王少和蒋叔起》（1860 年 3 月 13 日），《胡林翼集》第 2 册，第 329、459 页。
⑧ 张剑整理《翁心存日记》第 4 册，1860 年 5 月 25 日、6 月 10 日，第 1515、1518 页。
⑨ 《致彭玉麟》（1860 年 6 月 6 日），《胡林翼集》第 2 册，第 517 页。
⑩ 杨锺羲：《雪桥诗话全编》第 2 册，雷恩海、姜朝晖校点，人民文学出版社，2011，第 1340—1341 页；郭则沄：《十朝诗乘》，《民国诗话丛编》第 4 册，第 655 页；黄濬：《花随人圣庵摭忆》（下），第 830—832 页。

最终于 6 月 8 日促成曾国藩署理江督之命。① 唯"翰林潘卿谏台赵"一句，尚未见合理解释。这恰是配合肃顺的直接行动。翰林潘卿就是大理寺少卿潘祖荫，谏台赵就是御史赵树吉。6月 2 日和 5 日，潘、赵先后奏请罢斥和春、何桂清，重用曾国藩、胡林翼。潘祖荫称："金陵大营失陷以来……统帅节节退守，若再不予罢斥，更易大帅，在兵威已挫，士气愈衰……惟有仰恳天恩，简任附近邻省威望素著大员，如曾国藩、都兴阿、胡林翼等，统领得力将弁，星夜前往江苏。"② 赵树吉云："至附近各营，惟曾国藩、胡林翼两军向称得力，并请于二人中迅简一员，即以和春、何桂清之任任之……近日外廷建议者，每及将帅必曰曾、胡，臣非敢随声附和"，唯"代此任者非统重兵，不足补创残之缺；非地居较近，不足践星火之期（暗指天津的僧王距江南太远，来不及救援——引者）"。③《军机处随手登记档》对两折的记载都是"带上带下，归箍"，说明咸丰和枢臣有过面议，但未下定决心。④ 6 月 8 日，何桂清、徐有壬、瑞昌、王有龄奏报苏州失陷的折子到京，终于令曾国藩署理江督。⑤

进言之，赵树吉的折子亦收入尹耕云文集，似由尹氏所草。⑥ 从《高心夔日记》可知，1860 年夏，高心夔、尹耕云、赵树吉、李鸿裔、范泰亨、莫友芝几乎日日聚集。⑦ 他们都与胡林翼、曾国藩渊源颇深。1860 年 6 月 21 日胡林翼保举 16 人，尹耕云和范泰亨赫然在列。⑧ 潘世恩是胡林翼座师，也叙陶澍的渊源，故潘祖荫称胡林翼为世伯。⑨ 赵树吉称曾国藩为师，曾国藩奉命督师江南后，他"喜极欲沾巾"。高心夔则"喜颂竟夕"。⑩ 李鸿裔、莫友芝随后均入曾国藩幕府。尽管现存《高心夔日记》从 1860 年 6 月 23 日开始，故诸人在四月配合肃顺的筹谋运作尚看不到，但裁撤南河总督、添设淮扬镇总兵，请曾国藩、袁甲三保举人员一事可以参照。7 月 26 日，尹耕云先建此议，高心夔"深服其略，因谋所以建白之道"。随后，尹耕云草折，赵树吉、高心夔、李鸿裔、莫友芝、尹耕云共读定议，李鸿裔手录一通。29日，高心夔以所录奏疏送给肃顺。⑪ 8 月 4 日上谕随之而下，与尹耕云建议若合符节。⑫

需要说明的是，1860 年 7 月 27 日彭蕴章退出枢垣后，肃顺已自言将入军机。⑬ 后虽未果，

---

① 张剑：《〈佩韦室日记〉中的肃顺及晚清社会》，《北京大学学报》2019 年第 2 期。

② 《沥陈东南军务疏》（1860 年 6 月 2 日），潘祖荫：《潘文勤公（伯寅）奏疏》，沈云龙主编《近代中国史料丛刊》（354），文海出版社，1969，第 33 页。

③ 《劾江督苏抚罪并请简员督办疏》（1860 年 6 月 5 日），赵树吉著，祁青贵校注《赵树吉集校注》，巴蜀书社，2019，第 423 页。

④ 《清代军机处随手登记档》第 93 册，第 54、64—65 页。

⑤ 《清代军机处随手登记档》第 93 册，第 73—78 页。

⑥ 尹耕云：《心白日斋集》，沈云龙主编《近代中国史料丛刊》（411），第 151—156 页。

⑦ 张剑整理《高心夔日记》，1860 年 6 月 23 日至 8 月 17 日，凤凰出版社，2019，第 1—16 页。

⑧ 《敬举贤才力图补救疏》（1860 年 6 月 21 日），《胡林翼集》第 1 册，第 650 页。

⑨ 《呈岳父陶澍》（道光十九年），《胡林翼集》第 2 册，第 1027 页；《潘祖荫来函》（1861 年 3 月 25 日），《胡林翼未刊往来函稿》，第 424 页。

⑩ 《曾涤生师奉命督师江南三首》，《赵树吉集校注》，第 88 页；张剑整理《高心夔日记》，1860 年 8 月 11 日，第 15 页。

⑪ 张剑整理《高心夔日记》，1860 年 7 月 26 日至 29 日、1861 年 6 月 9 日，第 12—13、57 页。

⑫ 《清代军机处随手登记档》第 93 册，第 227 页。

⑬ 张剑整理《高心夔日记》，1860 年 7 月 30 日，第 13 页。

但在此前后，因英法"海上事秘"，军机处"多泄机要"，导致皇帝信任降低，高层权力已向御前王公倾斜。[1] 因此，胡林翼京城盟友密切配合御前大臣肃顺，仍可在疆吏与军机互动的脉络下讨论。最后，随着1860年9月庚申之变和次年辛酉政变接连发生，清廷实力和威望明显下降，湘军则不断崛起。此消彼长之后，清廷对胡林翼和曾国藩几乎有请必应，胡林翼京城联络的价值也就有所降低。

余 论

本文围绕胡林翼与咸丰朝领班军机章京钱宝青的密札往来，初步勾勒了1856年攻克武昌后胡林翼京城联络的轮廓，论述了它是怎样展开的，并解释了它的多重意义。下面就其中反映的疆吏与军机互动问题，稍作申论。

就清朝制度设计和法律规定而言，疆吏与军机私下沟通是不允许的，但疆吏与军机暗中互动却又是普遍现象。具体而论，军机处本来就有很强的保密功能，故历朝皇帝三令五申，严禁军机处人员交结外官，绝不能泄密。[2] 泄密事件一旦东窗事发，都会受到严厉处分。[3] 但"顶风作案"仍相当普遍。事实上，咸丰也知道军机处往外泄密，军机处也知道咸丰知道他们往外泄密[4]，但还是如此行事，只不过尽量不暴露出来。其因何在？

首先源于互有强烈需求。由于军机处围绕着皇帝，既处于发号施令之地位，也基本垄断着机密信息[5]，故疆吏和外官不仅希望获得军机处支持，而且渴求尽快获知这些信息。正如军机大臣瞿鸿禨之子瞿兑之所言："军机与外间通信，为职务上所不许。乾隆中曾屡谕申禁，然仍不能尽绝。盖外廷恃此以知朝中意旨，不惜百计以钩致之。"[6] 这就回到了我们一开始提出的问题。由于高层机密信息不仅是稀缺资源，也是实在权力，故军机处的保密、泄密或解密，实质是权力核心圈的信息垄断、传播和发布问题，直接影响着政局和全社会。

除军机大臣外，有力量的军机章京也掌握这些信息[7]，且比军机大臣更有余闲。同时，京官本就相对贫穷，而军机章京体统既尊，"车马衣裳之饰所费不赀，待漏僝直之勤亦倍于

① 王庆云：《荆花馆日记》（下），1860年8月7日，第1047页。
② 咸丰即位之初，就申谕军机章京："嗣后各宜倍加谨饬，于一切交游书札均须慎密，毋得仍蹈积习，致干重罪。"《清代起居注册·咸丰朝》第3册，1851年10月1日，联经出版事业公司，1983，第1619—1620页。
③ 崇彝：《道咸以来朝野杂记》，北京古籍出版社，1982，第43页。
④ 1860年恭王等奏设总理衙门，称："初议亦欲于礼部设立公所，以为接收往来文移之地。但各有专司，诸多未便，且事易漏泄。"咸丰朱批："即全隶枢垣（军机处），亦难免不无漏泄。"齐思和等编《第二次鸦片战争》第5册，上海人民出版社、上海书店出版社，2021，第356页。
⑤ 当时，李慈铭感慨道："此来军警日至，枢府（军机处）深秘不泄，朝官无知其事者。"李慈铭：《越缦堂日记》第3册，1860年6月16日，广陵书社，2004年影印版，第1407页。
⑥ 瞿兑之：《辛酉热河史料钩沉》，《铢庵文存》，虞云国、罗玲校订，辽宁教育出版社，2001，第71页。
⑦ 李文杰：《辨色视朝：晚清的朝会、文书与政治决策》，上海人民出版社，2020，第225—226页。

他官"，故不能不借"陋规"以"自润"。[①]"陋规"则主要来自手握大量资源的外官。[②] 所以，疆吏不仅每年都要打点军机处人员，其专门传递信息、沟通情报的报酬另算，都有行情。[③] 此外，这种联络也会在随后的政治活动中互相扶持，形成官场做事必不可少的人脉资源。晚清的军机大臣若无几个关键疆吏支持，则办事极难；当然，疆吏若无军机处维护，也动辄掣肘，甚至地位难保。但是，若将这种联络互动一味说成是互相利用的利益关系，亦不尽然。尽管利益关系是很显然的，但其中也不能简单用利益来衡量。胡林翼对京官的联络，总体上看主要出于公心。[④]

从本文论述看，这种为法律所禁止却又普遍发生的"信息沟通"和"下情上达"的政治活动，确实影响着咸丰朝局与政情，也确实提高了曾、胡地位，助成湘军之崛起，进而成为改变近代历史进程的重大因素。同治以降，小皇帝即位，太后垂帘，亲王领班，形成"同治"局面，最高权力不无下移，军机处的职权明显增大。[⑤] 甚至一段时期"时局尽在军机"，"权过人主"。[⑥] 而汉人军机大臣沈桂芬、李鸿藻、孙毓汶和翁同龢相继秉政，都扮演过重要角色。与此同时，湘淮军功出身之疆吏尤其权重。在此背景下，疆吏与军机的互动更会产生立竿见影的效果；轮船、电报的推广，也使他们的联络沟通更为便捷。[⑦] 此期公文档案和私密函电多样丰富，如果利用得当，或许既能看到明线的京内外信息沟通和政治决策，也能看到暗线的信息沟通和政治运作，为军机处、晚清督抚及央地关系研究提供更多线索，帮助我们理解晚清的历史。

〔本文原载《近代史研究》2023年第4期。作者韩策，北京大学历史学系助理教授〕

---

① 瞿兑之：《辛酉热河史料钩沉》，《铢庵文存》，第71页。
② 郭则沄：《南屋述闻》，第132页；叶恭绰：《说清代军机处》，王卫星整理《叶恭绰全集》（下），凤凰出版社，2019，第1747页。
③ 《何桂清等书札》，第23、27、54页。
④ 王尔敏称胡林翼联络京官是为支持湘系成功，重在大局而非为一己之私。王尔敏：《胡林翼之志节才略及其对于湘军之维系》，《"中央研究院"近代史研究所集刊》第7期。
⑤ 樊百川：《清季的洋务新政》第1卷，上海书店出版社，2003，第246—247页。关于"同治"局面和话语，参见高波《晚清京师政治中"同治"话语的形成与变异》，《清史研究》2018年第4期。垂帘听政以来，军机处职权明显增大，参见刘文华《"旧制"与"现章"：垂帘听政时的军机处职权》，《近代史研究》2022年第4期。
⑥ 这是曾国藩在京亲眼观察所感。樊昕整理《赵烈文日记》第4册，1869年7月7日，中华书局，2020，第1701页。
⑦ 这从张之洞、袁世凯、盛宣怀、端方等人的大量往来函电中，可以清楚看到。关于张之洞与京城的情报联络，参见茅海建《戊戌变法的另面："张之洞档案"阅读笔记》第1—3章，上海古籍出版社，2014。

清末"国语"的概念转换与国家通用语的最初构建

黄兴涛　黄　娟

摘　要　清末时，传统的"国语"概念发生了现代意义的转变，开始用来指称民族国家的通用语。这一概念变化受到日本有关思想实践的双重刺激。清末国家通用语的构建，以癸卯学制的颁布和实施为正式起点，以预备立宪的开启为加速机制，通过制定《蒙藏回地方兴学章程》和《学部中央教育会议议决统一国语办法案》开始其早期实践。这一构建始终由朝廷主导，得到朝野人士和满蒙汉等族趋新官员的共同推动，可谓被人忽略的清末新政、立宪运动的重要内容之一，也是清廷长期推行官话与汉语在国家内政外交中实际作用不断加大的结果，它对现代中华民族意识的萌生及相关建设具有重要历史意义。

关键词　国语　官话　通用语　现代中华民族意识

深化清代以来的中华民族自觉史研究，对于我们今天铸牢中华民族共同体意识，具有重要的历史意义。而在现代中华民族自觉史当中，关于中华民族共通语的构建，也即现今所说的国家通用语言文字建设，又是不可轻忽的重要内容。清末以来，无数仁人志士通过国语运动所表达的国家通用语文的最终追求，并非只是"孤立地就汉语汉文本身而言"，也是希望建设一种"在国家的引导下，在同少数民族互动的关系中，通过各少数民族的使用而逐渐形成的全民可共享的现代新式汉语汉文"。[①] 在这一过程中，一方面各族人民为建设现代国家，在传承使用各自民族语文的同时，需要共同致力于构建一种能实现彼此沟通交融的通用语文工具；另一方面，要想使这一工具充分发挥好"通用"功能，又内在地提出要在其中"更多、更好地容纳和传达少数民族语言文化的重要信息，增强共同体成员之间的深度理解和情感交融"的理性要求。实际上，就强化和深化中华民族共同体意识而言，这方面的工

---

① 黄兴涛:《深化中华民族自觉史研究　铸牢中华民族共同体意识》,《民族研究》2020 年第 6 期。

作至今仍任重道远。为此笔者曾呼吁，应加强清代以来关于中华民族通用语言文字的理念和实践探索的历史研究，包括对民族地区双语教学史的研究，通过系统整理和挖掘这方面的历史资料，整体考察其酝酿、自觉构建到形成发展的全过程，对其经验教训进行全面深入的总结，以期为今天国人铸牢中华民族共同体意识，提供切实有益的历史借鉴。[①]

　　基于这一认识，本文拟就清末"国语"概念发生内涵转换，国家通用语文理念开始倡导、有关实践得以初步开展的历史过程、时代因缘及其政治文化意蕴等问题，作一粗略探讨，希望能够为现代中华民族自觉在清末发轫的早期历史，增添一点新的认知。

一　清末"国语"概念的现代转化与日本的双重刺激

　　清末国家通用语文的最初构建，是以民族国家主义理念下现代国语统一观念的确立为前提的。而现代国语统一观念的确立，又有赖于现代"国语"概念及其相关概念符号在中国的形成和一定程度的传播。目前，学界对清代"国语"一词的新旧概念转换现象已有所关注和讨论，[②]但对其转变过程及因缘的揭示和历史内涵的解读，都还有待进一步深化和展开。

　　一般认为，在中国古代汉语里，"国语"一词主要有两种用法，或者说主要用来表述两种概念内涵。一是指战国时期已流行的史书《国语》，它是将《周语》与《晋语》、《齐语》等诸侯列国之"语"汇编在一起的古典史书。这里的"语"，属上古中国记言兼记事的史书专称，所谓"国语"，就字面而言也就是列国之史乘。二是指古代少数民族建立的国家政权里，统治者对其本族语言的规定称谓，自然是相对于国内的他族语言尤其是汉语而言。如北魏拓跋氏就定鲜卑语为国语，《隋书·经籍志》对此曾有明确记载，"后魏初定中原，军容号令，皆以夷语。后染华俗，多不能通，故录其本言，相传教习，谓之'国语'"，[③]该志还著录了《国语》十五卷"等13种以汉语对译的鲜卑字书。这种用法的"国语"概念，在各少数民族主导的政权辽、金、元时期的史籍中得到延续，到清朝时更因统治者明令实施"国语

---

①　参见黄兴涛《深化中华民族自觉史研究　铸牢中华民族共同体意识》，《民族研究》2020年第6期。

②　参见村田雄二郎「ラスト・エンペラーズは何語を話していたか——清末『国語』問題と単一言語制」『ことばと社会』第三號、三元社、2000；于逢春、刘民《晚清政府对蒙古族的国语教育政策》，《中国边疆史地研究》2008年第2期；张军《满族的语言认同与清末"国语"转型》，《社会科学家》2014年第3期；白莎《官话、白话和国语——20世纪初中国"国语"概念的出现》，朗宓榭、费南山主编《呈现意义：晚清中国的新学领域》，李永胜、李增田译，天津人民出版社，2014，第271—308页。2013年，中国人民大学清史研究所满文文献中心主办"首届国际满文文献学术研讨会"，黄兴涛、黄娟合作提交《"国语"的转换：晚清满汉语言地位变迁解析》一文并做了大会主题发言。最新研究可见王东杰《声入心通：国语运动与现代中国》，北京师范大学出版社，2019；张凌霄《断裂的"国语"——清帝国晚期的语言政治研究》，硕士学位论文，山东大学，2019；湛晓白《清末国家语文统一与满汉族群关系变化》，《历史研究》2021年第5期。

③　《隋书》卷三二，《经籍志一》，中华书局，1973，第947页。

骑射”政策而得到进一步强化。在清朝统治的绝大部分时间里，非古籍史书含义的“国语”一词之概念所指，自然都是满语。它是满人作为国内统治族群最高语言地位的政治宣示和标识，而不是一个国家通用语文的概念符号。表达这一语文政治概念的相关词语，还有“清语”“清文”“清书”或“国书”等。

其实，古汉语里的“国语”一词并不限于以上两种概念含义。除此之外，它还有一种表示“本国语言”的泛指用法，特别是相对于外国语言之时。如在南朝时的佛教史书《高僧传》里，就有过类似用法。其中的《维祇难传》在谈到天竺国僧人维祇难应三国时代的吴国士人之请、将其从天竺带来的“昙钵经梵本”翻译成汉文时即写道：“难既未善国语，乃共其伴律炎译为汉文。炎亦未善汉言，颇有不尽，志存义本，辞近朴质。至晋惠之末，有沙门法立，更译为五卷。”[①] 此处的“国语”，就是泛指“本国语文”而言，或指吴国所用的汉语，或指其本国梵语（从天竺随他而来的同伴竺律炎精通梵文），前一种可能性更大。我们注意到，此种被学者忽略的“国语”用法，到了晚清国人与大量外国人相遇之时，似得到了更多使用机会。在早期《申报》里这种用法就有不少，所谓“法人之在外行商者，去国既久，或忘上音，兹得闻国语，亦可感动乡情也”，“因外来者不能同化，多自用其国语，自沿其国俗”等[②]，即是明证。这种依汉语构词习惯自然形成的“本国语言”泛称用法，实为其后来在民族主义和宪政国家理念影响下，转化为国家统一语言和通用语言文字意义上的现代“国语”或“国文”概念，起到一种过渡性的桥梁纽带作用。这一概念符号后来在中国的“所指”对象，也逐渐由满语满文，最终转变成了汉语汉文。

不过，此种转换的第一阶段任务——表示国家通用语的“国语”概念的创制，由于清朝“国语骑射”政策的限制和日本学习西方走在前列等原因，却是在使用汉字汉文的日本最先完成，并以改变日语中的汉字汉文地位的特殊方式得以实现的。其中虽然不无反讽意味，却是真实存在过的历史。早在幕府末年和明治初年的日本，语言学者前岛密就通过汉文书写的文本，提出改良日本语言文字，有步骤地废除汉字、汉语与汉文，建设以日本原有的假名书写为主的“国字”“国语”和“国文”的思想主张。[③] 此后，关于引入西方洋字洋文，精简或废除汉字汉文，改良和建设日本大和民族的“国语”“国文”，以更好地服务于其现代国家建设的讨论，在日本学界文界即未曾停歇。

---

① 慧皎：《高僧传》卷一《维祇难传》，汤用彤校注，中华书局，1992，第22页。已有西方学者注意到这一点，但其仅指出此处的“国语”意为汉语方言，没有强调其为“本国语言”的泛称用法。参见 Victor H.Mair，"Buddhism and the Rise of the Written Vernacalar in East Asia：The Making of National Languages"，*The Journal of Asian Studies*，Vol.53，No.3（Aug，1994），pp.725-727.

② 参见《法语流传》，《申报》1884年2月15日，第2版；《读美洲移民统计表感言（续上月二十三日）》，《申报》1909年4月21日，第3版。另可见《白下秧歌》中述及来自各国的客人“各以国语相酬答”，有人翻译。参见《白下秧歌》，《申报》1887年5月22日，第2版。

③ 参见前岛密1869年「國文教育之儀二付建議」（收入前岛密『國字國文改良建議書』日本國立國會圖書館藏、1899）一文，这是主张以假名为基础建设国字国语论；稍后主张以西洋字为基础建设国文国语的，则有通晓汉文、西文的西周等人，可见西周「洋字を以て國語を書するの論」『明六雜誌』1874年第1號。

19世纪90年代中期以后，继续探索言文一致、合理保留关键汉字（强调"汉字不可废"但须精减），建成文法更为科学、词汇更为丰富和精确的现代性统一语文的"国语改良"运动，不仅得到学界的广泛支持，而且迅速上升为日本国策。1900年初，日本贵族院、众议院最终通过《关于国字国语国文改良的请愿书》，文部省还专门成立了"国语调查会"来加以指导，学界的有关讨论达到高潮，并逐渐形成全国共识。① 日本国内这种既排斥限制汉字汉文，又无法将其彻底消除的国语改革，无疑带给中国人强烈而辛辣的双重刺激，它对此后中国的文教改革产生了直接而复杂的影响，可以说在强化中国人一般现代"国语"概念意识的同时，也从反面无形中增强了国人对于自身语言文字的文化信念，以及进行语文改革的信心。

大约从19世纪80年代开始，日本的"国语"概念符号开始零星传入中国。② 黄遵宪于1887年完成、1895年正式出版的《日本国志》一书，首次将日本"国语"概念以及同汉字汉文的紧密关系清楚地告知中国士大夫，同时反复强调言文一致在普及教育方面的重大意义，书中不仅由此肯定日本"假名之作，借汉字以通和训，亦势之不容已者也"的必然性，而且认为这一变通在提高日本普通人的识字率方面，发挥了积极可贵的作用，"苟使日本无假名，则识字者无几"。由于认定"语言与文字离则通文者少，语言与文字合则通文者多"，黄遵宪还称赞日本假名的创设对"东方文教"大有裨益。在该书中，他甚至还借"论者"之口，直接以"中国文字"指代汉文，表示"论者谓五部洲中以中国文字为最古，学中国文字为最难，亦谓语言文字之不相合也"，认为中国"欲令天下之农工商贾、妇女幼稚皆能通文字之用"，言文一致、文体通俗，"不得不于此求一简易之法"是必然的改革趋势。③ 实际上，这也就指明了今后中国要建成现代强国，其语言文字改革的统一化、简易化、拼音化和通俗白话化乃发展方向。

甲午战败后，由于受到国族危机的强烈刺激，从戊戌时期起，同普及教育和文教改革相联系、反映国族主义关切的"国语"概念在中国得到了进一步传播。除黄遵宪《日本国志》的有关思想影响较大外，康有为编《日本书目志》列名介绍了近20种以"国文""国语"命名的日本教科书和语法书，也引人注目。像今泉定介等编的《普通国文》、落合直文的《（中等教育）国文轨范》、村山自强的《（普通教育）国语学文典》和关根正直的《国语学》等，这些"国文""国语"概念词符的导入，"同文"的中国人不难顾名思义、感受精神。

与此同时，姚锡光、张大镛等人受张之洞、廖寿丰等地方大员派遣赴日考察教育，回

---

① 参见曹雯《汉字汉文在日本：明治时期日本文字语言文体改良研究》第3、4章，人民出版社，2021，第226—228、254—272、290—319页。
② 如顾厚焜1889年成书的《日本新政考》第2卷就提到日本学校开设"国语"和"汉文"课，参见刘雨珍、孙雪梅编《日本政法考察记》，上海古籍出版社，2002，第22页。
③ 参见黄遵宪《日本国志》卷三三《学术志二》，上海古籍出版社，2001，第345—347页。

国后撰写出版《东瀛学校举概》和《日本各校纪略》等类书，在介绍日本各级各类学校 "国语" 课程设置的时候，还特别发现并郑重告知国人：尽管日本的学校也教习 "西文"，但都以 "本国文及汉文为重"，授课内容都 "译成本国文"，"各种品类、各种各物" 名称也都 "订有本国名目"，而不 "假经西文"。① 可见他们急于要消除国人关于日本学习西方成功、连本国语文也不再重视传授的 "唯西是从" 想象与误解。这一文化心态，也对日后主持制定 "癸卯学制" 的张之洞等人影响甚大。

戊戌时期，蔡锡勇的《传音快字》、王炳耀的《拼音字谱》、沈学的《盛世元音》和卢戆章的《中国切音新字》等一系列汉字拼音论著得以纷纷出版或发表，作者们由此表达了通过汉语普及改革以实现国家文明富强的时代愿望。1896 年，梁启超在《沈氏音书序》中热忱称赞此类努力，并有力阐述 "文与言合，而读书识字之智民可以日多"，中国人识字难和审音难必须得到正视解决等语文建设构想。② 不仅如此，这一时期士大夫中还有人开始自觉倡导由此入手，尽快展开全国范围的通用语文改革实践。如 1898 年，赞成维新的京官林辂存就呈递《上督察院书》，特向朝廷推荐其同乡卢戆章 1892 年开始设计的切音字方案，明确表示希望能在全国予以推行，得到了各衙堂官的会衔代奏。林氏认定，以卢戆章的方案为基础，以 "京师官音" 为正，颁行全国，"则皇灵所及之地，无论蒙古、西藏、青海、伊黎〔犁〕，以及南洋数十岛，凡华民散居处所，不数年间书可同文、言可同音，而且妇孺皆能知书，文学因而大启，是即合四外为一心，联万方为一气也，岂不懿哉"。可见此时，林辂存已然形成了以京师官话作为国家通用语文的鲜明主张。光绪帝见到此一上书后，即谕令总理衙门 "调取卢戆章等所著之书，详加考验具奏"。③ 这表明光绪皇帝对此也颇有兴趣。不过，林辂存本人却并未使用 "国语" 二字，其主张也很快因维新运动失败而没了下文。

戊戌变法失败后，逃亡日本的维新人士王照，受日本国语改革思想的启发，仿日文假名，采用汉字偏旁或字体一部分，发明了另一种汉字拼音方案。他 1900 年回国后完成《官话合声字母》一书，次年首版于日本。王照的方案仍属于借助拼音化辅助，经由教育普及的语文改革思路。在他看来，西方和日本教育大盛、发展神速，"固各有由，而初等教育言文为一，容易普及，实其至要之原"，④ 可见其吸收了日本现代国语观念的内容，不过他当时还是对直接使用 "国语" 一词来指代官话有所忌惮。后来，王照的 "官话合声" 方案曾被多省督抚加以采纳并付诸实践，影响远超过其他方案。

1901 年 5 月至 1902 年，罗振玉发起创办、王国维实际主编的《教育世界》杂志上，陆

---

① 姚锡光：《东瀛学校举概（节录学校总说）》，璩鑫圭等编《中国近代教育史资料汇编·学制演变》，上海教育出版社，2007，第 120 页。
② 梁启超：《沈氏音书序》，文字改革出版社编《清末文字改革文集》，文字改革出版社，1958，第 7—8 页。
③ 林辂存：《上都察院书》，《清末文字改革文集》，第 17—18 页。
④ 王照：《〈官话合声字母〉原序（一）》，《清末文字改革文集》，第 19—20 页。

续发表多篇介绍日本新学制的文章，也较早使用和传播了现代"国文"和"国语"概念。[①]不过值得强调的是，在清末，就从日本直接吸纳和传播现代完整"国语"概念——包含全国语言统一、言文一致、国音标准化乃至学堂通行的基础性教科门类等内涵在内的国家通用语文概念而言，尤其是将这些内涵与"国语"二字符号明确对接所综合传达的现代"国语"概念来说，桐城派古文宗师、首任京师大学堂总教习吴汝纶曾发挥过关键作用，进入朝廷"新政"改革阶段的1902年也是一个关键性年份。

1902年6月，吴汝纶奉命考察日本教育，回国后出版《东游丛录》一书，较为全面地介绍了日本新式教育体制，具有现代国语教育的启蒙意义。正如许多学者都曾提到的，该书生动记录了吴汝纶与日本热心国语改革和统一的汉学家伊泽修二笔谈，彼此交流在中国实施"语言统一"、设置学堂国语科的重要性等问题看法的情形。伊泽告诫他："欲养成国民爱国心，须有以统一之。统一维何？语言是也。语言之不一，公同之不便，团体之多碍，种种为害，不可悉数。察贵国今日之时势，统一语言尤其亟亟者。"当吴汝纶担心学堂中科目已多、表示不便续增时，伊泽又强调指出："宁弃他科而增国语。前世纪人犹不知国语之为重，知其为重者，犹今世纪之新发明，为其足以助团体之凝结、增长爱国心也。"伊泽并以德意志和奥匈帝国两国为例，说明前者语言统一，故国势"日臻强盛"；后者语言不统一，则"其国紊乱"的历史教训。此外，伊泽还建言在中国改良语言时，宜像日本一样设立"普通语研究会"，"普通语者，即东京语也"，也就是可用首都语音作为标准音来进行研究推广，如此便能尽早实现国家语文统一目标，等等。[②]

通过与伊泽修二笔谈，加之稍前日本大学总长山川关于"教育统一"当以"国语划一"为重等告诫，吴汝纶受到强烈的思想触动。他心悦诚服地接受了上述"国语"观念和改革观点，并于几天后上书管学大臣张百熙，呼吁尽快仿行日本语文统一办法，采纳自己在日本看到的王照《官话合声字母》这类国语改革方案，他认定："此音尽是京城声口，尤可使天下语音一律。今教育名家，率谓一国之民，不可使语言参差不通，此为国民团体最要之义。日本学校，必有国语读本，吾若效之，则省笔字不可不仿办矣。"[③]此一建言和上述与伊泽的对谈，不仅说服了张百熙，还影响到吴氏所在的北洋集团，以及稍后掌管教育的张之洞和荣庆等人。直隶总督袁世凯十分赞成这一主张，并很快在其所辖地区率先进行了尝试。[④]1903年

---

① 参见班婷「清末知識人の国語教育意識——癸卯学制以前を中心に——」中国四国教育学会編『教育学研究ジャーナル』第一六號、2015、第11—19頁。

② 吴汝纶：《东游丛录（节录）·与伊泽修二谈话》，《清末文字改革文集》，第27—29页。

③ 吴汝纶：《上张管学书》，《清末文字改革文集》，第29页。吴汝纶与山川总长的笔谈，参见《吴汝纶全集》，黄山书社，2002，第3册，第788—789页。

④ 1903年，袁世凯及直隶学务处对丰润王金绶等推行官话字母予以批示、复文。袁氏强调"国民普及教育，必由语文一致"；学务处认为"字母之利，大端有二：一则可为教育普及之具，一则可为语言统一之助"，并通饬各属广设"官话拼音学堂"，其中多次提到吴汝纶及伊泽修二。端方等大员日后提倡"简字学堂"，也都反复提及吴汝纶东游之说。参见何凤华等《上直隶总督袁世凯书》；陈虬《新字瓯文学堂开学演说》《直隶学务处复文》；严以盛《上直隶总督袁世凯书》；劳乃宣《上学部呈》，《清末文字改革文集》，第39—46、82页。

吴汝纶病逝，王照在《挽吴汝纶文》中特就这一功绩加以赞美，敬佩他"心地肫挚"，不计个人名声得失，借鉴日本片假名，在国内倡行"以字母传国语为普通教育"。[①] 均可见及吴汝纶在向国内传导现代"国语"概念和观念方面，发挥过先行作用，产生过重要影响。

二 汉语被确立为国家通用语的"国语"进程与朝野的共同推动 ——一个不容忽视的政治文化现象

经吴汝纶等人对日本"国语"概念和改革观念的关键性引入传播之后，通用语言文字意义上指代"官话"汉语的现代国语概念运用，很快便进入清末新政文教改革的法制化实施阶段。不过有学者认为，1902 年 8 月张百熙主持制定的《钦定学堂章程》所代表的"壬寅学制"的颁布，即标志着"汉语的国语地位被正式以法律的形式确定下来"，[②] 这一判断似乎尚可商榷。因为该学制不但没有真正实施，各级学堂章程中也并未出现明确要求以"官话"讲授的规定，其有关课程名称一般称作"文学""词章学"或"作文""习字"之类，亦难见与"国语""国文"相类的鲜明语文国族主义概念符号与其相互配合使用。实际上，真正表明朝廷认可并推动以汉语通用语为其"所指"的现代国语概念与观念的制度性标志，还是 1903 年张百熙、荣庆和张之洞共同主持制定、1904 年 1 月正式颁行的《奏定学堂章程》。这一章程所构建的新教育体制，一般称为"癸卯学制"。"癸卯学制"的制定，一方面受到现代通用语的"国语"概念和观念直接而突出的影响，另一方面其颁布和实施又反过来扩大推广和强化传播了现代通用语意义的"国语"概念和观念，并明确将其与汉语汉文直接对接起来。

在《奏定学堂章程》"学务纲要"部分，清廷明确规定"各学堂皆学官音"：

> 各国言语，全国皆归一致，故同国之人，其情易洽，实由小学堂教字母拼音始……兹拟以官音统一天下之语言，故自师范以及高等小学堂，均于中国文一科内附入官话一门。其练习官话，各学堂皆应用《圣谕广训直解》一书为准。将来各省学堂教员，凡授科学，均以官音讲解，虽不能遽如生长京师者之圆熟，但必须读字清真，音韵朗畅。[③]

---

① 王照：《挽吴汝纶文》，《清末文字改革文集》，第 32 页。
② 于逢春、刘民：《晚清政府对蒙古族的国语教育政策》，《中国边疆史地研究》2008 年第 2 期。
③ 《奏定学堂章程·学务纲要总目》，上海商务印书馆编译所编纂《大清新法令（1901—1911）》第 3 卷，商务印书馆，2011，第 103 页。

这就等于正式宣告了汉语官话作为国家通用语言的现代"国语"地位。与此同时，章程还宣称必须传习中国历代相承的"各种文体"，认为其乃"五大洲文化之精华"，也即"保存国粹之一大端"。同时规定："初等、高等小学堂，以养成国民忠国家、尊圣教之心为主。各学科均以汉文讲授，一概毋庸另习洋文，以免抛荒中学根柢。"章程中还偶尔使用过一次"国文"一词（非课程和教科名称），强调"戒袭用外国无谓名词，以存国文，端士风"。① 但章程通篇都没有出现"国语"一词，这显然是要尽量避免直接与指称满语的"国语"、"国书"、"清书"和"清文"等发生矛盾，也可见相对于"国文"一词，"国语"一词乃是当时更遭忌讳的。为了不在课程正式名称里出现"国语"或"国文"，初等小学语文课程甚至只好或宁愿以变相全称词"中国文字"来标称；高等小学、中学、师范和大学语文课程则标称为"中国文学"。课程名称之外，章程中类似的全称用词还有"中国文辞"、"中国语文"、"中国文理"、"中国语"、"中国文"和"华文华语"等。② 为简便起见，有时甚至直接使用了其简称"中文"，特别是在与"外国文"对称之时，所以"译学馆章程"里"中文"一词就多次出现，③ 而它们的实际所指，都是作为通用语文使用的汉文。

在晚清，"中文"一词的出现和早期运用很值得关注。它一开始就是作为"中国文字""中国文学"或"中国语文"等词的简称形式并在国家通用语文意义上使用的，这与章程制定者不愿同"国语骑射"政策公然矛盾，避免直接采用"国文"或"国语"作为课程和教科名称，存在直接关系。新中国成立后，我们不再将民族共通语直接称为"国语"或"国文"，因为就字面而言，"国语"或"国文"仍保留有泛指"本国语文"的传统义，而少数民族语言当然也同属"中国语言"。为更体现民族平等原则，我们习惯将国家通用语意义上的"国语"改称为"普通话"。④ 但字面上同样包含少数民族语文的"中文"一词，我们在民族共通语意义上加以使用时，却似乎并不像对"国文"或"国语"两词那样敏感。这是何故？究其源头，恐正来源于清末这一国定章程或"癸卯学制"的有关规定，至少与其不无关联，而今人对此尚鲜有明确知之者。

在"大清朝"的中国，国家文教根本大法里居然不曾单独提及或强调满文和满语教育，这会令不少今人感到无比惊讶，觉得不可思议，但"癸卯学制"的确就是如此规定。可见至

---

① 《奏定学堂章程·学务纲要总目》，《大清新法令（1901—1911）》第3卷，第96—98页。
② 参见《奏定学堂章程》中各级学堂章程，《大清新法令（1901—1911）》第3卷，第115—375页。
③ 参见《奏定学堂章程·译学馆章程》，《大清新法令（1901—1911）》第3卷，第324—331页。仅《译学馆章程》里，"中文"一词就出现了6次。在日本，早有"中文"一词，《日本书目志》中就列有高津锹三郎的《日本中文典》。清末新政之初，直接以"中文"作为国家通用语文概念使用的例子，在1901年至1902年袁世凯和张之洞有关学堂的奏折中已开始出现。如张之洞1902年10月在《筹定学堂规模次第兴办折》中即有使用，其他不赘。张之洞：《筹定学堂规模次第兴办折》，吴剑杰编《中国近代思想家文库·张之洞卷》，中国人民大学出版社，2014，第394—404页。
④ "普通话""普通语"一类词均来自日本，清末时已有传播。"普通语"一词前文提到伊泽修二就有使用；"普通话"一词，1906年朱文熊在《〈江苏新字母〉自序》中也已使用，其文有曰"余学普通话（各省通行之话）"。朱文熊：《〈江苏新字母〉自序》，《清末文字改革文集》，第60页。

1903 年，追求"教育之普及""期于全国语言统一，民志因以团结"，[①] 以塑造现代国民为宗旨的国家通用语文概念及相关教育理念，已然在国家主导的文教领域里占据了支配地位。

官方既已颁发教育改革新法规，民间就会有积极而大胆的响应。1904 年初，商务印书馆得风气之先，率先编辑推出了通用初等小学堂汉文课本，名为《最新国文教科书》（又名《初等小学国文教科书》）。蒋维乔等人编辑，张元济等人校订。该教科书一炮打响，大受欢迎，重版多次。同其配套出版的《最新国文教科书教授法》（又名《初等小学国文教科书教授法》）特就"国文"学科概念阐述如下：

> 国文者，以文字代一国之语言也，人有思想，必借语言以达之，语言过而不留，必借文字以传之，故国文之用最大，离他学科而独立，良有以也。虽然，就国文之见于外者论之，则为文字，就国文之含于内者论之，则为意义，文字意义，如物之有表里，二者相须，不可须臾离也，属于意义者，包含人生立身处世之事，且以养成人之智识、道德，教者于此，宜三致意焉。[②]

自 1904 年起，现代"国语""国文"概念和观念开始在社会上得到有效传播。如 1904 年 5 月，陈独秀在他创办的《安徽俗话报》上发表《国语教育》一文，就强调"教本国的话"的"国语教育"乃是"现在各国的蒙小学堂里，顶要紧的功课"，其要义在于"俗话教学"和"统一国语"，尤以后者最为重要。[③] 这位现代国语教育和白话文的早期倡导者和实践者，五四时期提倡白话文运动，鼓吹文学革命，其来有自。1904 年 10 月，天津《大公报》连载《论国语统一之关系及统一之法》一文，更大谈统一国语的意义与路径，认定"国语者，由祖先传来精神上之财产也。欲固国民之团结力，则国语实为吸集之方；欲养国民之爱国心，则国语实为启发之具。此其力量，实足以左右国民之心性，诚哉其有莫大之价值也"。至于统一国语的路径，作者认为就是要采纳京音官话作为标准，从小学开始，通过逐级而上的学校"国语"教育来实现目标。文中强调指出："中国教育今日虽有萌芽，而独于国语之科阙焉不讲，未始非一大缺陷也。今而欲统一国语，非由蒙小学堂设此一科不为功。其添设之法，编以国语课本，定以卒业年限，有不学者不予以进身之路，如是则教育之所普及，即国语之所普及也。"[④]

---

① 《奏定学堂章程·高等小学堂章程》，《大清新法令（1901—1911）》第 3 卷，第 208 页。《初等小学堂章程》里也强调"外国通例，初等小学堂，全国人民均应入学，名为'强迫教育'"，"国民之智愚贤否，关国家之强弱盛衰。初等小学堂为教成全国人民之所，本应随地广设，使邑无不学之户，家无不学之童，始无负国民教育之实义"。参见《初等小学堂章程》，《大清新法令（1901—1911）》第 3 卷，第 219 页。

② 蒋维乔、庄俞编纂《最新国文教科书教授法》，高凤谦、张元济校订，商务印书馆，1907，第 1 页。更早采用"国文"一词的汉语教科书，还有王建善著，文明书局 1903 年出版的《国文教授进阶》。

③ 三爱（陈独秀）：《国语教育》，《安徽俗话报》第 3 期，1904 年 5 月 15 日，第 19—20 页。

④ 由观生：《论国语统一之关系及统一之法》，《大公报》1904 年 10 月 28 日，第 1 版；《大公报》1904 年 10 月 29 日，第 1 版；《大公报》1904 年 10 月 30 日，第 1 版。

　　民间教科书及相关报刊舆论的国语国文观念之传播，反过来必然影响到学校课程名称的确定，并助推官方正式采纳与使用它。1906年3月，清廷批准学部宣示"教育宗旨"折，其中就明确将"国文"与"历史"等科并列，正式确定为讲授汉文汉语的课程名称。[①] 这就等于更明确地宣称：通用"国文"即汉文，也就是表达"官话"的文字。不仅如此，清朝官方还对"国文"与其他学科的关系做出明确说明，强调"国文一科与伦理、历史、地理相为表里，与各科亦均有关系，汉文不通，则各科无从指授，仅通外国文，而不能通译国文亦属无用，且非爱戴本国之心，故国文教员尤宜注重"。[②] 这样，"国文"就被赋予了语言文字学之外的意义，身兼三重责任：作为知识、传授新知的中介、培育爱戴本国之心的载体。从此，现代汉语"国文"教科名义的概念遂得以风行全国。该年学部审定通过的暂用教科书里，就有商务印书馆最新推出的《初等小学国文教科书》和《初等小学国文教科书教授法》，以及文明书局的《高等小学国文读本》和中学教材《中等国文典》等数种。整个清末，通行的汉语国文教科书有近30种之多，且不少都广告不断、反复重印，传播极广。

　　既然指代汉文的国家通用语文之"国文"概念已经流行，那么与"国文"同构相系的"国语"学科名义自然也就接踵而来，特别是在报刊上使用。不过总体来看，指代汉语的"国语"概念词符流行开来的时间，还是要比"国文"明显略晚一些，尤其是"国语"获准成为国家正式通行的课程名称和学科、教科专用名义的时间。1906年9月，清廷下令预备立宪正式开启，这对现代"国语""国文"概念的流行起到有力的推动作用。朝廷以此为契机，明显加快了将汉语汉文建设成宪政国家共通语文的步伐。这一时期，朝廷主导的宣传和社会舆论开始广泛强调立宪国民必须识字，选民、公民尤其是议员当懂作为通用语的国语等道理。

　　1906年10月，黄绍箕等各省提学使在预备立宪令发布后特赴日考察教育，伊泽修二等日本教育官员不仅再次反复告诫国语统一的重要性，还特别围绕选择标准语的三条原则，深入阐述了采纳"北京官话"作为中国国语标准语的充足理由，尤其是强调了北京乃是首都和未来议院所在地，而议院讨论必将使用通用国语一点。这三条原则是："第一宜选简赅明了者；第二宜选威严足以服人者；第三宜选国内多数人所通晓者。"伊泽修二指出："北京官话通行于江北诸省，及满洲全部，以及南清之官吏社会。将来议院既设，议场上发言若不一致，必启争端，是议场上必须用北京语矣。吾知他日制定议院法，必有非北京语不得在议院发言一条，是北京语之用更广矣。"[③] 这些建议，对中国文教育界影响甚大，《东方杂志》对此有长篇专题报道。黄绍箕等回国后即于次年在湖北等地下令各学堂添设国语科，要求此后教

① 　学部：《奏陈教育宗旨折》，璩鑫圭等编《中国近代教育史资料汇编·学制演变》，第545页。
② 　《练兵处奏筹拟陆军小学堂章程规则折》，《大清新法令（1901—1911）》第3卷，第598页。
③ 　《中国提学使东游访问纪略》，《东方杂志》第3卷第12期，1907，第350—365页。

员"上堂授课均改作京话"。^① 1907 年 8 月 27 日,《大公报》报道朝廷某次以"化除满汉畛域",强调"满汉平等、平权"为主题的会议,其中议定的条款之一就是:"以汉字为国文,以汉语为国语,各学堂均须附授满文。"^②1908 年 1 月,黑龙江全省谘议局对"不识文义者不得有选举权"一条涉及少数民族权利的规定有疑惑,特致电宪政编查馆询问:"本省旗蒙人等单识满蒙文、不识汉文者,似不得以不识文义论,应如何酌定办法?"编查馆竟明确回复:"旗蒙人等仅识满蒙文、不识汉文者,仍以不识文义论。"^③由此可见预备立宪对现代国语运动的激进推动。1907 年,商务印书馆正式推出了第一套以"国语"命名的汉语教科书——《国语教科书》。这套教科书由黄展云、林万里、王永炘合作编撰,共 4 册,供初等小学高年级使用。其"编辑大意"对国语统一、言文一致的现代教育改革理念之说明,清晰而详明:

> 言语统一,为人群社会成立之要素。东西学者,论之綦详。吾国不止南北异音,即一省之中,各府州县方言,亦不齐一,按之国家学社会学之公例,大相刺谬。以此立国,实为危殆。本书之著,即欲以统一言语为统一国家之基。
>
> 言语统一,为政治革新之先导。……本书之著,即欲以统一言语为革新政治之助。
>
> 有人类而后言语生。言语者,所以代表人类之思想也;然言语复杂,而国家有分裂之患。故立国者,必须以国语统一其国众,而同时又须注意语法,使之求工,即所谓论理修辞是也。本书之著,既以国语为统一国众之基,又特注意于之为国语科,盖因三者有相互之关系。而读方一门,编纂之法又含二种,即文言与白话相间是也。今吾国读方,只有国文,而缺白话,其为国语科莫大之缺点,可想而知。本书之著……庶足以补是科之不及。^④

这套《国语教科书》经学部审定,得以通行全国,并不断重版,在清末产生了重要影响,也有力地传播了以汉语为大清国家通用语的现代"国语"概念。^⑤值得注意的是,该书的上述"编者大意",其第三段文字中所提及的"国众",显然是指国内各族人民全体,但因有所顾忌而未明言。其同时强调编写阅读教材,不能仅是可"阅"而不可"读",因此要自觉以白

---

① 《延聘国语教习》,《申报》1907 年 3 月 24 日,第 10 版。
② 《会议化除满汉畛域之条款》,《大公报》1907 年 8 月 27 日,第 2 版。
③ 孟森:《宪政篇》,《东方杂志》第 6 卷第 1 期,1909,第 25—26 页。
④ 黄展云、林万里、王永炘:《国语教科书》第 1 册,"编辑大意",商务印书馆 1907 年初版、1910 年第 7 版,第 1 页。参见吴小鸥《中国第一套"国语"教科书——1907 年黄展云、林万里、王永炘编纂〈国语教科书〉》,《福建师范大学学报》(哲学社会科学版) 2012 年第 5 期。感谢吴小鸥教授在资料上惠予帮助。
⑤ 学部对该书的审定语云:"编辑大意,以国语为统一国众之基,又注意于语法,并准全国南北之音而折衷之,全编大致由浅入深,虽异文言,却非俚语,各课义无偏宕,且足引起儿童兴会,由此进步,足为研求文学之阶梯,应准作为初等小学教科书。"《学部审定商务印书馆经理候选道夏瑞芳呈国文国语教科书及英文典英文教程商业簿记各书批》,《浙江教育官报》第 65 期,1911,第 84 页。

话补文言之不足，实际上也等于说明了何以要将"国文"教科名称改为"国语"的理由。几年后，中央教育会第十三次大会干脆明确表示："中国之所谓国文即外国之所谓国语科，则中国国文似宜改为国语科。"[①] 与此同时，人们也觉得称国人通用的国语为"官话"不妥，如1910年，江苏教育会的江谦召集30余名资政院议员给学部上书，要求设立国语调查所。他们表示："官话之称，名义无当。话属之官，则农工商兵非所宜习，非所以示普及之意。正统一之名，将来奏请颁布此项课本时，是否须改为'国语读本'以定名称？"[②]1910年底，在《审查采用音标试办国语教育案报告资政院书》中，江谦更是呼吁，应抓紧试行包括各少数民族在内的中国人都须覆盖的"国语教育"方案，并强调指出："且筹普及教育，当合全国为谋。中国之民四万万，而中流以下三万（万）九千之数，于文字无闻，民智何自而开？中国方里三千万，而蒙藏准回等二千万方里之地，语言全别，感情何由而合？学部筹备清单，自宣统二年（1910）至宣统八年，皆有推广国语教育之事，用意至深。诚以语言济文字之穷，又得音标为统一之助，此于中流以下之人民需求最切，而于蒙藏准回等之教育效用尤宏。"他们提议，学部可择取"音标字"国语标准方案，先行试办，"以宣统三年（1911）为此项音标字试办之时期"。[③] 该提案得到资政院大会通过。

正因为这些努力，现代概念的"国语"一词在中国得到越来越多的使用，变得越发流行，同时因国家通用语含义的无形制约，又使得"国语"逐渐成为指代汉语，尤其是汉语标准语的专用称谓。这种立宪运动开始后迅速强化的现代"国语"和"国文"概念之传播，势必对清朝原本指代满语的"国语"用法造成冲击，且事实上已使其逐渐处于隐而不彰的状态，从而引起统治者内部有人对满语的现实地位及传习状况感到担忧。1906年12月28日，翰林院编修吴士鉴特向朝廷上奏——《奏请京师八旗各学堂特设国语满文专科事》，抱怨"现在通行学堂章程，于中外古今之学术，英法俄德意日本之语文，无不包举靡遗，而独于祖宗所创之国语满文缺焉不讲"，"于周秦之篆籀，外国之古碑尚且不惮研求广为搜采，乃煌煌祖制于学科之内，暗然无闻，揆诸法祖敬宗之意、忠君爱国之心，犹有歉"。吴士鉴认为，学部当在京师和各地驻防八旗设立满文专门学校，裨八旗子弟"人人皆能通习"国语满文，"即其他学堂颖异过人者，亦任听其兼学，如此则祖制既尊，师承自广，而政教人心所维持者大矣"。[④] 这次上奏备受国人关注，可以看作新时期维护传统"国语"概念及其地位的一

---

① 《中央教育会第十三次大会纪》，《申报》1911年8月15日，第5版。

② 参见江谦《质问学部分年筹办国语教育说帖》，《通州师范校友会杂志》（庚戌年份）第1卷，1911，第14页；另参见《清末文字改革文集》，第117页。1902年，张謇在江苏南通创办近代中国第一所民立师范学校——通州师范学校。1910年，该校校友会成立，公推张謇为会长，江谦为副会长，并定创办校刊《通州师范校友会杂志》（年刊），杂志创刊号1911年由南通翰墨林印书局铅印，1919年停刊。

③ 参见江谦《审查采用音标试办国语教育案报告资政院书》，《通州师范校友会杂志》（庚戌年份）第1卷，第15—17页。

④ 吴士鉴：《奏请京师八旗各学堂特设国语满文专科事》（1906年12月28日），中国第一历史档案馆藏，录副奏折，03-7219-029。

个标志性事件。

昔日谈"国语骑射",无须言"满文"即可明其所指,此时则必须连带言"国语满文",才能明白其所谈"国语"乃有别于时兴的国家共通语之汉文或汉语的旧概念,这显示出传统"国语"地位的尴尬。奉旨议奏的学部尚书荣庆,其态度也很值得注意。这位昔日参与主持制定《奏定学堂章程》、确立汉语官话为"国语"的蒙古正黄旗大臣,对来自此奏陈的严厉批评自然敏感而警惕,当即做出郑重而积极的回奏:

> 臣等查国语满文经列祖列宗之创制,凡八旗子弟,人人皆当研习,以期襄庙堂之隆仪,赞车书之盛治。臣荣庆前与孙家鼐、张百熙充学务大臣时,业于宗室觉罗八旗小学堂内特设翻译课程,于国语满文极为注重,钟点加多,授课綦严。又经臣部遴聘翰林院侍读学士恩祥督课满文,时加稽察,务令八旗子弟专心学习,日臻纯熟,与该编修之用意正复相同。至各省驻防学堂,自应仿照京旗,均设国语满文专科。其他学堂,如子弟聪颖、经费充裕,亦可任听兼习。惟现在科举停止,凡各衙门需用满文人才,自应取之于学堂毕业生。兹拟就中小学堂现设之清文班内,再加推广,俾八旗子弟咸知国语清文之为重。嗣后该生毕业,除与各学堂一律给奖外,并择其翻译明通、写字端楷者,咨送各馆充当翻译官、译汉官暨誊录等差,以资效用。并仿照译学馆之例,另设清文专门高等学堂,以备中学堂之毕业生升入此科,专心研究清文,务臻完备,并考取举、贡、生、监之与中学堂程度相等者,附入学习。①

虽然,此时直至清廷灭亡,除体制外的革命党之外,都没有人敢公然挑战满语满文的传统"国语"身份,但现代国家通用语意义上的"国语",毕竟已非汉语莫属。这一点,无论是吴士鉴,还是荣庆代表的学部,也都没有加以否认,他们并未要求国人均将满文满语当作国家通用语文来对待。倒是有一名满人——江苏道监察御史贵秀,因不满于仅将满文设为"专科"、不利于普及的举措,曾从化除畛域、满汉平等的角度,提出满语可与汉语"并重",让满汉学生"皆相肄习"的主张。1907年8月18日,他向朝廷递上《奏为满汉畛域化除敬陈管见事》一折,明确表示:"各学堂添习满文一科以保国粹而跻同风也。翻译科既停,满文几成硕果,数典忘祖,学士之羞。近虽议添教习,要之为满人专科,究难普及,宜令满汉学生皆相肄习,与国文并重,感情甄陶,久焉自化,尚有畸为轻重之弊乎!"②不过,贵秀似乎只是就满汉两族内部而言,并未质疑汉语的国家通用语地位。不仅如此,这位强调满汉

---

① 《学部奏议复八旗及驻防学堂特设满文专科折》,《东方杂志》第4卷第11期,1907,第256—257页。
② 贵秀:《奏为满汉畛域化除敬陈管见事》(1907年8月18日),中国第一历史档案馆藏,录副奏折,03-5745-055。

语文并重的旗人御史，不称被其视为"国粹"的满文为"国文"，倒乐于将"国文"的称谓留给汉文，其所谓令满文"与国文并重"的表述，反可证其已然接受现代国家通用语文方称"国语"或"国文"这一概念和观念的深刻影响。类似吴士鉴和贵秀的主张，虽于加强满蒙等语言学习切实有益，且在无形中为日后广义"国语"概念（泛指中国的各种语言）的存活保留了空间，但在根本上，却无碍于现代通用语意义上的"国语"概念之传播，也没能阻止以汉语为国家通用语的现代国语改革实践。这一点，从当时和此后几年相继开办的各种蒙藏回学堂章程、课表中有关汉文汉语学习的硬性规定和实际设置，也可以得到验证。如1908 年，以"保国粹而裨要政"为宗旨在京师开办的满蒙文高等学堂，就要求考生以"中文（指汉文）清通"为前提，必须"中文通顺"，方可取录。无论是满蒙文预科、正科和别科，还是藏文预科、正科和别科，其课程中除满蒙藏文、满蒙藏语外，均开设"中文"即汉文课，课时分别为四课时和三课时。[①]1910 年，吉林满蒙文中学堂的课表中，甲乙两班的课程时数规定为：满文 4 课时，蒙文 8 课时或 7 课时，国文 4 课时。[②] 不仅汉文课时量大，还直接以"国文"名之，可见汉文汉语作为国家通用语文地位，已开始在实践中逐渐得到落实。

随着立宪运动步伐的不断加快，特别是预备立宪各项计划中关于国语统一建设原定时间表的迫近，清廷对边疆民族地区加强国家通用语学习的督导，变得更加急切。1910 年底，朝廷制定了《蒙藏回地方兴学章程》，于次年年初正式颁布，其中第一条规定学部在北京设立"蒙藏回初级师范学堂"，派遣该校毕业生前去"蒙藏回各地分设师范传习所"，各师范学生须以娴熟"蒙藏回文及汉文"为合格；第十条规定"蒙藏回初等小学堂"前两年用"蒙藏回语文教授"，第三、四年"参用汉语汉文"，而"高等小学堂则以蒙藏回语文与汉语文对照"，以次逐年渐加，以确保高等小学的毕业生"能直接听汉语教授"。[③] 这就以国家法令的方式，将作为国家通用语的汉文汉语教育在边疆民族地区的实施，进一步明确化、具体化和法律化了。1911 年 7—8 月，清廷已没有耐心等待国语运动按部就班地"自然"进行，而是着急颁行了《学部中央教育会议议决统一国语办法案》，明令以"正当雅正、合乎名学"的官话统一"国语"，"由学部设立国语传习所"，[④] 在各省会及府厅州县的学堂内设立国语专科，直接督导各地各级学校逐步改用官话讲授其他课程。国语统一运动由此进入高潮。

① 《学部咨宪政编查馆准满蒙文高等学堂咨送章程文附章程》，《大清新法令（1901—1911）》第 3 卷，第 472—476 页。
② 参见《吉林省学务公所直辖学堂一览表（宣统二年）》，吉林省档案馆编《吉林省档案馆藏清代档案史料选编》第 17 册，国家图书馆出版社，2012，第 394—615 页；张凌霄《断裂的"国语"——清帝国晚期的语言政治研究（1821—1911）》，硕士学位论文，山东大学，2019，第 107—108 页。
③ 《蒙藏回地方兴学章程》，《内蒙古教育志》编委会编《内蒙古教育史志资料》第 2 辑，内蒙古大学出版社，1955，第 118—120 页。
④ 《学部中央教育会议议决统一国语办法案》，《清末文字改革文集》，第 143—144 页。

令人感慨的是，仅两个月后，辛亥革命爆发，清廷最终未能完成其通过现代国语改革以实现宪政国家转型的目标，便迅速走向崩溃。[①]

三 从"官话"到"国语"：汉语的国家通用语地位在清代的历史形成

晚清汉语的国语地位之形成，不是一蹴而就的。仅仅从戊戌维新、清末新政和立宪运动的历史进程来梳理和认知现代"国语"概念自身的形成演化，以揭示汉语作为国家通用语言文字的"国语"地位之确立，显然不够。我们还应当将问题放到更长一点的时段去把握，至少要考虑清代以来满汉语言关系格局的变化趋势和中外互动的持续影响等因素。

如前所述，有清一代大体奉行"国语骑射"政策，视满语为大清政治地位最高的语言，令满人和驻防八旗不能遗忘，但并不要求其他族人也要掌握和使用。[②]在广大汉族地区和各边疆民族地区，基本上是因俗而治，各语其语。为了大一统的国家需要，清廷也曾编纂过不少多民族语言合璧辞书，以利彼此沟通，号为"同文"，如《御制满蒙文鉴》《御制满蒙汉三合切音清文鉴》《御制四体清文鉴》《御制五体清文鉴》《钦定西域同文志》等，但就像乾隆帝在永陵、福陵、昭陵等的下马牌上"镌刻清、汉、蒙古、西番、回子五体字"一样，不过是昭示大清"国家一统同文之盛"的政治标示而已，[③]并不着意凸显满文满语的基础性地位。本来，为鼓励汉人士子学习满语，清初起也曾实行小范围的"清书庶吉士"制度，即在馆选的进士中，"拔其年青貌秀、声音明爽者二十名，习学清书"。[④]清中叶以后，满语衰落、使用渐少，清朝皇帝们不得不削减清书庶吉士人数。乾隆十六年（1751），由于边省入选翰林院的人本就不多，大都不娴熟官话，若非天分甚高且勤学者实在难以兼顾官话和满语，乾隆帝竟特许"云南、贵州、四川、广东、广西等省庶吉士，不必令习清书"，只学官话即可。

① 要完整把握有清一代"国语"的历史演变，忽略清末十余年的重大变化是不完整的。民国初年，遗老修撰清史时曾编写《国语志》，但质量较差，仅仅流为一部满汉对照分类词汇集而已。其第1卷奎善撰《满文源流》仅500余字，既未写出满语自身发展演变的丰富内容与完整历程（连皇太极时期达海修正满语，乾隆钦定"新清语"等大事也只字未提），更未提到不同时期朝廷有关语文政策的改变、满语运用及其地位的变化，尤其是未能包括清末时汉语文作为国家通用语的建设内容。《清史稿》最终定稿时其舍弃未收。原稿本现藏台北故宫博物院，参见冯明珠主编《清史馆未刊纪志表传稿本专辑·志》第22卷，《国语志》第1卷，沉香亭企业社，2007，第10979—10981页。感谢2013年"首届国际满文文献学术研讨会"期间庄吉发先生的提示，及会后惠寄有关《国语志》资料信息。
② 正因为如此，笔者不同意欧立德教授将清朝的文教政策笼统称为"大满洲主义"，与所谓"大日耳曼主义"和"大斯拉夫主义"等量齐观。在2010年8月9—11日中国人民大学清史研究所主办、北京香山召开的"清代政治与国家认同"国际学术研讨会的座谈会环节，笔者曾就此问题同欧立德等教授当面讨论。
③ 《清高宗实录》第1188卷，乾隆四十八年九月己亥，《清实录》第23册，中华书局，1986，第893页。有关清代"同文"理念的推行，参见叶高树《清朝前期的文化政策》，稻乡出版社，2002，第97—99页；林士铉《清代蒙古与满洲政治文化》，台湾政治大学，2009，第280—368页；马子木、乌云毕力格《"同文之治"：清朝多语文政治文化的构拟与实践》，《民族研究》2017年第4期。文中"回子"字体应指察合台文。
④ 《清世祖实录》第66卷，顺治九年七月己丑，《清实录》第3册，中华书局，1985，第518—519页。

道光十八年（1838），这项制度终于废止，[①] 影响深远。

　　一方面，对汉人学习满语没有硬性要求，但另一方面对关内满蒙驻防旗人和官员学习汉语、掌握官话的要求却始终没有放松，实际上因现实统治的需要，其官话水平不断得到加强，特别是内地驻防八旗，长期陷入汉人的汪洋大海之中，潜移默化，其出色者甚至在文化高端领域的汉文创造方面，亦往往能与汉人竞胜。与此相一致，汉语汉文在现实统治和日常生活中的地位，也持续得到提升。雍正时期，以汉文本作为中央机构公文底本已相当常见。在修史撰典时，汉文也逐渐成了底本。实录更是如此，清代纂修的从太祖至穆宗十朝实录均有满文本，早期是先修满文本，再将其翻译成汉文本，雍正朝以后各朝实录的修撰则以汉文本为底本，满蒙文本均译自汉文本。[②] 随着官话在满蒙官员中日益普及，满人本族语言水平整体上反而不断弱化。

　　清廷推行官话运动，曾对汉语地位的提升产生重要影响。康熙帝时，清廷即开始注重官话的推行，尤其是在闽粤等南方地区。1715年，康熙帝召见籍贯广东的福建巡抚陈瑸时，曾特地问及闽粤两地官话与乡音问题。[③] 就在同一年，他命李光地、王兰生等编撰新的韵书，至雍正四年（1726）编成，名曰《音韵阐微》。雍正六年（1728），《音韵阐微》内府本公开刊行，这意味着清代汉语正音标准的确立，也昭示着"官话运动"即将拉开序幕。[④]《音韵阐微》不仅据汉音发展满语，也据满音法丰富汉韵，其影响一直持续到清末的国语运动。王照《官话合声字母》原序中，即表明其拼音法受到"圣祖以国书合声之法"的启发，并非仅遵严修的告诫，拿《音韵阐微》一书以作免获罪的挡箭牌而已。康熙朝之后，雍正帝大力推广官话，便以《音韵阐微》法所拟之音为"正音"标准，发布上谕要求各省学塾用官话教授，并将学习官话与科考结合，谕令闽粤等地官员、学子等熟练掌握，否则将停其各级科举考试，以便于"宣读训谕、审断词讼"，通"官民上下"之情。[⑤]

　　这场康熙和雍正帝发起的官话运动，对清代内地官话的扩大流通，产生了难以估量的影响。如当时刊行的官话读本《圣谕广训直解》，就被1904年《奏定学堂章程》"学务纲要"指定为官话教材。民国时期，仍被认为是200年来"'最适宜学习官话'的模范"。[⑥]

　　官话推行的影响，还并不限于内地，也延至边疆地区。早在雍正四年至雍正九年

---

① 《钦定大清会典事例》第1052卷《翰林院》，《续修四库全书》编纂委员会编《续修四库全书》第812册，上海古籍出版社，2002，第536—538页；《清朝文献通考》第50卷《选举考四》，《景印文渊阁四库全书》第633册，台湾商务印书馆，1986，第264页；《清宣宗实录》第308卷，道光十八年四月壬戌，《清实录》第37册，中华书局，1986，第800页。与此同时，乾隆帝为了照顾不懂满语的汉人官员，还主动取消了翰林院坛庙祭祀时规定汉大臣将祭文译成满文的陈规旧例。

② 参见谢贵安《清实录研究》，上海古籍出版社，2013，第299—303页。

③ 丁宗洛：《陈清端公年谱》下卷，大通书局，1987，第82页。

④ 参见平田昌司《文化制度和汉语史》，北京大学出版社，2016，第243—260页。

⑤ 素尔讷等纂修，霍有明、郭海文校注《钦定学政全书校注》第65卷《各省事例》，武汉大学出版社，2009，第245页；《清世宗实录》第72卷，雍正六年八月甲申，《清实录》第7册，中华书局，1985，第1074页。

⑥ 平田昌司：《文化制度和汉语史》，第256页。

（1726—1731），云贵总督鄂尔泰借助军事力量，在云南、贵州为中心的广大西南民族聚居地区实行"改土归流"，为便于管理，就在当地推行"官话"。雍正十三年（1735），朝廷在广东设置官学，对黎族、瑶族等"训以官音，教以礼义，学为文字"，[①]实际上推行了汉语官话。这种汉语官话乃至一般汉语汉文对边疆地区的渗透，也与清代汉族移民大量迁往边疆民族地区有关。早在康、雍时代，移民西南广大少数民族地区的汉人，就以汉字书写状子的形式，广泛参与了当地住民乃至土司的词讼活动。如康熙四十三年（1704），四川巡抚能态就在上疏中指出："土司争告词状，俱系汉字，而原告全不知汉语，皆内地不法之徒，潜往土司地方，代写词状之故。"康熙为杜绝汉人干扰词讼活动，曾下令往后词讼往来，必须"俱用土司之字"。[②]但后来发现，没有当地汉人介入交谈，审判断案，实在无法进行。凡此，都为官话和汉文在西南少数民族聚居区的传播，创造了有利条件。由于汉族移民范围扩大，此种情况到晚清时就更为普遍了。

在晚清汉文汉语地位迅速提升的过程中，清廷最高统治者自身的语文修养及有关态度所产生的影响，也不容忽视。如因慈禧太后不通满语，官员在引见时须用汉语官话对答，即是突出例证。[③]为便于慈禧披览奏章，朝廷规定"文武各衙门每日呈递清字缮牌，其背后均着用汉字照缮，所有奏事清字折件，着用汉字开具详细事由，随折呈递，以便恭呈御览"。[④]光绪帝即位后，就连内外官员的请安折也须"敬书三分，于两宫皇太后及朕前呈递。其应进皇太后安折……用清字者，俱用清汉合璧"。[⑤]统治者满语能力的下降，直接影响到满语在边疆地区的使用，如当时朝廷对黑龙江地方所呈公文"满文亦多发回，改行汉文"，[⑥]不难想见，慈禧太后本人的语文修养和态度，在"官话"后来成为国家通用语过程中所发挥的特殊作用。

汉语地位的提高，满、汉语言地位的转变还体现在清政府对外事务处理中。列强与晚清政府缔结条约、章程时，除俄罗斯还偶尔使用满文本之外，多仅用汉文作为中方文本用语。[⑦]其中，俄罗斯与清政府缔约多用满文有其历史渊源，《尼布楚条约》的正本就有满、俄、拉丁文三种。此后的中俄缔约，清方正本大都为满、蒙文本，无汉文本，直至1858年签订的《天津条约》。笔者在查阅清代中外约章时发现，鸦片战争之后中国与俄罗斯签订的众多约章中，除了少数条约如《瑷珲条约》《天津条约》《勘分西北界约记》等还有满文本外，其余多以汉文缮写。

---

① 素尔讷等纂修，霍有明、郭海文校注《钦定学政全书校注》第73卷《义学事例》，第288页。
② 《清圣祖实录》第218卷，康熙四十三年十一月庚戌，《清实录》第6册，中华书局，1985，第202页。
③ 刘体智：《异辞录》，刘笃龄点校，中华书局，1988，第232页。
④ 张剑整理《翁心存日记》，咸丰十一年十月初三日（1861年11月5日），中华书局，2011，第1655页。
⑤ 《清德宗实录》第1卷，同治十三年十二月庚辰，《清实录》第52册，中华书局，1987，第83页。
⑥ 徐宗亮等：《黑龙江述略（外六种）》第3卷，李兴盛、张杰点校，黑龙江人民出版社，1985，第42页。
⑦ 黄兴涛：《清代满人的"中国认同"》，《清史研究》2011年第1期。

纵观清朝与外国缔结约章有930项之多，[①]若以时间分段，1840年以前的旧约章仅8项，1840年后所签的旧约章中用到满文者21项，占总约章数的2.26%，仅用满文作为中方签约用语的有13项，占1.40%。若依所用语种统计，签约时用到汉文者903项，约占97.10%，用到满文的有27项，占2.90%。纵观清代，仅与俄方签约时用到满文，中俄间约章及重要合约、协定达104项（以照会代约章者除外），其中仅用满文者15项，仅用汉文者83项，满汉兼用者5项，满蒙兼用者5项，满汉回兼用则2项。可见，晚清中外旧约章所用文字中，汉文的重要性已远非满文可比。

在与其他国家缔结约章时，清政府多次声明以"华文""汉文"为签约文字，并直接用"Chinese"指代"大清国字"。如1862年中葡《天津条约》第6款："大西洋国官员有公文照会大清国官员均用大西洋国字样书写，并翻译大清国字相连配送，至于此次所定各款章程，亦应汉番字同写，公同校对无讹，各以其国字为凭。"[②]1871年，中日《修好条规》中即明言："嗣后两国往来公文，中国用汉文，日本国用日本文，须副以译汉文或只用汉文，亦从其便。"[③]光绪初年，清政府与秘鲁换约时亦申明："惟换约事宜，中国总以汉文为凭。"[④]1902年中葡《北京条约增改条款》称"此次所定之增改条约用大清国、大西洋国、大法国三国文字译出……倘遇有大西洋国文与大清国文有未妥协之处，则以大法国文解明所有之疑"。对应的葡、法文本将"大清国文"译成"Chineza"和"Chinoise"，[⑤]实际上指的都是汉文。

此外，清廷还规定一般外交公文也使用汉文。同治二年（1863）至同治五年（1866），清朝先后与丹麦、西班牙、比利时、意大利交涉时，同对方定下了以汉文为清方的缔约文字及日常公文用语。[⑥]目前所见晚清政府与英、美、法、西、葡、意等国往来照会等公文中，均以汉文作为中国官方文字。[⑦]可以说，无论是日常中外往来的公文运行，还是正式签订中外条约章程，汉语文实际上都已经具备了代表中国进行国际交往的现代国语地位，至少是发

① 主要参见издание министерства иностранныхъ дѣлъ：Сборникъ договоровъ россьи китаемъ，Санк‐итпетербургъ，Типография императорской акадеии наукъ，1889；王铁崖编《中外旧约章汇编》，生活·读书·新知三联书店，1957；郭卫东编《中外旧约章补编（清朝）》，中华书局，2018；台北故宫博物院藏，"前清条约协定"。

② 《中葡和好贸易条约》，台北故宫博物院藏，"前清条约协定"，910000078。

③ 《中日修好条规附通商章程及两国海关税则》，台北故宫博物院藏，"前清条约协定"，910000155。

④ 《清德宗实录》第13卷，光绪元年七月上，《清实录》第52册，中华书局，1987，第242页。

⑤ 《中葡会订分关章程》，台北故宫博物院藏，"前清条约协定"，91000081。

⑥ 李书源整理《筹办夷务始末》（同治朝），中华书局，2008，第739、1517、1879—1880页；《西班牙国条款》（同治三年九月初十日），中国第一历史档案馆等编《清代外务部中外关系档案史料丛编·中西关系卷》，中华书局，2004，第33页。

⑦ 参见中国第一历史档案馆等编《清代外务部中外关系档案史料丛编·中西关系卷》；中国第一历史档案馆等编《清代外务部中外关系档案史料丛编·中葡关系卷》，中华书局，2004；中国第一历史档案馆等编《清代外务部中外关系档案史料丛编·中英关系卷·交聘往来》，中国人民大学出版社，2009；中国第一历史档案馆等编《清代外务部中外关系档案史料丛编·中美关系卷》，中华书局，2017；广西师范大学出版社编《中美往来照会集：1846—1931》第1—11册，广西师范大学出版社，2006。

挥了现代国语的作用。

概而言之，清朝大一统的内政需要、中外交涉的外部压力和逼迫，以及宪政运动的积极倡导与推动，最终导致了从"官话"到现代"国语"的延续与转换。对此，钱玄同曾总结指出，元朝以当时北方方言为一种"官话"，经过明清两代的发展和演变，"渐渐成为近四五百年中的普通话。这种普通话，就俗称为'官话'，我们因为他有通行全国的能力，所以称他为'国语'"。[①] 此论大体符合历史的逻辑。

四 清末国家通用语文构建的特点与现代中华民族意识的早期自觉

从前文的讨论可知，清末国家的通用语文建设，首先是中国历史文化持续发展、民族交融不断扩大的结果。它既是清王朝实现大一统国家治理的内在需要之延续，建基于朝廷长期推行官话运动的基础之上，又与鸦片战争之后列强入侵的国家命运、民族危机和现代"国语"概念的传入及其实践紧密相连，可谓晚清以降民族国家转型、塑造现代国民的政治动力直接驱动的产物。这一语文构建，正式开始于清末新政期间，以1904年初《奏定学堂章程》的颁布、癸卯学制的实施为标志性起点，以1906年预备立宪的开启为加速机制，通过制定《蒙藏回地方兴学章程》和《学部中央教育会议议决统一国语办法案》，增强了构建力度，加快了推进步伐。可以说，清末的国家通用语的构建，得到了朝野的共同推动，且始终由朝廷主导，这是一个十分重要的特点。

其次，清末国家通用语文的构建是各民族共同努力，尤其是各民族中的新政改革派和立宪支持者彼此呼应和协同的结果。也就是说，各民族中的新政改革派和立宪支持者乃是这一构建最为重要的主体。以往，学界无论是研究清末新政改革派还是立宪派，都忽略了这一点。其实，努力构建各民族共享互通的国家通用语文——以北京官话为标准语的新式汉语汉文，不仅是清末新政和预备立宪的有机组成部分，还当构成为其核心关键内容之一。在这一过程中，除汉族人士之外，少数民族中的一些贵族、高层官员和有识之士也积极作为，发挥了不容忽视的重要作用。像前文提及的学务大臣、学部尚书、蒙古正黄旗人荣庆，就是其中一个积极、冷静和务实的典型代表。他几乎自始至终都参与了清末有关现代国语运动所有国家重要文件的制定和审核工作。除前文提到的内容之外，特别值得注意的是，1909年10月，他还以学部尚书名义专门发表《教育普及自划一语言始》一文，提出理性切实、有步骤地推进现代共通语构建的"导向"意见。他强调指出：

---

① 钱玄同：《〈儒林外史〉新叙》，《钱玄同文集》第1卷，中国人民大学出版社，1999，第393页。

以我国版图辽阔，风土既异，语言亦殊，实为教育普及之一大障碍，非筹画统一语言之法，则声气不易相通，感情无由联络，而教育普及亦无办到之期。惟语言一端，关于各处之风俗习惯，一旦遽云改革，断难操切图功。因拟先行试办者厥有三端：一、于各项学堂添设国语一科；二、通饬设立官话研究所；三、由部编订官话书籍颁给各省作为宣讲之用。①

其中明确的"三步走"精神，在此后两年的中国各地大体得到贯彻，尽管结局因时势激变而最终未能如愿。

如果说荣庆是有关清末现代国家通用语意义上的国语方案的核心制定者，那么，东三省总督、蒙古镶蓝旗人锡良，则是有关政策灵活的贯彻者和有作为的执行者。1909 年 2 月出任东三省总督后，他面对当地蒙古族和满族既缺乏本族语文编写的高水平初等小学教材，也无法直接使用汉文教材的窘境，果断任用精通满蒙汉文的蒙务局协领荣德，令其以 1904 年蒋维乔等编，商务印书馆推出的《最新国文教科书》为蓝本，从中精选一部分译成满蒙文，形成汉满蒙三体对照的新式国文课本 4 册，并石印 2 万套，率先在郭尔罗斯前旗和土谢图等 9 旗试用，从而使东北地区成为清末蒙古学堂教育中实施双语或多语教育的中心。

之所以称锡良为灵活而有作为的现代国语政策执行者，还有一个背景可以在此提及。那就是随着预备立宪运动的深入，蒙古等民族地区的教育问题日益凸显，理藩部和学部不断与蒙古王公们商讨有关国语教育的计划。蒙古王公贵族们还为此专门成立"筹办蒙古教育建议案"股员会，并于 1908 年 12 月 27 日将拟定的《筹办蒙古教育建议案》正式提交给理藩部。该建议对蒙古族实行国家通用语教育表示了整体支持的积极态度，但也表达了一些顾虑。他们希望，蒙古地区的小学校先暂以蒙古语教学，并尽快实现汉语教学，因此建议学部尽快编辑初高等小学教科书，要求初等小学校前两年以蒙古语教学，第 3、4 年兼用蒙古语、汉语，高等小学校采用蒙汉语对照，中学校及以上的教科书则直接使用内地的教科书。② 这一建议，既考虑到蒙古族本族语言的传授根基，也顾及当时相关教材编写的现状，不失为一个相对切实可行的方案。事实上，两年后的 1911 年初，清廷颁行的《蒙藏回地方兴学章程》，就完全采纳了这一建议，只不过章程中的有关规定，将蒙古地方扩大到"藏回"地方而已。而在此前一年，锡良就能自觉组织翻译、编辑满蒙汉三体国文教科书，以服务于过渡阶段的教学需要，实在显示出其过人的卓识和做事魄力。

在清末国家通用语的构建过程中，那些具有现代意识、汉文修养和立宪观念的满族新式知识分子，还表现出更加积极有为的态度。如满洲镶白旗人、山东道监察御史庆福，当得

---

① 荣庆：《教育普及自划一语言始》，《盛京时报》1909 年 10 月 3 日，第 2 版。
② 《那亲王等提出筹办蒙古教育建议案》，转引自于逢春、刘民《晚清政府对蒙古族的国语教育政策》，《中国边疆史地研究》2008 年第 2 期。

知有某议员以北京话乃一"偏隅之方音",反对将其立为简字标准时,便立即联合了宗室普广、笔帖士邵常青等 107 位满洲旗人,专门向资政院陈帖,痛陈何以语言必须统一,而统一又为何必须采纳北京音作为官话简字标准的理由。其言慷慨激昂,痛快淋漓,颇耸动观听:

> 善哉,江益园之言曰,岂有合言语不通、情意不达之部落而得为同胞者!夫言语一致之重要如此,强国之设谋又如彼,今不致力,尚待何时?!而一致非取京音不可。前有某议员著论,谓不能以偏隅之语为官话,此大谬也。夫言语出于人,非出于地也。地有偏隅,人无偏隅。凡京师所在,人皆趋之,千百年会萃摩〔磨〕练,在成此一种京话,斯即中央非偏隅也。且原与京语大略相同者,已有直隶、奉天、吉林、黑龙江、山东、河南、甘肃、云南、贵州、四川、陕西十一省,及安徽、江苏之两半省矣。此外,各语无两省相同者……岂有舍京语而别事娇揉之理哉!京语非北京人私有之语,乃全国人共有之语,故福等昌言推广京语,纯为大公无我之心,无庸嗫嗫吞吐者也。

为了表示自己的"大公无我"之心,庆福等人还特意表示,如果需要派人到各省州县简字研究所巡查,抽查所教语音是否准确合格,"京中旗人愿借此稍尽义务,联合感情,无所希图","川薪但求足用,不必加优"即可。[1] 这一说帖,在当时对推进现代国语运动发挥了积极作用,也集中体现了满人在这一过程中的主体性自觉。当然,这与京话早已成为满蒙汉旗人,尤其是满汉民族语言长期互动交融的结晶体,不无直接关系。

清末通用语的国语构建和实践,是取得了一定实绩的。比如,在传统汉语通行地区,切音字运动的官话普及就有明显成效;在边疆民族地区,也一度使汉语教学得到了广泛重视和有效推行。以新疆为例,据统计,1905—1911 年,新疆共设学校 606 所,其中回疆地区有 416 所,均自 1907 年开始设立,以推行汉语教育为主的官话讲习所、简易识字学塾、汉语学堂共 358 所,其中"汉语学堂"192 所。[2] 在这些学堂中,作为国语国文的汉语文所占课时较多,在每周 36 课时中,国文和习字即占到 12 课时。[3] 再看川藏边地区,1907 年,护理四川总督兼办边务赵尔丰开设关外学务局,在川边藏区开办学堂,普及教育。1908 年开设 34 所学校,其中有 27 所是官话小学;1909 年增办学校 18 所,其中 17 所为官话小学;1910 年,川边藏区各类学校增至 119 所,其中 93 所为官话学堂。所习官话,均以学部所定《圣谕广训》为标准,自编课本有《关外官话课本》等,都是通俗易懂的白话文。[4]

---

[1] 庆福等:《陈请资政院颁行官话简字说帖》,《清末文字改革文集》,第 125—127 页。
[2] 参见王树枬等纂修《新疆图志》第 39 卷《学校二》,朱玉麒等整理,上海古籍出版社,2017,第 705—735 页。
[3] 《吐鲁番厅官立第二初等小学堂学务要略表》,年月不详。中国边疆史地研究中心、新疆维吾尔自治区档案局编《清代新疆档案选辑》第 36 册,广西师范大学出版社,2012,第 283 页。吐鲁番厅官立第二初等小学堂设立于光绪三十三年(1907)。
[4] 张敬熙:《三十年来之西康教育》上册,商务印书馆,1939,第 19—41、75—76 页。

不过，由于此事牵涉广泛、难度空前，实践起来自非易事。存在种种不足，自属难免。特别是广大的少数民族长期聚居的地区，究竟如何才能卓有成效地开展汉语教学，而同时又能保证其很好地传承自身的民族语言文化，这是需要长期探索和研究的难题，在预备立宪运动的阵阵催生曲中，这些工作虽得以不断展开，但其实多还缺乏足够的酝酿和扎实的准备。匆忙上阵，往往存在"操切"问题，如汉语教学效果不佳，师资奇缺，学生茫然不解、纷纷逃学等，这在川边藏区开办的官话学堂、藏文学堂里就时有发生。[①] 新疆也有类似情况，当地维吾尔、哈萨克等族儿童，因"语言隔阂，学习困难"，阿訇和家长不予支持等，也多视"上汉文学堂为畏途。家贫者逃匿不去，富有户则雇人代读，当时称之为'当学差'"，等等，[②] 不一而足。但尽管如此，我们还是应该看到清末边疆民族地区尝试国语教学的成效和积极意义。以川藏边的官话教育为例，直到20世纪40年代初，这一地区"略通汉语之藏民，悉此时期之官话校学生也"，[③] 由此可见成效之一斑。至于其意义，则更体现在对于现代中华民族共同体建设的推动上。

最后，我们再来看看清末国家通用语文的构建、实践与现代中华民族意识早期发轫之间的历史关联。现代中华民族意识由传统"中国人的意识积累转化而来"。清朝入关后，其上层统治者的"中国认同"迅速强化。他们不仅从国家层面自称"中国"，认定包括满、蒙、藏、回等人在内的所有清朝臣民都属于"中国人"，还对此前数千年的中国历史文化的主体（以汉文化为代表），明确加以认同，特别是明确将儒家思想作为治国的根本理念，对传统的帝系帝统自觉加以接续，并以中华儒学正统自居，确然自认清朝就是自古即今中国的一个朝代。这一认同，就使得满人乃至满蒙旗人将汉语汉文视为理所当然的自家之物。从康熙时代起，清朝就一直提倡官话教育，而满蒙官员也以熟练掌握官话为荣。这正是时至晚清，"官话"逐渐转化为现代通用语之"国语"的一个强大的文化内因和动力。这种认同的情感和文化力量，以往学界没有给予足够重视，其实它对我们理解清末通用语言文字构建与现代中华民族意识兴起之间的关系，具有重要意义。从官话认同到现代通用语的"国语"认同，与从传统中国认同转向立宪中国和近代中国认同，由传统的"中国人认同"转向"近代中国人认同"或称"中国民族／中华民族认同"，正是相伴而来的，它们属于彼此涵育、相互推动的历史相关物。

我们发现，标志着汉语开始享有国家通用语地位的《奏定学堂章程》，恰恰也正是"中国文学""中国历史""中国地理"等新兴"中国认同"概念首次大量涌现、联袂而来的官方法律文本。作为近代中国人，作为平等的立宪国民，不得不具有相互沟通的语文纽带，这也

[①] 张敬熙：《三十年来之西康教育》上册，第79页；四川省档案馆、四川民族研究所编《近代康区档案资料选编》，四川大学出版社，1990，第388页。

[②] 马成基：《略述乌鲁木齐县教育事业的兴起与发展》，龙井义主编《清末民国新疆社会文化研究资料汇编》，民族出版社，2014，第45—46页。

[③] 任乃强：《康藏史地大纲》，雅安建康日报社，1942，第114页。

正是现代"国语"的倡导者和实践者们所不断鼓吹的理由。而现代"国语"构建的发展，反过来又必然强化近代中国人的整体观念和大民族意识、国族意识。众所周知，1902年，立宪派代表梁启超已开始使用"中华民族"一词，不过当时所指还是汉族。1903年，他便又提出"吾中国言民族者，当于小民族主义之外，更提倡大民族主义"，认为"合汉、合满、合蒙、合回、合苗、合藏，组成一大民族"，乃所有中国"有志之士所同心醉"的共同理想，[①] 不过当时和随后几年，他一般称这个"大民族"为"中国民族"。1906年，立宪派代表杨度接续和发展了梁启超的"中华民族"用法，将汉满蒙回藏"五族大同"组成现代"中华民族"，视为中国国民进一步整合发展的目标。[②] 这可视为现代中华民族意识已然萌生的标志。

值得注意的是，正如笔者曾指出过的，在清末，从"语言统一"等现代民族观念角度，率先论证满汉民族乃至全体中国人皆为一大国民共同体或"民族"的，正是满蒙官员和满蒙留日学生。如1908年，前文提及的满人御史贵秀就指出："时至今日，竞言合群保种矣，中国之利害满与汉共焉者也。夫同舟共济，吴越尚且一家，况满汉共戴一君主，共为此国民，衣服同制，文字同形，言语同声，所异者不过满人有旗分无省分，汉人有省分无旗分耳。"[③] 1907年，满蒙留日学生创办《大同报》，鼓吹立宪改革，提倡汉满蒙回藏"五族大同"，在现代中华民族观念史上占有重要地位。如满人穆都哩和乌泽声，就都明确论证指出，不仅满汉之人为"同民族异种族之国民"，而且全体中国人也都属"同民族异种族之国民"。其"言语、风俗间有不同之处，有时而同化也"，"民族以文明同一而团结，而种族则以统一之血系为根据"，他们强调，中国各族人民，"准之历史之实例，则为同一之民族，准之列强之大势，则受同一之迫害，以此二端，则已足系定其国民的关系矣"。[④] 此种现代中华民族观念之先声，早在清末时就已经能有如此形态，恐怕有点会让今人感到吃惊。不仅如此，革命党人的"排满"观念也在与立宪党和清廷的互动中发生了一定变化，辛亥革命前夕，"五族共和"思想已在革命党的核心层产生并占据重要地位，这一点近年也得到发现和明确揭示。如1911年3月11日至12日，同盟会实际负责人刘揆一在《民立报》发表《提倡汉满蒙回藏民党会意见书》一文，就公开主张各族人民要共同组成革命党，联合进行革命，然后共同组建共和政府。这就为民国建立后"五族共和"思潮的迅速流行奠定了思想基础。

清末时，中国传统汉文中的"民族"一词，也在对应"nation"的过程中，通过中、

---

① 梁启超：《政治学大家伯伦知理之学说（二）》，汤志钧、汤仁泽编《梁启超全集》第4集，中国人民大学出版社，2018，第214—215页。

② 杨度：《金铁主义说》，刘晴波主编《杨度集》，湖南人民出版社，1986，第373—374页。

③ 贵秀：《奏为满汉畛域化除敬陈管见事》（1907年8月18日），中国第一历史档案馆，录副奏折，03-5745-055。

④ 参见乌泽声《满汉问题》，《大同报》1907年第1期，第53—102页；乌泽声《论开国会之利》，连载于《大同报》1907年第2期第33—52页、第3期第1—38页、第4期第1—30页；穆都哩《蒙回藏与国会问题》，《大同报》1907年第5期，第47—62页。

西、日互动，转化成一个现代概念，成为一个由政治上平等国民为基础构成的政治、文化共同体的指称。其最高层次与"国族"同义。而现代意义的"国族"概念词符，也在清末时应运而生。[①] 凡此，都为现代中华民族意识的萌生创造了思想条件。

实际上，清末国家通用语意义的"国语"概念形成及实践构建尝试，国语运动的国家倡导和组织开展本身，不仅构成了现代"国族"意识也即现代中华民族意识早期自觉的重要组成部分，而且对这一意识最终的结构性整合，还具有某种先导和建设意义，起到一种积极的推进和形塑作用。

〔本文摘自《近代史研究》2022 年第 6 期。作者黄兴涛，中国人民大学清史研究所教授；黄娟，中国历史研究院历史研究杂志社编辑〕

---

① 有关详细论述，可参见黄兴涛《重塑中华：近代中国"中华民族"观念研究》，北京师范大学出版社，2017，第83—94 页。

管制之外：战后青岛走私活动述论（1945—1949）

马斗成　张世煜

摘　要　抗战胜利之后，国民党迅速接收、占据青岛，随即执行经济统制政策，管制青岛的进出境贸易，对中共控制的山东解放区实行经济封锁。加之美军进驻，一时青岛各类走私频现，成为胶东走私的中心。战后青岛走私所涉群体既有凭借特权借机牟利的国民党军政公职人员、驻青美军等，又有因贸易管制、经济封锁被迫谋生的普通商民，甚至还有朝籍人员，可谓错综复杂，呈现出显著的时代及区域特色。究其实质，抗战胜利后青岛的走私乱象是国民党掌控下的青岛经济秩序崩溃的表现，是国民党贸易统制政策的负面效应，更是国民党当局山东解放区经济封锁失败的必然结果。

关键词　战后青岛　走私贸易经济封锁　胶海关

抗战胜利后，国民政府继续执行其战时经济统制政策，以应对国内日益严重的经济危机，并通过《中央银行管理外汇暂行办法》和《进出口贸易暂行办法》，全面实行输出入管理制度，控制进出口贸易和外汇收入，致使中小商人展开商贸不便，加之国民党日趋腐败，国内走私重新抬头。青岛因其特殊的地理位置和政治生态，[①] 成为战后胶东走私的中心，走私贸易[②] 体现出青岛鲜明的地域与时代特色。目前学界相关研究较少。[③] 究其原因，一方面，

---

① 抗战胜利后，除青岛外，山东沿海各埠相继解放，青岛外围地区为中共控制。为帮助国民党运输军队、控制这一山东重要港口及制衡在旅顺、大连的苏联驻军，美国在青岛也有大量驻军，战后青岛局势可谓错综复杂。

② 因战后青岛市外围地区皆为中共控制，青岛与山东解放区之间的贸易往来如无国民党许可，在当时即被视为走私行为，故本文所指走私贸易并非一般意义上的非法进出境贸易活动，而是将逃避国民党及海关监管的贸易活动视为走私贸易。

③ 目前尚无专门探讨战后青岛走私问题的论著，仅见连心豪在其著作《近代中国的走私与海关缉私》（厦门大学出版社，2011）第九章第二、三节稍有论述，指出青岛是战后胶东走私的中心，对驻青美军走私原因着墨较多，未提及其他人员走私情况。

相关青岛走私的材料尚未开放；另一方面，受传统观点影响，学界长久以来认为战后国民党政权日趋腐败是走私盛行的根本原因，因此往往选择更具有代表性的华南走私贸易作为研究对象。战后青岛走私历史实情如何？何以造成此等情况？诸多问题有待解答。本文主要依据青岛市档案馆藏档案及相关资料，充分利用新近发掘的胶海关缉私报告，探究战后青岛的走私贸易实情，进而透视当时社会经济畸态，亦为解释国民党政权在大陆的溃败提供一种经济上的视角。

一 国民党公职人员与美军走私现象

"大麦岛走私案谢光蔚昨枪决"——1949 年 1 月 3 日《青联报》头版报道的这则新闻引人关注，[①] 这标志着自 1948 年 7 月案发的大麦岛走私案尘埃落定。所谓大麦岛走私案，案情复杂。1948 年 7 月 9 日，要塞司令部李村守备大队在大麦岛附近发现两辆军用卡车及一辆吉普车行踪可疑，经盘问检查，发现载有火油，并试图出海，守备大队遂将其扣押调查。此案经青岛多家报纸报道转载，竞相猜测案情内幕。有的报纸称当日军用卡车由武装士兵押运，守备大队使用机枪才将其包围捕获；有的报纸称走私物品是"四十大桶火油，两部大型无线电机零件"；[②] 有的报纸"载有该案有关消息口供及有关辎汽二十一团一营等事件"，声称有"营连长分肥等各情"。[③] 当时新闻真假难辨，人心惶惶。后经调查，本案主犯王子美、孙忠兴为无业游民，以替中共工商管理局将各种物资运往解放区获利谋生。而此案另一主犯——商人唐守训此次与中共有关人员商洽，计划将从丁齐山等人手中购买的 34 大桶柴油经湛山转送麦岛，以装中共船只运往红石崖解放区。唐守训同王子美、孙忠兴联系辎重汽车二十一团一营三连一排副排长谢光蔚一同运输，后在大麦岛运输途中被发现，经验丰富的王子美、孙忠兴二人趁乱逃跑，唐守训与谢光蔚则被当场抓获，随后丁齐山等人也被抓。[④]

大麦岛走私案中，商人唐守训之所以找到谢光蔚帮忙，目的就是利用谢光蔚的排长身份，以军用卡车作为掩护。这种利用身份或职位便利的走私行为在战后青岛并不少见，其成员大致可以分为两类：其一是以国民党军警、政府人员为主的公职人员；其二为驻青岛美军。

---

① 《贪污资匪者杀，大麦岛走私案谢光蔚昨枪决》，《青联报》1949 年 1 月 3 日，第 4 版，青岛市档案馆藏（本文所用档案，如非特别标注，均出自该处，下文不再一一注），档号：D000345-0000Q-0023。

② 《军车载物走私资匪在麦岛东被破获，石老人海岸亦续有发生》，《青报》1948 年 7 月 14 日，第 4 版，档号：D000020-00027-0052。

③ 《麦岛走私案余闻，各关系机关称并无其事》，《青报》1948 年 7 月 28 日，第 4 版，档号：D000020-00055-0052。

④ 《大麦岛柴油走私案真相业已大白，十一绥区公布详情》，《青岛公报》1948 年 7 月 24 日，第 1 版，档号：D000192-00047-0019。

1. 国民党公职人员的徇私舞弊

已有学者指出，战后国民党特权阶层徇私舞弊，走私现象骇人听闻。[①] 在青岛，自1945年9月光复至1949年6月青岛解放，亦屡见不鲜。1949年11月，美军运送国民党第八军抵达青岛后不久，青岛市保安总队第二中队长刘仁臣就报称驻扎在沧口同兴纱厂的国民党三零八团"自由活动并且任意搬运物品"，从事走私活动。[②] 此后，国民党军队走私有愈演愈烈之势，仅青岛城阳附近查获的军车走私货物就堆积如山，无法及时处理。[③] 到1949年3月，更有军舰走私燃料事件发生。[④] 除军队人员参与走私外，部分普通警员及政府职员也从事走私活动。1946年6月，青岛警备司令部收到的青岛市政府公函中称"警察、港务两局服务者有串通一起舞弊等情事"，帮助"奸商"将货物运送至海西解放区。[⑤]1946年7月警士任纪月私造"交通部交通警察总局"戳记，假借军需处名义向青岛市外走私货物，被市北分局抓获。[⑥] 与政府内部公文和地方报纸记录情况截然相反的是，海关档案《胶海关一九四五至一九四九年缉私报告》中，公职人员走私案却只记录一起。该报告逐月记录自1945年9月至1948年12月青岛的走私情况，1949年1—3月合并报告，由胶海关税务司呈报给总税务司。[⑦] 但该报告第七项"官方人员走私"一栏，基本为"No remarks（无记录）"或索性空白，只有1949年1—3月的报告填写有案件一起。[⑧] 仅这一起案件也十分可疑，因为依据笔者所见档案，1949年3月就有两起走私案件。[⑨] 那么，这种海关档案与地方档案资料冲突的现象该如何解释？

《关声》杂志的一篇短评或许可以提供一种解释："在现在吏治未能清明的时候，走私者神通广大，便勾引若干不肖官吏为他们服务，在这种情形下，海关官员很难认真执行职务。

---

① 参见连心豪《近代中国的走私与海关缉私》，第313—318页。
② 《青岛市保安总队关于沧口同兴纱厂仓库物品搬运趁机走私的报告》（1945年11月21日），青岛市政府档案，档号：B0024-001-00175-0033。
③ 参见《利用军车走私，城阳附近查获甚多，货物堆积听候处理》，《青报》1947年5月21日，第2版，档号：D000008-00042-0012。
④ 参见《为查缉中海舰夹带走私物资一案奖金的公函》（1949年3月19日），胶海关档案，档号：B0047-001-0026；《关于查照办理中海舰夹带走私燃料奖金的代电》（1949年4月2日），胶海关档案，档号：B0047-001-00026-0027。
⑤ 《青岛警备司令部关于小港检查所有走私受贿的代电》（1946年6月1日），青岛市政府档案，档号：B0024-001-00725-0073。
⑥ 《私造戳记，意图走私》，《民言报晚刊》1946年7月31日，档号：D000084-00061-0036。
⑦ 《胶海关一九四五至一九四九年缉私报告》为英文印刷，每月报告，分为10部分：一、General（概论）；二、Whraf and Shipping Control within Harbour Linits（港内码头及航运管制）；三、Preventive Work at Sea（海上缉私工作）；四、Preventive Work on Land（陆上缉私工作）；五、Office Cases（办事处案件）；六、Ingenious Method of Smuggling（独特走私方式）；七、Official Smuggling（官方人员走私）；八、Provincial Preventive Activities（地方缉私活动）；九、Silver Smuggling and Silver（金银走私及缉获）；十、Narcotic Smuggling and Narcotic Seizures（麻醉品走私及缉获）。
⑧ 《胶海关一九四五至一九四九年缉私报告（英文）》，胶海关档案，档号：B0047-001-01033。
⑨ 参见《为查缉中海舰夹带走私物资一案奖金的公函》（1949年3月19日），胶海关档案，档号：B0047-001-00026-0018；《警艇走私机构在菏泽路破获》，《光华日报》1919年3月16日，第2版，档号：D000334-00062-0006。

如果扣留那些私货，说不定便要遭遇报复。"①此说法也可以通过缉私报告填报时间进行侧面验证。《胶海关缉私报告》1949年1—3月所记录的那起公职人员走私案件牵扯国民党军队，胶海关税务司刘贻禄填写报告的时间，根据签名日期可以确定为1949年5月13日。此时，国民政府已经撤往广州，青岛成为国民党在华北最后的"孤岛"，国民党青岛市党部于4月23日召开紧急会议，决定两周内撤离青岛，而美军也做好了撤青准备，中共山东军区趁此有利形势对驻青岛国民党部队"发动威胁性攻击"，以迫其早日撤退，②青岛国民党统治机构几近瘫痪，青岛解放只是时间问题。为何之前三年多的时间缉私报告无一起官方人员走私案件记录，却在国民党大势已去之时详细记录？恐怕只有《关声》的分析能够解释得通了。

另一原因是海关职权束缚。据《军用船舶检查及指泊权实施办法草案》之规定："军用船舶航前及到港由当地水运机构会同宪兵及驻军检查之。"③且1945年后胶海关青岛地区只有驻小港支所、驻邮局支所及驻民航机场支所三个分支机构。公职人员利用船舶海上走私，海关无权查缉，利用军车陆上走私不在海关管辖区之内，自然海关缉私报告"官方人员走私"一栏只能填写"无记录"云云了。

正因公职人员走私可以逃过海关的检查，故走私物品一般都是军火、燃煤、柴油、机械零件等各类违禁品，如上述大麦岛走私案中的物品为柴油；1947年1月《军民日报》报道公职人员参与走私毒品，"有知情包庇者，均按成分肥"；④1946年4月青岛警备司令部查得"有商号勾结军人假借军政机关名称未经核准给证，擅自装运煤斤"。⑤在青岛媒体的报道中，这些物品运输的目的地往往是胶东解放区。时人评论道："走私出去的都是军用品等，可以说很多很多……运了军用品出去，可以增强对方的实力。"⑥走私品多是青岛国民党当局所规定的禁止输出物品，这类物资又多是中共解放区所需，因此报纸的记载可能反映了一定实情。但考虑到报纸媒体总是倾向于一些抓人眼球的新闻及标题，此类信息必然经过精心筛选，故向解放区运输物资是否为公职人员走私的主流尚有待进一步考察。

到1949年，在青岛市民眼中，国民党公职人员走私已成青岛一大问题。《青联报》和《大民报》就曾连发短评，称"军官为了只图私利，如今已不惜把军火都运了出去"，政府人员包庇走私，"事实俱在，勿庸隐讳，实为本市之一最大污点"，希望政府以批评化动力，严厉打击。⑦国民政府并非无动于衷，早就尝试过遏制公职人员走私的努力。1946年5月，

---

① 赵冀：《走私猖獗的主要因素》，《关声》复刊第4期，1947年12月10日，第4页。
② 《山东军区给中央军委并华东军区电》（1949年4月25日），中共青岛市委党史资料征委会办公室、青岛市博物馆编《青岛党史资料》第5辑（青即战役专辑），青岛市出版局，1989，第238页。
③ 《军用船舶检查及指泊权实施办法草案》（1947年1月11日），胶海关档案，档号：B0047-001-00024-0002。
④ 《水上走私夹运毒品，官商一气按成分肥》，《军民日报》1947年1月11日，第4版，档号：D000205-00043-0006。
⑤ 《走私运煤——假借军人名义，当局严厉查禁》，《青报》1947年4月28日，第4版，档号：D000025-00045-0023。
⑥ 《又破获军官走私》，《青联报》1949年4月13日，第2版，档号：D000348-00026-0006。
⑦ 《又破获军官走私》，《青联报》1949年4月13日，第2版，档号：D000348-00026-0006；《包庇走私》，《大民报》1949年4月18日，第3版，档号：D000120-00036-0015。

山东高等法院第二分院检查处抄发军委会制定的《监察检举军警走私经商吃空实施办法》规定："凡执行监察检举职务者，应随时随地巡逻考察所管辖区域内发生军警走私经商或吃空案件。"[①]1946 年 9 月，青岛警备司令部规定："对于民军运输物资出境，无论利用何种运输工具，都须有司令部放行证，各检查站如有通谋卖放走私者，一经查出，即以物资资敌罪论处。"[②]1947 年 3 月，青岛警备司令部为杜绝军舰走私，规定："嗣后凡海军船舰或陆军各部队军用舰船，均一律接受检查。"[③]从报纸报道的走私案件看，这些措施收效甚微。

2. 驻青美军的公开走私

抗战胜利后，美国为扶蒋抑共和牵制在大连、旅顺的苏联势力，以协助国民政府接受日本投降及遣返战俘、日侨为名，派遣海军陆战队登陆青岛，紧接着美国第七舰队移驻青岛，青岛一时间成为美国在西太平洋地区的军事基地。[④]驻青岛美军也利用自身在华特权从事走私活动，且更为嚣张。

根据 1946 年《关于美国驻华军事顾问团之协定》第四章第十三条之规定，驻青美军"顾问团进口之物资、装备、供应及货物，无论为顾问团公用，或顾问团人员及其家属个人使用，倘其申请豁免此种关税已取得美国大使或代办批准，中华民国政府应准予豁免关税。此种物资、装备、供应及货物不应征收任何中国生产税、消费税及其他捐税。上述物资、装备、供应及货物如从中国重新运出，不应征收出口税"。[⑤]同时，美籍海关总税务司李度强势表示："中国政府，包括中国海关，必须尽一切可能以适应美军的需要，这是最高原则。"[⑥]胶海关多次重申《外交暨领馆官员输入物品办法》，"该官员等依照其所代表之国家与中国现行互惠协定享有免税利益者，得输入物品，以为公用或自用"；"美国驻华陆军输入公用物品所有属于附表"之物品，"均得免验输入许可证"。[⑦]青岛市政府也为驻青美军大开方便之门。国民党青岛储整处处长就曾于 1947 年 7 月致函胶海关，请求放行被海关扣留的美军福特八缸引擎 6 具，称其"接收时间仓卒，未及先行办理报关"。[⑧]在外交协定、海关、青岛市政府的庇护下，驻青美军走私如入无人之境。因海关无权查缉，驻青美军走私留下详细记录较少，但仍有蛛丝马迹可寻。1946 年 10 月，海关人员查获一批留声机唱片，美海军称

① 《今后都行不通了，军委会公布检举办法》，《民众日报》1946 年 4 月 27 日，第 4 版，档号：D000328-00051-0029；《监察检举军警走私经商吃空实施办法》（1946 年 5 月 26 日），青岛地方法院、青岛地方法院检查处、青岛地方法院看守所（全宗汇集）档案，档号：A0044-002-00069。

② 《青岛市警察局关于查有放弃职责或通谋卖放走私情事即以物资资敌论罪的训令》（1946 年 9 月 19 日），青岛市警察局档案，档号：A0019-002-00186-0143。

③ 《根绝掩护海上走私，军用舰船一律检查》，《平民报》1947 年 3 月 17 日，第 3 版，档号：D000142-00034-0016。

④ 参见张维缜《中国内战背景下的美国青岛驻军政策》，《近代史研究》2016 年第 5 期。

⑤ 王铁崖《中外旧约章汇编》第 3 册，生活·读书·新知三联书店，1962，第 1387 页。

⑥ 俞莹：《民国的海关》，忻平、胡正豪、李学昌主编《民国社会大观》，福建人民出版社，1991，第 421 页。

⑦ 《胶海关税务司就实行〈外交暨领馆官员输入物品办法〉事的令》（1947 年 1 月 17 日），青岛市档案馆、青岛大学历史学院编《胶海关档案史料选编·规章制度卷》，青岛出版社，2019，第 101 页。

⑧ 《国民党青岛储整处处长就美军引擎放行事给胶海关的函》（1947 年 7 月 12 日），胶海关档案，档号：B00047-001-00112。

其是给慈善机构的捐赠物品，但没有证据可以证明，后此案不了了之。1947年2月，胶海关小港支所在一艘前往连云港的轮船上查获一批香烟，香烟上印有"The Use of U.S. Armed Forces"（美军使用）字样，海关人员将其没收。类似的案件在1947年5月、7月都有查获。[①]1947年5月7日，市场三路警长在巡逻时发现一名商贩与美军士兵交易，并以36美金购买收音机一台。此并非个例。青岛市政府曾多次下令，严禁与美军交易货物，但仍有多数商人市民希图侥幸。[②]由此可见，驻青美军多是通关走私，采用伪报的方式，将大批商品以军用物品及公用用品的名义申报入关。而商品一旦入关后，又往往通过各种隐秘途径销售给青岛商民，完成后续走私活动。驻青美军走私物品多是各类洋货消费品，如香烟、卷烟纸、丝织品、威士忌、罐头食品、糖果等。之所以出现这样的商品结构，和当时青岛及山东内地市场需求密不可分。二战后，美国利用在中国攫取的各种特权及《中美参加国际关税与贸易一般协定》，将大量商品输入青岛，其他国家洋货输入减少。在输入的商品中，又以各种原料居多，食品、香烟、丝织品等日用消费品输入较少，消费品仅占所有输入洋货的12%—15%左右。[③]

同时，国民政府因奉行经贸统制政策，于1946年11月修改公布《进出口贸易暂行办法》，禁止饼干、糖果、化妆品等奢侈消费品进口，对各类烟酒加征50%的关税，有许可证方可进口糖、烟叶、煤油等日用消费品，以限制进口，避免外汇储备外流，因此在市场上流通的洋货消费品逐步减少，价格较高。驻青美军以自用及公用为名输入的物品，大多也是各类生活消费品，在高额利润的诱惑下，不少美军便将这些消费品卖与当地居民，大量军用消费品就流入青岛及山东内地市场。胶海关就其已知情况估计："1947、1948两年青岛走私进口几近所有消费品洋货都来自于驻青美军。"[④]

二 管制下的暗流：络绎于途的民间走私

抗战胜利后不久，国民党公开撕毁和平协定，大举进攻解放区，悍然发动内战，使其军费陡增，不得不执行战时经济统制政策，对输出入国统区的货品进行限额管理。在青岛，因周边皆为中共控制的解放区，青岛国民党当局采取了更加严格的货物管制措施，限制输入至山东内地的货物种类与数量。同时，国民党当局迫于局势，对中朝贸易也严加限制。这一系列忽视经济长远利益的战时举措使青岛商民的正常商贸活动无法开展，大批海员、游民及

① 《胶海关一九四五至一九四九年缉私报告（英文）》，胶海关档案，档号：B0047-001-01033。
② 《私与美军交易，警察带去讯解》，《青岛时报》1947年5月8日，第3版，档号：D000261-00014-0016。
③ 青岛市史志办公室编《青岛市志·对外经济贸易志》，五洲传播出版社，2001，第83页。
④ 《胶海关一九四五至一九四九年缉私报告（英文）》，胶海关档案，档号：B0047-001-01033。

普通商人被迫走私以谋生计。如在上述大麦岛走私案中，主犯王子美、孙忠兴为无业游民，以走私谋生，而案发后只有其二人逃跑，可见其经验丰富，故民间走私力量在战后青岛走私贸易格局中不可忽视。

1. 一般走私案件

民间走私成员多是普通商人、船只乘客、船员及船主，他们通常没有特权庇护，在缉私报告及相关档案中记载较多。《胶海关缉私报告》显示，民间走私一般有通关和绕关两种类型，通关走私采用伪报、藏匿、蒙混等方式，绕关走私一般是利用民船直接携运管制货物非法进出青岛，胶海关 1946—1949 年民间走私具体情况见表 1。

表 1 胶海关 1946—1949 年查缉民间走私案件数量统计情况

查获单位 时间	Search Party （船舶 检查组）	Baggage Party （旅客行 李组）	Gate Duty Officer （大港大门 检查员）	Steamer Duty Officer （轮船税员）	Small Harbour Sub-station （小港支所）	Appraising and Examination Staff （验估和验货员）	Others （其他）	Total （总计）
1946 年	364	75	22	28	202	132	26	849
1947 年	338	243	14	31	144	104	56	930
1948 年	167	73	16	17	194	74	78	619
1949 年 1 月—3 月	11	30	——	1	11	10	20	83
总计	880	421	52	77	551	320	180	2481

资料来源：《胶海关一九四五至一九四九年缉私报告（英文）》，胶海关档案，档号：B0047-001-01033。按，1933 年 1 月，江海关所辖海州分关改由胶海关管辖。1936 年 5 月，胶海关所辖海州分卡改称连云港分卡。此后，连云港海关事务一直归胶海关管辖。此表在制作时没有将 Lienyunchiang Station（连云港支关）查获数据统计在内。Others（其他）一项主要包括 Non-Customs Authorities（非海关机构）、Patrol Officers（巡缉员）、Postal Parcel Sub-station（邮局支所）、Civil Aerodrome Sub-station（民航机场支所）、C.P.S.Haiwei（海关缉私舰海威号）。

由表 1 可见，战后青岛民间走私案件主要由船舶检查组、旅客行李组、小港支所、验估和验货员查获。船舶检查组主要在港口随机检查进出港船只证件及货物，旅客行李组随机检查客轮乘客行李，验估和验货员负责查验进出口船只货物，货物抽查率为 5%—10%，复出口货物因需要退费，必须全部查验。小港支所情况较为复杂。青岛自德国侵占后便被开辟为自由港，港口建设随之进行，主要形成了大港和小港两大港口，1901 年 10 月胶海关成立小港分关。根据《青岛德境以内征税办法章程》，1905 年，青岛大港周围地区被开辟为无税区，[①] 进出青岛的民船查验货物地点皆在小港，轮船不进入无税区者，与民船管理相似。小港支所所查获的案件多涉及民船。由此可见，船舶检查组、旅客行李组、小港支所、验估和验货员查获四类民间走私案件都发生在港口地区，通关走私占据主导地位，这些案件占被查

---

① 参见青岛市档案馆、青岛大学历史学院编《胶海关档案史料选编·规章制度卷》，第 13 页。

获总案件的近 90%，而 Others（其他）一项主要包括 Non–Customs Authorities（非海关机构）、Patrol Officers（巡缉员）等，不足被查获总案件的 10%。在港口地区的民间走私案件中，小港支所所查获案件又远远超过 Gate Duty Officers（大港大门检查员）和 Steamer Duty Officer（轮船税员）所查获数，故小港是民间走私重灾区之一。

青岛市政府采取了相应措施严防小港走私活动。1946 年 12 月青岛市财政局为应对小港内商船走私畜肉的现象，请求港务局"第一稽征处派员常驻小港，切实稽查，以保税收"。① 1947 年 4 月，胶海关奉总税务司令在小港港口设置趸船，上驻关员以便稽查进出民船，命"榆光巡缉艇应即移泊小港港口北堤岸地方作为上项趸船之用"。② 到了 1949 年 1 月，青岛市政府直接在"小港各路口以铁丝网封锁，并由青年军负责执行"，以严防走私。③ 小港走私之所以如此严重，主因在于国民党实行经济统制政策，增设贸易限制，国内通货膨胀，经济崩溃，小港的民船商民不得不铤而走险，以身试法，以走私谋利求生。但青岛市政府不以改善贸易环境、缓解经济危机为解决手段，反倒以堵代疏，一封了之，加剧了小港商民的生活难度，使得小港的走私活动得不到有效控制。

在走私物品方面，民间走私主要是大米、面粉、高粱、烟草、煤炭、棉丝纺织物等各类基本生活物资。近代以来，青岛作为一个人口数十万的港口城市，其生活基本物资供应皆仰赖其港口腹地及海上运输。但此时青岛港内美军船只占用码头船位，青岛港主要承担军事运输任务，且港口年久失修不堪受用，大港一、二、四、五号码头基本停用，物资运输困难。加之国民党公然发动内战，青岛港连接港口腹地的胶济铁路因战事基本中断，物资输送有限。同时为配合武力进攻，青岛国民党当局采用货物管制的方式以达经济封锁山东解放区的目的。作为应对措施，中共控制下的山东解放区对其掌握着的粮、煤等重要生活物资也实施管制，采用高价输出、低价输入的策略以避免不等价交换，乡村流入城市物资减少。此时，青岛呈经济孤岛之势。但国民党不思救济，反而滥发纸币，官商勾结，囤积物资，致使物价飞涨，市民生活颇受影响。④ 民间走私进口各种生活物资恰恰适应了此时青岛市场需求，反而起到了平抑物价、缓解物资紧张的作用。

与走私进口不同的是，出境物资主要是各种机器零件、丝织品、皮制品、火油、西药等各类违禁品及自来水笔、胶带等各类机制消费品。1948 年，盘尼西林、磺胺嘧啶、磺胺噻唑、链霉素等各种西药走私尤其旺盛。民间出境走私物资大都流向青岛周围由中共控制的解放区。抗战胜利后，中共控制下的山东解放区虽然农业、手工业方面长足发展，粮食原料

---

① 《第一稽征处派员常驻小港缉查私肉请予协助的公函》（1946 年 12 月 16 日），青岛市港务局档案，档号：B0033-001-00342-0022。

② 《奉总税务司关于在小港港口设置趸船以便稽查进出民船各点的令》（1947 年 4 月），胶海关档案，档号：B0047-001-01096-0109。

③ 《杜绝走私，封锁小港》，《青联报》1949 年 1 月 11 日，第 4 版，档号：D000352-00065-0043。

④ 参见《青市民深夜出动，持面袋高喊购粮》，《申报》1948 年 10 月 17 日，第 2 版。

可以实现自给自足，但各种工业物品及洋货消费品依赖于国民党控制下的城市输入。青岛市政府对这类物资实行管制，以谋求在经济上遏制中共解放区的目的。作为应对，中共奖励输入各种工业物品，例如"生产工具、西药、电料、文具、纸张等"。[①] 不少青岛商民为赚取差价，携带各类中共紧缺物资出境，甚至有人以此为业。如上述大麦岛走私案中的王子美、孙忠兴等常替中共工商管理局将各种物资运往解放区。夏庄成为向解放区输送物资的重要基地，物品多为汽车零件、铜电线、红土粉、火油、自行车零件、胶皮、火柴等物；小港东昌泰商号是另一中转站，专门为中共收购小港物资秘密转送出境，被国民党查获时，物资有西药消炎粉、玻璃管、钢丝等。[②]

盘尼西林、磺胺嘧啶、磺胺噻唑等各种西药走私之所以在1948年盛行，则完全是受当时山东解放战争时局影响。自1948年年初开始，中共为切断青岛与济南的联系，向胶济铁路沿线的国民党守军大规模进攻，3月攻克济南周围的淄川，4月攻占胶济铁路的重要枢纽潍县。5月，中共中央军委命令许谭兵团攻占鲁中西部地区，以完成对济南的战略包围。9月，济南战役打响。9月24日济南解放。解放军将近一年的山东攻势，需要大量药品补给，尤以盘尼西林类抗菌消炎西药需求量大，这类西药往常只能通过进口获得。1948年山东解放区进口物资价值最多者为西药，达26148810764元，占全部进口物资价值的13.95%；再者为汽油，达14255342205元，占全部进口物资价值的7.61%。[③] 此时山东两大港口烟台[④]和青岛皆在国民党控制之下，严禁盘尼西林、磺胺嘧啶、磺胺噻唑等西药出境，使得这类药品在解放区较为昂贵，故有诸多冒险者运输药物至解放区以谋取差价盈利。

2. 涉朝走私活动[⑤]

自1946年起，民间走私活动中开始出现涉朝走私现象，且价值巨大，值得关注。在胶海关1947年8月查获的一起小汽轮走私案中，该船违反政府规定与朝鲜展开贸易，进口各种物资，价值法币42000000元，达该月胶海关没收案值的七成。11月查获的一起以驻汉城总领事馆海外华人名义伪报进口的汽轮走私案，价值法币2393833500元，达胶海关当年查获走私个案案值之最。此外，1946年、1948年胶海关也查获了类似大额案件。[⑥] 之所以出现数额巨大的涉朝走私案，和当时中朝贸易政策不无关系。二战结束之后，美苏两军分占朝鲜，1946年2月美军控制的朝鲜南部成立"民主议院"，同月，朝鲜北部成立"临时人民委

---

① 薛暮桥：《抗日战争时期和解放战争时期山东解放区的经济工作》，山东人民出版社，1985，第304页。
② 《走私之村夏庄，区属港东，资匪人犯二十，全案业经分局破获》，《青联报》1949年1月14日，第4版，档号：D000352-00071-0021；《小港东昌泰商号竟是走私营业所，分驻所经三月侦察始破获》，《青岛晚报》1948年9月6日，第4版，档号：D000409-00010-0020。
③ 《山东解放区一九四八年进出口主要物资统计表》（1948年底），常连霆主编《山东党史资料文库》第25卷，山东人民出版社，2015，第493页。
④ 1945年8月八路军解放烟台，但1947年10月国民党军队占领烟台，直至1948年10月烟台第二次解放前，烟台一直被国民党军队控制。
⑤ 此处"涉朝走私活动"是指朝鲜半岛与中国之间的各类走私活动，并非单指北朝鲜。
⑥ 参见《胶海关一九四五至一九四九年缉私报告（英文）》，胶海关档案，档号：B0047-001-01033。

员会"。因意识形态等原因，国民政府只能在"南韩"① 开展外交活动，未和北朝鲜就贸易问题展开协商，但同南韩方面的贸易磋商困难重重。南韩主张自由贸易，仁川、群山、木浦、釜山、墨湖等五港口全部开放，只要报关，其他并无限制措施，而国民政府指定中央信托局统筹中韩贸易，进出口都需许可证才可易货。且南韩此时由美军占据，并未成立正式政府，与各国之间没有确定汇率关系，开展贸易较为困难。当时，"旅韩侨商约三十万人，商店约五千余户，连同依此为生之眷属，不下百万左右。此辈侨商，因贸易停滞，坐吃山空，无不殷切盼望恢复中韩贸易，以维生路"，② 但中韩贸易谈判迟迟未有进展，私自贸易皆按走私论处。青岛地处胶东半岛，与朝鲜半岛素有贸易往来，受害为甚。如新华企业公司青岛分公司就因其"与朝鲜之间通商达数十年之久"，"为流通物资，稳定物价，以利国外贸易而便争取市场计"，请求胶海关开辟青岛与南韩之间的航运贸易。③

1946年11月，中韩双方最终达成《中韩临时通航贸易办法》，但没有实质解决中韩贸易问题。此办法规定航运贸易期限为一年，第二条规定："贸易采用一般方式，特别注意易货制度。"④ 一般而言，朝鲜半岛向中国输出的商品有海参、干贝、鱼翅、鲜鲍等海产品及人参、鹿角等物，中国输出朝鲜半岛的多是食盐、药品、白糖、白报纸、棉布、毛线、棉织品、肥皂、杂粮、茶叶、红枣等生活日用品。此时国内物价上涨，物资紧缺，青岛尤其严重，中韩之间难以实际易货。且采用易货制，输入的鲜货无法现时结汇，海关规定"缴纳货价百分之五十现金保证，及百分之五十辅保"，保证于一定期限内以等价值货物输入，以防物资逃避，中韩商人交易成本大大提高。⑤ 此外，1946年11月17日颁行的《修正进出口贸易暂行办法》规定，出口必须结汇，进口必须许可，对中韩贸易这种特殊情况并没有要求。⑥ 但实际情况是，青岛市商会、胶海关皆发布命令："我国与韩国之间，进出口贸易，除经政府特许外，应一律予以禁止，嗣后倘有轮船帆船不遵上项禁令，擅自载运货物由韩国进口，或由我国输往韩境，一经查觉，应即予以扣留罚办。"⑦ 1947年，中韩之间邮电未通，在韩侨商及韩商取得国民政府许可不便，另因1946年11月21日行政院院长手令"凡商人报请运往韩国之货品，一律不准放行"之规定，国内商人也不可能取得许可⑧。故除了少数特

---

① 1948年8月大韩民国成立之前，时人就以韩国指代整个朝鲜，但只承认由美军控制的南朝鲜及大韩民国，国民政府始终未承认北朝鲜政权。按，除原始史料外，笔者以"南韩"指代由美军控制的南朝鲜及后来成立的大韩民国。

② 《恢复中韩贸易问题》，（上海）《财政评论》第16卷第5期，1947，第120页。

③ 《关于青岛筹辟与朝鲜间航运贸易予以准行的呈文》（1946年9月），胶海关档案，档号：B0047-001-00090-0077。

④ 《中韩临时通航贸易办法（卅五年十一月廿八日公布）》，狄超白主编《中国经济年鉴（下编）》，"中外商约"，太平洋经济研究社，1947，第15页。

⑤ 《输入管理当局考虑中韩贸易》，（南昌）《经建季刊》第3期，1947，第113页。

⑥ 参见《修正进出口贸易暂行办法》，（南京）《中央日报》1946年11月18日，第3版。

⑦ 《青岛市商会关于限带国币出境和禁止擅自与韩国贸易的函》（1947年4月23日），青岛市各同业公会及社会团体（全宗汇集）档案，档号：B0038-003-00119；《若与韩国贸易，须经政府核准》，《青岛晚报》1947年5月14日，第4版，档号：D000395-00027-0022。

⑧ 《恢复中韩贸易问题》，（上海）《财政评论》第16卷第5期，1947，第120页。

权商人外，大多数中韩商人无法从《中韩临时通航贸易办法》中获得任何法律上的帮助与支持，贸易大多只能通过走私方式进行。1948 年 2 月，国民政府行政院通过《中韩贸易通航条例》，此条例规定中韩贸易以易货为原则，经经济部核准允许私人贸易，通商口岸暂定上海、天津两港。① 与《中韩临时通航贸易办法》相比，《中韩贸易通航条例》虽放开了部分限制，但贸易口岸却排除了青岛。原因在于：第一，此时青岛港主要承担美军军事运输任务，无多余码头供正常贸易使用；第二，中共解放区常与朝韩进行贸易，如放开青岛贸易管制，国民政府担忧中共借机向青岛渗透。在这种背景下，若商民从事中韩贸易，需先沿胶济铁路至济南，转津浦线前往天津或上海，或通过海运在天津或上海转口贸易，但此时中共正进攻胶济铁路沿线地区，青岛港外轮被禁、民船受限，上述两条线路受阻，正常贸易无法开展，故走私活动于 1948 年并无任何缓和迹象。

三　时局与暴利：走私风行之缘由

行为经济学研究表明："从事走私活动所得的收益越大，就越会诱使人们去从事走私违法活动。相反，走私带来的利益等于或小于需要投入的资本，那么走私活动就会大大减少。"② 战后青岛之所以会出现各种走私活动，和战后国民政府采取的贸易管制措施与青岛时局带给走私活动的高收益密切相关。总体来看，大致有以下三个方面：

其一，青岛物价高涨且高于其他重要口岸，走私进口有利可图。抗战胜利后，国民党部队迅速进占青岛，青岛周围沿海各口岸如烟台、威海等地被中共占领，且中共在山东控制了大量农村地区。中共山东分局和山东省政府是当时解放区中唯一自成建制的省级政权，下辖胶东、滨海、渤海、鲁中、鲁南五个区，120 多个县。青岛处在解放区包围之中。在内战爆发前国共相对和平的一段时间内，山东解放区同青岛之间生活物资往来并无太大阻碍。但内战爆发后，国民政府实行贸易管制措施，对解放区实行经济封锁，禁止国统区同解放区的贸易往来，或只准国统区输入解放区的物资，不准国统区向解放区输出，企图倾销不值钱的法币套取物资，以削弱解放区的物资储备，扰乱解放区的金融市场。因此，山东解放区适时调整策略，采取了针对性的贸易管制措施，掌握重要输出物资，在战争时经济封锁敌占城市，局势平缓时高价输出剩余物资，青岛同山东内地间的物资供应渠道因此不能有效流通。

与此同时，青岛通过港口贸易调节物资这一渠道也并不畅通。抗战胜利后，美国出于干涉中国内政的目的出兵青岛，驻有第七舰队司令部、海军陆战队第六师、海军陆战队宪

① 《政院制颁中韩贸易条例》，（南京）《外交部周报》第 62 期，1948 年 3 月 3 日，第 3—4 版。
② 张大春：《走私犯罪应用经济学研究》，中国海关出版社，2013，第 34 页。

兵司令部、海军巡逻队等，青岛港此时主要担任军事运输任务，形同军港。1945年10月至1946年4月，大港靠停美军舰船5459艘，商船223艘。[1] 到了1946年12月，胶海关发布布告，禁止除政府特许外的外籍商船停靠。[2] 虽然1947年1月青岛港重新开放，但1947年4月后又恢复了1946年12月的禁令。[3] 国民政府之所以限制轮船入港，其根本原因在于大港泊位有限，需优先供美军使用。在这种情况下，青岛进出口商船数量不断下降，物资运输困难，1946年青岛港进口船舶总数较1945年减少3128艘，为2653艘，1947年、1948年则继续减少，仅为1822艘和1838艘。[4] 内陆不通，外航受阻，青岛各类生活品短缺，物价上涨迅速，且高于上海、天津、汉口、广州等重要城市。[5] 在差额利润的刺激下，其他口岸纷纷向青岛走私运输各类物资。

其二，因国民党当局货品管制，青岛与内地之间的洋货行销网络中断，但在山东内地的物资需求刺激下得以一定恢复，国民党将这种跨境贸易运输行为视为"走私"。近代青岛自开埠后，凭借其优越的地理条件和完善的基础设施，逐步成为华北第二大港口、山东对外贸易的经济中心，构建起了一个以青岛为核心的洋货行销网络。这一洋货行销网络，以青岛作为输入口岸，沿胶济铁路及省内公路，以鲁东各城镇乡村为直接销售地；以胶济铁路及支线上的潍县、周村、博山为二级市场，将洋货转销鲁中地区；以胶济铁路终点济南为鲁西集散中心，进而辐射鲁中西部地区。[6] 通过这一网络行销的洋货主要是由青岛港进口的洋纱洋布、染料、纸张、五金、机器、火柴、煤油、建筑材料等物，这一网络自胶济铁路开通后的数十年里，一直发挥着作用。抗战胜利后，情况为之一变。此时，中共控制着各洋货的最终销售市场即广大农村地区，但沿胶济铁路的青岛、济南、潍县等皆在国民党的控制之下。国民党在控制区采取限制洋货出境的措施，以达到封锁解放区物资的目的，尤以青岛这一洋货进口口岸为甚。青岛警备司令部为加强对解放区的物资封锁，先后制定了《青岛物资出境管制改进办法》《青岛市管制主要物资出境实施办法》，规定通信器材、交通器材、电工器材、硝磺类、各种机器工具、五金及制成品、精密仪器、汽油机油、胶皮及制成品等禁止出境，粮食（米、麦、豆、面粉、玉米、高粱及其制品）、棉布棉纱棉花及其制品、食油类、燃料

① 青岛市史志办公室编《青岛市志·海港志》，新华出版社，1994，第162页。
② 《关于秦皇岛及青岛两地暂缓对外籍船开放的布告》（1946年12月16日），青岛市商会档案，档号：B0038-001-01407-0254。
③ 《奉总税务司关于秦皇岛及青岛两地准重新对外籍船只开放的令》（1947年1月），胶海关档案，档号：B0047-001-01096-0010；《关于暂缓对外籍船只开放的布告》（1947年4月23日），青岛市商会档案，档号：B0038-001-01627-0036。
④ 参见唐大为《山东海关发展史概览》，内部资料，2013，第145页。
⑤ 参见全国图书馆文献缩微复制中心编《民国时期物价、生活费、工资史料汇编》第12册，全国图书馆文献缩微复制中心，2008，第30—37页。
⑥ 参见实业部国际贸易局编《中国实业志·全国实业调查报告之三·山东省》，实业部国际贸易局，1934，第151—202页；王哲《晚清民国对外和埠际贸易网络的空间分析——基于旧海关史料等的研究（1873—1942）》，博士学位论文，复旦大学，2010，第150—155页。

类（火油、煤油、木柴）、医药及治疗器材、印刷纸张、建筑材料、颜料等物资限制出境，同时在沧口、李村、王哥庄、山东头、大港和小港6处设置经济检查站，以保证禁令切实实行。[①] 在这种情况下，原本正常的洋货运输被严格禁止，并被定以"走私"的罪名，交易者交易成本增加，统一的洋货行销网络出现了中断，国共控制区的边界出现非关税贸易壁垒，但山东内地对这类物资的需求并不会因为供应的减少而削弱。

中共为应对这一经济封锁，一方面组织生产，发展工业，并从天津等其他口岸想方设法调运物资；另一方面，对这类限制物资奖励输入，给予税收减免优惠，各类金属及其制品、化学产品及燃料、油脂烛皂、地图纸张、煤炭沥青、石料水泥等一般免税或收取不高于10%的进口税，远低于其他产品20%—30%的标准。[②] 中共的税收优惠政策给予交易者的额外收益，在一定程度上弥补了国统区商民因违反禁令跨境运输所承担的风险成本，国民党企图利用经济封锁扼杀山东解放区的妄想破产。在这一时期青岛是向山东解放区输入物资的第二大口岸，仅次于天津，占比25%—30%，[③] 故严格意义上说，青岛向山东解放区的物资输入并不是走私活动，是原本正常贸易的继续，为山东解放区提供了必要的物资支持，尤其是西药的输入，在一定程度上助推了山东解放战争的进程。其三，国民政府腐败无能，走私惩戒、缉私力量不足，走私成本过低。抗战胜利后，国内走私再度盛行，但国民政府在《惩治走私条例》公布前并没有对走私行为予以刑事上的打击，许多走私案件只能在行政程序中予以处罚，即出现了以罚代刑的情况。战后青岛的走私人员被海关等执法部门查获后，往往只能按照《海关缉私条例》没收货物并处以罚金，走私人员安然无事，实际上放纵了走私行为。为了应对全国日趋严重的走私现象，经过近一年的立法准备，国民政府于1948年3月11日公布了《惩治走私条例》，规定走私行为入刑，按情节轻重分别判处有期徒刑、无期徒刑和死刑。但胶海关缉私力量不足，又无法立刻将违法者绳之以法，走私者有恃无恐。

其实，自1945年9月海关光复后，胶海关缉私力量不足的问题就已出现，主要表现在三个方面。第一，从机构设置上看，抗战前胶海关的分支机构主要有乳山口、金口、青岛小港、石臼所、大浦、连云港、燕尾港分卡7处，柘旺1处分所，管辖范围东起山东半岛东端的成山头，沿海岸线直到连云港以南的燕尾港。战后胶海关支所、支关只有连云港支关、小港支所、驻邮局支所、驻民航机场支所，在青岛仅限于胶州湾东侧青岛市沿海地区，管理范

① 《青岛物资出境管制改进办法》（1947年6月20日），青岛市各同业公会及社会团体（全宗汇集）档案，档号：B00380031640181；《青岛市管制主要物资出境实施办法》（1947年11月），胶海关档案，档号：B0047-001-00076-0229；《青岛市管制主要物资出境检查站暂行组织办法》（1947年12月），胶海关档案，档号：B0047-001-00076-0240。

② 《山东省进出口货物税率表》（1946年10月10日），常连霆主编《山东党史资料文库》第22卷，山东人民出版社，2015，第310—337页；《山东省政府命令》（1948年12月15日），常连霆主编《山东党史资料文库》第25卷，第423—437页。

③ 《山东解放区1947年度对外口岸贸易统计表》（1947年11月）、《山东解放区1948年出入口货物统计表》（1948年12月31日），青岛海关编《山东解放区海关史料综览》第3卷，中国海关出版社，2006，第1491、1625页。

围受限。[①]1946 年胶海关曾表示"为查缉私运货物起见，似应在乳山口、金口、石臼所、柘旺、大浦、燕尾港等地，重新设五分支关所，以资堵截"，[②]并希望增加关警 6 队，但因山东时局，始终没有如愿。第二，从缉私舰艇来看，战后胶海关名义上拥有巡缉舰海威号、巡艇济安号、第四十七号汽艇、第六十九号汽艇、巡缉艇福山号、巡缉艇榆光号、建珂三号艇及舢板一艘，但巡缉舰海威号需承担运输任务，巡艇济安号亟待大修，两汽艇已被拆卸存放，巡缉艇福山号沉没于大港等待打捞拍卖，巡缉艇榆光号为关务长专用船只，而建珂三号艇原系烟台港务促进委员会所有，胶海关只是暂时保管，故真正供缉私人员使用的缉私舰船只有舢板一艘。[③]第三，从缉私人员上看，胶海关巡缉队、缉私舰艇人员及各类杂役有 181 人。[④]抗战胜利后，海关协助办理接收敌伪仓库事宜，山东青岛区敌伪产业处理局直接将码头仓库所有日伪遗弃货物移交胶海关保管，并不时令胶海关关警将物资移送搬运至青岛各单位，如1946 年 2 月 26 日山东青岛区敌伪产业处理局令胶海关将棉花 789 包移送至中国纺织建设公司青岛分公司，而这些本不是海关分内之事。[⑤]胶海关人手不足，出现了海关管理职权扩大与人力不足的矛盾，真正缉私人员有限。胶海关剩余关警也流失严重。首先，1947 年 9 月，为应对日趋严重的华南走私，总税务司令胶海关将 5 个关警队及新近调入的安东、营口、津海关 3 个警队，共 8 队 96 人调往九龙关。[⑥]其次，抗战时期国民政府实行《公库法》，规定国家全部岁入岁出由公库统一管理收支，禁止各单位以部分收入抵消支出，此后海关经费奇缺。抗战胜利后，物价飞涨，胶海关关员要求提高待遇，如曾有五十六人联名呈总税务司李度，称胶海关"用膳之人员五十人外，尚有一部分人员因食费伙食价昂贵，自备冷餐作中午正餐"，请求总税务司增加膳食待遇。[⑦]虽胶海关一再节省开支，满足部分关员的要求，但仍有不少关员辞职调离，如胶海关一等稽查员周禹康由于医疗补助不足而辞职；胶海关税务员仇申唐因"亲友来青避难求助，经济应对困难"请求调离；[⑧]等等。最后，因国共内战，国民党军队人员紧缺，以拉壮丁的方式强行征召胶海关人员入伍，和胶海关发生矛盾，进一步损害了胶海关的缉私力量。如 1946 年 11 月胶海关缉私舰艇及灯塔运输舰水手就曾称"壮

---

① 《胶海关所属支关、所名称表》（1946 年 1 月），胶海关档案，档号：B0047-001-00095-0003。
② 《胶海关就缉私所需关警数目事给总税务司的呈》（1946 年 10 月 5 日），胶海关档案，档号：B0047-001-00095-0055。
③ 《胶海关庶务室办事细则》（1946 年 9 月 30 日），青岛市档案馆、青岛大学历史学院编《胶海关档案史料选编·规章制度卷》，第 65 页。
④ 唐大为：《山东海关发展史概览》，第 130 页。
⑤ 《青岛区敌伪产业处理局关于关警驻守仓库严防得力、贵重物品未受损特奖励的函》（1946 年 1 月），胶海关档案，档号：B0047-001-0170；《山东青岛区敌伪产业处理局关于码头仓库所有存放日敌遗弃货物均由胶海关保管的函》（1946 年 2 月），胶海关档案，档号：B0047-001-00038-0084。
⑥ 唐大为：《山东海关发展史概览》，第 130 页。
⑦ 《关于胶海关关员五十六人联名呈请提高膳食的呈文》（1946 年 1 月），胶海关档案，档号：B0047-001-0095-0174。
⑧ 《关于胶海关缉私所需关警数目的呈文》（1946 年 12 月 5 日、11 日），胶海关档案，档号：B0047-001-00101-0155。

丁抽签，有数人被抽中"，最后税务司不得不出面向青岛师管区司令解释请求通融。[①]

假设战后青岛走私者从事每一次走私活动的收益是相对稳定的，那么刑事处罚力度不足、缉私力量不够则变相降低了走私者的成本，增加了走私收益，使得走私发生的概率提高，加剧了战后青岛走私的状况。缉私是国家赋予海关的一项重要职能，国家主权是海关缉私的重要保证，国家主权通过一定的政权实体来实现，因此海关缉私工作的兴衰起落与国家政权的稳定、振作息息相关，战后胶海关缉私力量的薄弱也从一个侧面说明战后国民党统治效力的衰落。

余 论

抗战胜利后不久，位于山东解放区包围中的青岛，因其重要的战略地位和良好的经济条件，成为国共双方必争之地。由于美国干预中国内政，青岛已由国民党控制。1945 年 9 月 19 日中共提出"向北发展，向南防御"的方针，做出暂时不使用武力解放青岛的决定，[②]但两党间的矛盾并未消除。在青国民党当局利用青岛口岸的优势，封锁山东解放区。中共则采取"农村包围城市"的战略，高价输出，低价输入，管制与国统区之间的贸易往来。一时之间，山东区域经济呈现出包围与反包围、封锁与反封锁的态势。同时，国统区经济形势不断恶化，国民政府重拾其经济统制政策，通过"许可证""进口限额"等规定加强对外贸易控制，以应对增发货币所带来的一系列经济危机，但这些不顾长远利益的经济政策致使正常贸易无法满足国内经济发展及社会生活所需，助长了走私之风。正是在此情况下，不少商民在国统区与解放区之间、青岛及其他口岸之间私下运输，民间走私反倒成为供应青岛生活物资、山东内地工业产品的重要渠道，反映了当时国内社会经济的畸态。青岛走私贸易中大量的驻青美军和国民党公职人员的参与，则与整个国民政府系统腐败与反动关系密切。不同于他处，驻青美军不仅享有法律庇护，更凭借其在青岛的军事地位得到胶海关、青岛市政府的纵容，且青岛呈现经济孤岛态势，各类洋货消费品急缺，驻青美军遂得以大肆向青岛走私输入洋货以牟取暴利。而国民党公职人员则凭借其职位特权公然违反禁令走私违禁品，胶海关因其经费短缺、效能低下无力阻止，只能默许，致使青岛经济秩序进一步崩溃。

综上，乱象丛生的战后青岛走私贸易，实则是抗战胜利之后国民党掌控下的青岛经济秩序崩溃的表现，是国民政府战后贸易统制政策的负面效应，更是对山东解放区经济封锁失败的必然结果。相较战后华南走私，战后青岛走私有着显著的区域特征。抗战胜利后，走私

---

① 《胶海关关于向青岛师管区司令部函询海关缉私艇员抽签壮丁中签的函》（1946 年 11 月），胶海关档案，档号：B0047-001-00101-0155。

② 青岛市史志办公室编《青岛市志·大事记》，五洲传播出版社，2000，第 150 页。

在全国范围内再度盛行，尤以华南粤港澳之间的走私贸易为甚，港澳成为华南走私的策源地。华南粤港澳走私的目的最先是为偷漏高额关税，随着战后国民政府外贸和外汇管制措施的施行，走私目的转为逃避政府管制及结汇，走私人员除大批商民外，还有国民党军警、散兵游勇等。[1]青岛走私固然是为了获取物价地区差异及逃避贸易管制所带来的高额利润，表面上体现出同华南粤港澳走私的相同特征，但青岛贸易出境管制是为了封锁山东解放区经济而设立。青岛同其他口岸之间物价差异主要是由战后青岛美军进驻、国共对峙的时局所造成的，与华南粤港澳走私的深层次原因有着本质不同，且除一般走私人员外，还牵扯驻青美军。因此，战后青岛走私打上了鲜明的地域烙印。由此可言，走私不仅仅是一种单纯牟取暴利的经济行为，其背后有着深层的历史、政治背景。战后青岛的走私问题更是如此，政治、经济乃至军事的问题相互牵扯，不能截然分开讨论，以单纯的经济、政治、军事的观点观察皆不可取。正如1949年海关总税务司署对战后中国走私的评论所言："一国的走私问题，反映其国的政治、经济、军事等等的强弱荣衰，非海关可以独力左右。"[2]对战后青岛走私活动的探讨仅仅是研究走私乃至战后中国社会问题的一个开始。

〔本文原载《史学月刊》2022年第8期。作者马斗成，青岛大学历史学院教授；张世煜，山东大学历史文化学院博士研究生〕

---

[1] 参见连心豪《近代中国的走私与海关缉私》，第326—334、338页。
[2] 参见连心豪《近代中国的走私与海关缉私》，第326—334、338页。

论点摘编

中国史学的制度文化考释传统

冯天瑜

一 "制度"训诂及制度的结构性功能

"制度",指人类构建的约束自身行为之规则,是在物质生产、精神生产过程中结成的习惯、法规、戒律的集合。古时分称"制"与"度",合成"制度",指判断标准,指人们必须遵循的尺度,引申为建制内的规范以及形成规范的过程,多见于先秦以后典籍。

论及文化,人们习惯于运用两分法,将其解析为技术体系的"物质文化"与价值体系的"精神文化"。而不可忽略的是,在社会实践中,人的精神活动演化出习俗、规则、法律等制度,协调个人—群体、群体—社会、社会—国家的相互关系,形成在物质文化与精神文化之间发挥枢纽作用的制度文化。

制度不能单独决定历史,须以物质文化为基础、精神文化做引领,三者交相互动,结为有机整体,共同在社会进程中发挥作用。制度不仅关乎一时之权益,还在文明史中长远地发挥结构性作用。制度比事件及其操弄者(人物)更具基础意义,一个文化体由诸要素组成有机结构,"要素"是活跃、易变的,而"结构"则是相对稳定的。这种由制度形成的社会结构,正是考史尤须费心用力的所在。作为社会的结构性要件,制度因时缓进,在长时段做沉潜式更化,无声地规范着速变的事件、人物,并在相当程度上左右局势。考史不可限于夺人眼球的"事件尘埃"和戏剧性的局势变迁,还须探讨久驻性的制度及其演变。中国史学对作为文化现象的国家制度(如周制与秦制)有着深厚的考释传统。

二　中国史学尤重制度文化

（一）史著热衷对制度文化的载述

中国史学有记述并整理典章制度的悠久传统。吾国记述并考释制度的典籍甚众，要者如下。其一，《尚书》多篇，如讲地域制度的《禹贡》，讲刑制的《吕刑》；《周礼》《礼记》中的《王制》《月令》《明堂位》诸文载商周制度配置。殷墟甲骨文、商周金文、敦煌及塞外简牍书卷、长沙马王堆帛书、郭店楚简、睡虎地秦简《秦律》、江陵张家山汉简《二年律令》等出土文献，乃记述殷周秦汉典制的原始篇什，与《尚书》等古籍的制度文编互证。其二，《史记》"八书"广记典制，《汉书》"十志"为制度史分类专篇，具有颇高史料价值和学术水平。《汉书·百官公卿表》乃研究制度史的必读书。后之诸"正史"皆设专志，载述典章制度诸科目。其三，中古以降迭出典制专书，如《通典》《通志》《文献通考》等。其四，近代学者梁启超著《中国文化史·社会组织篇》，王国维撰《殷周制度论》，吕思勉撰《中国制度史》，陈寅恪撰《隋唐制度渊源略论稿》《唐代政治史述论稿》，唐长孺以《唐书兵志笺证》名家，吴于廑撰《士与古代封建制度之解体》《封建中国的王权与法律》，严耕望撰《中国政治制度史纲》《秦汉地方行政制度》《魏晋南北朝地方行政制度》《中国政治思想与制度史论集》，等等，或会通中西之法，或对殷周之际的制度变迁做创造性考究，或比较中西制度史，探讨中西王权、法律的制度性差异，提纲挈领，卓见迭出。

（二）典章制度专著代有传承

中国史学记述、研判制度史的一项突出成就，是中古、近古涌现出一批综述典章制度的专著，聚焦于国家制度史的两大系统——周制与秦制，既做纵向通释，更用力于诸制的横向考辨。载述典章制度，在史籍中属于典志体。

1. 从"三通"到"十通"

杜佑编纂典制史巨著《通典》，以200卷论"九典"，考索各种典章制度源流。识者又称《通典》为"政书"。南宋郑樵的《通志》200卷，以纪传体记上古至隋唐的制度，"会通"为其总则。宋元之际马端临的《文献通考》348卷，记上古至宋宁宗时的典章制度沿革，制度史体例更趋严密，尤其注意于典章制度的沿革。

《通典》《通志》《文献通考》皆典章制度通史，合称"三通"或"前三通"。《通典》以精密、简严见长，《通志》论断警辟、富创识，《文献通考》以详赡、博通为独到。"三通"创立了以事类为中心叙述历史的典志体，乃制度史杰构。明清续"通"之作甚多，如《续通典》150 卷、《续通志》640 卷、《续文献通考》254 卷、《钦定续文献通考》250 卷、《大明会典》228 卷、《清通典》100 卷、《清通志》126 卷、《清文献通考》300 卷，连同"前三通"，合称"九通"，民国间修《续皇朝文献通考》400 卷，合前共为"十通"。

2. "会要""会典"

在纵贯历史的典志之外，诸朝还竞相编纂"会要""会典"，作断代典章制度集成。如《新编唐会要》100 卷、《五代会要》30 卷、《宋会要辑稿》366 卷、《元典章》60 卷、《大明会典》228 卷；清代五次官修会典。"一朝之会典，即记一朝之故事"，"会要""会典"保存了诸朝典章制度的第一手史料。私家会要则弥补官家会要的断代之缺。

综观之，史上各朝代的制度会要大体齐备。旅美学者邓嗣禹 1936 年将其归于政书类，以 Encyclopedia Dealing with Government 来表示政书。政书略分两类，一为记述历代典制的通史式政书，以"十通"为代表；二为某朝典制，称"会典""会要"，为断代政书。

三 《礼》为祖源，以述周制

政书的一大祖源是礼书。"三礼"乃华夏礼乐文化的集大成，是周制的系统载记与发挥，同时也汲纳了若干秦制及其改良版汉制的内容，实为以周制为本的周秦二制融会体。两汉时期，官员的建言、驳难等议论皆以"三礼"为依据，所谓"言必称礼"。"三礼"载述典章制度，在史籍中属于典志体。

（一）从《士礼》到《仪礼》

"三礼"中最早成书的一部，初名《礼》，乃先秦"六经"之一，汉代称《士礼》。汉宣帝时尊为《礼经》，与《诗》《书》《易》《春秋》并称"五经"。《礼仪》是讲礼的仪式之书，晋代始名《仪礼》，后列为"十三经"之一。《大唐开元礼》等后世礼书，皆由《仪礼》脱胎而出。两宋为家礼编纂的高峰，尤以南宋朱熹所撰《家礼》（后称《朱子家礼》《文公家礼》）影响广远。《朱子家礼》成为南宋以降，及于元明清的民间礼仪的指导手册，号称"民间通用"。

（二）集官制大成的《周礼》

官制是国家制度的要部。先秦记述周代官制的篇什有《尚书·周书》与《荀子·王制》，而系统载录的则为《周礼》。《周礼》通过系统陈列官制来表述周代的治国方略，显示这些典章的周代王官。《周礼》之学的展开，推动两汉以降学者对当代制度的研究。朝廷也以《周礼》为范例，建立本朝制度，唐的《开元六典》，宋的《开宝通礼》，明的《大明集礼》，皆以《周礼》为蓝本，各有损益。《周礼》的具体制度在后世颇多更革，但其制定的宗法秩序及"人法天道"的治国精义承传不辍。从这一意义言之，《周礼》可谓中国王朝时代典制的渊薮，先后列入"九经""十三经"。《周礼》透露出儒家的政治哲学，将周制理想化、规则化，是后儒依"官制象天"的想象设计的制度全书，但未曾全面实行过。

（三）阐发典制精义的《礼记》

记述周制的"三礼"，成书最晚而影响较大的是《礼记》，它是诠释"礼经"的论文集。《礼记》为后世器重，原因在于不仅介绍礼的外在仪形，更阐发了礼内在的"形上之道"。《礼记》反映先秦儒家的天道观、宇宙观、人生观，以及政治思想、教育思想、美学思想。南宋朱熹正式将《礼记》中的《大学》《中庸》，与《论语》《孟子》合称"四书"，与"五经"同奉为儒学最高经典，表明周制并未因强势的秦制而退隐消弭，始终以中国制度文化的精神基干垂拱天下。

"三礼"是周制载述及其理论形态，对礼法、礼义做系统记录和创造性诠释，实为周制与后周制的混成。宋初将"三礼"与《春秋》"三传"及诗、书、易列入学官，后又陆续补入《论语》《孝经》《尔雅》《孟子》，合为"十三经"，构成宋元明清最高的政治—文化经典。

四　"复古更化""称制临决"：周秦转折中的"制书"

"三礼"之后，阐述、改造周制的论著不断涌现，较重要者为西汉的《春秋繁露》和东汉的《石渠议奏》《白虎通义》。汉承秦制，然汉代又记取秦政暴虐导致二世而亡的教训，故亦借周制的某些精义调整制度，武帝时期董仲舒倡导之"复古更化"，即试图通过复周制之古，法先王之道，以修订现政之弊。名著《春秋繁露》乃西汉"释周法先"的集成，对中古—近古制度影响深远。

在汉代，五经之一的《春秋》是最高的政治经典。石渠阁会议上公羊学与谷梁学展开激烈交锋，讲论奏疏汇集成《石渠议奏》，辑奏议155篇，今俱佚，仅有十余条存于杜佑《通典》，称之"石渠论""石渠议""石渠礼"。

此次会议的最大特色是"上亲称制临决"，即皇帝亲自莅临会场，直接对论战双方作是非评断。皇帝的经义诠释定为"国宪"，上升为国家意志，具备法律效力。此例一开，后世仿行不辍，皇权引领学术、裁断制度是非曲直，成为王朝时代的惯例。较"石渠议"影响更大的是东汉"白虎观议"。

东汉建初四年（79），章帝刘炟亲临白虎观讨论五经同异，最终由其裁定，统一今古文经学，对周制、秦制加以整理、综汇，后由班固等编纂成《白虎通义》12卷，44目，涉及522个论题。《白虎通》卷七专论"三纲六纪"，三纲六纪是周制与秦制混交的产物，是两汉以下二千年制度文化的统领。陈寅恪说：吾中国文化，具于《白虎通》三纲六纪之说。称"三纲六纪"为皇权制度之"定义"。有人以为陈寅恪维护三纲六纪，实则他对此"确定之义"是持批判态度的。陈氏指出，三纲六纪成为中国传统之"义"，是汉以来诸王朝变先秦元典仁民精义为忠君文化的结果。

由此可见，从明清之际新民本论者到现代思想者，他们试图通过复归元典精神，以突破秦制纲常的桎梏，寻求制度文化的再生之路。他们对传统礼制取其精华，去其糟粕，反顾过去，是为了从历史高度瞻视未来。吾辈不可忽略王夫之、陈寅恪诸先哲制度观的深刻意蕴。

〔本文摘自《湖北大学学报》（哲学社会科学版）2022 年第 6 期。作者冯天瑜，武汉大学中国传统文化研究中心资深教授〕

中国史学传统及其现代转型之路

胡逢祥

史学作为中国文化中历史最为悠久的一门学术，在长达几千年的发展过程中，逐渐形成了一系深固的传统。降及晚清，随着传统社会走向衰败和西学东渐的文化冲击，史学的发展也日益陷入困顿：观念的陈旧、视野的局促、方法的凝固和社会功能的明显缺失，无不在迫其展开一场革新自救，以应世变。

中国史学的近代转型，最初虽有国粹派、学衡派和新青年派等围绕着是"西化"还是坚持本土传统文化为主体的建设思路展开过争论，但争论的结果，"西化"派显然占了上风，并由此成为史学近代化的主流路径。当然，其具体过程，又与西方存在着一定差异。

如文艺复兴时期的西方史学在走向近代之初，首先是强调人及其能动性在历史发展中的作用，以求突破神意史观的束缚。而在中国，受儒家思想主导的传统史学尽管也夹杂着"天意史观"因素，然趋重探究人事得失的观念明显占据着主导地位，这正是新史学对传统的批判破坏首先针对流毒二千余年的帝王集权及其专制思想而非宗教神意之故。又如，西方史学的近代化通常是以倡导"为学术而学术"的非功利主义以求达成其学科独立为前提的。而在中国，因其深厚的经世传统和近代以来救亡图变的急迫形势，使这一时期的史学始终对社会发展及其政治运动保持着深切的关怀。梁启超所谓"史界革命不起，则吾国遂不可救"，把呼吁重铸"经世"观视为激发"史学革命"的重要助推力，就反映了这一特点。

这至少表明，新陈代谢式（相对于少数替代或覆盖式的新旧文化变动而言）的学术形态转型作为近现代世界最常见的文化现象，在不同民族和国家，通常并不能完全泯去其原先的个性，其文化传统总是要"顽强"地表现自己。只是从总体看，在中国史学的现代化转型初期，由于新思想界对此存在一些认识上的局限，传统史学理念不是遭到否定便是处于被淡忘的境地，对其与现代史学的关系及如何批判继承等问题，更是缺乏深入的理论探讨。

九一八事变以后，随着民族危机的加剧和救亡思潮的急遽高涨，如何发扬民族精神重新成为学术界的普遍关注点。

鉴于20世纪最初30年偏于"全盘西化"文化建设路向遭遇的曲折，特别是其中不顾国情生搬硬套西学引出的一些教训，一些学者在"中国本位文化"的讨论过程中，认识到近代化并不等于"西化"，只有依据中国社会的实际需要，汲取西学和传统中有益成分，"加以合理化或适用化"，才更切近实际。在"学术中国化"的讨论中，马克思主义史学家嵇文甫指出："当五四以后，新文化运动热潮正高的时候，在反封建的意识下，中国的传统文化大受攻击，似乎真要'把线装书抛在茅厕里五十年'。"但现在，时代变了，"我们知道中国文化不仅有其丑恶黑暗方面，也还有其美丽光明方面"。尽管当时中国尚处于相对落后状态，但其文化并非毫无价值，因"各民族自有其历史遭遇，自有其生活经验，因以形成各种不同的民族文化。只有透过这五光十色错综复杂的各种民族文化，而后才可以真正认识出来世界文化的统一性。抹杀民族间的具体差异，而徒高谈世界文化，其结果只能造成空洞贫乏的死公式，不会有什么切实的成就"。吕振羽也表示："新民主主义的民族新文化，是通过反封建文化的斗争过程去创造的；但这不是把'民族固有文化'抹杀，而是'扬弃'旧文化。"即使之"经过改造，消化为新民主主义文化的构成因素"。

在此种氛围下，传统史学与近代史学的关系——无论在理论反思还是实践操作层面，渐受关注，参与者不仅有一贯主张呵护民族传统的文化保守主义学者，也包括马克思主义史家和其他学派。有的学者还在历史研究的实践中努力发掘传统史学的相关理念和方法，以求融之于现代史学中。自然，出于不同的学缘或思想背景，各派史家在这方面的认识并不一致，加之传统史学自身的局限，使整个近代史学对传统史学的批判继承呈现一种颇为曲折的情状。这里，试就中国史学传统及其在近代转型中的面相，略做考察。

中国传统史学内涵极为丰富，其中最引人注目的传统，可大致归纳为以下诸端。

（一）强调史学的社会致用功能，几乎是历代史家的共识

中国古代史学始终贯注着较为强烈的现实关怀和时局参与意识，也是其数千年来得以长盛不衰的重要动力之一。但同时亦须看到，由于古代史家大多偏重在"治国平天下"的治史框架中回旋驰突，并将在社会政治生活中居于统治地位的帝王将相视为历史中心，故就总体而论，终不免形成特重政治史而轻忽普通民众社会生活的倾向。这种两面性，曾直接导致了现代史家对之的不同评价和态度。其实，史学的"直书求真"与"经世"，本为相辅相成的两大基本要素，两者协调统一，方能促使史学的良性发展。只是在中国古代，由于史学长期被帝王利用为巩固其统治的工具，往往表现出对封建政治的很强依附性，就此而言，现代史学强调"为学术而学术"，对于打破此种陈旧的依附关系而建立现代学术独立健康的运作确是十分必要的。但如因此走向另一极端，把史学这样一门以人类活动为研究对象的学问和

对社会应有的关怀人为地隔绝开来，同样也易产生其他的弊端。现代史学的发展，应始终对此保持清醒的认识。

（二）颇具广义特征的史学内涵

中国早期史学，渊源于殷周史官文化，史官代表朝廷垄断了文化知识的汇集、保存和传授权力，在各类知识分类不明而尚处于混沌状态下，其本身也被视为"上知天文，下知地理"的通才，并由此形成了深厚的崇尚博学传统。从汉司马迁创立包罗万象的纪传体通史，到南宋郑樵欲继司马迁之志"集天下之书为一书"，以及清代章学诚提出"盈天地间，凡涉著作之林，皆是史学"，实际上都与此种观念有一定关联。现代以来，随着学科分类的日益细密，原先包容在史学范围内的天文、地理、物产、政治、经济等已另立为专门学科。针对这一演变趋势，梁启超曾提出"以收缩为扩张"之法应之，以为"今后史家一面宜将其旧领土——划归各学科之专门，使为自治的发展，勿侵其权限；一面则以总神经系——总政府自居，凡各活动之相，悉摄取而论列之。乃至前此亘古未入版图之事项——例如吾前章所举隋唐佛教、元明小说等，悉吞纳焉以扩吾疆域，无所让也"。实际上是主张以变通的方式来发扬这一传统，虽然真能这样做的人并不多，但不能不看到，这一建议对今日史学发展及专业人才综合素质的培养仍具有一定的启示意义。

（三）重纪实、重求是、重编纂学的方法论特征

中国古代，自史官文化时代起，朝廷就有设官随时记录大事的制度，而"文献不足故也，足则吾能征之"的说法，也透露出当时已形成编史须以前人所遗文献为据的惯例。在此传统的长期熏陶下，人们往往易将历史文献皆视为经历或目击者留下的真实记录，而不太注意其与客观历史间实际存在的差异。后代修史，也唯以文献为重。这种观念，一方面养成了古代史家注重史料依据和对主观想象及无原则相对主义的抑制，以致"二十四史"和《资治通鉴》等"最正宗"的古代史学作品，几乎满篇皆为史实的陈述，史家个人的观感，往往只是通过各篇末的"太史公曰""史臣曰""臣光曰"和论、赞等方式做简短的发挥，而不太主张将之混入叙事间。这样的处理方式，无非是想在史书的"客观"叙述和作者个人评判间做出区隔（这与西方近代史学强调把理论分析与史实叙述合为一体的著作方法明显不同），以示其慎于"天人之际"，尽量避免将主观意见掺入史实的戒心。

就史学方法论而言，传统史学最为发达的当推历史考证和史书编纂法的探究。汉以后，随着史书增多及其来源的多样化，史料辨伪日渐引起学者的注意。至宋，历史考证方法已趋成熟，清代的乾嘉学派更把历史考据学推向了一个高峰。而史书作为历史知识的基本媒介，其编写方式也历来受到高度的重视。客观历史的演变，本是一个全息过程，其间时空交错，经纬万端。但文字的表述却只能一一以先后为序，无法同时显示诸多共时态的幕前与幕后、

此地与外间复杂事件或因素的相互作用。因此，如何更完整真切地表现历史，便成为古代史家十分关切的问题，并直接促使了传统史书体裁的多样化。

从中国现代史学的实践看，重纪实和考证的传统明显得到了各派史学的认可，并经与西方近代实证方法的结合后，被发扬光大。惟传统史书体例则颇遭冷落。现代以来，绝大多数史著编纂采用的都是西方输入的章节体（仅少数采用了经改造的传统纪传体也即综合体），该体虽有叙事灵便、简繁皆宜等优点，但是否已臻史体之极则，当代史学能否在兼容中外史体之长的基础上创制出更好的新史体，仍值得我们期待。

（四）在"天人之际"寻找平衡的历史哲学观

古代史家虽多不否认"天命论"，但在涉及历史和现实时，却往往更关注现实生活及其人伦关系的调整，主张发挥人在历史进程中的能动作用，春秋以后出现的"天道远，人道迩"等观念，已显示出这一倾向。此外，旧史家常用的"天心""天意"等词，有时确具人格神的意味，有时却是指非个人意愿所能把控和认识的客观"大势"或自然力。这些，都在不同程度上反映了古代史家试图在"天人"也即客观现实与主观能动的作用之际寻找历史解释平衡点的用意。应当说，在古代历史条件和技术水平下，从这样的角度去审时度势地认识历史，其中显然包含着某种合理成分，有些还孕育着朴素唯物论的因子。事实上，古人追求"天人合一"及与自然相谐的境界，也莫不与此种观念有关。史学史或史学思想史的研究，似应对此现象做进一步思考，而不当因其不合现代科学要求而加以简单否定。

当然，也应看到，相对于中国史学极为富厚的文化积淀，批判继承和发扬其优良传统为现代史学所用，仍存在着相当的空间。特别是在操作层面，如何实现本土史学传统与现代史学理论、方法和技术手段的有机结合，仍有不少问题需做进一步探索。这应是当今中国史学理论建设和史学史研究面临的一项任务。从理论上看，由于我们的史学史研究是在西方近代史学理论和观念大量输入的过程中兴起的，对传统史学的研究和分析，有不少地方都借用了西方史学的理论范畴，这在沟通中西史学的理念方面曾起到相当积极的作用，但与此同时，也存在着某些概念上的勉强比附乃至生硬套用之习，以致不能精确反映传统史学理论的范畴内涵。因此，要真正比较充分地把握并发扬民族史学的优良传统，仍需下功夫按照民族史学自身的内涵和特点，对其相关概念和特殊表述方法重加梳理和解释，还其本来面貌，才能在实践中更好地领略其得失，做好批判性的继承发扬工作。

〔本文摘自《史学理论研究》2023年第4期。作者胡逢祥，华东师范大学中国现代思想文化研究所、历史学系教授〕

晚出出土文献的史学价值与使用问题刍议

邹芙都　何　欢

中华传统古史体系主要依靠传世文献而构建，以传世文献为主体的史料体系对古史研究具有重大的学术价值。但因为传世文献自身的书写体系及其特殊地位，"五四"以后兴起的"古史辨"派掀起了一场辨伪古史古书的疑古思潮。近年随着考古工作的迅速发展，出土文献日益丰富，其在古史研究中的补史、证史、纠史等方面的功能得以充分彰显。但事实上出土文献亦如同传世文献，也存在所载史实的延时性问题，学界在讨论相关问题时也注意到这一现象并将这类文献称为晚出出土文献。简言之，晚出出土文献是指出土文献的写定年代大大晚于文本所载史实的发生年代，换言之即文献所记之事与文本写定时代相距遥远的这类文献，如作于西周中期的豳公盨记载夏朝大禹治水之事，战国中晚期的清华简《金縢》记载周公居东之事，等等。学界虽对晚出出土文献相关问题有所涉及，但尚未做专题讨论，笔者试从史学角度对晚出出土文献的价值、局限以及使用晚出出土文献需注意的问题等三个方面做初步思考。

一　晚出出土文献的价值

唐人刘知几曾将史料分为"当时之简"与"后来之笔"，晚出文献中所载古史内容当属"后来之笔"，一些学者对这类文献内容的可靠性大都持怀疑态度，甚至曾主张"我们不该用了战国以下的记载来决定商周以前的史实"。近年来，随着晚出出土文献的公布，曾被学者怀疑的古史不断被证实。相较传世文献而言，晚出出土文献属于出土文献，长期掩埋于地下，保留了抄写时的原貌，因此具有更强的文献真实性和可靠性，故在古史研究中的价值不容忽视。

1. 厘清古史人物世系

古史人物的世系在传世文献中多有记载，然这些文献的写定时代通常大大晚于古史人物存在的时代，且相关记载十分零散，因此仅凭传世文献的记载无法完全坐实其真实性与准确性，晚出出土文献的出现为厘清古史人物的世系提供了大量真实可靠的依据。

2. 丰富古史人物形象

早期古史人物有见诸传世文献者，限于传世文献材料内容的不确定性，难以全面了解人物的活动及事迹，进而阻碍了对人物形象的整体认识。晚出出土文献中有不少关于古史人物及其活动的内容，它们或可与传世文献相互参证，或为传世文献所不载，对这些材料进行分析与探讨，有助于丰富古史人物的形象。

3. 增补古史事件内容

古书记载先秦时期流传的古籍典册体量庞大，但经秦火后流传下来的古书已十不存一，即便经过后人的整理与辑佚，目前我们所能见到的古籍篇章也十分有限。晚出出土文献久埋于地下，保存了不少古籍文献，其中不乏一些前所未见的篇章，为我们了解古史事件补充了不少新资料。

二　晚出出土文献的局限性

不可回避的是晚出出土文献书写年代距离史事的发生时代久远，其间经历了各种有意或无意的历史的转述或修饰，其记述内容如同传世文献也难免出现增饰、脱漏或更改等情况。正如有学者所指，"不要说传世文献由于各种原因不免在文字或史事方面都可能失真走样，即便商周时期的原始文献也时有错讹发生"。因此，晚出出土文献本身也不可避免地存在这样的局限性。

1. 存在人为改动，致使史实失真

晚出出土文献的作者出于传播自己思想的需要，便根据自己的认识和意愿对文本做出改动，由此导致文本的形成具有一定的主观性，不能完全真实地反映史事的具体情况。

2. 异说现象频现，混沌历史真相

如同传世文献，晚出出土文献的文本在抄写之时，也经过了前人的增删、整理与诠释，尤其是在战国时期，百家争鸣，涌现出各种思想学术流派，各家所持立场不同，针对同一古史人物或同一事件常常各抒己见，产生了诸多异说，这使本就复杂的史事变得更加扑朔迷离。

3. 史料零散滞后，难窥古史全貌

晚出出土文献的出现具有偶然性的特征，材料零散、内容不连贯，对构建和完善古史体系来说，存在很大局限。它还保留了特定时期的思想面貌，我们得见的文献材料也仅是一家之言，无法根据已有的文献对古史人物或事件梳理出一个完整的发展演变脉络。加之晚出出土文献还具有延时性特征，其记述的史料难免存在错讹衍脱现象，也影响其史学价值。

三 使用晚出出土文献需注意的问题

晚出出土文献一方面具有原初性、真实性等特点，能够厘清、补充和丰富历史，完善对古史体系的构建；但另一方面，文本的时代与文本所载内容的时代相距较远，大多为"非同时代"的文本。学界通常认为当时人记当时事，其资料可信度就高；而距离历史发生过于遥远的资料，其可信度则需持保留态度。诚然，随着时间的推移，晚出出土文献在传抄的过程中或是散乱佚失，或是添加了后人的主观想法，但这并不代表这些资料就不可信。如今，面对晚出出土文献材料的大量出现，如何处理与运用这些繁杂的材料，成为一个亟待思考的问题。我们认为，在使用晚出出土文献进行古史研究时，总的原则是保持理性、客观、冷静的态度，在利用前人整理成果的基础上，针对具体问题做细致全面的分析。

1. 要注意考辨晚出出土文献的源流

晚出出土文献与出土的"同时代"的文献有所不同，其文本经过较长时间的流传，难免受到后人的整理或改动，使得文本的思想、内容等产生诸多变异。近年不断出土的晚出文献中，虽有不少篇章可与传世古籍参照，但这些篇章与传世典籍在篇目和文本内容上都或多或少存在一些差异。我们在利用这些文献讨论古史相关问题时，应充分考虑文献成书的复杂程度，全面考察文献的来源，弄清文本的流变过程，明确所使用史料的具体情况，才能正确地运用史料。

2. 要注意考察晚出出土文献语料的时代

对待晚出出土史料，既要充分认识它的价值，同时也要对史料的可疑之处进行鉴别，不能不加区别地拿来使用。可取的做法是在充分考察语料时代的基础上，剥开历史的外壳，触及史事的真相，尽量把史实的素地抽绎出来，再根据研究的需要进行取舍。

3. 要注意厘清晚出出土文献文本的性质

晚出出土文献的文本是通过人们口耳相传、辗转传抄而形成，作者在撰写文本时根据写作目的的不同而形成不同的文本，因此不同类型的文献其性质也各不相同，作为历史研究者必须了解文献的撰写目的，厘清文献的性质。对古史人物或史事进行研究时，要尽可能梳理清楚人物或史事的起源及发展演变情况等，最大限度地还原历史的真相。对待晚出出土文献，既不能不加批判地照单全收，也不能不加分析就予以全盘否定。

4. 要注意多重材料的综合运用

晚出出土文献在一定程度上存在一些缺陷，考虑到文献文本与文本所载内容之间的关系，其与传世文献都属于"非同时代"的文献，存在需要辨别其时代及内容真伪的问题。科学的做法是结合传世文献对古史内容进行充分释读与考据，既不一味地推崇晚出出土文献，也不人为地贬低传世文献，一分为二客观理性地加以批判和分析。

结　语

一切历史著述都是历史认识的主体根据自己对客体历史的认识而描述和归纳出来的，这些历史资料经过后人的头脑加工，包含了历史资料的最初记载者以及以后的历史认识者的阶级、民族或集团的立场、思想观点、好恶感情等主体意识。晚出出土文献既属于出土文献，又具有传世文献的特征，让史事变得愈加复杂，加之其本身还具有残碎零散、不成系统等特点，故此，对待晚出出土材料，我们既要充分认可其在古史研究中的价值，又要详细地考辨文献的源流、时代，辩证地看待文本的性质，努力还原历史的真相和了解当时的古史观念，在此基础上尽可能科学地构建与完善古史体系，这应是我们对待晚出出土文献需秉持的基本态度与科学认知。

〔本文摘自《社会科学战线》2023 年第 2 期。作者邹芙都，西南大学历史文化学院教授；何欢，西南大学历史文化学院博士研究生〕

论《蒙古秘史》在蒙古族史学史上的意义

李德锋　甄达真

长期以来，由于学者对蒙古族史学史贯通性的研究不够，从而使得对《蒙古秘史》的定位失去了其所置身的纵向坐标系，对其在蒙古族史学史上的意义发掘不够。概括而言，《蒙古秘史》在蒙古族史学史上的意义，一是继承了蒙古族的既有文明成果，二是对其后蒙古族史学的发展产生了持续深远的影响。

一　蒙古民族史学的集大成之作

早在蒙古作为一个部落的时候，与其在不同时期依附于中国北方其他民族的史实相符的是，其史学赖以正式建立的诸要素，如文字、纪年和史实等内容，都或多或少受到居于统治地位或主导地位的其他北方民族影响。

具体到蒙古民族语言文字。起初，语言不清晰，后来与库莫奚、契丹、豆莫娄国语言相通，并在其后的发展过程中，出现了突厥化的过程。整体上看，蒙古民族在继承东胡系语言和方言特点的基础上，充分吸收借鉴了北方其他各民族语言特点，产生并发展了本民族的语言。至于文字，我们倾向于认为这一时期蒙古部落还没有自己的文字，因为有较明确记载的蒙古文字创制，直到1204年，蒙古军队征服乃蛮部，俘获乃蛮太阳汗的王傅兼掌印官回鹘人塔塔统阿后才完成回鹘式蒙古文的创制。蒙古族语言文字的产生为其史学的建立奠定了初步的基础。

关于蒙古族的纪年。蒙古族对于基本时间单位"年"的认识来源于其自身生产的需要，是比较粗略的。由于逐水草而居是他们的基本生活方式，故牧草的荣枯对其生产影响比较大，把草的一荣一枯周期视作一"年"，这种计时方式可能来源于女真民族，或者更早的北方部落先民。后来，为了适应蒙古族先民的历史记忆，更为复杂的历史纪年法或被引入蒙古族的历史纪年。就目前的研究现状来看，与蒙古民族早期作为较为弱势的东胡系部落之一，主要依从于曾经强盛的北方其他民族的历史一样，后来在《蒙古秘史》中被广泛使用的十二生肖纪年法，也主要来源于其他民族，如回纥、突厥。

与蒙古族纪年方法由青草一荣一枯的单数纪年方法到利用十二生肖的多年纪年法发展比较一致的是，《蒙古秘史》在叙述先祖历史时，起初时间上也是比较模糊的，直至记载1201 年史事时，才明确采用了十二生肖纪年法。此后，在每一次蒙古族历史发展的关键时间节点，《蒙古秘史》都采取十二生肖纪年的方法对时间予以相对明确的标示。当然，在纪年的基础上，《蒙古秘史》也努力细化对历史时间的记载，许多地方在年之后加上季节。但也不可否认，由于生肖十二年一轮回的纪年方式，许多史事也存在十二或十二倍数的纪年误差。

关于《秘史》所载史实，是蒙古族在历史发展长河中所积累之史实的一次集成，不仅包含蒙古族先民的神话和传说，还包括蒙古族历史的方方面面。"苍狼白鹿""天光感生""折箭训子""熔铁出山"等，《秘史》都在充分借鉴北方诸民族相关传说的基础上，加以详细记载，反映了蒙古族先民的历史发展。这些神话和传说应该是在中国古代北方民族，包括蒙古族先民中传唱已久，在流传过程中，经过蒙古族先民的改造，赋予原蒙古部落的发展意义以后，被《秘史》收录其中的。

不仅如此，神话和传说于蒙古族先民中的传播状态，即口耳相传，也促生了《秘史》以诗（歌）咏史的叙事方法，这不仅使得《秘史》在一般意义上叙事生动、活泼，而且以诗咏史的生动史法远比客观的描述在阐发历史思想时要具备更明显的优势。

《秘史》树立起了宣扬"黄金家族"统绪合法性的历史观。在《秘史》中，维护汗权至上思想的内容比比皆是，哪怕即使曾被用来维护这一历史思想的萨满教，一旦突破或触犯了汗权至上这一思想，也会遭到毫不客气地打压，比较典型的事例就是"腾格理之死"。

其实，《秘史》以蒙古族历史作为记载对象，也是服务于宣扬"黄金家族"统绪合法性的表现。《秘史》全书十二章，分二百八十二节。从记载顺序上来讲，我们可以把其分成三部分：从蒙古民族远祖到成吉思汗的历史，再到窝阔台汗的历史。卷一（1—68 节）主要是蒙古民族先祖的历史，卷二至卷一一（69—264 节）大致为成吉思汗的历史，卷一二（265—282 节）大致为窝阔台汗的历史。原集十卷，续集两卷。

二 《秘史》对后世蒙古族史籍的影响

正是因为《秘史》是此前蒙古族史学发展的集大成之作，其对此后蒙古族史学的发展必然产生深远而持续的影响。

第一，关于纪年方面，《秘史》所采用的十二生肖纪年法成为其后蒙古族史籍的普遍纪年方法。《秘史》之后，《阿拉坦汗传》《黄金史纲》《阿萨喇克其史》《恒河之流》等，都以十二生肖纪年法作为基本的纪年方法。并在传统十二生肖纪年法基础上完善出了一种新的纪年方法，学者们将其称为"蒙古历纪年"，这一新的纪年法在《阿拉坦汗传》中得到更为广泛的明确运用。同时，受藏传佛教的影响，《阿萨喇克其史》则采用了与其稍有差异的藏历纪年法。其实，在《秘史》之后，其他蒙古族史籍中采用的干支纪年法，如《蒙古源流》《金轮千辐》《水晶珠》等，仍是以十二生肖纪年法为基础的。

第二，从历史表述来看，《秘史》之后的蒙古族史籍仍广泛使用以诗咏史的形式。有的是对《秘史》的继承，如"诃额伦母亲的训词"，就广泛地保留于其后成书的《黄金史纲》、《蒙古源流》和《阿萨喇克其史》等蒙古族史籍中。《秘史》的这种以诗咏史的叙事风格也影响着其后成书的蒙古族史籍，蒙古族史家在感叹历史发展的关键时节也编入了一些新的诗歌。如在元朝败亡之时，《秘史》之后的蒙古族史籍中广泛存在的"妥懽帖睦尔的悲歌"。

元朝败亡之后，黄教再次传入蒙古高原，而佛教本身的虚构性和传奇性对其后的蒙古族史籍产生了直接的影响，故而使得《秘史》成书时期就已形成的文学叙事手法在其后的蒙古族史籍中得以继续加强，受黄教影响的蒙古族史籍开篇大多都记载一篇旨在宣扬佛教的诗文。

第三，从主体内容来看，《秘史》奠定了以蒙古族历史为主体的叙事框架。其后的蒙古族史籍，进一步强调民族历史记载的重要性，在《黄史》《黄金史》《阿萨喇克其史》中记载自身"家世"的重要性。在记述蒙古族族源、成吉思汗的历史以及窝阔台汗活动的历史时，《秘史》还是其后蒙古族史籍的重要直接参考，如大致成书于清朝顺治、康熙年间的罗卜藏丹津《黄金史》，其中第1—38节、48—176节、208—254节、256—266节、268节等内容就转录自《秘史》。

第四，关于历史观方面，《秘史》主要反映了汗权至上的历史思想。具体表现是利用受黄教思想影响所形成的"印—藏—蒙"同源论来论证"黄金家族"统绪的合法性和神圣性。普遍的做法就是把蒙古族始祖孛儿帖赤那安置到印度、中国西藏的王朝统绪中，从而完成了"印—藏—蒙"同源论这一虚构文明传承体系的构建，利用黄教的神圣性来论证"黄金家族"统绪的合法性。虽然此点与《秘史》借助"长生天"来论证"黄金家族"统绪合法性的方式不同，但对"黄金家族"统治利益的维护则是一以贯之的。

这一历史思想在其后元朝一统局面下的历史撰述中自不待言，即使是在分裂的北元—蒙古时期，由于蒙古族史家清醒地认识到内耗是制约蒙古民族发展的主要原因，因此汗权至上的历史思想在这一时期的蒙古族史籍中也得到了突出的强调。哪怕是在满洲女真一统天下的清朝，蒙古族史籍中汗权至上的思想仍有一定程度的反映。如《金轮千辐》《水晶珠》卷末的"祈愿诗"。

我们认为，《蒙古秘史》的产生标志着蒙古族史学的正式建立，不仅是对以往北方草原民族和蒙古族自身史学发展的第一次系统总结，还对其后的蒙古族史学发展产生了深远的影响，在蒙古族史学发展史上具有承上启下的意义。

〔本文摘自《内蒙古大学学报》（哲学社会科学版）2023 年第 4 期。作者李德锋，内蒙古大学历史与旅游文化学院教授；甄达真，鄂尔多斯理工学校教师〕

周礼源自周初政治实践说

桓占伟

在传统认识中，周人立国之初，充分吸取了殷亡的历史教训，敬德保民，制礼作乐，似乎从未有过失策之举。实际上，武王克殷前后开展的系列军事、祭祀行动，过于倚重暴力杀伐，激起殷遗民这个社会主体力量的对立与反叛，引发了周初的政治危机。

武王战前誓命，历数纣王之恶，宣称要恭行天罚，为殷人伸张正义。其随后实施的一系列暴力杀伐，却与先前的政治宣言大相径庭。

周初过度崇尚暴力，至少带来两方面的负面影响：一是导致社会局势持续动荡，二是给周王朝确立政治认同带来极大困难。殷遗民怀着深仇大恨，不可能轻易接受周人的统治；周本身又是"小邦"，综合实力要落后于殷人，故殷人人心不服，甚至还试图"反鄙周邦"。周人也采取了一些笼络人心的手段，不过收效甚微，故武王死后不久，以王子武庚禄父为首的殷遗民就发动了武装叛乱。周初的政治暴力不但没有威服殷人，反而引发了大规模反抗，使周人难以在殷遗民中确立政治认同。正是这些惨痛教训，构成了现实的"周鉴"。周公充分吸取"周鉴"，采取系列措施"作新民"，把教化改造殷遗民当作政治的头等大事来抓。

周公"作新民"的主要目的，是要让那些所谓的"殷顽民"接受并认同周人的政治统治。周公与殷人长期打交道，自当了解"殷人尊神"、敬畏上帝的文化精神。如果让"殷顽民"认可文王"在帝左右"的神圣地位，就能够在确立新宗教认同的基础上，确立"殷顽民"对西周王权的政治认同。周公"作新民"，选择的就是这样一条"政治宗教化"路径。

一是营洛邑以移顽民。武王政治之失的补救，殷遗民对西周宗教政治认同的形成，"周人尊礼"观念的确立，都与洛邑关系密切。与政治军事功能相比较而言，洛邑的宗教功能更加突出。洛邑的建成，似出周公之手。武王只是谋划了洛邑的理想选址，并对周公做了政治交代，他自己并没有真正启动工程建设。被强制迁至洛邑的殷遗民，西周统治者专称其为"殷顽民"。周公平叛后，居于邶、庸的强宗大族成为重点"关照"对象。周人采取了空前严厉的措施，将其迁居洛邑，置于军事监管之下。"殷顽民"阶层也是有差别的，兼有士、农、工、商不同的身份。这些迁居洛邑的"殷顽民"群体，不但对周人怀有仇恨心理，而且管理难度很大。周人多种手段并举，试图从根本上移风易俗，改变殷人的固有观念。威逼手段难以从根本上消泯"殷顽民"的敌对心理，需要改造他们的宗教观念。

二是迁九鼎以祀上帝。在东周时期的周王室及诸侯心目中，九鼎象征着天命王权，是无比神圣的国之重器。不过，在殷周之际，周人克殷后对九鼎去向的安排，却显示出九鼎在周人心目中并不那么神圣，与东周以降九鼎象征天命神权的观念反差较大。周人迁九鼎于洛，可能有三方面的考量：其一，洛邑驻有"成周八师"；其二，九鼎主要功能之一，是用以祭祀上帝；其三，周人迁九鼎于洛，绝不只是一种怀柔"殷顽民"的手段，其终极目标是要改造"殷顽民"的宗教观念。周人深知，殷人全体族众都对上帝的旨意俯首帖耳，只要使文王取得上帝新代理人的名义，确立起"在帝左右"的神圣地位，就能从心理上彻底征服他们，使其认同周人政治统治的神圣性与合法性。

三是称殷礼以升文王。武王登基之初，马上宣称文王为在上帝左右的神灵。周人通过系列祭礼确立和强化这种观念。在殷人心目中，上帝只与商王保持单线联系。他们不会轻易相信，上帝会抛弃他们的先哲王，而选择了异族的文王。这一方面使周人政治统治神圣性的确立困难重重，加剧了武王的担忧；另一方面，也促使武王采取措施，尽快确立文王"在帝左右"的神圣地位。武王在班师途中就"祀于天室"，昭告天下文王"事喜上帝"，成为上帝的人间代言人。从武王甫一去世，殷人就发动了武装叛乱这个事实看，武王"祀于天室"的祭祀仪式，其宣言意义要大于实际意义。周人真正确立文王"在帝左右"的神圣地位，还经过了周公数年的艰苦经营，洛邑的"殷顽民"才逐渐接受了天命已经轮转给周人的无奈现实，基本上服从了周人的政治统治。周公摄政七年，周王室在洛邑举行了盛大的祭祀仪式。成王做了三方面的充分准备：一是建设宗庙，二是安置九鼎，三是任用殷士。以上三个方面，都为成王的祭祀大典提供了充分保障。从此以后，成王才真正"灵承帝事""厥有成命治民"。

周公主导的"作新民"运动，取得了十分理想的效果，不但巩固了文王"在帝左右"的神圣地位，基本实现了"殷顽民"的群体性归化，确立了成王上帝"元子"的身份；而且也为周礼的创制奠定了坚实的宗教基础，提供了丰富的制度依据。

周礼作为周公的思想成果，自然建基于周初的政治实践。周公摄行政当国的前六年时间，新问题、新矛盾交织，甚至还充满了各种凶险。周公之所以在周礼形成过程中发挥了关键作用，盖因周公经历的一切困难与危机，解决的一切矛盾与问题，都使他深刻体会到"小民难保"，都会促使他立足于周初政治现实，创设有实效的制度，以"作新民"，以"祈天永命"，以安定周邦。周礼也正滥觞于这一波三折的历史进程之中。客观而言，周礼就是周初统治者在总结政治之失，努力解决遇到的复杂矛盾和现实问题，主要基于"周鉴"——周人自身政治实践的经验教训，在鲜活的政治实践中生成的。

周公"作新民"政治实践中形成的各项制度规则，不同程度地保存在《周礼》文本之中。周公综合运用多种手段，改造殷人固有的宗教观念，构建殷人对西周王权的宗教政治认同；也就在这个政治实践进程中，周礼的宗教基础得以奠定，周礼的文化精神得以铸就，周礼的价值取向得以形成，《周礼》的一些重要制度规范也得以创设，成为维系周文化共同体的皇皇巨网。

西周的崛起，与周人注重文德的政治传统有很大关系。周人开始发展壮大，依靠的就是敬德保民，注重给民众带来切实利益。古公亶父及文王继承了先祖积德行义的优良传统，使得天下士民乐意归附。周人逐渐积累了不凡实力，牧野之战一举灭亡了殷商。西周立国之初，缺乏统治一个庞大王朝的政治经验，武王"以暴易暴"，过度杀伐，一度背离了周人重文德的政治传统，以致酿成"大艰"的政治危机。不仅殷人试图"反鄙周邦"，就连王室内部也出现了不团结征兆，几乎把到手的王权丢掉，实可谓之"周鉴"。周公在充分汲取"周鉴"的基础上，营洛邑以移顽民，迁九鼎以祀上帝，称殷礼以升文王，形成了周礼之所以为"周"礼的本质特征，选定了以文德为主的政治路径。不能否认，周人也继承了不少殷商文明的优秀成果，周礼体系中也纳入了殷礼的礼仪形式和准则规则，但殷礼本质上是殷商王朝政治实践的结晶，周初政治实践才是周礼的真正来源。周礼源自周初政治实践的历史结论，也再次证明了社会存在决定社会意识这一唯物史观原理解读历史的强大方法论效应。

〔本文摘自《清华大学学报》（哲学社会科学版）2023年第1期。作者桓占伟，河南大学历史文化学院副教授〕

不嬰簋"嚣"地与《系年》"少鄂"

——兼论猃狁侵周的地理问题

赵庆淼

不嬰簋是记录周伐猃狁战争的重要实物资料，对探讨西周王朝边域的民族和史地问题具有很高的学术价值。关于双方战事所涉地名体系的具体方位，学界长期存在"陕甘说"和"山西说"之分歧。通过对簋铭"嚣"地的重新释读与考订，并与清华简《系年》的有关线索相互证明，或可为考察猃狁侵周的地理背景提供一个关键支点。

该铭开篇即交代了猃狁此次入侵的时空信息。所谓"广伐西俞"，李学勤读为"西隅"。猃狁大举侵扰西土，王命伯氏率众反击，故曰"羞追于西"。伯氏取得初步胜利后，先行返回献捷，乃遣不嬰继续"御追于嚣"。综观整个战争情势不难推断，"嚣"地大体方位无疑当在宗周以西。

"嚣"字原篆作"𤇾"，上部从哭，其下从各。传统观点多释为"洛"，认为是指今陕西境内的洛水。实际上，孙诒让早已强调释"洛"是基于虢季子白盘的影响，并无字形上的坚实依据，且与地理背景不合。他继而推测"嚣"字所从之"哭"形，很可能即"罗"旁之省。按金文中习见从哭、从口的"嚣"字，吴大澂释为"噩"之古文。高田忠周踵迹其说，谓不嬰簋"嚣"字从"各"得声，当系"嚣"的异文。陈秉新进一步指出"哭"即"罗"字初文，所从"X"形乃是"乂"的变体，"乂""罗"声韵相近，所以"罗"（噩）从乂声。这是非常重要的见解。按"罗"（噩）为疑母铎部字，"各"为见母铎部字，二者韵部相同，声属一系，古音非常接近，"各"用作"罗"（噩）字声旁自无窒碍。由此看来，不嬰簋"嚣"字应释作"罗"（噩），其所从的"各"旁，乃是在"罗"字初文"哭"的基础上叠加的声符，于是产生了一个从"哭""各"的双声字。后由于声旁"哭"发生简化，"嚣"又出现作"嚣"形的省构写法，每与"各"声之字相通，"哭"旁最初的表音作用遂无从彰显。

"罶"字释读的正本清源，显然有助于廓清该地与西洛水的种种纠葛。众所周知，渭河的支流洛水位于宗周东北，它既不在周畿以西，故与簋铭所记"羞追于西"的战事背景碍难相合。清华简《系年》第二章记载西周覆亡和平王东迁的经过，其中出现的地名"少鄂"，则为探讨"罶"的地望提供了关键线索。根据简文叙事，平王为避褒姒之祸而出奔"西申"，得到申、缯的庇护。后来晋文侯攻灭携王，从"少鄂"迎回平王，并在"京师"拥立前者继承大统，最终促成周室东迁。不难看出，欲探讨简文"少鄂"的位置，"西申"和"京师"这两处定点是至关重要的。

"西申"，整理者认为与"申侯""申戎"有关。徐少华结合《系年》《山海经》的地名信息及考古资料，推断"西申"在今甘肃平凉至镇原以北的古申首之山与申水一带。简文"京师"安在，学界主要有宗周和晋地两说。整理者认为"京师"是指宗周，而"少鄂"疑即《左传》隐公六年的晋地之鄂，在今山西乡宁。按都城所在之地称为"京师"，这反映了东周以后文献的普遍表述，但需注意的是，此"京师"属于泛称性质的地名通名，其所指对象往往会随着时代变迁而发生更迭，并不固定。且简文"京师"与"西申"、"少鄂"连言，皆是表示单一性地理概念的专有名词，亦即专名而非通名。至于"京师"为晋地之说，钱穆认为即《礼记·檀弓下》之"九京"。后郭沫若联系晋姜鼎（《集成》2826）"鲁覃京师，辟我万民"一语，认为"京师"即《汉书·地理志》太原郡属县的"京陵"，在今山西平遥。

不过，《系年》既云晋文侯拥立平王于"京师"，"三年乃东徙，止于成周"，是"京师"应在成周以西。然从方位关系来看，平遥一带的"京陵"却当成周以北，若自此而迁洛，则绝不可谓"东徙"，故晋地说与简文不合。其次，"京陵"僻处东周晋国北境，周边戎、狄环伺，与关中、晋南等周人核心区山川悬隔，并不适宜作为拥立平王的根据地。再者，晋姜鼎的"鲁覃京师"，宜理解为晋姜之美德播于周都、达于上闻，不必将"京师"局限为晋地。

西周时期用作地名专名的"京师"，见于《诗·大雅·公刘》及多友鼎（《集成》2835）、克钟、镈（《集成》204、209）诸铭。《公刘》载公刘居豳，豳又名"京"，其众所居之野则称为"京师"。据《汉书·地理志》可知，豳地位于汉栒邑县境，在今陕西彬州市东北。多友鼎言猃狁"广伐京师"，武公命多友率众前往御敌，自"𠂤"向西追击，先后在"𣫍""龏""世""杨冢"等地取得战果。李学勤通过金文地名组的构建和整体考察，指出多友鼎"京师""𠂤""𣫍""龏"四地俱见于文献。其中，"京师"为豳地所在的区域名，在今陕西彬州市东北，"𠂤"即旬邑，"龏"即《大雅·皇矣》"侵阮徂共"的共，三者皆可在宗周西北的泾水中游找到相应的地理坐标。此外，克钟、镈尚言"王亲命克遹泾东至于京师"，是谓循泾水而行，向东直至"京师"，这与《公刘》、多友鼎"京师"的地望可谓不谋而合。

明确"西申"和"京师"的位置，简文"少鄂"的方位便不难由此窥知。《系年》云晋文侯自"少鄂"迎回平王，"立之于京师"，足证平王出奔后寓居的"少鄂"，理应密迩"西申"。据前文所述，"西申"在今甘肃平凉至镇原一带，位于泾水上游以北不远，然则"少鄂"亦当近是，殆可初步推定在今平凉、镇原及崇信、泾川四县之间。由是观之，晋文侯自"西申"附近的"少鄂"迎回平王后，即循泾河谷地东行抵达"京师"，于是选择在公刘故都拥立平王，乃是顺理成章的事情。

基于上文对《系年》"少鄂"及相关地理背景的分析，很容易联想到不娶簋铭的"罜"地。如前所论，"罜"是一个从罗、从各的双声字，"各"旁为后来叠加的声符，该字本应读"噩"为是，其地即周师西追猃狁之处，当在周王朝的西土边陲一带。简文"少鄂"毗邻"西申"，位于宗周西北的泾水上游左近，而多友鼎铭所见猃狁侵周的战事地点，亦同泾水流域多有关联，这种现象恐怕绝非偶然。因此，无论是从文字释读抑或地理方位来看，不娶簋"罜"地均与"少鄂"若合符节，二者极有可能属于"同地异名"的关系。先秦各个国家和地区之间存在着很多地名相同的情况，时人为准确标示地理对象，往往会在原地名上增加方位词、区别字一类的前缀或后缀，以规避地名重名带来的现实问题。按周代南土封国有噩，在今湖北随州安居镇一带，春秋初年晋国境内亦有鄂地。反观金文"罜"地与《系年》"少鄂"的关系，东周时人之所以更称西土"罜"地为"少鄂"，同样应是出于相互区别的缘故。

猃狁族属及其地理方位问题，一直为古史学界所关注，迄今未有定论。尽管多友鼎、不娶簋诸铭所见周人与猃狁的战事主要发生在泾水流域，但这并不代表猃狁的根据地位于陇右地区。众所周知，虢季子白盘（《集成》10173）云"搏伐猃狁，于洛之阳"，此"洛"即流经陕北之洛水。而《小雅·六月》言"猃狁匪茹，整居焦获，侵镐及方，至于泾阳"，又云"薄伐猃狁，至于大原"。"焦获""泾阳"均在泾水下游以北，而"大（太）原"则与晋地"汾川""太岳"的关系至为密切。不宁唯是，四十二年逨鼎（《铭图》2501）尚载周宣王令长父"侯于杨"，即今山西洪洞一带，虞逨率师驱逐猃狁，顺利拱卫杨侯就封。凡此俱可说明猃狁的活动范围颇为广袤，既可自陕北循洛南下，相继入寇泾水沿线的"京师""泾阳"等地；也不时会穿越晋陕高原，长驱奔袭汾水流域。这与淮夷、南夷、南淮夷集团会从不同方位，分别进犯周王朝的"东国"和"南国"，情形可谓如出一辙。因此，异族内侵的袭扰区域与有关部族的势力范围，实际是相互关联而又不能等同的两个问题。倘若将二者牵合为一，单凭战事的发生地点来推定入侵者的根据地，则很容易造成古史地理考订上的误判。

〔本文摘自《江汉考古》2022 年第 5 期。作者赵庆淼，南开大学历史学院副教授〕

论商代中后期的北土经略

——以北京平谷刘家河墓葬遗存为中心的考察

王坤鹏

关于商王国北方疆域与族群情况，已有研究涉及商王国的疆域结构、政治地理、北土范围及商文化的影响区域等方面，于殷商北土的一般情况已然可以提供一幅大略的图景，不过有关商代中后期王国北土经略的细部情况及特征则未及详述。关于这一问题，20 世纪 70年代所发现的北京平谷刘家河商代墓葬仍能提供若干有价值的信息。

一 刘家河墓葬所见的青铜礼器系统

1977 年 8 月，北京平谷刘家河村村民在村外取土时发现了一批青铜器。经考古工作者勘查及清理，认为铜器出自一座商代墓葬。墓葬的北部在早年曾遭破坏，出土器物包括铜、金、玉、陶器共 40 余件。墓葬的埋葬时间约当殷墟文化一期，墓主非商人，而是属于冀北燕山南麓地区的一支土著族群。

关于刘家河墓葬遗存的主要争论在于墓葬所出青铜器群能否反映墓主及其族群与商王国之间存在着政治统辖关系。过去已有学者认为墓葬主人可能是商代北土的一位方国或诸侯首领。近年来学者则对此颇有疑议，认为墓主所属的人群可能并没有接受中原商人以爵、斝搭配为主的青铜容器组合为表征的礼制信仰，而只是把这些铜器当成奢侈品，反映了北土人群对于中原先进文化与礼制的向往。从墓葬遗存的内涵来看，仅将刘家河礼器群视为奢侈品或认为其只体现了北方族群对中原礼制的某种向往等说法，恐怕失之于简单化。刘家河青铜礼器形成了一定的组合关系，且与商文化铜礼器属同一系统，承担着礼制功能。这批青铜礼器的数量不少，整体上属酒器、食器、水器的组合，而且酒器种类较多，形制上均为比较典型的商器，除了一些粗糙的当地仿制品，多数器物应是由商文化输入的。至于随葬青铜礼器群中包括一件爵，却无觚与之相配的现象，估计应与墓葬遭破坏有关。概言之，不管是从器型、纹饰还是组合来看，这批铜礼器与商文化区所发现的铜礼器并无明显区别，二者在组合与功能上都应属于同一礼制系统。

刘家河铜礼器群数量多且形成一定的组合，恐怕不能仅认作是墓主因战争或其他偶然原因所获并作为奢侈品而随葬的。与之相形成鲜明对比的是山西保德林遮峪的铜器遗存。保德林遮峪所出青铜容器主要是鼎、瓿，带铃豆不见于殷墟，兵器则包括带有北方文化风格的铃首剑、管銎斧等。学者认为林遮峪遗存随葬品中虽有中原铜器，但不见觚、爵、斝等典型中原礼器，似乎是有什么就葬什么，不成礼制。与保德林遮峪的铜器相比，刘家河铜器群显然更成系统，其作为礼器的功用也更为突出。

二　刘家河青铜礼器系统所反映的政治统辖关系

三代贵族政治的各种活动诸如朝觐、分封、册命、征伐等均须依礼而行，故礼虽具有多层次的功能，但随着政治组织的扩展与日益复杂化，其在制度层面的功能则发展得最为充分。刘家河青铜器群数量不少且全属礼器，与商文化铜礼器组合并无多大差异，其中一部分器物很可能来自商王廷的赏赐。青铜礼器主要用于礼仪与政治的场合，故这套礼器可以用来说明墓主所在的政治组织与商王国之间存在着密切的政治联系。学界之所以于此多有分歧，主要原因即在于或隐或显地将考古学文化、墓主族属与政治统辖关系三种不同层面的内涵混淆为一体，有时则不言自明地默认非商人族属必不受商王国的政治统辖。实则此前提并不成立，商王国已远非一族一邦形式的小国家，而是拥有广土众民的广域型国家，其国内的族属成分已然比较复杂，族属与政治统辖关系之间并不必然是一致的。

一方面，刘家河墓葬所出的这批铜礼器起着标示墓主人身份的作用，成为地方政治体首领标示身份、获得政治合法性的一类物品。另一方面，刘家河青铜礼器群包括酒器、食器、水器在内的类别与组合，与商文化礼器系统大体上一致，反映了这批器物与商器相同，本质上仍属礼器。其中的一些器物不排除是商王册命赏赐之物，其使用场合也应包括与商王廷之间的聘使往还。作为礼器，在墓主活着时，出现或使用于各种日常的礼仪场合。在墓主死后，作为随葬品亦主要是为了标识墓主生前在商王国政治体系中所具有的身份与地位。因此，该墓以与商文化同一系统的大量礼器作为主要随葬品，足以反映墓主与商王廷之间应当存在着某种隶属关系。该处地方首领虽非商族之人，但仍认同并遵行商王国的礼制，其政治权力的终极来源当是位于安阳一带的商王廷。

刘家河墓葬随葬品中缺乏兵器，说明战争在其社会生活中并不具有特别的重要性。与刘家河墓葬形成对比的是晋陕高原上的保德类型青铜器群，相关遗存中兵器占据了大宗，反映了战争在其族群的日常活动中有着比较突出的地位，代表的应是一支与商王国敌对的政治与军事势力。刘家河墓葬中所随葬的陨铁刃铜钺一定程度上亦能指示墓主的政治身份。这件钺与其说是兵器，莫如说是地方首领政治权力及军事权力的象征，实质上亦具有礼器的性质与功能，反映了墓主与商王廷之间的隶属关系。文献及铜器铭文均记载商周时期的王对族邦首领有赐钺之举，象征着王将治理地方的权力赋予贵族。上述贵族墓葬中所出的钺可能即出自商王的赏赐，是地方首领拥有征伐及专杀权的象征。

三　刘家河墓葬遗存与商代后期的北土经略

刘家河墓葬的主人活跃于商代前期向后期转进之际。此一时期，商的王都迁至今豫北安阳地区，与太行山两侧及燕山南北的土著族群的关系愈加密切，刘家河墓葬遗存的形成正是基于这一历史背景。伴随商代统治重心的北徙，太行山东麓，即今豫北冀南地区成为商王国的王畿区，在更偏北一些的燕山南麓地区则出现了一些政治上臣属于商王国的据点，主要应是当地的土著族邦，刘家河墓葬正是这类据点所留下的文化遗存。学者认为商代后期商所控制的范围表现为"面""块""点"的结合，王畿区是一个由商属地与附属国族形成的最大的聚居区，是以"面"的状态存在的，外服区则以商属地与附属国族联合对抗附近的敌族，形成一个个可称为"块"的商人势力圈。刘家河墓主应即是附属国族中的一位贵族，其臣属于商，可能也是与附近的商人势力相联合，形成一个块状的隶属于商王国的势力圈。

商王国通过刘家河这类据点与北方地区展开广泛的物质与文化交流。考古工作者在内蒙古东南及辽宁西部地区多个地点发现了商文化风格的青铜器，一部分器物时代属商代前后期之交。学者已指出，河北中部的藁城台西遗址与北京平谷刘家河商墓以及赤峰等地发现的铜器群分布在一条直线上。自大兴安岭南端至商王都之间存在着一条绵长的交流线路，刘家河遗址正是商王国与北方地区进行交流的一处重要的中转站。刘家河墓葬大致在公元前十四世纪，在此之后，在安阳殷墟开始大量出现马车、俯身葬、兽首刀等来自北方草原的文化因素，显示了北方地区的文化与人群逐渐进入了商都地区。学者指出刘家河及台西等地所发现的陨铁刃铜钺，其出现时间、地理位置、简素造型以及铜铁双金属嵌铸技术，共同显示它们很可能出自北方匠作传统，并通过高地社会的交流网络进入商王朝的北方重镇。

商代后期，在今天燕山南麓京津唐地区活跃着一批臣服于商的贵族，这些贵族多以"亚"为称，例如见于族徽铭文中的亚㠱、亚龏、亚异等。这批贵族与刘家河墓主相似，行用商周青铜礼器系统，遵循中原礼制，以中原礼器来标识自己的身份与地位，显见其均是臣服于殷商王国的燕南地方势力。在商代后期，商王国在燕南地区的控制可能在范围及强度上随具体情况而有所变化，但其政治控制在大部分时间内并未缺席。这也为其后周王国在这一地区分封诸侯奠定了文化、政治与经济的基础。

〔本文摘自《中原文化研究》2023 年第 3 期。作者王坤鹏，吉林大学中国史学系副教授〕

西汉经敦煌郡与匈奴在西域地区的争夺

郑炳林　陈晶晶

一　西汉经敦煌郡与匈奴在罗布泊地区的争夺

随着河西四郡的设置，特别是敦煌郡的设置，西汉政府的辖区得以与西域相毗邻，西汉若要连通西域，并通过西域与西方世界建立联系，就必须打破匈奴在罗布泊地区的防线，而打破此防线的关键是实现对楼兰的影响和控制。

楼兰位于西汉经敦煌通西域的孔道之上。出敦煌到西域有南北两道，而车师和楼兰是必经之地。由于北部的车师附属于匈奴，故出敦煌经车师前往西域基本上是不可能的，只有南道的楼兰是西汉出敦煌前往西域的必经之地，这里地处罗布泊南岸，既是匈奴与南羌的结合部，也是匈奴在西域控制得比较薄弱的地方。楼兰的态度向背对西汉经敦煌通使西域影响十分重大，西汉要控制西域，首先就要取得对楼兰的控制权。是以汉武帝置敦煌郡之后，就在派人通使西域的同时，派遣赵破奴、王恢出兵攻打楼兰和车师。这次出兵，楼兰虽然向西汉"降服贡献"，但仍是匈奴和西汉之间的两属政权。太初年间，楼兰仍然游离于西汉与匈奴之间。

汉昭帝元凤四年（前77），楼兰的这种游离状态宣告结束。大将军霍光派遣傅介子刺杀楼兰王，西汉以楼兰王弟在汉者尉屠耆为王，更楼兰国名为鄯善，又从敦煌派遣吏士千人屯田伊循以镇抚之，置屯田都尉，归属敦煌郡管辖，并置伊循都尉，为过往使节提供饮食并负责迎送。从此以后鄯善完全处于西汉政府的控制之下，其两属局面正式结束，这也标志着西汉完全控制了西域南道。

西汉在与匈奴争夺西域南道楼兰控制权的同时，也开始与匈奴就渠犁、轮台等地展开争夺。汉武帝于渠犁屯田并置使者校尉，首先是因为渠犁有一定数量的屯田军队驻守，其次是因为这里紧邻匈奴僮仆都尉的驻地，有利于制约匈奴对西域的通使，也有利于西汉对西域南北道的经营。渠犁作为西汉在西域地区的屯田要地，一直维持到西汉后期，悬泉汉简的内容也多次涉及西汉政府经敦煌郡派遣到渠犁的屯田部队和官吏。

西汉占领渠犁并屯田于此，就扼守了西域南北两道的要害，将匈奴的势力压制在焉耆、危须以北的车师一带，基本避免了匈奴经车师等地从北面对西域南北道造成的威胁。匈奴僮仆都尉的军队当无法同时应对使者校尉和三校尉等麾下军事力量的进攻，所以在屯田渠犁之后，西汉军队多保持进攻态势，而匈奴的力量则大抵退守至焉耆、危须以北——僮仆都尉对西域诸国役属之权受到巨大打击。

二　西汉经敦煌郡联合乌孙对匈奴的夹击

乌孙是匈奴西部最为强大的政权。元狩年间，乌孙虽然与汉通使、通婚，但仍两属于西汉和匈奴。持续的通婚联姻终于在汉昭帝时发挥了作用，改变了乌孙两属的局面，促成了西汉与乌孙联合，共同击败匈奴。昭帝时，匈奴在西汉的打击之下开始衰落。元凤四年，西汉遣傅介子杀楼兰王，改楼兰为鄯善，并屯田鄯善、渠犁，至此匈奴失去对罗布泊地区的控制。

为防备西汉从渠犁方向构成威胁，"匈奴发骑田车师，车师与匈奴为一"，此举引起乌孙的恐慌，遂向西汉求救。汉宣帝本始三年（前71），"汉兵大发十五万骑，五将军分道并出"。西汉政府派遣五将军分别从云中、五原、西河、张掖、酒泉出兵击匈奴。其年冬，匈奴遭受更大打击，丁令乘弱攻其北，乌桓入其东，乌孙击其西。从此以后，匈奴不复往日的强盛，既丧失了对乌孙的控制权，也无法再对西汉通西域构成威胁。

三　西汉与匈奴在"车师六国"的博弈

车师是西汉出敦煌后沿西北道通往西域的咽喉之地，无论是途经楼兰、渠犁、焉耆前往乌孙，还是经玉门关北行前往天山北麓诸国，都必须经过车师。

悬泉汉简记载的"车师六国"，实际上更有可能为车师前国、车师后国、车师都尉国、车师后城长国、狐胡国和郁立师国，而非《后汉书·西域传》所言六国。范晔著《后汉书·西域传》时袭用"车师六国"之称，因不明其含义，方列入东且弥、卑陆、蒲类、移支诸国名，胡三省注《通鉴》及顾祖禹《读史方舆纪要》等尽从《后汉书·西域传》，盖皆误。

西汉占领渠犁后，开始大规模在西域地区驻军屯田，并对车师用兵，与匈奴争夺"车师六国"的控制权。西汉与匈奴对车师的争夺实际上从汉武帝时期便已经开始。汉武帝在天汉二年"以匈奴降者介和王为开陵侯"，派遣他将楼兰兵击车师。征和四年，汉武帝又派遣开陵侯将楼兰、尉犁、危须等六国兵与重合侯马通南北夹击车师。车师王降服，臣属汉。这种臣属状态一直维持到汉昭帝后期，至匈奴出兵四千骑屯田车师，"车师与匈奴为一"，原先的平衡才被打破。汉宣帝本始三年，西汉派遣五将军与乌孙一起征匈奴，匈奴屯田车师者惊走，车师得以复通于西汉。"匈奴怒，召其太子军宿，欲以为质。军宿，焉耆外孙，不欲质匈奴，亡走焉耆。车师王更立子乌贵为太子。及乌贵立为王，与匈奴结婚姻，教匈奴遮汉道通乌孙者"，于是车师又倒向匈奴，阻挠西汉与乌孙的联系。

郑吉尽徙车师国民于渠犁并以车师故地与匈奴后，西汉得到了车师的民众，而匈奴得到了车师国故地。这种状况一直持续到神爵二年匈奴日逐王投降西汉，其间双方没有大的军事行动。

四　匈奴日逐王的归降及西汉对匈奴诸部的安置

汉宣帝神爵二年，匈奴日逐王归降西汉，这一事件彻底改变了西汉与匈奴之间博弈的态势。

郑吉策划并参与实施了匈奴日逐王归降西汉的行动。河曲这个地方肯定不在金城郡界，而应当在西域，系西汉渠犁屯田军队与匈奴日逐王管辖区域的接合部，并且应当更靠近匈奴日逐王管辖的区域。开都河与塔里木河在渠犁之南汇合，因此渠犁附近的两河交汇之地应当就是所谓河曲之地。

匈奴日逐王东行"诣京师"曾经过敦煌悬泉置，悬泉汉简中保存有接待匈奴日逐王的相关记录。我们通过悬泉汉简的记载可知，郑吉在护送匈奴日逐王前往长安时，并没有将匈奴日逐王与其部落万余人一同送往长安，而是分批护送东行的。

匈奴日逐王降服西汉，西汉动用"渠犁、龟兹诸国五万人"迎之，同时通过这次行动取得车师地，至汉元帝时置戊己校尉进行屯田。此后西汉将车师故地变为其直属地，戊己校尉成为西汉经营西域的基地，而本属匈奴的小种部族如蒲类等国亦归附西汉。

悬泉汉简记载的匈奴蒲类归义王使团奉献经悬泉置之事，当发生于神爵二年之后、初元元年之前。这一时间区间恰好在匈奴日逐王降汉之后，因而可以说，匈奴日逐王的归降带动了附属匈奴的蒲类国之归降。

汉简另载有"呼律归王"与"郝宿湖王"，二者应当与日逐王一样，都是降汉的匈奴名王。我们可以推测，悬泉汉简所载"呼律归王"指匈奴呼律归义王，他经敦煌归附西汉，最后被安置在山西河曲县，这里临近南匈奴安置区，西汉政府将归义的匈奴诸部落安置在沿边诸地，同诸属国一样进行管理。在匈奴日逐王降汉前后，匈奴的"呼律王"（"呼卢訾王"）、

"郝宿湖王"（"郝宿王"）等名王亦归降或附属于西汉，此皆匈奴统治西域形势崩溃的体现。

匈奴日逐王以及其后南匈奴呼韩邪单于归附西汉，是西汉与匈奴之间关系日益密切的体现。匈奴右部不断派遣使者经敦煌郡前往长安奉献，敦煌悬泉置为接待这些往来的匈奴使客，在驿站专门配置了匈奴语译人负责翻译工作，这在悬泉汉简中留下了珍贵的记录。

〔本文摘自《中国社会科学院大学学报》2023 年第 6 期。作者郑炳林，兰州大学敦煌学研究所教授；陈晶晶，兰州大学敦煌学研究所 2021 级博士研究生〕

"大刘记印"玉印与秦汉宗法制度

闫爱民

一 刘贺与宗室属籍中的"诸刘"身份

"大刘记印"中的"刘"来自皇族姓氏的推断，没有什么疑义，但这个"刘"又显示刘贺的何种皇族身份？属籍既为宗属登记之册，也属于刘氏皇族的官方谱牒，海昏侯印章中"刘"姓皇族身份的确定与其密切关联。

"诸刘"有判别刘氏宗属亲疏的意思，是反映在官家谱牒上皇族的枝庶之辨。"五属"一般是宗室属籍尽否的界限。依据马王堆"属服图"，五属应该是父系五代内的宗亲。宗室"诸刘"中有属籍者会受到一定的法律保护，但对于叛乱悖逆的宗室诸刘，汉廷也有绝除属籍的惩罚，削夺其法律上的特权。

刘贺受封海昏侯，恰与属籍上的诸刘之辨有关。刘贺以"行淫辟不轨"罪名被废，理应被削去属籍，但朝廷开恩，"归故国，予邑三千户"。汉宣帝曾"惟念宗室属未尽而以罪绝，若有贤材，改行劝善，其复属，使得自新"。诏书中未提及刘贺，其属籍的去留应该是一直未做处理。到元康三年（前63）春封刘贺为海昏侯，才明确了其属籍的问题。刘贺与宣帝间关系虽远但并未断绝，仍为"骨肉之亲"，可封王子侯。

宣帝海昏侯之封的意义，在于朝廷恢复了刘贺属籍上的"诸刘"身份，并根据其与皇帝的亲疏关系诏封其为侯。属籍的恢复对于刘贺来说是非常重要的事。刘贺有了"诸刘"属籍身份，因此也有奉献酎金的义务和春朝秋请的权利。元康三年刘贺受封海昏侯，次年即按规制上疏请行秋请之礼。海昏侯墓出土的大量酎金和宣帝元康四年海昏侯夫妇"再拜为秋请"的奏牍副本，足见其对履行在籍"诸刘"宗属成员义务的重视。

刘贺因"骨肉之亲"而封侯，由宣帝诏书可知，刘贺封侯后最重要的身份，就是恢复属籍中的"诸刘"，其反映在身份标识印章中的"大刘"之"刘"，必然与属籍中有"诸刘"

相关。海昏侯墓"大刘记印"玉印中的"大刘"之"刘",与私人印章中的姓氏关系不大,它属于汉家"属籍"中的"诸刘"之"刘",更强调的是印章所有者"诸刘"的宗属身份,而非姓氏。

二 海昏侯国始封君的"太祖"尊号

印文中"大刘"之"大"应读如"太",与印玺属有者的号谥有关,"太刘",当为刘贺海昏侯国始祖身份的宗法标识,这在属籍和刘贺受封王子侯上亦有相应的反映。

属籍不但记载"诸刘"与帝室的亲属关系,也记载其始封爵位及继封的世系与次第。

始封之君为"始祖",也就是"太祖"。"太祖"不但天子可称,"别子为祖"的诸侯亦可称。在昌邑王国,刘髆为"祖",刘贺称"宗"。刘髆为武帝别子,始封为昌邑王,死后立始祖庙,奉为"太祖"供奉。嫡嗣刘贺"继别为宗",为昌邑王国"大宗"宗子,世系百世不迁。刘贺入纂大统征为昭帝之后,则由昌邑王系大宗,转为帝系大宗,上承始祖高皇帝的"汉太祖"。霍光等上疏立武帝曾孙病已继嗣昭帝,云"大宗亡嗣,择支子孙贤者为嗣",即指帝系大宗。刘贺被罢黜帝位后,"废归故国",受封海昏侯,昌邑王国一支因为无嗣而国绝。前引宣帝诏书言"其封故昌邑王贺为海昏侯",刘贺由昌邑废王降封为海昏侯,是因其昌邑王的宗属关系,近似于宗法上的"别子为祖",即因昌邑王髆之子而别封王子侯。在海昏侯国,刘贺称"祖",其嫡嗣刘充国为"宗"。作为王子侯的"始封"之君,刘贺也可称海昏侯国"太祖",身后立始祖庙祭祀。

刘贺墓和侯夫人墓为同茔异穴合葬墓,这两座主墓前有一个共用的礼制性高台建筑群。这组礼制建筑应该就是海昏侯国始祖庙。坐落在刘贺夫妇墓北面的三座墓(M4、M5、M6)的墓前也发现有祠堂类礼制性建筑。这三座祔葬墓前面的祠堂类建筑,或为第二、三、四代海昏侯祠庙,与刘贺墓前的太祖庙构成完整的海昏侯国祠庙建筑群。刘贺下葬后,海昏侯国的始祖庙才会同时建立,宗庙祭祀活动也由此开始。

《汉书》所载豫章太守廖奏言海昏侯贺不宜为"太祖",《国除诏书》就写作"大祖"。"大"与"太"、"泰"相通,简牍上的"太"字多写作"大",海昏侯刘贺墓出土奏牍中的"太后陛下",皆抬格写作"大后陛下"。出土所见汉代印玺中"太""泰"字也多作"大"。因此,刘贺"大刘印记"玉印中的"大",应读如"太","大刘"作"太刘"解,其正与海昏侯国的"太祖"尊号发生了关联。

印章除了标识个人姓氏名讳外,也印记其身份地位和家族徽记。刘贺生前为海昏"始封"之君和诸刘一支之宗主,死后为侯国"太祖",宗法上"大祖"这个重要而且唯一的名分,必然要反映在作为身份标志和家族徽记的印章中。刘贺自称"大刘",并无标榜"大宗刘氏"的意思，而是有"诸刘"封国始祖的含义，与其身后称"太祖"的宗庙礼制有关，为海昏侯封国"太祖"的标识。

三 "大刘记印""泰子"印及无字印的推论

与刘贺"大刘记印"印玺宗法意义相近的，还有南越王赵眜的"泰子"印玺。秦汉时期"太子"一般写作"大子"，广州南越王赵眜墓出土的"太子"金印和玉印印文则作"泰子"。赵眜为何持有"泰子"印？此"泰子"非彼"太子"，并非帝王之子的狭义称谓，而与宗法表述的"大子"有关，"泰子"也就是"宗子"的宗法称谓，并没有父之子辈分的限定。与赵佗的"大祖"身份不同，"泰子"的身份可以承袭，即赵眜父是"泰子"，其子赵眜也是，传延不绝，即宗统上的大宗"百世不迁"。

"大子"既是君统上的嗣君，同时也是宗统上的"宗子"。南越王赵眜印称"泰子"，应是此宗法遗风。刘贺的"大刘记印"是"别子为祖"的始封"太祖"宗主之印，赵眜的"泰子"则是"继别为宗"大宗的宗子之印。

海昏侯刘贺墓主椁室发现有无字印，与"大刘记印"玉印位置靠近。"大刘记印"表示海昏一系的始封太祖，无字玉印则表示始祖的后嗣绵延未央之义。

四 刘贺、赵眜印玺比较与秦汉宗法之印

在广州南越王墓赵眜印玺中，除去传国玺"帝印"外，能特别标明赵眜身份的有八方，其与海昏侯的印正好可分为相对应的四组印玺。加以比对，我们会发现二者之间有着很大的关联性。

表 1 南越王赵眜、海昏侯刘贺印玺对比

号谥、名	属	印玺类别			
		第一组	第二组	第三组	第四组
南越文帝赵眜	南越武帝子之子，以承重孙嗣	"文帝行玺"金印	"赵眜"玉印	"泰子"玉印、金印	无字印（4）
海昏侯刘贺	昌邑哀王子，始封	"海"字铜印	"刘贺"玉印	"大刘记印"玉印	无字印

赵眜和刘贺的四组印玺中，第一组"文帝行玺"金印和"海"字铜印，在他们各自随葬的印玺中尺寸比较大。赵眜"文帝行玺"与其自加尊号"文帝"有关，刘贺"海"字铜印

是唯一与"海昏侯"封邑相联系的印玺。二印都与他们的谥号或封邑关联，是印主君统身份的标识。

第二组为"赵眜"玉印和"刘贺"玉印。二印都是私人名章，为鉴别墓主身份的直接证据，是印主个人身份的标识。

第四组是无字印。二者不同的是赵眜墓无字印有四方，刘贺墓则只有一方，考虑到赵眜的地位、尊号及两枚"泰子"印章，其无字印数量多也很自然。

第三组的相关性很明显，"大刘记印"是始封君主的"太祖"印，"泰子"是继体嗣君的宗子印。二者都是宗法之印，但同时又是实用之印。赵眜的"泰子"金印有朱砂痕，"泰子"非官爵，却有使用痕迹；"大刘"也非官爵，既连属"记印"，也是平时用印。它们既非官印，又非私人名章，介乎于官私之间，说明"大刘记印"与"泰子"一样，只是用于处理王侯之族宗法事务的印章，属宗主之印，但极少使用。"大刘记印"因是海昏侯国"太祖"之印，不能下传，因此要随葬刘贺于地下，而作为宗子之印的"泰子"印，则既可由赵眜父拥有，也可再传至赵眜及其子。虽然"大刘""泰子"印在等级上不同，展现出的却是完整的宗法之印。

〔本文摘自《南开学报》2023年第1期。作者闫爱民，南开大学历史学院教授〕

胡家草场汉简《日至》初探

李忠林

胡家草场汉墓竹简中有 102 枚涉及文帝后元元年（前 163）至公元前 64 年的节气干支，这些汉简名为《日至》。

一 《日至》与颛顼历问题

《荆州胡家草场西汉简牍选粹》（以下简称《选粹》）公布了《日至》中的一些节气干支。其中，涉及武帝太初元年（前 104）改历前的共六年，凡 48 条节气干支。此前的节气干支，除过银雀山汉简《元光元年历谱》4 条与简 593 重复不计外，尚有 6 条，其中 4 条见于出土文献，分别为：汉文帝七年十一月辛酉冬至，见于阜阳双古堆汉墓占盘；汉景帝后元二年十月甲辰冬至、十二月庚寅立春、五月丙午夏至共 3 条，见于随州孔家坡汉墓竹简。另有 2 条见于传世文献。下面我们用颛顼历对这 54 条节气干支进行合历性验证。表 1 中根据颛顼历所排节气下面的数字就是小余值。

表 1　汉初实际节气干支与颛顼历合历情况分析

	冬至	立春	春分	立夏	夏至	立秋	秋分	立冬
文帝七年（前 173）	辛酉							
颛顼历	辛酉 19							
文帝后元五年（前 159）	乙亥	庚申	丙午	壬辰	丁丑	癸亥	己酉	甲午
颛顼历	乙亥 3	庚申 24	丙午 13	壬辰 2	丁丑 23	癸亥 12	己酉 1	甲午 22
景帝前元元年（前 156）	庚寅							
颛顼历	庚寅 27							

	冬至	立春	春分	立夏	夏至	立秋	秋分	立冬
景帝前元七年（前 150）	壬戌	戊申	癸巳	己卯	甲子	庚戌	丙申	辛巳
颛顼历	壬戌 11	戊申 0	癸巳 21	己卯 10	甲子 31	庚戌 20	丙申 9	辛巳 30
景帝中元六年（前 144）	癸巳	己卯	乙丑	庚戌	丙申	壬午	丁卯	癸丑
颛顼历	癸巳 27	己卯 16	乙丑 5	庚戌 26	丙申 15	壬午 4	丁卯 25	癸丑 14
景帝后元二年（前 142）	甲辰	庚寅			丙午			
颛顼历	甲辰 11	庚寅 0			丙午 31			
武帝元光元年（前 134）	丙戌	壬申	丁巳	癸卯	戊子	甲戌	甲申	乙巳
颛顼历	丙戌 11	壬申 0	丁巳 21	癸卯 10	戊子 31	甲戌 20	庚申 9	乙巳 30
武帝元朔元年（前 128）	丁巳	癸卯	己丑	甲戌	庚申	丙午	辛卯	丁丑
颛顼历	丁巳 27	癸卯 16	己丑 5	辛卯 25	丁丑 14	甲戌 26	庚申 15	丙午 4
武帝元狩二年（前 121）	甲午	庚辰	乙丑	辛亥	丁酉	壬午	戊辰	甲寅
颛顼历	甲午 19	庚辰 8	乙丑 29	辛亥 18	丁酉 7	壬午 28	戊辰 17	甲寅 6
武帝元鼎五年（前 112）	辛巳							
颛顼历	辛巳 27							
武帝太初元年（前 104 ）	甲子							
颛顼历	癸亥 27							

　　表 1 中所列的实际气干支中，有两例与颛顼历所排不一致。一例为元光元年的秋分，简 593 所记干支是甲申，但颛顼历排出这年秋分干支为庚申，小余为 9。《选粹》中简 593 图版字迹清晰，释读正确。我们怀疑这一错误是汉代书手抄写时造成的。同简所记元光元年立秋干支为甲戌，这与银雀山汉简历谱所记是一致的。秋分干支甲申在甲戌后 10 天或 70 天。但立秋节到秋分节中间有三个节气，四分历每个节气长度为 15 又 7/32 天，三个节气的时长为 45 又 21/32 天，无论 10 天还是 70 天均不能相符。由此看来，抄写时将"庚申"误为"甲申"的可能性是很大的。第二例为太初元年的冬至干支甲子。但依据颛顼历，武帝太初元年的冬至日序数为 59，小余 27。冬至节时间当为癸亥日的后半天，非常接近第二天的甲子日。推测所谓的"甲子朔旦冬至"也是人为增加余分的结果。

　　由此看来，汉初历法的节气干支与颛顼历是一致的。易言之，汉初历法的阳历因素，即节气是依颛顼历推步的。秦汉初行用颛顼历，在《史记》《汉书》中有明确记载。但用这一时期实际的历朔材料验证，却发现多不相侔。从宋人刘羲叟、清人汪曰桢，直到现在的学者，均对汉初行用颛顼历产生了怀疑。比如，张培瑜先生先后根据元光元年历谱、张家山汉简历谱、周家台秦简历谱及其他相关历朔材料讨论秦汉初历法时，往往不受古六历甚至四分术的束缚，推导出与颛顼历完全不同的历法。另外，陈久金、陈美东、张闻玉、黄一农等学者始终坚持秦汉初用颛顼历，为了弥合颛顼历朔闰与实历不符的缺陷，他们提出了借半日法，即秦汉初历法在颛顼历的基础上，人为将朔小余加大 470 分，分母为 940，考虑到朔策为 29 又 499/940 天，加大 441 分也有借半日的效果，因此 441、499 也都是可供选用的数据。

现在看来，秦汉初历法中的朔和气并非齐同，气自为气，朔自为朔。节气依颛顼历推排，是固定的。颛顼历的朔策较真值为大，久则后天，《汉书·律历志》云："朔晦月见，弦望满亏，多非是。"按理说历法后天，需要调小朔小余，但文帝后元时期的历法朔小余较颛顼历为大。这样做的目的显然不是出于历法科学性的考虑，而是为了求得一个极具天命色彩的历点。

二 《日至》与二十四节气问题

二十四节气的形成有"西汉说"和"战国说"。胡家草场汉简《日至》的发现，为说明这个问题提供了新的史料。《日至》简的第二枚正面依次书写了"冬至、立春、春分、立夏、夏至、立秋、秋分、立冬"八个节气，其中有二分二至和四立。这说明在战国秦汉时代，人们更重视分至和四立，《吕氏春秋》没有记载二十四节气的全部名称并不能默证当时尚未形成二十四节气。

事实上，古人对于二十四节气的认识是有一个过程的。根据温少峰和袁庭栋的研究，在殷墟甲骨卜辞中已经有了"至日"的记载。卜辞中还出现了"日南""南日"的记载，肖良琼认为可能与《左传》中以"日南至"指冬至同理。竺可桢先生利用岁差计算过上述天文现象出现的年代，认定不会早于商代，大致在商周之际。由此可见，两分出现的时代晚于两至。而到了春秋时代，在分至之外，还出现了启、闭。《左传》《国语》中关于分、至、启、闭的记载较多，说明在春秋时代，两分两至和四立作为重要的节气为人们所重视。胡家草场简《日至》所记为文帝后元元年（前 163）以后一百年的分至和四立，这个时代二十四节气已经确立无疑，反观银雀山汉简《元光元年历谱》（前 134），也只有冬至、立春、立夏、立秋。由此推断，战国秦汉时人可能在分至四立要举行多种祭祀礼仪，故而对此"八节"尤为重视，这也是《吕氏春秋》十二纪仅仅出现分至四立的原因。

胡家草场汉墓竹简中除过《日至》，还有题为《历》的全年朔干支共计一百年，起讫时间与《日至》完全相同，两者分开书写似乎也说明了这一时期历法的朔和气并不齐同的事实。

〔本文摘自《江汉考古》2023 年第 2 期。作者李忠林，陕西师范大学历史文化学院教授〕

论周至汉代宗庙形制的转变

梁 云 陈燕芝 刘 婷

20 世纪 50 年代以来，考古陆续发掘了一些周至汉代的宗庙遗址，为宗庙形制复原提供了难得的资料。本文拟在这些考古发现的基础上，探讨周至汉代宗庙形制的转变、西汉宗庙形制的来源等问题。

一 周代宗庙的传统形制

周人开始明确有"庙"的概念。1999—2000 年在周原云塘、齐镇各发掘一组西周建筑基址。两组建筑均属西周晚期。这两组基址极有可能是宗庙性质建筑。1981—1984 年发掘的雍城马家庄一号建筑群坐北向南，由"品"字形分布的庙寝、东厢、西厢，南部的门塾以及中庭组成，四周环绕围墙，形成一个闭合空间。由于在院内中庭发现数量众多的祭祀坑，因而可以确定马家庄一号建筑是春秋秦国的宗庙遗址。

马家庄与云塘建筑的相似性明显，它们代表了周代宗庙的传统形制：院落外有围墙，院内建筑呈"品"字形分布，庙寝建筑多为"前朝后寝"（或前堂后室）的"凹"字形，其北有"北堂"（北洗）；院落整体坐北向南，南墙正中有门塾，东、西墙或留侧门。

二 汉代宗庙的新形制

无论是考古发掘的"王莽九庙"、罗经石遗址，还是勘探发现的延陵陵庙，它们都有明显的共性特征，反映了汉代宗庙不同于周代的新形制：整体平面呈四向的"回"字形，即内外相套的两个正方形，院落围墙四边正中各辟一门，围墙四隅多有曲尺形配房，中心建筑清楚地揭露为四堂八个共一太室的结构，其四面各开三门；中心建筑四面或院落四门用"四神"纹砖瓦，有浓厚的四时、四方、五行色彩。此外，三处遗址的规模也比较接近，其中"罗经石"遗址与"九庙"院落边长均为260米，中心建筑的边长为54米或55米。这种精准的一致性恐非偶然，说明了二者的沿袭关系，王莽建"九庙"时显然参考了西汉宗庙的模样和尺寸。

三 形制转变的节点及原因

从西汉宗庙乐舞制度来看，孝文庙、孝惠庙、高庙及原庙应采用了与德阳庙相同的形制。由此可知，西汉诸帝庙的形制相当一致。汉阳陵宗庙只是因为保存下来，并经过完整发掘，才被作为其中典型。而西汉宗庙乐舞制度主要袭自秦代。宗庙乐舞相承，宗庙形制自然相袭。因此，西汉宗庙形制来源于秦代宗庙，即秦始皇庙。

西汉宗庙制度与周制迥异。惠帝时叔孙通制定"宗庙仪法"，可能与他在高祖时拟定朝仪一样，"颇采古礼与秦仪杂就之"。但"古礼"为虚，"秦仪"为实；叔孙通曾为秦廷博士，熟悉秦朝礼仪，应主要借鉴后者。

先秦宗庙主体建筑的结构为"前朝后寝"或"前堂后室"。前面"朝"的部分又叫"庙"，用以安放祖先神主；后面"寝"的部分陈列祖先衣冠及生活用具，如同活着般供奉。但是到了西汉，施行庙、寝分离制度，宗庙中已不存放先祖衣冠，定期举行"月游衣冠"仪式，即将先帝陵寝中的衣冠送到宗庙中接受祭享。该仪式活动在惠帝时已经存在。无论高庙还是原庙，平时都不存放死者衣冠，也无存放之处，是一种有堂而无寝的结构，与先秦宗庙截然不同。西汉其他诸帝庙的形制也应相同。

庙、寝分离始于秦代。战国时期君主集权及其官僚制度逐渐形成，君主个人的陵墓及墓祭活动越来越受重视，与之同时，宗庙的地位有所下降；其结果就是"庙后之寝"从宗庙中脱离出去，转移到陵墓附近，发展成为规模宏大的祭祀性礼制建筑。秦始皇陵寝园的规模和复杂程度远非先秦"庙后之寝"所能比拟，除了盛放死者衣冠，其寝殿还有"日四上食"的常祭活动，北部九进院落可能居住等秩不同的守陵宫人，充分体现了"事死如事生"的理念。宗庙形制的变化与陵寝的出现相呼应，秦始皇庙与汉庙一样，也应是有堂而无寝的结构。

秦二世元年进行宗庙改革，将极庙作为始皇庙，也就是"帝者祖庙"，这是周至汉代宗庙形制演变的转折点，也是新、旧两种宗庙制度的分水岭。近年发掘的甘肃礼县四角坪遗址，揭示了秦代祠庙类礼制建筑的布局。

四　秦代西汉宗庙形制的思想渊源

西汉陵庙大多位于帝、后合葬的大陵园内，个别位于陵园附近。陵庙作为陵园礼制建筑，其营建当然属于陵园工程的一部分。西汉帝陵在皇帝生前在位时就开始营建，陵庙自然如此。因此，西汉皇帝生前为自己建庙与陵旁立庙制度有直接关系，并非源自秦代。

秦始皇在统一全国后第一年建造极庙，应有其政治目的和特殊意义。王贵祥先生认为极庙性质相当于前世之明堂，为秦创立的属于自己的宗教礼仪建筑，称为"极庙"，说明在秦代明堂类建筑的称谓尚未定型。其说可从。

极庙这种集天子（皇帝）起居与宗教祭祀为一体的特点，与后世文献记载的明堂相吻合。极庙最初性质为秦代明堂，具有祭祀、布政、教化、起居多重功能，是皇帝与上天沟通、并顺时颁政的神圣建筑。秦始皇在统一后第一年营建之，有宣扬天命所归、君权神授的意义。

极庙的设计，当以《吕氏春秋·十二纪》为蓝本。《十二纪》将四季各分为孟、仲、季三个月，一年分为十二个月，天子依时起居，由东而南，由南而西，由西而北，顺时针方向旋转，每月居住在明堂建筑的不同房间（堂屋），车驾、衣服、饮食及所尚颜色四季亦各不相同。君主言行、政令亦被要求与春生、夏长、秋收、冬藏相符。为了满足这种礼仪和政治需要，明堂的中心建筑就得建成四向正方形，四面对应四季，每面又分左个、太庙（堂）、右个三间，对应孟、仲、季三月；四边共十二堂屋，对应十二月。

秦极庙到汉元始明堂形制上一脉相承，都属于"月令明堂"系统，不同于传世文献记载的"周人明堂"。"月令明堂"整体平面为"回"字形，形制布局与秦代西汉宗庙一致。极庙本为明堂，秦二世元年将其改为始皇庙，其形制又被汉庙继承，遂使秦代、西汉宗庙具有一种"明堂式"风格。

《吕氏春秋》作于秦王政六年或八年（前241或前239）。《吕氏春秋》本为秦始皇准备，意图作为将来秦帝国的施政纲领。不韦旋即废黜身死，但其书中部分建言后来却被采纳。《十二纪》包含内容丰富，但以明堂、月令为主干；秦始皇统一后欲建明堂，以之为蓝本设计、施工，是顺理成章的事。

月令是王行惠政的依据，属于王礼，其颁布需要特定场所，即四时五行十二月相配的明堂，故"月令""明堂"往往连称。月令是中国古代将天文历法、农业生产、行政管理与阴阳五行相配套的制度设计，战国时期列国可能都有自己的月令安排。吕不韦门下食客三千，著录其门客见闻的《吕氏春秋》内容庞杂，其中《十二纪》可能是裁取当时列国尤其是东方国家的月令内容整合而成的。

综上所述，秦代西汉宗庙形制源于秦代明堂（极庙）；而后者的出现，是战国时期月令明堂思想发展、成熟的结果。

〔本文摘自《故宫博物院院刊》2023年第3期。作者梁云，西北大学文化遗产学院教授；陈燕芝，西北大学文化遗产学院硕士生；刘婷，汉景帝阳陵博物馆研究员〕

秦汉县级诸官的流变：以出土文献为中心的讨论

沈　刚

一　秦代诸官的内涵与特质

　　司空、少内、仓、畜官、田官属于无争议的诸官，放到一起，可以观察其共有特征。秦代司空，管理刑徒、组织劳动生产；少内，主财物出纳；仓，负责粮食储存收支、轻刑徒隶臣妾管理；畜官，管理牲畜；田官，管理官府直接控制的公田。在里耶秦简中还有一种对诸官等机构进行考课的文书，称某官课志。这类文书有：田官课志（8—479）、司空课志（8—486）、仓课志（8—495）、畜官课志（8—490+8—501）。上述司空、仓、畜官、田官皆在其中。考课内容包括官府在农业和畜牧养殖业等方面收支增减、劳动力使用情况，还有徒隶生育和死亡情况。徒隶是秦代依附于国家的特殊力役承担者，他们提供的劳动力资源也是官府的资财。综合这两方面因素可知，上述诸官的特点之一便是为国家经济服务。

　　少内虽不在其中，但它除了管理财物出纳，也承担一部分生产职能，少内与上述诸官性质相同，自然也无疑问。田啬夫管理县中鬃园生产，担负着生产职能，也可归到诸官之中。考虑到迁陵吏志名单中，尉已归长吏之列，故排除尉。都乡、启陵乡与贰春乡，其职责内容包括户口的增减与税赋收入，从广义上看也属于经济职能。从职能看，库亦属诸官。船官即使存在掌管船只的机构，也只是司空之下的二级机构，不能和迁陵吏志中的官啬夫比肩。发弩是武职系统官吏。我们怀疑厩归郡掌管，因为其职能主要为运送官员，所以要分散在属县，在业务上和县发生联系，但厩啬夫的身份却是郡吏。

　　我们认为"迁陵吏志"中10个诸官分别是仓、司空、库、少内、田、田官、畜官、都乡、启陵乡、贰春乡。上述诸官的工作内容，除了为保障官府正常运转而提供服务外，还表现在对国家资产的收纳、存储和增值上。从这一角度或可说它们是以经济活动为主的业务部门。

二 汉代诸官的存续与流变

汉代县有少内，少内一直发挥着财政功能。汉简和汉印中有"都田"。或许因为还保留着传统授田制的孑遗，导致了管理全县农业事务的都田啬夫的存在。在西北汉简中也记录有县中库啬夫。西北汉简和铜器铭文中均找到了关于县级仓啬夫的记录。汉简显示汉代县中仍然有司空这一机构，其基本职责和秦代没有区别。汉印中的畜官应也是汉代县吏。汉代史料中，也有田官的记载，但是地方农田官直属中央，边地出现的农官与田官，与秦代形同而实异。除了与秦代相同的县属诸官以外，在西北汉代简牍中，邮驿等相关机构似也归属于县。

西汉后期尹湾汉简"吏员簿"和里耶秦简"迁陵吏志"有很多相似性。从吏员角度可以分为几大类。一是官有秩、乡有秩、官啬夫、乡啬夫。有秩和啬夫是一类，差别在于秩级；乡和官在"迁陵吏志"中归为一类。因此这一大类相当于"迁陵吏志"中的官啬夫。二是令史，与"迁陵吏志"相同。三是亭长，和"迁陵吏志"中的校长相当，是前后相继的关系。四是乡佐与官佐。在"迁陵吏志"中，皆为官佐。五是牢监，二者相同。六是令、丞、尉。在"迁陵吏志"中直接称为长吏三人。最后是吏员总额。也就是说，从总体分类上，秦和西汉后期县级官府的吏员大体相当，也就意味着官府内部架构没有太大变化。

但是，从细部观察也能看出两者之间的一些差异。首先是官啬夫已经细分，从秩级上分为两等——有秩和啬夫，迁陵县皆为有秩。而且，官啬夫和乡啬夫已经分开，官啬夫变成单纯的县属各机构长官。这说明此时乡的性质虽然还是县廷派驻机构，但其职能已经扩展，除了基本的赋税征收等职能外，也设置三老等负责教化，因而将其独立出来。官佐和乡佐也同样随之分开统计。狱史、游徼、尉史单独列出，游徼是后起的负责治安事务的职官。尉史在里耶秦简中就已存在，但并未列在"迁陵吏志"中，我们考虑这可能和当时尉的地位有关。秦时县尉虽为长吏，但在实际政务活动中其地位介于令、丞和诸官之间，因而其属吏也不好与县廷之令史等量齐观。狱史从令史中析出，或与其身份变化有关。

除了分类的差异，我们再看数量方面的不同。一是令史数量收缩，这是因为此时主理列曹的是掾和史。此时若增加令史，则会造成机构固定员额膨胀。但掾、史使用灵活，有很多员外设置的方式。相反，令史具有相应秩级而列于吏员簿中，很难超出朝廷规定的数额。二是官啬夫，如果去掉乡啬夫，迁陵县有七位；海西县去掉乡啬夫与乡有秩，还有五位。这说明诸官机构不仅没有扩张，反而有所收缩。且对比官佐，两个县除去乡佐外，比例更是达50∶7。诸官机构及佐官数量锐减，意味着所辖事务的急剧减少。按前面所言，秦代诸官承担了大量的生产任务，管理着刑徒，并且诸官下还有一些诸如漆园等下设机构以及离仓等分支机构，导致诸官的佐贰数量大增。西汉东海郡中一些负责生产事务的机构，不归县中管理。

三　诸官在汉代变化的原因

我们将里耶秦简中诸官与汉代诸官一一考证、比对，展现了两者相沿袭的一面，说明秦汉时期县级诸官都具有生产组织的功能。但不可否认的是，汉代诸官相比秦代已经有了变化，主要表现在三个方面。一是生产功能已经弱化。汉代诸官中的都田、畜官等，还负责专职管理生产事务，但如仓等机构不仅不再管理隶臣妾等刑徒，而且也看不到饲养家禽、家畜的记录，变成了行政运转的保障机构。二是与事务减少相对应的是吏员的减省。尹湾汉简中诸官佐人数急剧减少，尽管机构还在，但事务减省就无法设置更多的冗员。三是一些服务类的诸官地位上升，例如厩、置、厨等。他们本来不承担生产任务，此时其地位上升，在地方政务活动中常有其身影。

诸官职能和权力的变化，大略是受到以下因素的影响。

首先，郡县地位的变化。在西汉初期之前，县是地方行政重心；西汉中期以后，郡的地位逐步上升，功能强大，不仅仅是作为县的上级存在。这对诸官的影响可以从两个方面来看：一是郡府开始拥有一些具有生产职能的职官，这些机构一定程度上侵夺了原来县级诸官的一些生产职能；二是郡向地方行政重心演变，意味着有更大的事权，更能够组织起公共生产服务。此外，客观条件的变化也会造成个别诸官消失，比如因为官府直接控制的公田减少，县中田官已经湮没无闻。

其次，秦汉所用劳动力资源差异也是造成变化的一个原因。秦代刑期较长，因此国家能够控制的刑徒身份的劳动力数量相对较多，甚至成为县级诸官使用的主要劳动力资源。县廷诸官始终控制、驱使着一批刑徒劳动力。相较而言，汉代刑罚逐渐宽松，刑徒有规定的刑期，时间亦缩短。此时诸官能够控制的刑徒劳动力工作量有限。此外，秦代的仓负责隶臣妾这类刑徒的管理，而汉代则没有，职责收缩了。汉代国家应对公共生产事务是以农民的劳役为主，在这种背景下，县级诸官无法掌握大量随时差遣、使用的刑徒，他们只能根据需要使用这种从事力役的小农，在施展权力方面有所局限。

最后，我们今天之所以看到诸官在汉代的变化，还要考虑史料记载偏差的因素。从学术史来看，诸官之所以作为一个专门的论题进入学界视野，是因为在里耶秦简中有了系统记载，再联系已有史料，最终构筑成连续的演变脉络。不过，目前已发现的汉代史料还没有这样整齐的记录。虽然事涉汉代地方行政的简牍中不乏相关内容，但较之秦简的记载，其完整性和体系化明显打了折扣。从本文前面使用的材料看，虽然能爬梳出汉代诸官的零散信息，但明显缺乏系统记述。而且，这些信息多出现于西北边地简牍，这批简牍毕竟具有一定的特殊性。这种史料记录上的偏差，或许也在一定程度上塑造了我们今日对秦汉诸官演变的直观印象。

〔本文摘自《社会科学》2023年第1期。作者沈刚，吉林大学古籍研究所、"古文字与中华文明传承发展工程"协同攻关创新平台教授〕

道安佛籍整理的困境与方法

——兼谈道安学术方法对僧祐的若干影响

石　青

东晋南朝在佛籍整理，僧史书写，文集、类书编纂，经典解释等方面有突出贡献的道安和僧祐，二者的著作结构非常相似，均有佛典目录、经典注疏、关于佛教世界观的类书、域外祖师史传等作品。可以说道安对佛教知识的整理方法具有典范意义，同时道安与僧祐在学术思想和方法上有一定继承关系。

道安具有深厚的外学修养，早年活跃于学风相对保守的冀州地区，或许受章句之学影响，道安对文句的疏通和解释颇为重视。据《高僧传》的记载，道安早年阅读《辩意经》和《成具光明经》，可能已经接触了一些大小乘经典。游学邺城佛图澄讲筵时才真正奠定了道安的学术志趣。受佛图澄影响，道安重视大乘经典，特别是般若系经典；认为佛陀虽已涅槃，佛陀的教诲通过经典传承下来，欲使"无生之理宣扬季末，流遁之徒归向有本"，就要对经典做整理和解释；此时道安还接触了一些戒律学知识，但未及检视相关经典就遭逢战乱，开始了避难生活。

得益于纸张的普及，道安在避难途中始终携带经书，且致力于从各处搜集经典。从道安撰写的注经序言可知，此时他所见的经本翻译大都不理想，译笔晦涩甚至文句不通。冉闵之乱后道安南下襄阳，利用襄阳的地理位置优势和竺法汰、释慧常等人脉关系，全面搜求南北翻译经典，初步撰成最早的"一切经"经眼录。在襄阳，道安不仅获得了更好的译本，也见到了部分经典的全本，而不是零散的篇章，这都有助于经典文句的疏解。

太元四年（379）苻坚攻破襄阳，道安被迁往长安，长安有不少游学的外国僧人，基于此，道安将晚年的工作重心放在组织翻译和完善三藏体系上。随着新经的译出，道安仍努力校订文句，力求整理出文句更畅达的版本。胡僧不仅带来了新经本，也使道安有机会通过交流获得一手知识，解决长久以来旧经本中遗留的阅读障碍。

那么面对经籍零散、文句晦涩的困局，道安采用了怎样的方法对东晋末以前的佛教知识做了一次系统整理呢？首先是编纂经录，即通过追溯翻译经典的译出时间地点和流传轨迹确认经典的真实性。道安目录在费长房编纂《历代三宝纪》时已未见流传，受道安自叙影响，历代经录将其定名为"综理众经目录"。目录的主体撰成于东晋宁康二年（374）的襄阳，此后陆续有增补。僧祐云："祐校安公旧录，其经有译名则继录上卷，无译名者则条目于下。"这使许多学者误以为道安目录分上下卷，实则是僧祐将道安目录中的经典分有译和失译著录，道安目录本身只有一卷。不大的篇幅使经典著录非常简略，经题简写，不录卷数，且"行间相接"，即经题非逐条列列，而是首尾相接，其中还间有夹注作为补充说明。

僧祐检视了被道安称为"古异经"的经典群，认为这些经典具有"或无别名题，取经语以为目，或撮略《四含》，摘一事而立卷"的特点，即从四《阿含》中抄出的无篇题片段，以经中数语为标题，独立成卷的异出经。事实上通过僧祐在《出三藏记集》中的夹注可知早期流传的胡本经典篇首没有题名，胡本经题一般位于品末经终。本土译者为了适应中土书籍的体例，同时便于分类和编目，将经题移至篇首或自行拟写经题，故而早期经录著录经题往往比较混乱，僧祐在著录经题时也着重保留了不同的题名。

关于道安目录的著录体例，僧祐认为道安对佛典目录学的贡献为"铨品译才，标列岁月"，再结合僧祐目录对道安目录的继承，我们可以大致认为，道安目录著录的基本原则是以时间为序，以译者为纲。同时僧祐目录中保留了大量"安公云"的内容，这是僧祐对道安注的转述，通过这些转述可知，道安在著录经题的同时，对片段流传的别生经典出自哪部大经及经典的性质均有补充说明。诸如《大道地经》《道行品经》均是外国沙门分别从《修行经》和《般若经》中抄出的，虽是翻译经典，却有抄经性质。另外，道安还标明同本异译，间或简述不同译本间的差异；著录经典按时间排列，以体现译出时间先后，但若遇到出经题记中对时间有具体记载的，也以补充说明的形式记录在经录中。

僧祐在编纂《出三藏记集》时对上述道安的编目思路和方法多有借鉴。《出三藏记集》的"铨名录"部分是僧祐对齐梁之际"众经"的整理和总结。按照僧祐的编辑顺序，首先是《新集撰出经律论录》，此篇大部分内容源自道安目录，包括经典著录的顺序。因为僧祐撰录的目的与道安一致，即追溯译本译出和流传的轨迹，判定经典来源合法性，所以他沿用了"铨品译才，标列岁月"的著录方法，也广校群录保留了不同经题，而不是按照大小乘、经律论等类目分类著录。由此僧祐的编目过程是以道安目录为基础，校以其他目录，再检视经藏中的收藏情况，确定经本的存佚状况。

对道安之后新译出的经典，僧祐又以什么目录为基础著录呢？我们推测是定林上寺经藏的目录。值得一提的是，受费长房《历代三宝纪》记载的影响，学者一直将敦煌所出S.2872号和P.3747号《众经别录》判定为刘宋时经录，白化文先生指出该目录中著录有梁初所出经且与僧祐僧团关系密切。今检《出三藏记集》著录《贤愚经》后的小序与《众经别录》中《贤愚经》条，内容和文句均基本一致，都直接来源于僧祐采访《贤愚经》传人释弘宗后拟写的《贤愚经记》。这些信息来源于僧祐的采访，不大可能袭自其他目录，类似的还有《文殊师利净律经记》也被《众经别录》转录，《众经别录》中有大量出经信息与《出三藏记集》基本一致。结合《众经别录》详细的类目划分，便于查找和分类收藏，更适合作为经藏目录使用，很可能就是僧祐主持建造的定林上寺经藏的目录。

其次，自《新集安公古异经录》至《新集安公关中异经录》都是以道安目录为基础，参校群录而来。自《新集律分为五部记录》至《新集律来汉地四部记录》详述四部广律的来源及流传中土的过程。最后接续道安失译经录为在藏及众经录所见失译经作目录一卷。

经录之外道安还有其他著作，诸如序言、注经、论文、书信等，都体现出他基于良好的外学修养整理外来佛教知识的方法。以《安般注序》为例，道安所撰序言大都具备经典解题、简述经典功用、翻译过程及译者小传、简述前人整理和注经过程、交代自己的编纂意图等内容。这种序言撰写体例与汉魏以来传统经典注释家的序言格套基本一致，可见道安简叙经典流传的历史时采用的方法是基于本土学术传统产生的。

道安所注经典今存《人本欲生经注》，检视可知道安注《人本欲生经》的基本方法是逐语解释，既解释句意也解释词语，类似传统经典解释中的"章句"之学。特殊之处在于，遇到胡汉互译之后产生的倒装也一并注出，还对文句进行修正，指出其中的脱文。从而我们也可以理解早期译经"辞句质复，首尾互隐"，难于阅读，甚至难以断句，道安划分文句，解释内容，指出脱讹。道安为《道行般若经》作"集异注"可能就是对照不同经本，或对比同一经本的前后文，观察异文，结合阅读经验和个人见解做出裁定，这是类似校雠的工作。道安诸多散佚的解经文献中，"注"是与经文合本并行的，"解"则可能是别行的，"起尽解"可能是标出段落起止，对一段内容作解说的，"折中""折疑"可能是阐发主旨、解答疑难的。另外，《四阿含暮抄序》中言："有悬数悬事，皆访其人，为注其下。"今观《四阿含暮抄解》中有零星夹注，应当都是道安咨询译者之后所注，类似注释方法还见于《鼻奈耶》。

〔本文摘自《魏晋南北朝隋唐史资料》第 46 辑。作者石青，浙江大学历史学院博士后〕

东魏、北齐凉州考

冯培红

一 问题的提出

正史与墓志中记载到一些东魏、北齐凉州官员，但《魏书·地形志》《北齐地理志》《隋书·地理志》《中国行政区划通史·十六国北朝卷》皆未提到这个东部的凉州。东魏、北齐何以亦置凉州？这个凉州与河西凉州是否有关联？本文试作探讨。

二 东魏、北齐凉州官员之若干资料

兹先将东魏、北齐凉州官员的相关资料列表 1 于下（带 * 号者为存疑）：

表 1 东魏、北齐凉州官员概况

朝代	姓名	相关内容	出处
东魏	源 彪	天平四年（537），凉州大中正	《北齐书·源彪传》
	徐 颖	高祖定业，除抚军将军、银青光禄大夫、直阁将军、帐内正都督、凉州刺史、新城大都督	徐颖墓志
	安吐根	文襄嗣事，以为假节、凉州刺史、率义侯	《北史·安吐根传》

续表

朝代	姓名	相关内容	出处
北齐	韩裔	天保元年（550），除开府仪同三司，别封康城县开国子，使持节、凉州诸军事、凉州刺史	韩裔墓志
	范粹	齐故骠骑大将军、开府仪同三司、凉州刺史范公	范粹墓志
	虞弘	仍使齐国……寻迁使持节、都督凉州诸军事、凉州刺史、射声校尉	虞弘墓志
	董佛子	祖佛子，齐凉州刺史	董氏墓志
	杨颖	曾祖颖，齐任凉州刺史	杨华墓志
	皮阿输迦	假节、督凉州诸军事、辅国将军、凉州刺史、太子庶子、元喜县开国男皮阿输迦	皮阿输迦夫人高氏墓志
	康德	曾祖德，齐任凉州都督	康续墓志
	康感*	曾祖感，（北朝后期或隋）凉州刺史	康留买墓志 康磨伽墓志
	段深	累迁侍中、将军、源（凉）州大中正，食赵郡干	《北齐书·段荣传》
	赵德	曾祖德，齐亮（凉）州盘和县主薄（簿）	赵宗墓志

表1中共列有13人，其中3人仕于东魏，9人任职于北齐，而康感所任之凉州刺史，推测在北朝后期或隋代。

三 东魏、北齐凉州的侨置及其辖县

东魏、北齐凉州当为侨置州。虞弘墓志云："简陪闳阖，奋咤惊遒。功振卷舒，理署僚府。"是说北齐凉州有闳阖城墙，凉州刺史有僚佐、衙府，表明北齐在境内侨置凉州是实有其地，确有建置。杨华墓志追述其曾祖杨颖，"光临凉部，有徐敦仁义之风；不避雄豪，践王敏独坐之称"。"光临凉部"一语是说刺史杨颖赴任到达凉州地界，在州内教化民众，力行仁义，打击豪强。这证实北齐凉州确有实际的统辖区域。

东魏、北齐凉州所辖之郡县，大多难以考知，今仅见北齐凉州下辖盘和县。

东魏、北齐侨置凉州位于何处？《魏书·地形志上》记蔚州附恩郡下领三县之一为西凉县，"蔚州"下有小字注："永安（528—530）中，改怀荒、御夷二镇置，寄治并州邬县界。"蔚州辖领始昌、忠义、附恩三郡，前二郡及所辖四县下均有小字注"永安中置"，而后一郡及所辖西凉、利石、化政三县下面则皆注"天平中置"。这一区别提示：蔚州及所辖始昌、忠义二郡是北魏永安中从怀荒、御夷二镇迁置，而附恩郡设置于东魏天平中，来源不同，颇疑寄治在并州邬县界的附恩郡西凉县，其人口主要来自河西凉州，很可能是东魏、北齐侨置凉州的所在地。

四　东魏、北齐凉州的由来——兼说元魏河西凉州民众的东徙及安置

北魏分裂为东、西魏后，高欢招诱包括凉州在内的西魏西北缘边诸州军民，绕经河套来到东魏境内。这些河西凉州民众或其后裔极可能被高欢安置在新侨立的凉州境内。最早响应投奔东魏的是534年的凉州刺史李叔仁，这次行动尽管失败了，但产生了很大影响，并对稍后西魏渭、灵、凉、秦、豳五州刺史投奔东魏起到了催化作用。

535年初，西魏渭州刺史可朱浑元率部投奔东魏。《北史》卷五三《可朱浑元传》云："元乃率所部三千户，发渭州，西北度乌兰津，历河、源（凉）二州境，乃得东出。灵州刺史曹泥待元甚厚。泥女婿刘丰与元深相结，遂资遣元。元从灵州东北入云州界。"《北齐书》还加了一段话："灵州刺史曹泥女婿刘丰与元深相交结，元因说丰以高祖英武非常，克成大业，丰自此便有委质之心，遂资遣元。元从灵州东北入云州。"曹泥之所以厚待可朱浑元，就是因为女婿刘丰的关系；而可朱浑元向高欢举荐刘丰，才坚定了刘丰投奔东魏的决心，甚至连曹泥也一同归顺东魏。高欢对可朱浑元及其部将大加封赏，此举对西魏政权中的离心分子起到了极大的激励作用，吸引着西魏西北缘边地方势力前来投奔东魏。《北齐书》卷二七《刘丰传》云："丰远慕高祖威德，乃率户数万来奔。"《北齐书》卷二《神武纪下》亦云："西魏灵州刺史曹泥与其婿凉州刺史刘丰遣使请内属。周文围泥，水灌其城，不没者四尺。神武命阿至罗发骑三万径度灵州，绕出西军后，获马五十匹，西师乃退。神武率骑迎泥、丰生，拔其遗户五千以归，复泥官爵。"曹泥、刘丰翁婿二人东归东魏，所率部众只剩下5000户。以一户五口计，也有25000人之多。稍后，高欢又招诱西魏新任的灵州刺史万俟受洛干、秦州刺史万俟普拨、豳州刺史叱干宝乐及朔州附化郡守破六韩常等人东归。天保元年（550）五月甲寅，高洋建立北齐，过了十一天："乙丑，诏降魏朝封爵各有差。其信都从义及宣力霸朝者，及西来人并武定六年（548）以来南来投化者，不在降限。"所谓"西来人"，即指上述曹泥、刘丰、可朱浑元、万俟普拨、万俟受洛干、叱干宝乐、破六韩常等原西魏地方官所率的东归之众。他们在北齐受到特别的重视，不在普降爵位之限。这些西来人除了上层人物在朝廷或各地任职外，其他大多很可能就被安置在侨置的凉州。

五　从凉州官员窥探东魏、北齐凉州的民众构成

由于材料来源的限制，目前所见东魏、北齐凉州的资料全都集中于官员，有的是原河西凉民之后裔，有的出自西域的粟特、鱼国或印度，且所占比例不小。

源出河西凉州的有 5 人：源彪、段深、安吐根、康德、康感。前二人皆为凉州大中正，后三人均担任凉州刺史或都督，而且都是粟特人。北齐时任凉州刺史的虞弘是西域"鱼国尉纥驎城人"，皮阿输迦取名或与西域印度有关。徐颖、韩裔、范粹虽以汉人出任凉州刺史，但他们的墓葬中有明显的西域和袄教胡风特点。此外，北齐凉州刺史董佛子、杨颖及盘和县主簿赵德亦均为汉人，其中盘和县为原河西凉州所辖之县，北齐设立侨县，主簿作为县级佐官，多由本地大族出任，这表明北齐凉州及盘和县也有不少汉族民众，其中不乏来自河西凉州的人。

前文所列表中的东魏、北齐凉州资料记载的都是州县官员，尤其是凉州长官，这虽然对分析凉州民众的构成造成了不便，但通过凉州都督康德"衣锦维桑"、北朝后期普遍出现的"作牧本州"乃至家族世袭的现象，以及侨置州县的特殊情况，可以窥探出东魏、北齐凉州的民众主要来自原河西本土，包括粟特人、鲜卑人、汉族及其他西域人。

六　东魏、北齐侨置凉州与粟特胡风的关系
——陈寅恪所持北齐西胡化说申论

陈寅恪曾指出北齐的鲜卑化及西胡化现象，认为北魏孝文帝迁都洛阳以后的西胡后裔进入了北齐政权。然而，北魏的西胡后裔何以迟至半个多世纪以后，才在北齐掀起西胡化浪潮呢？笔者认为，这种西胡化现象并不仅限于北齐，其实在高欢、高澄父子执政的东魏时期就已经出现了。东魏西胡化现象的出现，直接的原因应是东魏初高欢对西魏西北缘边诸州民众的招诱。

东魏、北齐的西凉乐舞十分兴盛，自然不是从敌国的河西凉州学习引进的，而是东魏初高欢招诱西魏凉州刺史刘丰等人所率的粟特胡人带来的胡乐新声。北齐官制中，中书省有负责管理伶官西凉部、伶官龟兹部等音乐的官员，"并司伶官西凉部直长、伶官西凉四部、伶官龟兹四部、伶官清商部直长、伶官清商四部"；东宫部分也提到"并统伶官西凉二部、伶官清商二部"。显然西凉音乐比龟兹音乐更为盛行，前者应当与北齐侨置凉州中的粟特胡人有关。

北齐侨置凉州，更多的粟特民众被集中安置在一起，势力很大，自然更加助长了西胡化风气。

〔本文摘自《社会科学战线》2023 年第 2 期。作者冯培红，浙江大学历史学院教授〕

汉魏六朝地理书的演进

徐　成　杨计国

隋至两宋，地方向中央呈报图经，是中央掌握州县地理信息，编制职方图、地理总志，并据以施政的重要基础。地理书的修撰依托官僚行政系统，但不同时代的行政力度容有差异，不同行政层级的管控方式也不尽相同。在汉魏六朝向隋唐演进过程中，行政模式的转变带动着地理书修撰的演变。从地方与中央之间地理信息传递角度对汉魏六朝地理学进行探索，是目前方兴未艾的学术增长点。

一　郡国上计图与舆地图的图书形态

学界对汉魏六朝郡国上计簿所载政区、户口等信息与正史地理志的联系已多有论述。除此之外，郡国还会不定期地随同上计簿向中央呈递郡国上计图。中央对此进行审核校治，并据以编制供各级官府行政使用的舆地图。这种全国性舆地图的主体是大比例尺的各郡国图的汇编，而非单幅地图。

舆地图所涉区域并不仅限于中央所辖郡国范围，也囊括四夷。舆地图中的四夷部分主要来源于征戍域外而向中央呈报的文书。虽然征戍域外与郡国行政截然有别，但二者都在中央直接监管之列，因征戍而上报中央的文书，也是上计制度的一部分。这些四夷地图当然成为中央修撰舆地图的资料来源。

无论郡国上计图抑或舆地图，不仅有图本，还囊括了"解书"。所谓"解书"，即与地图相配合，对图本进行详细解释说明性质的文字。"解书"存在的原因在于诸多地理事项虽然绘之于图，但图本或受制于比例尺，或受制于体例（如政区沿革、户口、赋税等难以一一书于图面），或受制于准望、高下、迂直的不确定性，官府行政仅依图本无法明晰，不得不求诸与之匹配的阐释性文字。图本与文本相配合，正是汉魏六朝郡国上计图、舆地图呈现的"图书"形态。

汉魏六朝"图书"形态的文献并不限于郡国上计图、舆地图，甚至也不限于地理书。杜预撰《古今书春秋盟会图》时所称"非书无以志古，非图无以志形"，郑樵《通志·图谱略》所言"图，经也。书，纬也。一经一纬，相错而成文"，都揭示了"图书"中图与文的关系。郦道元注《水经》时称"川渠隐显，书图自负，或乱流而摄诡号，或直绝而生通称"，正是说明图与文分别通过图像、文字对地理现象进行展示。因此，时人泛称上计图、舆地图为图书便不足为奇了。萧何入咸阳"收秦丞相御史律令图书"（《史记·萧相国世家》），其中就包括了记载山川、户口等事项的秦舆地图。

二　从郡国地志到全域性地志

图本与文本并存的郡国上计图又称作郡国地志，郡国地志与四夷图书合称"天下图书"，成为史官修撰舆地图的依据。但郡国地志文本中记载了大量"鸟兽草木"（左思《三都赋序》）等"物土所出"（皇甫谧《三都赋序》）的内容，而记载物产的文字与对图本所绘山川城邑进行阐释并无关联，不具有"解书"性质。所以，"解书"只是郡国地志中文本的部分内容。

北凉阚骃所撰《十三州志》即取材于东汉的天下图书，所载包括政区沿革、山脉地望及相关故实、江河流径、城邑故迹之地望、物产、郡县风俗、户口、四夷等事项。史官所撰地志大体亦据天下图书，晋《太康地志》《永宁地志》《晋地志》，刘宋《永初二年郡国志》，萧齐《永元元年地志》《永元二年志》《永元三年志》，等等，都是由史官编撰的全域性地志。北宋李宗谔称"地志起于史官"（《玉海·地理》）即指此而言。《华阳国志》前四卷叙地理，其蓝本为常璩于成汉任史官时所撰巴汉、蜀中、南中三地之地志，实为偏霸政权的全域性地志。

舆地图与全域性地志皆载政区沿革、户口，且二者皆本自天下图书，而舆地图中又存在与图本配套的文本，所以不排除全域性地志就是舆地图文本部分的可能性。但从撰制角度而言，文本可随时修订而成新本，图本的重绘改绘则费时费力，因此舆地图图本的更新模式是不定期地作局部修订，且更新频率不高；全域性地志的更新模式则是全面修订，另出新本。相较舆地图以原图为基础，局部更新模式，二者的差异是由图本绘制与文字抄撰的难易之别造成的。

三 汉魏六朝的地记与州郡地记

舆地图、全域性地志的修撰基于官僚制下从中央到各级地方官府的垂直行政体系，因此具有行政文书性质，流传不广。今所知数量最多的是东汉魏晋南北朝时期各种类型的地记。在行文风格上，前者"言皆雅正，事无偏党"，后者"竞美所居""传诸委巷，用为故实"（《史通·内篇·杂述》）。官修地理书大体以地志为基础，地记只是史官以备删采的辅助性资料。

汉魏六朝地记中以专叙某州、某郡、某县的州郡地记最为常见，其所载事项大体有政区沿革、辖境、山脉故迹地望及其风光逸闻、江河流径及其风光逸闻、物产、风俗。州郡地记虽非中央主导修撰，但也具有官方背景。东汉初年各郡国向中央呈报本地风俗书以应移风易俗，人伦教化之需。至迟于东汉中后期，风俗呈报已归入上计系统，各级地方长官乃命当地僚属撰作风俗传、风土记，由此演变成后世的州郡地记。

地方长官之所以需要通过州郡地记来了解当地的风俗地理，在于彼时地方长官主要在赋役、刑狱、治安等军国政务范畴内对中央负责，而对区域社会的管控，大体通过自行召辟当地大姓豪右为僚属来完成。因此，地方长官主导、当地僚佐深度参与撰写的州郡地记，表现出浓郁的区域社会文化色彩。这正是地方长官治理区域社会所需了解，而朝廷主导的人伦教化未能完全涵盖的。

四 舆地图与州郡地记的结合：图记

至迟在南北朝前期，地志系统与州郡地记已趋于合流，舆地图与州郡地记相配合的情形由此出现。南朝《荆州图副记》《湘州图副》等便是以州郡地记对地方行政所用舆地图起辅助作用的地理书。南朝又多有题曰某州、某郡之记的地理书，便径直以州郡地记作为图本的配套文字了。更有甚者如《荆州图》那般径直以"图"称图记，则意味着图记以一种新型的地理"图书"形式出现了。

南朝尚只出现州级图记，北魏末年则出现了《后魏舆地图风土记》这种全域性图记。至迟在北魏后期，图记已成为施行军国政务的依据。北周《周地图记》、隋宇文恺《东都图记》、裴矩《西域图记》皆承此而来。这说明自北朝后期始，图记已取代地志系统，成为一种新型的从中央到地方用于日常行政的地图、文本形式。

出现这种现象的背景在于汉晋以来对区域社会的治理模式最终在北朝后期发生了变化。

《通典·选举典》载"自后魏末、北齐以来，州郡僚佐已多为吏部所授，至隋一切归在省司"，由此导致自北朝后期始，中央政府逐渐将区域社会的治理纳入官僚行政体系中。于是，原先由地方长官主导修撰，用于治理区域社会的州郡地记，成为中央需要掌握的地方信息。图记便由此成为地方呈报中央，中央校治后作为各级官府行政依据的地理图书。隋唐二代州县图经修撰制度便是由此而来。

结　语

汉魏六朝地理书大体可分作三个系统：一是郡国年度性呈报的上计簿中的地理信息；二是地志，以郡国不定期呈报中央的郡国地志、征戍四夷的图书为基础，据此修撰的舆地图、全域性地志皆属此类；三是地记，以自东汉后期郡国风俗传演变而来，由地方长官主导修撰的州郡地记为主体。

地志系统与州郡地记分立的基础在于汉魏六朝中央管控地方与地方官府治理区域社会分属不同模式。前者是王朝行政运作的产物，重在军国政务；后者本于地方长官对区域社会的治理，是区域社会信仰、习俗与社会心态的体现。图记的出现，标志着地志系统与州郡地记的合流，其存在基础是官僚行政与区域社会治理能够有机整合。因此，从汉魏六朝地志系统与州郡地记分立，到北朝后期二者合流为图记，并进而转化为隋唐图经修撰制度，是行政力度强化、中央管控地方模式发生变化的一个缩影。

〔本文摘自《历史研究》2023年第2期。作者徐成，扬州大学社会发展学院副教授；杨计国，河南工业大学马克思主义学院讲师〕

杜甫诗歌系年研究中的诗歌氛围迷思

李煜东

引　言

古人在"诗史"观的影响下，将杜诗中的年月、地理、人物乃至尺寸数字视作史实。认为杜诗句句写实，是抹杀了诗歌的文学特质。即便认为"无一字无来历"，也不能反推事事都应呈现在诗中。

系年是杜诗研究的基本。从"诗史"角度可以将特定杜诗系年，但受前述弊端影响，出现了问题，尤其是将诗歌氛围视作了重要的凭据。

诗歌氛围关注诗人在诗中表达、营造的感受，常常被直接用于没有坚实证据的诗歌的系年上。这一方法先天不足，学者在解读这些感受时是基于个人体验，无法完全坐实。同时，尽管在论证中会将其他诗歌作为旁证，但多是以难以确论的氛围相串联，往往并未构成个人以为的相互关联、前因后果或非此即彼的关系。甚至于，有时只根据诗中是否涉及安史乱局就加以编年，而这种"涉及"的判断又只是基于个人感受。

一　《行次昭陵》与诗歌氛围

《行次昭陵》没有确切的年代指向，学界意见大体分为安史乱前和乱后。此诗系年焦点在"玉衣晨自举，铁马汗常趋"一句。《文苑英华》将"铁马"录作"石马"，因此注家多围绕"石马"典故展开。《安禄山事迹》记载太宗昭陵石马出汗，认为石马参加了潼关之战。倘若杜甫所用典故渊源于此，《行次昭陵》就当系在安史乱后。

典故的渊源及在诗中的含义往往难以定论，因此，认为《行次昭陵》写于安史乱前的学者，不仅要在典故上提出别解，还要寻找其他类别的证据。黄生《杜诗说》称："以'铁'为'石'，恐后人转因昭陵有此事，从而改之。不然，禄山之乱，率土翻覆，九庙震惊，何诗中略无一语叙及？"黄生之说的情理，何振球说得更明确：杜甫是忧国忧民之诗人，他在安史乱中应惶惶不安，而《行次昭陵》中竟未言安史乱局，不合情理。可是这种"情理"真的存在吗，可以作为不证自明的证据使用吗？

北宋初年士大夫就认为不合时宜的宴饮有损形象和学养。宋代起，杜甫被塑造为忠君爱国、忧国忧民的典型，形象逐渐僵化。杜甫在安史乱中宴饮，不啻是"污点"，后人便从这一角度辨析系年。如黄鹤注《九日蓝田崔氏庄》称："是时两宫奔窜，四海惊扰，公岂有'兴来今日尽君欢'之理？"仇兆鳌注《晦日寻崔戢李封》称："范氏编入至德二载春，此时身陷贼中，岂能为令节之欢？"

单就作于乱中而未明言乱局之诗，可以举出《大云寺赞公房》四首其三，《奉和贾至舍人早朝大明宫》内也不见任何与安史之乱相关的内容。幸运的是，《行次昭陵》有其他证据可以讨论，《大云寺赞公房》有杜甫自注参证，《奉和贾至舍人早朝大明宫》有创作背景以对比。然而，更多的杜诗由于关联证据较少，就被简单地用氛围进行了系年。

二　作为杜诗系年依据的诗歌氛围

在何种情况下氛围可以作为参考，氛围是否能作为关键证据等先决问题未得到重视。诗句涉及安史之乱的诗歌，固然当系在乱后，但反过来则未必成立——看似没有触及乱局的诗作，也不见得就作于安史之乱爆发前。至于在给安史乱中诗做精细系年时，诗歌氛围更成为问题。

杜甫有诗《九日蓝田崔氏庄》，黄鹤认为作于乾元元年，乃杜甫任华州司功时所作。黄鹤认为长安被叛军占据时，玄宗、肃宗在外，杜甫不应写出"尽君欢"这种不合氛围的诗句。这就是带着先入为主的想法而落入了以氛围和固化印象论系年的窠臼。

杜甫尚有《崔氏东山草堂》与此崔氏相关，系年在至德元载秋，两诗同时所作的可能性很高。实际上，《九日蓝田崔氏庄》单就氛围而言，更不像是两京收复后所作。这说明诗歌氛围可以因不同理解而做不同解释，更表明诗歌氛围不能独立、先行使用。

在无更多旁证的前提下，仅据氛围系年是产生多种异说的诱因。杜诗《赠卫八处士》，《杜甫全集校注》系在乾元二年，认为"此诗恰写出人于离乱时期尤易产生之'沧海桑田''别易会难'之感，'访旧半为鬼'而发'惊呼'，亦未尝无动乱之后，惊故旧大半死亡之意"。《杜甫集校注》则系在天宝九载，认为杜甫"乾元二年归东都陆浑庄固有可能与其重逢，然其时战事迫遽，与此诗气氛不类"。《赠卫八处士》系年两说并存，根本原因在于没有关联证据，单凭诗歌氛围无法确凿判断。这一情况表明，诗歌氛围只能作为其他证据的补充，而不能单独成为证据。若仅依据氛围，就会得出多种异说。

三 诗歌氛围应在坚实的证据上使用：以《饮中八仙歌》为例

诗歌氛围不能单独作为系年证据，需要在坚实证据的基础上作为补充使用，这意味着作为前提的"坚实证据"是否能够成立亦是关键。

《饮中八仙歌》很难准确系年，多数注家认为应系在天宝年间。系于天宝初年的学者，虽然结论相同，依据却大相径庭：萧涤非是根据诗作氛围欢快而定，相反，吴增辉认为诗歌是寄寓自身怀才不遇的愤懑。对同一诗歌学者读出不同氛围，印证了诗歌氛围感受因人而异，一旦作为先行证据就会导致异说。

近来戴伟华提出新观点，认为《饮中八仙歌》是杜甫乾元元年在长安任左拾遗时的作品。戴文利用《曲江对酒》《奉和贾至舍人早朝大明宫》等杜诗，以杜甫乾元元年的实际生活为基础进行考察，认为有基于诗歌氛围而寻求关联诗歌的嫌疑。

杜甫是否喝酒、好酒，与是否写作《饮中八仙歌》没有必然联系——杜甫在天宝时期也常喝酒，况且那时杜甫未仕，难道不比为官时更有时间来创作？因此，好酒和时间充裕都不构成此诗必然作于乾元元年的证据。至于与《奉和贾至舍人早朝大明宫》的关联，就纯粹属于诗歌氛围的讨论了。

戴文认为，"诗中所写必定融入盛世图景，诗中景象叠合了诗人过去的记忆和现在的感触"。在长安任左拾遗的时光应是杜甫一生最欢愉之时，不过若就此认为杜甫频频回顾开天之世，并在对昔日长安的追忆和现实情境的感慨中创作出《饮中八仙歌》，则未免跳跃：这仍是以氛围论系年。戴文虽然举出了多首杜诗，但诗作之间并未真正构成逻辑关系。从这个例子来看，即便提出了相关证据，但若证据不够坚实，氛围论证也很难落实。

结 语

注家学者对诗作的感性认知存在差异，最终导致面对同一首诗时，读出不同甚至矛盾的氛围。但即便如此，注家学者仍将氛围作为关键证据，未反思合理性与应遵循的原则。如本文所论，就安史之乱而言，诗中未直接、间接述及安史之乱，即无乱中氛围者，不代表该诗完全不可能作于安史之乱爆发后。扩及全部杜诗来说，诗歌氛围不能单独作为系年证据，也不能作为首要证据，其利用必须建立在其他坚实证据的基础上。

以氛围论系年只是杜诗系年研究中存在的问题之一。关于杜诗系年方法，学界主要从正面角度加以论说，侧重"可以为"的方向，"不可为"则少见讨论与总结。"可以为"与"不可为"当属一体两面，不仅要加强正面进路，也要丰富反思的角度，有破有立才能建立更加严谨的系年研究模式，进而深入细节探讨"如何为"的问题。否则，在"可以为"的研究中叠加"不可为"的内容，最终也可能导致谬说。

〔本文摘自《安徽大学学报》（哲学社会科学版）2023 年第 2 期。作者李煜东，中国社会科学院文学研究所博士后〕

唐代手实制度新探

张　恒

　　手实，又可称为手状，意在强调亲手书写，如实申报，是中古籍帐制度中的基础性文书，对当时及后世都产生过极为重要的影响。近年来，随着新获吐鲁番文书等文献的陆续公布，围绕唐代手实的制度渊源、攒造的年限、与户籍及计帐之间的关系等重要问题，我们都有机会重新进行深入探讨。

　　学界一般认为，中国古代户籍制度大概形成于春秋战国之际，地方基层社会组织主要以里社为主，且有"书社"这样的户籍统计与上报制度。唐人房玄龄对《管子》中"手实"注为"手常握此地之实数"，可将此理解为当时基层官员造户籍并上报中央的制度形式。而唐代手实的词源即取意于此，重在强调上报内容之实数，乃造籍帐的基础。

　　秦汉时期，作为攒造户籍基础性工作的民户"自占年"制度成为主流。魏晋时期，无论是民户层面的"自实"，抑或是道民群体的"宅录"，皆是秦汉以来人户"自占"户口的延续与传承。魏晋之际的简纸更替，更是对户籍制度的书写载体产生了重要影响。而此种民户上报家庭信息的传统，即可视为唐代手实制度的主要来源，"手实"不过是这一制度在唐代推行的称谓而已。

　　唐代籍帐体系主要由团貌、手实、计帐、户籍等相关文书构成。作为唐代籍帐体系中的基础性文书，手实与貌阅、计帐、户籍等籍帐文书联系紧密，但其攒造年限究竟是三年还是一年，学界争议较大。以唐代手实的攒造年限问题为切入点，可以从手实与计帐、手实与户籍、手实与团貌、手实与府兵简点这四个方面入手展开具体分析，进而对唐代籍帐体系进行重新梳理与探究。

　　手实与计帐。据《唐六典》《通典》《旧唐书》等史籍记载，唐代有"每岁一造计帐，三年一造户籍"的规定，但手实究竟几年一造，以上唐代基本史籍的记载中并未明言。唐代手实与计帐之间究竟是何种关系亦很模糊。但唐代乡帐应是计帐攒造的基础。《新唐书·食货志》所记载的"凡里有手实,岁终具民之年与地之阔狭,为乡帐。乡成于县,县成于州,州成于户部。又有计帐,具来岁课役以报度支"这段内容,实际上反映的是唐代计帐体系的具体内容和逐级攒造过程。明乎此,则唐代计帐既然是一年一造,作为其攒造基础的乡帐也应是一年一造。那么,作为唐代乡帐的攒造基础,唐代手实也应该或者说只能一年一造。

手实与户籍。唐代手实不仅是计帐的基础,亦是攒造户籍的基础,三者皆为唐代重要的籍帐文书。唐代手实乃官府造籍帐时的基础性资料。唐人对籍和帐有清晰的认识和区别,籍一般指登记人名和户口的文书,即所谓"籍者,所以编户口、计租税耳""籍是生人之大信";帐则具有各项统计的含义。朱雷也认为,唐代"户籍据手实而作,计帐亦据手实而作"。由此言之,作为三年一造的户籍和一年一造计帐的共同基础,唐代手实必须及时反映每年人口与土地的详细变动情况,因此也只能是一年一造。

手实与团貌。唐代团貌与手实间的关系亦很密切。《册府元龟》有关唐代团貌结果"以附手实"的记载当最为可靠,《唐会要》中"以付手实"与《通典》中"以附于实"的记载,可能在后世传抄、刊印时存在讹误。进而言之,唐代团貌与手实关系极为密切,县司要亲自核对登录人户的年龄与体貌信息,最后把核对结果注录于手实之上。敦煌吐鲁番出土唐代户籍文书中所见某某年帐后"貌加就实"与"貌减就实",实则是依据手实进行补充修改的记录。而《唐开元年间西州交河县帖盐城为令入乡巡貌事》文书中的"点检排比",《唐西州高昌县下太平乡符为检兵孙海藏患状事》文书中的"今造手实,巡貌恃(持)至",以及体现唐代手实至户籍攒造过程的《武周天授三年(692)户籍稿》文书,实则构成了唐代里正将团貌结果注录于手实文书,再据手实攒造户籍的完整文书链条。

手实与府兵简点。敦煌吐鲁番所出户籍文书中多有唐代简点府兵的相关记录。唐代前期府兵的点入与简出确实需要"具姓名",并依据"兵部格"实施。但唐代府兵简点中最重要的内容为人户的年龄与身体状况,尤其是年龄的成丁与入老,更是直接关乎府兵的点入与简出,因此对信息的准确掌握和及时变更要求较高。而三年一造的户籍并不能满足这一要求,一年一造且登载团貌结果的手实,不论从编造时间还是编造地点的角度来看,显然都是统治者进行府兵简点最好的依据。因此,唐代府兵简点所依据的应当是手实。既然府兵是一年一简点,为了及时反映人口信息的变化,唐代手实也应是一年一造。

换言之,唐代手实应是籍帐体系中最基础的文书。唐代团貌多数时期为一年一次,须做到"随时貌定,以附手实";唐代计帐与户籍的攒造,亦须"从手实为定";吐鲁番文书中亦有连续两年编造手实的记载;唐前期府兵亦根据手实一年一简点。唐代手实只有一年一造,才能为计帐与户籍的攒造以及府兵的简点,提供及时且准确的信息。

受安史之乱影响,唐前期国家推行的籍帐、均田及府兵等诸多制度,在唐中后期都发生了不同程度的变化。在唐宋之际社会变迁的背景之下,作为唐代籍帐体系中的基础性文书制度,手实制度亦不能例外。从史籍记载和出土文书来看,唐中后期西川府及京兆府出现了用于征税派役的户帖，唐末五代时期敦煌吐鲁番文书中则有多件户状文书，五代后唐天成四年五月诏令中也有百姓向官府提供的手状，宋代亦存在登载民户基本信息的户帖。

在北宋、金和西夏各个时期，手实制度在某种程度上虽然仍在间续推行，但登载内容却各有差异。北宋手实制度登载以"丁口田宅之实"为主，金代手实制度强调"男女老幼年与姓名"和人口生死增减，西夏手实则以土地及财产登载为主。相比唐代手实，北宋、金、西夏时期的手实登载内容已不尽相同，侧重点亦有所不同。

手实在唐代前期一年一造应无疑问，且主要为牒文格式。但从唐中后期开始，手实制度已然发生了诸多变化。无论是在籍帐制度层面，从手实到手实状、户帖、手状、户状文书的演变，还是在文书运行层面，由牒式到帖式、状式的转换，无一不体现着这种深刻的变化。唐代手实本为编造户籍而责令民户所提供，但随着户籍制度与赋役制度的变化，手实内容也发生了变化。它既可用于单申户口，也可用于着重申报土地，手实的原意自然也就随之改变了。我们或许应从更广泛的户籍应用层面去理解唐代手实及其所反映的户籍制度与社会关系，也应从具体时期去分析研究。换言之，在唐前后期制度变革的历史背景之下，唐代手实作为百姓持有的基础性文书，深受籍帐及文书制度变革的影响。其自身也由唐前期的牒文变为唐中后期的帖文和状文，某些功能亦可能被户帖或户状所取代。在中唐之后、北宋、金及西夏各个时期，手实制度在某种程度上虽仍间续推行，但登载内容和载体却各有差异。直至明清时期，百姓所持以登载基本家户信息的文书，已多变为户帖等形式的文书。

作为中国古代国家统治的基础，民户信息直接关系国家赋税征收与差役编派，因此是历代统治者制定政策时最为优先关心的对象。与此同时，此种关系个人切身利益的信息统计与上报，民户亦在想方设法瞒报或漏报，以求最大程度上确保自己的生活平稳。官民之间的利益博弈，在中国古代历史的舞台上不断上演。随着中国古代大一统王朝的形成，国家的各种制度也在趋于完善，以民户信息为重要内容的基层统计制度亦在逐步形成和确立。从秦汉时期的"自占年"，到唐代的手实，再到五代及宋以后的户状、户帖等各类文书，其名称虽有差异，但这种有关中国古代民户信息的上报制度一直存在。

〔本文摘自《中国经济史研究》2023年第4期。作者张恒，山东大学历史学院助理研究员〕

中晚唐节度使带相衔问题考论

黄承炳

钱大昕曾言："唐中叶以后，诸道节度使带平章事，兼侍中、中书令，并列衔于敕牒后，侧书'使'字，故有'使相'之称，五代因之。"中晚唐节度使所带相衔被认为只是一种虚衔，不可与在朝正任宰相相提并论。然而，节度使所加相衔若仅为虚衔名号，似不能够吸引割据一方的节度使，亦难起到朝廷所期待的羁縻藩镇之效。因此，有必要进一步厘清中晚唐节度使所带相衔的性质、功能及作用，借此深化对安史之乱后唐廷如何控驭藩镇的认识。此外，宋辽设置的"使相"与中晚唐节度使所带相衔之间存在怎样的联系，亦需要考察。

一 中晚唐节度使带相衔的性质

敕牒是中晚唐下行公文中的一种，由在任宰相共同签发后生效。正式敕牒上应有全部在任宰相的官衔及署名，但揆诸史料，中晚唐带相衔节度使均"列衔于敕牒后，侧书'使'字"的观点并不符合事实，在此基础上提出节度使所带相衔为虚衔的说法也无法成立。

虽然史籍中未见中晚唐时期带相衔节度使敕牒结衔的具体规定，但代宗朝名将李抱玉的结衔史料为厘清这一问题提供了可能。李抱玉从永泰元年三月至大历十二年一直以节度使之职兼带相衔，从未担任过正任宰相。唐人圆照所集《代宗朝赠司空大辨正广智三藏和上表制集》（以下简称《表制集》）所收永泰元年四月至大历九年的相关敕牒均有李抱玉的结衔。然而，这些结衔并非仅有"列衔于敕牒后，侧书'使'字"这一种形式。唐代公文结衔一般由官衔与其他内容两部分构成，李抱玉结衔除去官衔之外的内容，可以分为四类："李抱玉"、"使"、"李使"和"李在使院"。

关于"在使院"的理解，可参考唐代公文结衔中的一些同构性表达，如"在京""在范阳""在中书"，均是以"在"字加地点或场所进行标注，意在说明结衔者未能签署公文的原因。李抱玉结衔中的"使院"指节度使院，是节度使在藩镇的办公场所，"在使院"说明李抱玉身处节度使任上，因空间原因不能亲自签署这份公文。"使""李使"则分别可视为"在使院""李在使院"的缩略表达。事实上，对于官员因故不能履行签署公文职责的情况，用简明扼要的语言在其官衔之后标注原因是唐代公文处理通则，如"阙""未上""下直""假"等。据此，敕牒结衔标注的"使"亦可理解为"外使"。

由此可知，对于需要宰相签署的敕牒，因带相衔节度使不在京城，而在其官衔之后标注"在使院"或"使"字，是唐代公文处理流程中的必要步骤。这一做法非但不是为了将节度使所带相衔"区别于真宰相"，反而体现出唐廷对带相衔节度使与在朝正任宰相一视同仁。中晚唐在朝正任宰相与带相衔节度使在敕牒结衔中的混合排序，同样能够佐证这一点。

二　中晚唐节度使所带相衔的功能及作用

中晚唐带相衔节度使不仅可以享受宰相待遇，甚至可在一定限度内履行宰相权责，特别是其入朝暂处都城之时。《旧唐书·崔祐甫传》记载崔祐甫被贬一事，常衮根据惯例代替郭子仪、朱泚签署公文，德宗之所以认为他"诬罔"，就是因为郭、朱二人虽是带相衔节度使，但由于当时身在都城，故而在相关公文中应以官衔加姓名的形式正常结衔，而且对于非"密勿之议"，甚至可以参与讨论并亲自签署相应公文。此外，《旧唐书·裴度传》载长庆二年淮南节度使、同平章事裴度出现在"宰臣延英奏事"场合，并在穆宗坚持下发表对政事的意见，亦是其证。

《表制集》所录李抱玉结衔中有三处为官衔加"李抱玉"姓名，应当代表李抱玉此时正好身在朝廷，可以亲自签署相关公文。事实上，李抱玉入朝觐见多次见诸史籍，可证明其确有亲自参与敕牒签发的机会。此外，李抱玉在都城还以宰相身份参与其他活动，如永泰二年释奠礼和大历八年代宗赐宴，他都是与在朝正任宰相并列，而非处节度使之列。对此，《五代会要·中书省》所载两则后唐材料亦可从制度上提供佐证。

入朝觐见是中晚唐节度使向朝廷表达忠款的一种方式，有助于朝藩之间进行沟通、建立互信，故而颇受唐廷重视。相比胁迫甚至战争，让节度使入朝加相衔或让带相衔节度使入朝享受宰相待遇，唐廷付出的成本显然更低。宪宗时白居易上表论节度使于頔、裴均请求入朝一事，对节度使入朝持否定态度，但他所描述的节度使愿意入朝觐见现象，正可说明为节度使加相衔一定程度上起到了拉拢藩镇的作用，使之将唐廷的"恩泽"与"权位"纳入自身利益考量中，进而削弱其割据叛乱的意愿。

三　五代节度使相衔虚化与宋辽使相定型

唐末五代带相衔节度使署敕权力大为削减。一方面，带相衔节度使"侧书'使'字"这一结衔方式在五代时期已取得垄断地位并固化为制度，"使"字脱离原先标注功能而成为节度使带相衔的象征；另一方面，带相衔节度使所需列衔的敕牒范围缩减为"将相恩命"。与之相似的还有"使相"专称在五代的制度化。尽管中晚唐文献中已零星出现用"使相"指代带相衔节度使的用法，但管见所及，这一用法并未出现于制敕等官方文书中。直到五代，"使相"专称方才正式进入制敕，显示节度使所带相衔与在朝正任宰相有所不同。

五代时期，节度使制度随着政治形势变化有所变动，出现禁军将领遥领节度使并带相衔的情况。禁军将领长期身处朝廷，如果沿用中晚唐制度，兼任节度使并带相衔的禁军将领长期以宰相身份行事，必然导致中枢政务运作紊乱。实际上，五代时期带相衔节度使从宰相队伍中脱离出来恰是禁军将领兼任节度使并带相衔现象产生的前提，而这一现象的出现又加深了带相衔节度使区别于正任宰相的倾向。

宋辽时期，藩镇问题不复存在，节度使权力大为削减，甚至彻底沦为毫无职事的品位衔号，但这并未影响其与相衔的结合，二者组合而成的"使相"在宋辽两朝继续存在。不过鉴于宋辽节度使已与中晚唐完全不同，使相便继续沿着五代时期的发展道路，逐渐成为完全独立于宰相之外的一种身份。

对于唐宋间节度使带相衔的性质变化，宋初士人的记载仍较为准确。然而南宋时朝廷上下便"多不知本末"，洪迈在《容斋随笔》中"考之典故"，提出中晚唐"大将"带平章事、侍中、中书令"均称使相，皆大敕系衔而下书'使'字"的错误观点，并被马端临吸收进《文献通考》中而进一步发挥。前揭钱大昕的论断，或许正是在这一知识谱系下做出的合理联想与推测，进而又影响到现代学者对该问题的认识与判断，中晚唐节度使所带相衔由此被"虚衔"化了。

小　结

中晚唐朝廷为节度使加相衔，确实一定程度上对原有相对整齐的职官体系造成了破坏。但是，这种新的官制现象，也是在原有官制框架内根据现实政治需要所作的主动创设，并非"虚衔"二字可以简单概括。

如何在朝廷军力与财力相对有限的情况下，尽可能有效控驭藩镇，始终是困扰中晚唐统治者的头等难题。宰相与节度使分居内外，从"体制"角度看，内官和外官是王朝国家行政组织的两个不同部分；从"人员"角度看，内官和外官则享受着不同的权力和礼遇。朝廷为节度使加相衔，其本质是从"人员"角度解决"体制"问题，通过让渡宰相名号、权力与待遇等内官政治资源，赋予外官节度使以天子近要之官的各种要素，使之近臣化以成为中央权力体系的一部分，从而在一定程度上提高节度使与朝廷的利益一致性。由此观之，官制调整亦构成中晚唐朝廷控驭藩镇的重要手段。这或可有助于解释李唐王朝统治何以在安史之乱后仍能延续一百余年的唐史经典命题。

从更长时段看，节度使加相衔措置的产生，源于中晚唐外重内轻的央地关系格局，但同时，它以隐蔽的方式突破了中央与地方截然两分甚至二元对立的政治思维，将地方力量吸纳进中央权力体系。此后，五代节度使相衔虚化与宋辽使相定型过程，其实就是央地关系格局发生逆转的过程。更重要的是，中晚唐这一做法在后世也得以延续，无论宋代以文臣知州、元代设立行中书省，还是明清督抚加中央部院衔，皆为这一思路的延伸与演化，在巩固和扩张中央权威的同时，一定程度淡化央地之间的对立与冲突，从而降低地方割据可能性，使中央与地方关系呈现出一种新常态。

〔本文摘自《历史研究》2022年第6期。作者黄承炳，中国政法大学政治与公共管理学院讲师〕

金代外命妇制度的演变

孙建权

外命妇制度是中国古代官僚制度的组成部分，金朝也采用了这一制度。目下学界对金代外命妇制度的研究已取得了一定成绩，但存在着偏信《金史·百官志》的问题，且普遍认为这一制度在金代很少改变。实际上，此制度在金初和章宗朝都曾有较大的改革。

一 《金史·百官志》所记外命妇制度不可尽信

《金史·百官志》记载的外命妇封赠制度实存在多处错误，碑刻文献能够充分证明这一点。

第一，"郡侯母妻封郡君，承安二年更为郡侯夫人"有误。承安二年（1197）前，三品散官母妻已被封赠"郡（侯）夫人"。第二，"四品文散少中大夫、武散怀远大将军以上母妻封县君，承安二年为郡君"也有误。四品散官封赠母妻为郡君，在承安二年前也已普遍存在。第三，"五品文散朝列大夫、武散宣武将军以上母妻封乡君。承安二年为县君"仍有误。承安二年前碑铭中五品散官母妻被封为县君者比比皆是。

综上，《金史·百官志》所载承安二年改革的外命妇封赠制度中，有三条都不符合史实，不可据信。真实的金代外命妇制度演变历程究竟如何，有待揭示。

二 章宗以前金代外命妇制度的演变

金代外命妇制度以章宗朝为界，可分为前后两个阶段，本节首先讨论章宗之前的情况。

（一）金初外命妇制度袭取辽制

金朝崛起后相继灭辽与北宋，则女真人在建立外命妇制度时，本有两种选择——辽制或者宋制。北宋末年的外命妇封号名目繁杂，很明显没有被金初的女真统治者所选用。辽朝的外命妇制度在唐制基础上略有调整，相对简单，故金朝建立后，女真人袭用了相对简明的辽制。至熙宗朝，金朝的外命妇制度才正式建立。

（二）熙宗创立外命妇制度

熙宗皇统元年正月"初定命妇封号"标志着金朝的外命妇制度正式建立。此时的制度与辽代基本一致，所不同者有二：其一，改"郡妃"为"郡王夫人"；其二，增加了品官次室命妇封号。前者仅是名称的变换，后者则是熙宗朝乃至整个金代外命妇制度的一大特色，其反映的，是女真社会早期家庭中妻妾地位相差不大的现象。此时的外命妇制度的另一特色是命妇的郡望一改辽代"从本姓"的传统，而改从"夫姓"，折射出女真社会中女性地位较其他社会有了明显下降。

（三）海陵、世宗朝外命妇制度的定型

海陵王即位伊始，延续了皇统间的外命妇制度，但情况在正隆二年发生了变化。当年海陵王在削去封爵中"国王"封号的同时，还废除了皇统以来封品官次室命妇号的制度（亲王次室依旧得封）。《金史·耨盌温敦思忠传》载正隆二年海陵王便废停了品官封赠外命妇的制度，记载有误，不可盲信。世宗即位后，对正隆二年的外命妇制度全盘承袭。

三 章宗以降金代外命妇制度的调整

金代外命妇制度在章宗朝主要发生了两大变化：其一，官员封赠外命妇不再只凭散官，而是"受散官和职事官共同影响，且二者从一高"；其二，章宗对外命妇制度进行了微调，表现为降亲王正妻、次室命妇号为"王夫人""孺人"，增设了"乡君"封号。章宗去世后，"乡君""孺人"这两种新命妇号也随之被弃用，外命妇制度又恢复到正隆二年之制；但封赠资格由"受散官和职事官共同影响，且二者从一高"的变革，得以继续保留。

（一）章宗朝散官与职事官共同决定封赠外命妇资格

《大金国志·除授》载金代官员获取封赠母妻权利的依据是由散官而非职事官。不过，这应是世宗末以前官员的职事官品级绝大多数都低于或约等于（仅有正、从之别）散官品级

时的制度。明昌初年，该制度已改为：散官、职事官品级不一致时，据更高者封赠。这一转变的背后，是章宗朝职事官重要性的提升。章宗即位之初，针对世宗在位后期的严重缺官现象，大力不拘资历破格提拔官员，于是很快便出现了许多官员的职事官品级高于散官的现象。为了保证获得超迁的官员的最大化利益，章宗便颁布了"封赠之制，官、职例从一品"的诏令。

（二）章宗朝"乡君""孺人"封号的出现

《金史·百官志》所载外命妇制度虽然多误，但其中的"乡君"改革并非空穴来风。见诸史料的，有《金史·章宗纪》泰和七年正月宣武将军（从五品）魏全妻封乡君，撰于泰和五年左右的《郭济忠碑》也载朝散大夫（从五品）郭济忠的妻子封乡君。与此同时，泰和七年去世的中顺大夫（正五品）侯大中，妻仍赠县君。笔者认为，此时的制度是：正五品散官母妻封"县君"，从五品散官母妻封"乡君"。又根据上节"散官、职事官品级不一致时，据更高者封赠外命妇"的结论，此处解释可总结为正五品官母妻封"县君"，从五品官母妻封"乡君"。"乡君"封号的新增，与章宗后期官僚队伍的迅速膨胀密切相关。章宗新设"从五品官母妻封乡君"之制，是为延缓名爵贬值。

从种种迹象推断，金代孺人的品级大约为五品，与唐制相当。章宗将亲王次室的命妇封号从原来大约一品的"王夫人"剧降为五品的"孺人"，反映了他对亲王家属的打压极其严厉，这当与章宗明昌四年、六年接连发生的叔伯谋反有关。所以，《金史·百官志》关于承安二年降封诸王妻妾命妇号为"王夫人"和"孺人"的记载应是可信的。

（三）大安以后恢复正隆二年之制

章宗降封亲王正妻、次室命妇号的改革，以及新创的"乡君"命妇号，都随之去世而被废止。卫绍王全面恢复了正隆二年之制，唯对"散官与职事官共同决定封赠资格"这一项予以保留。不过，大安三年以后，随着蒙古铁蹄南下，金朝内外战事迭兴，故权宜之事时有发生，破格封赠外命妇的现象也屡见不鲜，制度执行已经十分混乱，故在此不再详论。

结　语

总结上文，金代外命妇制度的主要演变如表 1 所示：

表 1　金代外命妇制度演变

皇统元年	正隆二年	封赠标准	章宗朝	大安以后	封赠标准
国妃,次室封国夫人（限二人）		亲王母妻,封"国王"者			
王妃,次室封王夫人（限二人）	王妃,次室封王夫人	亲王母妻,封一字王者	王夫人,次室封孺人（承安二年改）	王妃,次室封王夫人	亲王母妻,封一字王者
郡王夫人,次室封郡夫人（限二人）	郡王夫人	郡王母妻	郡王夫人	郡王夫人	郡王母妻
国公夫人,次室封郡夫人（限二人）	国公夫人	国公（一品散官）母妻	国公夫人	国公夫人	国公（一品官）母妻
郡公夫人,次室封郡君（限二人）	郡公夫人	郡公（二品散官）母妻	郡公夫人	郡公夫人	郡公（二品官）母妻
郡侯夫人,次室封郡君（限二人）	郡侯夫人	郡侯（三品散官）母妻	郡侯夫人	郡侯夫人	郡侯（三品官）母妻
郡君,次室情况不明	郡君	四品散官母妻	郡君	郡君	四品官母妻
县君,次室情况不明	县君	正五品散官母妻	县君 乡君（约泰和五年增设）	县君	正五品官母妻

金代外命妇制度本遵唐制。皇统元年，熙宗根据女真社会特点正式创建了金朝的外命妇制度，尤其是增设了品官次室封赠外命妇制度，并将命妇郡望由"从本姓"改为了"从夫姓"。海陵王对外命妇制度的改革，表现为废除了封品官姜室为外命妇的制度，使得金代外命妇制度进入成熟阶段。直至章宗即位后，才又对外命妇制度进行了多番调整，体现在散官、职事官共同决定封赠资格，降封亲王正妻、次室命妇号，以及新创"乡君"命妇号等一系列行为。嗣后，卫绍王对章宗朝的这些改制又进行了修正，金代外命妇制度基本回归到正隆二年之制，直至金亡。

总体而言，金代外命妇制度相较于南宋，更为简明易行。这与金代官员数量规模不大有直接关系。官员数量规模不大，有两个原因。主观上，女真统治者崇尚"简政高效"的治国理念；客观原因则是金朝人口数量始终不多。

金代外命妇制度的变迁实属唐文化的余音。唐文化对后世王朝的影响，更多地体现在辽金元等北族王朝，但至元代，其影响力已似强弩之末。明代元后，改宗宋文化，由此也奠定了明清五六百年精致内敛的文化基调。

〔本文摘自《文史》2022年第4辑。作者孙建权，辽宁师范大学历史文化旅游学院副教授〕

辽朝军事区划体系研究

——兼论辽代"道""路"诸问题

陈俊达

据《辽史·百官志》记载，辽朝存在都部署司、招讨司、统军司等军事机构。《地理志》亦载辽朝州、军、城兵事隶属于招讨司、统军司等。前辈学者据此对辽朝军事区划展开研究，但如何界定辽朝军事区划概念，不仅各家判定标准不一，甚至对于不同军事区的界定也采用不同标准，未必符合辽代原貌。综合《亡辽录》、《百官志》以及《地理志》记述，辽朝在州、军、城之上设置更高一级军事机构，以统辖辖区内军事事务，形成地方军事区划。其中最高一级军事区划，被《百官志》和《亡辽录》称为"某某路"，学人一般称之为"军事路"，以与"财赋路""五京道"相区分。本文拟从考辨《辽史·地理志》记载的州、军、城与各军事机构间"兵事"隶属关系入手，厘清辽代军事区划体系，进而探讨军事路与"五京道""财赋路"之间的关系。

一 释《辽史·地理志》"兵事隶/属"

据《地理志》记载，州、军、城与上级军事机构间的关系存在三种类型，分别为"兵事隶/属""隶/属"和不载其隶属关系。其中记载"兵事隶/属"者，共44处，分别隶属于8个军事机构。

《地理志》载"兵事隶/属"当指州、军、城在军事上隶属于相应的军事机构。辽代州、军、城各有军队，主要包括州军和乡兵。所谓州军，即《百官志》所言"京州（军）"。辽代诸州驻军的制度承自唐制，节度、观察、防御等使皆统军队。辽代各州多有军额，此即诸州驻军之明证。特别是刺史州带军额，此为辽朝创举。另外在州军中，节镇本州（即《地理志》所言"节度州"）存在节度使私属兵马衙军。除州军外，辽朝还存在乡兵。州军与乡兵隶属于相应的军事机构，《地理志》所言"兵事隶/属"并非一纸虚文，相应军事机构负责诸州的防务和平叛事宜。

除"兵事隶/属"外，《地理志》还有四处州、军仅载其"隶/属"相应的军事机构，而不称作"兵事隶/属"，分别为招州绥远军"隶西北路招讨司"、保州宣义军"隶东京统军司"、金肃州"属西南面招讨司"、河清军"属西南面招讨司"。招州为辽朝西北界边防城，"因屯戍而立，务据形胜，不资丁赋"。边防城建置完全出于军事需要，几无民政事务，故招州"隶西北路招讨司"即"兵事隶"西北路招讨司，"民事"亦由其代管。保州、金肃州、河清军同样应属辽朝建于边界的边防城，与西北界边防城一样，完全出于军事需要，兵事、民事皆隶属于相应的军事机构。

二　留守知兵事与五京"军事路"

辽承晚唐五代节镇体制，节度使兼本州刺史统领本州，又兼观察处置使统辖支州。南京析津府由幽州卢龙军节镇升格而来，本质上仍为节镇体制，故《地理志》记载其与平州辽兴军节镇的统辖模式相同，皆为"统州、县"。参照节镇体制可知，府尹与留守辖区并不相同，二者虽往往由一人兼任，但分为二府，类似于节镇内部"州院"与"使院"的划分。析津府尹辖区由幽州刺史辖区发展而来，即《地理志》记载析津府下辖十一县。虽然幽州在升府的过程中，辽朝增置其下辖县的数量，但府尹与刺史的管辖范围，本质上并无不同。南京留守辖区由卢龙军节度使辖区发展而来，即《地理志》记载南京留守除析津府外"统州六"。辽兴军节镇不隶属于南京留守司，二者在民政、军事等方面均为平行机构。

《亡辽录》所言"燕山路（南京路）"非南京留守辖区，而是南京都元帅（兵马都总管）辖区。辽兴军节度使辖区在军事上隶属于南京都元帅府（兵马都总管府）。南京都元帅府下设"管押平州甲马司"，负责监管平、滦、营三州的州军、乡兵。作为高级军事区划的"南京路"包括南京留守辖区与辽兴军节度使辖区，辽兴军节度使受南京都元帅（兵马都总管）节制，只是由于都元帅（兵马都总管）例由南京留守兼任，才令学界在辽兴军节度使是否隶属于南京留守上产生分歧。

西京大同府由云州大同军节镇升格而来，与"南京路"相同，作为高级军事区划的"西京路"指西京兵马都部署辖区，而非西京留守辖区。西京留守辖区仅限于大同府以及弘、德二州，故《地理志》在奉圣州武定军、蔚州忠顺军、应州彰国军、朔州顺义军四处节镇后强调"兵事属西京都部署司"，而非"西京留守司"。与南京都元帅（兵马都总管）例由南京留守兼任相同，西京兵马都部署同样例由西京留守兼任。中京统辖州县的模式同样由节镇体制演变而来，"中京路"当即中京留守辖区，范围与《地理志》"中京道"所载存在差异。

《地理志》载上京临潢府"辖军、府、州、城二十五，统县十"。上京临潢府由契丹"皇都"发展而来，契丹腹地各州、军、城由上京留守统辖，如懿州"太平三年越国公主以媵臣户置。初曰庆懿军，更曰广顺军，隶上京"。所谓"隶"，意为民事、兵事皆由其管理。《地理志》记载东京辽阳府"辖州、府、军、城八十七，统县九"。东京辽阳府前身为东丹国都城，东京留守辖区由东丹国发展演变而来，《地理志》称东京辽阳府"辖"州、府、军、城，正是东京留守对"东京道"内州、府、军、城具有统辖权的写照，这与《地理志》载定州保宁军、辰州奉国军、渌州鸭渌军等"隶东京留守司"正相对应。"隶"指民事、兵事皆隶属相应机构。其他民事隶属于东京留守司，而"兵事"不隶属于东京留守司者，《地理志》已分别标明其隶属的军事机构。至道宗大康元年（1075），东京留守兼任东京兵马都部署，作为军事区划的"东京路"最终定型。

三　辽代三级军事区划体系

从统辖范围上看，高级军事区划覆盖辽朝全境，中级军事区划位于高级军事区划内，往往为高级军事机构的分支机构或因事设置。辽代中级军事区划具有以下三个特点：第一，从军事机构长官身份上看，中级军事机构长官仅相当于高级军事机构长官的属官；第二，中级军事区划辖区具有一定的临时性与可变性；第三，辽代中级军事区划并非一成不变，存在时置时废，或升为高级军事区划的情况。

辽朝存在三级军事区划体系：高级军事区划，即"军事路"，长官为招讨使、留守、都统军使，或留守兼任的都元帅、都总管、都部署等，主要存在九处，分别为上京留守辖区"上京路"、中京留守辖区"中京路"、东京兵马都部署（东京留守兼任）辖区"东京路"、南京都元帅（南京留守兼任）辖区"南京路"、西京兵马都部署（西京留守兼任）辖区"西京路"、西北路招讨司辖区"西北路"、西南路招讨司辖区"西南路"、东北路统军司辖区"东北路"、兴中府尹辖区"辽西路"。中级军事区划，即高级军事机构的分支机构辖区或因事设置，长官为统军使、兵马使等，主要包括北女真兵马司、南女真汤河司、东京统军司、黄龙府都部署司、保州统军司、乌古敌烈统军司等。至辽末，黄龙府兵马都部署辖区升为高级军事区划"黄龙府路"。低级军事区划，即节镇，长官为节度使。辽兴军节度使辖区至辽末，亦升为高级军事区划"平州路"。

由于军事区划的设置，涉及物资调配等诸多财赋问题，辽代军事路与财赋路设置密切相关。军事路"西南路""西北路"依靠财赋路"西京路""上京路"提供物资调配。军事路"东北路"地跨"上京道"与"东京道"，由上京盐铁使司或东京户部使司提供物资调配皆为不便，加之辽朝中后期诸帝于长春州附近春捺钵，故重熙二十二年（1053）辽朝设长春州钱帛司。财赋路"中京路""辽西路""东京路"范围与军事路"中京路""辽西路""东京路"相同。军事路"东京路"下辖各中级军事区划，皆由东京户部使司提供物资调配。"平州路"因其重要的地理位置及其作为辽朝重要的盐产地，经济上始终未被整合进南京三司使司，经济上的独立性为其由低级军事区划升为高级军事区划奠定基础。

〔本文摘自《史学集刊》2022年第3期。作者陈俊达，吉林大学文学院中国史系副教授〕

马端临"职役"概念及其意义

吴树国

马端临所构建的职役概念，深刻影响宋代役法研究的话语体系与问题意识，甚至被用来为中国古代其他时期役法定性。目前学界对职役概念界定并未统一，存在一个共性问题，即：职与役何种程度的结合能被认定为"职役"。将马端临职役概念引向长时段，对检讨中国古代职役与力役、兵役构成的多元役制结构，以及职官、职吏与职役并存的行政管理体系，皆有重要价值。

一　马端临职役概念形成中的二重面相

马端临将职役概念引入宋代役法领域，存在乡役与差役二重面相。历代将"役"单独作为一个门类，起于马端临，而马氏则借鉴了宋国史《食货志》的编撰。马氏作《职役考》的问题意识，源自周代乡官至唐宋时期成为乡村户役的事实，职役概念是由乡役这一样例抽象后的属性所界定。马端临对历代乡党版籍的追述亦印证了马端临职役概念的来源和问题指向主要是乡职与乡役。马端临职役概念的创设、对历代职役追述对象的选择及其职役史论的关注焦点，都不约而同指向宋代里正、户长等乡职的役化。马端临思想中职役与差役之间的关联，从《文献通考》隐含的门类设置中也能看出端倪。在《文献通考·职役考》编撰中，汇编史料始终包括宋代差役，促成差役作为职役概念外延畛域认识的形成。

宋代差役除乡役外，还有州役和县役，差役包含乡役。马端临史论中的差役与乡役，在概念上是基本相同的。在《文献通考》史料编撰中，也能看到乡役与差役的一体性。《文献通考》之所以出现乡役与差役合流现象，与马端临所处的晚宋差役中的州县役在制度上已完全采取投名或雇役，仅在乡役领域依托保甲制继续保持差役形态，差役与乡役趋同的基础是差役日趋乡役化。马端临职役概念的使用畛域实际存在乡役和差役两种面相。乡亭职役的乡役面相是马端临职役概念的来源，而差役面相则寓于《文献通考》史料编纂之中。马端临实际将差役与乡役等同看待。

二 马端临职役概念的内涵与外延

马端临职役概念并没有明确的内涵界定，而是通过比较不同"役"的对象后形成的认识性内涵，他根据"职"的"役"化过程推导出其职役概念。"职"是基本特征，决定其性质变化的是"役"，"职"的"役"化表现，马端临职役概念内涵的本质属性是"役"，是与力役、兵役相类似的劳役。依据马端临职役概念内涵的劳役属性，乡役属于职役范畴，晚宋时代差役与乡役在制度范围上的趋同，让马端临的职役概念认识在内涵与外延上达到统一。

就宋代役法研究来说，差役、色役或吏役往往都被视为职役。聂崇岐、王曾瑜、漆侠等学者因受《文献通考·职役考》影响，在论著某些地方，将职役与差役、色役、吏役进行了概念归类处理。但职役是马端临根据宋代乡役特征所构建的特殊役制属性概念，是人为的定义和分类。若依据职役概念内涵加以认知，差役只有去除州县吏人和部分衙职，才能契合职役概念的外延，或者说，才可称之为职役。

马端临的职役概念，反映了宋代乡役制度压迫普通百姓的社会现实，职役在本质上还是负担性劳役。因此，职役概念是马端临认识中国古代征役形式的理论总结，其劳役内涵属性的确立是认识职役外延的根本。

三 马端临职役概念被混淆的认识根源

马端临将宋代差役作为史料汇编的对象，亦将州县吏人作为差役一并收入，从而造成职役与职吏的混淆。之所以出现这一现象，背后实际有中国古代官本位下官民语境的推动。《文献通考·职役考》中隐藏有明显的官民语境，其叙述逻辑就是非官即民或非民即官。"官—民"是中国古代官本位下的等级身份秩序，官之下就是编户百姓。至于作为官民交接枢纽的"吏"阶层，则需要根据不同时期身份的变化，决定其是否被纳入征役范畴。经过唐宋之际的社会变迁，尽管吏人群体广泛存在于宋代官僚群体中，但并不像官人群体有独立的户籍身份，亦从不具备独立的国家身份。作为流外官的宋代中央诸司人吏，尚未变成被差役对象。与中央诸司人吏不同，宋代州县吏已完全被纳入差役行列，这是承自晚唐五代以后的新趋势。

学界对宋代役制的认识基础，一方面认为宋代州县差役主体是由原来的吏演化而来，吏被视为州县差役的本质属性。另一方面认为在唐宋之际吏向役转化过程中，不仅是差役，色役、吏役也都是吏向役嬗变的不同役制称谓而已。马端临的职役概念出现后，很自然地被视作差役、色役、吏役的同义词，甚至将吏作为职役的本质属性，从而造成职役与职吏的概念混淆。

宋代官民语境下的州县吏人在国家身份上属于民，应具有差役义务，但在具体行政运作或赋役运行中，又与劳役相去甚远。马端临从乡亭之职变为户役现象凝练出的职役概念，实质是对吏向役转变的理论认识。马氏从劳役语境生发出职役概念，虽然差役与职役都源自对唐宋之际吏向役转化的概括，但它们之间存在官民语境与劳役语境的区别。官民语境往往将差役、吏役和职役都视为 "庶民在官" 之役的表现形式，忽视了彼此间的差别，甚至将职吏与职役混淆在一起。劳役语境则明晰了职吏与职役的畛域界限，进一步廓清了州县行政管理系统事实存在的职官、职吏与职役的分层。

四　马端临职役概念的理论意义

尽管马端临职役概念的形成，有其本人认识局限与整个赵宋一朝的时代影响，但马端临的职役概念对认识中国古代征役制度和行政管理体系的结构仍有重要意义。仔细梳理中国古代役制的演进脉络能够发现，职役概念的出现，是役制本身发展到一定阶段的必然结果。职役概念是为了区别力役和兵役而出现，是对中国古代社会中羁身官府且拥有一定职任的特殊役人的定性。职役概念与力役、兵役构成中国古代役制的分析框架，有助于整体审视中国古代役制的演进脉络和结构性特征，实现会通性研究。

马端临职役概念还对认识中国古代行政管理构成具有一定作用。相对于职役、力役与兵役的征役体系来说，职役是被征派在某类固定职掌或职任上服务的劳役；而对于职官、职吏和职役的行政管理系统而言，职役是羁身官府某种役职上的行政或事务机构人员。职官、职吏与职役不仅是职任差异，还是一种身份分野。与官吏分途相伴的，还有吏役分流，吏役、色役乃至职役概念的确立都是其具体表现。就马端临职役概念中的 "职" 而言，本质上已经成为 "役职"，故由唐前期的吏职转变成役职，使得任职者的身份定格为职役。

明晰职官、职吏与职役的行政管理系统分层，有助于推动中国古代 "吏" 的相关研究。职吏与职役之间的关系不是僵化静止的，而是既存在职吏向职役的转变，也有职役向职吏的逆转化，职官、职吏与职役始终维系着中国古代行政的运行。马端临对职役概念的定性及对职吏与职役的区分，实际是对以往吏役分途历史现象的总结。

结　语

马端临职役概念有助于对中国古代历朝自然形成的役制形态进行认知、类化及辨析。职役与力役、兵役所构成的中国古代役制结构分析框架，可以增进对中国古代役制的结构性认知，进而促进会通性研究的深入。而职役与职吏之间役吏之别的澄清，既可厘清中国古代行政机构中"庶民在官"群体的内部差别，还有利于解决以往胥吏研究中的概念分歧。对职官、职吏与职役体制结构的剖析，亦可推动对中国古代行政管理体系运行的深层探索。

马端临职役概念以及理论凝结，既是中国古代史学家独特而持续的通史精神反映，也是植根中国历史土壤的本土理论认识。马端临职役概念理论弥补了笼统劳役制的泛化缺陷，契合了中国古代役制和王朝行政体系构建的独有特色。

〔本文摘自《历史研究》2023年第2期。作者吴树国，福建师范大学社会历史学院教授〕

王审琦铁券与"杯酒释兵权""太祖誓碑"新解

廖 寅

"杯酒释兵权"和"太祖誓碑"是宋朝建国初期两宗重大政治疑案，不仅牵连宋朝开国的若干真相，而且关乎整个宋朝政治文化，即"祖宗之法"的建构原委。以王审琦铁券为切入点，重新审视"杯酒释兵权"和"太祖誓碑"，恰好能对这两大重要问题做出新的、令人信服的解读。

一 王审琦铁券

在宋朝开国武将功臣中，王审琦地位仅次于石守信。《宋史》大臣列传首卷列范质、王溥、魏仁浦三位开国宰相，次卷即列开国武将元勋，其中石守信、王审琦分别排在第一、第二位。正因为地位太高，石守信、王审琦等人遭到了太祖及其谋臣赵普的猜忌。著名的"杯酒释兵权"，一夜觥筹交错之后，所有参宴功臣都主动放弃了禁军统领权，开国元勋功高震主的局面似乎迎刃而解了。但这种书写显然太过表面，如此复杂的问题不可能一夜之间完结，幕后的交锋与交易必然需要一个较长的时间。宋代的典籍没有记载幕后，但明人李日华《六研斋笔记》所记王审琦铁券却间接表明了幕后交锋与交易的存在。

王审琦得赐铁券，与王审琦同等级别的武将元勋也应享有同等待遇。石守信、王审琦所在的《宋史》卷二五〇还有高怀德、张令铎、罗彦瓌、王彦昇，紧接着的卷二五一中还有韩令坤、慕容延钊、符彦卿。显然，这两卷所列皆为开国武将元勋，他们皆有可能获赐铁券。

开国武将元勋得赐铁券，文臣元勋同样有得赐铁券者。南宋建炎三年（1129），高宗护卫军将领苗傅、刘正彦以诛杀弄权宦官康履及其依附者御营司都统制、签书枢密院事王渊为由发动政变，逼迫高宗禅位，史称"苗刘之变"。军事政变是十恶不赦的大罪，为防止被秋后算账，苗、刘二人想到了铁券。《宋史·冯康国传》记载，冯康国"请褒傅、正彦如赵普故事，遂皆赐铁券"。赵普得赐铁券应该与王审琦是一批，并且应该是领头的，所以称为"赵普故事"。

铁券当有两大元素，即誓约和作为誓约载体的铁质材料。誓约内容一般指向永远，誓主常常以自我诅咒的方式保证誓约永远有效，如果违誓，誓主将会遭受难以承受之惩罚，如王审琦铁券券词中说："如违此誓，天不盖，地不载，国祚倾危。"誓约和作为誓约载体的铁质材料是完全一体、不可分割的。

二 王审琦铁券与"杯酒释兵权"的关联

"杯酒释兵权"本质上是一种赎买式的交易，开国武将功臣们放弃禁军统帅权，太祖则承诺永保开国武将功臣们的荣华富贵。觥筹交错之际，君臣如何达成妥协，从太祖与参宴者的对话来看，太祖向开国武将元勋们传达了两个明确的信息：一是解除军权，二是保证开国武将元勋及其子孙们的富贵。对于开国武将元勋们来说，这一交易无疑是人生中最重大的交易，不仅关乎来之不易的权力之得失，还关乎子孙后代的命运。如此重大的交易，开国武将元勋们自然不会完全相信太祖酒桌上的口头承诺。作为放弃军权的代价，石守信、王审琦等人一定需要在口头承诺之外，有更正式的制度保障，铁券就是正式的制度保障措施之一。王审琦铁券是太祖宴会口头承诺正式化、制度化的结果。

时间间隔也可以体现出王审琦铁券与太祖宴会口头承诺之间的关联。"杯酒释兵权"发生在建隆二年七月，王审琦铁券颁赐于建隆三年，彼此相隔半年左右。太祖在口头承诺大约半年之后才赐予王审琦等人铁券，显然是深思熟虑的结果。哪些人应该颁赐？受赐者享受的权利到底应该有多少？铁券与正常国家法律的关系如何协调？这些问题都得三思而后行。

铁券，说到底是法外开恩，以绝对的皇权将券主置于国家法律约束之外，本质上是与国家法律相冲突的。正因为铁券不在国家法律约束范围之内，铁券的保存方式便非常特殊。铁券皆为一式两份，一份自然藏于券主之家，另一份的收藏地点非常微妙，它并非简单地"藏官"，而是藏于皇家圣地太庙。铁券藏于太庙大概有两层象征意义：一是以皇家列祖列宗的名义保证誓言永远有效，在崇尚孝道的中国，以祖宗的名义起誓，是最高等级的起誓；二是铁券庇护的内容超出国家法律，只能以超越国家法律的绝对皇权让券主享受法外之恩。王审琦等人放弃军权，并非心甘情愿，而是在家族利益得到皇权最大程度补偿之后不得已而为之。

三 王审琦铁券与"太祖誓碑"的关联

"太祖誓碑"的信息最早出自南宋初年曹勋之口。曹勋"从徽宗北迁",得到徽宗信物和圣谕,建炎元年(1127)七月逃归南京应天府,进献于高宗。曹勋从徽宗那里带回来的一条重要圣谕就是"太祖誓约"。不过,曹勋自己的记载却存在重大分歧。其《北狩见闻录》记载,徽宗宣谕曰:"艺祖有约,藏于太庙,誓不诛大臣、用宦官,违者不祥。"其《进前十事札子》则记为:"艺祖有约,藏于太庙,誓不诛大臣、言官,违者不祥。"正是曹勋陈述的内在矛盾,让围绕"太祖誓碑"的诸多疑问有了廓清的可能。

第一,徽宗到底说的是"誓不诛大臣、用宦官",还是"誓不诛大臣、言官"。从时间先后来说,《进前十事札子》应该晚于《北狩见闻录》。从篇幅、语言和所述内容来看,该札子肯定是在曹勋安顿好之后深思熟虑写就的。因此,徽宗告诉曹勋的应该是"誓不诛大臣、用宦官",而不是"誓不诛大臣、言官"。

第二,"太祖誓约"的内容是否涉及宦官或言官。誓言必然是关乎当时紧迫而重大的政治问题。在少数开国元勋享有铁券的情况下,安抚其他开国功臣自然是紧迫而重大的政治问题,那宦官或言官呢?仔细分析宋初的政治情势,宦官和言官皆非当时紧迫而重大的政治问题。因此,所谓的"太祖誓约",其实只有"誓不诛大臣"一条内容而已。

第三,"大臣"的范围。"誓不诛大臣、言官",虽然"言官"是曹勋以私意擅改,但折射出"太祖誓约"中"大臣"之所指。誓约中的所谓"大臣",当指比御史中丞级别还要高的高级官员。就元丰改制前来说,主要包括两类:一是执政官,即中书门下、枢密院、宣徽院的长官;二是使相、节度使等高级武将。从官品来说,"大臣"应指二品以上的官员。

第四,士大夫政治对"太祖誓约"的选择与演义。"太祖誓约",曹勋是唯一的信息源,但曹勋却提供了两个版本。非常有意思的是,这两个版本的命运截然不同。后续引用者皆不约而同地选择了"誓不诛大臣、言官",而"誓不诛大臣、用宦官"再也没有人提起。这种结果显然是由士大夫阶层的集体偏好决定的。在选择了第二个版本之后,士大夫们仍不满意,从而出现了对"太祖誓约"的演义、改造。

第五,"太祖誓约"与"太祖誓碑"的关联。最早的信息提供者仅提到了誓约,并没有提到誓碑。但如果通观中国古代誓约的存在方式,可以发现,誓约往往都会借助便于永久保存的特殊载体而存在。小型载体多会选择铁质材料,从而形成铁券;大型载体多会选择石质材料,从而形成石碑。虽然曹勋仅提到了誓约,但誓约藏于太庙,就应该是以誓碑的形式存在的。

第六,"太祖誓碑"与铁券的关联。因为誓碑是为了安抚没有铁券的开国功臣,誓碑建立的时间大约应该与铁券颁赐的时间同时。王审琦铁券颁赐于建隆三年，太祖誓碑同样建立于建隆三年。除了时间一致之外，在誓约的语言逻辑上，二者也基本一样，先承认庇护对象超越法律之豁免权，再以违誓必受不可承受之惩罚作为保证。

第七，铁券、誓碑为何秘而不言。誓碑只有一块，守住秘密比较容易。铁券有很多块，何以能守住秘密？公开的铁券信息恰好可以解释这一疑惑。宋初颁赐铁券有两种情况：一是打算颁赐却未颁赐者，二是切实颁赐者。非常诡异的是，切实颁赐者皆秘而不言，打算颁赐却未颁赐者则从不忌言。为何如此？关键在于铁券意味着法外特权，是不能让世人知道的。誓碑与铁券遵循着同样的逻辑，也是不能让世人知道的。

〔本文摘自《史学月刊》2023 年第 3 期。作者廖寅，湖北大学历史文化学院教授〕

金至元中叶北方儒士群体的思想转型

赵 宇

在思想史领域，包弼德（Peter K. Bol）基于"文"（主要是古代文化学问）与"道"（主要是道德思想学问）两种概念，提出了有名的"唐宋思想转型"说，即古代中国的士人文化在唐宋时期大致存在从"文"到"道"的思想转型。包氏认为，与具有多样性特征的苏学等学说相比，程朱理学原本与 8 世纪以来的主流思潮"格格不入"，其在后世成为正统官学并非唐宋思潮演变的必然结果。

全祖望认为建炎南渡后，"学统"随之南迁，金朝统治下的北方地区"百年不闻学统"，进入儒术中绝的黑暗时代。李纯甫等金儒代表人物的学说不值一提，只能作为被后世尊为"正学"的程朱理学北传前的异端学说而受批判。征诸史籍，元代以降文献中有大量儒士批评金朝治下的北方"百年不闻学统"的说法。众多元以降儒士对金元学术均有"尽弃旧学"的表述。如杨恭懿、段思温、徐之纲、刘因、伯颜宗道等金元北儒本不习理学，但在接触程朱学说后，立即放弃原有词赋、注疏及记诵之学（"旧学"）而从事理学修养。我们不妨将"百年不闻学统""尽弃旧学"两类文字看成两类不同记载，两类记载事实上共同构成元以降士人对金代学术的"模式化叙事"。元以降士人对金代科举和学术的两个基本评判：一是就整体而论，金朝科举以词赋而非经义为主要进士科目，即"专以词科取士"；二是在理学成规模北传之前的金代儒学基本均为词赋、注疏及记诵之学，对于义理、性命之学几无建树，即"百年不闻学统"。

金代进士科虽就整体而言可笼统概称为"专以词科取士"，但在金朝历史上，其实尚有一次规模较大的科举改制，虽未能最终改变金朝进士科目的强弱局势，却在较长时期内对"专以词科取士"的金朝科目传统格局造成动摇，进而对金元时期北方学术变迁产生深远影响。金世宗病逝于大定二十九年初，在"好尚文辞"的章宗逐渐掌权后，科举尤重词赋取士，世宗下诏恢复的经义科基本降为词赋科附庸。至金宣宗贞祐以降，赵秉文、杨云翼、李纯甫等主持贡举后，轻视策论的风气才得以缓解。晚金科举改制复以策论为中心，与大定年间如出一辙，但"每贡举，非数公为有司，则又如旧矣"，其收效不及大定科举改制。大定年间汉进士科虽只有词赋一科存在，但以策论及经义为主要线索，可以观察到一系列科举改制：数次提升词赋科内策论考试项目的重要性；创建以策论为主的女真进士科并准备加试经义；下诏恢复经义进士科及经童科；律科增试小义；等等。大定科举改制以策论为中心，虽然未能从根本上突破金朝"专以词科取士"的总体科目格局，但在大定一朝近30年间，对词赋科的传统优势地位产生重要波动，为经义复科奠定思想与制度基础，并对晚金以降的科举制度变迁产生影响。

金元史籍中还有大量儒士声称"学道"、"行道"、"斯道"或"吾道"的类似说法，如生活于金前中期的李晏辞尚书省掾时称"一州一县，亦足行道，安能束带抱牍，睢盱作胥吏焉"；承安进士卫文仲，"性好淡泊，读书学道，故仕宦不进"；赵秉文致杨奂书信谓"未得志，教人以善，亦行道之一端也"；等等。蒙元时期在北方以吕逊为线索的儒士交游网中，士人常以"斯道"相勉，以期共渡危局。凡此种种，足见"学道"等话语在金蒙之际北儒群体中的长期流行。那么，金蒙北儒所谓儒士"学道""行道"等，究竟所学为何呢？三浦秀一、邱轶皓等指出，"道学"一词在金蒙之际常被用以指称当时盛行于北方的全真道。赵秉文所论"学道"是否指道教呢？钩稽金末元初史料，足以否定这种可能。近来思想史研究者逐渐重视作为儒家传统的静坐修身问题，《归潜志》载："厚于道味者必薄于世味，厚于世味者必薄于道味。士君子苟不为世味所诱，何名之不成，何节之不立哉？士大夫多为富贵坏了名节……富贵爵禄，世人所共嗜……苟与世人同，安得为君子。求合于圣贤，必不合于世俗，必欲与世俗合，则于圣贤之道远矣。"不难看出，金人以"道味"与"世味"相对。所谓"世味"，即功名利禄；"道味"则泛言修身之学。两相结合，可知金代宗端修、董文甫父子等人不宗佛老，却"恬于世味""拳拳如奉戒律""自号无事老人"，以及"闭户不出，以习静为业"，等等，其所习之"道"，当属儒家静坐修身之类。在金朝治下的北方地区，虽未出现如程朱理学一般精深复杂的义理、性命之学体系，但大量儒士以"学道""行道"等话语相尚，部分儒士甚至开始标榜"心学"，逐渐走向心性之学。赵复北上之前的北方儒学绝非只停留于词赋、注疏及记诵层面，儒士群体开始追求乃至发明义理、性命之学，由此意义而言，"苏学盛于北"不完全符合金蒙时期北方儒学的真相。

具有金代学术背景的汉人儒士是延祐复科的关键推动者。推导延祐复科的诸人除普遍受到理学北传的影响外，尚有李孟、陈颢、王约、刘赓等接近半数在不同程度上存有旧金经学渊源。在前文中，我们先后讨论了金代至元中叶大定科举改制、晚金科举改制与延祐复科三次科举改制。金代文献传世者为数甚为有限，但爬梳史料后发现，如果跨越断代藩篱，则金至元中叶时期三次重要的科举改制之间仍隐有草蛇灰线可寻。大定科举改制、晚金科举改制与延祐复科的倡导者，均为北方标榜"学道"之儒士。元朝中叶延祐复科的科目倾向与大定、晚金两次改制一脉相承，一方面受到南方理学北传的影响，另一方面也是金代科举改制与北方儒学演进的长远承续，堪称北方新、旧儒学汇流的结果。

金朝在教育、文化等不少方面保留着中古向近世转型的遗留痕迹。金至元中叶北方儒士群体的思想转型与此前唐宋时期的思想转型相近，实可称之为唐宋思想转型的另一条轨迹。据此可知，赵复、许衡等传播理学之前的金代儒学，略同于北宋嘉祐之际的儒学发展面貌。这一时期的北方儒士立足治道、号召古学，并开始探研心性之学。

北宋以降，理学出现并渐次发展为宋元明清的主流儒学形态，无疑是这一时期的重大历史事件。程朱理学出现于北宋后期，以心性道德为核心内容。在 20 世纪 80 年代，李泽厚提出：为何以内向的心性之学为根基的宋明理学会成为宋代以降的主流学术？包弼德研究唐宋思想转型提出，程朱理学在当时是一种反主流学术思潮的新学说，"与始自 8 世纪的思想潮流格格不入"，程学而非具有多样性的苏学成为后世主流儒学"并不是早期思潮的一个必然和逻辑的结果"，亦即具有偶然性。田浩（Hoyt Cleveland Tillman）曾假设南宋以吕祖谦为代表人物、更具包容性的婺学取代朱子学成为主流儒学，后世历史面貌将大不相同。

对于理学成为宋代以降主流学术的内在思想动因，非本文所能及；但根据本文对两条唐宋思想转型轨迹的研究可知，从"文"到"道"的唐宋思想转型不仅发生于唐宋时期，也同样发生于金至元中叶，求"道"、推行科举经学化改制并统摄佛老学说从而建构儒家心性学说体系的新儒学兴起，是唐宋以降的历史演变趋势。程朱理学无论在求"道"、推行科举经学化改制或统摄佛老方面都胜过苏学及婺学等学说，更符合唐宋思想转型这一历史潮流的理学，成为宋代以降的主流儒学并非偶然。

〔本文摘自《历史研究》2022 年第 5 期。作者赵宇，四川大学历史文化学院副教授〕

《元史》列传部分二次纂修考实

张　良

　　《元史》成书始末迄无未发之覆。其书纂修工作分为两阶段，据洪武二年（1369）八月宋濂代李善长所作进表称："《元史》本纪三十七卷，志五十三卷，表六卷，传六十三卷，目录二卷，通计一百六十一卷，凡一百三十万六千余字，谨缮写装潢成一百二十册。"可见在当时已纂成首尾完具的本子。二年八月进呈后，朱元璋即诏命"誊写刊行"，则《元史》刊刻工作在全书完竣之前已经开始。次年再开史局，续有补苴，成为今天通行的二百一十卷本。洪武二年初修百二十册已渺不可见，借由今本《元史》反推，本纪、志、表两次编修的分野大致可考，部分传文亦可确定纂次归属。唯列传部分初修六十三卷及续补三十六卷何处区隔，又各自呈现何种面貌，尚有亟待厘清之处。幸运的是，通过追溯早期刻本版面特征，列传部分二次纂修之分野犁然可辨。在此基础上，全书材料来源及编纂流程可以得到系统而全面的审视。

一　洪武二年初修六十三卷还原

　　《元史》洪武初刻存世极少，百衲本即据北平图书馆所藏洪武残秩配以南监本。其洪武板片已有描修，文本董理瑕瑜互见，而底本物质形态不复旧观，至为可惜。学者多据以回溯初刻面貌，自然会受到不小误导。

　　幸运的是，洪武本全貌已得到揭示。日本京都大学人文科学研究所东方学研究部图书馆、北京大学图书馆分别藏有一部洪武配南监本，主体版面为洪武二年到三年初刻，二者拼合，洪武板片可以还原百分之九十九以上。借由两本中的洪武板片，可窥得《元史》刊成后较为原初的面貌。而京大、北大两本最为可贵之处，在于系统保留了洪武本的细节特征。

　　其一，版心在上述著录项之外，还镌有大量性质不明的数目字。

其二，卷首多存在卷数标记错位的情况。

由于后刻后印本迭相磨损改刊而缺乏系统性，上述版刻特征逐渐泯没。翻检两部早期刻本，这些独特的版本特征自然无从遁形。

洪武所刻板片当中，版心镌题数目字历历可见，与同样标记于版心的卷目、卷数、刻工姓名及板片字数迥然可分，绝无混淆。将其搜稽无遗，依次排布，犹可窥见前后规律。

表 1　洪武刻本传记部分版心数目字卷数

通行本卷数		洪武本版心标记	
总卷数	列传排序	标记	版心位置
117	列传卷第四	二	下方
118	列传卷第五	弟三、第三、三	上方
119	列传卷第六	四	上方或下方
120	列传卷第七	卷五	下方
121	列传卷第八	六、卷六	上方或下方
123	列传卷第十	八	中央或下方

可以看出，这类数目字随卷数叠加依次递增，标记了《元史》列传次序，唯迥异于通行本。值得注意的是，这些版心数目字迄于末卷，收束于"六十三"。而据宋濂所述，洪武二年首次开局，纂成列传数目恰好就是六十三卷。据此初步判断，其标识卷目应涵盖了《元史》洪武二年所修列传部分。同样情况也偶见于诸表版心。数目字之外，洪武刻本也存在卷首标目与实际次序错位的情况。而从洪武刻本卷首标识情况来看，这类卷数"错位"规律递增，毫无例外与版心数目字呈正相关，亦同样揭示了编纂初期的排序情况。

表 2　洪武本所见卷数错位情况

今本《元史》		洪武二年初修本		备注（洪武本版心）
总卷数	列传次序	卷首总次	列传次序	
169	列传卷第五十六	159	46	版心题"四十六"
170	列传卷第五十七	160	47	版心题"四十七"
176	列传卷第六十三	164	51	版心题"五十一"
179	列传卷第六十六	165	52	版心题"五十二"
181	列传卷第六十八	166	53	版心题"五十三"
193	列传卷第八十（忠义）	168	55	版心题"五十五"

值得注意的是，为版心数目字以及"错位"卷数涵盖的板片，无一例外具有如下特征。

第一，凡版心有标识卷次数目字情况的，当叶版心篇题全为"列传"而非"传"。

第二，凡卷首存在总卷数标识错位情况，当叶版心篇题亦作"列传"而非"传"。

在业已考证出纂次的列传篇目中，无一不符合这一规律。而同样规律还体现在本纪部分。其中太祖至宁宗十二朝三十七卷均标识为"本纪"，唯顺帝一朝十卷题作"纪"字。志、表于此不甚区分。综上，这类版心卷目标记方式的系统性差异，就是揭开洪武二年、三年纂修分野的钥匙：洪武二年部分，版心标"列传"，次年续修部分则题"传"字。此外，如果同卷纂次一致，那么卷首、卷尾的标识方式均同版心保持一致。

需要特别注意的是，洪武二年后，《元史》又经历分合更易，卷秩面貌与今通行本不会完全一致。如《隐逸传》与《良吏传》，《释老传》与《宦者传》，《奸臣传》《叛臣传》同《逆臣传》就经历了板片的拆分拼合。

二 由洪武本回溯编刊过程

洪武本卷数标记错位自成系统，且与初修本列传次序密切相关。据前文还原，这一套不同于今本的卷数标记方式仅见于初修六十三卷当中，其首卷的总卷次为一百一十四。通计洪武二年、三年两次所修纪、志、表总数，恰为 113 卷，与初修部分列传前后衔接。

这一套总卷数标记方式与列传初修六十三卷次序互为表里，其形成时间又在纪、志、表续修工作完成之后。很显然，当本纪、志、表二次增补接近完成的时候，列传续修尚未展开。史臣但以纪、志、表百一十三卷为基础，接续现成的六十三卷列传，这才有了残存在洪武本当中并迥异于今本的卷数排布方式。而列传增补的情况要更加复杂，无法简单叠加于六十三卷之后，而需时时面对卷秩扩展及次序改易等问题，因此，这一套卷数排比方案很快就废弃了。从侧面印证了宋濂"合前后二书，复厘分而附丽之"的说法，最终修成全书二百一十卷，绝非两次纂修卷数简单叠加。

既然不免最终被废弃的命运，为什么这些卷数标识还会保留在洪武刻本中呢？实际上，在《元史》纂修尚未结束的时候，雕版工作业已开始。《明太祖实录》记载，洪武二年八月初修百二十册甫一上进，即奉诏"誊写刊行"。此时妥懽帖睦尔尚未获尊谥，故涉其帝号部分偶以墨丁代替（洪武本《天文志一》第十六叶；又《天文志二》卷首帝号处原本亦缺）。次年七月，续修《元史》已成，又诏付手民。至十月十三日宋濂作《记》，乃有"镂板讫功"之语，则三阅月间，《元史》续修、改订部分亦刊刻完毕。

洪武本《元史》的版刻特点，也从多个角度佐证了这一点，例如卷首卷次多以墨丁代替（或干脆留白）；版心中央卷数字体与卷目、该叶正文差异显著；卷末所标卷数多属于后期改镌或补刻；而列传部分版心统计当叶字数，卷首及版心卷次均没有被包括在内。这说明在上版早期，《元史》卷数，各卷分合、次序均未敲定，因此在刊刻过程中，凡是卷首、卷尾及版心涉及次序之处，大多付之阙如。迄于全书编纂完毕，体例已定，方加以补镌。这种旋编旋刻的做法并不罕见，而《元史》洪武刻本无疑是极为突出的个案。

明初《元史》分两次纂修，并不见得符合预先规划。《明太祖实录》记载：洪武二年七月"乙未，诏遣儒士欧阳佑等十二人往北平等处采访故元元统及至正三十六年事迹，增修《元史》。时诸儒修《元史》将成，诏先成者上进，阙者俟续采补之"。二年七月诏命进呈初稿，毋宁说事出突然，与朱元璋求成心态以及同北元对峙的政治形势不无关系。

《元史》纂修质量向来为世人所讥，而不少罅漏在初修时已经出现，如列传部分多有一传重出现象，钩稽重出卷目，绝大多数都在初修六十三卷当中。除了列传部分各自分工，成于众手之外，其书纂修蹙迫，无暇打磨，显然也是重要的原因。而续修时限更为逼仄，旋编旋刻的做法又令旧稿即刻定型，难以转圜，修订的余地未免受限。由是《元史》成书之陋，也就不难理解了。

〔本文摘自《文献》（双月刊）2022 年第 6 期。作者张良，复旦大学历史学系青年副研究员〕

蒙古攻金借道淮东方案考

洪学东

元太宗二年（1230），元太宗窝阔台亲师南征金国，大军渡过黄河，进攻凤翔。次年五月，窝阔台于官山大会宗王、诸将，议定三路攻金。三路大军中战果最为辉煌的，当数拖雷所率的右军。右军借道南宋汉中，迂回进入金境，元太宗四年春，在三峰山歼灭金军主力，并与窝阔台所率中军会师，包围汴梁。经借道之役，蒙古军基本瓦解了金朝防线，金朝的灭亡近在眼前。

在借道汉中之外，多种史籍中记载了另外一种借道攻金的方案：借道淮东。借道淮东与借道汉中有类似之处，指导思路都是绕开金严密防卫的潼关、黄河，由宋境通过，从金南方包抄；也都便于接受宋粮草、人力支援。然而，大概因为"假道淮东"并未实行，且相关记载也较为分散，未有学者对其进行过专题的讨论和研究。笔者不禁好奇，此计划被蒙宋双方如何看待？又为什么没有真正实施？

一 史籍中所载的"假道淮东"方案

宋元时期的多种史籍，如佚名撰《宋季三朝政要》、宇文懋昭撰《大金国志》、郑思肖撰《大义略叙》、元末陈柽编撰《通鉴续编》、明代官修《元史》等，都有蒙古与宋商议，希望"假道淮东"攻金的记载。

《宋季三朝政要》载："（1231 年）鞑靼自山东通好，欲假淮东以趋河南。群臣议不许。"但具体月份不明，也未解释宋廷拒绝原因。

《大金国志》中有一段类似文字，言金正大七年（1230），蒙古攻庆阳、卫州、潼关、蓝关等地皆失败，于是从山东通好南宋，希望借道淮东攻河南，但南宋方面却态度迟疑，不作答复。蒙古用数年时间灭西夏，采纳夏人献策，穿过宋境攻金。按，《大金国志》错误明显：西夏灭亡于 1227 年，窝阔台征潼关、蓝关在太宗二年，时间顺序不对，当是将窝阔台和成吉思汗时代的军事行动混为一谈。

《大义略叙》中将蒙古遣使借道淮东放在完颜守绪登位（1224 年）之后、西夏灭亡之前，并将灭亡西夏视为蒙古借道失败后，夺取攻金通道的措施——这一点与《大金国志》同。不过，郑思肖完全没有将借道淮东不成—灭亡西夏之事与窝阔台攻金、在潼关受挫之事联系。

《通鉴续编》中载，1231 年时，李昌国（按，即李邦瑞）献策拖雷，拖雷转达窝阔台，窝阔台定从宝鸡出师，经过汉中攻金之策，且派遣速不罕出使南宋，请求借道淮东和援军。这一记载与《元史》类似。区别在于，《元史》中未说明速不罕使宋借道到底是借哪条道，而《通鉴续编》中则记载明确。

二 速不罕使宋考

史籍中所载出使南宋、商讨借道的蒙古使者速不罕（Jubqan），是一个活跃于蒙宋外交的重要人物。《元朝秘史》载，速不罕 1214 年前就曾前往南宋，但并未成功。据南宋资料，当时他从济南到达濠州，为南宋边臣所拒。

速不罕首次成功出访南宋的时间，王国维、胡昭曦、陈得芝等学者意见不一，一说 1221 年之后，一说 1221 年之前。笔者据《元史》中"岁戊寅（按，1218 年），太祖使葛葛不罕与宋议和"之载，推测"葛葛不罕"是两个使者（葛葛、速不罕）的名字并列，其中，速不罕之名脱落了一个"速"字。1218 年，葛葛为正使，速不罕为副使出使南宋，是蒙宋双方第一次成功的接触，之后有宋使苟梦玉的出访（1220 年）。

葛葛、速不罕的出使，当与 1214 年速不罕出使一样，经山东往淮东入宋，途中经过忠义军的地盘时，投宋的忠义首领石珪抓住时机与使者接触，与蒙古交好。值得注意的是，当时石珪还在南宋阵营，此举无疑是里通外国。

1220 年，宋使赵珙至河北蒙古军前议事，速不罕受命招待，次年又护送宋使返回。赵珙回南宋后撰写《蒙鞑备录》，记白鞑靼（速不罕为白鞑靼人）："容貌稍细，为人恭谨而孝。"记速不罕："未尝不以好语相陪奉慰劳，且曰：'辛苦无管待，千万勿怪。'"对速不罕印象很好。出使过程中，赵珙等与速不罕往来密切，赵珙等对蒙古的了解，有相当的部分是通过速不罕获取的。同时，赵珙为宋淮东制置使的部下，速不罕或许亦同时从赵珙处得知南宋、淮东的情况。

元太宗二年，窝阔台准备攻金，速不罕被派使宋，这次是到南宋西部的利州。据宋方资料，速不罕在年初与宋方多次接触，目的之一是索要粮食。此外，双方谈判的内容颇为神秘，利州路安抚一级的官员竟然都不能知晓。

五月的官山大会后，速不罕再次使宋，并在宋境被宋军所杀。《元史·睿宗传》言，宋杀速不罕，拖雷怒，向南宋发起了报复性的进攻。按，其实蒙古军在速不罕被杀前已突入宋境，攻掠城池，屠杀居民，双方的是非曲直大有争议。

速不罕最后一次出使南宋，目的到底是什么？除《通鉴续编》中载"速不罕来假道淮东以趋河南"，多种史籍中只是泛泛称之借道。从速不罕个人来看，他多次经淮东至南宋，了解山东、淮东的情况，对忠义军、宋廷都较为熟悉，派他协调借道淮东，似乎再合适不过。

三　李邦瑞使宋考

除速不罕外，另一个与借道淮东密切相关的蒙古使者是李邦瑞（？—1235）。据《元史》，他于元太宗二年起三次使宋。前两次由李全护送，都被南宋所拒。第一次至宝应被拒。第二次被拒的地点不详，既为李全护送，入宋的地点大概也在淮东。第三次途经蕲州、黄州，路线不详。护送李邦瑞的李全，本是金人，在山东起兵反金，先归附南宋，后投降蒙古，南下攻宋时被宋军击杀。第三次出使不由李全护送，可能因为李全已死。

前两次被拒，第三次"如约而还"，到底是什么约定，《元史》中并未说明。学者屠寄推测，蒙古军围蔡州时（1233—1234），获南宋的支援和粮食补给，就是兑现李邦瑞与南宋的约定。但一般认为，蒙宋两方的配合与双方使者在1233年的外交活动有密切关系，未必和李邦瑞有关。

李邦瑞前两次自山东使宋，都被南宋拒绝，能与《大金国志》"南宋依违不报"及《大义略叙》"我朝不答"的说法对应。联系"鞑靼自山东通好，欲假淮东以趋河南""遂自山东通好南宋，欲假淮东以趋河南"的记载，李邦瑞很可能是这几条记载中请求借道淮东的使者。

另，在《元史·睿宗传》中，言凤翔被攻下后，李邦瑞向拖雷献借道汉中之策，拖雷再献之窝阔台。这一时间点非常微妙：此时正是李邦瑞第二次出使返回复命的时间。有可能李邦瑞通过先前的两次失败，意识到借道淮东并不可行，所以他改向蒙古统治者建议借道汉中。

结合《通鉴续编》中对速不罕出使的记载，尽管李邦瑞出使借道失败，窝阔台对借道淮东仍抱有希望，于是改派了速不罕这位老牌的使节，希望能够有所收获。当然如我们所知，速不罕被宋军所杀，结束了他奔波的一生，也结束了蒙古借道淮东的最后希望。

结语：灭金策略的选择与调整

综合前文的考证，蒙古向南宋请求借道淮东，当确有此事。蒙古使者速不罕于 1214 年、1218 年、1221 年、1230 年（多次），李邦瑞于 1230 年（两次）、1231 年出使南宋，出使目的包含商讨借道。尤其速不罕 1230 年下半年的出使和李邦瑞的三次出使，正值窝阔台攻金期间，主要任务很可能就是商讨借道淮东。使者们大多从淮东入宋，出使增进了蒙古对淮东、南宋情况的认识，同时，淮东、山东摇摆于蒙金宋的势力，也通过使者建立和加强与蒙古的联系。

宋廷对借道的危害性是有所认识的，尤其淮东距离行在临安近，蒙古军如借机南下，后果不堪设想。活动于山东和淮东的忠义军，也是地域内的不稳定因素，里通外国如石珪者有之，反戈一击如李全者亦有之。所以，宋方多以推诿回避的方式拒绝蒙古借道淮东。

李邦瑞通过经淮东的出使，了解了淮东的状况，又洞察了南宋的意图，于是改向拖雷献策借道汉中，这一方案最终得到了蒙古统治者的采纳，也被事实证明是行之有效的。

其实，借道攻金的方略对蒙宋双方，乃至金朝都并不陌生。早在成吉思汗时期，金使出使蒙古时，蒙古大臣已透露从汉中攻金的构想。成吉思汗遗策中也谈及借道。在窝阔台登位后，他一度试图正面突破金朝防线，受挫后才重新回到迂回包抄的借道方略。借道汉中和借道淮东这两个方案，都经历了提出、商讨和暂时的搁置，只不过一个最终得以实施，而另一个永久停留于纸面。蒙古帝国的征服，很多时候并非死板地拘泥于某些事先预定的高明计划，而是为了抓住时机，主动发起灵活的应变，获得意外的战果。从这个角度看，变化、选择和调整，始终在历史上发挥着重要的，有时是关键性的作用。

〔本文摘自《中西元史》第 1 辑，商务印书馆，2023。作者洪学东，南京农业大学科学技术史博士后流动站研究人员〕

15—16 世纪琉球—满剌加贸易关系探析

——以《历代宝案》为中心

琉球作为中国、日本、朝鲜以及东南亚各国之间的重要联系纽带，在 14—18 世纪的东亚、东南亚海上贸易中发挥了重要作用。长期以来，有关东亚、东南亚朝贡体系和海上贸易的课题吸引了不少学者的注意，优秀成果不断。但具体到琉球与满剌加之间的贸易情况，如其海上贸易究竟如何兴起，又是如何走向衰落，深层动因及影响因素等，尚待学界进一步耕耘。

《历代宝案》是琉球王府所辑琉球王国之外交文书，所辑文书始于 1424 年，止于 1867 年，共计 444 年。文书往来对象包括中国、朝鲜以及东南亚各国。琉球与东南亚各国往来文书共计 108 封，其中琉球—暹罗往来文书最多，达 57 封。满剌加次之，共 19 封。目前学界暂未发现马来西亚方面相关文献记载，因此《历代宝案》所载琉球—满剌加交往文书历来为两国早期关系研究者所重视。

一　琉球与满剌加贸易的兴起

琉球与东南亚的海上贸易最早始于暹罗。根据《历代宝案》所载琉球—暹罗往来文书可知，自 1425 年至 1439 年，除 1430 年外，每年均有贸易船只往来，少则一艘，多则三艘齐发。此后，直至 1511 年的七十余年间，双方贸易频率明显下降，仅有 13 艘商船往来，其中还有 3 艘因意外未能成功抵达。正是与暹罗贸易频率下降的几十年间，琉球与满剌加之间的贸易迅速走向繁荣。这一繁荣的背后，还包括琉球与旧港、爪哇之间贸易的衰落。

15 世纪初，满剌加建国。凭借自身优越的地理位置，满剌加迅速成为东西方贸易集散地，来自印度、阿拉伯以及中国的商人在此汇聚，互通有无。15世纪中期，琉球也加入其中。从《历代宝案》所载文书日期来看，琉球与满剌加贸易始于1463年，止于1511年。双方贸易终止年份，学界已达成共识，即自1511年葡萄牙征服马六甲之后，双方再无贸易往来。贸易始自何时，目前暂无定论。

虽然琉球—满剌加建立贸易关系的确切日期仍有待考证，但从《历代宝案》所载琉球至满剌加首封咨文［天顺七年（1463）］所言"礼信往来，未尝少替"可知，1463年并非琉球首次去往满剌加，在此之前，双方即已建立贸易联系。咨文又云"曩岁复蒙厚惠，铭刻于怀"，"曩岁"即往年，再次证明，1463年之前，双方贸易联系早已建立。

二 往来文书反映的琉球与满剌加贸易活动

现存琉球—满剌加往来文书共19封，时间自天顺七年至正德六年（1511）。其中，琉球致满剌加文书13封，满剌加致琉球文书6封，均由汉文写成。琉球与旧港、爪哇的贸易衰落后，即积极寻找新的贸易伙伴，以满足其对东南亚产品的需求，满剌加对琉球来说，重要性自不待言。同样，满剌加亦非常重视与琉球的交往。从两国往来文书来看，1463年至1472年是琉球—满剌加贸易的繁荣期。上述十年，琉球每年派出贸易使团前往满剌加，从未间断。

现存《历代宝案》所载文书虽未收录1471年双方的往来文书，但这并不代表1471年双方没有贸易往来。事实上，从成化八年（1472）文书记载可知，1471年琉球前往满剌加的商船照例派出，只是由于未知原因，商船未能如期返还。

1472年后，双方贸易中断，直至1480年才再次出现满剌加发往琉球的咨文。1480—1481年，共有三封咨文被记载。上述时段满剌加发往琉球的咨文被载入《历代宝案》，说明至少1479—1480年是有琉球商船到达满剌加进行贸易的，这一时间的推算与季风风向密切相关。此后，琉球—满剌加贸易再次中断，直至1509年才恢复。据《明实录》记载，弘治十六年（1503），琉球国王遣使乘舟前往满剌加，途中遭遇风浪，后漂至海南登陆，并未能成功前往满剌加。

随着1511年萄牙征服满剌加，琉球—满剌加之间的贸易关系彻底被切断。《历代宝案》所载琉球与满剌加之间最后一封文书为正德六年八月十三日（1511年9月4日）自琉球发往满剌加的执照。据阿方索·亚伯奎（Afonso de Albuquerque）的记载推断，正德六年琉球至满剌加的文书并未成功送达满剌加国王手中，但琉球商船则成功抵达满剌加，不过换了交易对象罢了。1511年后，再无琉球商船前往满剌加，佛太泥取而代之，成为琉球在东南亚的又一贸易对象。

从文书来看，琉球发往满剌加的商船，其携带货物以布匹、腰刀、折扇及瓷器为主，且数量基本固定，通常为色段五匹，青段二十匹，腰刀五把，扇三十把，大青盘二十个，小青盘四百个，青碗两千个。从满剌加致琉球的文书可知，满剌加对琉球的腰刀颇感兴趣。

而满剌加国王作为回礼赠予琉球的货物大多为布匹，如成化三年（1467）文书所记录的"好三连打布二十匹，椒达布十匹，细椒达布九匹，南嘆哪布十一匹，共计五十匹"，成化六年赠与琉球的"喏哪哩一匹，细绍达布四匹，芯布五匹，绍达布四十匹"，等等。除布匹之外，其他货物如别布好咱、别底咱、南母掌、山南八好咱、左达等，由于翻译原因，现考证难度较大。

事实上，琉球商人历经千险，航行至满剌加，其所带回的货物绝非止于双方往来文书所列清单。综合《明会典》及琉球至朝鲜文书可以推断，除胡椒、苏木外，鹦鹉、孔雀也是琉球—满剌加的贸易货物。

成化五年（1469），琉球向满剌加、暹罗均有派遣贸易使团。因此，1470年琉球发往朝鲜的部分货物源自满剌加抑或暹罗均有可能。结合《明会典》记载，笔者推测，文书所列诸如象牙、犀角、孔雀尾翎、束香、降真香、檀香、木香、丁香、肉豆蔻、乌木、番锡等均有可能为琉球—满剌加贸易货物。

三　中国因素对琉球与满剌加贸易的影响

琉球与满剌加的贸易，受多方因素的影响，如中国、朝鲜、日本等，其中中国的影响最甚，可以说是双方贸易兴起及维持的最重要因素之一。正德四年（1509）琉球至满剌加文书有言"前往满剌加国出产地面，两平收买苏木、胡椒等物回国，预备下年进贡大明天朝所据"，且结尾再次表明，此文书即"为进贡事"而发执照，此"进贡"即文中所指大明天朝。由此可见，明朝在琉球拓展海外贸易过程中意义之大。

自1372年，琉球与明朝建立朝贡关系以来，明朝政府常以海船作为礼物赐予琉球。15世纪中期以后，由于明朝财政恶化，不再向琉球提供商船，越来越多琉球自造船只投入使用，但载货量严重下降。纵观琉球—满剌加往来文书，均未提及硫黄二千五百斤。一方面，或许满剌加对硫黄需求不大，但笔者认为，更大可能即琉球自造海船投入使用，载货量降低，无法承载上述货物重量。

1472年后，琉球—满剌加贸易中断，文书并未提及中断缘由，但结合《明宪宗实录》记载推断，应与成化十年（1474）琉球贸易使团在华作乱有关。由记载可知，明朝廷对琉球使团杀人纵火之事极为不满，为表惩戒，特将之前每年朝贡改为两年一贡，并对朝贡规模、人数加以限制。此外，明确规定，只允许国王正贡，不允许私带货物。明朝对朝贡货物的限制，极大减少了琉球对东南亚产品的需求，严重影响了琉球的海上贸易。故此，琉球与满剌加之间的贸易也不可避免受到影响。

此后，琉球多次请求明朝恢复一年一贡之例，均遭拒绝。据《明宪宗实录》记载，琉球"亦欲贸中国之货，以专外夷之利"可知，琉球不断请求恢复一年一贡，与维持其海上贸易密切相关。从此可间接推断，明朝确为琉球—满剌加贸易的重要影响因素之一。

结　语

15—16世纪琉球与满剌加贸易关系的产生与明朝建立的东亚、东南亚朝贡体系密不可分，其本质即朝贡体系的产物。从地理位置来说，二者均占据得天独厚的优势。双方既受益于明朝建立的朝贡体系，同时也促进了朝贡体系的发展壮大。也正因如此，明朝不可避免地成为影响琉球—满剌加贸易的重要因素之一。

长期以来，琉球不断往来于中国、日本、朝鲜及东南亚之间，调节各方供需，在一定程度上维护了朝贡体系的稳定。16世纪以后，随着明朝国力逐渐衰退，西方势力东来，维持多年的平衡局面被打破，整个东亚、东南亚逐渐进入下一个时代。

〔本文摘自《暨南史学》2022年第2期。作者侯燕妮，广东外语外贸大学讲师〕

明代会试考生应考旅费考察

刘明鑫

　　明代会试为礼部主持的全国性最大规模的考试，考生来自全国各地，故相比科举的其他考试，其考生旅费最能全面反映各地士人群体的实际生存状态。再者，考生应考会试的旅费支出，不仅是其顺利参加会试和可能中试的物质基础，也是观察会试对当时社会经济产生影响的一个重要视角。学界对考生旅费的研究主要集中在唐、宋、清三代，明代较为缺乏，本文拟对明代会试考生应考旅费及其影响做初步探讨。

　　明代会试考生应考旅费是指考生在应考会试往返途中产生的交通、住宿、饮食等必要性支出，随时间和地域的变化而变化。据笔者估算，洪武五年（1372），南方、北方、西南地区每名考生参加一次会试的旅费平均至少分别需要 3.2 两、3.4 两、8.9 两；而景泰元年（1450），北方、南方、西南地区每名考生参加一次会试的往返旅费平均至少分别需要 8.7 两、33 两、55 两。若将洪武五年和景泰元年的两组数值取平均数，则洪武至天顺年间，北方、南方、西南地区每名考生参加一次会试的往返旅费平均至少分别需要 6 两、18 两、32 两。成化至万历年间，北方、南方、西南地区每名考生参加一次会试的往返旅费平均至少分别需要 10 两、28.3 两、86 两。泰昌至崇祯年间，北方、南方、西南地区每名考生参加一次会试的往返旅费至少分别需要 16.5 两、200 两、332 两。

　　明代会试考生是由"新科举人"和"往科举人"组成，各直省"新科举人"数，也即当科会试前一年乡试录取举人人数，史料皆有记载，将其划分为南方、北方、西南三个区域比较容易；会试考生中的"往科举人"是指参加了两次及以上会试的举人，对此，仅能算出总人次数，而其在各区域的人次数，史料无载，故只能从往科会试落榜考生在各区域的人数入手，对其各区域的人次数进行估算。对此，笔者遵循以下原则。其一，自当科会试往前逆推 3 科，如遇以往 3 科会试落榜考生总人次数少于当科会试考生中"往科举人"的总人次数则逆推 4 科，而忽略参加 3 科或 4 科以上会试的落榜考生；具体方法是把以往 3 科或 4 科会试中前一年乡试录取举人总数及分区人数与这些科次会试中试者相应人数相减，得出以往 3 科或 4 科会试落榜考生总人次数及分区人数，再用当科会试考生中"往科举人"总人次数与其会试落榜考生总人次数的比值，乘以相应会试落榜考生的分区人次数，即可估算出"往科举人"的分区人次数。其二，统计各科会试中试者的籍贯，如无《会试录》的科次则依据《进士登科录》或《明清历科进士题名碑录》，并补充了未参加当科殿试的会试中试人员，排除了未参加前科殿试而参加当科殿试的会试中试人员。其三，计算往科会试落榜考生人次数时，忽略举人任教、丁忧、生病、死亡和放弃会试等情况，而假定当科会试落第者全部参加了下科会试。

据上述原则，笔者据《会试录序》《皇明贡举考》《明实录》《明会典》《南雍志》等史籍，并参考郭培贵《明代学校科举与任官制度研究》、吴宣德《明代进士的地理分布》等今人著作所载或研究统计的数据进行估算，指出洪武二十四年（1391）至万历十七年（1589）载有应试人数的 66 科会试，其考生总规模为 2.2 万余人次，其中，北方、南方、西南地区的"新科举人"分别约 2.7 万人、3.9 万人、1 万人，三个地区的"往科举人"分别为 5.2 万余人次、7.1 万余人次、2.2 万余人次，三个地区的会试考生总数分别为 7.9 万余人次、10.9 万余人次、3.2 万余人次。具体而言，洪武二十四年至天顺七年（1463）24 科会试考生中北方、南方、西南地区的"新科举人"分别为 0.9 万人、1.5 万人、0.2 万人，三个地区的"往科举人"分别为 0.9 万余人次、1.4 万余人次、0.2 万余人次，三个地区的会试考生总数分别为 1.8 万余人次、2.9 万余人次、0.4 万余人次。成化二年（1466）至万历十七年 42 科会试考生中北方、南方、西南地区的"新科举人"分别约 1.8 万人、2.4 万人、0.8 万人，三个地区的"往科举人"分别为 4.3 万余人次、5.6 万余人次、2 万余人次，三个地区的会试考生总人数分别为 6.1 万余人次、8 万余人次、2.8 万余人次。相比"新科举人"，"往科举人"的人次数随时间推移而明显增多，反映出会试淘汰率的日趋升高而落第考生不断累积的态势。

因洪武至天顺时期北方、南方、西南地区的会试考生规模分别为 1.8 万余人次、2.9 万余人次、0.4 万余人次，所以三个地区考生该时期参加一次会试的往返旅费分别需要 11 万余两、52 万余两、12.8 万余两；成化至万历年间三个地区会试考生规模分别为 6.1 万余人次、8 万余人次、2.8 万余人次，所以三个地区考生该时期参加一次会试的往返旅费分别需要 61 万余两、226 万余两、241 万余两；而泰昌至崇祯时期，由于绝大部分科次会试的考生人次数无法找到相关记载，故无法确定其旅费总规模。明代一次性会试中试和多次应考会试的考生，在往返旅费总规模上则存在较大差别。据统计，明代举人平均参加了 3 次会试，其应考会试的旅费是一次性会试中试举人应考旅费的 3 倍。这不仅反映出明代一次性会试中试与多次应考会试的考生，在往返旅费负担上的巨大差距，也反映出贫寒士子反复应考的艰难。

明代考生用于应考会试的旅费支出大于官方用于会试的费用支出。据笔者估算，嘉靖至万历年间北方、南方、西南地区每名考生参加一次会试的往返旅费分别至少需要 10 两、28.3 两、86 两；而嘉靖二年（1523）至万历十七年载有应试人数的 23 科会试，其考生总数为 98200 余人次，每科考生平均为 4200 余人次，其中籍地属北方、南方、西南者分别为 1500 余人次、2000 余人次、700 余人次。所以，每科北方、南方、西南会试考生总的往返旅费平均至少需要约 1.5 万两、5.7 万两、6 万两。而嘉靖十七年（1538）会试支出 2750 余两，隆庆年间每科会试支出为 1800 余两，万历二十年（1592）会试支出 1500 余两，由此，嘉靖至万历年间官方用于会试的费用支出，每科平均约 1900 两。由此可知，北方、南方、西南三个地区的考生群体，其仅是用于应考会试的旅费支出，就远高于官方用于会试的费用支出。

明代会试中试者的旅费支出似乎要大于落第者，而实际并非如此。若会试考生一次考中，中试举人便不再支付应考会试的旅费，只需支付下一阶段考试的应考旅费；若会试考生未能一次考中而成为落第者，不仅意味着其之前投入的应考旅费没有丝毫收获，而且还要重复支付应考会试的旅费，再加明中后期会试录取率呈现出"逐步下降的趋势"，在此背景下，大多数会试考生很有可能多次应考，这就使得考生要循环支付应考会试的旅费，所以落第者实际旅费支出要大于中试者。由此说明，明代会试考生从备考到中试的实际旅费支出与应考次数密切相关。

大约在成化至万历年间，一个普通五口之家维持一年的生计至少需要 20 两；而同期北方、南方、西南地区每名考生参加一次会试的往返旅费分别至少需要 10 两、28.3 两、86 两；所以三个地区每名考生参加一次会试的往返旅费分别相当于当时一个五口之家半年、近一年半和四年的日常生活费用。如此高昂的应考旅费是困扰明代贫寒考生应考会试的首要问题，所以家庭、宗族、社会和官府等各方的支持就显得十分重要。

明代会试不仅使各地重要水陆交通路线的客流量大幅升高，也促进了各地应试人口与物资的跨区域空间流动；而规模巨大的会试考生的应考旅费支出，进入流通领域，形成货币购买力，变为一种对物和服务的消费支出。在二者的共同作用下，明代各区域轿夫、车、马、船、旅店、餐饮、造纸等行业便呈现出周期性的淡旺季。

〔本文摘自《中国史研究》2022 年第 4 期。作者刘明鑫，福建师范大学社会历史学院讲师〕

清代沿海诸厅与海疆管理研究

王泉伟

"厅"是清代新创立的一种行政区划，地位大约与州类似，清代后期一般"府厅州县"并称。清代的厅带有强烈的"边疆色彩"，一般设置于各省边远边疆地区以及民族混居地区。海疆地区也设置了大量的厅，主要在沿海的大中型海岛及海岸带地区。海疆地区厅的设立折射着清朝海疆管理的相关观念与制度逻辑，厅的日常管理反映着清代海疆管理的诸多细节与特征。因此对于沿海厅制的研究，将为深入了解清代海疆管理思想与制度提供一个非常有意义的新视角。

一　厅制与沿海诸厅的建立

厅制的起源可以追溯到明代，但作为政区的厅制大约成熟于康熙末年，其应用于沿海地区则在雍正年间。正式定制之后的厅地位与"州"非常类似，分为直隶厅与属厅两种。直隶厅隶属于省或道，其地位与府基本平等；属厅隶属于府，其地位与县基本平等。除此之外，厅制还有同知厅与通判厅的区分。厅的长官主要从府级佐贰官中选择，同知与通判皆在其列。其中同知为正五品，通判为正六品，存在着级别上的差异。一般来说，直隶厅都是同知厅，而属厅之中兼有同知厅与通判厅。

清代一共设置了 15 个厅：广东省有南澳厅、赤溪直隶厅、阳江直隶厅 3 个；福建省（不含台湾地区）有马巷厅、云霄厅 2 个；台湾地区有澎湖厅、淡水厅、噶玛兰厅、基隆厅、埔里社厅 5 个；浙江省有定海直隶厅、玉环厅、南田厅 3 个；江苏省有海门直隶厅、川沙厅 2 个。

从时间顺序来看，分别是澎湖厅，雍正五年（1727）；玉环厅，雍正六年（1728）；淡水厅，雍正九年（1731）；南澳厅，雍正十年（1732）；海门直隶厅，乾隆三十三年（1768）；马巷厅，乾隆三十九年（1774）；云霄厅，嘉庆五年（1800）；川沙厅，嘉庆十五年（1810）；噶玛兰厅，嘉庆十六年（1811）；升定海县为直隶厅，道光二十三年（1842）；赤溪直隶厅，同治七年（1867）；阳江直隶州改为直隶厅，同治九年（1870）；基隆厅，光绪元年（1875）；埔里社厅，光绪十年（1884）；南田厅，宣统元年（1909）。

清代沿海新设政区之中，厅占据了相当大的比重。沿海新设府级政区 7 个，其中直隶厅有 2 个，占比为 28.6%。沿海新设县级政区 31 个，其中厅 11 个，占比为 35.5%。可以看到，在新设立的县一级政区之中，厅所占的比重大约为三分之一。

除了政区厅之外，沿海地区还有很多分防厅。如福建省有平潭分防厅、厦门分防厅、三都分防厅、石码分防厅等；广东省有涠洲分防厅；浙江省有乍浦分防厅；台湾地区有南雅分防厅等。这些厅是否真的是分防厅，还是其中有些是政区厅，不同学者之间尚有争议。

沿海地区的设厅过程及设厅原因各自不同。首先，沿海各厅的设立更多是民间力量驱动的结果，而不是清政府主动开发的结果。"以禁为防""重防其出"是清代海疆政策的核心内容，对于民间活跃的海上活动，清政府始终保持着较为警醒的态度。很多沿海厅的设立不是清朝主动招揽民众开垦的结果，而是民间大量私自前往开垦之后，在一定契机下被政府所承认并设立厅制加以管理的结果。其次，因为清政府对待海疆开发与管理的消极态度，沿海诸厅的设立具有较强的危机驱动特征。在出现了较大的海疆危机时，反而会刺激清朝为了加强对于海疆的控制而变得更为积极地进行政区建设。康熙末年朱一贵起义、大海盗蔡牵与朱渍、近代海疆危机等都曾经催生了清代在沿海地区的设厅高潮。

二 沿海厅制的主要特征

因为设置于海洋环境之中，沿海厅制中的"海洋性"特征是非常突出的。

首先，清代沿海诸厅中占据主体的是海洋型政区，其中最典型的就是诸多海岛厅的出现。中国沿海的岛屿除了台湾岛与海南岛之外规模都偏小，传统多采用以陆带海的方式。经过康熙、雍正时期的探索，清朝创造性地在这些大中型甚至中小型海岛上设置独立的政区以进行管理。典型代表有南澳厅与澎湖厅。就规模而言，南澳厅"弹丸一岛"，澎湖更小，"不过海上一沤耳"，若以内地标准来衡量，是绝对没有资格单独成立政区的。清代诸多海岛厅的设立是我国海岛政区建设的直接先声。

其次，部分沿海厅也带有强烈的民族混居色彩，主要体现在台湾地区的各个厅中，这一点非常类似于内陆边疆的厅。如台湾岛上最早设立的淡水厅，设置于大甲溪以北，是当时汉人开发的最前线。此后淡水地区开发成熟，大量汉人移民又继续前进，开发"山后"地区，又奠定了噶玛兰厅的基础。而当开发较为成熟，当地原住民基本汉化之后，这些厅大多被改为了"县"。如淡水厅后来被改为新竹县，噶玛兰厅后来被改为宜兰县。

三　沿海诸厅的主要职掌

沿海诸厅设置于海疆前线，其民政事务的重要性远不如维持治安任务的重要性。一些厅位于中小型海岛之上，没有太大的经济价值，但是地当海路要冲，具有极高的军事战略价值，如南澳、澎湖等厅。另外还有一些沿海厅地处偏远，海路较陆路便捷，一旦管控不力很容易成为盗贼渊薮，使得清政府不得不在当地建立政区以增强弹压能力，如云霄厅、川沙厅、噶玛兰厅等。此外，一些沿海厅的设置还具有协调兵民关系的重要作用。厅长官的同知与通判的品级较高，足以与驻防军官分庭抗礼，从而加以平衡文武关系，维护当地居民的利益。

除此之外，沿海诸厅也有移风易俗、推动民族融合方面的功能。很多海疆厅在创立之初没有自己的独立学额，沿海诸厅的长官及当地的士子会有很强的动力去为本厅争取相对独立的学额和科举权限。比如淡水厅花费80年时间，才终于获得自己独立的学额，其他诸厅的历程也大多坎坷。厅一旦获得独立学额、拥有独立考试之权，对于厅中读书人的鼓励也是巨大的。比如在淡水厅，繁荣的科举鼓励了社会中的读书风气，进而导致淡水厅的风俗也随之发生了大转变。"风俗之移也，十年一小变，二十年一大变。淡水番黎，较四邑为多……今自大甲至鸡笼诸番，生齿渐衰，村墟零落。其居处、饮食、衣饰、婚嫁、丧葬、器用之类，半从汉俗。"虽然淡水厅风俗之变未必全是科举的功劳，地方志中的描述也不免会有夸大的成分，但是不能否认科举的辐射作用在其中产生了非常大的影响。

结　论

民国边疆学的先行者吴文藻曾说过，边疆政治可以看作地方政治的一种，边疆地区地方政府的建设应为重点关照的内容。通过研究"厅"这一特殊的政区在沿海地区的设立与运转，为理解清代的海疆管理提供了一些新的视角。

吴文藻谈到了国人对于海疆的一种观念："东南诸省，以海为界，本是国界，而并不被视为边疆；反之，甘青川康，地居腹心，而反被称为边疆。"地理上位于边疆的东南诸省在宋元以来一直是中国的文化与经济中心，使得这些地区更多被视为"核心"而非边疆。但是，通过对于沿海厅制的研究，可以看到，东南沿海地区并非完全没有"边疆"的色彩。厅是清代一种具有高度边疆性的政区，将之运用于沿海本身就是"海疆"特性的明证。而在沿海诸厅的创立与运转等环节中，清朝统治者也基本秉持着边疆治理的视角来加以权衡利弊。由此可见，"海疆"诚非虚语。

〔本文摘自《中国边疆史地研究》2022年第3期。作者王泉伟，中国海洋大学国际事务与公共管理学院副教授〕

清代州县治理的制度设计、实践困境与应对举措

王洪兵

州县治理是国家治理的基础，中国国家治理的历史实践表明，州县治理是连接国家治理与乡村治理的核心要素。大一统且疆域辽阔是中国历代王朝的一个共同特征，在此背景下，"如何将高度离散的农耕村落勾连、整合并构成一个政治文化共同体，并在此基础上建立各级政府的组织和机构，以进行稳定的政治治理，是古代中国历朝历代共同面临的课题"。中国历来重视基层治理经验的探索，在长期的国家治理实践中，中央与地方行政关系不断调整、完善，州县体制最终脱颖而出。秦汉以至明清，无论基层行政体制层级如何变革调整，州县作为基层行政的常规设置基本趋于稳固。清王朝立国以后，在借鉴中国历代王朝州县治理经验的基础上，根据国家治理的现实需求建构了一套行之有效的州县行政管理制度，并在长期的治理实践中不断调整完善，形成了具有本朝特色的州县治理模式，从而为清王朝实现国家的简约治理提供了重要的制度支撑。清代的州县治理主要由州县行政设置、州县官选拔考核机制、州县官培训机制、州县治理实践等核心内容构成。

一　清代州县治理与州县体制的建构

清王朝入主中原后，在延续强势军事征伐政策的同时，通过完善政治制度、推进经济转型、构建文化认同、促进民族融合等举措建立了一个规模空前的大一统封建王朝。经过顺康雍乾四代帝王的开疆拓土，清王朝疆域达到空前规模。相对于明朝而言，清王朝疆域更加辽阔，人口不啻数倍，治理这样一个庞大的帝国，清王朝主要依靠大约由两万名文武官员构成的官僚系统维持。面对超大规模和体量巨大的王朝国家，清王朝构建了一套结构完整、体系庞大的以"君主专制"为核心的中央集权官僚体制，以之实施国家治理。对此，有学者不

禁提出疑问："天子的意向究竟通过什么样的方式，又多大程度上能下达到地方？"清初帝王一度将中国君主专制统治推向巅峰，然而应当注意的是，传统中国的君主专制并非绝对专制，在国家治理实践中，君主多分权于各级官僚体系，从秦汉以来的国家治理实践来看，"皇帝制从来也不是皇帝'一人之治'，而是一个由源自各地的国家精英组织成一个延伸到全国各层级政府的，严格依据典章规则运转的官僚政治"。

就清代国家治理而言，地方行政制度在继承明制的基础上，形成了省、府、州县三级或省、道、府、州县四级。在官员设置上相应确立了督抚、布按、道员、知府、州县五级行政体系。清代地方行政体制框架中，州县无疑处于最基层，州县治理是国家治理的基础，"天下事莫不起于州县，州县理则天下无不理"，清代州县体制事关国家治理的全局。清代州县行政体制基本沿袭明代，略有调整，州县官员设置、品级稍有差异，州设正印官知州秩从五品，县设正印官知县秩正七品，州县官外各设州同、州判、县丞、主簿属官不等。根据州县治理的难易程度结合州县地方实际，清王朝将全国各州县划分为冲、繁、疲、难四种情形，四者组合后形成最要缺、要缺、中缺、简缺。清政府根据"冲繁疲难"划分州县治理等级的尝试，既立足于州县制度传统，又具有突出的实践意义，无疑是传统中国州县制度改革的一大创新，为清代州县治理提供了相对完善的制度保障。

二 清代州县治理与州县官的选拔考核机制

州县官是清代州县治理的核心要素，州县官的选拔和考核机制与州县治理的效果息息相关。州县官又被称为亲民官，州县官称职与否关系到国家治理的全局。处于官僚体制最底层的州县官与乡村社会最为切近，清王朝对州县官的理想设计是"知州必知一州之事，知县必知一县之事"。在世人看来，州县官与国家治理密不可分，州县官是国家维持整个社会秩序的基石。鉴于州县官在地方治理中的重要性，清政府重视州县官的选拔、考核机制建设。如何选拔符合国家基层治理需要的州县官群体，成为摆在清王朝面前的一项重大挑战。为此，清王朝大力推行科举制度、捐纳制度、大计制度等制度建设，为州县治理提供重要的人才保障。清代州县官群体主要通过科举、捐纳等途径产生。其中科举是州县官培养选拔的核心机制，科举制度作为一项教育选官合一的文化举措，对传统中国的国家治理产生了深远的影响。清代适应君主专制中央集权统治的需要，科举任官制度进一步强化完善，国家主要通过科举制度选拔各级官员，士人阶层虽然出身各异，然而在"朝为田舍郎暮登天子堂"成为普遍共同理想的社会背景之下，科举考试成为国家增强社会凝聚力、增进国家认同的重要文化策略。清代州县官选拔大致有即用、截取、大挑、拣选、捐纳等途径。在构建州县官选拔体制的同时，清王朝还注意加强州县官考核监督体制建设，以"四格八法"作为州县官基本考核标准，清代"四格八法"大计考课之法在吸取中国历朝考课经验的基础上，更加明晰、精准，涵盖地方治理的主要层面。

三　清代州县治理与州县官的培训机制

除选拔、考核机制外，为强化州县治理的实效，清王朝尤其注意加强州县官行政能力、行政技巧的培养。清代州县官大多为科甲出身，因此新任州县官大多缺乏行政能力而无益于州县治理。清初借鉴明代进士观政制度，二三甲进士于殿试后分发各部院衙门观政三月，学习政务，以此为授职的必备条件。为确保准州县官们在赴任之前具备基本的行政能力，康熙帝大力推进进士观政制度改革，延长观政时间，要求新科进士留京入教习馆学习政务典章三年。雍正年间，清王朝进一步完善准州县官培养方案，除在中央行政机构观政学习外，将培训机制扩展到各省。准州县官在委署之前，须分发藩臬衙门观政学习三年，便于考察选拔，此方案实用性较强，效果颇佳。雍乾以降，相对于分发各省学习，清朝统治者更倾向于将准州县官分部学习，从雍正十一年开始，皇帝在引见新进士之时，钦点员额，令其在各部额外主事上学习行走，三年期满，根据各部堂官的考核情况，确定外用知县，此方案作为定例，历朝遵行。到清代中后期，准州县官的培训重点开始由中央转向地方，各省越发重视州县官的任前培训工作。清末新政期间，各省分设课吏馆，作为官员培训的专门机构，自道府以下地方官员都要参与考核。课吏馆的设置有助于州县官提升行政能力，开阔眼界，为清末新政过程中为数不多的颇具实效性的举措。

四　清代州县治理的困境与官方应对机制

州县体制是清王朝实施地方治理的重要制度基础，州县之上虽然有督抚、藩臬、道府等行政设置，然而地方治理关键还是要依靠州县，州县治理在清代国家治理体系中关系重大。纵观清代历史，州县治理存在着辖域广阔、事务繁杂、官不久任、吏治腐败、财政支绌等诸多困境，为应对上述困境，清王朝尝试在全国推行巡历乡村制度、副县制度、久任制度、养廉银制度、公费津贴制度等各项改革举措。以此提升州县官基层治理的能力，完善州县行政运行机制，从而达到澄清吏治、推进地方治理的目的。

清代州县治理受其规模所累，仅凭州县官个人有限的知识储备、经验积累和道德修养，难以全面应对地方各项事务，从而为州县治理埋下巨大隐患。官不久任是制约清代州县治理的又一大困境，清代州县治理的错综复杂要求州县官具备丰富的治理经验，熟悉地方事务，然而州县官却面临不能久任的尴尬局面。为了避免官不久任造成地方治理的困境，清王朝不断探索应对方案。然而在高度集权的专制体制下，受官场生态等因素的影响，官不久任依然是州县治理的常态。在信奉"有治人、无治法"，以人治为主要特征的清代中国，州县治理的好坏，主要取决于州县官的德行和行政能力。为澄清州县吏治，清王朝建立了一套制度体系，包括严控选官程序、强化监察监督、加强道德教化、严惩贪赃枉法、褒扬清官廉吏等，然而并未从根本上解决吏治腐败的问题。

结　语

古往今来，中国始终面临着超大规模国家治理的挑战，庞大人口、辽阔疆域、众多民族、多元文化等因素构成了中国国家治理的基本要素。面对超大规模国家形成的治理困境，中国历代王朝不断探索大国治理的规模与效率之间的平衡，在强化中央集权体制的同时，探索地方治理的简约模式。中国传统政治经验，"治大国若烹小鲜"，中央政权在国家治理过程中主要发挥杠杆作用，"中枢指令太多太细太密太繁，不仅会导致整个系统的低效和呆滞，还可能瓦解系统内部的生态平衡"。清王朝入主中原后，面临国家治理的空前挑战，为实现简约治理的理想，在吸收历代王朝治理经验的基础上，构建了一系列具有本朝特色的制度体系。其中州县制度无疑是清王朝国家治理体系中的核心环节，清王朝通过州县体制的改革、完善，构建起了中央与州县、州县与乡村层级清晰且权责明确的地方协同治理模式。

清代国家治理体系错综复杂，作为国家与乡村社会互通的重要枢纽，州县在国家治理过程中负责上通下达，从此意义上来说，州县治理是清代国家治理的基石。应当注意的是，州县官虽为清代州县治理的核心要素，然而清代州县治理并非仅为州县官一人之治。州县政府有一套简约的行政体系，除州县官外，另设佐贰官、杂职官协同州县官办理钱粮、刑名、治安、教化、教育等各项地方事务。佐贰官、杂职官之外，州县衙门还设置数量不等的六房书吏与三班衙役，他们共同组成了州县衙门运转的基本制度框架。毋庸置疑，在广阔的乡村社会，仅凭上述有限的官方人力资源和微薄的行政经费，州县治理的各项目标依然难以实现。清代的州县治理上承国家治理，下接乡村治理，在强化国家各项正式制度的同时，清王朝充分发挥包括里甲、保甲、乡约、宗族、青苗会等非正式制度或纯民间自治组织的协同作用，从而有效连接乡村治理、州县治理与国家治理，最终实现善治的理想目标。此外，清代的州县治理除上述普遍共性以外，还具有鲜明的区域特色，清代州县制度的研究还需要从特定区域出发，通过区域性研究不断探索新领域，从而将州县治理研究推向深入。

〔本文摘自《江西社会科学》2023年第4期。作者王洪兵，中国海洋大学中国社会史研究所教授〕

从"技术官僚"到"职业官僚"

——翁文灏从政之路与蒋介石关系探微（1932—1949）

陈红民　吴　萍

近年来，学界对于民国时期"学者从政"现象的研究取得了较丰富的成果。地质学家翁文灏是"学者从政"的典型代表。学术界对翁文灏的研究成果，多围绕其生平志业、学术成就、从政经历等方面展开，较少着墨于他的人际关系。本文拟根据新史料，尝试勾勒出1932—1949 年翁文灏从政路径及其与蒋介石交往之脉络，以期推进民国时期"学者从政"现象的研究。

一

翁文灏学成归国后，一直从事地质方面的科研与人才培养工作。但九一八事变后东北沦丧，面对日本侵略，翁文灏认为："在这个危急存亡的时候，我们更需要一个政府，而且要一个有力量能负责的政府。"在当时中国的社会现实下，蒋介石与国民政府成为他理想的选择。1932 年初，蒋介石在经历了第二次下野后复出，面对日本咄咄逼人的威胁与国内严峻的挑战，他雄心勃勃地试图从"军事领袖"转型为"政治领袖"和"国家领袖"。蒋介石在政坛与战场上摸爬滚打多年，积累了一些处理党政军事务的经验，也有基本的干部队伍，他所缺乏的是外交、财政经济与科学教育等方面的经验与人才，而这又是治理与建设国家所必需的。蒋介石把对人才的关注扩大到国民党以外的视野，开始与教育界、知识界的精英联络，请学者为其讲课。

1932 年春天起，被选中的学者先后被安排为蒋介石讲学。翁文灏在如此背景下与蒋介石结识。蒋介石关于中国经济地理与矿产的知识极其薄弱，翁文灏的讲课为其打开了一扇窗户，使他悔恨知之太晚，以致在制定内外政策时出现错误。他认为翁之学识"不可多得"，对其心悦诚服。初次相见，翁文灏对蒋介石所表现出的责任心与愿意"物色全国贤才，竭其所能，同心勠力"的政治抱负印象亦极佳。

蒋介石扩大组织基础与网罗人才的结果，是决定建立"国防设计委员会"。1932年11月1日，国防设计委员会（置于参谋本部之下）成立，蒋介石任委员长，翁文灏任秘书长，钱昌照任副秘书长。此时，翁文灏是以"技术官僚"身份进入体制的。经过一段官场历练，翁已逐渐适应，也颇能胜任蒋介石的幕僚长职责。他涉及的领域也在逐渐扩大，为其从单纯的"技术官僚"向全能的"职业官僚"过渡奠定了基础。"技术官僚"与"职业官僚"的区别在于，前者是以一技之长进入体制，以"做事"为目的，"从政""做官"只是手段，可以随时离开体制回到自己之前的专业领域；后者则是随着在体制内沉浸，经历与资源逐渐丰沛，已离不开体制，甚至成为体制运行的一部分，"做官"也成为"从政"的目标之一。

二

国民政府于1938年初进行行政改革，原实业部改为经济部，建设委员会及全国经济委员会之水利部分、军事委员会之第三部和第四部均并入经济部，以翁文灏为部长。工矿建设是翁文灏在任期间的重要工作，而重中之重则是甘肃玉门油矿的开发。主管战时经济事业的翁文灏对分内之事尽心尽力、统筹兼顾，蒋介石也鼎力支持，保证规划得以实施，两人关系融洽。

随着翁文灏沉浸官场时间的延长与权力的增加，他也难免卷入了官场的政争与纠葛。在处理政府经济工作的过程中，翁文灏与财政部长孔祥熙产生了矛盾。翁、孔之间的矛盾，部分源于蒋介石对国民党派系政治的操控。蒋介石有时任由党内派系发展，采取"分而治之"的方法，几个派别各领一行。翁文灏认为蒋介石祖护孔祥熙，他自己未尝不是被蒋用来牵制孔的。抗战时期，粮食等物品价格急剧上涨，各地抢米风潮频繁发生。翁文灏执掌的经济部因控制粮价不力，成为各界抨击的焦点，最终演成一桩大案。经历此事，他颇受打击，切实体会到了国民党政权内部明争暗斗之严重。

抗战胜利前夕，翁文灏在国民党与政府内的职务均更上层楼。他以学者身份加入体制，位居高官6年后，于1938年5月加入国民党。1945年5月国民党六全大会上，翁文灏当选为国民党中央执行委员会委员。同时，他被推举为行政院副院长，仍兼经济部长。这两个职务，意味着在进入国民政府官僚体制十多年后，他基本完成了从一名单纯负责自己擅长专业事务的"技术官僚"，向在党、政体制内均居高位，综合负责全国性事务的"职业官僚"的转变，从必须适应体制变成了能影响体制运转的决策官僚之一。

三

1945年8月10日，日本准备投降的消息传来，翁文灏受命立即筹备接收东北经济、工业、矿场等方面的人选与组织工作。10月23日，翁文灏被任命为收复区全国性事业接收委员会主任委员，主管收复区范围内敌伪产业的接收和处理工作。翁文灏就任后，毫不停歇地飞往上海、青岛等地，视察接收情况。翁文灏公开指斥收复中的种种不良现象，却也无力改变接收的混乱局面，唯有求助于蒋介石。蒋介石此时为筹备内战，反而时常为胡乱接收的官吏批条，给接收工作更添困扰。"接收"变"劫收"，不但在社会上引起巨大混乱，国民党内也有不满之声。翁文灏自然首当其冲受到指责。1946年5月，国防最高委员会批准翁文灏辞去经济部部长职务，仍保留行政院副院长的头衔。

1948年5月23日，翁文灏突然收到蒋介石的通知，要求其担任行政院长。5月24日，立法院以绝对多数票通过翁文灏任行政院长。这不仅是其担任的最高行政职务，也是民国时期"学者从政"所能达到的顶峰。翁文灏出任行政院长，是一个政坛"鹬蚌相争"的故事。正说明，翁文灏这类以学者身份从政的官僚，已然变成蒋介石平衡党内政治权力分配的筹码，成为国民党党内斗争中的一个特殊"派别"。翁文灏出任"行政院长"是蒋介石奋力护驾，而金圆券改革强制推行，则是翁文灏为蒋介石拼出一条血路。金圆券改革的结果，与蒋介石、翁文灏的期望相反，加剧了社会的动荡。11月26日，蒋介石发布"总统令"："行政院长翁文灏呈请辞职，情辞恳挚，翁文灏准免本职。"翁文灏终于结束了7个月艰难的"行政院长"任期。

1949年1月，风雨飘摇的国民党政权内部发生政争，以李宗仁为首的桂系逼迫蒋介石下野，李宗仁出任"代总统"后，邀请翁文灏出任"总统府秘书长"。此时距翁文灏从"行政院长"辞职不到4个月，从政局前景看，国民党政权比任何时候都更朝不保夕，翁文灏与桂系素无渊源，而得益于蒋介石更多，但他在这个政治上注定无所作为的时刻，毅然接受了这个来自蒋介石党内政治对手的任命，多少有些在政坛不甘寂寞，急于"出山"刷存在感的意思。3月17日，翁文灏就任"总统府秘书长"职，6月24日被解职（5月22日提出辞职），是其从政生涯中任职最短的职务。而这个短暂的从政经历，却正好诠释了翁文灏此时已是"职业官僚"，"从政"不仅是实现抱负的手段，而且也是目的。

四

翁文灏接受过传统教育，有着传统士大夫"以天下为己任"的社会担当，同时也难免受"学而优则仕"的影响。他留学海外，接触过西方民主理念与科学思想，回国后期望学以致用，实现自己的人生价值。翁文灏在地质学方面的卓越见识与在学术界的人脉为蒋介石所赏识，坚邀之下，以"技术官僚"进入体制，主要从事专业相关的调查与建设工作，之后，又逐渐扩大到经济领域与行政管理。进入现实政治的操作层面，翁文灏见识到了"议政"理想与"做官"现实之间的巨大差异，在经历从政的冲突与磨合之后，他不但无法实现初衷、施展抱负，反而在一次次的政治斡旋中，消磨掉了书生本色，沦为"政府的装饰品"。他最初想改变体制与官场而步入政坛，结果是体制与官场更多地改造了他。在经济部长、"行政院长"任上，翁文灏数次强烈要求"辞职"，但那多是行事受挫后的应急反应，甚至是官场常用的自我保护，"以退为进"的伎俩，并非真要金盆洗手退出政坛。时光流逝，从政初衷渐远，"做官"的需求渐强。

在讨论"从政学者"的结局时，通常会称说学者被国民党政权与蒋介石所利用，沦为其工具。毋庸讳言，蒋介石确实有利用从政学者的一面。但被延揽入体制的学者，并非被胁迫，从政后退出的成本也不算大，他们均是聪慧超群的精英，并非轻易可以被"利用"的。"合则留，不合则去"。从政学者在进入体制后，有更大的施展才华的空间，更高的社会地位与声誉。慢慢地，他们也成了体制中人。从这个意义上说，他们与蒋介石及体制是"相互影响"的关系。

〔本文摘自《清华大学学报》（哲学社会科学版）2023年第2期。作者陈红民，浙江大学蒋介石与近代中国研究中心教授；吴萍，浙江大学历史学院博士研究生〕

龙云争取贵州辖制权的考察（1934—1936年）

段金生

1934年底中央红军入黔，国民党中央军尾随而至，很快引起西南地区政治形势的变化：一方面，国民党中央力量正式进入西南地区，与西南各地方实力派关系更趋微妙；另一方面，缘于国内政局的发展，两广尤其是桂系更加重视经营与滇黔实力派的关系。因地缘、政治、经济诸因素之影响，民国时期滇黔桂之间的关系长期交织难解。龙云开始主政云南时，蒋介石正在为统一全国尤其是统一内部与其他势力争斗不已，一时无力顾及云南，反而需要云南牵制川桂势力，以在国民党内部博弈中壮大自身；龙云也需要获得蒋介石的支持来维持自身在云南及西南地区的地位与影响；双方之间大体维持着相安之局。中央红军进入贵州，滇桂皆希望借此时机，取得对黔省的辖制权。蒋介石则利用滇桂双方的这一心理，将黔省辖制权作为制衡双方的重要筹码，常根据形势变化反复调整贵州归属的思路与计划；蒋、桂又都想借重于龙云，龙云亦在蒋、桂之间寻求平衡。在争取黔省辖制权过程中，龙云在蒋、桂各方势力之间周旋，既有主动出击，亦有被动因应。这一过程，在一定程度上表现了地方实力派现实的生存逻辑，也呈现了南京国民政府时期中央与地方均以自身私利为取舍，缺乏共同政治追求与目标的复杂情境。谋黔过程中龙、蒋、桂各派力量的反复博弈，既呈现出西南地区政治格局演变基本脉络及地方实力派生存逻辑，也从另一维度揭示了国民党政权表面上统一的脆弱性及无法从根本上解决中国统一问题的深层根源所在。

一　滇桂"谋黔"与龙云获得黔军指挥权

龙云在稳固其统治的过程中，虽然掌握了"一支比较完整有力的滇军"，但这支军队发展至1936年，正规常备军"兵额约共三万余人"，并无过多干涉省外事务的实力。他虽一直谋求控制贵州，但因自身力量有限，只能采取支持犹国才与王家烈争权的方式来影响贵州。至 1934 年底，中央红军到达贵州附近，局势开始发生变化，龙云亦因势调整对黔策略。

中央红军于湘江突围后，蒋介石急令各省"追堵"，也要求龙云出兵，并将云南出兵作为制定对桂政策的重要考量因素。蒋介石将龙云出兵作为允许桂系派兵入黔的前提，是因为桂系与王家烈联系密切，桂军入黔将影响局势平衡，故蒋介石希望借助龙云之力牵制桂系。

龙云"素有吞并贵州之心"，现在"既奉有蒋介石之命，正好顺水推舟，控制贵州"。在滇军入黔之前，龙云专门召集入黔部队指挥官孙渡，以及刘正富、安恩溥、鲁道源、龚顺璧 5 人于家中，密嘱"到贵州后须乘便解决王家烈部"，各部入黔后"可按情况相机办理"。其时，不仅龙云谋求对贵州的控制，桂系亦有此意。

对于两广尤其是桂系而言，贵州是与蒋介石对峙的重要缓冲地，他们一直重视经营与贵州的关系。粤桂之间虽然也有分歧，但都将滇黔川视为抗衡蒋介石的重要战略空间，陈济棠就向李宗仁提出，应"用某种方式使滇、黔、川一致团结，以巩固根本，放政治异彩"。

1934 年 9 月，红六军团进入贵州，王家烈面临的压力更甚，而蒋介石对其作战不力的督责也日严。在各实力派中，王家烈力量最弱，其决策主要是依据政治利益而定。因蒋对其存有心结，故在受到各方挤压时，王家烈对桂系更为倚重。

形势的变化使黔省走向对各方政治利益的关联更大，蒋及滇桂均调整了对黔政策，而黔省辖制权的归属，又以蒋介石的态度最为关键。因桂系对贵州烟土税收的依赖，蒋介石将贵州视为解决两广问题的一个突破点。蒋介石常根据形势变化和政治利益得失，不断调整其对黔省归属的安排计划，希望收到"一石二鸟"的功效：既可拉拢龙云，也能向桂系示好。蒋的这一策略，加大了龙云谋黔的难度。

由于各方尤其国民党中央军、桂系等对贵州辖制权归属有重要影响的力量突然交汇，加剧了局势的复杂性，龙云的对黔策略也更加审慎。蒋、龙前期的密切关系，是一种利益关系，并非具有共同的理念。龙云此时虽留出了回旋空间，但蒋若对滇军安排不妥，他就会有多种借口不配合蒋对中央红军的追堵安排。对于龙云的这种心理，蒋介石自然能够感受出来。

蒋介石最初关于黔军指挥权的考虑对象，并非着眼于龙，而是桂系。蒋在滇桂之间反复权衡，其意图主要是为了"借力打力"。将黔军指挥权授予桂系的考虑，是为了解决两广问题寻求突破口。最终，将黔军指挥权授予龙云，则有"一石二鸟"的双重思考：其一，因桂系态度"顽梗如前"，将黔军指挥权与滇，则可借龙云牵制李、白；其二，可使龙云转变其消极应付的态度，派遣滇军配合其"围堵"中央红军的部署。对于龙云而言，其谋求的是对贵州军政事务的辖制权，现所获仅为黔军指挥权，虽可提高其政治及军事影响力，但离其目标尚有差距，内心颇有"患得患失"之感。龙云之忧虑并非无因，蒋介石虽将黔军指挥权与滇，但又有以桂黔边区司令之职"诱桂"之计划。对桂系留下妥协空间，则黔省之归属尚在两可之间。由于蒋、滇、桂、黔各方利益的出发点不同，尽管黔军指挥权的博弈暂时告一段落，龙云对蒋的态度也有所改变，但并未形成彼此互信的状态，各方皆有自身的盘算。

二　龙云争取辖制权

龙云就任"剿匪军"第二路总司令后，其"围堵"态度较之前转趋积极。同时，龙云也调整其对桂态度。对龙云而言，与桂系维持联系是一种政治上的平衡策略，但他内心对桂系则"爱恨交加"。一方面，与桂系保持联络，在某种程度上是地方实力派联合对抗蒋介石"统一"全国的共同心态；另一方面，不乏有借此而增强政治资本，以向蒋谋取更多资源的政治考量。

龙云与桂系都想取得对贵州的辖制权，亦都得到过蒋介石的暗示，但都不具有主动权。而桂系即使控制了贵州，也须妥善处理与云南的关系。龙云想要实现辖制贵州的计划，则需要在蒋、桂之间的斡旋中寻找机会。

蒋对黔省归属问题反复调整，龙云为之焦虑不已。不过，形势很快转而对龙云谋黔十分有利。两广六一事变发生后，蒋介石与粤桂皆密集调整军事部署，形势骤紧，滇川诸省的动向对双方皆为重要。

两广内部很快被分化。蒋介石通过实施分化之策，导致广东空军有飞行员投蒋，粤军第一军军长余汉谋、广东东区绥靖委员李汉魂也先后表示"拥护中央"。形势于蒋有利，他决定尽快解决两广问题，同时确定对滇黔方针。他在7月9日的日记中写道："滇黔与粤桂同时下令解决"，指的是决定任命龙云为滇黔绥靖公署主任。黔省辖制权一直是蒋介石平衡滇桂的重要筹码，此时决定将滇黔绥靖公署主任一职畀以龙云，是为了尽快解决事变。

在云谲波诡的复杂形势中，龙云最终获得了滇黔绥靖公署主任一职，实现了其长期追求的政治目标。龙云虽获得滇黔绥靖公署主任一职，表面有统率贵州的权力，但实际上对贵州事务难以置喙。不过，这提高了他的政治地位，有利于其在复杂的政治、军事博弈中求得生存。

各方围绕黔省辖制权展开错综复杂的博弈，远不止影响西南区域政治的历史演进过程，隐含着多维复杂的深刻内涵。从根源上，龙云对蒋介石的"又迎又拒"态度，在一定程度上是国民党北伐政治延续的表现。国民党北伐能够取得成功，很大程度上是因其容忍了各新旧军阀"城头变幻大王旗"的行为。这既使国民党迅速实现了形式上的统一，也使国民党内部派系林立且利益纠葛不断，难以形成一个稳固的整体力量。在全面抗日战争爆发之前，龙云虽然维系着与蒋介石表面上的合作关系，但并非发自内心的诚服。从谋黔过程中各方行为观察，龙、蒋及桂系彼此之间的算计，表现了国民党政权统治下异化了的中央与地方关系，国民党中央政权虽有追求实质上统一的愿望，但无力对地方势力实施有效统合，反受到各地方势力集团多种利益的牵制。围绕黔省辖制权的博弈，正说明国民党统治下的各方势力严重缺乏"同一之目标"。蒋介石作为国民党政权的最高领导人，对黔省辖制权的反复权衡，则表明国民党政权无法也无力从根本上解决晚清以来政治失序、社会动荡的发展难题，这也是国民党统治政权最终崩溃的根本原因。

〔本文摘自《中国历史研究院集刊》2022 年第 1 辑。作者段金生，云南民族大学科技处教授〕

武汉抗战时期"政治部第三厅"组建中国共两党的政治博弈

马建强　公　坤

国民政府军事委员会政治部诞生于武汉抗战之初,是国民政府主管军队政治动员和宣传工作的最高机构,其第三厅是专门的军事宣传机关。国共双方围绕第三厅展开的合作与斗争体现出两党政治逻辑的差异,彰显着国共双方对"联合抗战"之形式的不同理解。在整个抗战过程中,政治理念的分歧既深刻影响着国共合作的发展,又不断改变两党的政治命运走向。

一　抗战初期的国共关系:"统一战线"与"合作抗战"的路线斗争与博弈

中共关于抗日民族统一战线的理论与实践,是在抗日战争的过程中不断丰富和发展起来的。反观国民党,蒋介石既要与共产党"合作抗战",又要试图从组织上挽救危机中的国民党本身。长期以来国民党内多数成员认为"统一战线"只是共产党联合更多党派、左翼分子对付自己的一种策略,因而严加防范。与此同时,蒋介石在个人集权的同时确立了"军令统一、政令统一"的实践原则,势必与共产党提出的"统一战线",特别是其中的独立自主原则产生摩擦。国共实现合作之后,中共利用这一契机整顿军队、发展组织、扩大宣传,动员一切可动员的力量进行抗战部署,这一现象无疑引起了国民党的高度警觉。所以直到全面抗战爆发之初,国民党在政治上对共产党的防范心理,依旧起着主导作用。

蒋介石在依靠军委会驾驭党政权力、动用复兴社重建政工与党务的实践过程中,形成了一套迥异于共产党的政治逻辑和治军理念:国防最高会议与军委会相互连接,使得国民政府呈现较浓的军事化色彩;同时政工系统的恢复将最高权力机关的意志不断具体化,使得

"一个党、一个政府、一个领袖"成为政工与党务的准绳，政治工作已然成为军队的内部事务。政治部第三厅正是在这样的政治理念与思维逻辑中产生的文化宣传机构。国共之间貌合神离的联盟状态在涉及组织合作时必然呈现种种不兼容性，因此两党对于合作的组织形式的分歧，成为政治部第三厅中两党博弈的深层原因。

二　武汉抗战时期第三厅组织的完善与发展：中共在第三厅中建设"统一战线"

（一）"控制与反控制"斗争：国民党当局对第三厅的组织安排

第三厅是武汉抗战时期直接负责组织群众与扩大宣传的机构，蒋介石此时对于群众工作尚且颇为重视。蒋介石邀请周恩来担任政治部副部长，兼具表现合作抗战"诚意"与统战中共高级将领之双重意味；但国民党当局不会应允共产党人"放手去做"，对政治部进行政策收紧是蒋介石维护个人集权和强化政治工作的题中之义，所以在部长方面蒋介石授命陈诚出任，并由其兼任湖北省政府主席，武汉抗战时期集军政大权于一身。在拉拢周恩来的同时，国民党方面考虑到郭沫若在思想界、文化界的声望，有意选任其担任第三厅厅长。

周恩来与郭沫若应允任职之后，中共方面即刻开始面临蒋介石的进一步施压。在郭沫若、阳翰笙出席的政治部第一次部务会议中，陈诚会同康泽、贺衷寒等一厅、二厅重要人物强迫中共方面接受具备国民党情报与组织工作背景的刘健群出任副厅长，并围绕"一个政府、一个主义、一个领袖"商讨《政治部宣传大纲》制定。此次部务会议遭到中共方面抵制，无疾而终。但随着武汉抗战形势越发紧迫，国共双方决定采取折中的方式解决争端：蒋介石撤换刘健群，但也否决了中共方面的部分提议，转而改派学术界人士范扬和范寿康作为郭沫若的副手。

第三厅中的人事组织动向与抗战时期国共关系的走向密切相关，从国共两党在第三厅人事安排的分歧中不难看出，双方保持了高度的警惕和防范，都将坚持自身的独立性作为工作的重要保证。因此双方在人事安排方面的对抗，从表面上看是两党对于第三厅控制权的争夺，实则是两党关于"统一战线"实现形式的博弈。

（二）第三厅人员配置的基本定型

第三厅下设办公室及第五、六、七三处，每处设三科，负责具体工作。周恩来希望把第三厅建设成为团结各民主党派和人民团体的文化机构，但组织工作并非顺利。中共在与救国会初步接触时遭到邹韬奋婉拒，旋即阳翰笙通过挚友金仲华向沈钧儒转达中共中央关于建设统一战线的原则和立场，方才争取到了胡愈之和张志让等人。此外，在孩子剧团一面，剧团初到武汉时因与中共"八办"密切联系，国民党颇为排斥，剧团濒临解散，最终在周恩来与郭沫若的力争之下，才得以并入第三厅第六处第一科。

由于中共代表积极推动国共合作并团结社会各种力量进行抗战动员与宣传，并与国民党坚持"既独立又斗争"的基本策略，使得第三厅不仅容纳了中共中央长江局直属的骨干人员，还团结了范寿康、徐寿轩、胡愈之以及洪深等左翼爱国人士在其中，第三厅确实"团结了社会上各民主党派、人民团体，团结了思想界、文化界、学术界的著名人士、社会贤达，组成了坚强的阵容"。

（三）周恩来在第三厅的党组织建设

为了坚持共产党的独立自主原则，并在与国民党的博弈中牢牢把握第三厅的领导权，中共中央与周恩来决定在第三厅中分别成立领导干部党小组与基层特别支部。处一级成立秘密党小组，直接对周恩来负责；处以下的党员成立特别党支部，冯乃超任支部书记负责与长江局的联系，特支下设三个党小组，分别在第五、六、七处秘密开展党的工作。鉴于国共双方"党外合作"的实现形式，整个系统中仅特别支部冯乃超、刘季平和张光年以公开身份处理组织事务。

除此之外，第三厅下属的抗敌演剧队、宣传队、孩子剧团和战地文化服务处等都建立了秘密的党支部或党小组，接受中共中央长江局的领导。第三厅虽是国民政府下设机关，但在周恩来的部署下，其已经从蒋介石的"改组政府"，转变为中共领导的扩大"抗日民族统一战线"的文化机构。

武汉抗战背景下，国共两党关于第三厅的机构设置与人事组织的博弈，既是关于政治机关领导权的争夺、文艺政策的冲突，更是中共建立"抗日民族统一战线"诉求与国民党在行政机构沿革中形成的"一个政府、一个主义、一个领袖"政治逻辑的对抗。

尽管国共两党在政治逻辑与工作方式上存在质的区别，但不可否认双方都是围绕在抗日救国的旗帜之下，第三厅的工作成绩也是两党共同奋斗的结果。然而随着抗战形势的不断变化，国民党党派意志（领袖意志）与国家意志的矛盾越发凸显，政策的左右摇摆给国共合作以及党内政治工作带来了负面影响。而中国共产党在整个抗战过程中保持了与各民主党派、社会贤达的长期友好状态，真正意义上建立了"抗日民族统一战线的战斗堡垒"。不仅为国统区形成追求民主、自由的社会思潮起到了重要的推动作用，而且为取得抗日战争的胜利奠定了坚实的群众基础。

〔本文摘自《安徽史学》2023年第3期。作者马建强，湖北大学历史文化学院副编审；公坤，湖北大学历史文化学院研究生〕

"红龙计划"与清末革命的域外回响

吴义雄

20世纪初，旨在推翻清朝、创立民国的清末革命，不仅将中国社会各阶层卷入，也引起世界各国的关注。但就整体而言，既有研究大多侧重对各国官方态度与动向的考察。实际上，中国革命的国际影响具有多重面相，我们还可以从"他者"视角出发，进行更多层面的探讨。1908—1911年，美国人荷马李等人在北美进行反清谋划——一般称为"红龙计划"，就是十分值得注意的一个极佳案例。

一　反清事业与"亚太再均衡"："红龙计划"的思想背景

荷马李对遥远的中国的兴趣始于中学时代。洛杉矶的中国城是他喜欢到访的地方，异国风物对他产生了特别的吸引力。进入斯坦福大学后，旧金山更大的华人社区给予他更多接触中国事务的机会。他自幼对军事和冒险深感兴趣。他将对中国的想象与他的这种兴趣结合在一起，认为"中国对我来说是世界上最好的机会之地"。

1898年的百日维新，令荷马李看到参与中国事务的机会。康、梁在清廷宣布预备立宪后逐渐放弃武力勤王的政治目标，导致荷马李与保皇会的关系渐趋终止。但他通过武力改变中国命运的激情未灭。在"勤王"的航船解体之后，荷马李开始寻求搭乘"革命"的战车。

荷马李通过多年思考而建立的地缘政治学说，将他的反清计划置于更为宏大的理论背景之中。荷马李质疑英国与日本结盟的政策，并认为日俄战争已经从多个方面揭示了英国政治家的错误：使俄国势力重回欧洲，使日本成长为在太平洋地区比英国更强的霸权，其政治和经济的扩张将排斥英国的利益，剥夺英国的战略优势。基于以上认识，荷马李提出英美应该联手重建太平洋的政治军事均衡。荷马李明确指出，重建均衡所针对的就是日本；英国即使要"与一个亚洲国家结盟以反对某西方强权在亚洲的扩张，那个国家也应该是中国，而非日本"；他还认为，英国本应早已采取措施，"将中国塑造为一个陆上强权"，因为中国与日本不同，日本称霸海洋世界的企图必与英国相冲突，而中国是一个陆上国家，其扩张方向只会与俄国针锋相对，从而制衡俄国向印度方向的扩张，英国的海权和中国的陆权均相互有利于对方。

这样，荷马李的地缘政治理论不可避免地包含了中国因素，进而与反清革命联系到一起。按照他的认识，只有通过革命推翻清朝统治，中国才能走出衰退而进入历史循环的"第七周"，走向复兴之路。由于显而易见的原因，中国需要"复兴"才能成为西太平洋"再均衡"的关键角色。总而言之，荷马李认为一个强大的中国有利于维持英美在远东的霸权，如果英美支持孙中山的革命事业，将在中国得到巨大的回报。英美通过对中国提供政治军事支持，可以帮助中国成长为陆上强权，以抵挡俄国和日本分别在内陆和海上的扩张，实现亚太地区的地缘政治平衡，从而也成为守护英、美利益的关键环节。

1908 年后的数年间，荷马李策划并主持，旨在推翻清朝统治的"红龙计划"，就是在上述他关于中国历史、现状和前途的认知，及其关于太平洋地区地缘政治理论的思想背景下进行的。

二　"红龙计划"及其初期阶段

所谓"红龙计划"，是荷马李等人在美国策划的推翻清朝统治的计划。这个计划从 1908 年下半年开始酝酿，到 1911 年终止，中间经历了多次讨论和修订。该计划牵连广泛，其核心是以中国各地会党、革命党等政治—军事力量为联络和依托对象，寻求美国资本家、金融家提供资金，组成"财政辛迪加"，以策动旨在推翻清朝政权的革命，美国资本得到的回报将是在新政权里发挥巨大的影响力，并获得极为丰厚的经济权益。

荷马李是"红龙计划"的发起者。他为此计划找到的与各方联系的人物是查尔斯·布思。布思是一位银行家，拥有美国水利协会会长、全国汽车公司副董事长、洛杉矶商会会员等头衔，并在美东金融界具有人脉关系。布思在 1908 年 10 月的美东之行，主要使命就是为荷马李寻求美国驻华商务代表的任命而疏通关系，并寻求资金支持。布思取得的一项进展，就是与纽约的金融家、他的朋友沃尔特·艾伦商谈。就他们策划的革命所需要的巨量资金而言，艾伦的角色非常重要。

在否定了通过终止"抵制美货"运动以争取美国工商业资本家对中国革命事业投资这一设想后，艾伦并未将合作之门关上，但表示，只有在他获得的资讯足以向投资者表明，已具备向"如此庞大的计划"合法投资条件的情况下，他才会行动。在此情况下，荷马李和布思请出容闳正式登场。但最终结果是艾伦对容闳失去了兴趣，或者说失去了信心。在理念上，他不赞同容闳关于建立一个"巴拿马式共和国"的目标；在策略上，他也不赞同容闳和荷马李都同意的一处（华南）发动、建立政权后再图全国的构想。他认为就容闳的影响来说，唯一可靠的因素是他发起了海外留学运动，只在留学生当中有号召力；他甚至质疑容闳的品格，认为他"不是一个勇敢的人"，只是"一个诚实但有限的爱国者"。

从上所述可知，经过诸多曲折，由荷马李主导的反清革命"红龙计划"在1909年春天实际上陷入停顿，而到是年秋天则近于终结。原因在于，在远离中国的北美由外国人策划的这个革命计划，既无法找到可以令其接入中国社会的有效路径，也因此无法获得执行计划所必需的巨额资金。正如艾伦所言，无法确定一位能够整合各方力量、领导革命并建立政府的真正领袖人物，则一切都只是纸上谈兵。孙中山正是在"红龙计划"陷入如此窘境之时，进入北美的革命策划场景。

三 《长滩协议》与荷马李、孙中山之关系

从保存的资料看，孙中山与荷马李、布思的通信始于1910年2月。经过磋商，他们在3月12日形成了一份合作革命的协议，即通常所称的《长滩协议》，本质上是上年"红龙计划"的1910版。按此协议描述，中国数千万以上的会党力量，革命党掌握的四个镇新军和两广、云南的旧式军队，以及这一区域的七千万人口，均为反清革命的基本力量；革命党的总理（孙中山）也被视为上述所有革命力量的总理，即孙中山被确定为统辖革命军、组织并管理革命政府的"伟人"；"外国辛迪加"按四期提供350万元贷款，以利息及三倍于本金的数额偿还，并享有各种特许权；"外国辛迪加"可指定其代表（布思）为革命基金的司库。

美国学者卡普兰认为，1911年黄花岗起义的失败，"终结了孙中山从美国私人支持者那里获得资金的机会，也终结了荷马李密谋的命运"，布思、艾伦或其他人都不会再与"如此鲁莽的冒险家共事"。

"长滩计划"的这一结局也再次表明，由荷马李策划的整个"红龙计划"的理念和逻辑未被美国的资本力量认可。孙中山对"长滩计划"抱有相当大的期待，他当时正如饥似渴地为武装起义争取必不可少的资金。但他并非将自己的整个革命事业"加入"那个计划，而只是寻求与美国资本的代表合作，尝试为这一事业寻求资金来源，革命事业本身始终是第一要务，故不可能如美国策划者那样将革命目标置于资本安全的考量之下，所谓"静待时机"的承诺只是权宜之计。

"长滩计划"难有结果，但荷马李却继续与孙中山这位"冒险家"发展出一种基于反清

革命事业的深厚友谊。这是因为荷马李与那些美国投资家不同，他策划"红龙计划"不得不借助资本力量的帮助，但他的追求却超越于那些世俗利益之上，主要在于精神层面。

结　语

围绕"红龙计划"展开的反清活动表明，清末革命具有广泛且多元的国际影响。中国尽管在近代饱受列强侵略欺凌，在清政府统治下国势衰弱、民生凋敝，但因拥有悠久的文明、庞大的人口、辽阔的幅员和丰富的资源，在世界体系中依然具有重大影响。内外因素共同作用下的、旨在改变国运的反清革命运动，成为国际上众所瞩目的重大事件。既往研究揭示了世界各国各种势力与反清革命种种联系的大量史实。但荷马李等异邦人士策划的"红龙计划"，试图借助美国资本的力量，整合中国的革命势力，酝酿发动大规模的反清革命行动，则是绝无仅有的个案。荷马李这样具有自己思想观念和理论体系的活动家和布思、艾伦这样怀着利益冲动的金融界人士，从各自政治理念或利益追求出发，决心投身于反清事业，表明20世纪初中国的革命运动，在遥远异域的"他者视角"下，被当作具有重大意义的全球事件。这是我们认识辛亥革命之国际影响不应忽略的一个角度。

〔本文摘自《中山大学学报》2023年第4期。作者吴义雄，中山大学历史学系教授〕

近代中国知识与制度转型中的在地化和制度因应

张仲民

众所周知，近代中国的新名词、新观念虽然大多发轫于知识精英阶层，但莫不是经由各种媒介和场域传播到社会层面和一般民众那里才发挥作用。历史资料不是镜子，它充满了陷阱，既能引导也能误导读者。所以我们有必要考虑生产这些言论的个人或媒介，及承载这些表达的物质存在、制度因素，乃至其传播方式、修辞方式、接受情况、受众反应等问题。毕竟，传播和接受是社会行为，永远都会受到语境、制度、传统和物质载体、传播方式、受众反应等外在条件的依赖和制约，表达与实践之间势必存在差距与矛盾。因此，接受方的因应就非常值得关注和重视。就笔者而言，本人更为关心近代中国知识与制度转型中的制度因应与在地化问题。

制度的重要性提醒我们必须重视制度史的研究。但如何更好研究制度史？以及如何更好展现近代中国知识与制度转型中的在地化和制度因应问题？在这样的情况下，如何于"伪"中求"真"、"虚"中求"实"，如何在各种公开表达中发掘其背后的现实运作逻辑，就非常重要。

熟悉近代中国政治运作内幕的学者都很清楚，所谓章程条文都是给外人看的，很多时候并非制度运转必须依据的基准，各种正常或非正常的制度运转，有其内在逻辑与外缘因素，端赖于具体的主事者、执行者和外在环境的互动情况，端赖于各方的利益诉求、互相制约程度和权衡轻重之中达成的妥协或平衡。一般而言，常态下制度运作会比较符合章程条文，不过经常会出现无效运作和虚与委蛇的现象；非常态情况下，"潜规则"或既得利益格局更容易发挥决定性作用，但内部的勾心斗角和互相损耗情况也不容忽视。过去的制度史研究包括行业史、机构史、文书史、档案史、媒介史等，很多立足于"前台"层面即制度或机构、媒介、条文、章程层面的列举和分析多，而对于这些表达或表演如何见之于实践，其间的虚应故事、拆台损耗如何，以及"后台"的人际网络与人事关系及商业利益和政治权力为何，一般的研究或者忽视，或者将公开的展演等同于实际的运作实践。造成这种情况的部分原因可归于某些关键的内部运作资料缺乏、关键的操纵者或执行者的资料缺乏，但更深层次的原因是我们缺乏建构论的视角，轻易地将制度等同于条文章程、人之言行等同于机制运作，将公开的言论等同于实际的践行，视文如其实、目言为心声，只见表面不见内在肌理，无法深究制度、机制、表达与实践背后的人与人的关系网络、人与制度的互动情况，不愿意回到历史语境，根据多元资料重建和透视历史现场的复杂性。

以清末新政为例，从实施过程和效果角度来言，清季新政的实施过程可谓对新政本身变相的否定，以及对其内容进行形式主义化和软性消解的过程。受激于义和团事件和列强压力，清廷新政之初虽有其诚意在，但推行成效不彰。1906 年，清廷又顺应舆论要求推出立宪计划，做出开放政权姿态，希望以适当的政治让步获取朝野支持。其宪政举措看起来巨细无遗，煞有介事，让朝野上下均对其寄予厚望。实际上，其各种举措之本质仍是专制为体、立宪为用，用立宪粉饰专制。有此意图，故在关键处清廷举动多畏葸不前，穿新鞋走老路，讳疾忌医，明知积弊重重却不愿触动既得利益者。文牍函电往还，奏折弹章交替，煞是热闹，实则仍是因循守旧、粉饰观听的表演，最后又悍然成立一个"皇族内阁"搪塞朝野，由此民心尽失，导致连原本支持清廷的立宪派都转而支持辛亥革命、积极参与各省独立。时人、时论与后世史家目清廷预备立宪为"革命制造工厂""假立宪"，良有以也。我们今日似不必因其各种新政举措不断推出，某些政令在制度上、形式上甚至非常激进就为其翻案，进而目其为"真立宪"，也有以章程条文的出台等同于其实际运作效果的嫌疑。

职是之故，公开的精英表达和制度变革要求如何被包括官员在内的受众接受？如何见之于社会实践？其间的差别有多大？其具体执行情况和效果如何？以上问题，均提醒我们要重视制度的惰性（包括掌权者本身对制度与体制的背离和侵蚀，像"以弊养官""官多生事"、政府的专权滥权和文牍主义等问题）、受众的反应、仪式的粉饰作用及其时效性等。种种政治上的名实不副、名存实亡或借名滥权情况，或是力所不能及，或是无心插柳，或是存心糊弄，均在皇族内阁之成立的上谕中被坐实为无可救药。

清末时论之敢言自然同当时报刊业发达有关。常常寄生于租界、外国或依托于外人的报刊以言论耸动天下，其中梁启超及其主持的《新民丛报》影响力尤大，造成朝野上下竞相趋新。鞭长莫及的清政府也不得不顺应现实，特别是以趋新形象自居的摄政王载沣上台后希望能广开言路，曾多次做出喜欢阅读报纸、重视舆论的姿态。但考察清廷的实际作为，依然是我行我素、人莫予毒。最终，大量独立发声的报刊存在，迎合也制造了社会上寻求改变的民意需要，导致整体舆情愈加激进，对塑造清政府的负面形象和激发革命作用巨大。

舆论力量之外，电报、轮船、铁路、邮政、印刷等物质条件的辅助作用也不容小觑，它们为资讯（包括谣言）及其载体的迅速传播和人员、商品的快速流动提供了前所未有的便利。当然这样的进展离不开外国在华势力的影响。得益于这种殖民现代性（Colonial

Modernity），清廷的一些邮递禁令贯彻起来不再像以往那么顺利和有效。此外，火车、轮船等新式交通工具的推广，使得大量旅客随身携带违禁书刊的情况根本无法禁止，中国各地的读者就能源源不断读到来自日本或上海等地的违禁书刊，从而有了改革、立宪乃至种族、革命意识，他们进而又借助印刷媒介或报刊的力量将其再生产与在地化，这也是清末立宪运动和革命运动能够在一些交通与经济比较发达地区迅速勃兴的重要造因。

法国学者托克维尔在《旧制度与大革命》中有言："对于一个坏政府来说，最危险的时刻通常就是它开始改革的时刻。"此语前些年曾不断为一些中国近代史学者所引用，借以反观清季的新政和此后的系列改革举措与其所希望解决的制度困境。托克维尔对改革与危机关系的勾勒颇具启发性。所谓成也萧何败也萧何，我们应该充分重视晚清以降外来制度和思想的引入、主政者的政策调整与制度因应乃至由此形成的朝野各种反应所带来的影响，不管是洋务运动、戊戌维新，或是清季新政、科举制度改革、官制改革，乃至预备立宪、共和肇建、洪宪帝制等，林林总总的改革、革命、外交乃至复古、集权等举措所带来的多面影响、所释放出的各种力量与机会，不应再单一地在某个线性框架或认知模型里被化约、被无视或被遮蔽，也不应简单地视形式为内容、将表达当实践，而各种言行不一、各种举措本身也会吞噬这些改革的原初表达和举措出台时的初衷与合法性，改革不成成革命，转型未果即结果，它们也应该是近代中国知识和制度转型过程中值得被关注的方面。在此意义上，近代中国知识与制度的转型史，不仅是外来刺激落地生根的历史，也为近代中国丰富的本土反应史与制度因应史，同时更是一个富于多歧性和未完成性的历史，其中的成败得失均足引起研究者的注意与重视，特别是那些未能成功转型或根本不愿"被"转型的历史。

〔本文摘自《史林》2023年第4期。作者张仲民，复旦大学中外现代化进程研究中心暨历史学系教授〕

"重访"与"重读"：近代中国思想史研究的扩充与收缩

章 清

就学科属性而言，史学攸关以怎样的方式讲述"过去"，故此，每一代或许都在思考所谓学科体系、学术体系、话语体系等问题。晚清遭逢"数千年来所未有之变局"，对史学的影响也延续至今。步入近代以后，史学受"西学""东学"的影响成长为近代学科，不仅观念上发生了重大变化、书写样式较之过去大异其趣，还发生了新名词之入史。此亦意味着，当下对历史学"三大体系"的反思，有必要将此置于近代中国思想学术发展较为长程的时段，尤其是史学作为分科知识成长的历程加以考量。基于此，则不仅问题之缘起便于把握，同时也能更好地说明何以需要推进这方面的工作，意义何在，困难何在。解析近代中国思想史研究走向"扩充"与"收缩"之途，大致能回应上述问题。

近些年来，不只是思想史，文学史、哲学史皆不断在泛起"重写"的声音。当"重写"已经构成话题，则"重访"与"重读"亦成为题中之义。通过这样一番"重访"与"重读"，或许才能明晰曾经走过的路，并且据此寻找新的出发点。

思想史在中国有其特殊性，通常被归于"专门史"方向，辨析其学科体系，并不容易。结合"专史"成长的背景加以"重访"，也颇有必要。伴随近代学科知识在中国的成长，史学获得了新的机遇，不只是"他学"有裨于"史学"，二者之结合尚可产生"他学"之"史"。

围绕各学科进行"专史"书写，构成拓展"历史之范围"的基本方向，并与"通史"或"普通史"适成对照。后来形成的"专史"，可区分为两种不同的类型，一种是"学科史"，另一种则是对应于"通史"之"专门史"。前者大致是梳理各学科在中国的历史，后者则基于对历史进程的把握，把历史划分为政治、经济、文化等不同的层面，不仅"通史""断代史"的书写按照经济、政治、文化的架构展开，也导致这些方面的"专门史"尤其多。

作为"专史"的"思想史"主要是依托于"哲学史"成长起来的。然而，看起来是可取的办法，在当时却已有很多批评。民国时期以"思想史"为名的著作，也试图辨析思想史与哲学史（学术史）的不同。这正是针对思想史的"重读"与"重访"的意义所在。思想史作为"专史"之代表，是基于"有一学必有一学之史"所规划的。由于"思想"本身不构成一门学科，因此其学科体系的建构，实际上是依托于哲学、政治等学科展开的。借用哲学史、政治史等较为明确的范式，自有可取之处，对比"学案"或"学术史"的架构，即可看出区别。依托于近代形成的学科知识清理古代资源，又难以避免其"成见"。这或许是思考思想史的学科体系需要面对的困难——已有的旧法或新法，都难说理想——研究者提出"重访"与"重读"的话题，正是为了探索新的出发点。

无论是最初将学术和思想连接起来表述为"学术思想史"，还是后来将思想与文化连接起来表述为"思想文化史"，多少都表明思想史的边界并不那么清楚。思想史研究之"向下"与"向外"的扩充，也成为思想史研究学术体系建设的枢机所在。

耐人寻味的是，侯外庐试图确立的思想史的"边界"，却正是当下思考思想史学术体系的研究者努力要突破的。相应的，思想史研究之扩充也成为趋向，其一是"向下"，其二是"向外"。思想史研究如何体现"向下"的视野，早已为研究者重视。所谓"向外"，最具代表性的即是伴随"全球史"或"国际史"兴起的"全球思想史"或"国际思想史"。近代中国思想史交错着古今中外的问题，"西学""东学"的传播，以及各方人等所开启的空间生产与知识生产，无疑都表明跨地域、跨文化的思想史研究大有可为，值得期待。全球史或全球思想史，往往是全球史、微观史的结合，兼顾地方与个体因素尤为关键，相应的，地方、个体所连接的空间也超越国家，拓展至域外，从而呈现出思想或观念的"旅行"。

无论是"向下"还是"向外"，都预示着近代中国思想史研究在扩充其范围。而就其学术体系的建设来说，不妨以开放的视野面对近代中国思想史的"边界"。"思想史"或"学术史"的范围或许难以厘清，然而，以问题为导向，可大致确立"历史研究的单位"，无论是缩小，还是放大，皆由问题来主导。近些年热议的关于史学研究的"碎片化"，究其实质，正是两难中不得已的选择，要书写"总体的""整体的"的历史，势必会缩小"历史研究的单位"，走向微观史的研究。而全球史之引起重视，又可视作针对此的"反动"。

哲学史、思想史名目之成立，正是各分科知识、学科术语传入中国之际。近代中国思想史研究之收缩，主要体现在对新名词、新概念的重视。概念史研究的方兴未艾，或有助于推动历史学科"话语体系"的建设。

今日关注的"学术话语"问题，反映在近代中国思想史研究领域，最突出的是对相关"概念"的高度重视。实际上，对中国历史研究的检讨，早已深入这一层面。

可以说，思想史之成立，离不开概念，思想史之突破，同样离不开概念，关键是用怎样的概念，如何用。首先要把握的是，近代中国何以会出现诸多新名词、新概念，而且，那些已经消失或今日已较为陌生的概念，都有必要重新拾起。晚清中国频频出现汉语新词，大致可归于文化交流的产物。当文化间的沟通依托出版物展开，在译书活动中创出新名词与新概念，也难以避免。

别的且不论，这一时期出版的"历史教科书"，即发生了"新名词"之"入史"。历史书写及历史教科书中呈现的情形，只是源自日本的新名词、新概念广泛渗透的一个缩影。关键在于，对相关知识接纳的过程，既是新概念定名的过程，同时也意味着对过去的认知发生了重大转变。晚清时即已发生对"东瀛名词"的抗拒，到民国时期，更不乏读书人在检讨，以这样一些新名词、新概念讲述中国历史是否合适。

20世纪二三十年代围绕中国社会性质所发生的论辩，更透露出社会各方对中国历史与社会的认知，存在严重分歧。思想史研究，一向重视考察各种范畴、观念、概念之流变。换言之，无论如何讲，都离不开各种概念，是借用古代的概念，还是创造性使用近代出现的概念，总需要抉择。

近些年围绕近代中国思想史的研究，也较为重视针对奠定近代历史基调的"话语"进行概念史研究。相较而言，更为关注的通常是近代浮现的与政治、经济、社会密切相关的那部分概念。思想史与概念史如何结缘，概念史研究能为思想史研究增添什么，或许是历史学科"话语体系"建设尤为值得重视的。

将历史学"三大体系"建设的问题置于近代的背景，并无意说明此类问题早已有之，并以此否认当下提出这样问题的价值，只是试图阐明，如果不能在源头上辨析问题之实质，则再从原则上去重复以往的论调，对于问题的解决，并不能有太大帮助。通过梳理中国近代学科知识建立的历程，不难了解这是近代以来世界范围内全方位文化迁移的结果，并非唯有中国才有此遭遇。治中国近代史的学者也需要面对这样的问题。这既是巨变的时代，也是史学观念与史学方法发生重大转变的时期。史学作为近代学科的成长，不仅构成近代中国学术变迁的重要一环，也构成全球性学术发展的一部分。重点在于，如王汎森所阐明的，"正赖有近代的各种新学术的成绩，我们现代人才有可能真正做到'重访'。要真正把握'低音'，不是靠退缩回到过去，而是需要用世界上所有用得上的学问才可能拨云雾而见青天"。

〔本文摘自《华中师范大学学报》（人文社会科学版）2023年第3期。作者章清，复旦大学历史学系教授〕

论抗战歌曲对"中华民族"的书写

郑大华

中华民族形成很早，但民族意识较为淡薄。甲午战争后，随着民族危机的日益加深，中华民族开始了从自在到自觉的伟大转变，这一转变的重要标识，就是"中华民族"观念的提出、发展和形成。"中华民族"观念最早由梁启超于 1902 年提出，到全面抗日战争时期最终形成，其标志便是 1939 年 12 月毛泽东《中国革命和中国共产党》一文的发表。抗战歌曲对"中华民族"观念在抗战时期的广泛传播和最终形成起过重要的促进作用，目前学术界还没有人系统研究过这一问题。

一

1931 年九一八事变后，中国人民掀起反对日本帝国主义侵略中国的抗日救亡运动，救亡歌曲也伴随着救亡运动的蓬勃兴起而产生。9 月 23 日，上海国立音乐专科学校成立抗日救国会。该校作曲家黄自创作出四声部合唱《抗日歌》，后因当局不准言抗日，改名为《抗敌歌》。音乐界一般认为，《抗敌歌》是我国第一首以抗日为题材的合唱曲。1932 年初，日本侵略军挑起一·二八事变进攻上海，遭到驻守的十九路军的英勇抵抗，极大地激发了音乐界创作抗日救亡歌曲、抒发爱国情怀的热情。淞沪抗战失败后到 1934 年底，由于国民党当局极力推行"攘外必先安内"的"基本国策"，抗日救亡歌曲的创作受到极大影响，转入低潮。这一时期，以聂耳、任光、吕骥、张曙为代表的一批左翼青年音乐家开始成长起来，成为创作抗日救亡歌曲的主力军。1935 年，民族矛盾上升成为中国社会的最主要矛盾。中国人民的抗日救亡运动再次掀起高潮，抗日救亡歌曲也再次大量涌现，代表作有聂耳的《告别南洋》、《义勇军进行曲》（田汉词）、《铁蹄下的歌女》（许幸之词），吕骥的《中华民族不会亡》（野青词），等等。

1937 年七七事变后全面抗战爆发，广泛的抗日民族统一战线建立起来，广大音乐工作者创作出了一大批抗战歌曲。到 1939 年 12 月毛泽东发表《中国革命和中国共产党》，"中华民族"观念最终形成的两年多时间里，抗战歌曲的代表作有冼星海的《保卫卢沟桥》《只怕不抵抗》《到敌人后方去》《黄河大合唱》，贺绿汀的《游击队歌》《保家乡》《嘉陵江上》《新中国的青年》，郑律成的《延安颂》《延水谣》《八路军大合唱》，夏之秋的《歌八百壮士》《最后胜利是我们的》，等等。这一时期出版的抗战歌曲集有《抗日救亡歌曲集》等上百种之多。

二

在 1931 年九一八事变到 1945 年日本宣布投降的 14 年期间，究竟有多少抗战歌曲面世，没有人做过权威的统计。就其内容而言，王续添用关键词对目前为止收录最多的《救亡之声——中国抗日战争歌曲汇编》一书中 3621 首抗战歌曲进行统计，其中的"关键词"和歌词内容集中体现了抗战歌曲对民族主义的建构和彰显。王续添以"我们是谁？我们从哪里来？"为题，选择代表和体现这种从共同的历史记忆中重建民族认同、集体认同和国家认同的 20 个关键词进行初步统计，"民族""中华""中华民族"超过 1000 首。与笔者统计梁茂春编《民族战歌——抗战歌曲一百二十首》的歌词所得出的结论十分吻合，即歌词中包含"中华民族"或"中华"一词的抗战歌曲占全书歌曲总数的 1/6。

就抗战歌曲对"中华民族"或"中华"一词的书写来看，这些歌曲有如下特点：首先，讴歌了中华民族的悠久历史和灿烂文化；其次，颂扬了中华民族不畏强敌、敢于牺牲、爱好和平的民族精神；再次，强调了全国各族人民是休戚与共、生死相依的命运共同体；最后，彰显出中华民族有与侵略者血战到底的英雄气概。

三

这些抗战歌曲的词曲作者创作的目的是通过广大民众的传唱，以影响民众，影响社会，从而推动抗日救亡运动的高涨。因此，自以黄自为代表的音乐工作者创作出第一批抗日救亡歌曲起，上海、广州等地就开始了群众歌咏运动，演唱抗日救亡歌曲。淞沪抗战失败后，抗战救亡歌曲的创作转入低潮，演唱抗日救亡歌曲的群众歌咏运动也基本停止。到 1935 年，随着日本军国主义的步步紧逼，中国人民的抗日救亡运动再次高涨起来，演唱抗日救亡歌曲的群众歌咏运动也因而得到迅速恢复和发展。尤需指出的是，这一时期抗日救亡的群众歌咏运动还推广到了一些中小城市，甚至县城和村镇，一批新的救亡歌曲也因此而迅速传遍全国各地。

七七事变后，抗日救亡的群众歌咏运动进一步发展。1937年8月，上海成立具有统一战线性质的全国救亡歌咏协会，全市共有50多个歌咏团体参加。上海沦陷后，武汉成为全国抗日救亡群众歌咏运动的中心。武汉沦陷后，重庆又成为全国抗日救亡群众歌咏运动的中心。延安和各抗日根据地的群众歌咏运动也开展得轰轰烈烈，吕骥等音乐工作者深入敌后根据地开展音乐活动。与此同时，无数支"救亡演出队""战地服务团"和各种各样的抗日宣传队活跃在广大城市、乡镇和农村。

随着抗日救亡群众歌咏运动的兴起和不断发展，"中华民族"这一观念也在广大群众中广泛传播开来。演唱者和听众受到耳濡目染而认同和接受"中华民族"这一观念。在抗战歌曲中，影响最大、也最为人们喜欢传唱的是田汉作词、聂耳作曲的《义勇军进行曲》和光未然作词、冼星海作曲的《黄河大合唱》。这两首抗战歌曲中都包含"中华民族"这一观念，在歌咏活动中，"中华民族"观念也就会被演唱者和听众所记住、所接受。尤需指出的是，《义勇军进行曲》《黄河大合唱》等包含"中华民族"观念歌词的抗战歌曲不仅为广大汉族民众喜爱和传唱，也为满族、蒙古族、藏族、回族、维吾尔族、苗族、土家族、黎族等少数民族民众所喜爱和传唱。

结　语

1902年梁启超第一次提出和使用"中华民族"这一观念后，"中华民族"观念大致经历过民国初年的初步发展、五四运动后的进一步发展、九一八事变后抗战时期的广泛传播和最终形成几个阶段，形成的标志是1939年12月毛泽东《中国革命和中国共产党》一文的发表。毛泽东在该文的第一节"中华民族"中回答了"中华民族"研究中最为重要的两个问题：一是"中华民族"本身的定义问题，二是"中华民族"一词的含义问题。这是中国共产党成立以来党的最高领导人对"中华民族"最全面和最权威的论述，标志着中国共产党的"中华民族"观念的最终形成和确立。从此，毛泽东对"中华民族"的定义以及"中华民族"这一观念三个相互联系的基本含义，成为中国共产党人的基本共识和根本遵循。

毛泽东确立的"中华民族"这一观念三个相互联系的基本含义，得到了各民族尤其是少数民族的普遍认同和拥护。这也是中国共产党及其领导的人民武装在抗日战争时期能够由弱变强、不断壮大的重要原因。"中华民族"观念三个相互联系的基本含义在今天已成为全体中国人民的基本共识。坚持这一基本共识，对于铸牢中华民族共同体意识、加强中华民族内部各民族团结、巩固国家统一具有十分重要的积极意义。

　　毛泽东之所以能够在《中国革命和中国共产党》一文中定义"中华民族"以及确立"中华民族"这一观念三个相互联系的基本含义，与中国共产党成立以来，中国共产党人对中国少数民族认识的进一步深化、对建立统一的多民族国家认识的进一步深化有着密切的联系。中国共产党人这两个认识进一步深化的过程，也是"中华民族"观念从产生，到进一步发展，再到广泛传播的过程。《瀚堂近代报刊数据库》收录了大量近代报刊文章，笔者对1912—1939年报刊文章标题、正文中使用"中华民族"的次数进行统计，1936年后在500多次以上，1939年达到830次。上述数据的变化，在某种意义上可以从九一八事变后抗日歌曲的创作和群众歌咏运动的兴起，尤其是《义勇军进行曲》于1935年问世后迅速得到广泛传唱得到说明。就此可以得出结论：抗战歌曲对"中华民族"的书写，对"中华民族"观念在抗战时期的广泛传播和最终形成发挥了积极的推动作用。

　　〔本文摘自《抗日战争研究》2023年第1期。作者郑大华，中国社会科学院近代史研究所研究员、中国社会科学院中日历史研究中心研究员〕

从一尊到多元：晚清社会救济机制的结构性演变及其意涵

朱　浒

按照现代的定义，"社会救济"主要是指国家和社会对因自然灾害及其他原因而无力维持基本生活的民众提供各种形式的救助。虽然"社会救济"是一个现代概念，但传统中国早已发展出了与其相对应的内容，其主体是救荒、仓储和慈善等活动。清朝建立以后，集历代救济经验之大成，以强大国力为依托，形成了较前代更为发达的社会救济机制。迨至国势严重衰落的晚清时期，尽管社会救济事业的发展水平较盛清时期有巨大落差，但这并不意味着晚清时期社会救济事业只是处于保守和衰败的一面。事实上，在西方的外力冲击和社会转型的内部需求的双重作用下，晚清时期的社会救济事业也出现了以往时代所没有的新兴气象，主要表现在救荒机制的多元化、备荒仓储的社会化和慈善事业的公益化上。

一　救荒机制的多元化

在中国历史上，由国家力量所主导的荒政体制，长期在救荒机制中占据主体地位。清代开国后同样很快继承了这一传统。特别是在被称为"盛清"时期的康熙、雍正和乾隆三朝，荒政体制的发展远超前代。与其形成对照的是，盛清时期的民间力量很少能够独立发起较具规模的救荒活动，总体上只能处于官赈的附庸地位。

大约从 18 世纪末期为始，随着清朝中衰之势日渐显著，主要以官力为救荒主体的"盛清模式"，越来越难以普遍维持。到 19 世纪下半期，特别是历经了延绵十多年的太平天国战争后，清朝的国力进一步衰退，其救荒能力更是急剧下降。也正是在这样的情况下，国家的荒政体制才不可避免地受到非官方力量的强烈冲击。

以"丁戊奇荒"时期为起点，义赈迅速发展成为在整个晚清时期都具有广泛影响的一种大规模民间赈灾形式。可以说，这种超越地方社会的义赈活动不仅大大打破了传统民间赈灾活动所受的地方限制，而且实现了前所未有的社会动员，从而标志着中国赈灾机制的重大变动。义赈不仅得到了国家的许可，而且还被国家明确承认为有必要加以借助的社会性救荒力量，从而为义赈提供了在更高层次和更大范围的合法性保障。义赈冲击官赈的另一个重要表现，是义赈的救荒方式对官赈产生了制度性的影响。这种影响的第一个体现是"化官为义"，是指一些官赈活动的办理向义赈看齐。义赈影响官赈的另一个体现是"官义合办"。并且，这种"官义合办"形式明显地向义赈倾斜，即义赈办法和义赈人员在其中处于最为关键的地位。

晚清救荒机制的多元化面相，除了本土义赈力量的兴起之外，还体现在西方对华赈灾活动的兴起和发展上。不过，从光绪初期到庚子年间，西方赈灾力量总体上与中国政府及民间社会都存在较大隔膜，甚至在灾区其亦往往遭受抗拒。辛亥革命时期，中西合作的华洋义赈会体制得到了进一步发展。

二 备荒仓储的社会化

清代备荒仓储不仅在制度上较为充分地吸取了前代经验，其成效亦大大超过从前。在国家的大力推动下，从 18 世纪初到 19 世纪中叶的一百多年时间里，清朝始终维持着年均储量在 3000 万石以上的备荒仓储系统。随着清朝国力在 18—19 世纪之交趋于衰落，清代仓储的发展亦越过高潮阶段，步入下行轨道。随着太平天国的兴起，战事绵延十余年之久，且波及国内广大地区，大部分地区的仓储，不是毁于兵燹，就是挪为军需，消耗殆尽。清朝在全盛时期建立起来的庞大仓储体系，至此可谓全盘瓦解。因此，以往学界论及清代仓储事业时，也就很少留意晚清时期的仓储建设状况。

事实上，虽然晚清时期深陷内忧外患，然而清廷并未放弃"食为民天"的传统养民理念；虽然该时期仓储建设的成效无法与盛清时期比肩，但也发展出了具有不同意味的新内容。这种体制在很大程度上吸取了嘉道时期义仓改革的经验，进一步依靠民力，以向民间劝捐乃至摊捐为仓本的主要来源，并实行官督绅办的管理形式。从同治初年到光绪庚子年之前，在官方的倡导下，先后出现了三次较大规模的积谷运动。依赖于这种官民共建的积谷运动，晚清时期的备荒仓储事业取得了一定的成绩。而在官府借重民力的同时，民间力量主办的备荒仓储也实现了超越性的发展。正是这种积谷运动和民办仓储共同发展的局面，才使得晚清仓储建设表现出了社会化的势头，从而与清代前中期的仓储建设有了本质上的区别。

晚清时期备荒仓储社会化的另一个重要表现，是以义仓为代表的民办仓储得到了长足发展。清代前中期的社仓、义仓，主要还是在官府控制之下，民间社会并不能发挥多大作用。直到同治、光绪时期，随着积谷运动的广泛开展，民间经营的权限才真正得到了提高。而在义仓的名义下，主要由民间力量自行办理的备荒仓储也得到了较大发展。江南、广东等地，民办义仓的成效最为显著。一些著名义仓不仅规模较大，而且演变成了地方社会的重要事业。

三　慈善事业的公益化

随着晚清时期的剧烈社会变动，中国的慈善救助机制也不可能继续按照传统轨道运行下去。总体而言，由于社会经济的衰退，晚清慈善事业的发展水平要逊色于18世纪鼎盛时期。但是，在新的时代环境和条件下，晚清时期的慈善救助机制也出现了诸多前所未有的新现象，中国慈善事业由此走上向现代公益事业转型之路。其中，发展势头较为显著、具有较大社会影响的新现象，主要体现在三个方面：第一，一些地方的传统慈善组织逐渐超越原先服务小社区的指向，转而以联合行动方式发挥了更大的社会作用；第二，由于近代社会变迁引发了许多新的社会问题，针对这些新问题出现了一批新型慈善组织，从而大大拓展了慈善的社会功能；第三，西方慈善公益事业对中国产生了很大影响，其最显著的标志便是红十字会这样的国际慈善组织最终在中国得以扎根。

第一个现象，即晚清时期传统慈善组织超越社区化的发展态势，以江南地区善会善堂中出现的情况最为典型。这方面的第一个显著表现，是杭州、上海等地的传统慈善组织演变出了某种善举联合体的方式，在地方公共事务扮演了重要角色。超越社区化的第二个突出表现，是江南善会善堂在晚清义赈活动兴起过程中发挥了巨大作用。关于晚清慈善组织对社区化的超越，还有一个十分特殊但以往甚少为学界所注意的表现，那就是江南善会善堂在华北地区的"跨地方性实践"。所谓"跨地方性实践"，是指晚清时期有一批出现在华北地区的善会善堂，不仅其得以创建的主要动力来自江南社会，而且基本上也是以江南善会善堂为参照系建立起来的。

体现晚清慈善救助机制转型之路的第二个现象，是相当一批新型慈善组织的出现，这在很大程度上拓展了慈善组织的社会功能。此外，在清末新政期间，因公益事业建设成为地方自治运动的重要部分，从而促进了一批新式慈善组织的创建。

晚清慈善救助机制中第三个具有重要意义的新现象，是西方慈善公益事业对中国产生了越来越大的影响。在西式慈善事业传入中国的过程中，首先发挥作用的是教会力量。为了促进在中国的传教活动，无论是天主教还是新教势力，都着意于将开办慈善事业作为传教活动的有力配合。以教会慈善活动为先导，更具现代西方社会特色的慈善公益事业也启动了向中国传播的过程。这方面最典型的事例，便是红十字会在中国的本土化。

结　语

综上所述，中国社会救济机制中的三项主要内容即救荒、备荒仓储和慈善救助，在晚清时期都演变出与传统时期有本质区别的新气象。这些情况表明，晚清时期中国社会救济机制的发展，在很大程度上已脱离传统时代主要只能依靠国家力量来推动的轨道，转而在融合本土积极因素和外来进步因素的基础上，较多依靠国家与社会的协作及非官方力量的支持，创造性地生成了一系列颇具新兴意味的社会救济事业。也正是在这个意义上，晚清时期中国社会救济机制的演变，才构成了近代中国社会转型的有机组成部分。

〔本文摘自《史学集刊》2023 年第 1 期。作者朱浒，中国人民大学清史研究所教授〕

篇目推荐

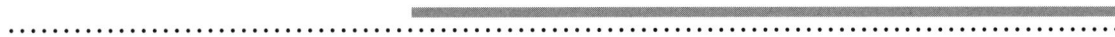

史学理论与中国史学史

陈怀宇:《20世纪上半叶中国史学脚注传统之演进》,《清华大学学报》(哲学社会科学版)2022年第6期。

陈其泰:《对构建中国历史学自主知识体系的思考》,《史学理论研究》2023年第3期。

高希中:《试论历史思潮的学科定位及其重要价值》,《史学理论研究》2023年第2期。

侯德仁、韦金萍:《情感史研究在中国的传播实践与若干思考》,《史学月刊》2022年第11期。

华林甫、孙景超、赵逸才:《中国现代历史地理学的回顾与展望》,《江汉论坛》2023年第1期。

黄学友:《近十年中国马克思主义史学研究的新开展》,《理论与史学》2022年总第8辑。

李大龙:《"边疆"与"中国"的交融——理解和诠释中国疆域形成与发展的路径》,《思想战线》2022年第5期。

李帆:《清季历史教科书的双重认同》,《史学理论研究》2023年第2期。

李国强:《建构中国边疆学自主知识体系的思考》,《云南师范大学学报》(哲学社会科学版)2023年第1期。

李孝迁:《范文澜与郭沫若的隐秘论辩——以西周社会性质为中心》,《文史哲》2023年第1期。

廉敏:《"历史理论"一词在中国语境中的使用》,《史学理论研究》2022年第6期。

罗检秋:《学术社会史的理论特质与实践路径》,《史学理论研究》2023年第4期。

马雪松:《中国传统正史修撰内在张力的历史政治学诠释》,《学习与探索》2023年第1期。

牛继清:《正统与篡逆:正史数序纪日与历史书写》,《史学月刊》2023年第8期。

乔治忠:《历史学研究切勿轻忽辩证思维》,《中国社会科学报》2023年8月16日第6版。

曲柄睿:《佣书成学：中古知识的结集、生产与传播》,《北京师范大学学报》(社会科学版) 2023 年第 1 期。

屈宁:《冲突下的暗合：论阮元与章学诚的学术交集》,《文史哲》2023 年第 4 期。

瞿林东:《深刻理解中华文明突出的连续性》,《学习月刊》2023 年第 8 期。

舒习龙:《中国近代史学转型与表征——基于学人日记的视角》,《东方论坛》2023 年第 3 期。

王传:《史禄国在中西学界的回响》,《学术研究》2022 年第 10 期。

王晴佳:《陈寅恪治学兴趣和研究转向再议：以 20 世纪二十、三十年代为中心》,《中华文史论丛》2023 年第 1 期。

王兴:《民国时期考古学的发展与中国历史撰述中的"古史"建构》,《史学理论与史学史学刊》2022 年下卷（总第 27 卷）。

夏春涛:《加快构建新时代历史理论研究的"三大体系"》,《史学理论研究》2023 年第 1 期。

向鸿波、李中跃:《清末史学教育理念的递嬗与新变》,《学习与实践》2022 年第 11 期。

谢贵安:《清至民国"南明"史概念发生与传播探论》,《史学集刊》2022 年第 5 期。

杨德会:《中国古代史权演变考论——以记注制度变迁为中心》,《历史教学问题》2023 年第 1 期。

杨艳秋:《关于马克思主义基本原理与中华优秀传统文化相结合的若干认识》,《近代史研究》2023 年第 2 期。

张一博:《走向一种动态的史学史研究》,《理论与史学》总第 8 辑。

张越:《顾颉刚疑古学说百年流变的若干审思》,《史学月刊》2023 年第 5 期。

张赟冰:《纪事本末体源流新论》,《文献》2023 年第 2 期。

郑鹏:《唐宋时期起居注的变迁——以皇权渗透为研究视角》,《宋史研究论丛》总第 31 辑。

周景耀:《"发现"章学诚与经史学的异轨分途——以张尔田、内藤湖南的交往为线索》,《北京大学学报》(哲学社会科学版) 2023 年第 2 期。

周文玖:《构建中国史学科体系的定位与方向》,《河南师范大学学报》(哲学社会科学版) 2022 年第 6 期。

朱露川:《中国古代史学批评的演进路径和发展趋势》,《史学理论研究》2023 年第 2 期。

朱士光:《对我国历史地理学科应及时升级为一级学科的几点认识》,《淮阴师范学院学报》(哲学社会科学版) 2023 年第 4 期。

左玉河:《新时代中国马克思主义史学理论研究与"三大体系"建设》,《中国高校社会科学》2023 年第 5 期。

先秦秦汉史

白坤:《后妃吏化与天子之制——汉代后妃建制探微》,《古代文明》2023 年第 1 期。

曹斌:《礼乐征伐:西周国家的双重权力建制》,《东岳论丛》2022 年第 11 期。

晁福林:《作册般鼋补释——兼论殷代夷夏关系》,《中国史研究》2023 年第 1 期。

陈苏镇:《说"王者":汉儒对皇帝角色的期待与构建》,《北大史学》第 25 辑。

杜勇:《西周中后期土地关系变化的再认识》,《中原文化研究》2022 年第 5 期。

方辉:《中华文明起源与发展的连续性及其文化基因》,《中国社会科学》2023 年第 8 期。

符奎:《环境与社会的互动:从新出简牍看东汉基层社会聚落》,《社会科学》2023 年第 3 期。

胡新生、白杨:《周代尸祭礼与中国祖先崇拜观念的转型》,《文史哲》2022 年第 5 期。

黄国辉:《金文所见商周宗族秩序的建构》,《殷都学刊》2023 年第 2 期。

姜生:《汉始皇帝考——天子君权与天师教权之源》,《文史哲》2023 年第 3 期。

李凯:《〈尚书·甘誓〉与"失礼则入刑"——以早期文明中的社会治理为视角》,《史学月刊》2023 年第 3 期。

刘源:《商末至西周早期赐贝研究——兼论册命制度的历史渊源》,《历史研究》2022 年第 5 期。

马孟龙:《汉初侯国制度创立新论》,《历史研究》2023 年第 2 期。

孟宪实:《关于炎黄传说的历史研究》,《北京社会科学》2023 年第 4 期。

闵祥鹏:《灾异政治与汉唐"冬无雪"史料的文本反思》,《清华大学学报》(哲学社会科学版)2023 年第 2 期。

曲柄睿:《身体与国政:黄老学说影响下的战国秦汉政治》,《文史哲》2023 年第 3 期。

孙亚冰:《商末征𡧑美方时间考——兼谈利用周祭祀谱解决问题的方法》,《中国史研究》2023 年第 3 期。

田天：《在县道与郡国：论秦及西汉宗庙制度的演进》，《史学月刊》2022 年第 10 期。

王晖：《西周春秋周王级庙制研究》，《史学月刊》2022 年第 12 期。

王进锋：《西周时期的阶层外婚与阶层流动》，《北京师范大学学报》（社会科学版）2023 年第 1 期。

谢乃和：《商周时期国家治理中天命观念的演变》，《中国高校社会科学》2023 年第 2 期。

徐畅：《东汉三国长沙临湘县的辖乡与分部——兼论县下分部的治理方式与县廷属吏构成》，《中国史研究》2022 年第 4 期。

徐卫民、苗凌毅：《汉文明在中华文明发展中的地位与影响》，《西北大学学报》2023 年第 4 期。

阎步克：《〈仪礼〉饮酒礼、丧礼所见"诸公"与春秋"寄公"》，《北京大学学报》（哲学社会科学版）2022 年第 5 期。

杨勇：《盐铁会议贤良、文学去向及参会者考略》，《文史》2023 年第 1 期。

张利军：《殷卜辞所见外服"侯"考》，《中国历史研究院集刊》2022 年第 2 期。

张亚伟：《秦汉国家治理体系下的"平贾"制》，《史学月刊》2023 年第 7 期。

周金泰：《陈列帝国：汉上林苑的博物空间及其方术、政治理想》，《史学月刊》2023 年第 2 期。

白玉冬、车娟娟:《唐代西北部族"黑车子"考》,《中国历史地理论丛》2023 年第 2 期。

卜天舒:《文武分野:隋朝废太子杨勇与晋王杨广政策路线考论》,《史林》2022 年第 5 期。

陈明光:《创新·缺陷·龟鉴——论隋唐五代税收史承上启下的历史地位》,《史学集刊》2023 年第 3 期。

陈乐保:《唐代剑南羌蛮子弟与西南边疆经略——兼论羌蛮子弟与城傍子弟之异同》,《中国史研究》2023 年第 2 期。

达吾力江·叶尔哈力克:《中古入华胡人双语墓志书写与祆教丧葬文化》,《历史研究》2022 年第 6 期。

杜文玉:《关于五代十国镇将的几个问题》,《唐史论丛》第 36 辑。

葛洲子:《〈旧唐书·地理志〉的编撰层次——从"今"的有效时间入手》,《文献》2023 年第 2 期。

黄正建:《敦煌经济文书中的格》,《敦煌研究》2022 年第 5 期。

霍旭初:《论犍陀罗与龟兹佛教艺术的佛学共性与特色——以说一切有部菩萨观为主题》,《西域研究》2023 年第 2 期。

李磊:《南北朝后期东亚的政治格局及其重构》,《江海学刊》2023 年第 1 期。

刘军:《北朝挽郎选拔与士族激励机制新论》,《中南大学学报》(社会科学版)2022 年第 5 期。

刘凯:《杂祀、天象与皇权:东晋哀帝欲行"洪/鸿祀"考》,《中国史研究》2022 年第 4 期。

刘子凡:《唐代的"交河"与"西州"》,《文史哲》2023 年第 3 期。

陆路:《北朝元氏家族与汉族士族婚姻考》,《陕西师范大学学报》(哲学社会科学版)

2023 年第 4 期。

孟宪实、卜天舒:《关于〈唐大诏令集〉的史源问题》,《史学月刊》2023 年第 4 期。

齐会君:《8—9 世纪唐朝沿边地方政府交聘文书考》,《魏晋南北朝隋唐史资料》第 47 辑。

钱久隆:《东魏北齐政权中的"西来武人"——从"督将家属多在关西"说起》,《历史教学》(下半月刊) 2023 年第 3 期。

荣新江:《魏晋南北朝时期的于阗》,《暨南史学》2022 年第 2 期。

沈琛:《吐蕃与勃律交涉史事考》,《中华文史论丛》2022 年第 4 期。

汪舒桐:《西魏北周的汉东经略》,《魏晋南北朝隋唐史资料》2022 年第 2 期

吴正浩、周伟洲:《北魏〈鄯乾墓志〉〈鄯月光砖志〉与西域鄯善国》,《西域研究》2023 年第 2 期。

伍小劼:《敦煌遗书中的〈金藏论〉相关新资料小识》,《文献》2023 年第 1 期。

武绍卫:《五代宋初丝路上游方僧的境遇与应对——以敦煌本"乞衣类"〈秋吟〉为中心》,《中国边疆史地研究》2023 年第 1 期。

徐冲:《魏晋"侍臣"与汉魏之际的内朝革新》,《北京大学学报》(哲学社会科学版) 2023 年第 4 期。

杨英:《统孝于忠：西晋〈新礼〉对汉魏丧服及相关"故事"的调整》,《社会科学战线》2023 年第 4 期。

姚大力:《契丹早期历史再讨论》,《学术月刊》2022 年第 12 期。

张辞修:《西晋后期玄学名士拔擢寒素研究》,《北京师范大学学报》(社会科学版) 2022 年第 5 期。

张慧芬、李锦绣:《吐鲁番出土"唐咸亨元年后西州仓曹文案为公廨本钱及奴婢自赎价事"文书考释》,《敦煌学辑刊》2023 年第 1 期。

张荣强:《魏晋时期的吏户与吏籍——对"吏户说"争论的回应与反思》,《历史研究》2022 年第 5 期。

赵梦涵:《从"二元分治"到"合署办公"——唐初西州三府关系考述》,《西域研究》2023 年第 2 期。

宋元明清史

曹文瀚：《宋、金、蒙政局变动下的华北武装团体政治抉择研究：以红袄军杨妙真、李瓌集团为例》，《中国史研究》2023 年第 1 期。

陈博翼：《明代南直隶养马徭役研究：制度运作与地方因应》，《中国经济史研究》2023 年第 3 期。

陈彩云：《元代南方士人的中原旅行与国家统一意识的重建》，《民族研究》2023 年第 1 期。

陈佳臻：《元代六部尚书选拔问题探究——以刑部尚书为例》，《隋唐辽宋金元史论丛》第 12 辑。

陈拓：《从杨光先到魏源：清代文化保守主义的文本脉络》，《清史研究》2023 年第 3 期。

陈希：《窝阔台家族的公主姻亲——以波斯文〈五族谱〉为线索》，《西域研究》2023 年第 1 期。

陈晓伟：《〈元太祖实录〉纂修所见元初史观》，《历史研究》2022 年第 6 期。

程民生：《惊艳：宋代开封的城市色彩》，《河南大学学报》（社会科学版）2022 年第 6 期。

程民生：《宋代的白旗与白旗军》，《史学集刊》2023 年第 1 期。

春花：《清代皇帝御名避讳制及满汉文避讳字谱》，《满语研究》2022 年第 2 期。

崔瑞德：《明代浑河筑堤考》，《文史》2023 年第 2 期。

邓淞露：《宋代生日赐礼制度的形成与政治效应》，《史学月刊》2023 年第 7 期。

丁修真：《清代"科场之款"的嬗变》，《历史研究》2022 年第 5 期。

丁义珏：《出入宫朝：宋代宦官的品阶结构与职位序列》，《史学月刊》2023 年第 1 期。

丁义珏：《传宣与宋代君主个人意旨的传达》，《文史哲》2023 年第 4 期。

董惟妙：《西夏立国及夏、北宋"和与战"之气候因素研究》，《地理科学》2023 年第 7 期。

董新林、康鹏、汪盈：《辽太祖纪功碑初步整理与研究》，《隋唐辽宋金元史论丛》，上海古籍出版社，2022。

杜以恒：《〈永乐大典〉引〈仪礼〉考实——兼论〈大典〉编纂来源的复杂性》，《文史》2023年第1辑。

方诚峰：《南宋道学的政治理论与实践——从真德秀与张忠恕的冲突与"和解"出发》，《北京大学学报》（哲学社会科学版）2023年第1期。

方诚峰：《南宋末年的公田法与道学家》，《中华文史论丛》2023年第1期。

耿洪利：《明初处州府遂昌县某里小黄册人户土地占有情况分析》，《中国经济史研究》2022年第5期。

胡斌：《论〈龟鉴〉的文献性质与流传过程——兼论〈续资治通鉴长编〉注文中的"诸儒讲义"》，《文献》2023年第2期。

胡恒、朱浒：《数字人文与清代官僚政治史研究》，《史学月刊》2023年第1期。

黄阿明：《万历三十九年辛亥京察与党争》，《中华文史论丛》2023年第1期。

黄友灏：《明万历朝阁臣廷推的定制化及其影响》，《中国史研究》2022年第3期。

纪雪娟：《宋元寺院板帐考论》，《中国史研究》2023年第2期。

蒋宏达：《明代后期里甲分化与军户分户——若干赋役黄册所见》，《史林》2023年第3期。

金卫国：《康雍乾时期的道统与治统——以清帝和桐城士人为视角》，《南开史学》2022年上半年刊。

赖骏楠：《清代思想史上的私有产权议题：以限田论争为切入点》，《中国经济史研究》2023年第2期。

蓝图：《明代河西走廊地区的"渠坝"》，《中国历史地理论丛》2023年第3期。

李贵、张灵慧：《论宋代书信体类的消长与创新》，《北京大学学报》（哲学社会科学版）2022年第5期。

李小波：《明代热审与大审制度再探讨》，《文史》2022年第3期。

李媛：《明代地方社会的宾兴礼仪》，《中国史研究》2023年第3期。

李治安：《元太宗朝汉军万户整编新探》，《历史研究》2022年第4期。

梁有源、王新刚：《13—14世纪亚美尼亚史家著述中蒙古人形象的变迁及影响》，《史学月刊》2022年第6期。

林展：《风险应对力——清代经济史研究的新视角》，《清史研究》2022年第6期。

刘海峰、毛鹏程：《清乾隆朝科举改革：动因、举措及影响》，《厦门大学学报》（哲学社会科学版）2023年第2期。

刘俊珂：《辽代海疆的开拓及其经营特色探论》，《中国边疆史地研究》2023年第1期。

马晓林：《壬子年祭天与元朝的国史编纂》，《文史哲》2023年第2期。

马晓林：《仪式创造与族群构建：元朝"国俗旧礼"射草狗考》，《史林》2023 年第 1 期。

马子木：《明季朋党话语与派系格局再考——以东林、三党为线索》，《中华文史论丛》2023 年第 1 期。

苗润博：《〈辽史〉所见辽朝先世"审吉国"考辨》，《中国史研究》2023 年第 2 期。

聂文华：《文本、礼仪与政治秩序：宋代遗诏的政治文化史研究》，《文史哲》2023 年第 2 期。

祁美琴、胡晓明：《清朝皇帝"执两用中"思想与实践探赜》，《河北学刊》2022 年第 6 期。

秦博：《正统、景泰北京保卫战前后军功封爵史事新论》，《史林》2022 年第 5 期。

邱靖嘉：《宋金盟誓岁输"绿矾"解——兼论金初的尚色与德运》，《中山大学学报》（社会科学版）2023 年第 1 期。

戎恒颖：《北宋贡举再探——以欧阳修与北宋中期科举为中心》，《复旦学报》（社会科学版）2023 年第 1 期。

王旭：《论宋元方志中的"乡里"类目》，《史学史研究》2023 年第 2 期。

魏道明：《宋代遗嘱征税的性质——兼论析产与继承的区别》，《安徽史学》2023 年第 1 期。

吴滔、张春芳：《军代民差：从"论粮加耗"透视明代运法改革》，《史林》2023 年第 3 期。

谢信业：《元朝经略八百媳妇国政策转变及影响》，《中国边疆史地研究》2022 年第 3 期。

谢重光：《唐宋时期九龙江流域的民族融合与社会变迁》，《经济社会史评论》2022 年第 4 期。

徐毅、倪玉平：《近二十年西方明清经济史研究——以"大分流"讨论为中心》，《历史研究》2023 年第 3 期。

杨帆：《从星表看明末中西星象体系的"会通"》，《中国科技史杂志》2023 年第 2 期。

杨光：《北宋台谏官正式信息渠道的发展演变》，《史学月刊》2023 年第 5 期。

杨霄：《元代胶莱河的形成及其在河海联运中的作用》，《中国历史地理论丛》2023 年第 1 期。

杨逸：《宋代经社钩沉》，《宗教学研究》2023 年第 4 期。

杨永亮、于海：《十至十二世纪北方游牧民族意识的觉醒——兼论契丹与宋对等外交的开展》，《宋史研究论丛》2022 年下半年刊。

姚大力：《汉文史籍中一些音译专名的读音问题》，《史林》2023 年第 1 期。

于磊：《元朝"六事"外交模式再探》，《史林》2023 年第 1 期。

余璐：《明中后期吏部司官分省与官僚政治》，《历史研究》2022 年第 6 期。

展可鑫：《元代监察御史巡按制度新探》，《文史》2023 年第 1 期。

张弛:《学官进卷与熙丰兴学——围绕张耒、华镇的考察》,《中华文史论丛》2022 年第 4 期。

张敏:《辽代捺钵的物资供应》,《宋史研究论丛》2022 年下半年刊。

张晓慧:《蒙元时代的四怯薛长承袭》,《历史研究》2023 年第 2 期。

张晓慧:《元代的蒙汉双轨修史:〈太祖实录〉小字注解探微》,《中央民族大学学报》(哲学社会科学版) 2023 年第 1 期。

张叶:《漕库之滥觞: 明嘉隆间漕船料银与漕运衙门的财政管理》,《中国经济史研究》2023 年第 4 期。

张祎:《宋代的宰相"当笔"》,《文史》2022 年第 4 期。

赵逸才:《分疆画界: 清代县级政区的析分与界线划定》,《历史地理研究》2023 年第 1 期。

赵宇、刘晓东:《明代"辽东八站"经略与朝鲜使臣印象演变》,《史学集刊》2023 年第 3 期。

郑鹏:《元代县级司法运作: 时间、空间与参与者》,《湖北社会科学》2022 年第 9 期。

周琼:《西南边疆环境史上官民互补环保机制研究——以清代云南二元环保模式为例》,《史学集刊》2023 年第 2 期。

中国近现代史

包树芳：《民国时期卫星城学说的引入、传播与运用》，《近代史研究》2023年第2期。

戴超武：《粮食、外交与边界——中国取道印度转运大米进藏的若干重要史实和意义（1951—1953）》，《史学月刊》2023年第8期。

郭辉：《抚慰人心与政治运作：1938年长沙大火的罪责定调》，《抗日战争研究》2022年第4期。

韩启云：《关于"火烧赵家楼"事件的再认识》，《中共党史研究》2023年第3期。

胡德坤、涂杰欣：《战时日方史料〈中共概说〉对中国共产党抗战的认知》，《武汉大学学报》（哲学社会科学版）2023年第4期。

贾吉庆、李洪河：《新中国成立初期的医院整顿》，《当代中国史研究》2022年第5期。

李雷波：《抗战时期中国共产党对"华中"区域概念的建构》，《历史研究》2023年第1期。

李文杰：《唐绍仪内阁的财政难题》，《近代史研究》2023年第1期。

李翔、高晨：《国民党"两个中央"对峙时期的党军体制》，《民国档案》2023年第3期。

闵小梅、里赞：《晚清内地华洋诉讼中的"华强洋弱"现象——以巴县档案为对象的考察》，《四川师范大学学报》（社会科学版）2023年第2期。

聂鑫、高一宁：《清末立宪运动中的两院制问题》，《四川大学学报》（哲学社会科学版）2023年第2期。

尚小明：《同盟会成立前留日学界革命团体的衍变》，《广东社会科学》2023年第3期。

石方杰：《论"二次革命"中的黎元洪》，《江汉论坛》2022年第12期。

王洪兵：《清中后期华北乡村治理——以青苗会若干京控案为中心》，《历史研究》2023年第4期。

王士皓：《清政府在古巴独立后的外交应对》，《历史档案》2022年第4期。

吴敏超：《"嘉峪关为中华东西干线之中心"：全面抗战时期国民政府经略河西走廊》，《史学月刊》2022 年第 12 期。

杨剑利：《清末北京街道改造的兴起：论争与实践》，《近代史研究》2023 年第 4 期。

张富强：《论近代香山买办向民族资产阶级的成功转型——兼论唐廷枢、徐润、郑观应等近代人物的历史地位》，《华中师范大学学报》（人文社会科学版）2023 年第 3 期。

张世均：《南京国民政府与西藏民族分裂势力在"国家认同"问题上的博弈——以 1947 年热振事件为中心的考察》，《安徽史学》2022 年第 5 期。

赵琳琳：《袁世凯政府对中华革命党的侦缉与策反》，《安徽史学》2023 年第 2 期。

周东华：《全面抗战初期国民党高层对"焦土抗战"之认知与分歧——以朱家骅为中心》，《近代史研究》2023 年第 3 期。

周天羽：《"一边倒"与美国"机会丧失论"再探讨（1949—1950）》，《史学月刊》2022 年第 10 期。

图书在版编目（CIP）数据

中国历史文摘 . 2023 年卷 : 总第 4 卷 / 李军主编 .
北京 : 社会科学文献出版社 , 2024. 12. -- ISBN 978-7-
5228-4705-4

Ⅰ . K207-53

中国国家版本馆 CIP 数据核字第 2024QG7885 号

中国历史文摘 2023年卷（总第4卷）

主　　编／李　军
执行主编／张　峰

出 版 人／冀祥德
责任编辑／郑彦宁　窦知远
责任印制／王京美

出　　版／社会科学文献出版社·历史学分社（010）59367256
　　　　　地址：北京市北三环中路甲29号院华龙大厦　邮编：100029
　　　　　网址：www. ssap. com. cn
发　　行／社会科学文献出版社（010）59367028
印　　装／唐山玺诚印务有限公司

规　　格／开本：787mm×1092mm　1/16
　　　　　印张：29.75　字数：625千字
版　　次／2024年12月第1版　2024年12月第1次印刷
书　　号／ISBN 978-7-5228-4705-4
定　　价／168.00元

读者服务电话：4008918866